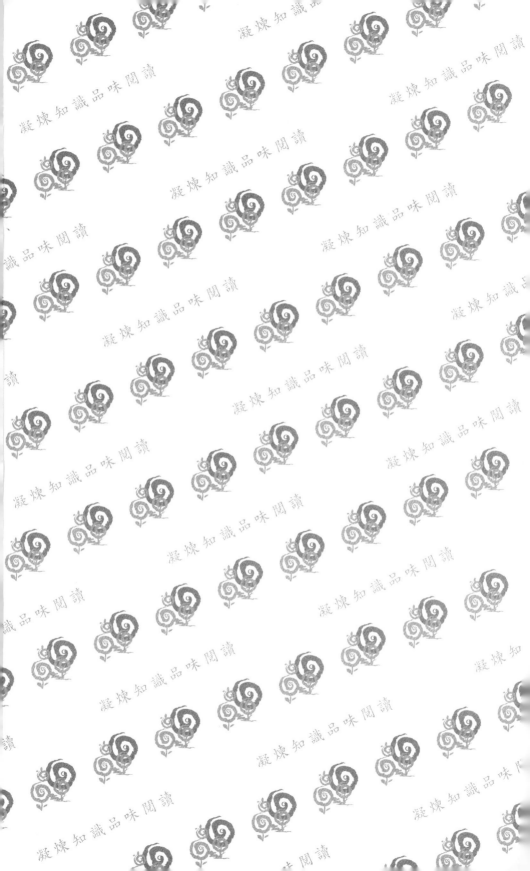

西洋哲學史（下）

19～20世紀哲學史

林玉体　著

Contents
目錄

壹｜德國哲學的心論（idealism）

西洋哲學史下冊共分三大部分，一是康德之後在德國形成一股龐大的唯心哲學體系；二是英國功利效益主義及美國的實用主義；三是由法國哲學所沿生的存在主義哲學，以及俄國哲學。

前　言

　　本書所評述之哲學史，包括十九及二十世紀兩百多年。十九世紀初期，德國在康德之後，發展出一套心論，對實體（reality）、人生（human life），及歷史（history）的闡釋及探究，揭露出一股深沉的冥思魔力；對宇宙之謎提出解答，揭露萬有之祕密，以及人存在的意義。哲學史上早就有不少哲學巨匠，對知識的起源及限度，真理的準確性及效標等，特花心血，此種學思焦點，自康德之後尤為顯明；且在笛卡兒的身心或心物二元論上，對心的比重特別強調。

　　康德受到休姆及柏克萊的警醒，後者的名言to be is to be perceived，已經明示「心」之「覺」，才是知識的重要因素。日本人譯 idealism為「唯心主義」，支那人照抄不誤；其實這種文字的錯誤，錯在「唯」這個字上。心與物之對稱，那是程度而非有無問題。最極端（extremely）也最獨斷（dogmatic）的兩方，才可稱「唯」，「唯」字具排斥性。「心論」及「物論」中，只有少數哲學家才力持「唯」者，多數哲學家只不過是強調二者各自的特別力道而已。因之，本書在譯idealism及materialism時，除了少數例外，都譯為「心論」及「物論」。

一、形上學與心論

　　哲學的三大領域，形上學、知識論，及道德哲學；三者中，形上學在哲學史上稱霸時間甚長。

(一)十九世紀中葉之前，心學紅遍半邊天

　　1. 謝林（Schelling, 1775-1854）死於1854年。之前，法國的孔德（Auguste Comte, 1798-1857）早就在他出版的《實證哲學之路途》（*Course of Positive Philosopy*）中，鐵口直斷地認為形上學必走入歷史，在人類思想中已屬明日黃花；即令在德國，學界也出現了與形上學對抗的實證主義及物論，雖未置形上學於死地，卻也逼使形上學家不得不重新思考，形上學不能獨占哲學的全部；形上的哲學與形下的科學，有平分天下的態勢。不過，在康德逝世後到十九世紀初期，實

證哲學的力道還未足以與形上學抗衡。德國的形上學或心學，仍光芒四射。人類憑理性所展現的「心」力，可以透澈地知悉實體界（reality）的底蘊；人「心」將理性由內往外引伸，「萬物靜觀皆自得」，如同支那理學家之所言，只要「正心」，則可「格物又致知」，甚至治國平天下。

2. 黑格爾是德國學界心論中最閃亮的巨星，死於1831年；卻也因此，心學氣勢即告終。心學力道雖曾披靡於英、美、義等地，但哲學界的心論，已日落西山，心學陣營失去主帥而瓦解。心學在德國猶如快速火箭向天空發射，但也像彈弓之末一般地墜毀於地；心學體系從此殘破不堪，但終究令世人印象深刻，有如曇花一現，驚鴻一瞥。心學力撼哲學天地之氣魄，以形上學統領碧落及黃泉。只是此種包山包海似的雄心壯志，終未能酬。

3. 以心學作為萬流歸宗的哲學大海，工程之艱鉅，非單一學者能奏其功。康德過世之前後，「學」已不只哲學而已，更非全屬形上學。視心學為最終又最後的「絕學」與「至道」，綜合統攝，終究這只不過是一種夢想或理想，不切實際；更不用說，心學既自詡為極致之學，難免語義抽象又晦澀，用字不明確，撲朔迷離，有如詩樣的幻覺，高處也終究不勝寒。不過，to be is to be right，這是黑格爾的名言；心學既在哲學史上力拔山河，自有它存在的「價值」（to be right），也是不可抹滅的「事實」（to be）；此種大批發商式的舉世規模之哲學大工程（whole sale engineering），前有亞里斯多德，後有黑格爾。對比之下，其餘的哲學理念，猶如從事零售業務（piece-meal engineering）。哲學界學自然科學的樣，從巨觀（macrocosm）改為微觀（microcosm），以一「理」來窮盡或「通」萬「理」，但妄以一「學」來涵蓋萬「學」；人類「理性」，並無此種通天本領。

(二) 心論之竄起

1. 康德之批判哲學，是心論陡升的基本動力。康德批判古老的形上學，認為形上學在理論知識（theoretical knowledge）的建構上，欲振乏力，純粹理性

（pure reason）在理論知識上，常導入懷疑論。人對實體界的知識，源於先驗（*a priori*）及後驗（experience）。「驗」有先有後，後驗等於一般所說或經驗主義者所言之感官經驗，是被動的，因「物」而生；先驗則來之於心，心有意識（consciousnees）。但宇宙的萬有，存在或不存在，並不依人心之有無意識所決定（conscious or unconscious activity）。人是一種「有限的」（finite），因為除了人之外，宇宙另有他「物」；人物之外另有動物、植物，或礦物等。單以人作為主體（subject）來作為認知客體（object）的物，這就太「人本位」（solipsism）了；以為「萬物皆備於我」，實犯了「人太自大」（anthropotentricism）之弊。因此，除了人之外，就得提出一種「超乎人之上的睿智」（a supra individual intelligence），來作為「絕對的主體」（an absolute subject），這就是心論者形上學之理論基礎。

2. 康德之「物本身」概念，是人之睿智所不及的；其後繼之而起的心論者，卻提出該「絕對的主體」作為認知之源，也為尼采的「超人」（superman）或佛洛伊德（Freud）的「潛意識」（subconsciousness）說，鋪好了路。當然，這個「絕對的主體」，也「絕對」地遠離感官經驗界。換句話說，感官經驗界的知，憑人的「意識」即可得，屬於「物」的知；但「物本身」的知，則須藉人的意識之外。意識之內是一世界，意識之外又是另一世界。休姆懷疑「物」之因果論，康德藉「物本身」為其解套。第一因即「物本身」。

3. 康德自許他的哲學「仿似」哥白尼的革命，可見他的思想不是返顧的，而是前瞻的；這也是啓蒙運動精神的靈魂所在。既然如此，則康德之後的思想就不能停止在康德而已。康德認為「物本身」為心思所不及，心論者如菲希特（Fichte），則百尺竿頭更進一步地確信，心也可知物本身，物本身並不那麼神祕玄奧。因之，菲希特乃是後康德哲學發展出心學的第一人。「自我」（ego）包括意識之內與外，明與潛，常人及超人；自我乃形成為本體論或形上學（ontology or metaphysics）的基本原則。自我是絕對的，不是個別或有限性的。至於黑格爾，則以無止境、無限，或絕對的理性或精神（infinite reason, infinite

spirit）名之。

　　此處倒要注意的是，所謂絕對、無止境、無限的理性或精神，不是常人所說的靜態性，而是一種動態又絕對的思或理（absolute thought or reason），本身就是一種「行動」（activity）；無爲中有爲，靜中有動；不是沉寂。經驗世界之存在，都是該種「動」的「過程」；朝前動也往上升，可見仍然強化了啓蒙運動的精神。天之大德在生，且生生不息。生中最具靈氣者，莫過於人；以人此種「自我」爲思之出發點，這是「心」論的主軸。思是主動的，也是創造性的。宇宙萬有，只不過展現出此思的往前又往上之過程。

　　4. 過程有前有後，沿著康德的「思」，立即受其影響的是菲希特，然後是謝林，而黑格爾跟著接棒，一層一層地往上提升。有「正」有「反」，這是平階的；「合」則居高位。因之康德與康德之後的德國哲學，不是原地踏步，卻有增減；一方面棄了「物本身」，一方面康德所注重的「實踐理性」，菲希特就以倫理學說，幾乎借殼上市；責任、義務、道德志業等，說法充斥。謝林則特別賞識第三批判，而發展出他的美學論、天才說，及藝術創作在形上學的意義。

二、批判哲學（critical philosophy，康德）與形上心學（metaphysical idealism，菲希特等）二者之關係

(一) 自然界的機械論或命定說，與道德界的自由意志及宗教界的信仰意識，二者如何調和

　　1. 笛卡兒取身心二元論，讓身及心各領風騷；康德則有己見，但到頭來，仍跳不出「實體分義論」（a bifuriated reality），將形上學主題的「實體」（追問存在之「實」是什麼），分成兩枝或兩世界：一是現象界（the phenomenal world），也是牛頓之學，受因果律也是必然法則所制約；一是本質或本相界（noumenal world），是超乎感覺經驗界之上的，其中有道德當事者（moral agent）及上帝在，享有自由身。單憑理性，證明不了現象界乃是唯一的世界；

同時，理論上也證明不出超感官界的存在；這都不是「理」（reason）所能施展的地方，而是信仰（faith），或是情（feeling）、意（will）揮灑的空間。康德把它置於第三批判中。使實踐理性及純粹理性這兩「枝」，銜接起來，或如兩河中間興建了橋樑。但信者恆信，不信者也恆不信。

理性（reason）是萬有中，只有人類才擁有。亞里斯多德遂定義人爲「理性的動物」。理性的展現，就是「思」（thought）。「思」對理性而言，是絕對的；因此，「絕對的思」（absolute thought），與「理性」是異名同實。若「實體」（reality）乃是理性在自我展現時的一種統整過程，則實體中的「決定」面與「自由」面，都含有睿智意；二者之調和，以人心（hnman mind）作媒介（vehicle）。因之，心是軸紐。

2. 康德以「理性」（reason）作爲科學式的形上學，他的後繼者則取「心」（human mind），共同確定了形上學今後的走向。前者哲學的重點放在知識論上，後者則較轉向形上學；所以把「物本身」（thing-in-itself），「先驗」（*a priori*）及「後驗」（*a posteriori*）這些知識論名詞排除；甚至範疇的概念，也從知識意轉爲形上意。人生目的、宗教信仰、道德判斷，更從主觀層改爲客觀層。大自然本身都具功能與旨趣，不只是作爲人心思辨的「內啓」（heuristic）或「規約」（regulative）原則，或只適用於人這種主體面而已，且還適用於人之外的客體面。致力於形上學的宏旨，是心論學者的豪情壯志。更換康德的重知識論而輕形上學，導致於自稱是康德精神接棒者的心學，由於太過於強調形上，乃必有雲深不知處的虛無飄渺感。因此，十九世紀末，又有回頭到康德身邊的明顯跡象。

3. 康德本人深受經驗主義的影響。牛頓物理學加上哥白尼天文學，都對他的哲學之轉入知識論，有莫大支配力。康德的德國後繼者卻專注於康德哲學所丟棄的形上面，反而強調形上哲學之所以成立，「人心」之「思辨」，最不可或缺。形上學又稱爲「思辨哲學」（speculative philosophy）。德國哲學在哲學史上所占的分量，康德足以與希臘三哲，英國的經驗主義大師，相互比美；因之，

他的門生弟子，莫不以之作爲日耳曼民族的榮耀；尤對與英美其後哲學之發展方向，大有互別苗頭甚至蔑視的現象。臺灣一些專攻哲學的留德學生，甚至揚言，環球哲學除了希臘文及拉丁文的哲學作品之外，就只剩下德文著作了。只是或許感染「心」論太深，爲文玄之又玄，讀之甚感吃力。哲學著作之冷僻，德文率先首屈一指。當然，漢文作品也不稍多讓。

(二)心學由菲希特開其端，黑格爾收其尾

1. 「自我」：菲希特標舉「自我」（ego），但「自我」不是有限（finite）而是無限又是絕對的（absolute ego），也是超域的（transcendental），更是超出個體之上的（supra-individual）。它不是主觀的，卻是絕對的客觀。換句話說，自我等於全宇宙，也是全大自然。謝林及黑格爾也支持此說。當然，大同中有小異；但主流或思潮是顯而易見。除心之外，無它；它都是心的伸張延展，那不是「理性」的運作或「思」的功能嗎？

2. 「時及空」：經驗世界，即心之外的世界，都具有「因果關係」（causal relations），也是「前頭與後頭」（antecedent, consequent）的邏輯關係，更是最終極的原則。因之，這不是時間上的先後問題。時間上的先後，屬於經驗範疇；至於邏輯上的優先（priority），則不屬於經驗或外在因素，而是內在的「心」之運作，也是理性或思的「必然」結果。換句話說，時間觀念不是經驗或事實的產物，卻是「心」或「思」（理性）的成品。「時」（time）如此，「空」（space）亦然。時之先後，空之上下四方，都只具「圖說或形狀意」（pictorial or figurative），全都由「心」所生，是主觀也是客觀。一般人以爲是虛，心學者卻斷定爲實（real）。先之先有先，後之後有後；上之上有上，下之下有下；左之左有左；右之右有右。這些時空在經驗上的用詞，都只是爲了圖解用，方便於理解；於「心」則無差別。時與空，都是永恆；如同心一般。因之，一致性及系統性，都是必然的。

3. 一致性及系統性：思、理、心，本身絕不支離破碎或散亂無章。相反

的，就如同長江大河必有源頭，枝葉扶疏的神木也必有其根；哲學之形成系統，更是如此。「心」及「思」的最大成果，具體的呈現在哲學系統中；整個結構，是以「理」予以環環相扣。心的活動（activity），是動性的（dynamic），「重建或重組」（reconstructions）性極強。在理性的「自我伸展」（self-unfolding）或「引發」（heuristic）過程中，分析及綜合、演譯與歸納，必雙雙並論；「自我伸展」等於「自我呈現」（self-manifestation）。哲學工作或任務，就是在自我伸展或自我呈現的過程時，都整合且統一地納入於「自我」（ego）裡；過程中的前後（時）及左右（空），全入於其內。把形下的、經驗的、具體的、感覺的，提升或超越在形上裡。心論的主調，是形上學，就與康德把形上學委身於知識論裡，兩相有別了。康德的批判哲學遂脫胎或蛻變成爲黑格爾的絕對心學（absolute idealism）體系（system）。後者不只是「心論」而已，且是典型的「唯心論」。

4. 康德的批判哲學，如同柏拉圖的理型論，創建性十足；黑格爾的唯心論，在哲學體系的建構上，則力道猶比亞里斯多德，組織性特強。古（希臘）與今（德國）大哲之對照，各有其二律背反（antinomy）性，那是據其一「隅」或一「曲」而言，若訴諸於「大理」（借用支那荀子《解蔽篇》之用詞），則除了公說婆說之「詭論」外，卻另有更超越的絕對境界。一部哲學史，就是一部絕對理性（心）的「自我反思」（self-reflection）史。宇宙萬有之所以能變成「知」（爲人所知），乃因人有「心」。哲學家不只有「心」，且其心該屬「絕對」（the Absolute），與宇宙萬有之絕對等齊。二者之絕對，各自且也相互的「伸展」，而成「體系」，乃是哲學家的首要任務。就康德之後「心論」的三個代表人物而言，黑格爾最倡導此觀點，他也就變成了「形上心論」（metaphysical idealism）思潮中最頂尖的浪頭人物。

三、「心論」與神學之關係

(一)心論三大學者，早年都以神學為主科

1. 菲希特在耶拿（Jena），謝林及黑格爾在杜賓根（Tübingen），都是日耳曼名大學。雖他們不多久就轉頭向哲學進軍，但神學陰影猶在。尼采就不客氣指陳，這三人都隱藏神學家身分來誤導眾人。他的此種諷刺，是言之鑿鑿的。

2. 取三大哲的先「師」康德為例，對比性就極為明顯了。康德雖非專業性的科學家，但他著迷於科學是昭然若揭的。他為文的第一篇，就是科學性的；東風較乾，西風較濕；原因是一來自於大陸，一則從大西洋吹來。他認為科學知識是「可能性」的（possible），不是必然性的（necessary）。可能與必然兩大觀念，與哲學密切結合。黑格爾為文之初，大部分都是神學的；其後甚至還揚言，哲學的主題是上帝，除上帝之外無別的。至於他所說的「上帝」究竟何所指，俟後討論，但明顯的是他的「心」，所關注的是：創造主的上帝與創造物，以及無窮無盡（infinite）與有窮有盡（finite），二者之間的關係。他不是只考慮其中之一而已，而擬二者兼顧。即如何把兩化為一：窮中有無窮，無窮之中有窮；不定之中有定，定中也有不定；二者之演化或提升，爰是關鍵。由此他獲一結論：哲學之終點，必入於神學。哲學一碰上神學，不止轉變而已，還要讓道；二者之關係，是「概念上的」（conceptually）。在「思」（thought）裡，取宗教意識（religious consciousness）與哲學反思（philosophical reflection）二者相較，在悟力上，前者不如後者；但在哲學「系統」的建立上，不無早期神學研究所留下的餘暉。

3. 菲希特早年作品，宗教味淡，但晚年遲暮時，則「無盡的神靈生命」（infinite divine Life）觀念充斥。謝林也毫不遲疑地認定，有窮及無限，必是哲學的主題。晚年著作的宗教味，一觸即知。有關人與上帝的即或離，密或疏，是他最感興趣的要旨。

「定」與「不定」（finite, infinite），在傳統上就是形上學家最喜愛的思考

對象。把人當作窮，上帝是無窮。這種神學的主題，就是形上學的具體對象及內容。心論者自不例外。當然，心論者取哲學字眼來闡釋此種最高無上的形上學（神學），難免使本來就字義的晦澀性，更火上加油。公然地向世人宣布上帝已死的尼采，對心論者之此種心向，最予以冷嘲熱諷；心論者不敢從前門坦誠地維護基督教正統性，卻祕密地從後門擬取形上學來取代信仰，且把基督教啓示的神祕性予以理由化或系統化。更進一步地還求助於邏輯的演譯法，妄想稀釋獨斷性的教義及教條的玄味！難怪斯特林（J. H. Stirling, 1820-1909）於1865年的《黑格爾之祕密》（*The Secret of Hegel*）一書中直言，黑格爾是基督教（Christianity）的祕密哲學大對手（the secret philosophical Champion）。此種說法，不得不令人莞爾一笑。而麥克塔加（J. M. E. Mc Taggart, 1866-1925）於1901年的《黑格爾宇宙論研究》（*Studies in Hegelian Cosmology*）一書中，更不諱言地說，黑格爾哲學不但從內部毀了基督教；且也赤裸裸地宣示，用傳統形式把基督教義補上理性內容。齊克果（Soren Kierkegaard, 1813-1855）也有類似說法。菲希特但願他的晚年作品所言的「絕對」（Absolute），能夠與聖約翰福音（St. John's Gospel）書的首章所述的「太初有道，道與神同在，道就是神……」掛上鉤；但說服力是薄弱的。

(二)信與知的優先順序

1. 「信先於知」或「信是爲了知」（I believe in order to know）是聖安瑟倫（St. Anselm）的名言。黑格爾對此說法，並不採挖苦諷刺調調；教義優先於哲學，他早年的作品確實對此說法恨之入骨，但晚年則態度軟化了，而把信置於他的哲學體系的羽翼下。事實上，他不屬正統派；但在他的主張與基督教義二者之間的關係上，無疑是坦率眞誠的，把宗教的絕對當成哲學的絕對，二者都有眞理作內容，只是領會及表達方式不同而已。

2. 就正統神學角度來評黑格爾，是他取理性來取代信仰，也以哲學替換啓示，用理性推論來維護基督教。置神祕性（宗教）於黑格爾哲學（Hegelian-

ism）中，前者莫測高深，大概只有少數享有神恩的高僧才能知其底蘊；後者則教派之外的「凡人」（exoteric）也能接近。他本人絕非屬正統派教徒，但卻深信，他的哲學可以爲基督教義的理性化幫一點忙，向世人表達宗教眞理。尼采的評論太過離題了。菲希特及謝林哲學的發展，足以顯示出，在宗教層面上，與尼采的「標的」（mark）不合。日耳曼的心論者把宗教意識的意義及價值，放在他們的哲學體系中，且占有不少分量，或許揚哲學而抑神學，但絕不可誤把他們說成非宗教之輩。

四、心論與日耳曼浪漫風潮之關係

(一)關係有密有疏

1. 密的部分：心論三大哲之中，菲希特與謝林的浪漫風潮之關係頗爲直接，尤其是謝林。至於菲希特則爲文批判尖銳，即令浪漫大浪也起波於他的著作裡。黑格爾則各賜予同情。

2. 「浪漫哲學」（philosophy of romanticism）或許不直接來自於上述三人，靈感倒可說是醞釀於他人如施來格爾（Friedrich von Schlegel, 1772-1829）及爲未婚妻去世而語出優美詩句的諾瓦利斯（Novalis, 1772-1801）。不過，浪漫風與心論二者有通靈的聯繫，精神上也有若合符節之處。浪漫詩人、作家，或哲人，心態上朝向生命與大自然，而非關心什麼系統哲學。形上學者之爲文，有與詩情畫意兩相契合者；但若與黑格爾的「辯證系統」（dialectical system）相較，則不只是差之毫釐，且失之千里了。黑格爾也自知，系統的哲學與浪漫的表達，二者形同陌路；但十九世紀初，這兩股風潮都同時吹襲，吸力與斥力，皆併入成爲日耳曼的「時代精神」（*Zeitgeist*, spirit of the age），該辭正是黑格爾的慣用語，也是一種文化現象（cultural phenomena）。

(二)浪漫精神的真諦

1. 不為習俗所束：「浪漫精神」一辭難以作精確的定義，這是考倒秀才的難題。不過，浪漫風具有某些特色：一是與啓蒙運動精神恰好相反。啓蒙時代強調分析、批判、科學式的領會知識。浪漫精神集中在突創力的潛能激發，想像力、情意力，及靈感力之價值，高過於冷靜的理性思考。其實，啓蒙運動時代的代表人物，有許多是二者兼具的。法國巴黎的「哲人」（le philosophe），稟有藝術天才者不少，他們豐衣足食，有餘暇欣賞音樂，觀看美術作品，從事雕刻繪畫；其次，浪漫格調也有倫理道德層次，衝破傳統的禮儀束縛，敢愛敢恨；價值觀的自我意識及主觀想法甚強，我行我素。只要我喜歡，就天不怕地不怕地跳脫沿襲已久的習俗網羅。

2. 強調想像力（imagination）：想像力無窮，無邊無際；時有超乎料想之外的曲折及空間，如詩詞或音樂。可以把菲希特的「超越性的心論」（transcendental idealism）「轉型為魔術式的心論」（magical idealism）；沒有什麼「公設」、「定理」，或「原則」，想像力任由馳騁。只有天才，才有這種資產。謝林特重美藝作品對自我的充分發揮，詩人才是真心的魔術師（magician）。

3. 對自然的「心領神會」，最具浪漫情懷：自然最不單調如機械，是有機的，活生生的，整體的，而非死氣沉沉的，分離的，彼此不相連的，孤立的；卻充滿美感又富饒有神祕性，似乎有精靈（spirit）在其中運作。人倘佯於大自然之下，自由自在地優遊其間，可以傾聽天籟的美音，及大自然的諧和。斯賓諾沙不正是此種人生觀的典型嗎？謝林在杜賓根大學的同窗，好多都是詩人。

4. 天人合一：高舉大自然（天），並不意味看輕人。人類歷史從古尤其希臘以來，就曾創造出輝煌的「美」文化；黑格爾當學生時，頗嚮往古希臘的美藝。啓蒙運動的學者指出，中世紀為黑暗時代，但浪漫運動卻重新喚醒時人，應體悟出將文化與信仰作有機整合，這正是中古時代的人創造出天生無縫的一種「美」。同時，民歌、童謠、地方舞蹈、母語說話腔調，也靡足珍貴，都是人與

天合成一體而「思」的偉大成就。人的歷史是連貫的，不中止的；文化發展的本身，就具有美感在內。歷史的起起伏伏，事件的層出不窮，是激發想像力最佳的題材。歷史是有宗旨的，朝向目的運行，心論的哲學家都有各自的「史觀」；黑格爾、菲希特、謝林不用說了，咸認爲人類歷史是一部具有道德性、整體性、理想性的開展史。謝林更把人的歷史，當成從墮落返回上帝懷抱的故事或宗教史，也是迷途知返，回頭是岸的過程。黑格爾的正、反、合，好比一首跳躍優美的曲調，最後都是精神自由的實踐。各時代的人都該發覺，大家都具歷史意識地扮演著推動歷史巨輪的角色及神聖任務。眞、善、美，與聖交集，譜成一首聖詩或聖歌，詠贊不絕。個人從「不確定」或「有限性」，朝向「完美性」或「無窮性」；國家或種族，亦然！

(三)二者之分野

1. 心論與浪漫風潮都以「絕對」（Absolute）爲標的，那是無止境的，也是藝術創作上源源不絕的活水。但浪漫哲學家，基本上強調「直觀洞識」（intuitive insights）而非演譯推論或證明（deductive reasoning or of proof），後者是沒完沒了的，是次要的；直觀則如一柱擎天，一了百了，是首要的。由「理」得的知，與因「悟」得的知，性質有別。只能意會也不能言傳的眞理，才至高無上，美得無以復加。「見」有眼見及心見兩種，後者的價值高，且高於前者。文字語言之表述，是徒勞無功的；詩詞美藝才能竟其功。心論哲學是可說的，浪漫哲學則不可說。眞正的哲學言及哲學時，都帶著一種「自我嘲弄的機智」（ironic wit），理與情的分野就在於此，理會與意會的差別也在於此。理會的「整體」（the whole）性及「絕對性」，不及於「意會」。

2. 浪漫主義學者視哲學與宗教是一家親，二者都關注於無限性（infinite）；美藝的宗教味強，因富有原創性的美術家，是從有限性（finite）去體驗無限性，而以美作爲表達的形式。浪漫者憎惡於刻板規矩的限制，也不屑於一清二楚的陳規；難怪歌德評論，古典是健康而浪漫是病態了；致使沉迷於朦朧，或

鄉愁於無窮者，遂不得不收斂些。甚至部分浪漫主義的代表性哲學家，還認爲天主教的統一性（Catholicism）可以提供此種需要。唯心論的哲學家如黑格爾，堅持該把概念思維予以系統化；決心閉絕那種神祕且訴諸於情的心意。當然，黑格爾關注於「整體」（totality）與「絕對」（the Absolute），詩與哲學，不可相混；二者雖同樣觸及「絕對精神」（Absolute spirit），但闡釋美藝，包括詩詞，同樣也可作爲哲學的教材。

3. 浪漫學派注重美藝詩詞，以之作爲純粹自我或絕對自我（pure or absolute ego）（菲希特）及絕對精神（Absolute spirit）（黑格爾）的表達方式。因爲文字陳述、數學演算，及演繹邏輯推理，是無法施展於美藝詩詞的。心論者認爲，哲學是「知識中的知識」（the knowledge of knowledge），是成爲「學」（science）的基本學；並不企圖把無法言玄的予以言玄，卻只道其所知的道，言其所知的言。尤其是黑格爾，他一再堅持，哲學絕不作那種「上天啓示式、吟遊詩詞式，或神祕莫測式的陳述」（a pocalyptic utterance, poetic rhapsodies or mystical intuitions），卻必須系統式或邏輯式的將概念作毫不含糊的交代。哲學家的使命，是要了解實體界（reality）且設法讓他人了解，避免猜測、臆想、摸索、揣意。眞與美各有地盤，也該各守分際。康德的三大批判各自成冊，不許妄想合而爲一。純粹理性求眞，靠邏輯或數學；實踐理性求善，憑自由意願；判斷力批判求美，憑欣賞之情。

五、人神關係

(一) 旨趣（目的）相同

1. 依定義而言，上帝之意即完美極頂，絕對永恆，無盡無窮（infinite）；而人的定義是理性動物，會思能想，有意識及自覺。雅典聖殿德爾菲之神論（Oracle of Delphi）之一的「知爾自己」（to know yourself），是指「知」及「智」；其二是nothing too much，持中，不偏，勿過分，是指「德」。「心」

論學者指前者爲「自我」（ego）、「絕對」（absolute）、「精神」（spirit），也可以說，人是個小上帝。即令就經驗世界而言，人類歷史所展現的，就是一種「自我啓發或伸張」（self-heuristic or unfolding）的過程。知之量由少變多，知之質也由劣轉優；由有限、不定、有窮（finite）等，往無窮界進軍。人遵循上帝的旨趣，完成此種道德天職（moral vocation）。人之一舉一動，都帶有「目的性」（teleological）。史觀作此種闡釋，難免被評爲過於主觀，透過人來實現樂園於人世及來生。大自然有欣欣向榮的傾向，隱含著一股謝林所稱的「沉睡精神」（slumberig spirit）在其中，透過人的精神或意識予以喚醒，這也是康德的批判哲學後來由心論哲學所承襲的重要依據。人神同體同形論（anthropomorphism），呼之欲出。

2. 人「心」有貪念，但不只是樂於形下界或喜於有窮界而已，卻也有超越意欲。心論的三位哲學家中，黑格爾講得最明白：形下到形上，有窮到無窮，是一種過程；勿以爲人「心」只止於有窮或形下，卻同時也兼具形上及無限。一正一反，而後合的超越與提升，人的歷史就是最佳的證據；每一個時代都比以往更向「絕對」踏出一大步。當然，終點還未抵達，宗旨尚未成功，心論哲人尚待努力，「絕對」（absolute）是目標。若把上帝轉爲標的，且目標如已至，則宗教就不必要存在。「百尺竿頭，還只在望，尚差少許之際，通往上帝之過程是不能歇息的，俟手已奪了標，就可以功成身退」（short of the Absolute God cannot rest, and having reached that goal, he is lost and religion with hime）。當人可勝天時，人還有必要仰賴天嗎？在過程中，人有待上帝的出手相助；任務完成，上帝就可以撒手不管。把上帝比爲友人一般（personal God），是「神人同體」論的最佳譬喻。只是人類史雖今比昔進步，但即令到二十一世紀的今天，臺灣寺廟照樣香火鼎盛，祭拜人潮洶湧；而歐美趕赴教堂祈禱懺悔者，也絡繹不絕。

3. 就「目的觀」（teleology）而論：誠如上述，人與上帝都有相同任務；但有限性的人，與無限性的上帝，在本體論（ontology）上都無法有更明晰的比喻，來闡明二者的相似性，此一分別極爲重要，現在先按下不表；倒先處理「自

我」（ego）在「實在」界（reality）的「自我展現」。先是由自我「間接」
（indirectly）生出「己意識」（self-consciousness）來。之所以是「間接」，因
為有個「非己」（non-self）在。己及非己，一正一反；在「本體」上，二者地
位平階，不能互生，卻同時都是「意識」該注意的對象，都是具有本體意味的
「絕對自我」（absolute ego）或「絕對理性」（absolute reason）。

　　如此一來，心論學者的人神同體說，就更為明確了。當然，人對上帝的了
解，不是直接的，頂多是「譬如」的，也類似康德常言的「猶如」（as if）；謝
林的晚年宗教哲學作品，此種傾向極為明顯。

(二)心論學者在論「人的哲學」（a philosophy of man）上，比重加大

　　1. 人的自由，是心論學者最關心的主題：菲希特的「絕對自我」（absolute
ego）之動作，是無限制的，只操之於意識上的自由；每一位「絕對自我」，
都享受此種自由，都可以在彼此相處的社群中，各展自由之「神」功，相安無
事，這才表達出具體的道德意識。菲希特哲學是一部動態性的倫理「心」學
（dynamic ethical idealim），「人的哲學」，也就異於「自然的哲學」（the phi-
losophy of nature）了。黑格爾也如此表示，謝林的人神同體哲學，更注重人的
自由，也思及人由墮落後迷途知返，而皈依上帝的過程。

　　2. 人生存於社會，自由的面貌更須凸顯：菲希特本人是好動型的，精力充
沛；他看出，人之行動受制於自然衝力，本能及天生的趨策者多；但人另一方面
是有精神面的，不會被情欲所綁，卻一心往目標及理想奮力而為，這是一種自發
自動的「義務」理念。學康德的樣，人是理性及道德的，強調為自由而自由；
自由本身就是行動的目的，不為其他，不淪為自然欲望之奴，一生以道德天職
（moral vocation）為志。雖然每個人的天生職責有別，如為人父或為人母，但
建立一個普世性的道德世界秩序，必是共同的天職。

　　菲希特年輕時，激情式地支持法國大革命，認為那是解除政治及社會枷鎖不
可或缺的必要之舉。不過，何種政治、經濟、社會組織或制度，才最適宜於發展

道德情操？他發現此問題不得不仰仗政治力，積極又正面地作為啟迪兼教化民眾的道德管道；其後目睹歐洲實情，拿破崙的掌權以及解放戰爭，逼使菲希特的民族至上及國家第一之意識抬頭。日耳曼民族必須建立一個統一的德意志國家，人民才能獲得真正自由。在個人的道德意識未充分發展之前，國權高於人權。國的自由優先於個人自由；一旦人的道德意識完全發揮了，那時，無國也無妨。

3. 黑格爾同樣在年輕時也為法國大革命興奮莫名，力爭自由。「自由」（freedom）在他的著作中，出現次數最多；強調人類史，就是人類的自由奮鬥史。不過，他把自由分成兩類：一是消極性或負面性的自由（negative freedom），即「免於」（freedom from），如「免於恐懼」（freedom form fear），「免於匱乏」（freedom form want）；另一是積極性或正面性的自由（positive freedom）。誠如康德所言，道德自由是遵守由理性的人所制訂出來的法規律令。理性是普世性的，因之，公法等於公德，公法就是國法；也是盧梭所倡的「眾意」（General will），守國法等於行公德。黑格爾與菲希特同把康德在道德的形式上添入法的具體內容，二者都視同為絕對，但強調點有別。菲希特力主由個人良心（personal conscience）為中介，在履行義務時，可以享有個人自由及行動；那是個人納入社會成為一分子之後，所取之作為義務而履行的道德志業。此種個人自由及行動，對離群索居者是不適用的。因之，個人必先克服自己個人較低層次的自我自由，以便與較高層次也較完全的自由同調。黑格爾則把個人當成是政治社會的一員，也較注重道德的社會面或公眾面。積極自由，只能在諸如國家這種較大型的有機社會中才出現。有了言論、出版、講學、遷徙、信仰等自由（freedom of ...）之後，個人才強調個人自由那種私德；社會或國家，則要求公德及公法。但他同時指出，除非國家認可個人自由的價值，否則無法建立一個理性的國家。在柏林，他講授的政治理論，過分誇大國家的地位，旨在使聽眾將社會及政治意識注入於道德裡；用意不是在為國家霸權撐腰，而犧牲了個人自由。此外，政治體制該把個人的精神活動層面，如美藝、宗教，及哲學，列為首務，「精神自由」（the freedom of the spirit）才可暢行無阻。

4. 高唱絕對的心論者如黑格爾及菲希特，都未提「絕對的道德價值」（absolute moral values）。菲希特說過，行動只是為了行動，自由也只是為了自由；無其他考慮。此種說法，不也如同康德只將道德律則予以形式化，而未有具體內容嗎？將道德的普世性，寫成道德聖訓；但萬一有個特立獨行之夫，在特殊文化及歷史情境裡，別有一番與之不合的行為時，則理論與實際，又如何兩相吻合？公德與私德不一的狀況，又如何解決？

謝林倒有一番創意想法，他「創出」第二自然（a second Nature），即「道德世界秩序」（a moral world-order）。自然中除了物理世界之外，另有道德世界；後者包括藝術哲學（a philosophy of art）以及美學直觀哲學（aesthetic intuition philosophy），二者都賦予更大的形上意義，以此來直達實在界（reality）。因之，「美藝天才」（artistic genius）地位，高於「道德英雄」（moral hero），一本他初衷地裹以宗教包裝。他認為，自由是在好壞中作抉擇；而個性（personality）則是降生時，人的光明戰勝黑暗的結果；即壓服了人的低級天性而服於理性的意志之下。此種說法，形上意味太濃了。上述提到的自由及人格，都與上帝有關。

5. 黑格爾是日耳曼心論中最大咖者。他對人類社會以及歷史哲學的分析，令人印象極為深刻。聆聽他授課的學子，都似乎覺得他把歷史講活，古變成今，不只要求聽者需有歷史感，還要喚醒他們的社會、政治，及倫範等意識，重點是歷史「了解」（understanding）最關緊要。他的一句名言為世人傳誦不已：夜鷹展翅高飛，是夜幕低垂時；哲學若灰上加灰，則生命已呈冷霜。政治哲學易於將過時的社會及政治形式及文化予以神化、硬化、聖典化。當文化或社會已趨成熟或甚至過分成熟，則該適時地有一股生命運動，帶來新社會或新的社會政治形式。

馬克斯的史觀，不在於歷史的了解，卻要改變歷史，是前瞻的；黑格爾則是返顧的。

第一章

心論的菲希特（Fichte, 1762-1814）及謝林（Schelling, 1775-1854）

第一節　菲希特生平及著作要點

一、菲希特（Johann Gottlieb Fichte, 1762-1814）生平及著作

(一)出身寒微，對研究高深學術頗爲不利，還好遇貴人相挺

　　1. 小時有機會唸名校（Pforta），與尼采是前後校友。1782年更入當時享譽環球的耶拿（Jena）大學，專攻神學；其後還轉至威登堡（Wittenberg）及萊比錫（Leipig）深造。神學陣營中，命定論（determinism）當時是主調，悲觀性壓陣；年紀輕輕又活力十足的年輕人，實在難以接受此種憂鬱陰沉又灰色的人生觀。（上文提及的黑格爾，有夜鷹及哲學的比喻。）

　　2. 好心的教士員工推薦他一部斯賓諾沙（Spinoza）的《倫理學》（Ethics），但其中也附有吳爾夫（Wolff）的反駁；不過，有主見的菲希特認爲，該反駁的說服力脆弱，使該教士「好心無好報」。菲希特反其道而行，不走該教士及吳爾夫的命定論立場；不過仍陷入命定論及自由論的掙扎中，最後則擺脫了斯賓諾沙的說法，堅持倫理上高舉道德自由的大旗。

　　3. 當家教以謀生，因而在瑞士蘇黎世（Zurich）有機會接觸盧梭及孟德斯鳩作品。一聽法國大革命消息傳至，大表歡迎，自由訊息使他高興心喜。家教學生請求老師詳解批判哲學時，激起了他首次研讀批判哲學的主角康德之書。1791年的「而立」（30歲）年時，由波蘭的華沙（Warsaw）返回故國之際，到康德家鄉克尼斯堡（Königsberg）拜訪了這位名師，似乎未受熱誠款待。內心激起了他好鬥又好勝的性格，遂寫了一文肯定康德在實踐理性中爲信仰發聲的論調，該文標題是《啓示批判論》（Essay towards a Critique of all Revelation, Versuch einer Kritik aller Offenbarung）送給康德，後者一讀，莞爾在心。當時神學方面的著作都要經過教會當局的審查，還好，該文於1792年還可以在某些麻煩下公諸於世。由於匿名發表，學界以爲是出之於康德的手筆。在康德不只出面糾

正此錯且讚美其眞正作者之時，菲希特這位無名小卒，有了名師的加持，頓時讓學界對他刮目相看。

(二) 著作等身：成名之後不只著作不斷，還在各大學執鞭，與名流交往

1. 1793年寫了一文，批駁時人對法國大革命的評論。支持民主派（democrat）及政治上的激進派賈克賓（Jacobin，走恐怖攻擊路線，被指爲恐怖分子）；但他不受此牽累，還在次年（1794）被提名爲耶拿大學的哲學教授，部分原因來自於歌德的大力支持與推薦。

2. 1794年向科學理論進軍，大談《科學理論》（*Basis of the Entire Theory of Science, Grundlage der gesammten Wissenschaftslehre*），把康德的批判哲學發展成爲心學。全部的科學理論，植基於一種永恆性原則，然後才分殊成爲特殊科學，如同樹木先有根之後才有枝一般，哲學發展好比植物生長，當中含有創新意味。他所講的科學理論，不只有知識論（epistemology），且也帶有形上學（metaphysics）。康德的批判論（criticism）一到菲希特手中，就「創」出「心論」（idealism）了；把意識（consciousness）作一理論性演繹（theoretical deduction），此道手續不可或缺。

3. 理論性的探討之外，他更把注意焦點，集中於人之存在所應有的道德目的，著作乃以「自然權」（natural right）及「倫理學」（ethics）爲中心；兩種題材都得依科學理論，不只視之爲知識眞理（*Wissenschaftslehre*）的附件或補遺（appendages），卻正是他的哲學特色；即建構一種倫理的心論（ethical idealism），也就是倫理上的「理想主義」。由於太具形上學味，難免讓讀者很難明其眞意。用字之晦澀，表達之不清，給德國哲學界塡加更多令人埋怨的藉口。他不得不以較爲文學的筆調，來釐清「科學」（science）的理論原則。他所言的科學，其實是廣義的「知識」（英文的knowledge，或是德文的*Wissenschaftslehre*），但願讀者能「領會」（understand）得「清楚如太陽」（clear as the sun）。只是事與願違，他的初衷未酬，然而用心可感；更花十二年功夫（1801-

1813）把他授課的「知識」內容，一再重寫。

4. 1799年在耶拿大學之教學發生麻煩，大學內部多人對他反感，因為他熱心於學會組織的改造，拜日（星期天）又參加一些活動，使教會當局認為侵犯了他們的神學禁區，肇因於1798年他寫了一書，《神聖世界秩序的信念根基》（*On the Ground of our Belief in a Divine World Order, Ueber den Grund unseres Glaubens an eine göttliche Weltregiernng*），被控為無神論（atheism）。因為菲希特把上帝與一種由人的意力所創且也予以支撐的道德世界秩序（a moral world order），二者劃上等號。在他提出答辯不獲接受時，只好赴柏林，拜別了任教五年的耶拿大學。

5. 無正式職業但也筆離不了手，他此時專心於「人」的自由而把「自然」的有序有則，兩相對照，1800年寫了《人的志業》（*The Vocation of Man, Die Bestimmung des Menschen*），是為大眾而撰述，而非給專業哲學家過目的。大自然除了有序有則之外，也富有浪漫性及宗教神祕性。他特別指出，人植基於「心」而產生的道德自由，人是有限的（finite）獨立體（independent being），不論花什麼代價，都擬奮力掙脫自然的枷鎖；在人與自然之對立上，人極力提升，以一種具高度的「合」，來解決困境。人之自由，站在最該優先的地位。

1800年，他的興趣轉到世俗事務上，寫了《商業國關門》（*Closed Commercial State, Der geschlossene Handelsstaat*），提出「社會主義國」（State socialism）。他早有一種使命感，不只認為他的哲學系統，代表「哲學真理」（philosophical truth），也是救世福音（saving truth），旨在改造社會，帶給全民福祉；抱負如同柏拉圖。「共濟會會員組織」（Freemasonary），被他一度視為是一種可行的手段，最適合於他的「知識」（*Wissenschaftslehre*）原則，但他把希望寄託在普魯士政府身上，政府也採用他的說法。共濟會源於中世紀，由石匠及教堂建築工匠（manson）所共同組成的行會（gild），是一種互助性的神祕團體，強調道德、慈善、濟貧、扶弱。

(三)批評浪漫學者，甚至也駁斥他的學生謝林；中年以後，宗教哲學面增加

1. 「絕對」（Absolute）的字眼多了，「上帝」（God）的觀念也浮出檯面，認定在人的歷史演進中，「現在時代」（present age）代表著人充分運用理性，使自由與秩序二者相合。

2. 1826年拿破崙入侵入普魯士，菲希特自動請纓到軍營布道傳教，但普王認爲此刻不是爲文說說而已，卻需採取行動。訴之於嘴巴，能言善道，適合於戰勝時。在普魯士面臨危亡之際，他於1807-1808年連續發表了《告德意志國民書》（*Addresses to the German Nation, Reden an die deutsche Nation*）。他與浪漫學者同樣，認爲日耳曼人擔任了文化使命的重擔。當時拿破崙已拿下柏林。

3. 1801年柏林大學（University of Berlin）成立，菲希特被聘爲哲學院（Philosophical faculty）院長（dean），1811-1812年還升爲校長。1814年年初開始，他感染了由他太太在軍中照顧病患而得的傷寒（typhus）病，終於在一月底與世長辭。

二、哲學要旨

(一)心學之基本概念與浪漫派不同

1. 哲學是一門嚴謹的學科，具邏輯體系，不是散漫無章；每一命題陳述，在理論上都有所本；本之本更有本，基之基更有基。「心」就是哲學最基礎的根（Grundsate），根是衆學之所共，衆學只一，一就是心學。

2. 數學是心學的楷模；他取幾何爲例，幾何是最具嚴謹的學門。不過，幾何也只不過是衆學之一而已。哲學是衆學之學，是一切知識的知識，是一套「知識的理論」（*Wissenschaftslehre*）。因之，哲學或基本命題之眞理，是「自明的」（self-evidently truth），其他命題皆是從中引伸延展出來的。只是他雖這麼

說，實際上他一生的哲學思維，時有脫序情事。

3. 哲學的基本任務，是對「經驗」提出解釋：「經驗」（experience, *Erfahrung*）一詞，就他而言，指的是兩種不同的「意識內容」（the contents of consciousness），一是自由的，一是必然的；前者有選擇性，任憑自己的決定，如決定去巴黎或倫敦；甚至內心中幻想到一種怪鳥（griffin）或一座金山。但一旦走在倫敦街上，則所言及所聞，就不全然是自己可以決定的。菲希特把這兩種意識上的內容，統稱爲經驗，也是經驗的基礎。經驗所顯現出來的又是什麼，他認爲這是哲學的本務工作。

4. 人必有心，心必有思：心思由「定」到「不定」，從「必然」到「或然」，經過三種過程。一是獨斷如機械般的，流於「物」層；心、靈，或精神，是作不了主的；此論形同一種「副現象的物論」（epiphenomenon或epiphenomenalistic materialism）。其次是「心論」（idealism），心具有決定力，但卻要合乎某些法則或原理。最後，則完全無拘無束，那是「浪漫思維」（romantic thinking）了。當然，三過程中所言之受限或不受限，是程度上的；換句話說，逼近百分百受限的是「獨斷主義的物論」（dogmaterialism），其次是菲希特的心論，最後就是詩詞美藝，受限最少。

(二) 菲希特與康德在哲學基本原則上的差異

1. 誠如上述，經驗的內容既有決定性與自由性兩種，非此即彼，非彼即此（Either-Or）。康德以「物本身」（thing-in-itself）作爲二者之媒介。就知而言，知有人可知及不可知者，「物本身」是人不可知的。菲希特則把「物本身」排除，在「自由」及「命定」中，只能二選一。其次，康德的批判哲學有三，彼與此之間，又有第三種，即非此也非彼；菲希特的心學則只有一，在彼與此相互對立時，是帶有排斥性的，不許妥協的。依此角度而言，他淪爲另一種形式的哲學獨斷論了。「物本身」不可「知」，卻可「感」，二者都有普世性，「如人飲水」，冷暖可以「自知」也可「自感」。菲希特更認爲感與知，是不同位階的。

2. 斷定一個人在選擇走命定論或自由論時，尤其在倫理經驗界裡，「決定」走自由論者是較爲成熟的。此種人的「心」之內，「智」（intelligence）的成分必多，「自我」（self or ego）意識必強過幼童及老人；後者由機械性或物理性所制。前者憑「心」所主宰的百分比高。因之，菲希特特別注重康德的第二批判，把實踐理性列爲第一。康德的實踐理性猶如菲希特的心論，二者都把倫範的決定性列爲首務。至於康德保存下來的「物本身」，對他來說，似乎隱藏著斯賓諾沙命定論的幽靈，返歸或神往大自然（Nature），人的自由消失了；若不見倫範上的自由，對菲希特來說，他是絕不舉白旗甚至妥協的。

二十世紀的德國哲學家雅斯培（Karl Jaspers, 1883-1969），力主哲學該爲人的自由而呼喚，於1917年發表《世界觀的心理學》（*Psychology of Worldview*），取菲希特的觀點，在世界觀上打開了一片神奇的遠景；康德的「物本身」（thing in-itself）由「智本身」（intelligence in-itself）所取代。何謂「智本身」呢？

(三)討論「智本身」時，先把自我（ego, I）的概念釐清

1. 菲希特上課時向學生說：「年輕人啊，想想那道墻」（Gentlemen, think the wall）；接著又說：「年輕人啊，想想那位想想那道墻的人」（Gentlemen, think him who thought the wall）；第三步：「想想那位想想他自己曾想想那道墻的人」（Gentlemen, think him who thought him who thought the wall），如此無止境的類推。試看下例：

今天下雨（現象的第一層）
A說今天下雨（現象的第二層）
B說A說今天下雨（現象的第三層）

類似如此的陳述（命題），其眞假值的判斷是不同的。菲希特上課所舉的

例，最後都總結到「我」（I or ego）上。我，是「純我或超我」（pure or tran-scendental ego），也是一切哲學的第一原則。

2. 此種「自我」，不是凝視可以看出的，也不在感官經驗界裡，更非「眼見」可及，只能「心見」。心見並不神祕，也非個人私下專享的特權，卻是人人有之，內藏於意識中，是「直覺」（intuition）可「感」的。任何行動都本乎此，也是生命之所在；無此，人等於死亡。因之，「我」本身不是靜止的，卻是動態的，人人皆可立即的找到「我」。我也就是自我，自我與「意識」（con-sciousness）是同義語。

3. 「內省」（introspection）工夫不可或缺：單依內省，自我、且純自我、也是超越性的我，就在意識中。任何存在，都靠自我而存在。比如說：「我正在走路」（I am walking）；走路絕不是靜態的，思惟亦然。「主體」的「我」（I），與客體的「走路」（walking），「主客合一」（object-for-a-subject）。當年笛卡兒的名言，「我思故我在」，菲希特改以：「我內省故我在」。「心」有「思」也有「內省」，這都是心「智」（intelligence）的呈現。與康德最不同之處，即康德認爲「心」如無「物」爲客體，或無「經驗」當作客觀的刺激，則心必也空空；或許心在「知」上也是被動的，在「情」上才主動。菲希特卻張揚「心」的完全主動性，包括理、情，及意。休姆提出「心」之內省或反觀，走的是經驗主義的路線，發現了意識或自我。意識或自我，是「心靈現象」（psy-chical phenomena）；菲希特的自我，更包括「非我」（non-ego），因此是窮盡的我，也就是絕對的自我（absolute ego），也是超越經驗的自我（transendental ego）。此種意識的「內省」，就不是完全採用如休姆的歸納法了，卻需把「現象」（phenomena）予以「還原」（reduction）爲「本象」（noumena）。因之，下述兩法要同時併用，休姆的方法是敘述式的（descriptive），即把意識作分析；菲希特則更強調意識的規範化（prescriptive），帶有強烈的倫範味。休姆及菲希特兩人都走入「心學」之路，但休姆的形下「物理」性（physical）濃，菲希特則帶有深沉的形上（metaphysical）味；前者視肉眼爲優先，後者更提出

肉眼之外另有「心眼」，否則易步入主觀的「唯我論」（solipsism），而使自我失去普世性的客觀。肉眼之「見」是個別性的，分殊的；心眼之「見」，則為大家所同。形下之見，當然不如形上之見來得廣。

4. 如同上述所舉的例，「我看到一面墙」，這是「純自我」（the pure ego）的一種瞬間活動（the spontaneous activity），屬現象的第一層，幾乎人人都有此種肉眼所見的經驗；一經「哲學家的哲學重構」（philosopher's philosophical reconstruction），就提升到第二層了；即肉眼的比例少，心眼的比例多。心眼所見的墙，不純是物理上的、形下的、經驗界的、現象的。當然，心眼之起，也有賴肉眼之刺激，二者若即若離；如同「殊」與「全」，具體與抽象，多與一的關係一般。自我與非自我的或斥或吸，也類此，二者都是有限性的（finite ego, finite non-ego）；最後皆注入或返回（reduction）到「絕對自我」（absolute ego）中。此論點，有點類似亞里斯多德的潛能性與實踐性。

5. 人的意識（human consciousness）有二，一是自我，一是非自我；二者都歸源於絕對自我，把有窮納入無窮中，有限也容入無限裡；此種由一正一反而上升的超越，也同時含有理論界及實踐界；倫理界的自由及物理界的約束，更同時呈現。當意識上的瞬間活動出現時，是無「目的」意識的，如同本能反應一般。但意識的「再思」（consciously rethinking），則「目的」意識即現，自我與非自我二者間的「回跳」（recoil），復歸於絕對的自我本身，恰是「自我」之「正」及「非自我」之「反」，二者之互斥而生的「合」；由ego之thesis及non-ego之antithesis，而止於absolute ego之synthesis了。這也正是康德二律背反（antinomies）的意義所在。辯證法（dialectic）為康德、菲希特，及黑格爾所應用，「反」只不過是一種「現象」、「面象」，或「假象」而已，終復歸（deduced）到「合」。合即「絕對自我」。正或反之存在，只不過是絕對自我的部分面像，不是全貌。就二者之「異」來說，是矛盾又相衝的；但除異之外，也有同處。第一命題是「正」，第二命題是「反」，「合」就是第三命題了；如同贊成與反對之外，另有第三解決方案一般，不是鐵版一塊的死硬或冥頑不靈。

合是一種「智」，不只「知」而已；一正一反的「知」易，但意識到「合」的「智」，則難。

(四) 哲學與形式邏輯（formal logic）的關係

1. 哲學的基本命題，不是可以言玄的，卻是自明的；也非如同幾何之證明，或算術的演算。形式邏輯也是如此。如同一律，A是A，A=A，A→A（若A則A）。換句話說，A與A本身，有必然關係；菲希特哲學之基本原則也是如此，我就是我，這是「正」。

形式邏輯也說A＝A，「非非A，就是A」；「負負得正」，這是「反」。

2. 正與反，都有形式邏輯予以表述，「合」卻只能依哲學了，這也是心學的特色。此外，正的自我與反的非自我，二者之間的衝突或掙扎，是無止境的。自我猶比人，非自我則如同自然，二者之呈現，是一種障礙要極力予以克服或排除，尤其表現在道德層次裡。因之，意識中就帶有一股趨力（dirve, *Trieb*），也正是另一種形式的因果關係（causality），具有邏輯形式上的「前項」（antecedent）及「後項（consequent）」形式。

第二節　菲希特自我的三種面向

菲希特哲學或是他的心學（idealism），以「自我」（ego）為核心。自我有三種面向：知識我、道德我，及情意我；恰好針對眞、善、美三者予以呼應，也正是康德三大批判的另一層解說。菲希特的「自我」，以道德我為主軸。

一、道德我（moral self, moral ego）

(一) 人之心或意識，本能上就有一股爲德而德的衝力

1. 德之爲德，本身就是目的，無外在目的；德之「行」（done）或「不行」（undone），只考慮德本身，絕不介意德本身之外的因素，這才算眞正的「德性」或「倫範性」（moral or ethical nature）。此說法與康德之道德學說，不謀而合。德不「只」是工具，卻是目的。自我是動態的、奮力的、掙扎的、打拚的，「下意識」（infra-conscious）即有此種衝動（impulse），爲「自我保存」（即生命的維持）所必須。意識是操諸在我的，也是自由決定的主體性；但德本身之外的客體物，或是外在環境，也是與人處於對立面的「自然」（nature），則與「人」，二者處於「二分」（dichotomy）狀態，一正一反。

2. 就人之身心生理結構而言，也有此種「二分」狀態：有身也有心，有客體（object）也有主體（subject），二者都是一種「存在」（existence），也是一種不容否認的「事實」（fact）。如同康德所言，人有「本象」（noumenal）面及「表象」（phenomenal）面；人有機械性（mechanism），人更有自由性（freedom）、獨立性（independence），及自主性（autonomy），或自我決定性（self determination）。下句引語，來自於菲希特。

不因食物存在於我之前，我才會餓；但某些東西卻如同食物一般的，讓我餓。（I do not hungry because food exists for me, but a certain object becomes food for me because I am hungry.）

「渴」有生理的，更有心理的；求知若「渴」，求「善」或求「美」亦然；反而該種「心」渴，比「身」渴更渴。

3. 身渴的「活動」，只是工具或手段，「心」渴才是目的。道德之渴一旦滿足了，人生不亦快哉！別無所求了。層次最頂級，最極點，最完全，最絕對，到此就止了。因之最為舒暢無比，這是由於人稟有「理性我」（rational ego）、「精神我」（spiritual ego）、「道德我」（moral ego），因之與「非我」（non-ego）有殊。「道德意識」（moral consciousness）充分地呈現在「善」上。

(二)自由有兩層面

1. 形式上的自由（formal freedom），條件只一，即意識之有無：「自覺」（self-consciousness）或「自省」（self-reflection）、自驗（self-examination）如蘇格拉底者，就有此種自由。

2. 物質上的自由（material freedom）：即常人所言之自由，屬於生理機體上的自由。但別忘了，物質上的自由，充其量只不過是一種「過程」，本身不是目的。「為了」活，不得不吃或不喝，這種物質上的滿足，只是一時的，不是永恆的。時時有此種「意識」，則形式及物質的「二律背反」（antinomies），就不是層面的而已，其實是二合一的。

人之「身」有血液循環，此種事實，常人在「意識」上並不隨時注意及之；一旦「意識」及此時，才知有此純主觀上的事實。人本身雖不能控制血液循環（氣功超強者例外），但菲希特說，人的衝動或欲望，一旦為人所察覺，則在滿足或不滿足該衝動或欲望時，人是可以自行了斷的，人是「主」而非成為該欲望或衝動之「奴」。self及ego皆翻譯為「自我」，就意識而言，菲希特的ego，精神及「心」的層面多，self則偏向肉體及物的層面，前者在道德的比重大。

3. 人的一生，或人類史的演進，就是此種由self「進步」到ego的過程，那

是一正一反而成的合；self的活動，參雜有外在目的於其中，ego則活動就是活動，自由、自主、自決、自定；此刻，法律及自由之界線不存在，以自由為法，以法為自由。三權（行政、立法、司法）既都由己（ego）所出，遵之，守之，信之，絕無拘束感；不只無痛覺，反而自覺甚為自然，且樂趣無窮，也享福無比；二律背反，以「合」終之。

4. 勿視自由的阻礙為一種「惡」，卻是作為「善」之考驗及試金石，供自我（ego）秤斤論兩的道德專業（moral vocation），由「是」（is）轉為「該」（ought），行德變成一種自我甘願承受的「義務」或「職責」（duty or obligation），是良「心」的一種呈現。此說法，正是康德的口吻。良心是「良」的，絕對無錯也無誤。良心也是天心，「天意」是也！（if I aught, then I can）

善惡、對錯、正誤等，放在天意或良心的天平上，立即展現，判斷是絕對的。在這方面他如同康德，不准持有「異論」（heteronomy）。因而該權威（authority）是內在的（interior）而非外在的（exterior）；同時是普世性的，放之四海皆準，俟之百世不惑；目不識丁者及熟讀詩書者，皆該有此「共識」，也是盧梭「眾意」（general will）的實踐。此外，此種良心上的自覺是立即性的，甚至瞬間的如靈光一閃，就大澈大悟，永不有疑；也絕無反顧、遲疑，甚至後悔。最終真理陡現，正是實踐力行的最佳幫手；不藉助於純粹理性，卻得假手於實踐理性。良心甚至不是理（reason）可管轄，卻是情或意（feeling）之所歸；良心既不騙人也不誤人，對得起良心，不正是眾人的行為座右銘嗎？

(三) 道德形上學的闡釋

良心意識的自覺或發現，取哲理予以論證是不妥的，一來曠日費時，二來駁者也多。若以良心為倫範的最後準則，一般人或許也能言之成理，菲希特則為此提出形上學的闡釋。

1. 良心既是決斷行為的最終效標，但良心絕不武斷、任性、隨意（arbitrary and capricious）。

德只能訴之於行，非停留在知；行者動，知者只紙上談兵。動要有身，即機體的行為，身是行動的工具，因之身體之自殘（self-mutilation）是不該的；也不可把身當最後的考慮。但如自殘肉體的一部分而可保身，這就另當別論了。自殘或不自殘，這種二律，皆有對與不對；此刻，良心就該出面作主了。

2. 「道德的世界秩序」（moral world-order）：論該或不該，屬道德層次，宇宙世界是有則有序的，與人的全身也有則有序一般。一部分的失則失序，若傷及全身的失則失序，則如同壯士斷腕，或動物之割尾求生。換句話說，德有小德及大德，和私德及公德之分；利及益也如此。眾人之「利」是大家的「趣」（interest），也就「逼近」於「義」（justice）了。公利或眾益，不也形同「義」嗎？不該把功或利，看成那麼下賤或不屑。哲學家尤其「心」論者，在此建立起某種一般性的倫範準則，以及作為個人道德志業行為的應用。視良心為無上法則，將個別的良心彙聚在道德的世界秩序中，「大德、大我、大善，大殘、大害、大傷」等，與「小德、小我、小善，小殘、小害、小傷」等，二者之間，邏輯上的「兩難」（dilemma），如何抉擇？在慎思明辨之際，也會有靈光一閃的頓悟出現；兩害相權取其輕，兩善相衡取其重，這不也是道德行為的金科玉律嗎？因小失大，見樹不見林，此種「近視」格局，是無法成為普世之「法」的。

二、政治我（political ego）

(一)道德與政治的關係

1. 私德擴大為公德，就必然會有政治層面意了。私德是「己」，公德則涉及「人」且是眾人。己與人之「權」之使用，自由度如何，不也是哲學家的討論對象嗎？「己所不欲」時，如未思及「人」之欲不欲，就立即採取「勿施於人」之行，顯然思慮太過膚淺也幼稚。人與己之關係，同欲者有，異欲者更多；將心比心，有可能比對心，但該種「對」，只具「可然性」而已，又哪有「必然性」的事實呢？比錯心者大有人在。心之意識在此刻，「智」就是大顯威力之時。

心之「智」（intelligence）出現，是多樣態的（manifold），但都不出「絕對自我」（absolute ego）之外，即「殊」中有「同」。同就是公理、原則、秩序。己與人，是環環相扣的，緊密相連的，怎可「自私」或「唯我」（solipsism）的「只」顧「己」欲而未思及「人」欲呢！「己所不欲，勿施於人」的「儒生」，何德何能可作爲哲學家或思想家呢？封爲「至聖」又是「先師」或「萬世師表」，眞是鼠目寸耳輩之聞見而已。

2. 自由不許只及於己而不計及人。須知，己屬理性，難道人不也是同類嗎？「非我族類，其心必異，其身可誅」，這就如同禽獸了。

我採取自由行動時，有必要自我設限，乃是基於一種事實，即我也同時認定他人擁有自由。這就是「自由」一辭的最終解釋。「自由以不妨礙他人之自由爲度」。群居之公德，性質與獨居之私行，大異其趣。獨居者只有行而不必有德，德必慮及他人；行爲之「當」（right），也以此爲準則。德的社會意，太過明顯了。支那傳統五倫之教中，最欠缺一種倫，即「第六倫」，也是「人己」之倫；尤其是碰到陌生人，甚至「異類」時，如何相處。講究此種德，才能疏解族閥，械鬥，種姓之仇，門第之恨。

3. 只及於私或「己」時，「力」（power）可以行使，甚至也是一種道德義務；但當及於「人」之際，竟然也使「力」，則就不該了，缺乏「正當」（right）性了。自己對自己可任由己意地上下其手，但對他人也「手腳並用」或「拳打腳踢」，則必然引起糾紛。

　　我有自由說話之「力」，我也有「權」向人自由說話，是「正當」的。

菲希特舉出此例，說明那是荒謬的、無理的、可笑的，因爲果眞如此，則你言我語，都可以暢所欲言，無顧及他人的感受。放言高論，街談卷議，那不天下大亂？同理，有「力」支配私產，但如在衆人之前揮霍無度，窮奢極侈，則顯然公德大損。美國在能源危機時，富豪於聖誕夜盛大展示萬支燈火，遂引起輿論非

議。私產（private property）之擁有，具有「社會脈絡」（social context）；許多腰纏萬貫的富翁、爆發戶，或臺灣的「田僑仔」，不是靠己力賺得，而是寄生於社會大眾之血汗而成，卻十足地如守財奴，對濟貧救弱出奇地吝嗇，一毛不拔！

4. 舉一例引申之：身分為農夫者，對農田的財產權，只能把農地作為耕種及養家畜等之用，而不可移作他途，「農地農有」如此而已，這才具社會脈絡意。工業用地只能蓋工廠，學校用地只可建教室，森林用地只限種樹等，怎可變成旅館、獸場，或軍事等用途呢？自由的眞諦，哲學家有必要深度地探討。

一百萬人集在一起，人人都有己意，則己意量甚多；但若眾意形成意時，則該一意就平均分給個人，目的在於使人與己之自由，都受該一意所限。

所以私德不可越過公德，殊行不能抵觸共行。一個人有吸菸的自由，但卻不許在大庭廣眾之前吞雲吐霧。「經由相互認可」（through mutual recognition），自由不是無條件的；既強調互相認可，則由此而組成的社會，也就彼此忠誠以對；人與人之間的信任感增加，這是就道德面來說；若從政治層而言，該有法律此種明文規定，才更有保障：契約論或合同說，才可使觸犯法者受到該有的懲罰，「國」就出現了。此時「眾意」（General Will）就融入於國裡。可見他受盧梭的影響多深。個人的「自我實現」（self-realization）來展現「絕對自我」（absolute ego），乃大功告成，個人自由的美景也立現眼前。由於政治上的國之存在，只是一種「假設性的」（hypothetical），若「假設」人人的道德發展已趨成熟，則屆時無「國」也無妨，甚至不需國了。國靠法來維持秩序，德則依良心；國之功能是使個人之德更能往至善前進，一增則一減，屆時國就消失；以馬克斯的用語來說，國就枯萎了。國只當工具，德才是目的。

(二) 政體

1. 菲希特反對極數獨裁的政體（despotism），同時對民主政體（democracy）也無好言，倒同情法國大革命，這就令世人驚訝了。民主政體若是直接民治，結果是烏合之眾、群龍無首、不負責任、胡作亂為、分崩離析。眾人治及一

人治是兩極端，皆非最佳選擇。他擬定的方法，是社會中該有類似最高法院或仲裁庭。他嚮往古代希臘的「督政官」（Ephorate），本身雖無三權（立法、司法、行政），卻有監視全民遵法守法之權及功能。

國既以展現人民之道德爲宗旨，則國存在之後，自由放任政策（laissez-faire policy）就越來越明確；除非個人犯了大法，否則個人之自由，就少予以干擾。個人單憑自己之力，無法謀生，全民都須有此種體認。國之「教育」，扮演重大任務；在《告德意志國民書》中，特別把教育史上最具道德良心而發揮無比教育愛精神的瑞士偉大教育家裴斯塔洛齊（Pestalozzi），作爲榜樣，從「生物我」（biological self），向「社會我」（social self）前進，而以「道德我」（moral self）爲止境；也是從無道德觀念的「無律」（amorality），到「他律」（heteronomy），最後到「自律」（autonomy）。教育的眞正旨趣，就奠基於此。

2. 社會是計劃性的，教育如此，經濟亦然。人之一生，不是只過物質生活而已，卻該活得有意義，即「心適」（decent），知識是最不可或缺的要件。關注於公共事務時，目不識丁的文盲，當然無發言權。誠如柏拉圖早就警告給世人的，修皮鞋、造船、伐舟等都需要有「專業人士」來執行，國政這麼重大的工程，怎可全民都有發言權，那不是形同兒戲一般的危險嗎？經濟亦然。經濟階級之出現，是自然現象，主要有三階級：一是生產農作物者，二是加工者，三是交易者。

其次，三階級必保持和協關係，分配比例均勻，否則社會易顛覆。人人依自己的天分及各種狀況，選擇自己該屬哪一階級。國政之要點，是分工合理，當分工條件變了，階級也立即調整，計劃及監督是非要不可的。階級穩定，是社會和平及安全的保障。與外國貿易，一定由政府辦理及控制，「不可假手於私人或私人團體」採取閉關式的經濟鎖國（closed commercial state），且不僅只限於經濟這項而已。他同柏拉圖一般，擔心不受限地與外地交往，不利於本國居民的教育，兩人似乎皆甲意鍾情於「國家社會主義」（national socialism）措施。力主自由的心論，哲學家所規劃的國家，絕不至於濫權的剝奪個人基本自由。

在德國，菲希特可以說是首位社會主義者，政治上素來抱有大同理想主義（cosmopolitanism），但後來卻轉向德國國家主義（German nationalism）了。原先有類似現在聯合國的構想，以便實踐「衆意」；年輕時更熱情地支持法國大革命的理想，最後卻失望而改變心意，發覺日耳曼的德國，比法國更有資格來完成並領會他所言的「知識」或科學（*Wissenschaftslehre*）原則，持之以作爲啓蒙衆生之用，深信德國人享有文化使命感。但德意志必先變成一個統一國家，而不是當時的諸邦林立，這是先決條件；然後，文化及語言的統一工作，絕不可等閒視之，一定要憑政治力來完成。日耳曼「帝國」（German *Reich*）之圖像浮現，且企盼有個國家英雄，民族救星，來達成此任務。受過高等學府的薰陶，任教於名大學又身爲蜚聲國際的柏林大學校長，對於國計大政，自認理應由「知識上的菁英」（intellectual aristocracy）才堪負荷重任，不願也不許無知者，品頭論足，說三道四。

　　德國在二十世紀初的政治發展，若與菲希特期望與夢想作一對照，可以說一場噩耗及兇兆。不過，相差兩世紀的時代背景，前後懸殊，評價如何，只好留給讀者自行給予判斷。

三、宗教我（religious ego）

(一)基督宗教與哲學的關係

　　1. 1790年，菲希特寫了《宗教及自然神論格言》（*Aphorism on religion and deism, Aphorismen über Religion und Deismus*），闡釋基督教的虔誠（Christian piety）與冥思哲學（即心學）二者之間的緊張關係。取較老套又陳腐的說法，先將宗教信仰者聽信的上帝，與哲學家心目中的上帝，二者有何不同，他一語道出：

　　　基督宗教可以滿足人們的情愛，心中有個上帝作爲祈禱的對象，可以對

話、回應、獲得神恩；重點不在於信徒對教義的領會與了解；自然神論（deism）才強調將上帝作一種哲學的思辯。

對基督教而言，上帝是擬人化的（anthropomorphic Deity），是危急時（exigencies）的求助對象；上帝如同人，有名，叫耶和華（Jehovah）；有子，叫耶穌（Jesus）。菲希特所言之自然神論，屬於哲學領域，非宗教地盤，旨在尋覓一種確定不變的因果關係，是主宰宇宙的基本原則。此種需求，不是衆人渴切的需要，僅是少數人的特殊興趣而已。宗教爲大衆而設，哲學則爲部分人所研究；基督徒只要一心向神即可，對哲學一竅不通並不妨其內心對上帝的神往。「無知者更能入天堂」，滿腹經論者反而費心舉證來推論上帝的存在，眞是何苦來哉！

2. 宗教信仰之所以必要，乃因人性之脆弱，只有獲上帝之支撐，才能堅強；在知識的眞，道德的善，藝術的美，這三達德中，只依人力，常遇挫折；且人生在世，不如意之事，十常八九。悲觀、消極、被動，甚至沉淪、墮落，是幾乎人人共有的普遍經驗。爲善如登，行惡如崩。奮力往上爬，如有扶手，則較爲省力，且心中有神相助相挺，則力拔山河的豪情壯志，力道之猛，也出乎自己及他人意料之外。強調自我，尤其絕對自我，以及自由的菲希特，道德上的自律是至高準則，此種道德我乃與宗教我合而爲一，人神共體。

自然神論（deism）相信，人運用理性而不必依啓示，即可知悉宗教知識；且主張上帝創造萬有之後，即束手不管人間事，去遊山玩水了，人世的疑難雜症，要靠人自己解決，不可卸責。有神論（theism）者仰仗啓示多於理性，且認爲上帝干預人間事務。菲希特的「知識及科學」（*Wissenschaftslehre*），少提及上帝，意識的重建（reconstruction of consciousness）或歸源（deduction）即夠。

康德以「物本身」取代上帝，人對之不可知，但卻可感；菲希特取「絕對自我」而棄「物本身」。上帝、物本身、絕對自我，都是「本象」（noumena），是源頭，是「現象」（phenomena）之所依。但也因此，菲希特惹上了麻煩。被控爲「無神論」（atheism）的罪名，隨之而至，也被耶拿大學解職。宇宙世界

（the world）是這個樣，就是這個樣；是就是是，就這麼單純。基於此，吾人必以絕對作基且當起點。這個絕對的是，也就是世界，是宇宙，二者是同一的。從科學（知識）的立場來說，認爲宇宙或世界是來自於一種「神智」（divine intelligence）所「創」（creation），此說「完全無聊」（simply nonsense, *totaler Unsinn*）。此話一出，無神論的帽子就飛來了，他非戴不可；但憤慨地提出答辯，卻不爲對方所諒解。視上帝猶如一種「道德上的世界秩序」（a moral world order），被誤以爲家庭主婦在屋內安置傢俱一般。究其實，菲希特希望指控者明白，主婦把桌椅搬來搬去，與宇宙是一種道德秩序，二者相差，何止霄（天）壤（地）；此外，他心目中，道德第一，政治、經濟、教育等，都爲道德服務，如同馬克斯把一切都爲經濟服務一般，宗教亦然。無神論之爭議，風波不斷時，他把宗教當成道德；仿康德先例，只有外表的祈禱而未把行善當成一種義務，這不是眞正的宗教。未實踐道德的世界秩序者之一切行爲，都只不過是一種「想像」（imagination），甚至是「迷信」（superstition）。道德高於宗教，此種論調，易被誣指爲無神論。「世界秩序」是「道德」的（a moral world-order）而不是「宗教」的，衛道（教）之士當然吞不下這口氣。攻擊者以「宗教」爲優先，非改爲「宗教的世界秩序」（a religious world-order）不可。

(二) 道德志業（moral vocation）爲一生旨趣

1. 擁有道德志業者，不會沉溺於感官界或現象界，卻追求理想界及本象界，也就是道德界。

2. 有關上帝（God）或存有（Being），他的用語極其曖昧晦澀難懂。早年在此層面的思考，晚年可能有變，或自我調整（self-diremption），不得而知；但以倫理道德作爲他一生「心學」的主調，卻極爲明澈。

繼康德之後而高唱的idealism，譯爲「心論」或「心學」，有必要費詞予以解說。「心」與「物」是對立的。人是心物的合一體，一方面有肉體，那是物質

的，受物理學的因果律所限制，必然的；但人又有精神或心靈面，享有自由，這是一切存有中最珍貴的部分。追究其源，人是有意識的，那是人之「性」使然，尤其是「理性」；但情性及意性的不守規或不遵矩，也是人盡皆知的客觀事實。只不過作為萬物之靈的人，最終旨趣，也是理想指標，是要建立一個道德的世界秩序，視之為「觀念」（idea），提升為「理想」（ideal），而成為一種哲學體系（ism）就是idealism。就啓蒙運動的主潮是「理性」而言，康德把它一分為二，純粹理性及實踐理性，後者是倫範道德的履行，其中，「情」、「意」、「感」壓過了「理」。人有物理面，也有心理面；「心理」可合可分，分即一心一理。菲希特本諸康德的道德學說，特舉其中之「心」，以之作為永恆「理想」之用。此種時代背景之了解，是撰述哲學史所必需的，哲學的「史」意就凸顯了。以「realism」為例，漢譯是「唯實主義」；中世紀教會神學家及十七世紀後的科學家或哲學家，都力主realism，但前後二者之真實意，卻恰好相反。在「共相」（universal）觀念中，以抽象（abstract）的名字符號等為「實」；但在「殊相」（particulars）界裡，卻以「具體」（concrete）如「物件」的感官界等為「實」。二者之「實」，語意相差是天南地北。讀思想史者不可不查。

「疑，知，信」（doubt, knowledge, faith）是「意識」發展過程中的三種層面；與「唯實論」對立的「唯名論」（nominalism），認定抽象的文字，符號（words）等，只是一種「名」，不實；最實的是「物」（things），恰與其後的「唯實論」同。不同時代出現了相同的哲學名詞，意義有可能完全不同。至於由柏拉圖以來注重理性而生的「理念」（idea），也必然與idealism有關；但本章所言的idealism，因與materialism對抗，日人乃譯idealism為「心論」。最後一階的「信」，當然屬宗教，但宗教如不以道德為宗旨，則宗教的本意盡失；信仰行為，若只不過是一種虛有其表的偽裝而已，難道是應該的嗎？

第三節　謝林（Schelling, 1775-1854）的自然哲學

一、生平與著作大要

(一)學思歷程

1. 謝林（Friedrich Wilhelm Joseph von Schelling）是符騰堡（Württemberg）邦人，其父爲信仰路德新教的牧師（pastor）。小時即了了，15歲上杜賓根大學（University of Tübingen）前身的新教神學院（Protestant theological foundation），與其後大名鼎鼎也大他五歲的黑格爾及名抒情詩人荷德林（Fredrich Hölderlin, 1770-1843）爲友，結交學界精英，相互砥礪。17歲就以初生之犢之姿，撰寫有關福音、神祕、哲學等見解。有意接菲希特衣鉢，20歲（1755）時寫一文，即以「自我」（Ego）標明他的哲學原理，還對「獨斷論」（dogmatism）及「批判論」（criticism）提出己見；前者針對斯賓諾沙，後者則矛頭指向菲希特。

2. 以菲希特的「自我」爲起跑點，他立即提出主見；不滿菲希特把大自然（nature）只當作實踐德性的工具，卻該視大自然本身就是「絕對」（the Absolute）；且大自然的展現絕對，是即時的、立即的、直接的、不假手他人的；大自然本身是動態的、自我組織的，且含有目的的，一直往前也向上；人之意識，從中而萌生。透過人，自然的知識也爲人所掌握。一套自然的哲學作品，傾巢而出，都在1798及1799年的兩年中完成，時只20歲出頭而已。

菲希特的思想陰影仍在，1800年又寫了數文，爲「心學」（idealism）發聲，「自我」（ego）字眼充斥其間，認爲他的己見與師之見，二者可互補。隔年（1801）還以《闡釋我的哲學體系》（*An Exposition of my System of Philosophy, Darstellung meines Systems der Philosophie*），公諸於世。

3. 23歲（1798）被耶拿大學（University of Jena）相中，且經過大文豪歌

德及哲學大師菲希特的推薦，1803年與黑格爾合作，共編《批判哲學雜誌》（*Critical Journal of Philosophy*），從此與浪漫派健將有魚雁往返，美藝（art）哲學使他分心，也在耶拿大學講授美學。醒悟了，原來美學是通往自然的康莊大道，與菲希特從此漸行漸遠。1803年，時值28歲的浪漫派主角，耶拿大學同事也是德譯莎士比亞作品的施萊格爾（August Wilhelm von Schlegel, 1767-1845）與天才橫溢的夫人卡絡琳（Caroline）正式離異，謝林迎娶爲妻，雙雙共赴烏滋堡（Würzburg），謝林也在烏滋堡大學授課。此時專注於大自然的神祕性，好奇於鞋匠（名爲Jakob Böhme, 1575-1624）對荒野草原之神思嚮往；一切似乎不可解的宗教神祕，都可以在大自然界中獲得啓示。超驗界之一清二楚，絕不下於感官經驗界。見證人（eye-witness）絕不信口開河，卻昭昭明甚。婚後一年，出版了《哲學與宗教》（*Philosophy and Religion, Philosophie und Religion*）一書。

(二) 與黑格爾之關係

1. 1806年轉赴慕尼黑（Munich），開始對人的自由，興緻高昂，也撰寫專著公諸於世。此後，他的星光漸趨暗淡。原先與素來默默無聞的學長黑格爾合編雜誌，1807年，後者出版了首部哲學巨著《精神現象學》（*The Phenomenology of Spirit*）之後，名聲大噪，很有哲學界穩居第一把交椅的架勢，且在觀點上二者分道揚鑣，對謝林的「絕對」說，有辛辣不容情的指謫。惜情又愛面子的謝林，頗不諒解朋友之反目以對，內心受創頗深，耿耿於懷。但眼見勁敵如日中天，他只好阿Q式地自我取暖，反而陷入一種不懷好意的嘲弄，認爲黑格爾的哲學體系不入流，是劣貨，卻能迷倒眾生。不過，事實勝於雄辯，由於之前的同僚崛起，在日耳曼哲學界傲視群雄，他從此寫作頓減，幸也並非斷了講學與出版。

2. 1821年之後，他把哲學一分爲二，一是負面的（negative），是純抽象的，指的是黑格爾；一是正面的（positive），即具體的，當然指他自己。

黑格爾本人對於謝林的反應並不太掛在心上，反而醉心於自己哲學體系的建立；但謝林卻有點「此恨綿綿無絕期」之憾，親如唇舌竟然相咬；還好1831年

勁敵辭世，似乎使他鬆了一口氣。十年後（1841）到柏林大學擔任哲學教授，旨在挑戰黑格爾學派，而揚自己的宗教體系。在普魯士首府，他的講學猶如預言家，宣稱新時代即將屆臨；聆聽他授課的學生，其後是名徒名教授及大有影響力的政治人物，如齊克果（Soren Kierkegaard）、恩格斯（Friedrich Engels）、巴古寧（Bakunin），及布克哈特（Jakob Burckhardt, 1818-1897）等。但講學並不叫座，教室內冷清。1846年停止授課。偶爾至柏林學術院（Berlin Academy）演講，退休到慕尼黑，蒐集手稿以便付梓，1854年客死異鄉瑞士。

　　道不同，不相為謀罷了，何必動氣！度量太窄了！好歹黑格爾也大他五歲，他算是學弟呢！

二、哲學體系梗概

(一)有傳承也有創新

　　1. 繼菲希特的自我說及自由論外，他也把自然及美學當成重點；近八十歲的一生，他的哲學思想是前後有連貫性的，且是發展性的，而非封閉性。學思的天路歷程，起與始銜接：18歲（1793）寫了《論神話》（*On Myth*）一書，老年時不只舊話重提，且文長字多，卻不外是冥思於有限（finite）及無窮（infinite）二者之關係。追隨菲希特，把「自我」（the ego）當作哲學原則（Principle of Philosophy），這是1795年的事。「我是我」或「我是」（I am I或I am），套套邏輯式的（tautologically）提出「我是我」（I is I, *Ich ist Ich*）；「自我」（ego）乾脆不用（the ego is the ego, *das Ich ist das Ich*）；因「自我」（ego）源於「我」（I）。其次，也隨菲希特，既有「自我」（ego），則必有「非自我」（non-ego）；有主必有客，有客也必有主，其中有媒介；同理，「絕對我」（absolute ego）與「經驗我」（empirical ego），也是一主一客，二者之中，他把視線聚焦於「主」而非「客」上。換句話說，「主」是主動的，「客」是被動的；主是絕對的，客是相對的；主是形上的，客是形下的；主是超驗的，客是經

驗的。結論來了，主是自由的，客是命定的。哲學的本務，就是如何在其中搭起橋樑。

斯賓諾沙的單子論，矛頭指向客體，且認爲那是絕對的客體（Absolute Object），謝林評之爲「獨斷主義」（dogmatism）。客體當然受因果的限制，故形成命定論（determinism）；而代表批判哲學的康德及菲希特，高談主體的自由，視線放在主體且是絕對的主體（absolute subject），謝林把兩派各歸其位。

2. 獨斷論及批判論，二者表面上看來，似乎像康德所言的「二律背反」（antinomies），一正一反；但究其實，都各有所偏，也各有所長；截長補短，去蕪存菁，這是哲學理論也是學理上的公設。在實際面上，則因人、時、地，及各種狀況而異，變數太多；屆時，「智力上的直覺」（intellectual intuition），才能當下立斷。此種境界，正是藝術揮灑的空間。主體與客體，或更嚴謹地說，主體與非主體（非主體「不一定」就是客體），勿視之爲「二分」，不是「非此即彼或非彼即此」（either...or, neither...nor），卻是能二者得兼（both-and），這就是「合」（synthesis）了；超越了「正」（thesis）與「反」（antithesis）之上。謝林豎起「自然」哲學（philosophy of Nature）系統，把斯賓諾沙與菲希特之系統納入，卻當陪襯用。

3. 就康德的三大批判而言，第一批判出現了「物本身」，猶如斯賓諾沙的「單子」，屬於本體論（ontology），不可知；第二批判的良心說，其後由菲希特接續而提出道德志業，歸於目的論（teleology）範圍；第三批判之美學，謝林表彰在「自然」裡，意識上的「心」意更明；謝林把「心」論又往前朝上邁出一大步。

(二)「自然」論

1. 自然有「現實」（real）面，也有「理想」（ideal）面；主觀性及客體性，潛能性與實踐性，形上性及形下性，因果性和自由性等，這些「性」都在自然中展現。因之，若把自然與人對立，這是「精神錯亂」（a spiritual mala-

dy）。人是自然的一部分，自然中有人，人之中也有自然。同理，自然也包括本象及現象，兼有目的論及本體論兩層面。所以，哲學若不是自然哲學，就大錯特錯了。環繞著哲學的中心議題，就是「自然」（nature）。此種「意識」，正是哲學家從「沉睡精神」（Slumbering Spirit）變成「醒覺精神」（Awakened Spirit）的最佳狀態。

2. 取自然的形上性與形下性為例：形下性的自然，物理學（physics）是其中之一。物理學是一門科學，而非哲學；哲學即「後設物理學」（metaphysics），那是形上學。形上學把形下學予以系統又理想的重建（systematic ideal construction）；把形下的、事實的、具體的、感官的、經驗的，當作素材而予以轉型、美化、目的化。若只是操作或工具儀器等機體行為的實驗，則距「科學」還遠，因為那只不過是事實的蒐集及累積，或指出在自然或人力狀態下到底發生什麼事而已。謝林並不把實驗或經驗主義式的活動，當作一門學；在他的心目中，物理學的正確及正式名稱是「自然哲學」（natural philosophy）而非自然科學（natural science）。若單指「地心引力」（gravitation）此種自然力（natural force），而不追究該力的形上或目的意，則也不能享有自然哲學之名。

3. 就建構（construction）來說，自然本身就具建構性。如天體之運行、規律、節奏、秩序，人只要被動地觀察，也可引發沉思冥想；自然似乎也在自然展現（self-expression），從現實面到理想面，自然也像有抱負的人一般，不滿現狀，卻朝至善至美至真之境，自我運行。因之，自然就因此提供給人一種「驗」。驗有先驗（a priori），也有後驗（a posteriori），及超驗（transcendental）。「為什麼」（why）、「何時」（when）、「何處」（where）、「如何」（how）等問題，遂「自然」而生。

自然無所不包。自然既「自我伸展」（self-unfolding），必有中心主旨，從無機「伸展」為有機，從礦物、植物、動物，「伸展」為人，從下往上，由物質而精神，這才是「自然」，否則就「反自然」了。物論之所以不符自然「天則」，因反其道而行；把上朝下，把在上的有機體，降為在下的無機體，且完全

由機械的因果律所宰制。自然的演進程序，是連續性的，不只承先且也啓後。不是新舊全同，卻在轉變的環節中有「新」，如此才能先後有別。也因有新，才能步上高階。可見新舊不完全等同，也非百分百對立。下與上，低與高，是前者有減（minus），後者有增（plus）。

4. 自然包羅萬象，一切盡含其中，也無奇不有；有動力也有靜力，有擴張也有裁縮，有潛有顯，有外有內，有靜有動，有吸有斥。如同支那之「易」，有陰有陽，有剛有柔，有乾有坤等一般。總而言之，有本象（noumena），也有表象（phenomena）。無機體（如礦物）都有磁力（magnetism）、電力（electricity）、化學變化力（chemical process），有機體（如人）則有感官力（sensibility）、生殖力（reproduction）、刺激反應力（irritability）。有機體比無機體「新」的面，即增了「心靈」（soul, spirit）；整個自然也因之有「魂」，即宇宙萬有的世界魂（world-soul）。

這麼一說，他的自然哲學與演化論（theory of evolution）似乎若合符節了。由於演化之後，無機物變成有機物，此期會延續甚長，百年甚至千年萬年，非人類的有限經驗可及；不過，理論上該是如此。此種論法，不只前有古人，後也有來者。法國柏格森（Bergson）的「生機力」（*elan vital*, vital force）說，類此。不過，這些都屬一種「假設」或「憶測」（a postulate or hypothesis）。自然哲學的理想（ideal）層面甚濃，少主觀性（subjectivism），卻是「絕對」（Absolute）的「客觀展現」（objective manifestation）。謝林的心論（idealism），建立在自然哲學上。

5. 自我展現也是「自我實現」（self realization）或「自決」（self-determination）；但不許空言，卻要訴諸行動。在社會上尤其在政治上產生道德行爲，群體的社會及國家，是爲道德服務的，此說與菲希特同。一個人享有自由，他人亦然；如何使衆人之自由不生衝突，則人人要守自然法（natural laws）；自然法也是理性法（rational law）。社會及國家都經由人手所建（built by human hands）。人是自然的產物，那是「第一自然」，也是「第一性」（first na-

ture）；國則是「第二自然」或「第二性」（second nature）。國與國之間的衝突呢？「國聯」（federation of all states）就有必要出現，來解紛去亂。「眾國之國」（state of states）也如同一個有機體。

歷史事實是否可以作為上述理想境界的印證？「進步且是無止境的進步觀念」（the concept of endless progress）非有不可，都向「絕對」（Absolute）奔駛。

歷史大方向已定，別無選擇，但此說又與人之自決，不合。二律背反的兩難（dilemma），如何解套呢？大江東去，也難免出現漣漪或逆流；就大自然而言如此，就小宇宙的「自我」來說，也難免有走調時辰。明知康莊大道擺在眼前，卻也有迷途或步入歧路的故意或時興。人生與自然，二者都多采多姿，五彩繽紛，不單調，這才富有美感。「美學」之說，應運而生，這也是謝林在哲學史上的突出貢獻。

(三) 美學（aesthetics）

把客觀世界當作是一部詩詞，「藝術哲學」（the philosophy of art），是拱門（arch）的主石（keystone），且是「哲學的真正工具」（the true organon of philosophy）。

1. 藝術（art）是一種力道（power），也是一種直覺（intuition）；有意識的，也有無意識的。是一種天才的創作，其作品或結晶，絕不停留在純是技術上的高超而已，且是「教」不來的。米開朗基羅（Michelangelo）的摩西（猶太族領袖，Moses）之雕像，是意識兼無意識的作品。藝品之創作者及鑑賞者，都有一種沉思冥想之「情」意（feeling）或感受（felt）在其中，具一種終極性或終了性（finality），不增也不減，不多也不少，恰到好處；有現實（real）也有理想（ideal），有主也有客，有形下也有形上；因之滿足得無以復加，神祕性隱涵其中。

2. 藝術或美術成品，都是「心智」（intelligence）的「最高等級客觀化」

（the supreme objectfication），也是「自由」（freedom）的最高度展現；那不是「絕對」（absolute）又是什麼呢？美是一種靈感或直覺（intuition）。他把菲希特的自我及絕對，轉往自然進軍，也向藝術展現，正是他的哲學別有洞天的所在。

美的直覺（aesthetical intuition）把實在界（real）及理想界（ideal），意識（conscious）及非意識（unconscious），有限（finite）及無限（infinite），具體（concrete）及抽象（abstract）等，都化整為一，彼此的區分只具補足性（complementary）而非排斥性（exclusive）或非不容性（incompalible）；二者不分（indifference）。此論點引來了他學兄黑格爾不客氣的指責：「不分」或「無差」（indifference）等於陷入黑暗（in dark），黑暗中一切都是黑的；只有在夜瞑時，才一切不分或無差。不過，如把「魚游於沸鼎之中」的畫，用一團漆黑的畫布來呈現，那種意境之「美」，或許只具藝術直覺者才能心領神會。臺灣師大美術系畫展中曾獲最高獎的作品，就是那一幅。但絕對的肯定，是「心」中有大自然（Nature）的；如天上的星星知我心，夠了。美的鑑賞家或觀賞美術作品的大眾，如何叫價或評論，是「無別」的（indifference），這就配上他的《超越心學的體系》（*System of Transcendental Idealism*）之意旨了。此時，美術創作不只具形上（metaphysical）意，且也擁有本體（ontological）意，及目的（teleological）意了。

3. 創建性的天才（creative genius）「猶如」（as if）哲學家：美的作品，絕不是「仿」或臨摩（imitation），更非柏拉圖譴責的「抄本之抄本」（copies of copies），卻有既新又始（orginal）意，這正符合了傳統哲學的定義；「心智」（intelligence）成分特高。永恆性（eternal）的追求，對美學家及哲學家而言，也是「無別」的。就基督宗教來說，可供神祕性及象徵性的藝作素材，猶如哲學向神學取資一般，源源不絕。二者除了哲學的真及美學的美之外，另填上「聖」（divine）意，「絕對」更往上層推了。此時的「絕對」，把美學，哲學，神學構成為「三合一」（trinity）。有形的美術創作，如聖像或「最後的晚

餐」、雕刻建築、交響曲、管弦樂、詠嘆調，或無形的詩詞甚至小說等，都為「絕對」所包括；如同「啟示」（revelation）一般的明澈，絕非陷入「暗夜」中，也正符合「啟蒙」的真諦。啟蒙運動在謝林的心目中，不只是理性層面而已，美、善，及聖的色彩，濃多了。

4. 「哲學」的立足點（standpoint），也是「理性」（reason）的立足點，他說得一清見底。他所說的理性（reason, *Vernunft*），是絕對的；主體與客體，都已納入其中，「完全無別」（total indifference）；定與不定，共相與殊相，具體與抽象，有限及無限，也全不予計較，因為都同體於絕對中。換句話說，絕對的層面，萬有悉數無所逃的盡入其內；猶如大海之納百川一般，好比莊子的《齊物論》，又哪有「肝膽楚越」之異？高山、幽谷、平地，三者皆「同」階。

5. 一切的學，包括美學，都取資於「自然」（nature），那是實實在在的（real），也是一種「潛能」（potencies）；一經創意性的美學者手中，「超越心學」（transcendental idealism）的「理想理念」（ideal idea）就一一呈現了，也實踐（actualize）了。一切哲學學說之把「實在」（real）與「理想」（ideal）當成兩極（two poles），在此消失得無影無蹤，爭論也平息，可以合稱之為「實在的理想主義」（real-idealism, *Realidealismus*）。

(四) 直覺（intuition）說

1. 「絕對」本身，既包羅萬有，但絕非只空有軀殼而無實肉，卻是形式之內有內容。但了解此層，只能經由「直覺」。至於文字敘說，理性推論，數學演算，甚至圖表並現，皆無法領會其底蘊。因那是一種「覺」，即「感受」，屬「心動」的天地。說理對它而言，是徒勞的，無濟於事。「絕對」本身猶如「物本身」，是「本象」（noumena）；其餘的多與一、定與不定、具體與抽象等，都是「現象」（phenomena）。本象之「一」，好比「原本」（orginal）；現象之「多」，則如「抄本」（copies）；本象在上，是共相（universal），等級式的往下到殊相（particulars），都屬本象的「絕對自我」（absolute ego）之「屬

性」（attributes）或「偶有性」（accidents）而已。

2. 上下之間不呈連續性，卻顯跳躍性。跳躍有由上而下的，即「降落」（fall）；也有由下而上的，即揚「升」（rising）。最頂層是「絕對」（the Absolute），最底層即「崩潰」（Fall），二者都屬「自然」（Nature）；但前者是「完美的自然」（*Natura naturans*），純眞、無邪、完美；後者即已遭汙的自然（*Natura naturata*）；二者都是永恆的，持久的；一是「碧落」，一是「黃泉」；前者是「向心的」（centripetal），後者是「離心的」（cetrifugal）；前者親，是回頭是岸（return），後者疏（alienated），眾叛親離。

歷史是一部史詩，描述人性的往返與親疏；分別由古代希臘荷馬的史詩為代表，《伊利亞》（*Iliad*）的離及《奧德塞》（*Odyssey*）的合，正是最好的佳例；說明木馬屠城戰（The Trojan War）中，主角之離家出征及返家的離奇又曲折故事，是想像力、直覺力，及天才的最具體展現。

3. 類似有關「一」（One）及「多」（Many），定（finite）與「不定」（infinite）等形上問題，不得不也直覺出「惡」（evil）存在的可能性。墮落或疏離，其中含有自私或情慾因素。既然「絕對」是一種「整體」（totality），則是否絕對中早有「惡」在？換句話說，上帝既是絕對也是整體，則上帝中有惡嗎？借以往神學家之「欠缺」（privation）說，上帝「本身」只善而無惡，「惡」也是一種「善」，只是欠缺善而已。有此種認知，正是一種直覺，直覺不屬經驗界。猶大（Juda）之背叛基督（Christ），在經驗界及史實上是一種事實，無法否認；此種背叛，也是甘願的且完全自由的。不過，彼得（Peter）拒絕基督，其後卻悔恨不已；二者都出之於他自己。猶大及彼得的行為，都是自由的。

依純心理學所闡釋的「性格」（personality），吾人常評論一個人之所作所為，實不合乎他的「性格」；或者，他的性格非如同吾人所言之性格；而他人之評我們，亦然。由此可知，有一種「隱含的個性」（hidden character）存在於人與己之間，作為行為之前因及後果，和善與惡之評斷標準。性格是一生到死永不

變的嗎？絲毫不受遺傳、環境、早年經驗的影響嗎？形下經驗都無法證實此說了，更不用提形上界及「絕對」界了。二者之間，是一種由遠或疏，往近及親的過程，最後納入「愛」的上帝中；而中間「必」有自由抉擇的選項過程，但也只是過程而已，此種體會，正是一種「直覺」。

(五) 哲學的兩面說

謝林認為哲學是探討「實在」（reality）的第一或最終原則。但有兩種層面：

1. 積極面哲學（positive philosophy），強調「存在」（existene），以「是」（is）來表示。是確定的「那個」（that），而非不確定的「哪個？」（what）或「存有」（essence）；後者即指「消極面哲學」（negative philosophy）。前者的上帝是活生生的（personal God），動態的，一片光明的；一切的「存有」，依愛而變成「存在」；也把觀念（idea）提升為「理想」（ideal），把人從暗到明。人在誕生之前，處於母胎的黑夜中，一出生即迎向光明；也從較欠缺的善轉為較完全的善。上帝也似乎是真有其人，該人即是耶穌。一部基督教的歷史，如寫實般的呈現在世人面前，「愛的意志」（the will of love）充斥其間。但上帝的神愛，只可意會，不可言傳；邏輯推論或事實論證，都只作信仰的輔助工具而已；直覺才是要領，是意識的內在流動。

2. 基督教義中「三一說」（Trinity），謝林用宗教史予以闡釋：首先是聖父（Holy Father），是聖彼得時代（the Petrine）。第一代教皇，基督曾賜予「天國的鑰匙」（the key of the kingdon），基督希望把教會建造在磐石上。其次是聖子（Holy Son）的聖保羅時代（the Pauline）。從新教改革（Protestant Reformation）始，個人自由是重點。第三代是聖約翰時代（the Johannine），是未來式，即將前二者作為合；既有「法」，同時也有「自由」，即是「聖靈」（Holy Spirit）。三代類似一種「天路歷程」（Pilgrimage）。有分有合，有離又有返。此種思想的演變，不只謝林如此，其實其他哲學家也大同小異。其中有恆

者，也有變異者；「或取或放」（take-it-or-leave-it）；取之先人者有，自創者也多。晚年，似乎有直飛雲端，並逍遙於大自然的心境，猶如支那孔子自認到了古稀歲數（70）時，是「隨心所欲」的自由，卻不踰矩的有法可循。老年人易與神祕性交往，是可理解的。人神交往的通神論（theosophical speculation），天人合一的詩情畫意，以及心態上的浪漫於大自然。不少浪漫詩人之心儀謝林哲學，極其「自然」！

此外，有必要一提的是自培根及笛卡兒以還，哲學家即少與宗教或信仰親近。謝林擬扭轉此方向。大自然界是神學的展現，感官經驗界卻是一種往下「沉淪又墮落」（Fall），有必要上帝的神恩才能往上提升；地上的國，要超越而轉爲上帝的國。國不是人與人之間所訂的合同或契約，相反的，只有守神法者，才能免於成爲暴君或昏君，愚民或蠢民；教皇權凌罵於帝王權之上，這才是人人能過幸福的最終極保證。把形上心論（metaphysical idealism）中所特別注重的絕對（Absolute），從「不具人的性格性」（impersonal），予以活生生地轉爲「具人格性的上帝」（personal God），是謝林在哲學史上的角色。換句話說，心論都標榜「絕對」，「絕對」具有形上意，抽象或不食人間煙火似的；但謝林的絕對，等於是上帝了。上帝不只與大自然有關，更是人之所不可或缺。此種說法，預示了其後的存在主義（existentialism）口吻，把「存有」（essence）化爲「存在」（existence），將本象（noumena）與現象（phenomena）交親，直覺或醒悟出「物本身」，也就若隱若現了。

(六)順著謝林的自然哲學論，發展出施萊馬赫的神學觀

1. 施萊馬赫（Friedrich Daniel Ernst Schleiermacher, 1768-1834），從小就接受新教兄弟會（Brotherhood）所辦的教會學校接受教育，然後赴哈列（Halle）大學上神學院。頭兩年較醉心於鑽研斯賓諾沙及康德的哲學；22歲時（1790）在柏林通過考試，先當家教，後在柏林擔任教會職。一生以虔誠爲志，宗教意識甚濃。31歲時（1799）出書，《論宗教》（*Discourses on Religion, Reden über die*

Religion），曾再版多次。柏拉圖的著作對他而言，吸引力特強，也將柏拉圖對話錄予以德譯，且加不少評論及介紹，1804，1809及1828年分三部分出版。

2. 1804年時值36歲壯年，擔任哈列大學教授，但拿破崙軍隊關閉了此大學，他只好留在當地當傳教士，1809年轉赴柏林，參加政治活動，也幫助柏林大學這所新學府的大展鴻圖。1810年任命爲該大學神學教授，以迄他去世時爲止。大學上課的講授資料，包括神學、哲學，及教育議題，辭世後一一出版。

3. 神學爲主幹：在「絕對」（the Absolute）這個軸心下，全包了定與不定，德國的三位心論學者都困擾在此議題上。菲希特、謝林，及黑格爾，都是哲學教授，皆把宗教論點附屬於哲學之下，但個別的比重性不一定全同。菲希特以宗教來服務道德，黑格爾則視知識高居首位，謝林哲學雖比較有濃濃的宗教意識，卻仍把宗教意識當作一種高級的知識看待；只有施萊馬赫才完全無保留地偏向神學這一邊。

形上學及道德倫理，二者居下，宗教才高高在上；前者若無後者爲依，則如吊在半空中。宗教如同斑鳩甲頭，也似領頭羊，更是引航者，此種領會，是「心領神會」，即「心」與「神」立即性的交會。不是理性知識、邏輯推理、數學演算，或感官經驗可及；此時，所有離或分者，皆歸於一，這才是絕對的所在；無正也無反，是合。在其下的，才有對立或兩極，但都匯聚於上帝裡。如同大海之納百川，百川有大有小，有寬有窄；有不同的名，溫度也各異；但一旦流入大海，則萬殊皆逝，只存其一。

個人與他人，私與公，此種差別亦然。一旦在社會或國家時，彼此區別已去，只有一個一，也是共。至於宗教呢？全民都在上帝之下，不分你我。上帝是「情」或「感受」（feeling）的對象，憑「知」是知不了上帝的。宗教有別於形上及道德，且情是立即的，也是瞬間的，但一旦有覺了，則成爲永恆。聖奧古斯丁「一旦」「省悟」了，就馬上悔改，從此永不回頭，直奔上帝之光而去。理性的知則是漸近的、緩慢的、時停時行。

第二章

黑格爾（Hegel）

第一節　生平及著作

一、生平

(一)哲學史上又現一顆巨星

　　黑格爾（Georg Wilhelm Friedrich Hegel, 1770-1831）是德國心論者中最出名的哲學家，同時也是環球最傑出的思想家之一。出生那年，正是康德發表就職大學教授論文之時，與德國著名抒情詩人荷德林（Friedrich Hölderlin, 1770-1843），英國浪漫派最大詩人渥滋瓦滋（William Wordsworth, 1770-1850），及功利效益主義（utilitarianism）健將邊沁（Jeremy Bentham, 1770-1832）都同庚。

　　1. 其父是公職人員，小時就學表現平平，卻對古希臘悲劇作家索孚克勒斯（Sophocles, 496-406 B.C.）的天才劇作，印象深刻。18歲（1788）入杜賓根大學（University of Tübingen）神學院，與謝林及荷德林結伴爲友，共同研讀盧梭著作；同時，也與詩人一般的同情法國大革命之理念。大學成績與中小學一般，並未出色；23歲畢業時，文憑上注明操守佳，神學及語言學知識尚可，哲學則有待加強。他不如謝林之早熟，倒關心哲學與神學二者之關係如何相處。上課時的筆記也未拿給教授過目，或許他認爲，教授的哲學造詣，也只不過是爾爾。

　　2. 大學後，先當家教。瑞士三年（1793-1796），法蘭克福（Frankfurt）三年（1797-1800）。三十歲時才展現出哲學思想之天路歷程，由神學發展出他的哲學體系。一開始，他認爲哲學與神學不分，因爲二者都探討「絕對」（the Absolute）；「絕對」的宗教用語，就是「上帝」。上帝使「定」（finite）與「不定」（infinite），二者之間合一。

　　3. 1801年，在耶拿大學（University of Jena）謀得教職，立即發表一文，題目是《菲希特及謝林哲學體系之差異》（*Difference between the Philosophical Systems of Fichte and Schelling, Differenz des Fichteschen und Schellingschen Systems,*

1801）。讀者從中有個印象，易把他當成謝林的門生，其後兩人還同編《哲學批判雜誌》（*Critical Journal of Philosophy*, 1802-1803）。不過他在耶拿大學的授課，是有己見的，且也在1807年出版《精神現象學》（*The Phenomenology of Spirit, Die Phänomenologie des Geistes*）時，就彰顯出他的獨立看法。

4. 耶拿戰役（the Battle of Jena, 1806）拿破崙征服了普魯士，耶拿大學從此關門；黑格爾失業了，一貧如洗，只好編報紙謀生。後幸被任命爲鈕倫堡（Neuremberg）一所古文學校（*Gymnasium*）當校長（rector），他要求師生注重古典語文，還好並未完全禁止母語（德語）。他親自上哲學概論，大多數學生卻深覺理解校長之教學甚感困難。1811年結婚，1812-1816年，還陸續出版主要著作，《邏輯科學》（*Science of Logic, Wissenschaft der Logik*）。

5. 辭去古文學校校長職務之後，同時有三個大學向他招手，他答應到海德堡（Heidelberg）。上課給學生的印象不深，倒是他的著作在哲學界獲得名聲。堅持系統性的學門，該由三領域組成，邏輯、自然哲學，及精神哲學。在海德堡，他首次上美學課，只兩年工夫，就在1818年轉赴新成立不久的柏林大學擔任哲學教授，一直到感染霍亂病（cholera）去世爲止（1818-1831）。此時，他的名氣不只在柏林無人出其右，且也轟動整個日耳曼。柏林大學完全是德國政府所辦。在口才辯給上，不如謝林授課之精采；他全神貫注於純粹的學思問題，更提出一套辯證術，將整個哲學納入其中。聽課的學子，可能由此領會出包括人的歷史、政治活動，及精神成就等，一切的「實在」（reality），盡涵其中。

在著名大學任教，著作反少。講授美術哲學的講議，英譯爲四冊，宗教哲學及哲學史三冊，歷史哲學一冊。

6. 個性上被他的詩人好友荷德林評爲冷靜，卻有點無聊，看不出他有什麼充沛又活力十足的精力。屬於中產或有點資產階級者（bourgeois），待人誠實，富有良知，也不孤癖，做事一板一眼。細心又勤勞，不愧是個公職家庭的子弟。同時，他看出時代精神的展現，宇宙及人的歷史發展軌跡，但他不是個充滿幻覺者，更不擬訴諸諸情緒及神祕的直覺；對他來說，這些是陌生的，尤其對哲學研

究，不管抽象的形式或具體的內容，都該有個統一性。遂取辯證作爲形式來建構一種體系哲學。「理性的」（rational）與「實在的」（real）不分，反之亦然；理性的重新建構，就足以盡顯「實在」；使他在哲學家群中，位居耀目地位。

(二) 思想之成長及變遷

1. 上大學之前，他早沉迷於希臘悲劇作品中，大學時代也就因之與宗教脫離不了關係；杜賓根大學所授的神學，卻結合基督教義與啓蒙精神，將理性概念貫穿於聖經的超自然裡，這對他來說，是不符古希臘精神的。古希臘的詩人，把信仰與人民的習慣觀念，二者併在一起，是活生生的。相反的，神學教授所陳述的神學，是「課本上的宗教」（a book-religion），非「生活上的宗教」（a life-religion）。一部聖經，對日耳曼人來說，是外來的，而不是植基於日耳曼民族的。希臘宗教是民俗性的（*Volksreligion*），與希臘文化及希臘人的精神密不可分。此外，他發現教授所說的基督教，對美不關注，甚至厭惡自由及人類幸福。

2. 年輕時的全面拜倒於希臘天才，俟一睹康德作品之後，就有了重大修正；認爲希臘奇才輩出，但在道德的深度上有欠缺。宗教該爲道德服務，才可拋棄難解深奧教義的負擔。家教時寫了一本《耶穌的生活》（*Life of Jesus, Das Leben Jesu*, 1795），描述基督徒，如同康德所說的是個德育教師；不幸，後來的使徒或宣教師太注重教義本身，要求外在形式儀規，反而失去了內心眞誠又自由自在地選擇與上帝同在；結果，上帝與人就分道而行了，且越行越遠。

以宗教法規爲主的信仰，是他律型的，人變成上帝之奴，上帝才是主；主發號施令，人莫敢不從。黑格爾認爲上帝充滿愛，人之信上帝或依附於上帝之下，絕不被逼，也不是只聽令或守法；康德的義務（duty, obligation）說，應迫，或無上命令（imperative category），對黑格爾而言，卻是未至百尺竿頭的。道德觀是不言服從（obedience）的，尤其是服從於法之下，這是他對康德的微言及評論，也是瑜中帶點小瑕。

3. 疏離（alienation）或冷淡（apathy），使多不回歸於一，迷途而不知

返。人與上帝本是無溝的，宗教的「實在性」（reality），存於人之心中：透過愛，定與不定，都可敲定，永無瓜隔或隔閡。這才叫做「絕對」（Absolute）。

　　「對立」、「兩極」、「矛盾」等，都該克服；定與不定，也該解決。解決之前的領域，是哲學；之後則是宗教。二者合一，是愛而非理性式的思考，那是「靈」（Spirit）或「精神」的展現。三合一（Trinity）將聖父（Holy Father）與聖子（Holy Son）合一而爲聖靈（Holy Spirit）。此種克服工作所需要的工具，就是一種新的邏輯，即辯證邏輯（dialectic logic）。

二、著作要旨

(一)哲學的主要目的，是努力把異結合成同。

　　1. 在經驗世界裡，發現有差別、對立、衝突，這都是常事，不足以大驚小怪，嘖嘖稱奇（Division, *Entzweiung*），卻是「哲學所需」的資源（the source of the need of philosophy）。

　　化分爲合，即令誠如他所說的，該合只不過是一種「扯裂的合」（splintered harmony），也在所不惜。

　　其次，就人的經驗而論，分有時空性，也有個別性，形式也異；合之後的體系，也因之不完全同。哲學史上，身與心、主體及客體、人爲及自然、定與不定、悲觀與樂觀、積極與消極等，哲學家面對這些「分」，都擬提出解決之道。「合」之後，並不完全把「分」盡除；因「分」並非一無是處。如何擇優汰劣，截長補短，這就是「智慧」的抉擇了。也就是說，合的位階高於分。分各有所偏，合才是面面俱到。這種合，不就是「絕對」（the Absolute）嗎？分只適用於相對（Relative）層次而已。「分」的兩端都是平階，橫斷面的；「合」才是高階的，縱貫面的，主體的，超越的。

　　2. 他所領會的康德哲學體系，仍停留在對立的二元論中，即「本象」（moumena）及「現象」（phenomena），「感官性」（sensibility）及「領悟

性」（understanding）等；因之「物本身」（thing-in-itself）之不可知性，菲希特排斥之，黑格爾則十分認同，且也認為謝林哲學才屬純正。這兩位康德之後的哲人，都對康德哲學有所修正。菲希特及謝林都提「絕對」，但一來菲希特的「合」法，雖是在「絕對」之下，卻有兩極又二分的「自我」（ego）及「自然」（Nature），即主體與客體。而謝林的「合」法，由於深含神祕性，似乎是一種無可穿透的又黑又無底的深洞（a dark and impenetrable abyss），才使相異消失不見，而未把理性之光投射其間。不過無論如何，就菲希特與謝林二者之哲學「系統」來說，他認為謝林是優於菲希特的。在耶拿大學上課時，就持此論點來襃貶先人。他堅信，若二分之彼此，都百分百是「是非」、「眞假」、「正誤」，則何有「合」的可能？你漢我賊，你水我火，你夏我夷，那是誓不兩立的；非此即彼，非彼即此；則二者的陽關道及獨木橋，就如同兩條平行線一般，永不相交。但為何不是二者可兼呢！（both ... and），一定要弄到你死我活（either ... or, neither ... nor）的地步嗎？此種觀念，影響到美國的杜威，後者的博士論文題目就是黑格爾心理學。化敵為友，化干戈為玉帛，不打不相識，反目變成忘年之交，這都有賴理性的智慧運作，一點也不深或不可測。二元之任一方，孤不是離的，也不是密不通風，是「有窗戶的，不是如斯賓諾沙所提的無窗戶的單子」。哲學的正面或負面，積極面或消極面，都不是靜的，卻都在游移的動態中。好比潛能性及實踐性二者本身，都不是「絕對」，都非「永恆」。可見「對立」是暫時的，相對的，說不上「絕對」，也與「絕對」無緣。「心論」者的「心」若未臻此一高度或境界，實在是未屆百尺竿頭，預留給心與「靈智」（Spirit）大展雄風的地盤，也可以說，「絕對」就是靈智本身。

3. 也因之，他在《靈智現象學或精神現象學》（*The Phenomenology of Spirit*）一書的序言裡，雖未指名道姓地反駁謝林對「絕對」的論點，但謝林也不是笨蛋，更不避諱地對號入座了，深深地以這位學長竟然不顧交情，使他面子掛不住而心痛不已。黑格爾所感遺憾或抱歉的是，這位學弟「把絕對擲入暗夜裡」，難免「牛都是黑的」（all cows are black）一般，視卻不可見。大自然的宇宙以

及小自然的人，都是「絕對」正在進行「自我伸展」（self-unfolding）的過程；也是自然史、宇宙史，及人類史的具體呈現，可由具體面、現實面、表象面等，明顯而不隱晦地看出，「絕對」中的「靈智」，這是《靈智現象學或精神現象學》的主軸。

「自我伸展」或「自我思維」（self-thinking），本身就是目的，本身之外無其他目的。好比自我轉動一般，是無外力逼迫的，也是主動自發性的，稱之為「上帝」，也未嘗不可。

(二)「絕對」哲學體系的分類

1. 哲學體系由三部分所構成，一是邏輯（logic）。依黑格爾之意，邏輯即形上學（metaphysics），是研究「絕對本身」（the Absolute 'in itself'）性質者。二是自然哲學（the philosophy of Nature）及「靈智哲學」（the Philosophy of Spirit）。三是建構「絕對的生命」（the life of the Absolute）。三者是「三合一」的（trinity）。

2. 邏輯屬於一種「理念」（Idea）、「概念」（Concept），或「看法」（Notion），自我展現在自然及靈智中，是有「理則」（Logos）的，不依榜於具體物中，只是「形式」而無「內容」，即屬「名」而非「實」。將「絕對」的內在性予以研究（in-itself），自然哲學則思及絕對的外在性（for itself），二者結合而成靈智哲學（in and for itself）。基督教的「三一」（trinity）說法，呼之欲出。

3. 以「理念」或「形式」，作為哲學的第一分類，那是「絕對」的「始」與「終」（Alpha and Omega，希臘字母的第一及最後）。一來，邏輯概念的用字遣詞，必「清淅」又「彼此有別」（clear and distinct），滿足笛卡兒的為學要求，不許含混，否則不足以作為「絕對」概念的工具；二來「了解或領會」（understanding, *Verstand*）有廣狹兩義，狹義是把定、不定，正、反，消極、積極等，當作「非此即彼」的兩極，這對「心學」或「冥思哲學」（speculative

philosophy）是不夠的；廣義則把「二分」消除，只當作「一」的兩種層面，「異在同中」（the identity-in-difference），才能眞正給「絕對的生命」（the life of the Absolute），「絕對」的活了起來。兩異之各存，黑格爾認爲那是膚面的（a superficial level）；往底層看，原來是「同」。如樹枝分立，樹幹卻同一般，「都是同根生」。A樹幹與B樹幹又哪有差？就「實」而言，彼此有異，就「名」來說，二者皆同。

4. 辯證（dialectical thinking）就可克服對立的僵硬化、鐵板化、頑固化，及孤立化。其實對立的任一方，都不是百分百的。邏輯上的「對立關係」（Square of opposition）有四個層次，第一級是衝突（Contradictory）是(x)Ax與-(∃x)Ax，即「全部是A，與部分不是A」的關係；第二級是反對（Contrary），是(x)Ax與(x)-Ax，即「全部是A，與全部非A」的關係；第三級是等差（Subalternate），是(x)Ax與(∃x)Ax，及(x)-Ax與(∃x)-Ax的關係；最後一級是「小反對」（Subcontrary），是(∃x)Ax與(∃x)-Ax的關係。其實，這也是就「名」而言，若依實際經驗界，則幾乎無第一級之存在。「前有懸崖，前進必死；後有追兵，後退必死」；此種「必然」性，有但不多。兩難論式（dilemma）只是理論上的，即邏輯上的，「靈智」（spirit）可以解套。如孔明的「空城計」或「借箭」，索羅門王判決兩婦人相爭一孩等故事，在在顯示出「靈智」自我展現的業績。空有靈智而不用者，才犯了「二分法的謬誤」（fallacy of dichotomy）。「二律背反」（antinomy）的疑難，也就在靈智之下迎刃而解了，神機妙算正是「靈智」的自我伸展。主觀性與客觀性的板塊，是會移動的，危機就是轉機，也正是考驗「靈智」高下的試金石。「現實」（real）或「觀念」之成爲「理想」（ideal），都只是一種「過程」。西方哲學家在涉及於人際問題時，就發現此種辯證施展活動。重點在於把一般所謂的衝突或對立，當成互爲補充；正與反之一方，缺其一，則不可生出合。

5. 正反合（thesis, antithesis, synthesis）三個字眼，菲希特使用得更多，黑格爾少用，但喜歡用「三合一組」（triads），即「絕對」係由三組組成，將邏

輯觀念（logical idea）、自然（Nature），及「靈智」（Spirit），每一組又各分爲三，都是「意識」（consciousness）之運作。《靈智現象或精神現象學》一書是哲學的入門書，卻不是一本「使哲學不帶淚」（philosophy without tears）的著作，因爲難懂之處甚多。該書共有三部分，首先是「主體」（subject）的「意識」，感受到有個「客體」（object），而生五官感覺；其次是除了自我意識之外，另有個社會意識，即「我」之外有個「他」，「意識」有「己」及「人」；第三，就是前二者的「合」。

從「知識」的角度言之，三部分可以說是在「確定」（certainty）度上有低、中、高三層。第一級是感官知覺（sensation），第二級是概念（perception），第三級才是「知識」（knowledge）。三者正是由「具體」到「抽象」的進階，也是意識的三種面向：從「感官現象」（sense-phenomena）到本象（noumena）；本象也是「後現象」（meta-phenomena），揭開了現象的面紗（the veil of phenomena）。

但從另一角度或面相言之，「我」的意識，必也產生「他」的意識。即「己」與「人」之關係，這是同位階的，二者的關係有親有疏。「天之大德」是「生」，但「我」生時，卻有必要不利於「他」生，故有「殺生」之「必要」性。二者如何「合」，這是對「靈智」（Spirit）的考驗，也形同「主奴」關係（master-slave relationship）一般。

6. 「彼」與「此」之「對待關係」可以下圖所示：

$$\text{彼} \quad \overset{\text{A}\quad\text{B}\quad\text{C}\quad\text{P}\quad\text{-C}\quad\text{-B}\quad\text{-A}}{\underset{100\quad80\quad60\quad\quad40\quad20\quad0}{\vdash\quad\vdash\quad\vdash\quad\vdash\quad\vdash\quad\vdash}} \quad \text{此}$$

① 就A與-A而言，是第一級的「矛盾」，也是「衝突」（Contradictory），是「頂級的對立」。如100分與0分。

② 就B與-B而言，是第二級的「矛盾」，相反性較弱，如80分與20分，稱爲「反對」（Contrary），是次級的對立。

相差60分。A與-C，C與-A，亦然。

③ 就C與-C而言，是第三級的矛盾，稱爲等差（Subalternate），相差20。

④ 至於P附近的左右關係，則是小反對（Subcontrary），相差不多。

黑格爾取主奴關係喻之，給馬克思帶來不少勞資糾紛的靈感。此說法，也可以取人類歷史說明之。人類歷史就是一部「靈智」的陣痛（the travail of the spirit）史，是自由與失去自由的奮鬥史。

第二節　邏輯、道德、政治，及歷史哲學

「存」（being）與「不存」（not-being），似乎是兩極，如水火般不容同時存。但其實，二者皆非各自孤離，卻都有游向對方的動態在。矛盾或相衝，正顯示有一股積極力運行於其中，把各自的相對性組合成一絕對性。這就是黑格爾的辯證（dialectic），也是他的邏輯（logic）。

一、邏輯

有則有序，稱爲邏輯。哲學的兩大領域，一是人的心靈（Spirit），一是大自然（Nature）；邏輯如何處理這兩大領域？

(一)心靈是自由的，大自然則受機械法則所限定

1. 大自然所展現的樣態繁多，不一而足。大自然界中，怪事奇物太多；自然的歸類，都難免有例外，偶發性時有。物理上的因果關係，是有實際經驗作內容的；與純粹邏輯之只顧形式，大異其趣。謝林用心於化異求同，消失彼此之別，而上臻「絕對」（the Absolute）境；敘述此境，只能用否定式的語詞，若以肯定式的文字表達，則只能憑神祕式的直覺（mystical intuition）。此種說法，黑格爾是不予認同的。黑格爾信心十足地強調，「深沉的理性」（speculative reason）可以穿透而入「絕對」的內在「底蘊」（the inner essence of the Absolute）。該底蘊在「大自然」及「人的心靈精神」史上展現。「深沉的理性」即是邏輯，也是正反合的辯證，有辦法把「絕對的內在底蘊」和盤托出，展現於世人之前。

2. 黑格爾的邏輯，不是純形式的，也非與形上學無關，倒與康德的範疇說法較接近。範疇是人的一種思維，將現象界予以「形」及「式」（shape and form）。在人類思維中，「形」與「式」是「先驗的」（a priori）。「本相界」（noumena）的「物本身」（things-in-themselves）非人心所能「創」，但

人心卻可把現象世界的基本特性，一一予以呈現。康德的範疇論，達不到本相界，只及於現象界：認知力也只及於後者，而未能到前者。黑格爾的邏輯，稍與康德的籌疇，二者有所小差的地方，即他把邏輯視之爲一種「過程」，本身都在動中，未有歇止時。一言「絕對」，則必有「存」或「不存」（being, not-being）兩種範疇。換句話說，存之所以是存，因爲有「不存」，反之亦然；人的心思，就在「存」與「不存」之間擺動，無法止於存，也不能止於不存。若無「不存」，則「存」也消失；若無「存」，則「不存」也不見。「存」與「不存」之本身，並非「絕對」；只有思及此，才屬「絕對」。存或不存，是形下的，絕對則是形上的。「存」（beings）與「不存」（not-being），都處於一種「形成狀態」（becoming），本身的動態性十足。存與不存，二者之間的往返動作，就極有可能升高層次而爲合。

3. 可見邏輯的第一部分，有三成分：存、不存、生成（being, not-being, becoming）。第二部分就是「存有」（essence）及「存在」（existence），力（force）及力的展現（expression），本質性（substance）及偶有性（accident），因及果（cause and effect），動及反動（action and reaction）。一言以蔽之，即「表」及「裡」二者；且二者各自都在「自我裂解」（self-diremption）中，試圖把「存」生成爲「不存」，「不存」生成爲「存」。因此一中有多，多中有一；同中有異，異中有同。這才是實實在在的「絕對」。

第三部分稱爲「概念的邏輯」（the logic of the concept, or notion, *die Logik des Begriffs*）。在「概念」的邏輯裡，人的思維因素特爲明顯，主觀性（subjectivity）的強調因果「概念」，就是其中之一；但客觀性（objectivity）仍不可或缺。因果概念是二者合一的成果，那是人心「靈智」（Spirit）的結晶，宗教用詞就是上帝（God）；既「絕」（absolute）又「全」（Tolality）。哲學用語上的「絕對」，定義仿如「靈智」（Spirit）。

(二)「自然」（Nature）與「靈智」（Spirit）

1. 取謝林之比喻，自然不是靈智，卻是一種「正處於昏睡中的靈智」（Slumbering Spirit），或是「可見的靈智」（Visible Spirit）。靈智是一種醒覺的意識，自然中有令人入神陶醉或騷動的部分。物種之千奇百怪，令人眼花撩亂；但只能作經驗上的觀察或歸之爲物理上的因果關係，卻與靈智所生的邏輯演繹，大大有別。

2. 自然界存在著數不盡的特殊個物，各物種之演變，不是生物學這種經驗科學的演化論（evolutionary hypothesis）可解，卻得依他的辯證（dialectic）程序。前者是科學的，後者是哲學的。

3. 自然界必有「空間」（space），但「心」（mind）或「靈智」（spirit）最不需空間。在空間中，自然與靈智二者合體的，就是有機體（organism）之出現。空間屬外在性（externality），也是客觀性（objectivity）；有機體則是內在性（internality），也是主觀性（subjectivity）。

自然是有形的，看得見的；靈智則是無形的，看不見的。他有時舉數學、物理學、有機物理學爲自然學門，但有時又說力學、物理學，及有機物學（organics）也是自然學門。觀察法在他的心目中，價值性及意義性並不高；靈智所需的辯證，才是他的最愛。

4. 「絕對就是靈智」（the Absolute is Spirit），「絕對」的最高級定義在此；領會此定義及其內容，是一切文化及哲學的最後動機；一切宗教及科學，也都向它邁進。但靈智是潛性的，而非現性的。靈智的活動有理論面及實際面，理論面包括直覺（intuition）、記憶（memory）、想像（imagination），及思維（thought）；實際面則有「情緒」（feeling）、衝動（impulse），及意志（will）。二者合一，就是「眞正的自由意志」（the actual free will），在此，自由的意識萌生。該意志是「自由的睿智」（free intelligence），也是「理性的意志」（rational will, *der vernünftige Wille*）。不過，

就世界各地區而言，非洲及東方，從未有過此觀念，迄今也未有；希臘人及羅馬人，柏拉圖及亞里斯多德，加上斯多噶，也未有之。相反的，他們只知，人一出生若是個雅典或斯巴達的公民，則享有自由；或透過品德的鍛鍊，教育或哲學，使聰明人即令是奴隸身分或被手鐐腳銬，但內心是自由的。此觀念來到這個世界，是透過基督教的。依教義，「個體就是如此」（the individual as such），擁有一種「無限的價值」（an infinite value）……也就是說，人本身（man in himself），才注定擁有最高的自由。

黑格爾的歷史哲學，奉此為最高旨趣。東方的支那，無人（頂多一人，即帝王）享有自由；希臘羅馬社會，則生在自由民之家者，享有自由民身分，因此，只有少數人才有自由。

二、道德哲學

靈智的客觀化（客觀靈智，objective Spirit），自由是靈智的客觀化。而自由的具體呈現，是在行為中。行為的自由，有下述層面：

(一)對（right）與錯（wrong）

1. 自由的行為運作，首先運作在外物上，可以自由支配外物，如財產。財產本身是「物」，物無自由不自由問題，因物不屬心，不是精神界，故無自由可言。物只作為人類展現理性意志時的工具。但人處在社會群居生活中，支配財產（物），就需考慮他人的觀感。其次，人可以擁有物，也可以拋棄物，與物「疏離」（alienation），認為財產是「身外物」，不若心或靈智，是「身內物」。人擁有使用房子的權，也可棄之而去。但一個人的道德感，即良知（moral conscience）或宗教感（religious conscience），是與己長相廝守的，也是棄不掉的，該兩種感都是內在的（internal），而非外在的（external）。一旦無此感，則將帶來社會的災難。

2. 依他的辯證程序，財產的拋棄與契約觀念（concept of contract）有關。「契約」（contract, *Vertrag*）本身，不是抽象概念，卻極為具體，如雨傘；且外在性極為明顯。人與己甚至人與自然的關係，都含在其中；「給予、販賣、交易」的「自由」，是雙方同意，心甘情願的作為。其次，為了共同目的，擁有或支配某些財物時，必得考慮到眾意。此外，在「自由」的前提下，契約之簽訂，當然必須要尊重他人之意志，不是被逼的；簽約時，即令雙方意同道合，但並不保證彼此就永結同心。約是有時間性的，不一定是恆約，中途解約是常事。之所以如此，必定有一方悔約，或發現其中有「錯」；錯之因，可能來自於對約的解讀不同，而非懷疑對方有詐。當然，一方之欺騙、使惡，或脅迫之情，也有可能。因此乃生「懲治」（punishment）之觀念。至於罪犯（criminal），黑格爾認為不必視之如動物一般的要以恐怖畏懼來使之改過自新（deterred or reforned），卻仍以理性的自由民待之；經由懲治來消除其惡行，使負負可以得正（negation of negation）。

3. 懲治或處分，有內在及外在之分。一來，個意、己意，或私意，有待提升；刪減、排途，而上臻公意、普世意、恆意之境。前者止於「法」意（legal will），後者則抵「德」意（moral will）了，超越了「當」（right），而上至「德」（morality, *Moralität*）。內在的要求，力道（authority）來之於「內」（internal），而非由於「外」（external）。此種靈智或心，使人異於禽獸，也使少數人有別於多數人；行有不得，反求諸己，而不該怪別人。自我反思，偶有意自當居恆有意之下。由此發號施令，就必然產生道德義務或職責感，等於是康德的「無上命令」（imperative category），帶有「應迫」（imperative）意。該「範疇」（category），位階是無與倫比的。換句話說，黑格爾與康德同，良心制裁（sanction of conscience），最為管用。優於外在判裁（external punishment）的法律、宗教、輿論、自然效應之獎懲。

道德標準（moral standpoint）就是意志的標準（standpoint of the will），是「無盡的」（infinite），不只道德之「內本有」（in itself），且也在道德之

「用」上「有用」（for itself）。

(二)康德認為善或德，善意（intention, *Absicht*）就夠，不必計及其餘，黑格爾不然。

1. 黑格爾以「絕對」（the Absolute）取代了康德的「無上命令」，二者都是「心」或「靈智」（Spirit）的發揮。但「絕對」既是內（正）與外（反）之「合」，就不可以單計及「內在」而不思及「外在」，否則就難免在道德意識的辯證發展中，犯了「片面」（one-sided）之弊。黑格爾的辯證邏輯，並不完全是形式上的（formal），「內在的」（interior），或「主觀上的」（subjective）。德（morality）有理論面（*Moralität*），也有其實際面（*Sittlichkeit*）。前者是理想層，後者是現實層；前者轉為後者時，是單純化為複雜的過程。換句話說，即令動機是純正的，行為後果的複雜因素必多，「靈智」在這時絕不可疏忽，卻該也有「能力」去「計及」（accountable）。

2.「善」（good）「不善」（bad），及「德」（moral）「不德」（immoral）；二者有別。

善或不善，較具個別性，因人而異，且因時空而有別；德或不德，則具普遍性，位階高於善或不善。行為之外在因素，非行為當事者能完全掌控，尤其在偶有面（the sphere of contingency）上，到底決定採取什麼行（實際面），靈智要發揮最大的功能。但無論如何，最後的把關，是依行為的「目的」（purpose, *Vorsatz*）不可違背。一些不可預知的效應（the unforeseeable consequences）出現時，還要行為當事者「完全」負責，這是太過分了。「負責」的效標考慮，是凡在行為的「目的」之下而生的效益，行為當事者就得「吞下」（avow），不得賴帳，除此之外，無法課他的責任。

「目的」（purpose, *Vorsatz*）是「德」的第一層面，其次才是「意圖，動機」（intention, *Absicht*），或「福祉」（welfare or well-being, *das Wohl*）。常人易把二者相混，黑格爾則要釐清二者之別。舉例來說，點燃一火柴，使壁灶內的

可燃物生火，用意只一，是使室內較暖和或除濕，空氣變得較乾燥。動機極為重要，但並非「德」的唯一要素。

許多動機是發自於人的私心，為了謀己利；但私心或己利，必不可有害於公利或眾意。「善或惡」，只及於「個人」；「德或不德」，則擴及社會面。好不好，當不當，該不該等，只屬於「個人面」時，是「善或惡」；一旦擴及與「社會面」時，就成為「德不德」了。私德有善或惡，公德則只有德或不德，後者的「理性面」（rational）必有增無已。「自由」的真諦，也隱涵其中。此種自由的實踐，乃是普世最絕對也是最後的目的。

3. 新教徒（protestant）的黑格爾，堅持良心的內在性；觀點與康德同。但把良心純當作「內存」（inwardness），且視之為唯一的絕對權威（absolute authority），他是厭惡此說的。純主觀性的良心，有可能潛藏著惡，因為良心中的「良」，要訴諸於「眾」，否則「愛之適足以害之」。不少人以良心為藉口，實際上作出極為違反良心之惡行。良心者不一定帶來良「知」，行為不建立在「知」上，則是蠢行、笨行、愚行，或惡行了。私下或個己性的「良心」，既不許全以為憑，則該取決於客觀的常模（objective norm）。可惜，他在此未進一步去鑽探。純度極高且未經稀釋過的道德內在性，與邪惡（wickedness）二者之關聯性有，卻只具可能性而已，不該過分誇張。一再地堅稱自己「動機良善」，又有誰知呢（Who knows）？

三、政治哲學

(一) 由道德而政治

1. 家，公民社會，及國家，是公德發揮的場所：個人獨居之外的群居組織，首先是家，其次是社會，最後是國。

家以愛為核心，那是家人的共同財產。愛具有一種「統合全部感」（feeling-totality），是不分家人你我的，「全都是一家人」。

2. 公民社會：統中有離，合中有分。這也是一種具體的辯證（dialectic）。家中之小孩長大成人，就有分家的結局。共性（unity, universality）中帶有殊性（particularity）；一家變成數家。人人都是社會中的一分子，但形成「公民社會」（civil society）後，另一形式的整合出現了，也是正、反、合的過程。家有家的倫理（family ethics），公民社會也有其倫理（social ethics）；二種倫理中，自然及人為的成分各有消長。家的自然（天性）倫理多，人為倫理少；社會倫理則反之。經濟組織、勞動分工、階級組合等，因之出現。其後為了社會安寧，則法庭、警察、司法單位林立，政治結構及政府型態緊跟而來。

3. 國家：國也是公民社會當中，一種發展過程的產物，依他的正反合辯證邏輯，國代表「合」；家庭是（正），社會是（反）。國之中有家庭及社會在，後二者並非各自孤立，都有連帶關係，都是國的一部分。其實三者之存在，並無歷史時間上的先後，卻都是辯證邏輯上的必然。

家代表無分你我的「正」，公民社會代表彼此有別的「反」，國則超越於前二者之上的「合」。但共中有殊，殊中有共；在國之中，殊的個體意識到「自我」（selfhood），不只未虧卻反盈，自由度不減反增；國不是一種抽象體，也非全與個別相對立，卻更彰顯出成員的真正地位及價值。成員的充分參與公共活動，提升了個人本位性及孤立性（如同細胞僅是有機體一部分而已一般）。此種倫理感，是個人獨居生活時，體會不出的，非常具有實質性，也是一種奇特且前所未曾有的意識，是理性意志的實踐，屬於心也是靈智（spirit）的最高級又具體的層次。道德上的空洞或抽象名詞，如該、當、好、善、義務、職務等，都在「國」中找到具體的實質，尤其個別的人在國中的職位，正是活生生的展現場所。此外，作為國的一分子，是否同時也是家及公民社會的一成員，靈智可以決定。該兩種角色不生衝突，又有互補作用。

4. 黑格爾對「國」，稱讚有加，甚至用上「此一實際的上帝」（this actual God）這一美名，等同於「客觀精神或靈智」（objective spirit），「神聖性」（divine）十足。但需注意的，這是他心目中理想界的國，好比柏拉圖一般。但

二者的「國」，都還未在歷史上出現。歷史上真正存在的國，都逃不掉批判，不只反覆無常、錯誤繁多，罪惡宵小還予以毀容。不過：

> 最醜的人、罪犯、病痛跛足傷殘者，每一位仍是個活人。積極又正面的元素或生命，即令欠缺許多，仍然保存著。就因為如此，所以吾人在此必須有事要做。

他堅持一種事實存在著，即成熟或發展完善的國，保存了私有財產權。國之意志該凌駕於個體意志之上，二者有衝時，捨後者而就前者。國之意，即是盧梭的眾意，也是普世之意，才正是己意或個別意的「真」意所在。因之，個人一定要納入在國之中，才能體現自由。自由的真諦，也只在眾意中才能實現。其次，有人以他之美化或神化「國」，乃責他為專制極權撐腰，致使個人自由及創作大為萎縮。此種指謫，對他是不公平的。相反的，他所稱讚的成熟之國，是個人自由發揮到最頂點時，與眾意之治權，二者可以相容而不互斥。謹記著，他要求日耳曼人民接受的政治教育，是具有「自我意識」（self-consciousness）的國家成員。國之安定，需要各個成員把眾意擺第一，人人在各自職責及身分上盡職責，國也就能滿足各成員的主觀目的了。

(二) 政治體制

1. 最具理性的政治體制規劃，莫過於「君主憲政」（Constitutional monarchy）：「公民社會」居於比較個人式的「家」及「集體意識」較重的「國」之間，是把個性轉移為群性的「辯證」過程。人人都有職責參與政治。但人口眾多的國，讓人人都「直接」參與政事，效率必不高。如把人人都聚集而成一「組合體」（corporation，或Estates），則公意比較容易出現。當時的普魯士政治體制，即是如此，也是他最遵從的。

2. 但最佳的政治體制設計，是歷史的產物，也是人類「精神或心智」

（spirit）的展現，不能直接由外移植。拿破崙爲西班牙提供一個西班牙史上從未有過的一種政治體制，對西班牙人來說，那是「先驗式的」（*a priori*）。日本於二戰結束後，被戰勝國的美國「硬」制訂一部合乎民主精神的憲政，初期也有水土不服之困境，如同花草移栽或器官移植般地發生排斥現象。但法該有普世性者，如同某些樹，到處皆可活一般，但也有時要歷經數世紀之久。即令由外引入的體制較爲理性化，若人民感受陌生，則不滿是勢所必然。

3. 君主政體（monarchy）與民主政體（democracy）何者爲佳，此一問題若不把歷史因素考慮在內，則答案了無價值。但有兩原則必須奉爲圭臬，一是主體性原則（the principle of subjectivity）。國的主人是個人，個人自由原則位居首位。二是接受「成熟理性」（mature reason）的要求，即更理性、更開放、更能發展自由的個性，且更尊重個人的權利。可見他絕不是批評者所講的反動派，更不憧憬於「老體制」（*ancien régime*──法國大革命之前的舊有政體）。

(三)政治哲學或政治理論

1. 哲學家提出理想國家的理念及其本質，是否同時也告知或協助政治人物，設計出最佳的政治體制。在這方面，黑格爾與柏拉圖不同。黑格爾認爲，哲學家之本務是「了解」，而非提出解決實際政治疑難雜症的萬靈丹。「了解」而非「預測」；前者指現在及過去，後者則是未來。

當哲學家在灰色上又塗上灰色，表示生命已衰老；灰上加灰，不是返老還童，而是在於了解，司智慧及技藝的女神（Minerva）之大鷹（owl），只在夜幕低垂時才大展雄翼，美好的光輝時代已過之後，哲學家才對之予以領會並提出闡釋。

即令柏拉圖的《共和國》（*Republic*），也只是以一種格言式敘述，似乎有一種「空的理想」（an empty ideal）在其中。究其本質，也只不過是對希臘倫理生活指出一種闡釋而已。

每一個人都是他所處時代之子，若認爲哲學可超越他自己的世界之上，此種

說法，就如同認爲一個人可以跳過他自己時代之上一般的愚蠢。

2. 哲學家把「政治」只當做一個過去所呈現的經驗事實，靜靜地進行沉思、了解，並闡釋。靜上加靜，則有如灰上加灰；馬克斯不滿此種論點，倒認爲哲學家的工作，不是只止於了解歷史而已，卻要改變（change）這個世界。此外，黑格爾贊美當時普魯士的政體，猶如亞里斯多德美化甚至神化希臘「城邦」（*polis*, city-state）一般，是「緬懷」過去的。亞氏爲文稱頌的時代，正是理想時代已成了歷史，表示所謂的黃金時代是已居理性成熟的頂端，高處不勝寒；其後則往下坡跌下，生機力消退。

上述引語或許可以作如下的「了解」：歷史是已然的事，只能予以「了解」，又哪能「改變」？改變過去歷史，不是竄改歷史嗎？自然界呈現的「事實」，是有機體從生到死；宇宙也有光有暗，有白天有黑夜；但有些動物是「日出而作，日入而息」；有些動物如貓頭鷹，是「暗光鳥」，夜間才飛翔，夜暮低垂後才是作息時間之「始」。

3. 時代精神（the spirit of the time, *die Zeitgeist*）之了解與闡釋，正是哲學家的任務。時代精神就是人的自我意識反思而抵成熟階段，「現實的」（real）就是「理性的」（rational）；而理性的也是現實的。「事實」（fact, is）與「價值」（value, ought）合而爲一。因之，to be is to be right. whateier is, is right.一種「事實」若存在，且又能永在，則該事實必有「理」，且必是價值頗高的「事實」（what is rational is real and what is real is rational）。

此時，精神、心，或靈智（spirit）已成客觀（objective），體現在「國」裡。國既是一種成熟的理性，則殊中有同，同中有殊。如同白天動物及夜間飛鳥之有同有異一般。哲學家對歷史的了解或闡釋，也是「時代精神」的反映，或許也只後知後覺而已，與預言家或占卜師相較，在這一方面上，「哲學現身時，是太晚了。」

4. 戰爭：本國與他國之關係，如同國內的己與人之關係一般。國際關係靠條約或國際法，若一方不遵，則訴求戰爭作爲仲裁。這也是歷史事實。不過，

黑格爾認為戰爭是對的，合乎正義的。他並非無視於有些戰爭帶來更大的不公不義，殘忍且浪費。但戰爭帶有倫理面，因此不能視之為「絕對的惡，或僅是外在、或然、偶發的事實」。相反的，戰爭是理性上的必然（a rational necessity）。一旦戰爭發生了，則「財產」及「生命」等「明確之事」（finite），就被「安置」（posited）成為「可有可無」（contingent）。嚴肅地來看待諸如這些有時間性的「物件」（temporal goods and things），只不過是充當「啓迪陶冶詞句」（edifying phrase）而已。戰爭一旦發生，參戰者的道德素質，可以用英雄量尺予以測試，把短暫的提升為永恆的。以他的親自經歷而言，拿破崙攻普魯士之戰，使他在耶拿大學的職位不保，財物盡毀；但戰爭在他的歷史辯證過程中，不可或缺，化「停滯」（stagnation）而保存了「國家的倫理健康」（the ethical health of nations）。靈智或精神，充滿新的活動，促使陳舊老化的政治機構，生機盎然。他反對康德的永世和平說法。他心目中的戰爭，不是全面性的，卻是歷歷在目的拿破崙戰爭及普魯士的獨立戰爭。不過，他竟然把人類戰爭史上的黑暗面予以浪漫化，虧他還是個名大學的教授，自溜入形上陷阱而不自知。

四、歷史哲學：世界史的觀念（concept of world-history）

(一)人類歷史經過下述三個「過程」

1. 「本源的史」（original history）：把呈現於史家之前的事件，一一予以陳述。希臘名史家修息底斯（Thucydides）的史書屬之。

2. 「反思的史」（reflective history），不受限於史家的史實經驗，而是教誨史（didactic history）。演義史屬之。文以載道，不限於寫史。

3. 「哲學的史」（philosophical history）或歷史哲學（the philosophy of history）：以思想為中心的歷史。

(二)歷史哲學的要旨

1. 以理性爲核心：以理來主控世界，世界史即是理性程序（rational process）史；就哲學而言，即是形上學；就歷史來說，那是一種假設（hypothesis），但該假設卻可以在經驗事實獲得證明。形上學如此，假設也如此；二者都可以得到眞正的史證。史料浩翰，卻都有理性貫穿其間。

2. 心、靈智、精神（Spirit），就是理性的展現，且是自我伸展的（self-unfolding）充斥整個宇宙；稱爲世界心、世界靈智、世界精神（World-Spirit, *der weltgeist*），也是意識的自由展現。

3. 世界精神也是國家精神或民族精神（the spirit of a people, national spirit）：此種精神、靈智、心，不是個體的，卻是集體的。因之，世界史就是文化史，不只包括政治體制、傳統、道德、藝術、宗教及哲學，且是活生生的整體。世界精神也是民俗或民族精神（*Volksgeist*）。

世界精神就個體而言，是人或民（people）；就整體來說，就是「國」（states）。但只有形成「國」一分子的「民」，才能擁有世界精神。因之，世界精神也可以說就是國家精神。世界精神對個體而言，是「潛」的（implicit）；對國，就「顯」（explicit）了。世界精神或國家精神並不出現在哪一地方或哪一時間，卻出現在「歷史」上面，歷史伸張此種精神。這種歷史精神乃是一切精神心或靈智的最終、至上，及最後判官。因此，它也是普世精神、普世心、普世靈智（Universal Spirit）。伸張此種精神的國家或國民，必居世界史上的主控地位。不過「敲出時刻了，但只能一次而已」（it is only once that it can make its hour strite）；因爲敲完之後，即從頂點朝下，落入作爲背景的角色。他舉西班牙爲例，曾經於十七世紀初占領臺灣北部的這個天主教大國，國威四通環宇，卻從此一蹶不振，在世界歷史鐘上未再敲響一次。他的此種說法，當然爭議不少。不過，能再敲第二次鐘的國家，已非先前的國家。

4. 歷史哲學此一課程的講授，分成下述部分：

① 東方世界（Oriental world）：包括支那、印度、波斯、小亞細亞、巴勒斯坦，及埃及。

② 希臘及羅馬世界（the Greco-Roman World）：包括基督教之興起。

③ 日耳曼世界，從拜占庭帝國（Byzantine Empire）到法國大革命及拿破崙戰爭，回教的穆罕默德世界也稍提及。

就「自由」這個作為「人」之「心」、「精神」、「靈智」（spirit）最為珍貴的歷史精神而言，東方世界是欠缺的，頂多只一人即帝王才有自由，但該自由是善變的（caprice）、兇殘的（ferocity），或野蠻的禽獸情（brutal passion）；偶而較溫和或馴良，只不過是突發性而已。因之享有此自由的那單一個人，即專制君王（despot），才是自由人，或是真正的人。

其次，希臘羅馬世界，自由的意識有了，但「少數人」才擁有：與其相對的「奴隸」（slaves），就休想享有自由。即令柏拉圖及亞里斯多德，在這方面還更為此種階級劃分予以理由化或典範化。

黑格爾認為，植基於基督教義而興的日耳曼民族，才首先萌生全民的自由意識，但並不立即展現在文化的各個層面上。倖而最早在宗教信仰此種內心的擺脫外在牽制開始，然後才漸漸在法律、政治，及經濟上獲有自由的保障。「心」、「精神」、「靈智」的自由，向外擴充，這是日耳曼民族文化的長處。

5. 把世界心、靈智、精神具體化於個人身上的是亞力山大大帝（Alexander the Great）、凱撒（Julius Caesar），及拿破崙（Napoleon）。這三位「名」人，大力實踐世界精神，宗教上另有一股「神的眷顧」（divine providencs）；當然，三人的「私」心也有。以拿破崙為例，個人英雄式或妄想自大症（megalomania）發作，但這只供傳記作家或心理學家的研究對象。歷史哲學家的眼界，則視他們為世界精神的實踐工具。黑格爾說，具豐功偉業者，又有哪一位不是基於英雄激情？把激情當手段，世界精神予以完成才是目的，不是美事一椿嗎？即令要「理性的狡猾」（the cunning of Reason），「兵不厭詐」，又何嘗不可？當年凱撒之渡過盧比孔河（the Rubicon），內在動機如何，儘管供世人猜測或

批判，但他此舉，完成的歷史壯志，就可以掩蓋過私德上儘管有瑕疵。大德不踰矩，小德出入可也。大帝把羅馬從「共和」（Republic）轉爲「帝國」（Empire），且將羅馬人的天才及靈智，發展得淋漓盡致。紀元前49年，凱撒率軍渡過盧比孔河，入羅馬向元老院宣戰，此舉雖違反軍令（不得越出駐區之外）而引發三年的內戰；但此種「決心」，使世界史走入另一境界。

　　黑格爾如稍悉支那史，或許也會歌頌李世民之逼父殺兄弒弟以得王位；但「貞觀之治」此一美名，類似「世界精神」，可以掩蓋過他的「理性的狡詐」。至於史達林（Stalin）呢？黑格爾歷史哲學觀，「成者爲王，敗者爲寇」：以目的取決於一切的「形上目的論」（metaphysic-teleological view），哪管心理學或病理學上的潛意識解析？難免引來了神學觀點者的批判。不過，他也反唇相譏，基督教義之傳播史中，也在「理性的狡猾」上要了一招。藉猶大（Juda）對耶穌基督的叛逆，來完成「救贖」（the Redemption），即由惡轉善；未有反目，又哪顯忠誠？名爲「最後的晚餐」（the Last Supper）的宗教故事，世人皆知。那麼，二十世紀四大殺人魔王，除了史達林之外，希特勒、毛澤東，及蔣介石呢？這都是黑格爾不可能親目所見者，難道他們也都在貫徹「世界精神」嗎？剝奪了眾人之自由，是最不可恕的最大罪人。

　　6.「人在做，歷史在看」：臺灣人說：「人在做，天在看」；黑格爾把它換成「人在做，歷史在看」。歷史是一面鏡子，是判官，且是最後的判官。歷史永遠站在勝利者一方，因爲，成功或勝利，不是短暫或局部的，而是永世的。不然，人的歷史又有什麼可言？永續的生命，也是歷史的精神極致。

　　「強權出公理」（might is right），這句柏拉圖在《哥寄亞》（Gorgias）對話錄中寫下的名言（出之於辯者Callicles之口），或毛澤東的「槍桿子出政權」說，不是頗爲諷刺嗎？道德是弱者的自衛武器，以此來套牢於強者及自由民身上，以便勿欺弱者及奴僕。換句話說，拳頭大，塊頭粗者，以「力」爲主，「理」是靠邊站的；「力」而非「理」，才是道德。身體或心力軟弱者，意識到本身弱點，但也意識到「力」之重要性，遂「結合弱少」來鬥「強權」；集體，

團結，眾志一心，則可積弱成強；可見他們的「德」，仍是「力」第一。虎落平陽時，也為眾犬所欺。只有弱者才大談德，希望強者受束於倫範之下。憤世疾俗者（cynics）看不下去「弱肉強食」，為何不考慮把自己也變為強者？使強中更有強中手，而非使強趨弱，而該轉弱為強才是要方。需知，歷史是一種「過程」，如貫徹此道，則誰強誰弱，就難有定論了。

「絕對」（the Absolute）是黑格爾哲學的重要用語。在歷史哲學上，「絕對」這一名詞的形上意，大於宗教義，哲學味也從神學味轉換（transformation）而來，尤其排斥神話說法（demythologization）。嚴肅來說，「強者」的強，並非是指肉體或技巧上的強，卻是「精神、心、靈智」（Spirit）的強，這才是強的「絕對」真諦。弱者人數再怎麼多，若無「心」，則又如何「團結才有力」呢？一盤散沙，仍是無法凝固。

第三節　美藝、宗教，及哲學

　　絕對及靈智（Absolute, Spirit），表達在三種層面上，且都處在辯證過程中。一是對自然界及感官界所形成的美感，二是意識到宗教語言上的圖像，三是覺查出概念的純粹化及哲學化。「絕對精神、心、靈智」的哲學，乃包含著美藝哲學、宗教哲學，及哲學的哲學。

一、美藝、宗教，及哲學三者之關係

(一)正、反、合的過程

　　人的意識，也是人之心、靈智，或精神（spirit）所呈現的，首先是感官物體界所給的印象。自然有美，但由人的意識所顯示的美，或許高於自然美之上，那是靈智的自然呈現。其實，自然美中有一種神祕美，那是無以復加的美。但黑格爾未及於此，著實有點遺憾；反而視人為的藝匠美，比較合於他的辯證闡釋，正、反，及合。

　　1. 由美至宗教，最後抵哲學，是一種辯證過程，時間因素不可或缺。古典的希臘美藝，在時間上早於基督教的宗教，希臘宗教也先於基督教。另一方面，希臘的美，呈現於廟宇，也說明了美、宗教，及哲學，三合一；很難區別出三者有時間上的先後；先後的時間性及邏輯性，同時存在。晨先昏後，這是時間上的；但數目字上的1先於2，那是邏輯上的。歷史有時間上的先後，至於概念（哲學）則有邏輯上的先後。由此可見，黑格爾認為哲學的位階，高於美藝及宗教。

　　2. 依辯證或邏輯，「絕對」的最高層是哲學，墊底是美藝。美「始於」感官世界，但把感官的自然物，「概念」化的形成為「美」，就立即與哲學形影不離。不過，傑出的畫家有可能是個差勁的哲學家，而大哲學家或許無能力畫出一幅美麗的美術作品，或譜出一悅耳的交響曲。

(二)美藝、宗教，及哲學之史例

從「自然」（Nature），經由辯證程序，發展爲美藝、宗教，及哲學，黑格爾各舉出實例：

1. 埃及及印度的符號式或神祉式圖像（symbolic or mysterious art），感官的比重大；在「精神、心、靈智」（Spirit）的自我闡釋（self-intepretation）上，美藝作品的內容裡，感官成分多，如石刻的獅身人面像（Sphinx），視之如同一團「迷式」（enigmatic）。

2. 古典藝術：以人體爲對象，神身如人身，希臘的雕刻最爲明顯。「心」（spirit）與「物」（matter）之間的諧和性，極爲完美。感官蒙上了一層精神面紗，靈智之思充分展現；把雄偉的自然變爲優美的藝品。裸身的人體美，展露無遺。

3. 浪漫藝術（romantic art），是基督教時代的美術作品，「精神、心、靈智」已溢出感官界之外，直逼上帝，是「再生」與「復活」；自我從過去轉換或超越爲另一自我，這是基督的寫照及描繪。在詩詞、音樂，及畫畫上，凸顯出來。最具體的美藝作品，就是教會建築；內容與形式，與希臘神廟，大爲不同；把內在精神與外在物質作一最妥協、諧和、美妙的結合。

二、「絕對」是三合一的結局

「絕對」（Absolute）是「精神、心、靈智」（Spirit）或「理性」（Reason），也是「自我思考之思想」（self-thinking Thought），則「絕對」，就可以把自然之美，從藝品階段立即轉換爲哲學了。爲何要有個轉介中途站，即宗教呢？注意，此種轉換或提升，不是時間上的而是邏輯上的（辯證）。

(一)宗教

宗教介於「想像」（imagination）與「思想」（thought）之間：宗教畫是

圖形式的（pictorial），或形體式的（figurative），把「思想」包裝在「想像」中。

1. 宗教把有形與無形、有限與無限、有與無等，和諧地納入爲一；如基督教之「道成肉身」（Incarnation），把形上的「道」與形下的「肉」，合成一體。傳統哲學家或神學家花心血證明上帝的存在，黑格爾認爲那是徒勞；不只陳舊，老生常談，且實際上是不虔敬地冒犯了上帝，也妄圖把非理性的信仰及一心向神之情，建立在理性基礎之上。

2. 宗教信仰，也有三組（triad）出現在他的辯證中，符合了「正」「反」「合」三程序。首先是宗教信仰的功利效用性（utility）。東方型宗教，如支那或印度人對神的觀念屬之；拜神可得保佑，對考試、升官、發財、健康、求子、婚嫁、訴訟等，有「用」；宗教的工具性意識十足。其次，是羅馬人依「衆神」觀（polytheism）而建的萬神殿（Pantheon）。最後，是基督教（Christianity）的單一神理念（monotheism），該種宗教是「絕對宗教」（absolute religion）、絕對眞理（absolute truth），也是永恆眞理（the eternal truth）。此刻，宗教與哲學合爲而一。二者都是一種「自我伸展」（self unfolding）。宗教與哲學唯一的不同，就是表達眞理的方式有別而已。二者都屬絕對眞理，就是上帝，也是宗教意識最完美的自我呈現（the perfect self-manifestation of God）。二者各有幽祕深頤，莫測高深，非局外人能了解者（esoteric）；但也可化難爲易，俗人也可領會的部分（exoteric）。

(二)哲學

與美的藝術與宗教同，三者都有其歷史，且都有辯證的過程。

承先啓後，「先」是起頭，「後」是綜合往昔的成果，即從相對演變爲絕對。因之：

1. 帕米尼德斯（Parmenides）是首位眞正的哲學家：他最早認定「絕對就是存有」（the Absolute as Being），「絕對」就是一切、永恆、不變；希拉克

里特（Heraclitus）把「絕對」當作「生成」（the Absolute as Becoming）；與前恰是一正一反。而日耳曼的心論（German idealism）以「心、精神、靈智」（Spirit）作爲合，菲希特及謝林是代表。哲學史的演變，這是大主幹，雖然小支流有，但萬變不離其宗，偶發或特有性是存在的；通性則是不變的軌跡，也是主軸。

2. 哲學史就是哲學史的哲學，把哲學史本身當作哲學來思索：哲學及哲學史，二者都是哲學家該進行思索的對象，哲學家務必把哲學史當作研究對象，並且由哲學史中多了解哲學。此種觀點，可以適用於其他學門。教育學者從探討教育史中知悉教育，數學家從思考數學史中悟出數學的眞諦，其餘亦然。具體而言，大學哲學系的課程安排，哲學史必然要列爲必修。人的「思」、「理念」、「意識」等，都在歷史中，依辯證程序，一一展現；從中不只可以得出某些闡釋，且也能辨別主要原則及次要原則之分。

(三) 哲學史上正反合之辯證演變，最後都匯聚成日耳曼的心論。

1. 哲學史當然以哲學爲主要內容，而哲學乃是心、精神、靈智（spirit）的自我伸展或展現，與此性質有關者，才可作爲哲學史的材料，也才符合供作「理性」及「自我意識」的「殿堂」或「廟宇」（the temple of self-conscious reason）。此種意識、理性，或觀念的伸張，有一種「內在不得不然的必要性」（inherent necessity）。

2. 基督教是最後一階段的宗教，也是至善、絕對、永恆的宗教；故德國的心論，尤其是黑格爾的哲學體系，是哲學史的完結篇，是一切系統的最後系統。不過，此種說法，倒也存絲絲的諷刺。哲學史既是哲學，可見哲學本身，「史」的概念最爲基本，時間因素是不可或缺的，「哲學」也受「史」所束。因之，最後、絕對、完結性的哲學系統，都爲其後的哲學發展留了空間，猶如大海可以「繼續」納百川一般。「完結篇」不是靜態或停止的。黑格爾哲學體系有綜合性（comprehensive character），居「指令地位」（commanding positon），尤其

對德國哲學界而言。就神學來說，他影響了不少德國哲學家兼神學家。「三一
合體」（Trinity）式地把「聖父」（Holy Father）與「聖子」（Holy Son），
「合」在「聖靈」（Holy Spirit）裡。哲學史的教授之接受他影響者，更不用贅
言了。

第三章

反心論的哲學家(一)

　　把「形上觀念主義」（Speculative Idealism）漢譯為「心論」，是對照法國的「物論」（materialism）及英國的經驗主義而來的。德國哲學在十九世紀時，心論勢大，也招風；較著名的「物論」也不時出現。「心、物」二元，早在哲學史上爭論甚久。心是理性的所在，由心（mind）而生「思」（thought），因心有「靈智」（intelligence），或有「精神」（spirit）。黑格爾哲學是心論的最高頂點，他深信「心論」才是哲學的正統，既絕對、永恆、不變，更是無窮。此說不只有異國的駁斥，也遭來同國人的反擊。德國哲學不是一言堂，正表示出德國學術界的多元及生機盎然現象。

第一節　早期的批判者及反擊者：赫爾巴特及博扎諾

一、哲學的心理及經驗層面

心論者注重形上學，反擊者以心理學及經驗主義立場駁之。首先是耶拿大學教授弗萊斯，接著是克尼茲堡大學教授赫爾巴特。

(一) 弗萊斯（Jakob Friedrich Fries, 1773-1843）

弗萊斯認為心論的三主將（菲希特、謝林，及黑格爾），都走錯了哲學路。

1. 正路是重新回到康德的老路，不要與形上學有瓜隔。雖然1824年他出版了《形上學體系》（*System of Metaphysics, System der Metaphysik*）一書，但他所說的形上學，是一種人類知識的批判，而非指「絕對」（the Absolute）。「批判」正是康德哲學的代名，是針對知識而言的。弗萊斯希望，批判性的知識要建立在心理學上，且與經驗科學搭上邊，這就太有英國的洛克味了。哲學以探究知識的性質、範圍、法則為主，而以實際經驗的觀察為要方。

2. 1803年，寫了一本《權力的哲學理論》（*Philosophical Theory of Right, Philosophische Rechtslehre*），1818年也出版《倫理學》（*Ethics, Ethik*）。在政治學說上，他是自由派的。除此之外，他也專精於數學及物理學；更取康德立場予以闡釋牛頓的物理學及數學。早年受虔誠派的教育，宗教情之心，一生無法忘懷。科學及數學，與信仰是不相頂撞的；現象界及本相界，二者可以合一。良心是一切的基礎。現代的邏輯學者希望邏輯不該心理學化，該還原邏輯本身的面貌。不過，邏輯運思時的科學「態度」（scientific attitude），卻與心理學有關；這也難怪其後杜威寫書把邏輯當成《一種探究系統》（*Logic, A System of Inquiry*），從心理學觀點出發，引來了羅素這位正格的邏輯學者對之有微言。弗萊斯取心理學角度來體會康德哲學，更以情意來為宗教及道德辯護，都與「心

論」三要角之立論點，大異其趣。

(二) 赫爾巴特（Johann Friedrich Herbart, 1776-1841）

1. 教育哲學的始祖：1797-1800年之間，他在瑞士遇上了大教育家裴斯塔洛齊（Johann Heinrich Pestalozzi, 1746-1827），對教育引發高度興趣，認爲教育學或教育哲學，應以心理學及倫理學爲主。前者注重方法及技巧，後者涉及宗旨與目的。

2. 1809年接了康德逝世（1804）後，克尼茲堡大學所留下的講座缺，直到1833年轉赴哥丁根大學（University of Göttingen）爲止。有人甚至自己，都認爲他承接了康德的衣缽，不過，二者之理念雖大體上同者多，卻仍有異者。康德之後所發展出來的德國心論，他頗難苟同，但不能就因此認定，他完全支持康德的全部學說。他反對康德之後的哲學，比較喜愛康德之前的學說，康德本人恰好居其中。

3. 黑格爾說，研究哲學史，就可以了解什麼是哲學。但哲學史的「材料」或「內容」，與哲學關係的疏或密，是一大問題。支那的學者多半以詩暢志，哲學家是搞錯行的詩人嗎？赫爾巴特也有同感。哲學本身似乎無自己特定的題材，不似科學科目那麼明確。哲學家的用力，花在概念的解析、闡述、說明（*Bearbeitung*, elaoration）上，但概念卻都來自於科學。因之，哲學只不過是一種通稱，是各個「科學的科學」（the science of all sciences）；如邏輯及形上學等。概念如來自於經驗，則經過評析之後，概念由一轉爲多，由共而生殊，由同而變異，矛盾逐生。但經過一番說明之後，衝突就消失於無形；如同邏輯的詭論（paradox）、兩難（dilemma），或二律背反（antinomies），表面上是水火不容，其實，概念一經解說之後，敵對概念就煙消及雲散了。以「生」與「死」之對立來說，「天之大德曰生」；可是，人爲了活，就不得不殺生；生與殺生，表面上是不合的；解除此困境，就得憑智慧了，如素食。但試問蔬菜無生命嗎？只是至少「人」感受不到蔬菜之被切或被煮，不似魚或雞等被烹之「痛苦」，因之

「心」較安；二來，非殺不可時，也得「一刀斃命」，不許凌遲；三來安樂死，四來人工養殖，使待宰之量更多等等，不一而足。

4. 化解衝突之道，不走黑格爾辯證方式：赫爾巴特認為實體本身（reality），是不衝不突的，本身是「一」，是「合」就是「整」，又哪有「殊異」？就其大者視之，萬物皆同；就其小者觀之，則肝膽楚越，支那道家就這麼說。表相（phenomena）是多元的、殊異的、差別的，本相（noumena）則一也同。黑格爾的視線，集中在實體本身的辯證「過程」，是動的；矛與盾，出現了；赫爾巴特則直指實體本身，故無矛盾在。這種說法，恰與英國的布拉利（F. H. Bradley, 1848-1924），兩相吻合；後者是大受赫爾巴特影響的。嚴肅的說，黑格爾也同於此說，但黑格爾的「同」，是同在「合」界。「正」與「反」的過程，是兩相對立的，是多元論（pluralism）的；與單元論（monism）當然有別。

5. 「分析」概念：概念一經分析，就由一而成多。一支玫瑰花、一堆糖，各都是「一」；但一旦予以敘述評解，則一變為多。如玫瑰花是紅的、香的、花朵軟軟的，糖是白的、甜的、硬的。玫瑰花或糖這種「物本身」（things-in-themselves），即「本象」（noumena），或「後現象」（metaphenomena），是不可知的。

就如同德莫克里特的「原子」（atoms）或來布尼茲的「單子」（monads），但並非「不開窗」（windowless），卻在表相或現象「呈現」（appears）時，受到「騷亂」（disturbance, *Störungen*），彼此會互動。

6. 潛意識（subconscious）：既是騷亂，則彼此有緊張或壓縮，力小者潛伏於下，不出現在「現象界」中，而潛伏於意識之底處。潛意識的觀念，影響其後的佛洛伊德（Sigmund Freud, 1856-1939）。此外，他又揚言，意識之潛或顯，伏或現，往返之「力道」，可以用數學計算出來，意識與意識之間之凝結力亦然。心理學是科學，但不以「實驗」為手段，卻端看數學演算之精確度，使心理學成為一門最嚴謹的科學。所以大學的心理系，擺在「理學院」。

假設同時出現a與b兩種力道相反的觀念，a觀念強於b觀念，則b必有所「讓

步」（yield）或「受阻」（inhibition）。若b所減少但未完全消失之力為d，則a、b、d之關係，如下式所示：

$(a+b)：a = b：d$……① 此式等於$\dfrac{a+b}{a} = \dfrac{b}{d}$，$\therefore d = \dfrac{ab}{a+b}$……②

也因此$(a+b)：a = b：\dfrac{ab}{a+b}$，

由①式$\dfrac{d}{b} = \dfrac{a}{a+b}$③ $\therefore b - d = b - \dfrac{ab}{a+b} = \dfrac{b^2 + ab - ab}{a+b} = \dfrac{b^2}{a+b} \neq 0$

除非$b = 0$，或a無限大，$\dfrac{b^2}{a+b}$才會$= 0$，但這非經驗事實

$\therefore b - d = \dfrac{b^2}{a+b} \neq 0$

　　心理學之成為科學，其實該依實驗而非數學，人的意識很難予以精確的量化。他的「統覺論」（apperception）著實提醒了教師在教學時，該把新理念或新知識，建立在舊經驗上，如此就有增強（reinforcement）功能，否則必徒勞而無功。

　　7. 多方面興趣（many-sided interests）的大學教授赫爾巴特，對於「美」學特為注重。美及德屬價值領域，與數學或科學之事實認知有別，但都需有客觀的判斷標準，以便來衡量「該不該」及「是不是」。後者以「事實」為憑，前者則依意志（will）。意志有五：

① 自由：意志合乎內在的自由觀念。一個人的品味或行為，是一種性格的呈現，性格該是持穩而非多變的；教育的重要原則，就在於養成穩重又堅持的性格。他不接受「可有可無的自由理論」（the theory of indifference）。一個人在心理上選擇依良心而行，總比依衝動或反良心之欲望而行，價值來得高。簡言之，良心判斷是自由的，而非逼迫的。

② 完美，止於至善或至美（the ideal of perfection）

③ 仁慈（the ideal of benevolence），不傷害，不受苦，富於同情心。

④ 正義（the ideal of justice），以擺平各種不同的意志。

⑤ 補償或報應（the idea of compensation or retribution），善有善報，惡有惡報，這才公平。

因之，他不滿意於康德的「無上命令」（categorical imperative）說，因帶有「應迫」（imperative）意，其道太苦，且冷冰冰的。命令（command）及服從（obedience），必定會有令人肅然起敬（respcet）意，不只心悅（pleasing）且帶有道德上的美感（morally beautiful）。人生不是黑白的，而是彩色的。

多方面興趣是教育的旨趣，建立在心理學及倫理學上，由此塑造的品格最爲理想。他在史上最大的影響，在心理學及教育學上，爲裴斯塔洛齊的實際教育活動，奠以理論基礎。心理學該擺脫形上學的牢籠，在這方面，英國學者的觀念聯合說，尤其是洛克的經驗主義，在德國產生一股扭轉「心論」的主力。

生於美國獨立戰爭的那一年，或許如此，美國學界對他尤有好感；甚至組織赫爾巴特學會（Herbart Society）。他的五段教學法，更風靡環球，連臺灣都受波及。準備、提示、比較、總括、應用，成爲寫作教案的「聖典」。而心理學之往實驗方法邁進，比赫爾巴特更進一步的，是溫德（Wilhelm Wundt, 1832-1920）的貢獻，更步出「心論」的泥淖。德國學界的一股英國風，也陣陣吹，不過敢如此大膽逆心學大潮，就比較難於生存，即令身爲柏林大學教授的貝內克（Friedrich Eduard Beneke, 1798-1854），都不見容於同儕，導致自殺身亡，不符叔本華（Arthur Schopenhauer, 1788-1860）口味。高談心理學是基本學門，且是哲學的基礎；反擊黑格爾而引入英國經驗主義的「內省法」（introspective），取代赫爾巴特的數學法，並呼應洛克的無先天觀念說；行爲的善惡，後效的評斷，重於先前的動機；意願（will）高於「理性」（reason）；此種「歡喜作、甘願受」的學說（voluntarism），爲叔本華的基本哲學觀點。因之，叔本華對貝內克自我了斷的結束生命，頗不諒解。

二、哲學的邏輯面 —— 博扎諾（Bernhard Bolzano, 1781-1848）

康德的批判哲學，以及心論者如黑格爾所說的辯證，都屬邏輯。對此有意見

的是博扎諾。他對邏輯的說法，爲現代邏輯學家所稱道。他該屬於二十世紀的哲學家。

(一) 生平及寫作

1. 生於布拉格（Prague），父是義大利人，母爲德國人。1805年，擔任教會職；不久，布拉格大學（University of Prague）聘爲宗教教授，卻在1819年被迫去職；非信仰因素惹禍，而是政治糾葛使然；革職令來自於維也納皇帝（Emperor of Vienna），因爲教授反戰，也不滿社會階級之鴻溝存在，又力倡公民享有不服從（civic disobedience）之天職。曾向學生說，總有一天，戰爭之爲人所厭，就如同決鬥（duelling）一般；而階級之對立或高下，將大幅度縮減。至於法之守不守，要看立法及行法者是否基於道德良心。這些論點，帝王聽來頗爲逆耳，非宗教上的異端，教會受到帝王指令要求調查時，還公開聲明，教授是個正統的天主教徒。

去職後乃獻身於研究及寫作，但出版他的著作，在奧地利就頗有困難，只好匿名；內容牽涉到靈魂不朽及邏輯的探究。身爲波西米亞學術院（Bohemian Society of the Sciences）的一分子，他寫了不少文章；除了邏輯及數學之外，還包括有物理、美學，及政治。

2. 「見大人，勿視其巍巍然」。18歲時讀康德的第一批判，有認同者也有批判者。「年少輕狂」的歲月，就能接觸並品味素來被認爲是深奧難懂的哲學大師名作，眞是不簡單。本來就不輕易取一種或一家之說作爲唯一的眞正哲學，發現康德的著作，他不贊成也覺欠缺的部分甚多。把命題分作分析性及綜合性，康德對這二者的區別，他是讚佩的；但區別的理由，有所不足，怎可把數學命題當成綜合又先驗命題，故必然爲眞呢？依他自己的思考，幾何命題都是分析性的，沒有綜合性。數學原是純概念性的，因之，只能歸分析領域。

(二) 邏輯；概念的解析

　　1. 康德在第一批判的著作中所提的「經驗」（experience）一詞，未曾對之進行足夠又不混淆的闡釋；且前後出現該詞時，意義時而曖昧，時而有歧義；因之，無法與嚴謹的數學同列。5 + 7 = 7 + 5，這是數學。純就數學而言，前5與後5，前7及後7，要「完全等同」（purely identical），否則數學就無法成爲一門學。好的數學家才能成爲好的哲學家，這是有哲學史依據的。柏拉圖、笛卡兒、來布尼茲等，都是一流的哲學家，他們也是傑出的數學家。當他的眼光掃視當時學潮時，對「心論」這種顯學，不特別拋出關愛的眼神。

　　2. 邏輯不該心理學化（de-psychologize logic）：邏輯與心理學上的主體、自我想像，或其他主觀因素無涉。命題本身就是命題，純只是「是或不是」（is or is not）；不管它爲「眞或假」，或誰說的，甚至曾經由誰（大人物）所提出，都風馬牛不相及；只深究其客觀意義或內容，即完事，與主體無干。

　　3. 命題（proposition）由哪一個「主體」（subject）提出，並不重要，否則「心理」因素就入於其中了。命題的賓詞（predicate）才最重要。就因果與邏輯之相關性來說，因就是前項（antecedent），果就是後項（consequent）；因也是動機，果就是效應。效應最「客觀」，也最科學；動機就主觀了，最有心理因素，該「去」（de-）之。

第二節　叔本華（Arthur Schopenhauer, 1788-1860）（一）

　　一生經歷極具戲劇化，觀念又新穎，說法極具創意的哲學家，非叔本華莫屬。十九世紀重要哲學體系的建構者，該把黑格爾、馬克斯、尼采，甚至赫爾巴特算在內，但看在叔本華眼裡，根本就瞧他們不起。他更不是惜墨如金者，卻「大言不慚」地數落菲希特、謝林，及黑格爾，尤其他最鄙視黑格爾。

一、生平及中心思想

(一)生平

　　1. 叔本華是富商之子，其父要求他繼承父業，且同意其子於15歲時（1803）到英、法等國走走，以見世面，增廣見聞；年輕人先是聽話，但作買賣生意，不合其意。俟父親去世時（1803），經母親之同意，改向學術界進軍，1809年入哥丁根大學（University of Göttingen）學醫，但第二年改以哲學爲主修，發現生命本身的問題就是哲學的主題，心中景仰柏拉圖。1811年轉赴柏林，上了菲希特及施萊馬赫的課；但前者用語晦澀艱深，後者以宗教掛帥，使他心生反感；怎可說若無宗教心或信仰情者都非哲學家呢？果眞如是，他無望了，因爲血氣方剛的他，一點都不感受到宗教的需要。

　　2. 出過國，他自認是世界之子，而非受限於民族大義；日耳曼精神，對他而言，是淡如水的，因之對軍事作戰極感厭惡；普魯士力抗拿破崙，確實沒有必要。他遂離開柏林，尋覓一和平寧靜處，來完成學位論文，題目爲《充足理由原則的四大基礎》（On the Fourfold Root of the Principle of Sufficient Reason, Ueber die vierfache Wurzee des Satzes vom zureichenden Grunde），使他榮獲耶拿大學的博士學位。1813年論文出版問世，大詩人歌德公開稱讚。爲了答謝，他又寫了一文《論視見及色彩》（On Vision and Colours, Ueber das Sehen und die Farben,

1816），支持歌德，而不同意牛頓在這方面的見解。但除了大詩人說讚之外，該書賣況不佳，無他人注意；只是作者仍堅稱，該論文是領會他的哲學所不可或缺的入門書。

3. 1814-1818年完成他的主要哲學作品《世界如意也如心》（*The World as Will and Idea, Die Welt als Wille und Vorstellung*）。草稿給出版社後，去義大利作藝術之旅。1819年該書印行，讓他安慰的是，赫爾巴特及貝內克注意到了，只是銷路也很慘。洩露宇宙天機的該本「名著」（*magnum opus*），乏人問津。他不死心，發起宏願要以口代筆，乃赴柏林「講學」。事實上，他不是正式的大學教授，但也有機會在校園內找個地方大談特談他的主張，尤其選在黑格爾上課的時間，公開與他較勁；不幸，聽者寥寥無幾。只上一學期，就無法延續。「高」見不見容於「時代精神」（*Zeitgeist*），涓涓細水怎敵得過洶湧的大主流？在當時，黑格爾是大鯨魚，叔本華是小蝦米。但其後二者，如同龍虎，勢力相垺。

4. 到處遊蕩之後，1833年終於定居於法蘭克福（Frankfurt），大量地讀歐洲文學，還涉獵科學作品。掌握了一重點，即經驗及觀察的事實，最該作為哲學理論的佐證。還到劇場看戲。「意志力」（Will）的重視，變成他心中的主要思想。1839年寫了一文，論及「自由」，雖得獎於挪威科學學會（Scientific Society），但如同盧梭的遭遇一般，卻未能贏得丹麥皇家學會（Royal Danish Society of the Sciences）的青睞，原因竟然是文內有對大師不敬之處。

其實，他對康德是讚美有加的，卻以不俗的文字來取笑菲希特、謝林，及黑格爾，這是他處境的致命傷。1844及1859年，又把他的巨著再版，且補充不少文字，希望讀者更能清楚體會他的用心。他所無法同情的1848年革命失敗後，世人轉而對哲學發生興趣，尤其注意到了世界之惡及生活之空虛。苦行禁欲，及冥思沉想者日眾；叔本華哲學之悲觀性，恰迎合時尚。訪客絡繹不絕於途，他又善談；即令學界仍念念不忘他的辭鋒尖酸挖苦，仍有不少大學教授開始介紹他的學說；但夕陽無限好，只是近黃昏，不久他也告別人間。

5. 見多識廣，寫作技巧也不差；尤其個性強，意力堅，己見坦率說出，哪

怕得罪他人！富於機智，又具實務經驗及商人的巧思，二者兼備。只是他太以自我為中心，加上蟋蟀似的性格好與人鬥，時而甚至粗魯而過了頭。有必要指出的是，他對女性的看法以及兩性相處的關係，實在有點令守舊之士深感意外。此外，他對受苦受難的大眾，常以感性的文筆為他們抒發怨氣，卻未見有實際行動，倒道出一句頗令人省思的格言：智者當聖人，不如聖人當智者；哲學家（philosopher）轉為行善濟世的聖徒（saint），不如聖徒成為哲學家。

　　總而言之，叔本華不是一位親切或即之也溫的哲學家；但他的天才稟賦，是一般人比不上的。

(二)中心思想：哲學論著，必有「充足理由」當證據

　　號稱第一所現代化的大學哈列（Halle），創辦於1696年，該大學靈魂人物的吳爾夫（Christian Wolff, 1659-1754）有句名言：*Nihil est sine ratione cur potius sit quam non sit*，英譯為Nothing is without a reason (*Grund*, ground) why it is，或nothing without sufficient reason，漢譯是「未有充足理由，則一切都是空」。說的話、寫的字、提出的論點，如未補以充足理由，說明為何如此，則都是白說，白寫。取此名句批判支那的古典，尤其《論語》，則該孔子的「名著」，必成為一堆廢物。叔本華的博士論文，標題與此有關。

　　他深受康德的影響，經驗世界或現象世界（the phenomenal world），對人來說是「客體」（object），人才是「主體」（subject）；人的心靈能力，把客體予以展現呈顯（mental presentation, *Vorstellungen*），若主客完全分離或不相涉，則經驗世界是空的。因之，二者必有關聯性，知識才因之而生。知識，就是指主客二者相關性的知；此種知，還得變成為體系（system），即把關係規則化，這才算是科學，也是科學知識，而非將呈現的予以堆積而已。此外，能成為系統，必有「充足理由」（sufficient reason）；「不孝」有「三」及「無後為大」，二者之關係，若不有「充足理由」作為立論之「根」，則就廢話連篇了。他的論文題目指出：根一，但卻有四重疊（foldfold）的客體所包紮。

1. 第一疊，由直覺及經驗「完整的」（complete）呈現：完整指的是現象界的形式及質料（form and the matter of phenomena），不包括抽象概念（abstract concepts）。此種說法，並不簡單明白。物理及化學等自然科學，所呈現的「對象」，都與「時」（time）及「空」（space）息息相關；由時空及彼此之因果關係，構成為第一疊知識之「根」。用康德的哲學術語，就是第一範疇（category）。叔本華則用「充足理由的第一原則」（*principium rationis safficientis fiendi*, the principle of sufficitnt reason of becoming），說明物理或化學界的「對象」（objects），都在「生成」（becomig）中，動的而非「靜的（being）」。

2. 第二疊，是抽象概念，屬於「判斷」（judgment）層次或範疇。為了使判斷正確，有必要分析及推論。因此，邏輯必不可或缺。

3. 第三疊，是數學範疇，且與時及空相連：算數的數目字有時間上的先後，幾何則具空間性。

4. 第四疊，是人之「意」。客觀的物置於人之前，若主觀的人，無「意」予以注意，則客觀的物根本不存在。「動機」（motivation）出現了，這與個性有關。出之於動機所形成的必然性，與物理及邏輯上的必然性，二者顯然有別。「意」和「自由性」，乃是最為突出與奇特之處；自由性即選擇性、自主性、自發性，及自動性；「人」的尊嚴及人生之意義，隱含其中。

(三)博士論文的主要內容

如同上述，雖只限於「現象界」而未及「本相」（noumena），卻也抽象、枯燥、乏味。不過，第四疊就顯示出另一本「巨著」的主旨了，即《世界如心又如意》（*The World as Will and Idea*），且認為博士論文是此巨著的前言。萬物皆備於我，「我的理念」或我心（my idea），就是整個世界。此說法與柏克萊之to be is to be perceived，又有何兩樣呢？本相（象）與現象二者相連，主客相接，都變成我的理念，也皆存乎一心；由於我心，全有該種「意」（will）。

1. 巨著書名的德文字*Vorstellung*，英譯為idea；博士論文中的該字，可英譯

爲「presentation」；客體之所以被主體認知其「呈現」，必因主體之「心」注意及之。用現代的心理學術語言之，客體被主體「認知」，是有層次的，有「疊」（fold）的。第一疊，是「感覺」（sensation），是具體或本能的（intuitive pre-sentations, *intuitive Vorstellungen*）；其後才是抽象的（abstract presentations, *ab-strakte Vorstellungen*），稱爲「概念」（concepts）。具體的樹與概念（抽象）的樹，二者有別。

感覺這一疊，人與動植物同，但概念則只人才有，是第二疊。人與動植物都有現象界的「知」；現象界的時空或因果，人知，狗也知；但概念層，就只限於人了。狗認知食物出現的時及空，及食前食後的因果性，這些都是有形的。至於無形的、抽象的、形上的、概念上的，則非狗之「知」力可及。把存在於時及空的具體物，予以「形式化」、「符號化」、「數學化」，即「概念化」，狗不如人。

2. 人這個主體之心，對現象界或形體界所生的「理念」（idea），那是一種本能性的，也是直覺性的，故是「先驗性的」（*a priori*）；只有人才能將它「超越」（transendental）成爲一種「理想」（ideal），成爲主體之所欲，也有能力欲，使之爲「該欲」（desirable），不也是人的決定、判斷，且是自由意志之所爲嗎？

叔本華對康德尊敬有加，且自認是他的真正傳人。不過，1813年出版他的博士論文之後不久，巧遇印度來的一位東方神祕派學者，竟然引發極大興趣，醉心於東方文學及哲學裡。宇宙與自我合而爲一的「奧義書」（the Upani-shads），是去世前手不釋卷的。

把萬有皆作爲一種「理念」，客體經過主體，從現象轉爲本相，「無」字天書是有「有」字在其中的。掀開奧義書的面紗，視「世界似我心」（the world as idea），好比星星知我心，或心也知星星，一切皆操在我之心中。此種說法，康德及印度神祕哲學都有，不光只是叔本華的獨創。但標出「意」，且也揚言「世界」不只如「心」也如「意」，這是他的己見了。他卻自承此種「意」的哲學

（philosophy of the Will）是秉承康德的實踐理性（practical reason）或「理性式的意」（rational will）。二者雖都持「意願說」（voluntrarism），但叔本華的形上意味濃，康德卻不走此道。

3. 感覺經驗是具體的、個別的、分殊的，概念則是普遍的、共有的、抽象的，之所以具有更高價值，乃是它包含的面更廣、更博、更深。但二者並不疏離，也不孤立，都該相互來往，具「溝通性」（communicability）且也持久（permanent），是「原則」（principles）的。知識有原則，倫理也如此。且知識原則該作為倫理原則之「用」。倫理原則為主，知識原則是僕，二者都本於「意」。撇開形上層次，僅就經驗面、實際面、行動面來說，知識是工具，滿足人的物理或生理需要，是肉體上的，也為「身」服務；動物在這方面的需要，不如人之複雜，滿足也較容易達成。處在大自然中，只要稍具「攻」（attack）及「防」（defence）之武器，即足。如獅子有利爪，蜂有針刺；但人之機體組織中，腦的部分最為重要，需求更高。滿足人的需求，及發明又使用更高明的工具，二者之相互激盪，何者為因何者為果，實難明確斷定。

4. 具體的感覺經驗甚至抽象的概念，都只能在「現象界」運作，未及「本體界、本相界，或物本身界」（noumena, essence, thing-in-itself）。但人之心有一股生命衝動，奮力往上直奔，類似其後法國哲學家柏格森（Bergson）的「生機力」（vital force）說。康德以為該境界是不可知的，叔本華則深信可知。單憑「理」（Reason）不可知，依「意」（will）則可知。

「意」是一種內在的意識，即內識（inner consciousness）；內識之明澈，如同外識。外識即感官知覺或概念，外識也只不過是把「意」這種內識，予以「具體化」（objectified will）。「內省」（introspection）功夫，非要不可；如此，好比找到了指南針（magnet），方向皆指北極（north pole），在現象界中有「迎」（attraction）也有「拒」（repulsion）。有了地心引力（gravitation），也有了動物的本能（animal instinct），更有了人的欲望等等。「意」是「理」（本），現象則是「表」。「德莫克里特（Democritus）認為的混成物（formed matter），洛克所說的底（bottom），康德以為是物本身（不可知），我則認為那是意（Will）」。支那的老子不也說「道」是「有物混成」的嗎？形上只不過是形下的具體化而已，無什麼神祕可言。

5. 「意」是一種「衝動，一種盲目不休止的趨力；一種無止境的奮力」（a blind incessant impulse, an endless striving）。理由是人人之求生，是一種本能。求生之「意」，力不可擋。受阻時，其力道無窮，無可限量，潛能發揮到最高限，形上馬上在形下有所呈現。行動是立即性的，毫無遲疑，也不必左思右考了。「盲目」正是最佳的描述。大自然界出現此種實例，不是多得不勝枚舉嗎？鳥築巢以護幼鳥，孵蛋餵食等，都旨在「滿足食色之欲」，也是生活的重要現象面。人亦然；首要功能若不存，奠於其上的較高活動，都免談了。當然，叔本華並不認為人之存活，只顧及生理需求，而是不「止」於此；但「此」的重要性，怎可忽視呢？

6. 衝動力永不歇息：滿足只是一時的，幸福或享樂，都因欲望而起。而欲望卻是痛苦的另一種形式。免於匱乏，脫離痛苦，「都是消極性的，未有積極性」。一有了樂與福，不久就厭倦了。自由的真正意境，是「獨」身而未有「孤」感；離群索居也不影響他的寧靜恬淡心境，這是最高的修養，也是睿智力的最頂級層次。現實世界或現象層，是自我本位的（egoism）；劫奪（rapacity）、慘酷（cruelty）、冰冷（hardness），尤其顯現在國與國之戰爭中。他最不同意黑格爾及菲希特神化了「國」的理念。「最大的惡源及痛苦，皆源於人本身」。他比但丁（Dante）更認為，此世是地獄，「此一人乃是另一人的惡魔」（one man must be the devil of another）。戰爭帶有「利用」價值，對他而言，如同磨粉廠（mill）裡的穀粉（grist）。一位對1848年的革命素不同情的人，當然對工廠業主對勞動者的剝削，奴隸制度之存在，以及社會上的各種虐待、濫權、汙辱等，出口批判，是口不擇言的。

經驗界、現實界、現象界之呈現悲觀面及黑暗面，這是無可否認的事實；但人類奮力脫困疏痛，此種樂觀面及光明面，也是不可爭的。儘管如此，正及反這

兩面事實，就是構成宇宙及人生的基本面。舉例來說，戰爭一旦消失，且人類所需的物質條件都無缺時，叔本華也認為，人將覺得有一種無可忍受的無聊單調，由此而導致衝突之再現。之所以如此，正是「物本身」這種本相界的性質使然。來布尼茲持樂觀，德國「心論」者尤其是黑格爾，竟然也對黑暗面視而不見，略而不提，他毫不遲疑地快速予以批駁。原來這兩位哲學家，來布尼茲及黑格爾，太重「理」（rational）而把「意」（will）壓了。

　　當然，視人生、世界、自然，不管無機體、有機體、人，都只有樂觀面或悲觀面，這都是一面之詞。叔本華哲學強調以「意」來取代黑格爾的「理」，二者都是一種「假設」，但都有經驗及「史」的具體事實，予以佐證及反證。

第三節　叔本華(二)──意的哲學

　　叔本華認爲，一切的罪惡或過錯，都植根於視「意」（will）爲奴而非主。如今，要脫胎換骨，「意」該優先，拱「意」坐大位；如此的生，才最愜意。爲達此目的，途徑有二：一是依意來尋求美，但這是短暫的。二是憑意而解脫困境（salvation），這才永恆。人之精力，已足夠克服生理、物質，及實際的生活限制，該在精神（意）上尋覓滿足。

一、美境的冥想（aesthetic contemplation）

(一)美只能「意」會，不能言傳，更不能說，或可當飯吃。

　　1. 美不是物質界的，卻受限於形體界：美的觀賞者，不把「趣」或「利」（interest）介入其中，與「利」及「趣」不相涉（disinterested）。美術作品、音樂曲譜、雕刻等，是「物」，但美卻是在心中生出「意」。若把美視爲一種欲得的「物」，則已降爲物之奴，或該物已淪爲工具界，只是達成一種目的的手段而已。美就是美，這種「美本身」，不就是把「現象界」提升到「本相界」了嗎？引發對美的專注，不視之爲已所擁有或所私有，這才是美境的冥想。此時，觀賞美者才不受任何束縛、完完全全地成爲自由身。

　　2. 對自然物或藝品的欣賞而獲得的美感，雖美意或美感原先是有時間性的，但就如同柏拉圖的理念（idea）一般，是形上的，是原本的，而非形下的，更非抄本了；前者形成爲後者的「典範」（archetypes）。柏拉圖把上臻「理念」意境者，喻爲哲學家；叔本華則比之爲天才的美學家。他最佩服的哲學家有二，一是他的同胞康德，一是在希臘的柏拉圖。不過，柏拉圖的理念世界是理性的產物，叔本華則以美的昇華，且以冥思沉想作爲躲過人的現象界（經驗界）之浮浮沉沉或過眼雲煙，這才是最「意」氣風發的時辰。具有美的稟賦天才，有時更有才華，把美作具體又外在的展現於美的作品上。即令不能如此，也把美予以

內化，作為一種想像式的自我陶醉、說明、闡釋，或評斷。

3. 美境的崇高雄偉（sublime）──壯美：與康德同，壯美有兩種，一是動態上的（dynamical）；小船在狂風暴雨又海浪濤濤中，船內的乘客把注意力灌注在景觀上，體會並沉想於大自然力之雄渾無比，是一種數學上（mathematical）的美。至於靜態的（static）美，如山背層疊，一峰高過一峰，指不勝數，作「大天而思之」之沉想；此刻，觀賞此種壯美者已想開了，天與人，海與天，二者渾然成為一體。

(二) 美藝作品依「意」的具體化上，有高低等級之分

1. 建築（architecture）位階最低，含有地心引力（gravity）、內聚力（cohesion）、堅固力（rigidity）、硬力（hardness），這些都是石塊的普遍性質。其中，地心引力與固力，二者之間有衝突，那不正是大自然界也有一股「意」（will）的展現嗎？美藝上的流體力（artistic hydraulics），呈現出泉水與瀑布；美藝中的田園畫（horticulture）及山水畫（landscape），表明的是植物生活中較高級的層次。至於歷史人物之畫像及雕像，凸顯出性格及情調；詩詞則以各種刻意的形容詞來美化概念。荷馬使用的修飾詞，以「濁酒」（wine-dark）代海，「玫瑰色的指甲」（rosy-fingered）代曙光。

最高的詩詞寫作是悲劇，悲劇作品才觸及人的真正性格。一股「不可言宣的苦痛，人性真情流露的哭泣，惡徒的囂張跋扈，機運當家掌控時的揶揄嘲弄，公正無私者無可挽回的倒地不起」等，最令人捶胸頓足。

2. 居一切美藝作品之首者，不是詩詞，而是音樂。音樂正是「意本身」（will itself），也是「物本身的內在性」（the inner nature of the thing-in-itself）。模仿式的音樂（imitative music）是卑下的。奧地利名作曲家海頓（Franz Joseph Haydn, 1732-1809）之《四季》（*Seasons*），簡直就是大自然「原本」（original）的抄本（copy）；如同柏拉圖，叔本華是貶低抄本價值的；果真如此，貝多芬（Luduig van Beethoven, 1770-1827）的第六交響曲（*The Sixth Sym-*

phony），描述鄉下風光，雷電交作，又有頗似布穀鳥的琴叫聲，可能也不受叔本華所喜。

二、救贖

(一)美境之冥想是救贖之道

　　人受意所主宰時，稍稍或短暫地可以擺脫而逃出牢籠之外，意（will）力主控一切。爲了人能活，不得不以「我」爲本位（egoism）。自我論斷（self-assertion）、仇恨（hatred），及衝突（conflict），叔本華認爲那是惡源。由惡源引發爲「惡意」，又依「惡意」而行，則人不可能繼續生存。因之，道德及宗教遂起，那是「善意」。

　　1. 人性本惡，意是人性之一，且佔主要部分

　　我們每個人心中，都眞正的存有一隻野獸，等機會要怒號、吼叫，傷及他人，若未予以阻止，也會毀了他人。

　　道德就是要「拒」意。人是「意」的具體化，拒意也等於「自拒」（self-denial）。懲忿窒欲（asceticism and mortification），或亞里斯多德及洛克所言的「克制」（temperance）及「陶冶」（discipline）。

　　2. 「存在」或「生」，本身就是一種罪惡或罪過（crime），是要受責罰的。人人都有原罪（orginal sin），活下來，生下來，就犯了罪；受苦、受難，甚至死亡，才能贖罪，宇宙是有法官及法庭的。黑格爾不也說過嗎，「世界本身，就是世界的判斷法庭」（the world itself is the world's court of judgment）。這麼說來，「世界」含有道德在內。

　　若我們把世界上的所有悲慘置於天平的一端，世界的罪惡置於另一端，則天

平之針，恰在正當中。

悲慘之生，源於罪惡。叔本華取上述黑格爾的話，認爲「意」本身是惡，是有罪的，該被罰，因意具體化在人身上；但那是指「現象界」，「本相界」則並不如此。爲了除惡以免受罰，人就該把現象界的意排除或拒絕，而昇華到本相界的意上。意的現象界是「活」，本相界是「死」；死，就可以把罪一了百了，解脫了。

3. 自殺（suicide）是最高的品德操守嗎？叔本華不以爲然。他說，自殺是向「意」投降，而非「意」的排除或拒絕。自殺就不再受罪惡所纏，這是逃避，也是不敢面對「生」的現實。若不自殺，也可不受或少受罪惡所纏，則又何必自找死路呢？自殺者也在找一條生路，求生而不在於求死。此說法極爲弔詭嗎？

拒意或排意，不同於自殺。不願作「意」之奴，死之前自願貞潔安貧，並自我克制，是他稱讚的。本相界是永恆的不變項，現相界則是依變項；前者如同動機，後者似行爲；道德的褒貶，在行爲之先的動機上，莫測高深，不可知；但行爲之後效，卻彰顯在具體的經驗事實上。自殺與不自殺，二者涇渭分明；但二者之動機或許皆同而無異。就「意」來說，人受「意」之指使，貪得富貴，搶得錢財等，此種行爲或習慣常見。不過，當有天有人說服A，A聽下去了，覺得投資於天上遠比花錢於地上，利潤較多；A遂決定，原本要虧B的行爲，轉爲利B。此種外觀行爲的改變，使A前後如同陌生人。其實A的動機未變，原來仍是以「自利」爲人生觀。只是A想到或想通了，人除了此生之外，另有來世；這也是「昇華」。

因緣際會，叔本華巧遇印度的祕宗哲學，掀開了奧義（Maya）的頭紗（the veil of Maya），直見了「本相界是一」（The noumenon is one），現象界（phenomenon）是殊、迷、多、亂、雜、變、濁、昏，導致於你我對立、爭吵、衝突，但一揭謎底之後才見底細，原來彼此都是「意」之奴，身分無別，面貌同屬猙獰可怖，都停留在現象層，而未臻本相界。康德不可知的「物本身」，叔本華

靠印度祕宗之指點，迷津已得。道德上的「同情」（sympathy）感頓生。既是同類，何必相殘？愛心陡起。康德所言之善，是一種義務或應迫，非遵守不可；叔本華卻以爲「動機」只一，是「愛」，且是「博愛」（*agape*或*caritas*），而非「自愛」（*eros*）。愛與同情，是異名而同實，那才是「眞愛」（*Mitleid*），而非只是私愛（*Selbstsucht*）。印度之佛陀（Buddha）釋迦牟尼（560B.C.-480B.C.）開悟了，投資天與花錢於地，二者如同霄壤有別，且勝過「利他主義」（altruism）一籌。

三、美境的冥想及印度祕宗的開示，洗淨了「意」的醜惡面

(一)叔本華哲學之特點

1. 對大主流字面意的形上觀念主義（metaphysical idealism），也就是實質意的「心論」，予以反擊。對菲希特、謝林，及黑格爾哲學，不時惡言以向。其實，他的思想在某一層面上，仍屬於心論派。以「意」（will）代替菲希特的「自我」（Ego），及黑格爾的「理」（Idea, Logos）。但本象界與現象界等論題，皆傳自康德。叔本華學說，既以「意」爲中心，「意願」比「理性」更趨近於「本相」，「意願心論」（voluntaristic idealism）可以掛在叔本華身上。

2. 意願的衝動力、生機力，甚至不顧一切的盲力，非理性力可比，是「非理性的」（irrational），但不是「反理性」（anti-reason）。意性中也含有理性成分，且不與理性相衝，只是意力占的比例比理力多。叔本華哲學與謝林哲學較爲相親，神祕色彩較濃。

3. 美境的冥想，可以減緩現象界、經驗界、形下界的可怖，化腐朽爲神奇，甚至將悲觀翻轉爲樂觀；今世仍值得活，不必以自殺了斷一生。同時，「意」（Will）呈現在現象界、經驗界、具體感知界，與「理」（Reason）之抽象界分開。前者之歸納性就與後者之演繹性，殊途而行了。取經驗資料的歸納法作爲假設的前題，對上「唯心論」（absolute idealism）之注重形上學，成爲康德

之後哲學的主流。

4. 叔本華對生命之關注，使日後的「生命哲學」（philosophy of life）成軍。尤其在德國及法國。他的悲觀人生說，或排意拒意論，只不過是一種手段，是引發世人注視生命問題的工具。他把本能與理性，都當成生理學上的一種生命官能。隨著黑格爾的辭世以及1848年革命終以失敗收場，叔本華的光環再現，從者越來越眾，甚至有學者從黑格爾派投靠過來。

5. 叔本華哲學引發了歐洲學界開始注意東方學說及宗教，甚至組成「叔本華學會」（Schopenhauer Society），介紹印度哲學，且視之為世界哲學中的一支。倒未見有較出色的哲學家，想到支那這個東方「大國及古國」。

此外，由於叔本華力倡音樂是最高的美，此種論調，歌劇巨星瓦格納（Wilhelm Richard Wagner, 1813-1883）一聽，喜之不勝，且自認是叔本華天才概念活生生的化身人物，尼采與他「神交之時日」（haleyon days），對他的此種自許，頗具鼓勵作用；41歲（1854年）時，看了叔本華的著作，曾致信言謝。

生命哲學其後在法國大放異彩。不過，「東海有聖人出焉，此心同此理同；西海有聖人出焉，此心同，此理同」。法國的生命哲學不必然與叔本華有直接關係，但兩國的後人披覽生命哲學著作時，或許有會心莞爾的一笑。

(二) 調和生命中的悲觀與樂觀

哲學史上也占有一席地位的德國學者哈特曼（Karl Robert Edward von Hartmann, 1842-1906)）與叔本華有親，因受傷而從砲兵軍官退伍後專心習哲學，致力於把叔本華與黑格爾牽上手，縮短二者之鴻溝，並以經驗及科學方法，建立自己的體系。1869年，僅27歲的他，就寫了一本《無意識哲學》（*The Philosophy of the Unconscious, Die Philosophie des Unbewussten*），內容豐富又多樣化，文筆表達流暢。

1. 就苦樂或悲喜而言，經驗事實所呈現的，是無知無識的村夫農婦，比文明社會的士紳階級，更幸福更快樂。在用智多，享受高級娛樂如美境沉思的同

時，痛苦指數也成比例的增加，心靈上的操煩，更強烈。

　　整個宇宙的演進，最終旨趣（telos），是「理」（Idea）從「意」（Will）中解放，這是「意識的發展」（the development of consciousness）所必經的過程，哈特曼期待，樂觀是終點站。不過，誠如盧梭所警告的，文明社會反而是罪惡的溫床及淵藪；幸福之增加，是一種幻覺。異教人士認為幸福，可在今生今世找到；基督徒則把幸福寄望於來生或天堂，佛教徒把往生當成是極樂世界的所在。這些說法，都是虛幻不實的。此外，另有人妄想，地上樂園可以憑無止境的進步而實現，尤其啓蒙運動時代的思潮，匯聚於此。這些幻覺，皆未表眞相實情。一來，心靈力的增強，殫精竭慮或搜腸枯肚的苦思，更有增無已；二來，物質之富足，難免忘了精神價值；養尊處優，安逸滿足，空有天才潛能，也虛擲一生。

　　2. 意識上的虛無，造成個人的自殺，更擴大如一種流行瘟疫，變成環球宇宙的自殺（cosmic suicide）。叔本華以為個人可以排意及拒意，過一種控意及制欲的生活，但若造成「自毀」（annihilation）或「苦行」（asceticism），則是錯的。以意為主的意，是盲目又衝動的，意（will）力大於理（Idea）力時，自殺都在所不惜。但這些都是無意識的行為，也是無意識哲學的效應。

　　3. 由理生出意識來，使人領會意力之蠢，自殺之不該，及自毀之愚，世界發展的過程也告終。無意識時，悲觀當道；意識生，則樂觀萌。但無意識等於無覺又無感，苦樂或悲喜之區別，並不尖銳；由意力之一時衝動，有可能導致生命的自絕。因之，叔本華的「意」（will），不可能產生一種世界過程的「目的性」（teleological world-process）。而黑格爾的「理」（Idea），也無法具體於現有世界裡；哈特曼希望二者合一，將「意」與「理」併；在這方面，謝林的說法比較合他意。謝林所說的「無意識」（unconscious），「意」展現在苦、痛、惡時，一種「無意識的理」（the unconscious Idea）展現出「終點性」（finality）、目的性（teleology）、「明智性的發展」（intelligible development），邁向「意識」（consciousness），把「不知不覺」變成「又知又覺」，無意識中，

本就含有「意」與「理」。「意」指向「明確的現實面」（that）活動，「理」則為「模索的理想面」（what）負責。叔本華分析的「快樂」（pleasure）及「享受」（enjoyment），是「消極的」（negative）；但「美境的沉思」（aesthetic contemplation）及「智能活動」（intellectual activity），則是「積極的」（positive），可以發展出更高級的「快樂」及「享受」。

享樂之高級或低級，都是一種幻覺，人類就是如此渾渾噩噩地度過一生，且其後也經常保持如此。哈特曼寄望未來，把無意識變為意識。無意識中的苦痛，由美藝及宗教得到抒解，卻也可能產生個人式的自殺悲劇；但發展到了意識層，享樂不只質增且量多，普及到更大多數的人。此時，幻覺性卻也可能有增無減，大型的、大規模的、環宇性的自殺（cosmic suicide）是可以預期的。屆時，人的世界即將告終。這種悲觀性的描述，太驚世駭俗了。哈特曼倒認為不必如此誇張。環宇性的自殺，條件是意識演進的最後階段，理力壓過意力，智力掛帥，視「理」（Idea）為「絕對」（Absolute），即令產生環宇性的人類自殺，也是一種「救贖」（redemption），重新再來，此種復活又再生的世界，是可能的世界中最佳的一種。

即以當今人類生活而論，由於高科技研發出致命又殺傷力史無前例的武器，人類毀於一旦，且毀於「人」自己手中，此種機會不無可能。造成此種「果」，不是人類用了「智」（wisdom）而是肇因於「傻」（folly）。借哈特曼的用語，是「意」勝而「理」敗。

康德之後的德國「心論」（idealism），以「理」（Idea）為主調，意（Will）是配音。前者之主將是黑格爾，後者則是叔本華；至於謝林，則理及意兼有之。經過彼此之激盪，難免都有所調整。哈特曼的「巨著」出版時（1869），叔本華已無法置喙，因已不在人世。西洋哲學之可貴，是沒有定於一尊，難見「一言堂」。幅員廣大的歐美，各國林立；此地不留人，「必」有留人處；罕見有「萬山不許一溪奔」的獨霸局面，順我者不必然昌，逆我者「必」亡的史例，幾乎絕跡！黑格爾的辯證，特標出一學說出（thesis），必有另一學

說與之對抗（antithesis）；爾後，江山代有才人出，無二者之缺卻有二者之長，則為「合」（synthesis），但此「合」也只具時空性。此種動的哲學觀，都可在哲學史中找到例證。

第四節　心論的轉型

　　凡是大哲學家，在哲學系統或思想理論的建構上，極可能產生諸多的解釋與分析；尤其德國哲學家的著作，用字遣詞因太注重形上學，很難如英美哲學家以經驗事實起家者所使用文字之具體明晰，因此在大哲還在世時，都難免滋生出不同派別了，更不用說去世後，大哲本人已不可能為己說出面詳述。德國學界常喜用Idea、Spirit、Will等字，有時在同本書甚至同一章裡，出現該字的當下，不只未加定義，且其後重現該字時，卻因前後文脈絡（context）而辭義已變；即令給予定義，也模糊不明。此種現象，猶如支那宋明理學時代的著作。能滿足笛卡兒所要求的「清淅」（clear）又「明辨」（distinct）者鮮見。

　　康德之後影響力最大的學者，黑格爾當之無愧。門生故舊多，他的著作所使用的文字，若能達到笛卡兒的標準，則另起爐灶的可能性就大減；就是由於黑格爾是繼亞里斯多德之後最具雄才大略的哲學大系統的建造者（康德則是接續柏拉圖，為最具獨創性的哲學家），因之，據左面與依右面見之，視野不同，觀點也就有異；所以有「左翼」（left wing）及「右翼」（right wing）之分；後生當然較年幼，故又有以「青年黑格爾門徒」（Young Hegelians）來作標籤，但多半不是及門弟子（immediate disciples）；其中甚至有些人深受黑格爾影響，卻步向極端之路，而有反面立場，把「心論」變為「物論」。「辯證」一辭保留。黑格爾是「辯證心論」（dialectical idealism）之主帥，後輩如左翼的費爾巴哈（Luduig Feuerbach, 1804-1872）高舉「辯證物論」（dialectical materialism）大旗，為其後馬克斯（Karl Marx, 1818-1883）之「物論」（materialism）鋪路。

一、左翼黑格爾流派費爾巴哈（Luduig Feuerbach, 1804-1872）──偏向宗教

(一)生平

1. 先在海德堡大學（University of Heidelberg）研究新教神學，後赴柏林直接選黑格爾的課，遂專心於哲學的探討。1828年（24歲）為德國西部一所大學（Erlangen）「不支薪的私下授課員」（*Privatdozent*），自覺在學術前途無「亮」，遂退休而虔心於自我研究及寫作；逝世前都在該大學附近的紐倫堡（Nuremberg）度過一生。

2. 其父（Paul Feuerbach, 1775-1833）是名法學家及刑法改革家，力主訴訟中不許拷問；且認為保密有害於審判，不許法官只因自由心證作判決，要求一切法院活動都公開。著作成為德語法學界的權威，過問實務的人生界。此種先代的作風，確實左右了下一代的思考方向，人道關懷特別顯著。

(二)著作要旨

1. 從神學（theology）轉為人類學（anthropology）：論著光看標題，就了解他的興趣集中在宗教及神學上，但哲學也是他擬鑽探的地盤。三十歲不到（1833）就開始有一系列的哲學論文，集中焦點在現代哲學如何從培根發展到斯賓諾沙，批判來布尼茲、培爾（Pierre Bayle），及黑格爾；其後雖伴以不少的神學及宗教作品，但堅信宗教離不開人，更涉及人生；宗教的功能是能光照人的生命及思維，信仰是人生不可或缺的「現象面」；可惜，其中夾雜甚多的迷信成分。若信而不迷，那該多幸運！迷信只有害而無益，尤其妨礙了人類的智力發展。他力求把宗教意識變成為人類整體意識中的一部分，且是核心部分。人對上帝的觀念，是人對人的觀念的一種投射。因之，以人類學來取代神學，是最恰當不過的。人的思考對象，就是人自己。上帝不能離開人而存在，若無人，又哪會生出上帝的觀念？此說法聽在馬克斯等人的耳朵裡，大喜過望，興奮莫名。

　　黑格爾哲學名列當代哲學的最高等級，「菲希特透過謝林作媒介」，獲知黑格爾哲學，「黑格爾哲學居於思辯哲學的頂點」。不過也因爲如此，尤其太過形上，幾乎是「絕學」的「極品」，但卻也並非無懈可擊。要緊的是，黑格爾本人要自己站好腳跟，該把「唯心論」（絕對的理念主義，absolute idealism）這種極爲抽象的概念，轉爲具體的實體（concrete reality）面；也就是把「理想」（ideal），成爲「現實」（real）。「心論」者曾作過此種嘗試，但竟然不作用於最實際的道德哲學上，那是要取決於行動的。理論性的知識，必須從實際上起步。

　　黑格爾認爲起步之實際面，是「存有」（Being）；依費爾巴哈的了解，「存有」具有「自然」（Nature）的脈絡性，而非「理」（Idea）或「思」（Thought）；理或思，是依邏輯的，而未及實務；實務面有時及空兩性，其中，「自然」（Nature）的時空性，列爲首要；意識及思考是次要的，是從自然得出的。「自然」本身，是人的立足點，也是落腳處；「思」是賓詞，「存有」才是主詞（Being is subject and thought is predicate）。雖然「自然」的存在，只有「意識的主體」（a conscious subject）才能予以認知，但這個意識的主體，就是「人」。黑格爾該把「存有」立足在「自然」上，若把它一分爲二，則「自然」又如何能爲基呢？黑格爾也該把「存有」轉爲「人」，且將人之基，奠定於自然上；由此，人才能眞知自然。「存有」不立基於自然，人才立基於自然；這是費爾巴哈與黑格爾最大的差異觀點。

　　2. 宗教之所以有存在的必要，施萊馬赫（Schleiermacher）說得不錯，乃因人的依賴性（dependence）；這種依賴感，源頭無它，起於「自然」。若不取基督教論點，光看人類史上的宗教活動，都來之於自然。基督教持「有神論」（Christian theism），其餘宗教則認爲自然本身就是神，「自然宗教」（natural religion）把自然物予以神格化，樹是神，山是神，泉是神，土地也是神。自然界早存有因果性，人敬之，畏之；之所以如此，乃因人力受限所致；人不得不仰仗有個比人力更大的神力予以協助，並作爲求援的對象。支那人說的「天」，

就是英文的Nature。大自然不是純機械的，卻帶有神格的，有意志的；相較之下，人力哪堪與之比？人有別於大自然，把人排除在自然之外自成一格，人才能認知自然，也才能了解人自己的存有本性（essence）。人的存有本性有三，「理、意、心（reason, will, heart）。最完美的人掌有三種力：思力（the power of thought）、意力（the power of willing）、心力（the power of the heart）。」因之，理、意、與愛（有心即有愛）三合一，才是人的存有本性。神或上帝，就人而言，是把理、意，及愛，作最無止境也無限性的思考對象；人把理、意，愛，指向無窮，遂生神或上帝的觀念；神或上帝，是獨立而不倚或不依的。人之理、意、愛，因有所限（limited），所以，仰賴（dependence）於「無限」（unlimited），那是「理、意、愛」之所當然。宗教遂變成人的內在予以外在的「投射」（projection），如此而已；尤其對自然力及自然現象生出敬畏之情。單一神教（monotheism）的基督教之道德屬性，正是人把有限作一種無限的投射。至於多神教（polytheism），也表示人類學上的一種自然事實，即人人有殊也有別；去世的「人」，甚至可被活人供為神拜，不也是有限性的活人供奉被拜的死人，具有「無限性」嗎？

人的「自我投射」（self-projection）也使人自我疏離（self-alienation），宗教使人神區分：上帝在人之上，人與上帝是有差別的。上帝是「完美的、不止盡的、不受限的、永恆的、神靈的」，對比之下，人則是「不完美的、有止盡的、受限的、短暫的、罪惡的」。上帝無所不在（God is everywhere），力大無窮（almighty）；人則力弱，形單影隻。上帝與人各立一級，上帝是正面的，人則是反面的；在上帝的映照之下，人顯得渺小、悲慘、可憐。這種對比說法，費爾巴哈並非史上第一人，但「投射」論，確實前無古人。

3. 「投射」，彰顯出人的比重，在與「天」或「上帝」相較之下加大；如同支那人曾說的「天人合一」，但天與人有區隔。事實上，一幅孤舟簑笠翁之圖，得極力用眼，才能瞧出該翁的形貌；不像文藝復興時代畫家的人體畫，人占的比例出奇的大。人的投射，費爾巴哈把人的存有性，即本有性或本相性（nou-

mena, essence）「投射」於神上，宗教的神祕性較弱，迷信度幾乎無；「愛」是人性中最與其他存有物有所別的屬性，視人如己。主格的「我」（I），與述詞的「你」（Thou），地位平等。人與人如此，人與上帝亦然！因之，既有I-Thou關係，也就有God-Man關係，二者也有平起平坐的時辰。神學（theology）與「人類學」（anthropology）也就同階，互不上下了。人與上帝既然在交往上一視同仁，則社會上的人與己，也如同兄弟姊妹，這不正也是基督教教義的要求嗎？一切障礙的克服（overcome），就大功告成了；甚至還百尺竿頭更進一步，以人類學來代替神學，更把哲學的人類學（philosophical anthropology）視爲宗教。

> 昨日還是宗教的宗教，今天已非宗教；今日算是無神論（atheism）的，明日就把它算爲宗教。

人己平等，男女關係亦然。首先，人人在生理結構上容有差異，如性別，但「愛」是人性的本質。愛使人己不分，男女合一，異中有同，同中有異。男女在生理上的異，並不重要，由此而影響到的性格、想法、情感，才需關注。此外，性別差異，也涉及到個別的男性或女性，如單一存在，那是不完全的。此種觀念，早在柏拉圖的對話錄中提到：男女之愛，是一種追求，如同哲學一般。因爲人類在「知」及「智」上，都有欠缺；男女各占完美中的一半，二者相合，就「圓滿」了。「另一半」的追求，不是人生忙碌中最具價值的活動嗎？

4. 人類學中的人，必然是個社會人，也是群居人；群居的最高組合體，就是「國」。他與黑格爾同樣認爲，人成爲國人，才是人性最圓滿的實踐。「眞正的國，雖不受限（unlimited）、無盡無止（infinite）、眞正（ture）、完全（complete），也就是神聖人（divine Man），更是「絕對人」（the absolute Man）。

人類學代替了宗教，「政治（politics）也形成人類的宗教」。但神既人化

了，則此時的人，又何必持有神或多神論呢？反而無神論才是正當且也應該。國既把人性的最純正本質予以展現，則傳統的宗教及傳統的神，都可不必存在。

他心目中的國，當然是共和式的（republic）。新教教派（protestantism），即路德（Martin Luther）的教派，以政治上的帝王（monarch）取代教會的教皇（Pope）。十六世紀時，宗教改革（Reformations）毀了「宗教上」的天主教；十九世紀卻出現了一種「政治上」的天主教。費爾巴哈希望，新教及舊教的宗教，都該由人類學予以換下；黑格爾的哲學體系，在這方面爲德不卒，未竟全功，用力一半而已。費爾巴哈接棒，但願能抵終點；這也是正、反、合的辯證過程，「物論」（materialism）是「合」，也是目標，經濟理論才是人類學中的核心議題。馬克斯及恩格斯（Friedrich Engels, 1820-1895）竟其業，克服了「自我疏離」（self-alienation）；即使馬克斯嚴詞批駁費爾巴哈，但他該還的大債，債主卻是費爾巴哈。

二、右翼黑格爾流派——偏向政治

(一) 魯哲（Arnold Ruge, 1802-1880）

1. 社會及政治層面的重視：費爾巴哈被歸類爲黑格爾左翼學者，集中心意把黑格爾學說從邏輯的、形上的，及宗教的，集中在宗教層面上；魯哲則更移到社會及政治議題裡。年輕時代（1838）就編期刊，馬克斯其後也加入陣營，由於1843年該期刊文字越來越辛辣，越趨極端，引發普魯士政府的取締，乃赴巴黎重操舊業。也在此時，馬克斯及一些原來的同志與之齟齬，反目以致停止發售。1848年之革命失敗後，轉赴英國離倫敦不遠的英吉利海峽渡假勝地布賴頓（Brighton）；去世前，支持新的帝制德國。

自由的實現，是社會及政治活動的最後目標；最具體的實踐此目的工具，就「國」這一點而言，他與黑格爾同調。國含盧梭所期待的「眾意」（General Will, *volonté generale*）之展現，黑格爾認爲眾意也是理性的。己意與眾意同趨於

一。

2. 史觀異於黑格爾：黑格爾認爲，人類史是往前又往上進步的。但歷史系統猶如哲學系統，是封閉而非開放的；歷史發展可到「絕」（absolute）境，具體化於普魯士這個國中，那是辯證程序的終點站，最完美，也是邏輯上的必然！魯哲批評此種史觀，倒相信每一時空中的歷史，都是獨特的，過去的史實不可能一成不變的重演。把普魯士的憲政體制當最純正無瑕的設計，到此爲止，未來不可能帶來新的挑戰、刺激、變革，這是他不予苟同的。

3. 史觀不可能先入爲主的預設主場，把理性架構安頓了，其後的史實就一一納入其中，那不是「安於現狀」（status quo）嗎？相反的，不該以現有的爲滿足，卻要改變現狀，「左右」（making）歷史的前程。苟日新，也日日新。黑格爾的史觀或歷史哲學，是思辯性的，也是理論性的；魯哲認爲該以實際且革命性的態度對之。歷史演進有其目的，這是勿庸置疑的；但擺在不同時空上的歷史演進，都有獨特的「時代精神」（der Zeitgeist, the spirit of the time），以時代精神來批判現有的政治及社會體制。黑格爾生於法國大革命之後，但未深入了解當時的時代背景，只一味地把他心目中的「理想國」，予以美化及神聖化，卻未悉自由的完滿踐履，非得對他的理想國提出「大變革」不可。

史觀的「目的論」（teleological history）是靜態的。改靜爲動，此種批判，頗合馬克斯的口味；歷史的「了解」是不夠的，改變才是契機；了解是手段，改變才是目的。

4. 因之，歷史的進程該另闢蹊徑；但在這方面，魯哲又與馬克斯有不同的選擇，他反對步入共產主義（communism）之路，因那只是片面的、單行道的，且違反了人性的全貌；除了考慮經濟或物質需求的滿足之外，另有精神及心理上的爽快，更該顧及。

(二) 施太納（Max Stirner, 1806-1856）

1. 個體性的自我（individual ego）：在柏林，上過施萊爾馬赫及黑格爾

的課；教過幾年書之後，譯了斯密的《國富論》。1845年著《個體及其財產》（*The Individual and His Property, Der Einzige und sein Eigentum*），先引了費爾巴哈的觀念，視人爲最高等級的存有物；且此種發現，也只是最近的事；施太納乃邀約讀者對這個最頂級物及新發現物作進一步更仔細的觀察，結果發現，「自我」是活生生的、個體性的、具體的、有血有肉的。而非菲希特哲學所言的「絕對自我」（absolute ego），那是抽象的、理論的、形上的、遠在天邊的、隔絕的，且並無獨特性的自我。相反的，施太納所說的自我，是一開始就保存及確信「我」之存在，以面對其他存在物或明或暗的威脅；關心的首要對象，就是「我」自己。

2. 責怪許多哲學家忽視或忘了這個「我」，己與人之「我」，都是獨一無二的。黑格爾學派小看了這個「我」，太鍾情於絕對我、絕對「思」，或「精神」（Thought or Spirit）；前者是小我，後者是大我。弔詭的是小我，只能在大我中才能體現自己。大我就是社會或國家。個性之展現，與其納入群性之多寡成比例。費爾巴哈認爲個人的「自我疏離」（self-alienation）之克服，心態極其重要，該心就是宗教心；征服成功，才能找到自我。基督教告訴信徒，拒絕自我，服從上帝，這是教義的鐵律。可見費爾巴哈也犯有同樣缺點，因他同時也把「絕對」置於「人」之前，稱爲「絕對人」（absolute Man）；同黑格爾，都認爲「國」之存在，才是這種「絕對人」具有的「高貴人性」（Humanity）。具體的個人在抽象的祭壇上被當貢品，犧牲了；左翼的黑格爾派雖對黑格爾本人有所批判，但二者都犯了同一錯誤，因之也逃不掉施太納的糾舉。

3. 兩相對照之下，施太納的「我」，是獨特的、個別的、自由自在的，是有財產的，該財產爲自我所保有（owning），可以支配、占用，或放棄。這不是說，我之外的一切，都是我可以擁有的財產。但只要我有能力，則又有何理由可以阻擋我？或只要我作自由的決定要放棄，則又與他人何干？我已出手或縮手，都由我決定，關心的就只有我。極力待展現的是我的獨特性，絕不讓我受困於或受阻於那種空喊的抽象大道理，或普世性的道德法規（the universal Moral

Law）及人道精神（Humanity）；甚至宗教上的上帝或政治上的國，使出更大的力，使我變成奴隸，屈服於此種虛構性的名詞之下，我自己的獨特感就萎縮力弱了。此種想法，預告了尼采的超人即將誕生。

更值得一提的是，施太納語焉不詳地說出「創而不有」（creative nothing），其後的海德格（Heidegger）與之呼應。早他二千多年出生的老子之名句：「生而不有，爲而不恃，功成而不居」，三格言之首句，英譯該是production (creation) without possession。「創」（creation）或「生」（production），都不據爲己有，不是nothing嗎？存在主義（existentialism）的精神面，在此有所呈現。

4. 現代社會的空谷足音：人類歷史演進到十九世紀，生活的群居性、集體性、社會性、國家性，越來越顯著，相較之下，個體性幾乎已泯滅。恢復自我獨特性的健康面，在面對絕對精神的強大威脅下，難免激起反擊。「自我哲學」（philosophy of egoism）爲了迎戰，難免也激起一股狂情式的幻想；二者都趨極端、誇大、古怪離奇，難免引來評論。

施太納不算是哲學史的巨人，思想又不符合「時代精神」。馬克斯斷定，施本人該屬喜好離群索居的生活，注定在資產社會（bourgeois society）裡有格格不入的苦痛感。馬克斯與恩格斯的哲學，含有不少文字引發施太納的怒目以向；如以經濟階級取代黑格爾的政治社會或國家，大言階級鬥爭而少涉辯證程序。但馬克斯及恩格斯哲學形成的大風潮，映照出施太納的卑微角色。個性與群性，自由與紀律（束縛），二者之衝突，都是永世不絕的；讓個性及自由性，不受群性及集體性的狼吞虎嚥，施太納的聲音，終究有回響的一日。

第四章

反心論的哲學家(二)

第一節　物論哲學家──馬克斯與恩格斯

　　馬克斯與恩格斯哲學，在哲學史上是興大風作大浪者；如把他倆的思想，只放在黑格哲學的左翼而已，而不另成專節評論，似乎對他倆頗不公平。世人爲共產主義（communism）所迷，甚至所蠱惑所催眠，尤其挾著「共產黨」（Communist Party）組織之威脅，所向披靡，不可一世；對十九世紀以後的環球人士而言，支配力之大是無可爭議的事實。「物論」（materialism）就是他倆的哲學主張。特色之一，是物論的哲學論點含有不少哲學以外的因素，匯聚衆渠而成哲學大海，其中有政治的、社會的、宗教的，尤其是政治的。

一、馬克斯（Karl Marx, 1818-1883）

(一)生平

　　1. 馬克斯出生於猶太家族。其父心胸開放又自由，1816年還改信基督新教，馬克斯六歲時（1824）也受洗。由於其父的信仰性不高也不深，不在意於其子接受康德或理性主義的調教，對政治也未執著於任何一派。在波昂（Bonn）及柏林上過大學，與「青年黑格爾派」（Young Hegelians）過往甚密，是「博士俱樂部」（Doktorklub）的一員。但左翼黑格爾學派的一群年輕人，喜愛談奇說祕，大唱理論，頗讓他失望。1842年由於當上新成立之《萊因報》（Rheinische Zeitung）主編，使他有機會碰觸實際的政治、社會，及經濟問題，更加強了他的內心想法，認爲未與實際結合的理論是空談；若要使理論生效，只有採取行動。其實，這是無可辯駁的「套套言」（tautology）或「同言反覆」；如同「A就是A」這麼的一清二楚。該注意的是，此時他揮袖與黑格爾哲學告別，因爲黑格爾認爲哲學的旨趣只在於「了解」（understanding），馬克斯則強調，「改變」（change）才是哲學的本務，尤其在政治社會上。若宗教導致人的自我疏離，排己以近神，則也必反映在德國哲學上，哲學家就該與此種德國

哲學告別。不關注人了，把人只當作一個旁觀者；殊不知，人本身是介入其中的。

2.「不入虎穴，焉得虎子」；「如人飲水，冷暖自知」，臺灣人最不喜歡「說了一畚箕，做不了一湯匙」之人；坐而言，不如起而行；「支那人什麼都死光了，就是嘴巴沒死」。這一套說法，馬克斯必視為同行，吾道不孤。但希臘哲學家不也說過，奧林匹克場上有三種人，最為數學大師畢達格拉斯所欣賞的是「觀眾」，這也就形成了另套哲學觀了，隔岸觀火；不識廬山真面目，只緣身在此山中；「當局者迷，旁觀者清」。兩套哲學，各見春秋。在德國形上的心論大行其道時，形下的物論起身迎戰，具英美經驗主義的異國風。

(二) 著作要點

1. 實際第一，理論其次：由於貼近實務也了解實情，遂使他對黑格爾哲學採取批判立場，尤其是黑格爾的國家觀。1841-1843年之間，他為文，標題是 *Kritik des Hegelschen Staatsrechts*《黑格爾國家觀批判》。黑格爾以為，家或民事社會（civil society），只不過是辯證發展過程中作為上臻「國」的轉站而已，客觀精神（objective spirit）只在國才能完全展現。客觀精神就是「心」（Idea）。國是「主詞或主格」（subject），家或民事社會是「述詞或受格」（predicates）；馬克斯批評這種論調，如同車置馬前，倒果為因，本末倒置；黑格爾的「國」，是抽象的；家或民事社會才具體，且與人之「生」直接有關。政府組織或行政機構，也是與人「生」隔絕的。至於費爾巴哈的宗教觀，視信仰棄人而迎上帝。馬克斯取此為喻，認定黑格爾的國也背對著人，更叛離了人的真實性；國高高在上，凌跨過人，且不理會人的利益與興趣，只考慮公而不慮及私；公德與私德之交戰與鴻溝，勢所難免；只有個人社會化了、政治化了、國家化了，才可消除彼此之芥蒂，這是黑格爾所期待的。但一種真正的民主，是社會機構對人而言，不是陌生的，敵意的，身外物似的，或與己利無涉。

2. 私有財產作為民事社會的基礎，黑格爾如此堅持，頗無法為馬克斯所認

同，反而主張一切財產皆屬公。此種共產觀念，在該文中還未被明確透露，倒訴求於廢除帝制。建立社會民主（social democracy），隱隱約約地反映出，無產階級的經濟社會觀（a classless economic society）；同時，人的關懷以及大同世界觀，或共產國際觀，也若隱若現。

1843年《萊因報》為政府所關閉，馬克斯赴巴黎與魯哲共編《德法期刊》（*Deutsch-französische Jahrbücher*），但只出一期；內容除了批評黑格爾哲學外，也提及費爾巴哈的宗教觀，分析出為何人棄人而就神，以及人虛幻式的建構一種超越自然性的世界，而把人的自我投射其間？答案是：宗教反映或表達出，人類社會也受扭曲與變形。既然政治、社會，及經濟生活，無法實踐真的自我，只好創造出另一種宗教世界，將幸福置於其中。但馬克斯認為這是麻痺自己、欺騙自己而已；且宗教乃是人自己「供需配給的鴉片」（self-administered opium）。人的幸福，人得自己找，不可仰仗宗教。因此，此種宗教觀當然難逃馬克斯的駁斥。

但宗教早與政治掛勾，因之批宗教的矛必也向政治發射；政治及社會才是因，宗教只是果。並且批判政治及社會，不可只止於文字或語言，採取行動是最不可或缺的。在社會階級上，農工的「普勞」（proletariat），被詐取得最為慘痛；廢除私有財產，是最能疏困解厄的良方。自私自利，社會不公不義，人們不幸不福，私有財產是唯一或重要的兇手。人的幸福，人本身就可找到，不必藉宗教；宗教反而阻止了人或不讓人自己尋覓幸福，因此該予以鳴鼓而攻之伐之；就如同私有財產此種經濟或社會制度之存在，導致普勞階級嘗盡人生之悲慘一般。打倒私有財產制，使絕大多數的人可以享福；捨棄宗教，全部的人才可以得到幸福。

3. 「疏離」（alienation）及「克服」（overcoming）的觀念，源於黑格爾。同樣的，黑格爾將歷史視為以「精神」（Spirit）來闡釋「絕對」（Absolute）的「自我表達」（self-expression）或「自我展現」（self-manifestation），他是持反對立場的；因為那都是理論層，未涉行動層，且都只是內在的。

倒是辯證過程之正、反、合，此觀點，大受馬克斯的認可。內在的「思」（Thought），向外伸，最終仍追回到「思」本身。思是主體，而客體的勞動、工作、行為，頂多是次要的。在私有財產制度之下，勞工的勞動，產物不歸於己，而屬於資本家；財團的「思」提升了，代價卻是勞動階級的血汗。換句話說，「自我疏離及克服」，在宗教上，反而使神膨脹，人萎縮；政治上，資本家更腰纏萬貫，窮苦大眾則更民不聊生。因之，他借黑格爾的辯證之殼上市，也採取辯證程序，負負可以得正，將疏離予以疏離，把克服予以克服；「思」不能竟其功，「行」才可畢其業。宗教把人排拒掉，也疏離了人；對人來說，是「消極的負面」（negation），也是「消極的」（negative）。這是第一次的「反」。但這是不夠的，再反一次，才能糾正到一種「合」的結局，即找到「人本身」這個主體。政治經濟上，私有財產使勞工生自我疏離感，也征服了勞工；征服此種征服，自我疏離此種自我疏離，人才能找到真正的自我。人當目的，宗教及私有財產都只是實現「人」這個主體的工具或手段而已。人是不受工具所奴的，這才是真正的「人性」（humanity）。

　　4. 知行合一，理論配合實踐，這是他所堅持的。征服人的「自我疏離」來擺脫宗教，並力主私有財產制度的廢除，要透過政治、社會，及經濟的革命，才能把宗教這種不是人的投射，而是人的鴉片予以戒除。教會是經營鴉片的大本營，且生產力興隆通四海，財源茂盛達三江，形同是資本主義社會之下的大亨。教會也搖身一變，而為教宗的私有財產。人及勞工，只有二度疏離，二度征服，才能找到自我。這種自我，生活在共產主義（communism）社會裡。他一再堅持的此種說法，使他在巴黎時，把社會主義的運動（socialist movement）與黑格爾左翼派（left-wing Hegelians），結成兩家親，不滿青年黑格爾派（Young Hege-lians）之只會批判，光談理論，馬克斯在巴黎卻能顯示出一股動力。一來深研英國經濟學者如斯密（Adam Smith, 1723-1790）及李加圖（David Ricards, 1772-1823）的名著；且也在巴黎與德國逃亡的社會主義人士以及法國社會主義學者如普魯東（Pierre Joseph Proudhon, 1809-1865）及勃郎（Jean Joseph Charles Louis

Blanc, 1811-1882）等人認識，甚至還結交來自俄國的革命人物巴古寧（Michael Bakunin, 1814-1876），使他更致力於「行動」的必要性。同時，在內心裡更強化了一種主張，即令社會主義者比德國哲學家較爲實際，但也讓他覺得有意猶未盡之憾；他們所欠缺的是，把視見、目的，及方法，予以三合一，且配以睿智當工具，這種工具就形同一種哲學。即令他不認爲他的史觀是一種哲學體系，但他的哲學體系，也在不知不覺中形成；該體系且使黑格爾體系予以轉型。

　　萬事皆備，此時又來了東風；他在巴黎與恩格斯的親自交談數年，始自1844年。其實，兩人早已認識。1844年，恩格斯由英赴法，世界史因而發生大變化。「改變」（change）之威，火上加油，迄今仍是政治人物的重要口號。

二、恩格斯（Friedrich Engels, 1820-1895）

(一)生平

　　1. 生於普魯士富裕家庭，其父是紡織工廠老闆，與英國曼徹斯特（Manchester）棉紡廠合夥。在長輩的堅持之下，他早年在生意界度過。21歲（1841）在軍中服役時，與一群黑格爾追隨者過往甚密，但在閱讀費爾巴哈作品之後，就從「心論」（idealism）轉爲「物論」（materialism）了。隔年（1842），執父命赴英工業大城曼徹斯特處理業務，對英國早期的社會主義學者深感興趣，也寫了一文研究英國工人階級問題，於1845年在德國發表。

　　2. 1844年，命運安排，在巴黎與馬克斯會面，兩人共寫《神聖家庭》（The Holy Family, Die heilige Family）一書。神聖家庭指的是那批「心論」學者，視「批判」（criticism）爲主業，以「思」（thought）及「意識」（consciousness）爲重點。換句話說，他們是三句不離「心」的。以「物」爲主調的「馬─恩」兩人，當然極爲反對；社會中存在的「國」（state）、「法」（law）、「宗教」（religion），及「道德」（morality），都在「階級戰爭」（class-war）舞臺上決定勝負。

　　3. 1845年馬克斯被逐出法國後抵比利時的布魯塞爾（Brussels），寫作不斷，名言也出；哲學家試圖以各種不同方式了解世界，其實，任務該在於改變世界。恩格斯赴比與之結合，共同寫了《德國心論》（*The German Ideology, Die deutsche Ideologie*）一書，1932年才出版。譴責諸如費爾巴哈及施太納諸人及社會主義學者，物論的史觀已躍然於紙上。在「自然」（Nature）之下，人的社會生活是物的（material），是一種感官界的活動（sensible activity）。「生活」（life）決定「意識」（consciousness），而非意識決定生活；生活是動的，是物的：意識是靜的，是心的。歷史演變的基本因素，不就是物質或經濟生產的過程嗎？生產的各種型態，決定了社會階級的形式；而階級之間的戰爭，也間接地產生政治、法律，及倫理生活的樣貌。一部歷史，呈現出一幅活生生的圖，即從普勞階級的革命（proletarian revolution）迎向共產主義（communism）的到來過程，而非那種「絕對精神」（absolute spirit）或其他似幻或玄的哲學體系之演化歷程。

　　4. 具有如同赫爾巴特的多方興趣（manysided interests）：作生意時一板一眼，下班後卻立即參加合唱團，練習劍術及騎馬技巧，又習多國語言；自行閱讀，涉獵領域極廣，尤對禁書大起好奇心；服役於柏林炮兵營時（1841）還專心於軍事議題。到柏林大學當「旁聽生」。在英期間，還與來自愛爾蘭（Ireland）的年輕女友發生愛情，儘管不贊成婚姻制度，但兩人共渡愛河，如同夫妻般地同居，妻子過世後又與妻妹有染，在愛情上，過多彩多姿的生活。

　　5. 馬克斯去世（1883）之後，他變成馬克斯思想的最大權威，還以馬克斯未完成的手稿，寫成《資本論》（*Capital, Das Kapital*）第二冊（1885）及第三冊（1894）。1895年在倫敦，因癌症而去世。一生如同馬克斯，受盡攻擊也備嚐他人尊敬。文質彬彬，具英國紳士風，交談幽默、詼諧有趣；但若受人侮，則不會默不作聲地予以反擊。

三、共產黨

(一)以共產取代私產

1. 1847年馬克斯在法國以法文發表《哲學的貧困》（*Poverty of Philosophy, Miśere de la philosophie*），這是對普魯東《貧困的哲學》（*Philosophy of Poverty, Philosophie de la miśere*）的回覆。資產階級的經濟學（bourgeois economics），範疇觀念是固定的，一成不變的，視之為永恆的絕對真理，也是一種自然天則或律規。他反擊此種概念。普魯東先接受一種說法，把財產（property）描述為一種竊盜（theft），然後預想一種社會制度，可以把財產的這種竊盜性或刼收性消除掉。心目中，財產制度仍應保存，尤其是私有財產制度。這是普魯東討論「貧困」所得的哲學觀。馬克斯挪諭的反嘲，該種哲學觀，恰使哲學一貧如洗，輸到脫褲，且悲慘（*miśere*）可憐。難道財產此種概念，不能一筆勾消？許多富可敵國的貴族，都是搜括普勞大眾的土地所累積而成，又可繼承，代代皆富。這就如同中國國民黨「刼收」臺灣，把臺灣的公有財產據為黨有，國產變成黨產一般。普魯東只設想規劃一種社會主義式的制度，把「劫」、「搶」、「竊」（theft）之汙名予以除去，也將「惡」予以「除罪」（strip），仍視財產制為不可讓渡的權（inalienable right），是「先驗」（*apriori*）也「自明」（self-evident）的「固定不變範疇」（fixed category）。此種知識之取名為批判，也只不過是純作理論上的分析而已，卻不依具體的歷史情境及事實。馬克斯的觀點是：辯證不該成為固定不移的思考法則，倒應多在實情上下功夫。

2. 因之德國的心論者如費爾巴哈，法國的社會主義學者如普魯東，都未能把理論的知，建立在實踐的行上；未有具體事實，何來穩健的理論？1847年與恩格斯在「共黨同盟」（Communist League）授命之下，共草舉世聞名的《共黨宣言》（*Communist Manifesto, Manifesto of the Communist Party*），1848年年初在倫敦發表。發表之前一段時間，歐洲到處革命開花，烽火遍地。馬恩兩人返回祖國。由於1848年革命失敗，馬克斯被訴，宣告無罪後，赴巴黎；但隔年又被

法二次驅離，轉往倫敦渡過餘生。恩格斯給予經濟上的支持。

　　3. 議會制度成立後，爲資本家發聲的議員，習慣上坐在議事廳裡的右邊；而替普勞大衆怒吼的代表，則以左邊爲席位；左翼右翼之勢漸成。後者唯一的「財產」，就是雙手；穿藍領，比較不會髒。反之，有錢人則著白領。由於財產觀念出之於人的私欲，財產保有，保守分子認爲是天經地義；因之階級鬥爭頻頻。解決之道有二，一是社會主義者主張社會福利，或制訂濟貧法案等；共產主義則力倡一切「產」都歸公，爲大家所有，只有共產而無私產，產爲人民所共，也等於無產。以哲學論「貧困」，是「貧困的哲學」；但結果，貧困無法消除，則造成「哲學的貧困」。

(二) 共黨國際組織

　　1. 1859年，馬克斯在柏林發表有關政治經濟的批判，對歷史之演進取物論觀念，人類歷史就是一部勞資兩種經濟階級的鬥爭史。1864年，將環球的勞工，組織爲「第一國際」（First International）。爲了有效完成勞工之解放，有必要在第一國際此種國際「工人組織」（International Working Men's Association）上，採取中央集權政策。但立即遭到力倡無政府主義的巴古寧之反對，且與法國及德國之社會主義派對立。1872年，荷蘭海牙（The Hague）成立的共黨中央委員會，應馬克斯之要求遷至美國紐約，第一國際不久即解散。

　　2. 馬克斯的重要著作《資本論》（Capital, Das Kapital）於1867年在德國漢堡（Hamburg）問世，指出資本社會必然激起階級敵意。工人生產，但工人無價可得，價全由財團剝奪；工人雖得工資，但工資之低，廉價到生活基本需求之下，還被詐取或利用工人之血汗錢，因之廢除資本制度（capitalism），才是釜底抽薪之計。社會主義的說法，只是揚湯而已，何能眞正止沸？馬克斯親眼看到普勞大衆普受煎熬，大老板逼令工人延長工時，刻薄冷漠無情，工作環境又惡劣無比。普勞大衆一生在「悲慘世界」過活，這是普世性的黑暗地帶。東方國家如支那及印度，此種上下階層之「對立」，也是不言可喻！

四、量與質的互變

就哲學造詣而言，馬克斯高過恩格斯；但後者的實務經驗，非前者可此。不過，兩人對黑格爾思想之領會，是否都得其要旨；或黑格爾本人的中心思想，是否表明透澈，這都是極應爭議的議題。心與物的對立，本在哲學史上話題不斷。心所引發的理念（Idea），理則（*Logos*），或概念（Concept），是否外在的化於物的「自然」（Nature）上。此種哲學對立說，永不休止。

(一)自然界中，「物極必反」是天則。量與質處於兩極時，量與質互變；無財與有產，亦然。

1. 量變就質變：此觀念由恩格斯提出。心與物之交換或替代，是大自然中最為自然不過的事實。黑格爾在《邏輯的科學》（*Science of Logic*）中，也提出此觀念。量中有極其細小的變化，質變由中突生，如同跳級一般。量如代表「物」，「質」若代表「心」，這二者都在自然界中，未能獲取誰「先」誰「後」的「先驗性」（*a priori*）。

2. 就人類的歷史演變此種辯證過程而言，心論太占優位了，但優位到了極點時，由「心」生「物」觀。人初生時，生物上的自我意識強；群居生活後，社會意識萌生；己與人，物與心，二者交會。哲學家的本務，馬克斯不認為費爾巴赫所說的以了解自然或世界為已足，卻要改變之。因之易心為物，乃是他的致力之途，甚至採取激進的革命手段，都在所不惜。《資本論》第一冊中，他取勞工與蜘蛛或蜜蜂所織的網或所釀的蜜，二者予以比較：即令最差勁的劣等工人之工作成品，也比最優等的蛛網或蜂蜜來得佳。至少工人不致於處於被動的取池塘當鏡子照物一般的，只「仿」物而不擬得「實」物。以前以「心」為主位，現該由「物」而代之，這才是天則。

3. 物是心之反面，心與物二者是正與反之間的辯證，也是歷史發展的必然過程；「反物」是心學的主調，「反反物」，才能得「物」。負其負（a nega-

tion of the negation），所得的正，必比本來的「正」，位階較高。具體以歷史演變過程言之，大自然底下的原住民，共產觀念成爲當時的普世價值。以臺灣原住民爲例，他們認爲土地或財務，都屬自然，爲大家所共有；他們並不稀罕「物」之多少，甚至「價」格之高下。一旦遇到以私有財產爲不可讓渡權利的洋人，要據土地爲己有時，他們感到該想法極爲陌生，但並不介意。導致洋人剝削土著，如同資本家欺凌農工；後者不只在意識中反了，且採取行動也革命了，盼共產世界再度來臨；但俟共產世界實踐時的人，對「物」的概念，已與原先初民的概念有了更動，不是照抄一番而已。人又不是蜘蛛或蜜蜂，更不用說螞蟻了；人的產「物」不可能千年不變。

(二)辯證過程

　　1. 辯證中的正反合，本是黑格爾哲學的基本觀念，馬恩兩人自認從中獲益良多。但黑格爾的辯證，是一種「思」、「理」，或「心」的辯證，馬恩兩人之注意焦點，卻集中在「物」上，且以行動實現之，是動態的。社會主義立場的費爾巴哈之視物先於心，馬恩兩人頗爲首肯，但卻更進一步地認爲，「人」是物之主角。在「物」或「自然」中，人之地位該突顯出來。「人」這種「物」，有別於自然界的其他「物」。自然物裡有人物、動物、植物、礦物等，都是「物」；但「人物」，絕不能等同於他物。其中，人之有意識，是人物與他物最大的鑑別所在。人自覺到萬物皆備於「我」這個「人」物，在心與物的優先順序上，黑格爾的心論，當然是心先於物。工業革命之後的資本社會，更把「心」凌駕於物之上到了「極」點，等於是「唯心」（absolute Idealism）。此時的「正確」反擊，也是眞正的辯證程序，就是以「物」甚至「唯物」（absolute material-ism），才能駁亂反正。社會主義太溫和了，仍然有向「心」傾斜之虞，爲德不卒；若未至「極」境，則在「心」或「物」論中，「心」中有「物」，「物」中有「心」，二者不相互嚴重的排斥，「陌生」（alienation）感不重。辯證過程要視實情而論，不是停留在哲學之「言」而已，而是在「行」中表達。人是經濟的

動物，但不完全是經濟的動物而已。

心與物，是比例、多少、輕重問題，而非有無問題。就「自然」來說，「物」先於心，是自然的「實」情。洛克不也說過嗎？「健全的心寓於健全的身」（a sound mind in a sound boby）；強「身」之後，才有可能強「心」；本末要分清。體弱多病的人，心境是幸福滿滿的，這種說法又有多少人信？信者極為罕見，是稀有動物。

2. 人能夠滿足，只能從人之外的自然吸材或取財。人了解大自然，且利用大自然；人彎腰或屈膝飲泉水以解渴，此種行為，其他動物亦然。人異於禽獸者，就是人善用工具器材以補人力之不足，生產行為遂大異於其他動物。

其次，人除了與自然二者之間的關係外，另有人與人之間的關係；這種關係的基本結構，就是家庭。前者使人成為「生產的人」（productive man），後者使人成為「社會的人」（social man）。二者對人而言，都是最為實在的，最該形成意識的，也最為具體。「思」只不過是潛在於心之底層，卻外顯於「行」上。人的歷史，是這兩種關係所組成的。前者屬經濟層面，後者則屬社會尤其是政治層面。

恩格思發現，大自然界中，辯證程序到處可見。一是細胞（cell）在生物界中繁殖，二是能量（energy）之轉換，三是達爾文的進化論。恩格斯從中獲取一項結論：「自然界中，相同的辯證法則，產生無可勝數的變化，在歷史上是無奇不有」。量變與質變的交換，也是負其負的結果。種子發芽，萌生葉子、開花、結果，前後有異；此種程序就是辯證。由一而二，由二而三；二是反一的果，三是反二的果，其餘類推。「一粒麥種生了十倍、二十倍、三十倍的麥」；蛹生蝴蝶，蝴蝶是蛹的「反」（蛹為「正」），反蝶則造成死亡嗎？「落紅不是無情物，化作春泥又護花」。小毛蟲或幼鳥，脫蛋殼而出，也是如此。

「辯證」過程會有的「負面」（negation）及「衝突」（contradiction）等邏輯術語，恰是「大自然」（Nature）、人類社會（human society），及「思想」（thought）的通有法則。黑格爾早就說過，此種過程是持續不斷也永無終止之

時；苟日新，又日新，日日新。理論上雖「止」於至善，或提出一種「絕對」真理觀，但實際上卻還未如此，至少還離它甚遠。馬克斯及恩格斯二人，口徑一致的批駁「永恆真理」（eternal truths）說法。

但2+2=4，三角形三內角的和等於兩個直角，巴黎在法國，一個人不吃不喝必會餓死等。

上述事實或敘述，如對之起疑，必被他人視爲瘋子。恩格思則認爲上述事實或敘述是常識之見，若無法進一步地從中推論出，在人類歷史上存在一種普世性的道德法或正義等，則不能令人肅然起敬。一部人類史，恰好證明還未出現過有什麼放之四海皆準，俟之百世不惑的永恆定律，可以作爲人類道德及法律的準繩；即令是物理學及生物學的「假設」（hypothesis），都有必要進行修正甚至推翻了，更不用說道德及法律了。

馬克斯與恩格斯否認有什麼絕對、永恆，或最終的哲學。哲學不該置於靜思明辨（speculative）之下，卻是一種動態的科學；而科學的真實性，是無固定的，否則就是幻覺世界的避難處了。脫離此幻覺，走出避難處，迎向實實在在的人生界，才是正途。「思」或許有永恆境，「行」則永無止境。「心論」以「思」爲樞，「物論」則以「行」爲紐；量與質，在「思」中是靜態的，在「行」中就動態及改變性十足了。

五、經濟史觀

(一) 物論與生產活動

對個人、社會，及自然界而言，物論與「生產」（production）活動之關係，無所不在。

1. 經濟史等於人類史：經濟活動，主要在於滿足求生的欲求；且也直接或間接的決定了政治、法律、道德、宗教、藝術，及哲學等面貌；前者是「物」，後者是「心」或「意識」；先物後心。支那的管仲不也說過嗎，「倉廩實而知

禮義，衣食足而知榮辱」。一切文化價值或心靈冥思學等「上層結構」（super-stucture），都由基層的經濟結構（economic substructure）所決定。

經濟結構中，有兩因素不可或缺：一是生產中的物質因素，一是生產中所產生的生產關係；前者是單純地指生產上的物質力（material forces of produc-tion, *Produktivkräfte*），後者則擴及到生產過程的前後所生的社會或人際關係（*Produktionsverhältnisse*），社會的經濟體系或結構，於焉形成。

2. 就生產力的物質面而言，人為了滿足生活的基本需求，先利用體能，尤其雙手；其後則操作機器如打火石（flint），以進行經濟生產活動，這是初民的「生產模式」（mode of production）。俟機器或工具的使用繁雜度增加，生產除了「物」之外，人力更不可缺，人使物成為生產品。這裡的人有二，一是工人，也是普勞（proletariat）大眾；二是資本階級（bourgeoisie），乃是生產工具革命化的產物。經濟生產模式，從本來單純的只是「人」與「物」之間的關係，現在變成為：「心」與「人」、人與「物」，及人與「工具」的關係；經濟的財產累積現象，極其明顯。貧富差距拉大，人際關係（勞資關係）也複雜化；經濟與政治、法律、道德、宗教、美藝，及哲學，也生必然性關聯。「政治經濟」（po-litical economy）之名遂生。

3. 初民時代的人，個人，自我意識不明顯；群居，尤其是經濟性的群居之後，則以經濟意識為主的社會意識就出現了；連帶的，政治及宗教等其他意識，也伴隨而至。這些意識，經濟不只作為「條件」（conditions）而已，且具有「決定」（determine）性。就以中世紀的封建經濟社會而言，由經濟生產力形成的神學觀，天堂有階層（celestial hierarchy）了，上帝（God）高高在上，其次是一群天使（the choirs of angels），然後是聖者結伴（the company of the saints）。這正是封建經濟體制的反映。資本階級出現，恰是「天主教（舊教）」作風（Catholicism）轉為新教主義（Protestantism）的時代。新教中的喀爾文教義（Calvinist doctrine）之宿命論（predestination），恩格斯解釋為：人處在競爭激烈的經濟社會中，成敗不是由個人的能力所決定，而是有一種深不可

測也無法操控的經濟力支配其間，即一雙斯密所言的「看不見的手」（invisible hand）。但該手不是斯密所言的道德（如商人要誠信不欺），也非喀爾文所說的命運，而是經濟關係上的無法翻身；如由普勞變爲資本家，從藍領轉爲白領，此種企盼，是天方夜譚。換句話說，不是道德，也非宗教，而是經濟掛帥。出身爲工人者，注定一生就是工人，永世都得認命。

(二) 了解過去的經濟史觀以便改變經濟史觀

1. 從初民時代起，經中世紀，以迄今，經濟或勞力因素，主控人類史的演變；辯證的（dialectical）史觀，就不只停留在「了解」上，卻企圖予以「改變」；「決定」或「條件」，不能是單行道的（unilateral）。經濟結構（物）既是文化結構（心）的底基，經濟既爲歷史發展的要件，則改變經濟史觀，就也改變了文化史觀。將心論予以翻轉爲物論，是勢在必行。經濟因素直接衝擊了政治及法律建構，也間接地支配了意識形態的宗教及哲學。

2. 人類歷史之發展，不是靜態的，而是動態十足。經濟力或生產力，在人與自然的互動中，層出不窮的複雜因素隱含其中。其中的衝突、矛盾、對立，是自然也是必然的現象。「生產關係」也就不得不更易，尤其是「財產關係」（property-relations）。財產觀念之興旺，勞資糾紛之火熱化頓起；改革或革命，以重新建構新關係，勢不可擋。先是量變，後是質變；量變是物理的、數學的、機械的，質變則是意識的、心理的。量變是有形的，作用在政治、法律、道德行爲上，質變則反應在宗教或哲學的意識底層。因之，經濟革命不是膚面的、過眼雲煙似的、表層的，或如同支那的改朝換代一般，換湯不換藥；相反的，卻是實質的。

3. 初民社會裡，視共產共財爲理所當然。土地不是私有，人人可耕可種，收成歸爲大家享用，都屬同一階級。一旦財產觀念出現，基於人的自私心吧！則私產之有無及多寡，遂形成資本家及勞工、剝削者與被剝削者、勞心與勞力、白領與藍領之對立與衝突。矛盾，時顯時潛。「一部社會史，就是一部階級戰爭

史」，這是《共黨宣言》一句鮮明的警句。國一成立，反而變成「主」高高至上，「奴」更屈居其下，法亦然。「有錢黑龜坐大廳，無錢秀才人人驚」；「法律千萬條，不如黃金一條」；「有錢能使鬼推磨」。又利用高高在上的尊崇地位，強灌其道德倫理觀於下屬百姓。馬克斯一群人，認爲階級（Class）如同黑格爾所言之「國」（State）；階級鬥爭（Class War），形同國際戰爭；二者都爲經濟而戰，這是最實質的宣戰理由。

4. 戰爭一起，乃是勞資糾紛火候成熟之際，即二者之衝突已到了「水火」不容的「大衝突」（Contradictory）之地步。你死我活，別無其他選擇，只能二分（dichotomy），無第三條路可走。不是腳鐐就是手銬，逼得一方不得不揭竿而起，將另一方推翻；可是新政權又藉「國」而重操舊業，故技又續演。支那史就是如此。除非有朝一日，財產觀念泯了，干戈才能止息，仇恨也就消了。

5. 人類的經濟史，也是全部的人類歷史，有四個歷程或階段：

(1) 初民期，土地公有，無私產；

(2) 母系（matriarchy）過渡到父系（patriarchy）社會期，生產技術的改良，生產過剩，私產之存在是可能的，貧富二分之形式漸明；

(3) 鐵器之使用；

(4) 富者不生產，只是消費；窮者一生只忙於生產，消費是奢侈。無勞工則以戰俘或買奴爲工，復古了，自由民與奴隸二階的古希臘羅馬期再現。同時，不少一流哲人如亞里斯多德，還爲此制撐腰，以富麗堂皇的意識建構予以理由化。至於封建時代的中世紀，宗教及哲學界更爲當時的政治及法律制度提出一番說詞，中產階級（middle class或bourgeoisie）現身了。但由於行會規約（guild regulations）的限制，以及勞動人口的缺乏，發展成爲資本大亨（capitalists）之勢還未成火候。俟美洲新大陸的發現，經濟市場之擴大史無前例，加上航海及工業革命，私有財產暴增，不只舉國規模甚至環球性的跨國大公司、集團，托拉斯（trust），壟斷世界資源，且大欺小。中世紀的侯爵即令享有農僕，也在大都會

財團的壓榨之下，漸漸暗淡其光芒，身分也由中產階級下降爲普勞階級。剝削（exploitation）成爲經濟社會的普世現象，被壓榨者三餐無以爲繼，以債度日，工時又長，工作環境惡劣，工資低廉，童工及女工出現。此種苦況，不少資本社會的富豪視若無睹。1848年革命失敗後，此種情勢越爲嚴重。誠如《資本論》所提，生產物之價格，該由勞動之多寡來決定，但卻操在勞心者手中，勞力者無可置喙，任由資本家宰割。

(三) 人的哲學、普勞的哲學、生產觀的哲學

1. 普勞階級的自我意識，就是「階級意識」（class conscious），使命感伴隨此意識而至。推翻、打倒、擊敗資本家，是工人尤其是共黨的任務。企圖掌控國家機器，建立一個無產專政（dictatorship of the proletariat），以便爲共產主義鋪路。共產社會裡，無階級鬥爭，因已無階級。所有公民都是勞工，資本家消失。從初始原住民式的共產主義（primitive communism），經過上述的辯證過程，而形成「已開發完成的共產主義」（developed communism），普勞大眾乃是實踐後者的先鋒，且是革命部隊。

2. 黑格爾哲學要求人人要自我具體化（self-objectify himself），普勞階級最現實的「自我具體化」，就是生產物，就是勞動。但產品對他們而言，卻與己無關，是身外物(man-in-his-otherness)。在私有財產的社會裡，產物甚至工人之勞動，都是他人的財產。不只產物及自己的勞動，非工人本身能操控，卻完全由資本家所壟斷。藝徒制度（apprenticeship）時，生產的原料、勞作的過程、勞動的結果成品，都與工人本身有「親」，甚至以「美」來鑒賞之、愛惜之、品味之、把玩之。但現在，已無此種心情，有時反而心中起反感。「自我陌生」（self-alienation）或「自我隔離」(self-estrangement)，導致雙方的距離越行越遠，頂多只是賺取一口飯吃的謀生工具。擴大言之，社會的自我疏離感也如影隨形；厭世、悲觀、人生乏味，人遺失了自我，憂鬱，寡歡，即令宗教也無濟於事。治本之道，剷除私有財產制，才是唯一的解藥。此種革命，獲得環球性的成

功；以及共產社會的國際化，人人才能獲救。共產黨員身負此種神聖使命。

3. 普勞大眾的苦況，實例俯拾即是。英國頒訂的懲治竊盜罪，極其兇殘；《悲慘世界》（*Les Misserables*）小說之撼動人心，改編成劇，公演盛況數十年不衰。新殖民地的大地主，在美洲之對付奴僕，毫無人道而言。《根》（*Root*）的電視連續劇，賺億萬人眼淚。財團尤其販奴的業主，那種嘴臉以及禽獸性的態度，朱門酒肉臭，管它路有凍屍骨！「富人住雕堡，窮人站崗哨。身分高下，產業多寡，上帝早有安頓」。

此種史實，及建立在此種史實之上的史觀，都可以在客觀的人類社會中找到具體證據。不過，那也是一面之詞而已。以經濟爲底座的社會結構（substructure），支配了建立在其上的文化、宗教、政治、法律，及道德結構（superstructure）。馬克斯及恩格斯認爲，共產主義勢必成爲普世顯學；只是此種預言，至少在現在未必成爲眞。共產社會本是人間樂園（terrestrial Paradise），亞當及夏娃過的天眞無邪的共產生活，但其後受引誘而墮落（Fall）了，私有財產觀念或意識出現。自私、壓詐、竊取，產生彼此之間的仇隙。最後，重拾自我，恢復無產時代的自由身，救贖的彌賽亞式任務（Messianic mission）於焉完成。

儘管馬克斯及恩格斯的哲學體系，由於不少部分語言不詳，因之闡釋者眾，修正也夥；不過，人類經濟活動面的聚焦，卻是令人耳目一新的哲學卓「見」（vision）。此外，共產主義這個「極左翼」的思潮，難免受到「極右翼」政黨的集體圍剿。法西斯（Facists）的納粹（Nazis），及仰仗財團的政黨，如中國國民黨，都視之如洪水猛獸，匪類非剿非滅亡不可。勞資糾紛，此種最現實也最無可迴避的社會及政治問題，倖而在高度工業化的國家，厲行社會福利政策，不但使馬克斯及恩格斯的預言失準，且反而在落後國家如蘇聯及支那，找到了孕育及茁壯的滋養地。依人類的睿智，勞資雙方已不各走極端，反而攜手並進，展現出合作親密的夥伴關係；取代了主僕之對立，將階級鬥爭的火熱，降低溫度。

第二節　齊克果（Soren Kierkegaard, 1813-1855）── 存在主義的先驅者

謝林將哲學一分為二，消極（negative）及積極（positive）。消極哲學探討「心」，積極哲學追究「物」。心是「存有」（essences），是「概念」（concepts），是本相（noumena），是「理念」（ideas）；物是「存在」（existence），是具體有所指的物（that of things），是現象（phenomena）。用柏拉圖的術語，消極哲學重原本（original），積極哲學則是抄本（copies）。謝林在柏林大學的授課，聽者之一在這方面大加發揮的，是一位丹麥來的學生齊克果。

無原本當然就無抄本，但有原本不必然會有抄本；且二者之關係不一定是立即性的，卻經常迂迴繞道，黑格爾的辯證法就是最佳的代表；但齊克果認為，即令黑格爾有了「巨著」（*tour de force*），也是心學中最具代表性的哲學家，卻也看似龐大而已；整個黑格爾哲學體系若是一個天羅地網，「存在」卻成為漏網之魚。

一、存在及存有

(一)先存在，然後才存有

1. 存有是共相，存在是殊相、是自由、是個性、是有選擇的，選項（alternatives）又多；由於自我承諾（self-commitment）、自己負責、敢作敢當，因之，個別性越來越多，歸依為群體性則越來越少。獨特、罕見、稀有的行為、思想、觀念，如脫韁野馬，四下奔馳。共性（universality）減，獨性（individuality）彰。黑格爾哲學，齊克果是稱頌備至的，是心學的巨靈，謝林也是其中的一分子；但德國哲學的心論，齊克果卻不以為然，至於謝林的撻伐黑格爾，齊格果於心有戚戚焉：齊格果認為黑格爾哲學中，少了個性的偏重，卻醉心於群性；凡無法群性化的個性，都視之為無關緊要的小細節，不影響大局。齊格果在這方

面大張異旗，特彈反調。大我的「國」若無小我的「我」，則國等於空、等於無、等於虛，「眞實的存在」（authentic existence）無處找。

2. 笛卡兒的名言：我思故我在。以「思」（think, thought）作為人的「本相」（essence）；先有此本相，才認定「我」之「存在」（existence）。齊格果反脣曰：我存在，故我思；逆向而行。黑格爾步笛卡兒後塵，以「絕對精神」（Absolute Spirit）此種高貴名詞，來把「思」（Thought）這種幽靈（pale ghost）作為人與神之間的媒介體，眞是多此一舉，實無必要。上帝不是人，人也不是上帝；上帝與人之間，不是依「理」這種「辯證之思」來拉線、搭橋，卻得完全靠人之心意，及自動自發的「情」。因此，信仰（faith）居功，「理性」退位；「情」才使人的存在有聲有色，「理」則拘謹嚴肅，人生了無旨趣，存在也無意義可言。黑格爾的辯證，「絕對」最高，別無其他選擇、承諾、負責，已失去個別性。大我之下，哪有小我存在的必要性？相反的，對「我」而言，「在」的「我」，先於「思」的「我」。

(二) 主觀性重於客觀性

1. 在人生中，或在哲學裡，個別的人都是主角（actor），而非配角（spectator），是當事人而非局外人。出色的哲學家都有活生生的個別性，不納入群體性中。哲學家的哲學，等於是哲學家的自傳（autobiography）；每位哲學家的自傳都不是千篇一律，人人都有自己的主觀。齊克果一聽客觀，就怒火中燒。不過，夠覺悟稱為哲學家者，不都有其「特」見、「獨」見、「己」見、「異」見或「卓」見嗎？他絕不隨波逐流，更非「不違如愚」的蠢才。一般人皆蔑視主觀而重客觀，其實，二者各有優缺。在強調「絕對」、「無例外」、「尚同」的「時代精神」之下，齊克果標榜個別性、差異性、偶有性的存在事實。

2. 齊克果哲學的歷史定位：就「歷史」這種時間角度來說，齊克果的「存在」哲學，影響在二十世紀，掀起了「存在主義」（existentialism）一股大風潮；只是他活在人世時，卻連小波浪也不興。他不該算是十九世紀的哲學家，倒

該把他歸類到二十世紀裡。但純就哲學角度言之，由於他與大主流的黑格爾哲學各立山頭，故把他安放在本章裡，也自有其理由在。

二、生平與著作要旨

(一)生平

1.出生於丹麥哥本哈根（Copenhagen），其父的宗教虔誠心極其強烈，嚴苛寡歡，內心裡常幻想上帝的詛咒纏繞四周，家人都將遭譴。其父小時曾在北海之濱牧羊，由於又飢又餓又冷又孤單，遂怒向上帝口出咒語。此種兒時記憶，不只永銘其心，無法忘懷，也連帶地殃及到齊克果本人。常以尖酸苛薄又帶機智的嘲諷，來掩蓋內心裡的苦悶積愁。1830年聽從父訓，求學於哥本哈根大學的神學院，但志不在此。轉而對哲學、文學，及歷史深感興趣，也因此探討黑格爾哲學體系。大學生活井然有序，遵守常規，一板一眼；雖性情乖僻、冷靜、清醒，卻也沉迷於大學的社交生活中。父親及家庭中孤寂又沉悶的宗教氣氛（stuffy atmosphere），與他在大學上哲學課所獲的人生觀，格格不入。年少輕狂，道德警句該束諸高閣，倒該活於他其後自述的審美階段裡。

2. 1836年春，內心興起自殺念頭，卻為一股也是來自內心的嘲諷之見所征服。該年6月，反而以道德的自我承諾，作為生活準則，這也是他所說的倫範生活階段。

3. 1838年5月19日，其父去世，他意識到了另一種宗教信仰觀念上的輪轉經驗，而滋生出一股「無可言表的快意」（indescribable joy），重拾童時的宗教舊歡。1840年，通過神學考試，還與一女訂親，卻只一年就退婚。自認一生帶有使命感的他，成家有妻室會帶來障礙；單身獨居，才是正確的選擇。

(二)著作要旨

1. 1843年以《或彼或此》（*Either-Or*）為書名，只能二者挑一，直接頂

撞黑格爾的「二者得兼」（Both-And）之哲學觀。以生活的美學觀或倫理觀為例，美學觀中的「悲劇」人生，尤其展現在愛的殉情上；如莎士比亞戲劇中的《羅密歐與茱麗葉》（*Romeo and Juliet*），有情人終不得成眷屬，皆大歡喜只是一場鬧劇而已，騙人的。

2. 丹麥國家教會（Danish State Church）對他而言，不配稱為基督教徒的聚會所。該教會的負責人在他心目中，頂多只是虛有其表，教義核心精神淪落到為人處世的最低水平而已。由於主教是他父親之友，他還不好意思公然批駁教會的行徑，俟主教去世後，他就不客氣地為文指出，國家教會已被閹割去勢了；信徒不如過一種純樸誠實的生活即可。1855年11月4日，教會主事為他辦喪禮時，他的侄兒前來鬧場，反對丹麥教會為一位嚴肅批判教會的人主持告別式。

3. 個人性、獨特性、離奇性第一，作為暴亂群體中的一分子，也帶有此種自我性。不過，處在該種情境之下，個性與群性二者之間的區隔，實在難以釐清。在情狂意蕩的群眾心理之沸騰下，極易盲從；己意泯而眾意指揮一切，人無法身可由己。人變成社會性的動物，好比大機器中的一小螺絲釘，幾乎是一位無名氏者，甚至可以用符號或號碼取代，如身分證上的號碼或學生卡上的數目字，連名與姓都無。

1848年發表《觀點》（*The Point of View*）一書中，有如下的一段話：

> 群眾是不顧真理的，因為群眾是固執、冥頑、不負責任的。至少，責任感欠缺又微弱，個人占群眾的斷片（fraction）而已。

「群眾」（crowd）之成為「暴民」（mob），或許只是一念之差。在哲學主流大拱「共相」之際，他特標「殊相」予以對抗；神化前者而渺視後者之時，他反其道而行。就新教立場而言，個人可直通上帝，個人的「自我實現」（self-actualization），個人是「我」，上帝是「你」（Thou），我你都是主格，哪有共相與殊相之別？個人不該「自我沉沒」（self-submerging）。對齊克果來說，

口口聲聲以共相（universal）、集體（collectivity）、總體（totality）者，正表示「僅僅只是個無知、無宗教信仰、異教」（mere paganism）者。同時指出，歷史上的所謂異教人士，雖都皈依基督教；但是新的異教輩，卻與基督教越行越遠；或許「迷」途知返的時間未到吧！

三、人生三階段說

(一) 與黑格爾的三段說，大有差別

1. 黑格爾在《精神現象學》（*the Phenomenology of Spirit*）一書中，指出心的辯證過程有三階段。先是自我意識（self-consciousness）的覺醒，這是個別的；中是普遍意識（universal consciousness）的覺醒，是集體的；後是「絕對的思」（absolute Thought），將「正與反」，合爲「合」。

齊克果援用之，但使用辭句異；先是「個別性」（individuality），即個體的存在（individual existence），而非普遍的、無所不包的。第二階的主力是「挑」（choice），且依「意」（will）進行「一躍」（a leap），即在各種選項中，挑出一個最高級的上選者。最後，就把已挑中者作爲心甘情願的自我承諾、自我兌現、自我負責的對象。

2. 第一階屬「美」（aesthetic）的範疇，「自我消散」（self-disperse）於感官界中，情緒的、衝動的、五光十色的，但不必然都是色情肉欲的，倒可以取詩人爲榜樣。詩人把世界轉換爲一種想像且豪情又浪漫的詩詞，此階段不受限於任何普世性的固定法則、道德成規，或宗教信仰，卻能享受情意上的滿足。如花草美味之品賞，無拘無束，馳騁四方，遨遊於天地之間，無限無止（infinity），唯一的限只有來自於己。當家作主之樂趣無窮，人生也最爽，不亦快哉！

此階的存在感，就是自由感，也是自由的展現。以住處的選擇爲例，孩童喜挑地窖（cellar），因爲那是可以自我陶醉的場所，利用想像力之所至，把玩任何工具或儀器。

　　第二階段即「倫範」（ethical）的範疇：感官之欲，也有膩煩厭倦之時。西方虛構的傳奇人物唐璜（Don Juan），或許正是過此種生活的典型代表。放棄了聲色犬馬的官感娛樂之外，自動選擇地喜愛過倫理生活，蘇格拉底就對號入座了。依齊克果的描述，第二階段的生活，是自願跳進婚姻的框架內，也履行婚姻義務與職責。

　　倫理階段產生英雄主義（heroism），齊克果認為那是悲劇英雄（tragic hero）。棄私從公，犧牲小我，完成大我。「共」（universal）的理念主宰一切，蘇格拉底是最佳男英雄。希臘悲劇作家索孚克勒斯（Sophocles）劇中女主角安提格尼（Antigone），力爭不成文的自然法而準備以生命代價維護之，是賺人眼淚的女英雄。倫理階段所生的倫理意識（ethical consciousness）是道德的，與法律上的「罪」（sin）無涉。前者發之於內在的心，後者是外控的。具倫理意識者當然知道人的脆弱，但卻可憑意志（will）予以克服，下的決定是勇往直前，即令泰山崩於前也不為所懼；且自認如此，才能使人有「道德上的自我充實感」（moral self-sufficiency）。只是奉此而身體力行者不多見，多數人在猶豫躊躇時，身感內心之不安，罪惡感或羞恥心攀爬，掙扎在「或彼或此」（either…or）之間，「絕望」（despair）心境常存，求救之道，或許以為宗教信仰才能解厄脫困。

　　「美」如當「正」（thesis），倫理意識就是「反」（antithesis）；宗教意識也是另一種「反」。反其反，負負得正；經過此種過程後的「正」，已非以前的「正」。

　　第三階段，是人神關係階段。上帝才是「絕對」（Absolute），美的英雄融入倫理的英雄中，最後是宗教的英雄。愛情悲劇中，美的成分居多；倫理悲劇，則愛與德兼具，宗教悲劇，更把信仰因素加入。「愛」、「德」、「信」，三合一，宗教英雄把人移向上帝。齊克果舉聖經故事中亞伯拉罕（Abraham）情願在上帝指令下犧牲其子以撒（Isaac），以示對上帝的敬畏與服從。此種宗教上的英雄行徑，不同於蘇格拉底（倫理），更有別於羅密歐與茱麗葉或安提格尼。

其實，三階段都使個體處於兩難的窘境中。美及倫理，都非「絕對」，唯有上帝才絕對。個人在面臨美、德時的「二選一」，與處在「善」時的抉擇，是大為不同的。在上帝的指令下，美及倫理又算什麼呢？亞伯拉罕不是美及德的英雄，卻是宗教英雄。前者依人的理性，就可了斷；後者則超出人的一切力之外。以他本身為例，對已兩相情定的未婚妻悔婚，從道德層面言之，是不能諒解的。但不顧婚姻制度，屬倫理上的，很多人卻取之作為「普遍」性的遵行法則。美及德的困境，皆應「克服」（overcome)。至於人與上帝的關係，不是「克服」，卻該「忍受」。三階段中，都會面臨個性與群性、私德與公德、小愛與大愛，「二選一」的痛苦抉擇；但由「絕對」下的令，只有宗教上的神才能發出。上帝為了考驗亞伯拉罕的忠誠聽令，乃以「人」間最無法忍受的弒子，作為令他二選一的抉擇。支那人不也常說，大義滅親嗎？絕對有相對的，也有絕對的。第一及第二階段的人生是相對的絕對（relative absolute），第三階段的人生才是絕對的絕對（absolute Absolute）。絕對與相對，二者本是矛盾或弔詭的（paradox）；但在第三階段上，卻一目了然了。人勿妄想憑理性可以解除其迷障。

「征服」（overcome）之後的英雄，是唯我獨尊，也當家作主；但「忍受」（bearance）之後，人仍以上帝為至高；有點如同支那儒家之「君要臣死，臣不得不死」；臣是「人」，「君」也是「人」，都聽令於被提升為「天子」者，才有「不得不」的「忍」之表現。

(二) 三階段論的分析

1. 三階段，屬哲學上或邏輯上的，而非時間上的。前者是優先關係（priority），後者則是先後問題（temporal）。以具體的例言之，齊克果筆下的歷史英雄人物，並非「美」先於「德」，或「德」先於「意」。

2. 三階段彼此有別，且有高下位階及優劣等級，更帶有「歧視」（discrimination）性，含有褒貶的價值意。

就人與人之間的關係而言，發展出情愛美意，甚至倫理道德；其中，情愛有

公私之分，德有大小之別。人「克服」之而成爲英雄，這是人間英雄；但人與神的關係而生的宗教英雄，就非人間而是天上了。聽令於由人而生的王，如桀紂或阿斗之輩，臣民也得尊爲「聖旨」，不得違抗，更須「一心無二志，鞠躬盡瘁，死而後已」。那麼，「忍受」上帝的要求，不更是「不可違」嗎？宗教上的神父、修女、主教、教宗，都「忍」小情小愛，以獨身爲念。齊克果之悔婚，對不住未婚妻，但可獻大愛於上帝。此種「忍」，更是「美德」，且是絕對的美德。情的「美」，加上倫理的「德」，就是「聖」了。宗教上的「大聖，不逾矩」；情及倫理上的「小德」，則「出入可也」，不也是支那孔子的明訓嗎？齊克果的未婚妻當以此種胸懷，予以同情甚至支持。

3. 三階段不是緊密如一條不斷的線，卻是中間有斷層的。因之，用「跳」（leap）才能由此一階步入另一階，這是「情意」（will）異於「理」（reason）之處，因之有其危險性在。尤其從人境躍入神域時，充滿著不確定感，有時不是一蹴而及，卻得嘗試多次。英雄莫不犯難冒險。三階段不是漸變，而是突變，尤其人與神之間的關係。雖上帝也道成肉身（incarnation）的顯現在真有歷史上的耶穌這個人上，但聖母之「無孕懷胎」（immaculate conception），對希臘哲學家而言，是一種最大的弔詭（paradox），也是蠢話（foolishness），是障礙物（stumbling-Block）。「理性」（reason）對此無能爲力，只有神的「啓示」（revelation），或許才能奏效。「頓悟」（insight）、「靈感」或「直覺」（intuition），才能由此岸飛躍過彼岸。

4. 黑格爾「心論」的「辯證」，不足以應用在人神之間的關係上。基督教教義若只靠哲學尤其是黑格爾哲學的解說，無法令人一清二楚。理性化（rationalizes）不是治神學之道；雖乍看之下，似乎也顯示出一種海市蜃樓（mirage）的美景（illusory land），卻是幻影一場；如同臺灣人所說的：「目珠被龍眼換掉」了，是「騙局」（bogus）。理性的推論及哲學的思辨，都不能使人與神相連；數學上的演算或展示（demonstration），對此也無法奏功。相反的，藉「意」，就可一飛沖天；「跳」可以越級，有時更可超越好多級。意是主觀的，

知是客觀的；眞理的主觀面很明顯。「意」是個別的、獨特的、私有的，與人的一生緊密相合，眞理必須與個人的人生有關。客觀眞理如數學上的2 + 2 = 4，這是無可否認的，若與「存在的個體」（existing individual）無涉，則該種眞理又有何用？人的一生不許賭這一局，輸贏又何關整個的「自我承諾（self-commitment）」呢？當然，他也承認數學是一門眞理之學，但數學眞理是「外化的」（outwardness）；人生眞理卻該「內化」且是「最爲激情的內化」（the most passionate inwardness）。一旦我認爲是眞理，我必然興高采烈，情無法自已，它已內化於我心中，存於我的「意底」（idea），牢不可破，結不能鬆。把「一種客觀的不確定性，緊緊地與之相擁，才叫做眞理」（an objective uncertainty held fast in an appropriation-process of the most passionate inwardness is the truth）。此話一出，馬上成爲他的名句。

疑神之存在，對許多人而言，是一種客觀性的事實，因之對神無法確信（an objective uncertainty）；但若能在「一種妥切的程序中，緊緊握住那最熱情無比的內在性」，那就是眞理。「最熱情無比的內在性」，就是個體自我上的人生獨特體驗。只能意會，不能言傳，也是置二者合一時，「一種妥切的程序」。或許也可以這麼說，科學眞理是客觀的，宗教眞理是主觀的；前者與人生遙遠，後者則形同人生本身。

5. 眞理是「自我」的事，何干於他人？如同私心一般，自私若不妨他人，則自私難道不該嗎？將自我認定的眞理奉之爲行爲準則，自我承諾並兌現，形同康德的「無上命令」（imperative category），是一種非行不可的「義務」（duty），眞理等於信仰了。宗教上的眞理或知，都是個人的、主觀的、獨特的。「無險則無信」（without risk there is no faith），信恰好處在矛盾中。一方的矛，是「個人內在性那種無止境的情」（infinite passion）；另一方的盾，則是「客觀的不確定性」（the objective uncertainty）。永恆眞理，本身並不弔詭，但一與人發生關係，弔詭即出。上帝之造萬物，不就是如此嗎？對人有利與不利，或有害與無害，之事件不一而足。對人而言，人的理性是有窮的（fi-

nite），以有窮去「理」「無窮」（infinite），就覺得怪、奇、詭，也險了。人深感掉到萬丈深淵裡，不冒險犯難，又哪能逃脫，「跳」出火坑，或浮出水面？

6. 擇不是任性的，更不是隨便的。只是在擇時，理性分量減少，情意成分加多。人人若能「巧」遇類似齊克果的個人人生經歷，或許不會以為他過分誇大了情意的比重，而減少了理性的考慮！「設身處地」，才是正途。隔岸觀火的作壁上觀，則隔了一層；真相實情（reality）也被遮了。

「存在的個體」（existing individual），此詞有必要進一步分析。「個體」意識到了「自我」的存在，這才算是「純真的存在」（authentic existence）。相反的，個體的存在與否，都無關緊要，也無差別（indifference），則此種存在，試問又有何意義？A駕馬車，睡著了，但馬習慣於路途，也能「安全」地完成任務，抵達終點。駕車人對這段旅途而言，是不算存在的。同理，一個人處於群眾中，是個「無名氏的一員」（anonymous 'One'）；把他換了，甚至不要他，也未減群眾之所以是群眾（缺他一個，何又足惜！）「純真駕車者」是要冒一些險的，因為誰敢保證一路上都平安無事，或有偶發事件出奇不意的出現？半路殺出個程咬金，人生變數太多，怎可一而概之，或以一哲學體系就窮盡一切哲學學說？旁觀者之心情，與當局者，是大為兩樣的。從心理學上來說，友誼賽與正式比賽，下競技場的選手與觀眾，怎可能是同樣的心情呢？冒的險也只有「當局者」才親自面臨；第三者猶如看人吃麵，是不會喊燒呼冷的。真正的存在，是不許中立的（neutral）；但真正的觀眾，不偏不倚，好就鼓掌，壞就頓足，不管自隊或他隊。真正存在的上場者，必自我承諾，自我兌現，當機立斷，要注意瞬息萬變的戰局（becoming），得心想「再來要怎麼辦」（forward)。就宗教層面來說，真正的存在個體，以「如何心向上帝」作為目標，把個體的有限性，進行式地朝無限性的上帝邁進，「一股作氣的奮力」（a striving）而行。因為，人都時時刻刻處在有限與無限之間。

(三)「坐立不安（dread）」的觀念解析

齊克果言及的*Angst*，是德文，法文是*angoisse*，英文有時取anguish或anxiety譯之，具「焦慮不安或劇痛」之意，但不含「畏」（fear），因原始字無此意，宗教味十分濃，也表示三階層中的跳躍性描述。其後的存在主義學者，對該字各有不同的闡釋。

齊克果自己的定義，把德文的*Angst*，釋為「同情的反同情，以及反同情的同情」（a sympathetic antipathy and an antipathetic sympathy）。眞是咬文嚼字，且故弄玄虛。筆者試舉例說明之。

1. 一小男孩對探險極感興趣，「好奇於驚訝及神祕」，也對無知之事吸引，但同時，又可能內心深覺對安全有虞而打退堂鼓。兩種正負力量在拔河或迎拒，或同意行之或反之，內在的交織不斷。在「情」（sympathetic）上有了一正一反之「情」。此刻的心情，稱之為dread，即不安、焦急、不知如何是好，抉擇不定，但沒有「怕」（fear）的成分在內。怕是擔心有出其不意之狀況發生，如床上有蛇或黃蜂針刺；不管眞實的或想像的，自己都無法掌控。不安，那是因「無知」或「未知」（unknown）而生。神祕性才是根源，故宗教含於其中。

2. 齊克果認定此種不安，是一種宗教上的罪惡感（sin）。人處在天眞無邪狀態時，是不會心生不安的，一旦自由意識生了，則不安隨之而至。「不安與自由」，可以說是同卵雙生子。他取亞當（Adam）為例，亞當在天眞無邪年齡時，被告知不可吃知識樹上的水果，否則會致死或引來痛苦。該樹是善惡之樹，但他不知什麼叫做善、惡、知識、死亡，或痛苦。未違反此戒規之前，他對這些都是心內一片空白。不過，該禁令引發亞當一種「自由」的念頭，也是一種可能性，可以選服從，也可擇反抗，甚至感到自己有「能力的可能性」（being able）。處此時刻，他內心中有了困擾，因為掙扎於選這或擇那之中。總而言之，不安、焦慮、心煩等，都因自由而生。自由的引力太大，即令冒了犯罪的險，甚至致於非命，或不聽令於上帝，也在所不惜。

不過，選擇之出現問題，乃因難以選擇。若輕易就可從中選一，哪會構成選擇問題？自由恰好介於「情於反情」（sympathetic antipathy）與「反情於情」（antipathetic sympathy）之中。左右為難，前退維谷；不安與憂悶，正是心理的真實寫照。如同一個人處於陡峭山脊，若縱身一躍，可能就粉身碎骨，也有可能跳入上帝的懷抱而獲救。二者都是他被捕食的獵物，「跳」向任何一邊，都可告別這種情愛。

這些說法，都帶給其後的人生哲學尤其是存在主義學說極大的影響。他雖不在大學占有任何席位，但不少大學教授，卻對他的作品下了不少冥思沉想的工夫。

第三節　自然科學家的物論與心論

德國哲學家除了馬克斯高執物論大旗之外，哲學主流仍是以心論當家。但由心論健將黑格爾哲學的左翼思想，所延伸出來的「辯證物論」（dialectical materialism），以及一批以經驗主義起家的自然科學學者，卻使心論大爲失勢。自然科學與哲學上的物論（philosophical materialism），二者本無必然的關聯；但自然科學運動力道十足，哲學界難免受波及。心論之漸爲物論所取代，也似乎勢所必然，且隱然成形。

一、以物釋自然，心、精神、靈性等，靠邊站

(一)十九世紀中葉，德國大學教授以物釋自然者甚多

1. 動物學家（zoologist）且一度在吉森（Giessen）大學（成立於1607年）當教授的福格（Karl Vogt, 1817-1895），大膽地發出一句名言：大腦分泌思想，猶如膽分泌膽汁一般。還寫了一本書，光看書名就易領會其意，《盲目的信仰及科學》（*Blind Faith and Science, Kohlerglaube und Wissenschaft*, 1854），把信仰（faith）當成一根木炭的燃燒器（a charcoal-burner），「創造」又何來神聖性？

2. 醫生布克納（Ludwig Büchner, 1824-1899）對大自然給予物論而掀起軒然大波，又否認上帝、創世論、宗教，及自由意志，把心、精神、靈智（spirit）或意識（consciousness）解釋爲腦的物質運作而生的物理現象。名著《力量與物質》（*Force and Matter, Kraft und Stoff*, 1855）成爲物論界中的暢銷書，外國譯文爲數不少。他大力叱責哲學無法令受過教育的讀者領會，並爲大多數人發出心聲；書名就直言不諱地指出，力量與物質，就可作爲說明一切的充足理由；但也因此，被擠出杜賓根（Tübbingen）大學之教職之外。

3. 在心與物二元對立中，上述諸人偏物而離心；朗格（Friedrich Albert Lange, 1828-1875）則稍予扭轉其傾向，名著《物論之歷史》（*History of Materi-*

alism, Geschichte des Materialismus, 1867），取新康德派（Neo-Kantian）論點予以批判，認爲物論在自然科學中，基礎穩固不搖。比如說，物理學（Physics）既以「物」爲研究對象，當然「物」第一，康德就這麼說過。自然科學本來與心、精神，或靈智等無涉，但物論要飛象過河似的也擬在形上學或一般哲學中，占的比例也要與它在自然科學中一般高，就不必然爲全部學者所接受了。因此，物論及心論各有地盤，不可犯界。作爲研究方法上的基本原則（methodological principle），是物的學以物，心的學以心，這才是正途。1870-1872年，他曾任瑞士蘇黎世大學（University of Zurich，成立於1835年）教授，認爲物論與心論若不安於室，則想法就未免太單純也太愚蠢，更欠缺批判性（naive, uncritical）了。意識不可純以物來闡釋，物是導不出心的。「未具批判性的心態」（uncritical mentality）最要不得。康德的「批判」，起最重要的指正作用。

4. 但一股大風浪由英國吹來，達爾文的進化論席捲全球，德國的物論者歡天喜地。生物的演化論直接表明，宇宙是「演化的」（evolutionary），而非「創造的」（creational）。心由物演化而出，高等能力的心，建立在低等能力的物上。耶拿大學（U. of Jena）動物學教授黑克爾（Ernst Haeckel, 1834-1919）的科學探討，依演化論而提出心物合一的一元論，呼應了達爾文（Charles Darwin, 1809-1882）於1859年的大作《物種始源》（*The Origin of Species by Means of Natural Selection*）及1871年的《人類的由來》（*The Descent of Man*）之衝擊，他爲文數篇與之隔海對唱，堅信演化論爲一切學術爭議定調，也是1892年他提出「一元論」（Monism）之科學基礎，以之作爲「宗教及科學二者之間的搭橋」。「天創」就是「自然選擇」，也是優勝劣敗。早在1899年，他已發表一書《宇宙之謎》（*The Riddle of the Universe, Die Welträtsel*），認爲部分的宇宙之謎已解，未解之謎是無解的，但也不成問題；藏在現象界背後的本相界，是「物本身」，神祕不可測。1914年的「一元哲學」（monistic philosophy），就準備爲它磨刀霍霍了。「力量」與「物質」之保存，此原則可以掀開「不可知」的面紗，那是呈現在現象界的（phenomena）。至於「本相界」（noumena），則

「即令二千四百年前的安那西曼達及恩貝多克（Anaximander and Enpedoles）也是束手無策」。不過「物本身」既然爲人之能力所無法知悉，則討論物本身的性質，是徒然的。宇宙的單一原則，就是「力量與物質」的保存；並且也把二元形上學論（dualistic metaphysics）的三原則，上帝、自由，及不朽（God, freedom, and immortality），棄而不用。

(二) 一元論（monism）取代二元論（dualism）

1. 以康德爲首的兩種世界說法，其一是物理世界（physical world），也是物的世界（material world）；另一是道德及非物質世界（moral, immaterial world）；由一元世界論取代。在倫範世界裡，不必另外有「無上命令」（categorical imperative）的想像。一元論也承諾，「利己」及「利他」（egoism and altruism）；「己愛」（self-love）及「愛人」（愛鄰居）（love of neighbor），二者兼顧，是最高級的行爲準則。人是有社會性本能（social instinct）的。

在其他一切人之前，大英哲學家斯賓塞是我們都應致謝者，他以演化論作爲一元論的倫理學基礎。

其實其後赫胥黎（Julian Huxley, 1887-1975）之倫理觀念，黑克爾更該對之行注目禮。

2. 黑克爾鄭重聲明，物論完全不適合於解釋他的一元論哲學。物論不承認有一種「非物質的心」（immaterial spirit）；同樣，他也拒絕接受有一種「死的，無心的物質」（dead, spiritless matter）這種觀念；卻只說有一種稱爲「原子」（atom）的存在，且在原子之中，「心與物二者，不分離地結合在一起」。也等於是說，原子之中，「力」（force）與「料」（stuff）（*Kraft und Stoff*）二者結合。他的一元論，都可與心論（spiritualism）及物論（materialism）二者掛勾。不過，多數人容易把他歸類爲物論者。說法可說是演化論的翻

版，卻一點也無物論意。

3. 1906年德國一元論學會（German Monist Society, *Monistenbund*）在黑克爾贊助之下於慕尼黑成立，以科學作爲人生觀哲學。但1912年出版的《一元論世紀》（*The Monist Century, Das monistische Jahrhundert*），是當時學會會長奧斯特瓦（Wilhelm Ostwald, 1853-1932，名化學家，1909年獲諾貝爾獎）的傑作。先在故鄉里加（Riga）大學後在萊比錫（Leipzig）大學任教（1887-1906），力倡能量的重要性，而不信原子的存在。主編《科學精萃》（*Annalen der Naturphilosophie*, 1901-21），最後一期，還刊登維根斯坦（Ludwig Wittgenstein, 1889-1951）的大作《邏輯哲學論》（*Tractatus logico-philosophicus*）。

1895年，日本開始統治臺灣，戰勝了支那。奧斯特瓦也在該年發表一書《征服科學上的物論》（*The Overcoming of Scientific Materialism, Die Ueberwindung des wissenschaftlichen Materialismus*）。書名中的「征服」，其實是取代，即以「能量」（energy）來取代「原子」（atom）。一切都是能量的轉化過程。轉化過程中展現出各種不同的形式。物質或原子之有不同形式，都是由能量所展現出來；靈魂的、精神的，或心理的能量（psychic energy），不管有無意識，也都是能量所展現出來；彼此雖有不同，但都由能量所發出。「能量論」或「精力論」（energeticism），就是一元論。此說似乎不合他本人所力持的科學方法，即不可以「形上的假設」（metaphysical hypotheses）當科學研究的前提。不過，當他的心思轉向自然哲學（philosophy of Nature）時，就已不受經驗科學所限了。難怪他晚年專注於研究偉人的心理，還醉心於繪畫。

(三)科學家的物論與心論，各有所偏

1. 物論者即令不堅持一切皆本之於「物」，至少也力主物先於心；縱使難以解釋一切皆出於物，也把物之外的一切，解釋爲由物所轉換的附帶現象（epiphenomenal），心論者亦然。心爲內，物爲外；心爲主，物爲輔。雙方妥協之道，就是不視任一方爲對立、衝突，或矛盾，卻只是優先順序上有先後而已。若

不計其「本相」，光就「現象」來說，現象倒難以「全」屬「心」或「物」來描述之。換句話說，若以「心」爲「本相」（noumena）者，也得認同「現象」（phenomena）中有「物」在，反之亦然。因之，學者該運思於「現象世界」中，而不必操心於「本相世界」裡。

這就形成一種思潮，即「現象學」（phenomenalism），由下述兩位自然科學家領銜。

2. 阿芬納留（Richard Avenarius, 1843-1896）是瑞士蘇黎世（Zurich）大學物理學教授，1889-90年出版《純粹經驗批判》（*Critigue of Pure Experience, Kritik der reinen Erfahrung*），頗有康德架勢。傳統形上學家認爲經驗有內外兩種，內經驗源於腦，把感官知覺予以概念化和抽象化；外部經驗則是感官知覺或刺激。他取康德著作中喜歡用的「批判」一詞，予以綜合，認爲內外經驗都只是一種「純粹經驗」。外感官（external organs）即五官，可得「外經驗」；內感官（internal organs）即心官，由「腦」（brain）能獲內經驗。

二者都是「官能」（faculties）的運作，但經驗只一，不必分內外，都是經驗，這叫「純粹經驗」。宇宙之謎、祕、難，就迎刃而解，形上學可以靠邊站。由心及物，物體的及心靈的，事（thing）及思（thought），主體與客體等，所形構的二分（dichotomy），也可擱置，不必予以理會。物論（matertialism）及心論（idealism），此種形上理論的對立，也就無必要了。

3. 馬赫（Ernst Mach, 1838-1916），多年來是維也納（Vienna）大學物理學教授；認爲經驗源於感官知覺，而感官知覺既非純物理的，也非純精神的，卻是中性（neutral）的。「我」不必分「形上的自我」（ego）與「形下的自我」（self），也不需把前者當心，後者當物。基於生物求生之本能需要，人類發展出的各種學門，目的在於控制自然，且預測（predict）自然。因之有必要化繁爲簡，將現象界的各種顯現，整理出原理原則出來；提綱挈領，又有何必要操煩於這些原理原則在形上學是什麼呢？本相或第一因，也可免談。人的感官知覺就已把人作內及外的聯繫，形上與形下已難釐清界線，感官知覺就是心物的合成體。

阿芬納留及馬赫所型構的「現象學」（phenomenalism），對二十世紀由維也納學派（Vienna Circle）所倡的「新實證論」（neopositivism）有直接關聯；但後者重點不放在本體論的形上學（ontological metaphysics），卻在語言分析上大談語言理論（linguistic theory）。強調語句中若有物理的個體（如桌子），則在翻譯該物理的個體時，只譯出該物理的個體所呈現出來的「感官資料」（sense-data）即可，譯前譯後的真假，務必完全等同。此種翻譯是否能成功，是一樁艱鉅工程，也是一大問號。猶如將原始語句譯爲邏輯符號，又由邏輯符號百分百來取代原始語句之真意。此種困難度，極爲驚人。

不必管本相界，只計及現象界；不必考慮「物本身」，只思及「物」所呈現的感官印象；但把物全化爲感官知覺，二者是否完全等同，實屬一大疑問。把感官知覺的料（*sensibilia*），化約爲「感官知覺」（sensation）；感官知覺因人而生，但未有人之前，或人「心」未運作之先，也難以否認感官知覺之存在，這就又如同柏克萊的說法了，to be is to be perceived。屋內有貓，我未「悉」有貓時，貓照樣有。我不在時，貓也在；因之，必有個聖靈的心（divine mind）永世存在。貓之存不存於現象界裡，人作不了主。難怪列寧（Wladimir I. U. Lenin, 1870-1924）評論上述的現象界，必不知不覺地傾向於「心」論，且宗教意味濃。但二十世紀的維也納學派，卻反向而行，離「心」越來越遠，更不用說是有神論（theism）了。馬赫及阿芬納留，把形上還回形下，把「後物理學」（metaphysics）轉到「物理學」（physics）；這是一回事。但若把他倆所建構的「現象學」，作爲一種哲學理論，則就又另當別論了。

二、新康德思潮（Neo-Kantianism）

(一)心論與物論兩雄相爭的結局

1. 1865年，李門（Otto Liebmann, 1840-1912）著書呼籲「返回康德」（Back to Kant！），確實是在心論與物論二者之間的爭執，令不少人深感厭煩

的結果。康德本來就提出警告，知是有涯的，有極限的，形上學並非法力無邊，或知力無限；形下的科學（自然科學）所持的「物論」（materialism）甚至是「唯物論」（dogmatism of materialism）只謹守現象界；如此的一正一反，是否該取康德及孔子的爲學「態度」、「學而不思則罔」（sensation without perception is blind），「思而不學則殆」（perception without sensation is empty）；也該「形式」（form, perception）與「質料」（matter, material, content）並重，缺一不可。這才是爲學的「金科玉律」（golden mean）；持平守中，不偏不倚。

2. 新康德變成一股學界風潮，在十九及二十世紀之交成爲主流，尤其在大學上，所呈現出來的樣態繁多；各大學的新康德學者，注重焦點也異。馬堡大學（University of Marburg，1927立校）及巴登大學（University of Baden）可爲代表。

(二) 馬堡學派（the Marburg School）以邏輯、知識論，及方法論爲主題

1. 柯亨（Hermann Cohen, 1842-1918），猶太裔德國哲學家，爲馬堡學派創始人，1865年在哈列大學（University of Halle）獲博士學位。1873-1912年在馬堡大學任教，以闡釋並發揮康德學派爲志，尤重文化意識之演進歷程。寫作雖涉及邏輯、倫理、美學，或宗教，卻對這些層面的歷史特加看重，且注視這些層面在時空上所代表的價值及意義。因之，比起康德學說更具體而較無形式化、抽象化，或理論化。

1902-1912年出版《哲學體系》（*System of Philosophy, System der Philosophie*）共三冊，首冊專門探討邏輯這種純粹性的思及知，先驗又數學的。第二冊鑽研由「純粹的意」（pure will）所建構的倫理學；倫理學是規範人類行爲的，因之是哲學的核心。人有己也有別人，個體及社會，個性及群性，由「國」展現出倫理意識的頂點，其中含有「正義及權力」（justice and right）之原則，但不許只爲特殊階級利益而服務。他的心目中，「民主社會主義」（democratic socialism）的社會最佳，最能夠使人發揮私德與公德。

第三冊直攻美學，用意如康德，「以美學來完成人的倫理道德」，支那名學者留學柏林大學的蔡元培（1847-1940）也是這麼說。康德的第一批判是「真」，第二批判是「善」，第三批判是「美」。這種系統性哲學，美學是不可或缺的。

2. 納托普（Paul Natorp, 1854-1924）與柯亨是大學同事，也深受柯亨的影響。本相及現象，存有（essence）及存在（existence），都不是靜態的，卻二者常處於動態中；是「過程」（process），而非定點（fixed point）。「觀念或理念」（idea）與「理想」（ideal）也是如此。1903年還出版《柏拉圖的理念論》（*Plato's Theory of Ideas, Platons Ideenlehre*）；形上與形下，相互牽手，變成親家；柏拉圖與康德，成為密友。

(三)巴登學派（the School of Baden）以價值哲學及文化理論為主

1. 文德班（Wilhelm Windelband, 1848-1915）是哲學史名家，先後在瑞士蘇黎士（Zürich）、德國弗萊堡（Freiburg）及斯特拉斯堡（Strasbourg）大學任教。1903年到海德堡（Heidelberg）大學擔任哲學教授，是巴登學派的要角。價值判斷（Value-judgment）是哲學探討的主軸，解釋康德的第一批判是第二及第三批判的預備，「真」是「善」及「美」之基。道德判斷是格言式的、規範式的、價值式的（axiomatical）而非敘述性的（descriptive）；前者的主要用語是「該」（ought），後者則是「是」（is）。倫理言善，是一種行為的「處方」（prescription），邏輯則是判斷真假的標準。只有經過邏輯斷定為「真」者，才可作為知識，作為思想；真、善、美三者，都是一種意識上的判斷。永恆、絕對、普世的價值觀念，並非存在於經驗世界中，卻在上帝那裡。因之形下必以形上為寄託處，停泊港；神聖（holy）意識遂生，單由共相之下的任一殊相所形成的判斷，不足以作為真、善、美的永恆價值，因那只是層面的。永恆價值是全面的。（巴登是其後德意志邦聯的主要成員，馬堡是黑森林地區。）

2. 李卡特（Heinrich Rickert, 1863-1936），接文德班的海德堡哲學講座席

位。1921年出版的《哲學體系》（*System of Philosophy, System der Philosophie*）
中，將價值區分爲六：一是邏輯價值（the values of logic），即「眞理價值」
（truth values）；二是美學（aesthetics），即美的價值（values of beauty）；三
是神祕性（mysticism），即非屬個人性的聖或神的價值（values of impersonal
sanctity or holiness）；四是倫理（ethics），即道德價值（moral values）；五是
性愛（erotics），即幸福價值（values of happiness）；六是宗教（religion），即
個人的聖潔價值（values of personal sanctity）。

　　這些價值，人只能認知之，而不能創生之；人也只能發現之，但不能發明
之。而人類歷史之發展，尤其在文化層面上，正可以「發現」出各種價值來。文
德班早說過，自然科學史呈顯出各物種的共相性，物種都有類、有屬、有種，且
一再地重覆，成爲「天則」（universal laws）。但人類史卻是獨特的、個別的。

　　自然科學（natural sciences）屬「法則性的」（nomothetic），有「法安置
的」（law-positing）

　　歷史學（science of history）則有「獨特的圖表」（idiographic）在其中。

　　李卡特同意一種說法，史家針對個別性及獨特性事件時，一定要涉及價值事
項，才會引發他的關注。換句話說，歷史該是文化的歷史；不同社會及不同民族
的價值觀，才是史家該取材的核心要項。

(四) 實證論的傾向（pragmatist tendency）

　　哲學若缺價值論，則此種哲學的人生意就大爲失色了。心理學走上實驗心
理學，也成爲應用心理學及科學心理學。明斯特柏格（Hugo Münsterberg, 1863-
1916）是李卡特之友，1908出版《價值哲學》（*Philosophy of Values, Philosophie
der Werte*），光看書名即了解該書之內容。先在德國大學任教，後是哈佛大學
（Harvard University）的實驗心理學教授。

　　1. 哲學必與人生有關，人生哲學才是最爲實用的哲學。此種「設定」
（postulate），也最具「絕對價值」（absolute value）。眞正的、最後的、絕對

的知識，誠如康德所言，是不可知的。但如能對人生具有實用價值，則該不可知的境界，如形上學、神學，或本相界等，不也有存在的價值嗎？因之，一種「實用的虛構化」（useful-fiction）說法遂出。以「擬似、仿佛、似如」（as-if），來爲其解謎脫困。把假設語句當肯定句，視「似」（as）爲「是」（is）。人爲了生活或生存，甘願接受一些無可奈何的虛構甚至謊言；在信仰上，虔敬地相信「仿佛」有一個上帝在；於倫理界中，也「仿佛」有種普世性的道德規約等。1911年曾在哈列大學教哲學的費英格（Haw Vaihinger, 1852-1933），於1911年出版《仿佛哲學》（*the Philosophy of As-If, Die Philosophie des Als-Ob*），再版多次。形上理論及宗教教義，嚴格來說，真假又有誰知？但因對人生而言，太具實用價值了；因之，那些真或假，只要有用，就有價值；邏輯亦然，完全站在實用主義者的立場予以闡釋（pragmatist interpretation）。「仿佛」的面越多，累積越久，就越逼近「真實」。微之又微，積之又積，「真相實情」也就浮出。

2. 狄爾泰（Wilhelm Dilthey, 1833-1911）的「生命」（Life, *Leben*）哲學觀，視哲學就是文化學。人文科學講究人，自然科學探討物；人是可變的，偶發性不可預料。雖然人的歷史發展有些共同軌跡可循，但不似自然科學那麼單純，卻複雜萬分。人與人，人與物，人與神之關係，這種學門，哪可與自然科學只針對物來研究，二者相提併論？物可孤立，是同質性的（homogeneous），人卻是異質性的（heterogeneous）。單純靠理性的邏輯推理，或數學運算，甚至生理學的探討，就可領會人或人的歷史，這是癡人說夢。

人或人的生命是有時空脈絡的，人有人的文化，歷史也有歷史文化，不許由自然科學所席捲，史家的功能展現於此。每一歷史階段展現的文化，外表與內裡都需兼顧。如羅馬的法、巴洛克（Barogue）的美術及建築等，都有其「精神」（spirit），但該精神必也是時代的產物。不必假藉什麼超越時空之上的形上學，以之作爲奠定該種文化的基座。現代人之能夠體會過去人的文化業績，先決條件是現代人從自己社會環境之親自經驗，將心比心；「現在人的人生」（*Erleben*）體驗，乃是了解「過去人的人生」（*Nacherleben*）之條件。古與今

是有連續性的（continuity），基本上也是一體性（unity）的，這叫做「歷史理性」（historical reason），也是一種範疇（category），但不是「先驗式」的（a priori），卻是領會生命發展過程或歷史所必須。「意義、價值、目的、發展，及理想」蘊含其中，但不是事先安排或早已預定的。歷史上的政治、法律、藝術、宗教等，都不盡然同，生命的意義也隨時更動，過去的條件支配未來的發展。

如此的生命觀，是「歷史的相對觀」（historical relativism）：一切的世界觀（world-views, *Weltanschauungen*）也只不過是局部性的世界觀，因各地文化都有差異。人是歷史上的人，人之了解自己，也只能從歷史上了解。此種了解，永無止境；不過此種純主觀性的了解方式，也會有如同自然科學之往客觀性的一天。相對性或主觀性，也不是絕對的。構成歷史的世界，總有「最原始的細胞」（original cell），那是每一個個體的親自遭遇。在自己的生活環境中，「已面臨過的活生生的體驗」（lived experience），若未有過「類似」或「仿佛」的現在經驗，怎能了解過去人的苦樂哀痛呢？

狄爾泰先後在數所大學，最後在柏林大學任教哲學。內心深深稱讚康德，且仿康德方式寫書，也以批判作為書名。但他批判的是「歷史理性」（historical reason），《歷史理性批判》（*Critique of Historical Reason, Kritik der historischen Vernunft*），將批判範圍擴充到心理學這種「心靈科學」（mental sciences, *Geistesmissenschaften*）上。「歷史理性」的範疇，即以理性來領會並闡釋歷史；康德的範疇是抽象的，狄爾泰的範疇是具體的，是人生的，是生命的，是「文化學」（cultural sciences）。文化的組成因素，人是主角。人是心物的合成體。生理學（physiology）屬於理科，是自然科學，但必探討人。實驗心理學（experimental psychology）亦然。以「文化學」稱之，或許較為允當；其中有美藝、繪畫、雕刻、音樂、戲劇等。人研究人，有時是把人置身其中，有時卻得置身於外，把人當作一個「物理上客體」（physical object）。文化學有時把人當主，但也不得不有時把人當客。

　　文化學就是歷史學。現在的人使古人的經驗、態度、價值觀，及理想，「復活」（reliving），這是文化學與自然科學最大的不同處。同時，文化學的主題是價值，自然科學是與價值絕緣的。從此一角度言之，同是柏林大學的教授里爾（Alois Riehl, 1844-1924）堅持，一切的「價值理論」（value-theory）都不屬哲學的範疇。哲學要形成一門科學，就該採取一種知識的批判態度，形同自然科學一般。他當然承認價值問題對人生的重要性，但價值領域不是一種「認知性的行動」（a cognitive act），而是落在「科學哲學」（scientific philosophy）範圍之外的地盤了。

　　在文化學上，由柏林大學抵美任耶魯大學教授的卡西雷（Ernst Cassirer, 1874-1945）因受馬堡學派的影響，因之對知識論特感興趣。他發現人之稟賦，是會運用符號，使人異於禽獸，而成為萬物之靈。語言文字本身也是一種符號（symbols），利用「符號系統」（symbolism）來打開祕密之門。

三、形上學的復活

　　康德哲學的浩瀚又博大精神，新康德主義者對之不一定都口徑一致；到了二十世紀，已非哲學的主幹。在排除形上學於知識論上，出現了一批反康德的支流，即現代的托瑪斯主義（modern Thomism），弔詭的是擷取康德的超驗法（transcendental method），重新建立一套系統形上學。形上學以「是」（is）為對象，形下學則針對「似、如、仿佛、設若」（as），堅信「似」多了，就可成為「是」。形上學雖備受形下學之「批判」，但卻也不動如山，且有重生再活的雄渾力道。

　　形下重歸納法（inductive），形上主演繹法（deductive）；二者相合，成為「歸納的形上學」（inductive metaphysics），肇其始者是實驗心理學家。

　　本節所述的兩股思潮，都漠視形上學。物論者（materialists）取自然科學態度；新康德主義者（Neo-Kantians）則依康德學說，認為人類知識的理論境界是

受限的；物本身，人之知無法抵達。除了這兩大主流之外，另有一批學者卻視形上理論是一種「假設」（hypothetical），由形下上臻形上的過程中，出現高下概率（probability）問題。

(一) 費希納（Gustav Theodor Fechner, 1801-1887）

知識學門要達到「嚴謹」之學（exact science）地步，數學及邏輯最夠資格，自然科學次之，人文及社會科學又次之。首先極力使傳統心理學由哲學或神學轉型為科學的學門，就是心理學。步上此道，捨「實驗」是別無途徑的。首開先河的學者是費希納，來比錫（Leipzig）大學物理學教授，是實驗心理學（experimental psychology）創始者之一。研究刺激（stimulus）及感覺（sensation）二者之間的關係，發現二者之間有「對數」（logarithm）關係，是可以「量化」的，可以算出概率。同時他對美學也進行心理研究，都有專書問世。

1. 費希納讀過謝林的書，因之他未步入物論（materialism）學者群，卻反而深信物論及無神論（atheism），不必然都該為嚴謹學門的學者所供奉，他認為二者該是不相交的，持「平行論者」（parallelist）的說法；具體地說，心靈現象（psychical phenomena）及生理或物理現象（physical phenomena），是兩條平行線，兩者之間的關係，「仿佛」是「本文」與「譯文」之關係；或「A譯文」與「B譯文」之間的關係，二者都「實」（reality），是「實」的兩種面相。因之，即令比動物階更下的花草，也有「心靈生活」（psychical life），植物也有靈性。1848年的著作（*Nanna, or the Soul-Life of Plants, Nanna, oder das Seelenleben der Pflanzen*），Nanna是挪威的花神。

實驗當然是形下的、歸納的，那是平行線中的一線，另一線即形上。費希納不只說植物有靈性，他把靈性擴大到星球以及一切的「物」上。「泛靈論」（panpsychism）建立在一種「比喻原則」（principle of analogy）上；「比」或「喻」，就是「仿佛」。當然，此種「假設」（如、若⋯）不許與早已公認的科學事實相抵觸。不只刺激及感覺之強弱度可以量化，二者之關係也可量化；甚至

美學，也朝量化前進，從而確定何種形狀及尺寸最能令人滿意欣喜。他本人因戴上有色眼鏡凝視太陽，以便了解凝視後的影像，卻因而導致畏光失明（1839-1840）。幸福（happiness）不只是感官上的樂而已，還兼及美、善，及眞，甚至是宗教上的情，也與上帝合一。

2. 生理與物理的兩相平行論（psychophysical parallelism），適用於宇宙萬有：年僅38歲的他，由於工作狂，身心疲憊不堪，乃辭去物理學教授職位；在忍受三年的身心鉅痛，也隔絕了友人後，卻奇跡式地恢復往常活跳跳的日子。此種神奇經驗，使他從「危機」（crisis）而大展生機，影響了他對來生、靈魂不朽，及上帝的看法。

處在物論音調高昂之際，他擬力挽狂瀾。早年以筆名Dr. Mises爲文，從此該筆名成爲他的代名。認爲「意識」（consciousness）永存大地，充斥於宇宙中。

心理學在哲學史上早先屬於哲學的領域，但十九世紀下半葉之後，心理學步上科學之途。標明爲「實驗心理學」；但標舉此名的費希納，卻也因特重「意識」，而有回返哲學尤其是形上學之跡象。

3. 意識在白天及晚上，各有不同的呈現。「白天觀點」（day-view）及「晚上觀點」（night-view）有差，白天意識有別於晚上意識。晚上意識「看」出（view）的天或大自然，是死寂的（dead）、靜默的（dumb）、無任何「目的性的意義」（teleological significanc）可言；相反的，「白天觀點」就「意識」到一種活生生的且生命力的諧和整體性（a living harmonious unity），那是由靈或魂（soul）所發出。其後的法國哲學家柏格森，頗中意於此說。宇宙之靈即上帝，呈現於物理界的是神意的外顯（the divine externality）。人之靈或魂，最終與宇宙之天或魂合一；因之，個人是不朽的。人的記憶之所以能夠保存，理由也在此。人的靈、心、精神能永存，這就是「不朽」（personal immortality）。

「萬有有靈論」（panpsychism）自古有之，不是他的私創。但一旦由於身體原因無法繼續在物理學甚至實驗心理學這種科學上致力時，他轉向哲學進軍；

且以宇宙詩人（poet of the universe）自居。其實，這也含有實用性。因為提倡幸福的人生觀，總比較有實用價值；且一個人活越久，幸福的「概率」也成比例地增加，尤其在人類文化有所進步的社會裡。難怪這種說法，使哈佛大學名心理學家詹姆斯（William James, 1842-1910）受益良多。

(二) 洛采（Rudolf Hermann Lotze, 1817-1881）

1. 在來比錫（Leipzig）大學專攻醫學及哲學，上過費希納的物理學課。1844年在哥丁根（Göttingen）大學擔任哲學教授，1881年接柏林大學哲學教職，不幸死於任內。出版有關醫學心理學（medical psychology，或physiology of the soul）方面的著作，興趣多方。自承由於對詩及美藝發生興趣，乃轉向哲學進軍。由於曾受過醫學的嚴謹科學訓練，也自然地對自然採取一種機械式的闡釋。

2. 在有生物及無生物二者有別上，生物科學家不需為有生物特別提出什麼活力論（vitalism）；其實，生命體之行為，與無生命體之無機性（inorganic）有關。骨骼之動作，含有力學原理，血液流動亦然。力學原理在宇宙一切，都是存在的；存在於有生命體，也運作在無生命體上。該原理存在於有生命體上，與作用在無生命體上，無高級低級之分。特別為有生命體標出「活力原則」（vital principles），是多此一舉。某些生命體表現出特別有活力，都可用機械原理予以解釋，二者都有因果關係，此種關係還是恆一不變的。不過，洛采也說，A之所以生B，乃因A與B都同屬一有機體，都是有機體中之一部分。萬有或宇宙既是上帝所造，都是一種神性的有機體；上帝無時無刻運作其間，並非撒手不管，或取椅而坐的歇息，其實上帝蠻忙碌的。

3. 價值哲學是他最為關注的，上帝最操心的也在此。康德及康德後續者把「先驗」（a priori）作為「心論」之基，尤其黑格爾，這現象並不為他所喜。他的機械論，倒受來布尼茲的單子論（monadology）所影響；但菲希特的道德觀，卻最為他所愛。上帝之創萬物，莫不以「價值」為依歸，那是旨趣，也是目

的，且是最終因。一切價值當中，道德價值位居第一；知識之有必要，即在於知「至善」（the Good），那是「最頂級的價值」（the highest value）。將價值這種「本相」，作「現象的解析」（phenomenalogical analysis），乃構成爲哲學不可分割的一部分。換句話說，「至善」就等於哲學的全部；也仿佛上帝的存在，最後都落在體驗此種道德事實，且欣悅其價值，銘謝又感恩。

4. 上帝之存在，歷來有不少論證。洛采認爲，能夠立即地興起道德上的堅定信念，把上帝當做最偉大、最美、最眞、最善，這就夠了。不必釐清到底是本於本體論證（ontological argument），或目的論證（teleological argument）。只要上帝都變成屬於「個人的存有」（personal Being），人人心中都有個很眞實的上帝在，就夠了。不少哲學家包括菲希特在內，認爲「個人性」（personality）是局限性的（finite），怎可與全面性或無止無盡性（infinite）的上帝，兩相結合或相提並論呢？洛采則以「無限性」能入於「有限性」，才是「無限性」的眞諦所在。上帝無所不在，也無時不在；因之，一定也在局限性中存有無限性。人人或多或少都有此種「經驗」，尤其是「價值的經驗」（the experience of value）。將宇宙作此種形上的闡釋，不必費力寄託於「先驗」上，就一清二楚的明知，機械式的因果中，必含有價值在其中。宇宙的運行，價值的目的性就極爲明顯。這並非說，採此觀者，就可因此任其飛翔於想像中，而不受邏輯推理的限制。但邏輯所建構的永恆原則或自明眞理，也只是一種「假設性的命題」（hypothetical propositions），本身也是有條件限制的。洛采對宇宙萬有採取此種系統的闡釋，本身就不可避免地也成爲一種「假設性命題」了。

此種價值哲學論，影響後人甚大。英國的瓦德（James Ward, 1843-1925），美國的羅伊斯（Josiah Royce, 1855-1916），及德國的施通普夫（Carl Stumpf, 1948-1936）及布倫塔諾（Franz Brentano, 1838-1917）都受波及。

(三)溫德（Wilhelm Wundt, 1832-1920）

1. 由醫學研究轉入哲學探討，這是十九世紀後半部德國學術界的普遍現

象。溫德的角色，舉足輕重。醫學難免與生理學（physiology）及心理學（psychology）有關。先在海德堡後轉蘇黎世及來比錫大學任教，建立實驗心理學實驗室，一舉成名；把心理學建立在科學上。大學的心理學系屬於理學院，從此定調。一生著作等身，除了本業之外，還包括邏輯、倫理學、形上學，更有意將知識下放，出版《百姓或國民心理學》（*Psychology of Peoples, Völkerpsychologie*），共兩冊，擴增版於1911-20年問世。

2. 內省心理學（introspective psychology）及內省法（introspective method），才是調查個人的心理現象最妥切之道，且以之與社會群體心理學作區分。內省是一種過程，不是固定不變的，且個別差異性頗大。A的內省，必異於B的內省。A此時的內省，必不必然同於別時。心理學家有必要學自然科學，後者建立物的原則，前者就該發展出一套心的原則。物的原則有因果，心的原則也如此。物的因果原則，「認知」因素（cognitive element）多；心的因果原則，「情意因素」（volitional elements）較濃；當然，其中也有「理」的因素，但比重較輕。這麼說，科學心理學、實驗心理學，或內省心理學，該譯為心「意」學或心「情」學，而非心「理」學了。

3. 個人的心靈生活一轉入社會，則語言、神話，及傳統（language, myth, custom）就出現在其中，且存在時間較長，構成為「國民心理學」的內容。國民性或民族性格乃生；由此更進一步予以普遍化，擴大到「人性」（humanity）本身，而不涉及地方局部性，成為共同的人權觀念（common human rights）。

他認為哲學建立在心理學及自然科學上，把二者予以統合時，形上學是必要的。統合後，價值必含其中，否則就失去「價值」。只有倫理學才能使人成為人。人的精神或心靈，在這方面大顯神通，宗教意識伴隨而至，也常相左右。形上學復活在溫德上，也是必然的結局。

(四)生機活力論

1. 德里舒（Hans Driesch, 1867-1941），海德堡、來比錫、科倫（Co-

logne）大學生物學及動物學教授，反對洛采之說。洛采認爲生物學家沒有理由提出一種生物活力論（vital force），來特別爲有機生命體作爲形上學依據。有機體可以取機械法則予以闡釋，德里舒不以爲然；且一再地說，生物學必以「最終性」（finality）作爲基本範疇；最終性就是目的性，是有意義的，有精神及心靈性的，也是亞里斯多德所說的潛能實現的生機活力（entelechy）。最大也最高的生物活力，就是上帝。純以機械法則來闡釋大自然，這是不足的。活力論及機械論，二者之取捨，確令學術界處於進退維谷的困境中，好比船隻開到義大利兩大海怪（Scylla及Charybdis）出沒的峽灣中一般。

2. 倭鏗（Rudolf Christoph Eucken, 1846-1926），學生時代於哥丁根及柏林，就有志於探討哲學，而非先研究科學後轉往哲學者。1874年擔任耶拿大學哲學教授，認爲哲學若採取純理論觀點來闡釋世界，他是不予同情的。哲學該是人生哲學，如同斯多噶（Stoics）一般，是一種生命的智慧之學，也是表達生命之學。人生觀才是哲學的主調，其他都是配樂。哲學的支離破碎，或純屬個人性而未能整合成一體，他深爲不滿。哲學不是純主觀的，也不是完全個人性的，卻該表達普遍性，把個別的特殊先拯救出來。他稱呼此種生活或生命，是「精神生活或生命」（Spiritual Life, *das Geistesleben*）。1908年榮獲諾貝爾文學獎。

哲學重點該擺在實際的人類經驗上。人是自然與精神的合一體，從純自然或機械的觀點來看人生，則人只不過是爲了存在而奮鬥的工具及手段，但「精神生活」則不然，精神生活是操之在己的，也是主動的。從而發展出科學、美藝、宗教、道德、法律；其中的法則，都是人創的。人在宇宙及自然中是主角，而「絕對的精神生活」（absolute Spiritual Life）就與上帝同在了。

生命哲學或精神哲學是「行動派」（activism）的，不是黑格爾的純粹存在於概念界。難怪實用主義（pragmatism）與之相親。但二者卻又有區別，不許流爲自私、工具性、支離破碎性，才是他對實用主義稍有批判之處。

(五)歷史哲學的重視

黑格爾的歷史哲學，引發學術界對哲學史的研究。除了取辯證式的發展史觀，步黑格爾路子之外，另有學者對古代及中世紀哲學大感興趣，注意焦點集中在亞里斯多德及托瑪斯身上。

1. 特倫德倫堡（Adolf Trendelenburg, 1802-1872）是柏林大學哲學教授，他依亞里斯多德哲學來批判康德及黑格爾。他較重視現實世界問題，取政治及歷史背景，跳脫純哲學系統的束縛，注意人在現實世界中如何把潛能性發展為實現性。由於他把矛頭特指向黑格爾，使黑格爾在十九世紀中葉聲望大損。上課要求學生集中火力，鑽研希臘哲學所建構的永恆哲學；也提醒後輩，更該取現代的科學觀念來重新闡釋古代哲學。但亞里斯多德發展出來的「終結論」（finality），是搖撼不得的。

2. 維爾曼（Otto Willmann, 1839-1920）導引時溯進入托瑪斯學說的復活，他是特倫德倫堡門徒，配合十九世紀天主教會之大力鼓吹，兩人皆視托瑪斯哲學是新舊哲學的大爐灶（the melting-pot）。教宗李奧十三世（Leo XIII，1810-1903，1878-1903為教宗）也不時發出聖諭，要求信徒維護神學及早期哲學。托瑪斯主義（Thomism）成為天主教世界各大學的熱門又新鮮的學說，而非只具歷史興趣，更可作為一帖現代人苦悶生活的解毒劑。

第五章

尼采（Nietzsche, 1844-1900）及現象學

　　十九世紀結束之年，恰好也是德國哲學界一顆大星殞落之年。他的影響力，卻大力發揮在二十世紀。好酒沉甕底，許多人也痛飲之而陶醉在其中。他的思想，與上述諸章所述的德國哲學不同，尼采另開蹊徑，爲哲學地盤墾疆闢地，且開的花朵，色彩鮮豔；結的果實，豐碩無比。

第一節　尼采的生平及思想大要

一、生平及著作要點

(一)生平

1. 尼采（Friedrich Wilhelm Nietzsche）生於1844年10月15日，卒於1900年8月25日，是普魯士人。父是路德派牧師，尼采在孩童之年（5歲）就失怙；從此，全家人除他之外都是女性，這也使他的性格大受影響。10歲就讀於附近的古文學校（Gymnasium）及寄宿學校，共10年，讓他心儀於古希臘的天才，最爲仰慕的是哲學家柏拉圖及戲劇家埃斯庫羅斯（Aeschylus, 525-456B.C.）。還著手寫詩賦詞，且對音樂大爲喜愛。

2. 1864年年屆20，就讀於波昂大學（University of Bonn），友人裡有其後專攻東方學的哲學家；隔年轉赴來比錫，同窗中亦有日後成爲大學教授者。這段期間，他放棄信基督教，大量拜讀叔本華的作品；無神論的主張對他甚具吸引力，他早就在此領域爲文發表己見。當瑞士巴塞爾（Basel）大學缺人而向尼采老師求援時，老師毫不遲疑且無條件地力薦他的得意門生；因之，尼采在未獲正式博士學位之前，就成爲大學教授。來比錫大學更決定不必經過考試就授予學位。1869年，他就職教授的演講題目是《荷馬及古典語言學》（*Homer and Classical Philology*）。

3. 普法戰爭（Franco-Prussian War）時（1870）他成爲德國軍人，參加救護團，因病退伍，康復後在巴塞爾大學繼續執教生涯。最讓他慰藉的是，他在巴塞爾有機會拜訪盧塞恩湖（Lake of Lucerne）村莊別墅（villa）的戲劇大師瓦格納（Wilhelm Richard Wagner, 1813-1883）。該湖在瑞士中部，陡峭的石灰岩與湖光山色，相互輝映，風景如畫。早在學生時代就熱愛瓦格納的音樂，但兩人友誼卻對他的寫作產生不幸的影響，兩人友誼也生變。

(二) 著作要點

1. 1872年，年只28歲，發表《悲劇之生，音樂精神而生的悲劇》（*The Birth of Tragedy from the Spirit of Music, Die Geburt der Tragödie aus dem Geiste der Musik*）。首先他把希臘文化分為前後兩期，以蘇格拉底作分界線；蘇格拉底之前的希臘文化，優於蘇格拉底之後的希臘文化；評論當時的德國文化，十分相似於蘇格拉底之後的希臘文化。拯救之道無他，只有貫穿瓦格納精神即可。此觀點，聽在戲劇大師耳中，當然欣喜無比。不過，許多語言學者對尼采此種論點，尤其是悲劇起源的說法，反應卻極為不同；尤其是自1897年擔任柏林大學教授，精於韻律學並研究希臘悲劇者（名為Wilamowitz-Mollendorf, 1848-1931），馬上予以力斥。雖也有密友力挺，卻也從此在古典學界中聲望稍跌。還好，尼采的優勢，不在該領域顯威；作為巴塞爾大學語言學教授之地位，比不上他作為哲學家、道德學家，及心理學家上的光環。

悲劇的誕生，是因為希臘人喜好韻律及和諧，這是理性的產物。理性駕馭非理性的激情，才產生文學及藝術；悲劇起於二者之間的融合。從希臘悲劇中，他看出，主角都能勇敢的面對生活中的恐懼。

2. 1873-1876三年間，他出版了由四論文集結的書，英譯本是*Thoughts out of Season*，漢譯為《不合時宜的思想》（*Unzeitgemässe Betrachtungen*）。首文大力抨擊斯特勞斯（David Friedrich Strauss, 1808-1874）這位基督教哲學家為德國文化之市儈性代言；次文力駁史學研究不該偶像化過去的史實，卻該把它當作一種活生生的文化；第三文則歌頌叔本華是教育家卻是不見容於大學的哲學教授；最後一文，描述瓦格納乃是催促德國天才的誕生者。但最後一文，書名《瓦格納在白萊特》（*Richard Wagner in Bayreuth*）時，兩人感情已不睦。尼采認為瓦格納視他為鼓動「瓦格納風潮」（Wagerism）的工具，實情也是如此。不過，他不認為那是真正的瓦格納自己。白萊特是瓦格納為上演自己的戲劇而建造的，結構奇特。1876年第一次公演的音樂劇，就是瓦格納的名劇《尼白龍根的指環》（*Der Ring des Nibelungen*）。白萊特是歷史古城，1194年首先有史載；

1872年，瓦格納在此定居而聞名於世。1882年7月26日瓦格納發表《帕西發爾》（*Parsifal*）三幕歌劇，對尼采而言，那是壓垮兩人交情的最後一根稻草。

3. 此種決裂，也說明了尼采一生成長過程中的一階段。他認為文化發展的過程，第一階段該是「情」的發洩，貶低理性主義的代表人物蘇格拉底。第一階段讓天才耀武揚威，出現了舉世無比的美藝家、詩人，及音樂家。第二階段，尼采認為，理性發展出來的科學位居首席，詩詞居次，對一切習以為常的信仰提出質疑，因之又把蘇格拉底捧上天。法國大革命時期的理性學者，他也奉之為英雄。

第二階段時的代表作是1878-1879年出版的《太有人性的人》（*Human, all-Human, Menschliches, Allzumenschliches*）。取實證立場，以此紀念伏爾泰辭世一百年。攻擊形上學之試圖將人類經驗及知識，都充作形上解釋，也供形上的超級架構奠基。舉道德的善惡分辨為例，好壞的本源，皆植根於形下的行為後效上。凡舉動有利於社會或他人的，即為善行；反之即為惡德。其次，形上的良心，只不過是代表權威之聲，不是來自於上帝，而是家長及教師才是發號施令者。「良心」此種「形上」，都可化作形下予以闡釋。

由於健康不良，且也有不如意事發生，頓生厭世感。1879年辭去巴塞爾的教職，其後十年到處遊蕩，在義大利及瑞士各處找身體復元場所，偶也到德國。

4. 1881年，永世輪迴觀念纏繞他心；凡從前發生過的事，必會像圓圈似的去而又返。此種沮喪觀點本不新鮮，卻給尼采一股靈感的省思。內心醞釀此酵母多時，終於借波斯先賢瑣羅亞斯德（Zarathustra，古代伊朗宗教家Zoroaster）之口呈現出來。《瑣羅亞斯德如是說》（*Thus Spake Zarathustra, Also sprach Zara-thustra*）一書問世，是尼采的名作。該先知在紀元前六世紀創立祆教，亦稱拜火教，主張善惡二元的輪迴，永世不絕。在黑暗與邪惡，光明與善，兩相對立且進行無休止的爭戰時，尼采闡釋出新義，超人（Superman）出，且「重新估定一切價值」（the transvaluation of values）。由於該書以詩及預言方式為之，幻覺想像成分極高，超人要《越過善惡之外》《*Beyond Good and Evil, Jenseits von*

Gut und Böse》，成書於1886年。隔年（1887年）又出版《道德譜系》（*A Ge-nealogy of Morals, Zur Genealogie der Moral*）；兩書都大受讀者的欣然閱讀，唯《瑣羅亞斯德如是說》一書，未引起任何反應，售書量奇差。丹麥文評家布蘭代斯（Georg Brandes, 1842-1927）在哥本哈根（Copenhagen）舉辦演講，介紹尼采哲學思想，邏輯實證論（Logical Positivism）始祖卡納普（Rudolf Carnap, 1891-1970）則評論尼采以詩作爲形上學的爲文工具，卻不知形上學家是搞錯行的詩人。

5. 「權力意志」（the will to power）成爲對大自然（Nature）的「新闡釋」（a new interpretation）。

叔本華哲學，以「生命意志」（will to life）爲核心，尼采仿之；卻力主「權力意志」，時而用「重新估定一切價值」作爲書名。同時，十足不客氣地猛攻瓦格納，尤其在他精神崩潰之後，心神不穩極爲嚴重時爲然。1889年年初，由於昏倒導致精神失常，一蹶不振。妹妹整理他的文稿，1901年於尼采去世後，出版尼采精彩的筆記。

尼采身體健康不佳，長年失眠，寡歡、孤單、寂寞，不時啃食其心靈。極有可能上大學時染上了梅毒而傷了大腦，雖其妹否認此事。去世前與妹同住。尼采在世之日雖已名滿天下，但他自己並不知悉。

二、金蟬脫殼，蛇去皮，人擺姿

(一)尼采的一生哲學思想，經歷數個過程

1. 回顧自己，似乎一生中戴過數個面具，前後不同；如同動物的蟬及蛇一般，脫殼去皮後，煥然一新。人則「擺姿作態」（eccentric pose），今昔判若兩人。什麼是人的第一性及第二性？確實撲朔迷離。自由精神、批判的、理性的、懷疑的、不守常規的，他歸爲第二期也是第二人性。透過此第二性，歷經滄桑後，返抵第一性，也是人性的眞正面目。永恆的輪迴，是一種力道的考驗。尼采

對生命持肯定的「是」，而非叔本華的「非」；果眞如此，必須內存一種想法，即整個人生無時無刻都得面對難以勝數的苦難，臨死前的折磨，及他人的羞辱；處此困厄境狀下，不只持著斯多噶派所主張的「斷念」（resignation），忍受之，順從之，甚之還認爲吃苦就是吃補，欣然接受之。那是一種「內在的力道」（inner strength）。尼采自身對生命「說是」（yes-saying），得勝了。

2. 在一天好日子時，他自己並未說：「我該擺出一種面貌，如實證論者（a positivist）及一位酷冷批判者兼科學觀察者（a coolly critical and scientific observer）一般。以爲如此，有助於我的心理健康。」

何時除卸面具，以示眞誠？希臘德爾菲神諭的第一句「知你自己」，又何其容易？本尊難棄，分身只「仿佛」，蓋棺也難以論定。即令可論定，則蓋棺多久，認定才是眞我？尼采死後所出版的著作《權力意志》一書之表述，或許才是他的眞正哲學思想。

永恆的輪迴，代表他的第三期思想。在這一期中，眞理是相對的、實用性的、群性的，而非個人性的，「超人」屬之。因爲價值要一再地全面重新評估，那是潛能性發揮到極致的表現，即「權力感的強化」（the intensification of the feeling of power）。尼采比起黑格爾或斯賓諾沙，哲學思想較不成體系，但他是預言家，是謎樣人物，爆炸力非同小可，形同「火藥」（dynamite），熱情洋溢地以價值重估爲基調。在哲學史上的影響力，也莫此爲甚。

(二) 積極的人生觀

1. 在來比錫大學當學生時，即深受悲劇者（pessimist）叔本華的大作《世界如意又如心》（*World as Will and Idea*）一書的影響，但從不認爲要當叔本華的門徒。在《悲劇之生》（*The Birth of Tragedy*）一書中，確實仿叔本華方式，把生命描繪成恐怖的悲劇，只有通過美藝才能轉化，美藝是天才創造性才華的成就。但他的生命觀不似叔本華之負面性，卻是正面、肯定、積極、陽光的，且以自己的《悲劇之生》作爲「正」（thesis），叔本華之悲觀作爲「反」（antith-

esis）。

2. 在《悲劇之生》一書中，尼采認爲希臘人極爲了解，生命是恐怖的，難以說明的，危險的。這是世界的眞實面，也是人生的具體面。但希臘人並不因之向悲觀屈膝投降而不敢面對現實，卻經由美藝的創作予以轉化，以「是」來回答大自然，體現出世界具有美的一面。不過，在心態上卻各自採戴阿尼修酒神（Dionysius）及阿波羅太陽神（Apollo）兩途。

尼采認爲酒神是代表生活本身的一種象徵，可以衝破一切的障礙，不理所有的阻礙。祭拜酒神的儀式中，如醉似癡的信衆，都生龍活虎起來了。將遮臉的薄紗置於一旁，不利於個己性的網羅拆除了。男男女女群相浸於生命洪流裡，展現出「最原始也最基本的一體性」（Primordial Unity），這是叔本華的用語。至於阿波羅則代表了光，是衡量的尺度，也象徵著限制。

不採叔本華的形上理論路，改步上心理學之途。希臘人在「適度」（moderation）即德爾菲第二神諭「勿過分」（nothing too much）之下，藏有美、形、藝。尼采看出，由本能及衝動而生的一股既黑暗、漲大，又無形狀的激流，正要把一切沖走。

3. 若取生命本身是一令人驚懼、恐怖、悲劇之流程，對一切皆言「不」，只有經由美藝的轉換才能避免，則有兩條路要走。一是製作一種美的面紗，繪畫出一幅美的世界；這是阿波羅的路，表達在奧林匹克神話（Olympic mythology）、史詩（epic）、造型藝術（plastic arts）如雕刻中。另條路則是對黑暗及恐怖不只不退縮，且積極向前予以擁抱，肯定其存在，這才是擊敗及求勝之良方，這就是酒神的態度。典型的藝術表現於此的，就是悲劇及音樂；悲劇實實在在地把「存在」（existence）轉變爲一種美的現象（aesthetic phenomenon）；悲劇的存在，就讓它存在，不必套上臉紗或面具，視之爲美，且肯定之。

尼采所說的《悲劇之生》，不必然爲古典學界所認同。不過，關鍵之點是尼采認爲希臘文化的超級成就，在未爲蘇格拉底的理性主義所染汙之前，乃是酒神與理神（即太陽神）二者相融合的結果。尼采且認爲埃斯庫羅斯將二者融合得最

恰到好處，是超級美藝的展現，這也該是評價文化高下的指標。真正的文化有兩股力道，一是生命活力（the forces of life），即酒神；一是形式及美的喜愛，那就是太陽神的因素了。

(三) 對當時德國文化的酷評

1. 將「存在」視為一種美的現象，即取美的角度來審視文化表現，則最具創造力的天才，必然是最高度文化的產物。希臘文化中美的因素最多。因之，希臘出現了超級的天才。文化存在的主旨，就是要使天才出世；未有天才出，則文化層次必低。1871年他寫了一本《希臘邦》（*The Greek State, Der griechische Staat*），眾生之發憤勤勞，為生活打拼，其意圖就在於紮根社會的底層結構，以便天才出，使之穩居於上層，如此才能彌補眾生之平庸與缺陷。

2. 尼采提出一問：生命或生活，知識或科學，二者誰當家？「二者誰居高位，也具決定、掌控，及主宰力？」無人懷疑，生命或生活才是答案。十九世紀的德國文化，卻是知識或科學掛帥，正暴露在有一股活力將予以報復的危境中。該活力爆炸開來，新的野蠻風即生，暗藏於現代生活的表面下。尼采所看到的活力（vital forces），是「狂暴的、原始性的、絕對無情的，只要內心中稍帶一種擔心的預期一瞧，如同一個巫婆廚房裡的大鍋…一個世紀以來，我們早要準備天搖地動的翻轉。」

3. 十九世紀的歐洲世界，德國於1871年聯合諸邦而成立德意志這個國家，一方面志得意滿，一方面安於現狀；民主政治及社會主義大行其道，中道當家，不利於天才。異稟遭忌，卻講究一致性、統一性、中才性，不知人的潛力發展還未抵極點。隱藏的破壞力，將為人類更高級的品種鋪好路，傑出的個體終將來臨。

人的潛能、彈性，及可能性都大，未來無法由目前所定，現實也限制不了理想。黑格爾的to be is to be right，他是反對的。to be是現實，to be right是理想，二者如何等同呢？將目前的狀態，予以美化、神聖化、經典化（canonication），尼采頗不以爲然。他寄望哲學家（不一定指大學的哲學教授），該心存遠大的抱負，擁崇高的理想，重新估定一切現有及過去的價值，要有「見」（vision）。基督教在這方面原先帶有淨化人類心靈之功，也提升文化水平；但他目睹的歐洲當時狀況，尤其德國社會，基督教已沉淪爲政治工具，是國家的一部「水車」（mill-wheels），原先的動力已竭（a spent force）。在返顧他的《悲劇之生》一書時，發現該書一字不提基督教，對之還帶「敵意的沉默」（a hostile silence）。該書以美爲基調，尼采認爲卻是基督教所排斥的。千山我獨行，萬里我獨步，不必相送；只要自我超越，哪怕「危險」？一旦發現改變可成眞，則哲學家就得鼓起「大無畏的勇氣，承受改變世界的重擔」；且作爲評定生命價值的判官，重生一切價值的創造主；他本人或瑣羅亞斯德，就是這種哲學家。「超人」的想法，呼之欲出。

三、超人（superman）

(一)超人，眞善美的合一體

1. 尼采早期作品，隱約透露出，價值要重新估定，追求一種普世性及絕對性的道德。其中，美的成分尤重；因之，突變而非漸變。

悲劇的主角，心中必懷有神聖又崇高的價值觀；在眞、善、美上，以美爲主調。試看日本武士在切腹時，必考慮以何種姿態及神色，最能彰顯「美」。康德的三大批判，也以「美」作爲完結篇。迴腸盪氣，令人永恆陷入遐思又懷念不已的悲劇，是少數天才的傑作。芸芸眾生中難找出類拔萃者，野花叢裡奇葩罕見。因此，進化論觀點不足以解釋超人或悲劇之生。超人是人的變種，這種變，不是漸變，而是突變，也是奇變。

2. 強調個別差異的重要性及存在性：精英才是寶，庸才不是料。1878-1879年出版格言集，以實用立場，爲人說話。書名爲《人，太有人性的人》。人的經驗，是不必倚仗形上學予以闡釋的知識，卻可循物論立場；道德上的善惡，因有

利於個人及社會；動物之所以演化成為人，乃因不滿現狀，對當前或過去的滿足已感不足，對生存也有不安感。人之離開獨居而覓求群住，也是基於此原因，或逼得不放棄私利或己益，而就公德或群趣；傳統及習俗之規範及品德要求，也就隨著而來；服從變成第二人性，良心也一併出現；樂趣也跟著生，獨樂不如眾樂。道德箴言及戒律，更成為行為的內潛動機或意向，這也是品德操守的精緻化。柏格森評尼采此時口吻，是一種封閉式的道德，開展不出來，蛹還未出繭。但需知，尼采早就有善惡二元論的說法，好壞一直在鬥，是永不止歇的。

3. 1886年《越過善惡之外》，立即由法國實證主義的代表人物泰納（Hippolyte Taine, 1828-1893）來信致意。「主人德」（master-morality）及「奴僕德」（slave-morality）之名詞現身；但這二德並非「非此即彼，非彼即此」，卻是「二者得兼」，是混在一起的。即令同一個人，也幾乎同時皆表現出兩德，不過，二德的特質有必要釐清。

在主人德或「貴族德」（aristocratic morality）裡，「好」（good）及「壞」（bad），等於「尊貴」（noble）及「卑賤」（despicable）。此種綽號，隨著人一生，且與之常相左右，卻不注意該人的實際行為。換句話說，凡是「好人」，一定是高貴的，壞人必屬卑賤下流；狗嘴長不出象牙。強者，力大者，擁有權者，展現出「主人德」；反之，弱者及無力者，則「奴僕德」附體。

4. 在「奴僕德」的社會裡，凡表現出仁慈、同情，及謙卑，就大受肯定；而具有個性、獨立性、逞強好鬥者，則被目為危險人物，歸類為「壞蛋」，是害群之馬。依奴僕德為風的標準而言，凡現出「主人德」行徑者，都被眾人視為眼中釘，必欲去之而後快，是「人民的公敵」。因之，從眾是美德，鶴立雞群屬敗類，芳花貶為莠草。主人德是大蟲如虎發威，奴僕德似小狗；虎落平陽必被犬欺。因之，奴僕德屬「小蟲德」（herd-morality），弱小者才成群結隊，如蟻群或蜂伍，聚眾才能取暖。主人德者是力大無窮的，如老虎或猛獅，都是獨行隅隅，形單影隻。

5. 1887年的《道德譜系》，更系統化且精緻化上述說法，令丹麥學者一新

耳目，此事前已述及。由「憤慨觀念」（the concept of resentiment）而生的道德，心理因素居多。主人德者，是養尊處優的，含金湯匙出生的，有貴父豪母爲仗，物質生活不但無憂無愁，且奢侈；如又加上自己之體力及智力超乎常人，則在價值觀上自創品牌。相反的，溫順弱小，手無縛雞之力者，擔心前者之侵犯，爲了要馴化且抑住強者，就提出絕對的小蟲價值觀使前者就範。

奴僕們在道德上的革命，開始時是滿懷憤慨之心，其後也由此心創出價值，誕生出價值。

由羊群而生的小蟲價值觀，如同羊群的奴僕們先是不承認此事；但心中有鬼。心理學家尤其是潛意識的解析心理學家，洩密掀底極容易把他們的行爲運作模式之「叢結」（complex），現在陽光之下。

一部道德史就是上述兩德的矛盾及抗爭史。其實，二者若能各安其位，各取所需，各盡其能，則可互存共生，不必爭到你死我活地步。若有一方使盡全力，且抱主奴不兩立，好壞不共存，尊卑不同在，而要把一方定於一，則就大事不妙了。依尼采的史觀，他擔心此事已存在甚久，至少在西方的基督教世界，就是如此。他並非把基督教的道德觀踐踏在地，視之爲一無是處；不！他倒認爲基督教使人更有人性，人更像是人。但他同時也「看」（vision）出，奴僕德正在囂張跋扈，揚眉吐氣；由奴僕所散發出來的憤慨情，像瘋狗浪、龍捲風、海嘯一般地披靡於西歐的基督教地區。行民主及社會主義政策的國度，還由奴僕所吞噬；可嘆的是眾人竟然還在昏睡；更令他震驚的是連哲學家（philosopher）都變成蠢學家（foolosopher）。他要作個使德國康德從昏睡中醒覺的英國休姆，或如同蘇格拉底自允的牛虻（godfly），或電魚（electric fish）角色。尼采的處境，真的是孤獨又危險。

(二) 個性優於群性

1. 統一型、絕對型、永世型等概念，他一概敬謝不敏；甚至，他還認爲自謙並非美德。求同，不如尋異；只有異、變、易、改，文明才能往前進。同則

靜、止、盡、閉了。前者才是精英秀異，向上攀升；後者則魯鈍愚呆，向下沉淪墮落。主人德是尊貴的，他們不滿既成事實，勇於踏步向前衝，往上登。奴僕德則永恆保持奴僕身分，安之若素，習以爲常。

2. 超出善惡之外，別闢戰場；代之而起的是主人德及奴僕德兩種身分，介於這二者之間，高下是有等級位階的。最高的位階者，就是「超人」（superman）；不安居「中」，「中」者是「庸」者，也是「劣」者（mediocrity）。知足的樂，不足取，也不能「常」樂。人往高處爬，水向低下流。傳統價值都該重新估定，此話並非說，要把傳統價值都棄之不顧，但須重新予以檢驗一番；凡經得起審視者保留，否則就丟之如敝屣了。難道殘渣仍有堆積珍惜價值嗎？

憤慨（resentment），就心理分析而言，是一種嫉妒的情緒，恨自己沒別人的好，厭他人表現優異，因之想辦法把往前者勒住，向上者拉回。基督教道德之強調救濟、慈悲、關懷，這是傳統的美德，但可以無條件地施捨嗎？「愛之適足以害之」，危機就是轉機或契機啊！爲何不留機會給受苦受難者使出渾身力道，激發潛能呢？機會剝奪，不是一種敗德之行嗎？

一個人處在自我超越（transcend himself or herself）時，最爲他人所欽佩及讚美。自甘墮落，是安於現狀的必然結局。因爲人都有貪逸惡勞的習性，原地踏步，不只寸步難行，且大部分都往後倒退，如逆水行舟般。大丈夫敢做敢當，這正是主人德的具體說明。超人就是大丈夫，既敢做又敢當，則何必又搬出什麼好、壞或善、惡等舊名辭呢？超越二者之外的人，就是超人。

3. 可惜！尼采拋出「超人」之後，對於超人的「新價值」之敘述，並不令人一新耳目。不少他所認定的新價值，幾乎都有舊價值的嫌疑。即令是他所提的「新德」（new virtues），是「重新估價過的」（transvalued），但也與舊德（old virtues）沒什麼兩樣，只是比較細緻的取各種理由、動機、態度等重新評價一番。他指控基督教之貶身重心，把行動、本能、熱情、心智所拘束的自由運作、美的價值等，幾乎看得價值奇低；但他也深知，一個人的性格或品德，絕不許縱容無度的任情任欲去發洩。具有理、情、意、欲等「統整力」（integra-

tion）者，才屬眞正有「力」（strength）者，不是一味地把欲、情、意等，都「窒」（extirpation）或「禁」（mortification），才是德。大倡絕欲、窒欲、禁欲者，是心存逃避者，以爲不要面對就沒事。人之所以有懼怕心，乃因人有脆弱性；正面迎向，才是勇者的表現。平情而論，尼采對基督教道德或許犯一面之辭的蔽，但願人提升自己成爲超人，就不必再有上帝了。他以「新」爲貴，以「奇」爲高；就「理想面」而言，這是可以了解的。但新與奇，必也是「理想」，這是值得存疑的。德國納粹（Nazis）的希特勒及美國羅斯福總統有不少措施是「新政」（New Deal），但好壞褒貶不一。

四、宗教觀

(一)排斥基督教

1. 1881年出版《黎明日》（*The Dawn of Day, Morgonröte*），抵制「自我排斥」（Self-renunciation）這種道德教條。1882年又寫了《快活的智慧》（*Joyful Wisdom, Die fröhliche Wissenschaft*），書中提到，由於基督教排斥此生，因之他公然向世人宣布「上帝死了」（God is dead），這是一種帶給世人自由精神幅度極高又極大的「喜」訊。大膽至此的褻瀆神明，他的宣布，史上前無古人，後也可能無來者；不只友人瞠目結舌，整個德國同胞更對他側眼看待。讓他最「快活」的是：

> 最近最大的事件是，「上帝死了」；信基督徒心中的上帝，已不值得信了。此事開始投射出一道影子於全歐上……最後，整個地平線自由自在地呈現於吾人面前，即令吾人坦誠地說，還不怎麼明亮，但最少，海，「我們的」海，已在我們面前呈現，或許海從未如此開得這麼大。

信仰上帝之心既沉，則人的創造能源就源源不絕而來。基督教的上帝，命令

及誡規已不再出現於路上，人的眼睛也不必轉向一種不實又超自然界的領域，或一種來世而非今世的地盤。

隨著年歲之增加，尼采對上帝之厭惡今生觀念，有增無減。更在另一書《偶像的黃昏》（*The Twilight of the Idols, Die Götzendämmerung*, 1888）說道：

> 「上帝」的觀念，迄今是不利於存在的最大「反對者」（The Concept *God* was up to now the greatest *objection* against existence）。

同年，尼采已陷入心神極度不穩狀態，卻在自傳式的著作《反基督教》（*The Antichrist*）及《你們來看這個人》（*Ecce Homo*），竟然還大倡「自我肯定」（self-assurtion），或許從中可謀取一種平衡吧！為了活，向上帝宣戰。天或自然，以及意志，都是要活；反擊且中傷今生以及一切彼岸所使用的慣用語，就是上帝。羅馬巡撫向猶太人說：「你們來看這個人！」「這個人」就是基督。受羅馬士兵鞭打戲弄，穿紫袍，頭戴荊冠，扮成王，卻予以侮之辱之。

2. 尼采也了解，宗教的某些層面也表達出活的意願，或權力意志。不過，尼采對基督教的基本態度，卻認為信上帝，尤其是基督教的上帝，對今生是有敵意的，不利於今生。若基督教還願使信徒有權力意志，則該意志對人而言，格調甚低。

3. 無神論（atheism）：既宣布上帝已死，尤其是基督教的上帝，則在有神論（theism）特別是基督教的有神論上，與無神論之間，他就用一種本能性的或口味式的作一選擇。他知悉許多偉人都是信徒，但至少在現時，上帝的存在，他已不視之為理所當然，則力道、人智之自由、獨立性，及慮及人的未來，實有必要挑無神論說法。信，表示人性的脆弱、膽小、墮落，還對生活說「不」。「上帝」觀念的出現及存在，尼采作了真實的描繪。

偶爾他雖也會稱讚基督教的價值，但整體而言，基督徒並一定買帳而對他稍存寬諒。比如說，基督教發展出一套真理觀及慈愛觀念，但他認為所謂基督教

的眞理觀，卻與實情作對；且愛的理念，根本與基督教的上帝觀念，二者不合。不少神學家尤其是新教的某些牧師，在講道時將上帝對人類的懲罰，說得令聆聽者駭異莫名。他之反擊基督教，著眼點放在該教在對人類的影響力上注重屈服、棄世、忍讓、以柔弱勝剛強，時時處於良心的拷問中；懺悔，顯示人是多麼的無助。信徒因之無法大顯潛力，自由奔馳，天才折翼了，甚至斷羽墜毀了。舉法國大哲巴斯卡（Blaise Pascal, 1625-1662）爲例，篤信上帝，卻是病魔纏身，薄命而亡，不到四十歲即與世長辭。

(二) 虛無主義（nihilism）之來臨，是勢所必然

1. 未先破壞，哪有建設？大凡人生遭厄逢災時，對宗教可能產生兩種極端的反應。一是走入教堂、廟寺、修道院、尼姑庵，一心向神，悔過祈求上蒼；一是乾脆擺脫一切束縛，重建個人地位。尼采及巴斯卡不只短命，且病魔陰影，久揮不去。尼采也自認不可消極，「說我頹唐，不是事實；頹唐本身，我也反對」。命運不要交在上帝身上，操之在我。上帝死了，我就生了，就活起來了；靠我「內力」（inner strength），何須求助於上帝呢？沒有上帝，人也有能力過活；把上帝毀了，重新建設新人，這個新人，就是超人。在尼采眼中，超人取代了上帝。

2. 尼采不承認自己頹唐消極，卻深信基督教徒才消極頹唐，因此，由之而建的歐洲文明必予以徹底毀棄，迎接「虛無主義」的來臨。黑夜已逝，黎明早展現曙光。重新估定一切價值之後，新品種的人即將呱呱墜地。看起來，這位「最爲噁心的客人」（this most gruesome of all guests）已站立門口，吾人應揖手以迎佳賓！

這是一場意識形態的大戰，撼天震地似的，在地球上首次登場。「只有從我這個時代開始，地球上將出現這種大陣仗的政治（politics *on the grand scale*）」。可見他的虛無主義，不是萬念皆空，不是出家唸佛或皈依天主，也非悲觀又消極；或兩手一攤，以爲上帝或觀世音所展的雙手，引渡到極樂世界或

上西天。

　　3. 歐洲人的道德觀，尤其是基督教徒的道德觀，以為沒了上帝，則一切道德價值都破產。此種失落感，使人也覺人生虛無。這是負面的。歐洲人別以為毀了基督教的道德價值觀，則一切價值觀都成為虛無。需知天外有天，人外有人。地球之外另有星球，人外有的那種人，就是尼采的超人。基督信徒以基督教道德，作為抗拒理論性兼實際性虛無主義的最大解毒劑（greatest *antidote, Gegenmittel*），卻不知另有偏方。

第二節　尼采的權力意志說

尼采哲學極爲實際，他厭煩於哲學步入形上路途；活生生的世界、自然、人生，就是哲學家該全神貫注的。他以哲學之見，看出「這個世界，就是權力意志的世界，沒別的了！」（This world is the Will to Power-and nothing else!）

一、權力意志說（Will to Power）

(一)續叔本華學說的香火

1. 叔本華在他的「名著」之結尾處，提到「生命意志，或存在意志」（Will to Existence, Will to Life），尼采借題發揮，而以「權力意志」代之。

叔本華的哲學觀，仍殘留著形上味。尼采雖不認爲此世只是「表相」（appearance），卻也是「實體」即本相（reality）；但不言必稱超驗或超越。人的立足點，就在此世上，何需有天上人間或形上形下之別？現象或此世，絕不是幻影虛假；權力意志隨時出現，無處不在。不過，該「意志」（Will）的性質，是「睿智」（intelligible）的，不是糊塗的，卻是充滿心思的。基督徒說，上帝無處不在（God is everywhere），尼采則改爲「權力意志」無所不在（Will to power is everywhere）。形下的肉眼就一目了然了，何庸妄談形上的心眼？

2. 叔本華及尼采，或許接續希臘先哲擬解宇宙第一因素的謎題。世界的最初元素，不是水、火…，而是生命意志（叔本華）或「權力意志」（尼采）。尼采之有此結論，當然，叔本華是他的靠山。不過他的「權力意志」說，是把人的「心靈活動過程」（human psychical process）擴充到「有機生活過程」（organic life）。「力」的展現或釋出（discharge），是唯一因素；最現實的行爲「力」，就是「自保」（self-preservation）。就有生命體而言，最一清二楚也絕不模稜兩可地可以告訴世人的，「權力意志」是建構宇宙的最基本因，而大自然就是發揮權力意志的地盤。此一事實昭昭明甚，不必提「先驗」或「形上」，卻

都有經驗事實作為此種假設的佐證。就因果論而言，權力意志是所有因的因，也是一切果的果。

3. 借培根名言，知識就是權力。知識是人類充分運用智慧的成果。「知識的成果就是權力的工具」。知識增減與權力大小，二者成比例。人類追求知識，這種欲望，本諸於擬在權力上可以運用自如。知識是要為人服務的。知，不是為了掌控絕對真理，或以為得到真理就心滿意足，卻要使人成為宇宙萬有之主。知識探討，把繁化為簡，多中取一，混亂裡得出頭序與法則或公式；將「變動不居」或「存在生成」（Becoming），轉化為「居」或「存有」（Being）；前者是「現象」（phenomena），後者是「本相」（noumena），無一不是「權力意志」的功能。科學之意，乃是把大自然予以轉型（transformation of Nature），旨在「制天，控地」（for the purpose of governing Nature）。

從順天、聽天、由天，這種被動性，改為制天、利用天、了解天、改變天，支那的荀子早有此概念。

(二) 知識是一種闡釋，以作為人用

1. 真理的實用性重於絕對性。以實用來作為知識的闡釋，闡釋掌控在人手中，知識接受人的指使，聽人的支配。因之，知識之真假，若無含有實用性，則了無意義。虛構的、編造的、動過手腳的知，不必管它真不真，只要對人有用，就有價值。知、真、用三者之中，「用」是主位，而用指的是具「生活或生命價值」（the value for life），那是最具決定性的指標。對生或活具有用處，此種知才是真知。知本身，並無絕對性；唯一的絕對，就是對生或活有用。因之，所謂的邏輯法則或因果關係，此種知，是有利於人生的。此種看法，美國的杜威頗為支持，英國的羅素卻有微言；邏輯定則及因果律的應用性或純學理性，是雙方爭議的核心所在。

2. 真理（truths）是「人造的」（fictions），不也等同於希臘辯者的名言嗎？「人為萬物的尺度」！人且是個人，才是評價一切的準繩：真、善、美之衡

量，亦然。在人的世界中，本無人之外者與人搶此評判角色。知識的眞理性，也只能在對人的實用性範疇下予以闡釋；撿拾對人生有用者當知，也當眞。由此可在環宇中，得出一些通則或原理，而非都在「流變中」（influx）。當然，如何印證人在實用上的知，不適用於人之外的生命體。這種難題，其實人也不必操心，因從未曾有過挑戰。但人必知悉，人若不信因果律，則將毀了人種之生存，邏輯律亦然。

3. 小說是虛構（fictions），情節多半不是眞實；若不具人生實用性，以及還明顯地反對務實性，則被評爲「錯誤」（errors）。即令寫實的小說且也具實用性者，卻常在用字遣詞上以符號或數字來誤導讀者。字、辭、句、數字、符號等是工具，知識及眞理也是工具，闡釋的知識及眞理的更是工具；工具的工具，離知識及眞理較遠，與權力意志更遠了。就好比柏拉圖的「抄本說」一般，小說是抄本的抄本，差原本更多，回歸「原本」吧！即固守權力意志本身，勿入迷途。把邏輯、因果律、語文、符號、數目字，這些都放在權力意志的框架上予以闡釋，這才是正本清源之道。

(三) 自然界及人生界的權力意志

1. 科學上的假設，是一種「虛構」、類似原子論這種假設，是方便於施展權力意志用的。科學家本著心靈上的投射（mental projection），而發明出原子論。原子是一種能量，那不是權力意志嗎？給意志以權力，如原子彈或核子彈一般的，當能量「放出」（discharge）時，威力驚人，一遇阻時，衝撞力更無比增加。

2. 在有機世界（the organic world）裡，能量散發的成果之一，就是「生命」（Life）。散發的過程中，愈挫愈奮，力道更雄渾。「掠奪占用」（appropriation）及「同化」（assimilation），正是權力意志的展現。植物如此才能生長，動物及人，亦莫不如是，國家亦然。

在生物的演化上，他不滿達爾文的進化論，批評達爾文太誇大（overrated）

了「外力因」（external circumstances），高估了環境的影響力，譏爲荒謬無比。他認爲主控生物演化的「內力因」，最是關鍵；植物之向陽性，鳥類之有候鳥或築巢行爲，都是善於把環境當作己用的結果。此外，生物演化中，出類拔萃者，反而更不易存活，庸才卻能活命較久；奇才形單影隻，爛貨堆積成山，劣幣反而驅逐良幣。價值觀以「庸」爲準，向「中」看齊；兩極端皆被斬，多數變成主調，異音消聲。號稱爲「中」國者，該注意傾聽於此！

3. 心理學上，尼采取之作爲權力意志說的資料甚多。首先他認爲「快樂說」（hedonism）根本不合心理學原理；避苦求樂，並非行爲的主要動機。苦樂反而是伴隨權力的附屬現象，權力加大就樂，減少即苦；而苦的感受，反而會增長力之擴大。任何勝利，尤其大勝利，都是難關及苦痛的征服。視苦與痛爲惡，此種定義，他決不接受。苦及痛，悲及哀，不幸及厄運，對人的權力意志來說，是天掉下來的最大禮物，勇者欣然接受之；因爲這正如賞賜給他有大展英才的表現舞臺，其中之一，就是「昇華」（sublimation），提升苦樂的水平。自我克制或懲忿窒欲（self-mortification and asceticism），都不如以權力意志予以轉型提升，加上美的染色，人生之淒美性，不是悲劇中最令人迴腸蕩氣的嗎？

4. 社會地位或階級，依權力意志之大小而分；只根據力道之量來配，以爲人多所以就力大；或說「團結眞有力」，但庸才人最多，又集結成群，結果，庸才居高位，奇才屈就其下；尼采對此，當然憤憤不平。力是靠單個人的內力，而非集多數人的外力；評力之大小，該汲取此點。平庸者因人多所以就勢大力強，對人種之提升是未升反降。被拱之於高位，這是極爲不妥的。

不過庸劣者之存在，是有必要的，因爲：「高級文化的基，要厚要實，即是由平庸者強力又健全的集結所致」。就這點來看，他歡迎民主主義及社會主義的社會，因爲即可以容納人多數衆的凡人或庸人。他倒對國家主義的國，大施撻伐，那種國，形同一個「最寒中最冷的怪物」（the coldest of all cold monsters）；豎了新的偶像，作爲全民朝拜的對象，希望全民都成爲平庸級。當然，如果平庸階可以作爲優異階的踏腳石，則平庸階也功不可沒；視之爲工具，如此

而已；平庸者不同於牧羊人的使命，後者是要趕羊（前者）入窩的。平庸輩如同一群「新蠻（new barbarians）」；尼采這麼稱呼他們，以彰顯與奇才作對比。天才或超人必站在庸才（新蠻）的肩膀上，則所見的視野會更高更廣；一般人是橋樑，以便讓超人有橋可渡。

「人是一條繩索，橫梗在動物與超人之間。」該繩索吊在深淵上，依大自然的天擇，凡人是不能成爲超人的，繩索也會掉入幽谷中。超人自己決定，重新估定一切價值，把古有的價值表毀了，尤其是基督教所建構的價值表，而重新創立新價值表，以彰顯超人的超級活力及權力。

由於超人還未出世，因之對超人的描述，若無法使人一新耳目或一清二楚，他是有藉口的。他的超人，類似一種馬刺（spur）、激勵（stimulus）、標的物（goal），主要的內容，是發展已屆最高限度，指的是智力、品格，及意志力，也是獨立性、熱情、品格，及體力的整合。他偶提及「羅馬的凱撒加上基督的靈」（the Roman Caesar with Christ's soul），或許是歌德加上拿破崙，或是伊比鳩魯的神展現在大地。超人必是個高等文化人，體力上的技巧無與倫比，耐力驚人；俗世庸人所言之德或惡，都阻止不了超人的言行，十足的自由自在。此種描繪，或許正是身心欠安、孤獨、折磨又受冷落的「尼采先生，博士教授」（Herr Professor Dr. Friedrich Nietzsche），最可以對號入座的吧！

二、「永恆回歸說」（the doctrine of the eternal recurrence）

(一)尼采的永恆回歸說，帶有點沮喪又沉重的壓迫感；不過，該種感受，卻也是一種考驗自己力道的試金石

1. 《瑣羅亞斯德》一書的讀者，若聯想到價值的重新估定，就是該部著作的主要用意，旨在將人的潛力作最大限度的發揮。瑣羅亞斯德這個古代波斯的宗教建立者，是個超人的預言家，以永恆回歸說教訓世人，向生命說「是」，成爲最高級格言。重演回歸，次數越多越好，觀眾都會歡迎；如同聆聽一流演奏

家在終場時，聽眾會一再地喊encore一般，再演下去吧！人生雖不如意事常十之八九，但總不可因之被打倒在地而詛咒不已，不能像叔本華那樣的悲觀消極。

2. 回歸的永恆性，周而復始，始而復周，是否與「重新估定一切價值」之說有不合之處？乍看之下，的確如此。但就邏輯而言，二者不一定相衝。人的發展潛能無窮，過去的事如一再地重返、回歸，正給潛力有「再度」展現的良機；重新估定一切價值，也變為可能。若一去不再回，則又哪有重新取之作為智慧選擇之用，或「再創」新價值？二者可互補，絕非無用的贅疣。一再地能夠再給一次機會，何嘗不是令人興奮之事！「最低劣者」與「戒指中的婚戒」（the marriage-ring of rings），二者都一再又永恆地回歸，都屬經驗領域內的假設，都應面對面不許逃避；逃避是弱者的「專利」，智者該開懷（Joyful Wisdom）於此種事實。

(二) 永恆的回歸，提供重新估定價值的契機

1. 古希臘辯者認為「個人」（individual man）是「衡量萬物的尺度」，柏拉圖則取「好人」（good man）作為「標準」，「人」之前加「好」這個形容詞。基督教出，「上帝」遂成為最終的決定依歸。中世紀時，神代表一切，文藝復興之後，「人」的地位又抬高。啟蒙運動時，理性重新居人性的首位；浪漫風潮來臨之際，「情」及「意」之角色陡出。歷史上如此的時光持續再現，重新估定一切價值永遠在進行中。尼采認為擺脫一切束縛，才能使人終獲自由；而所有的限制之源，就是上帝。他膽大包天，但非向「天公」借來，卻自己上臺昭告世人：「上帝死了」。人要提升為超人，「超人是衡量萬物的尺度」，這是他的哲學特別令世人眼睛一亮的名句。

2. 人要升級為「超人」（superman），「國」也要一躍而為「超國」（superstate）；超人是尼采，超國是德國。以「優生學」（eugenics）為藉口而採取實際作為之下的納粹（Nazis），在尼采死了之後的「超人」希特勒（Adolf Hitler, 1889-1945）竟然大舉屠殺了數以萬計的「劣等」民族。不悉尼采曾說過，庸

劣者也有存在的「價值」，可以作爲「超人」的墊腳石。其次，尼采以超人來換上帝，若上帝死了，則必上帝曾生也曾活；無生無活，又哪有死？死必有生，上帝何時生呢？上帝並非一種有形體者，與生或死無關！倒是超人或超國，在人間世上出現過，二者都是「酒神」的發作，也都是「權力意志」的展現；超人握有超級權力在手，超國亦然。

3. 基督教所形塑的信徒品德，尼采最爲駁斥，貶之爲「奴德」，而非主人之德；愛之適足以害之。人之潛力無可限量，幫助、扶持、體恤、救濟、關懷、同情、施予援手，有可能使「弱者」養成一種依賴性格，跟隨而成的負面性格及價值觀，他力求要重新估定。「精英」（elite）該是人人有望的，不應剝奪；優勝劣敗，這不也是活生生的自然演化原則嗎？站在「突變」而非「漸變」的角度，他不同意達爾文的進化論；但適者生存，超人該出頭，這不也是符應了啓蒙運動的「進步」口號嗎？見死不救，這當然不是尼采的主張；但一味地坐吃山空，一付搖尾乞憐的模樣，這已非「人」了，而是寄生蟲。「他控型」（external control）者，不是淪爲動物層嗎？也許支那的孟子也有類似尼采的主張：「天將降大任於斯人也」，該「斯人」就是「超人」；不只要苦其心志，餓其體膚，乏其筋骨等，且還「增益其所不能」；似乎是指除了隔岸觀火之外，還忍心地「落井下石」也在所不惜！但「超人」是超人一等的，可以死裡逃生、柳暗花明、智離險境，試問膾炙人口的小說情節，不正是如此的寫照嗎？出類拔萃，趁千載難逢又可笑傲江湖的良緣，而大展雄風！旁人或「善心」人士的「雞婆」，又「干卿底事！」反而讓超人不領情！見招拆招，超人自有錦囊妙計。皇帝不急，太監何必操心？或許反而敗事！

史上的「超人」，不是已現身多次了嗎？

4. 尼采的著作，多半採「格言式的」（aphorisms），因之讀者各自的解讀不一。在千山我獨行的獨自散步時，偶有靈感，其後乃集之而匯成書。溫情的思及頂層精英階級，以及不可一世的一代梟雄，戰爭時馬革裹屍，自我犧牲於沙場，不由得內心燃起一股歌頌戰爭與勇將之情。但時而也難忘於干戈是萬骨枯之外，

也殃及超人，利只及功成的一將；因此又對戰爭之評價，再度估定之，以為是蠢不可及的愚行，勝敗雙方都吃虧。主戰或主和，對他而言，都難有定論；選邊站，時對時錯！

三、尼采哲學之評論

尼采哲學，以「博大精深」名之，合乎實情；取心理學的人格分析說，稍加解釋即可明白。他的個人主義，強調自由與獨立，猶如孟子所言之德行典範：「待文王而後興者，凡民也」，若乎「豪俠」之士，「雖無文王猶興」。近水樓臺，竟然還不能得月，此種凡夫俗子，尼采與孟子是要嗤之以鼻的。機會臨頭，昏然不知，這是下下；只會利用機會，這是平平；創造機會且能反敗為勝，這才是上上。擅於權力意志之運用，溫情非但不濟事，反而害事。尼采之有如此說法，從他的一生遭遇來看，可以理出端倪。其實，「讀其書，不知其人，可乎？」此種警訓，都適用於偉大哲學家身上。更不用說，讀其書中的文字，予以孤立來看，而未及於其脈絡，則「潛意」將永存於底處而未知其「實」情了。

(一)尼采哲學之「見」

尼采之見，是先見、高見、異見、獨見、遠見，任何人對此該不會另有他見。以心理學此門學科而論，他的不少見解，已成為現代心理學所公認的「真理」。昇華論，及權力意志說，不只其後的佛洛伊德（Sigmud Freud, 1856-1939）追隨之，以夢境解心理疾病之謎；阿德勒（Alfred Adler, 1870-1937）則以「自卑情結」（inferiority complex）的克制，以求「補償」（compensation）。當然。此種後續發展，似乎有點離原先出發點太遠，如佛洛伊德之堅持「性慾衝動」（libido）說，就是一例。

1. 就預言來說，上流的哲學家，不只知今及知古，還帶有預測未來的未卜先知。尼采的永恆回歸說，明示世人，勿以為啟蒙運動高倡的「進步」，都是樂觀的；若未能重新估定一切價值，則何來進步？他有感於十九世紀的歐洲人，大

受基督教「奴德」所支配，將帶來一股「新的野蠻風」（new barbarism），世界性的大戰緊隨而至；而與他所稱的「新蠻人」（new barbarians）之功能，大爲不同。就預言而論，可以無指特定時間與地點；即令有特定的時與空，卻也是無限無止無盡的時空。則依嚴謹的角度來說，已失去知識性及眞理性了。「話說天下大勢，分久必合，合久必分」；「善有善報，惡有惡報；不是不報，時間未到」；「漢奸必亡，侵略必敗」等「古訓」，都屬此類。現時不應驗，就以「時間未到」爲藉口，也作爲預言不實的脫罪理由。二十世紀一開始，尼采的預言不幸言中，兩次世界大戰，即告爆發。安於現狀的樂觀心態，無睹於世界末日之臨身；上帝也無法救人，更不用說，上帝死了。

2. 但尼采也有近視時，重新估定一切價值，是他的名言。但價值以何爲準，主觀的還是客觀的？生命或生活的往上提升或朝下沉淪，超人或凡人位階之高低，憑什麼來界定？重情偏意的尼采，一碰權力意志時，溫情對他是失效的，理也破功。美的品味吧！三達德──智、仁、勇，都融合於「美」裡。美的品味是獨特的、個別的、殊異的、主體性的；當主體性的「我」，陷入於客體性的外在世界漩渦中時，不隨波逐流，屹立在「存有」（Being）上而不爲「存在之流變」（Becoming）所「惑」，好比如何身陷汙泥而塵不染身，力保璞玉之美，這方面似乎未爲尼采所「見」。

(二)對基督教之態度，一向是冷冷以對，口不出善言

1. 吾人可以「同情地理解」尼采之所以對基督教會持有敵意。他一生都活在掙扎、孤獨、嚴苛、寡歡中。親人的妹妹，以富有基督教倫範行爲準則的骨肉，卻是他責怪的對象。其實他內心的緊張及不確定感，加上長年的沉痾難癒，導致於他步入「無神論者」（atheist）之路。不過，無中有有，有中有無；無及有，只是文字上的。無神論者心中也有神，只是該神不是基督徒所說的「上帝」，這種人也有一種「信」，即「信」無神。這麼說，似乎是言過其實的「詭論」（paradox）。尼采在孩童階段，自覺意識不高，重新估定一切價值之意向

還不十分明顯時，他的宗教情懷是頗濃的。他的哲學，「存有」（Being）及「存在」（existence）的目的及意義，都是他口不離心的問題，甚至把他與基督（Christ）的對話，寫成書，名為《你們來看這個人》，把酒神（Dionysus）拿來《上十字架者》（the Crucified），說他是個「無宗教之人」（irreligious man），是未能體會他心境者。把「反基督」（the Antichrist）之名套在他身上，是對他的誤解；或許頂多可以當作他以反基督作為棄弱轉強的手段。他的體內流的是神學家的血液，可能借題發揮，語不驚人死不休的方式，宣布上帝死了；又以攻擊基督教為矛頭指向的標的；其實，箭是朝向所有的哲學家。思想體系及形上心學（metaphysical idealism）者，凡不以人的自由及獨立為出發點的任何言行，以及取之作為人生存在的價值，世界及自然的走向，及歷史流程的旨趣，都是他要叫陣出來以試誰才有三兩三？如無，則又具何資格可以上梁山？堅持他之所以反基督教，是反該教的道德觀及價值觀。同時，他把德國的心論（German idealism）視同為基督教（Christianity），認定前者取之於後者，或是當後者的面具。若認為世界有目的及旨趣，上帝創造萬有，乃是絕對的「理念或心靈」（Idea or Spirit）的「自我顯現」（self-manifestation），這是他頗不以為然的。上帝之所以創造萬物，乃因含有特定旨意，此種基督教的倫理道德論，尼采對此反對最力。人該不受束於上帝的此種指令。

2. 人之存在，唯一目的，即人以智力運作於萬物上，並創造出價值來，而不必管有神論、無神論，或泛神論。不過，人如在萬有中，只淪為一個渺小的斑點，無足輕重；雖在道德上由人立法，也賦予意義；可是大自然或萬有本身，卻是在人類歷史的循環又似乎了無意義的迴轉中，才是最後的定調者。則人雖試圖賦予人生意義，又重估價值；但大自然以萬物為芻狗，包括人在內，則將深覺人生了無意義可言。只好敬謝不敏甚至斗膽地向大自然以「不」（No）對之，而非採「是」的態度（a yea-saying attitude）。此外，天行健，是周而復始，始而復週的；圓圈一直繞，如同日出日落一般的永無止期；或只是一種虛構又了無任何旨意嗎？或是人的權力意志所展現的一部人為幻影（fiction）？到底大自然、

萬有、宇宙、人，這些存在，有意義還是無意義，有目的還是無目的，問題仍無答案。「是」態度者，了解到一種事實，即強與弱之對比與差異，雙方是不同位階的。但擇此態度者也得面臨另一種事實，即多數決，對獨立又具叛逆性者之活動，就限制重重了。

3. 重新估定一切價值，此種人生觀，可以克服他所稱的「虛無主義」（nihilism）。虛無渺茫的人生觀，是現代社會的危機，也是當代人的精神病症。勇敢地作個超人吧！尼采哲學帶給學院黌宮裡的哲學家，少於非專業性的一般俗人大眾；後者對尼采所倡的重新估定一切價值及超人說，最感興趣，更取之作為現代人的心理疾病之解毒劑。康德的三大批判，尼采聚焦於道德價值的批判上。此種「人生觀」，不只支配了其後的歐洲人，東方的支那在1919年的五四運動時，胡適常為文提到「重新估定一切價值」，來喚醒這個沉睡中的獅子，並作為翻身的最佳救國途徑。棄弱圖強，這是最有意義的舉動。不過，「先把你這塊料練成器」！古聖先賢的「至理名言」，放在「重新估定一切價值」的砧板上時，必有不少人磨拳擦掌地要撕殺那批「妄想」重新估定一切價值者！

第三節　現象學

　　康德傾全力克服形上學所造成的一種不堪局面，即彼此理論互損，矛盾輩出。爲挽回此汙名，他擬把哲學建立在更穩固的根基上，該根基不是形上學，而是知識論。其後的菲希特希望一切科學的科學，就是哲學；視哲學是一座崇山峻嶺中的最高峯，如同臺灣中央山脈的玉山；一切科學好比山脈，崇山群集，但有海拔上的最高絕頂點。只是他自以爲的頂點，別的哲學家並不認帳。謝林、黑格爾、叔本華、齊克果、馬克斯、尼采等，都各擁山頭。

　　哲學以眞善美爲探討對象。眞善美所呈現的「面」，是多而非一。就物理面而言，山的高度有客觀的標準；但何山最「美」，可能就眾說紛紜，莫衷一是了。哲學家或哲學體系，由於各種複雜的因素，對人、宇宙，或歷史之闡釋，都產生不一致的見解。但勿視之爲對立，卻可互補相容；一曲勿當成「蔽」，反而是「見」，只是強調重點有別而已。如能不以「偏」概「全」，則任何哲學學說，都具極高的價值。一流哲學家，不該目中無人，無視於他人之存在，而誇大心目中的最愛；也該體認異見者享有同樣的特權；己見不是唯一之見，這才是今後哲學該走的正確之路。「心論」與「物論」，各有所「見」；但如過分地以「唯心」或「唯物」爲至上主張，這就不符合眞實性了。從心理學立場言之，「偏激」理論之出現，是情有可原，因爲人都有惰性，矯枉才能過正。當哲學史上有一種系統「極」爲得勢而成爲「正」時，另一個系統見其所偏，乃提出另一「極」，之所以如此，極有可能是個人的獨特遭遇因素所造成。冷靜思之，「正」屬誤，「反」也是另一誤；反方向轉回，正反兩力拔河，或許才能到「中」的不偏不倚。若「正」之力大，「反」的勢緩和較弱，則挽回的結果，也是「偏」，只是較先前不那麼偏而已。因之，若能把各哲學系統好好咀嚼一番，消化而融會貫通，則各獨特的哲學系統都對哲學全貌的了解，有無可取代的貢獻。尼采的「重新估定一切價值」，在哲學史已屆十九世紀之際，的確非常管用。其實尼采的該句名言，是適用於任何時代及地點的，也該是研究哲學最該探

取的態度。

　　哲學家的理論各異，正是提供重新估定一切價值的最佳素材。若哲學家的思想有別，不可以斷定二者皆錯，無一正確；或許二者皆對也說不定。只是二者之所「見」，層面有殊而已。哲學系統的「多元化」，在經過重新估定之後，更見哲學界的繽彩艷麗，萬紫千紅。若有一思想家擬以一學定江山，這是妄想也是徒勞。

一、價值領域與事實地盤

(一) 價值與事實，分別由哲學與科學分進合擊

　　1. 人類「進步」史到了十九世紀，科學尤其自然科學之突飛猛進，一日千里，已是無可爭議的事實，尤其在德國。德國的醫學、心理學、自然科學，成就非凡；對宇宙、大自然，及人的知識領域擴展幅度之大，別國難以望其項背。科學知識向傳統所公認的哲學地盤，侵門踏戶，攻城略地，似乎哲學的疆域一直萎縮。哲學繼續存在的必要性，受盡質疑。尼采喊出「價值」的估定，恰好給哲學界服下了一粒定心丸。科學的本分在「事實」的追根究柢，旨在求真；哲學則在「價值」上用力。就人生意義而言，後者的必要性，大於前者。當然，前者是後者作判斷之基。

　　2. 自然科學的傲人研究成績，對傳統哲學的宇宙論、本體論、形上學、人性論等，衝擊力驚人。希臘辯者之前，哲學界對「客體」的用心，現在幾乎已全數交給自然科學家或心理學者去操煩，有無定論雖還在未定之天，但構成為一種嚴謹的知識，則昔不如今，但那是指「事實」面而已。至於價值面，關係人這個「主體」者，更分秒不離。學者若對此有興趣，則已與哲學搭了線；自辯者迄今還牢守的城池，尼采予以填兵加卒，就更固若金湯了。菲希特期待哲學成為眾科學的科學（the science of all sciences），尼采一清二楚地以「價值估定」，作為哲學的本分。

3. 實證論（positivism）特別注重概念的分析及語言文字的詮釋，以便認知較能一清二楚。就人的研究爲例，具體化或科學化的研究人，不得不訴諸於生理學家及心理學家。科學用語務必符合實證論者的基本要求，「定義是操作型的」（operative definition），即可以獲得「實徵」（即實證），而非使用謎樣或詩詞般的曖昧辭句。甚至把人只當「物」看。但若還視人是一種賦有自由的有機體，「選」及「擇」的功能極爲明確，則擬以科學來說明人的一切，就只能得表面而已，膚淺及幼稚，正是一種表面的假相。人的「存在」（existence），絕非形同物的存在。自由、抉擇、意願等的「存在」，都屬價值層次。人生的悲觀、否定、消極，是一極；光明、樂觀、正面，又是一極。二者都有科學上及經驗上的實徵，選此或擇彼，「科學」難以插手。

(二) 存在哲學與價值重估

1. 形上學與形下學的論戰，即哲學與科學的紛爭，自十九世紀以來越爲激烈。由哲學所獨占的知識地盤，已快速地由科學所搶奪。分門別類的科學研究成果，日新月異；不似哲學冥思性的炒冷飯，既是舊瓶，裝的也是舊酒，甚至酸味到處可聞；尤其形上學之玄之又玄，即令以哲學爲本分者，也望之卻步，更不用說普通凡民了。雖然科學著作內容，符號及數目字一大堆，即令行家也自嘆高深莫測；但連百姓也深悉，科學爲人生帶來更大的幸福與快樂。令世人驚愕的是，尼采逝世後不到半世紀，德國竟然充分利用科學研究而生產戰爭利器，引發了兩次世界大戰。科學危害人類，罪責之大，眾人皆知。科玄論戰在二十世紀之初的東方支那，曾引爆一場文筆之爭。其實在十九世紀的英國，由於達爾文的進化論，也點燃了宗教家及生物學家雙方的精彩對話。菲希特早年期望哲學是科學的科學，是否科學家甘願吞下，頗成疑問；哲學家對此種呼籲，也百家爭鳴。

2. 分門別類的特殊科學學門，提供了自然及人生的準確知識。十九世紀的哲學界，將自然科學（natural sciences）取名爲自然哲學（natural philosophy）。不少自然科學家認爲，掛上這個傳統又古老的「哲學」，不只未能沾光，反而有

損學術聲望。哲學界也採奧坎剃刀，斷袍去袖，讓科學能邁開大步，了無哲學的牽掛；分則兩利，合則兩害。專務事實領域的科學，與獨享價值範疇的哲學，如能二者各守本位，勿飛象過河，或許才是正本清源之道。哲學與科學若都以「實」（reality）的究竟為務，則在自然科學方法上，該另起爐灶！科學的假設求證方法以及實驗工具之使用，研究結論是一致的，無爭議的。哲學的運思結果，是分歧的、多元的、爭議性的，雖在認知價值上未能有功，卻也具美、情、意的價值。此外，科學把「實」的原來面目呈現在世人眼前，哲學在這方面也擬東施效顰而不怕弄巧成拙。換句話說，傳統學術學門的重鎮，老到掉牙的哲學，不得不向幼齒的科學討教拜師學藝，成為十九世紀之後學界的普遍氣氛！卻正是啟蒙運動精神的主軸，一代勝過一代；嘴上無毛的科學，反而為學（辦事）更牢！拋棄被指控為搞錯行的詩人，更不把「真面目」塗汁抹粉，卻一心向科學看齊，則該將科學的方法學（Scientific methodogy）作純概念的分析工作；將科學界的用字辭句，放在手術臺上，取出解剖刀，一一予以切片細查。自然科學提供給哲學的服務，這是最為管用的。

3. 實證或實徵態度（positive attitude），演變而成實證或實徵哲學（Positivism），由法國的孔德（Auguste Comte, 1798-1857）領軍，德國的「物論者」（materialist）與之同夥。但若依此就圖以作為世界觀（world-view, *Weltanschauung*），則為其後在二十世紀大顯身手的實證論者所排斥。

哲學與科學的傳統地位，有了十足的倒轉。但若把本來高高在上的哲學，改易為只不過是科學的婢女，必讓本是大老的哲學憤憤不平；因為一旦涉及價值的層次，科學家是靠邊站的。若還擬置喙一詞，則可能有外行充內行之譏。當然，不理會形上的實證主義者，信心十足的說，形上哲學家所提的「絕對」，或明確指出存在物的本源等之「真」情或「實」情為何，他們也都一人一論，十人十論，沒有定案。不過平心而言，即令該種問題的「最後」答案現時無解，也不能因而就說該問題不具「價值」。哲學之可貴，就是「大哉問！」一時一地的答案，可能在後人眼光中，幼稚可笑；但該問題在人類好奇心的趨使下，是人人

要接力的。泰勒斯之被封爲「第一位哲學家」，理由在此，也因之使衆人包括科學家在內，都得謙虛地坦承，人之知雖增多，但仍有無涯境；即令是「明確的存在」（finite existence），其中臥藏的奧祕卻深不見底。完全把形上學排除掉，必有兩個可以互補的前提，一是形上問題本來在原則上是無答案的，不只現時現地無人可解，且永不得解；一是認定該無解的問題，本身是個「假議題」（pseudo-problems），只不過是要文字遊戲或賣弄辭藻而已。

4. 二十世紀「維也納學者圈」（Vienna Circle）特別提出，問題之陳述是否具「意義性」（meaningful），且發展出「意義的評準」（criterion of meaning）或「證實的可能」（verifiability）原則，由此來刪除違反此原則的形上問題。除了純邏輯及純數學之命題外，只剩下「經驗上的假設」（empirical hypotheses）。希臘早期哲學家帕米尼德斯（Parmenides）提出萬有皆「不變」的假設，凡不具「眞」或「假」的經驗事實之佐證，則不具意義性，哲學家也就不必操心其答案之立或不立。雖然該「假設」的提出者，心態上表明出一股「挑逗性」（evocative）或「情緒化」（emotive），但在實證的意義上，學者可以不必去理會。不過，理會或不理會，是心態問題，能否因此就能使形上學退出哲學陣營，也是個未知之天。

5. 哲學受到科學的挑釁，該重拾舊山河，以「存有」（Being）爲城池。哲學就是哲學，不是科學。若哲學就是科學，則一切學術是科學，哲學之名也可以消失在歷史洪流裡。哲學與科學各有天地，也各有城池。「存有」（Being, *das Sein*）之學是哲學；「存在」（being, *die Seienden*）是科學；前者形上，後者形下。無一「科學」過問「存有」，卻該有「存有」及「存在」哲學，以喚醒人類，領會出如同柏拉圖所提的Bed及bed二者之差別。前者之「床」是「一」，後者之「床」是「多」。「一」是理念，是原本；多是幻影，是抄本。難道如此之分辨了，了無「實證」上的意義嗎？也欠缺「價值」嗎？形上的存有，是整體的，不可分割的，無形體的，不能取解剖刀予以手術，也不許放在實驗室裡供作科學家操控的對象，更非數學家取之作爲演算的題目。存在主義大思想家雅斯培

（Karl Jaspers, 1883-1969）大張人的自由性，這種最具高度的價值，不是任何科學評論家敢說三道四的。人有內有外，如同康德之分辨「現象階」（phenomenal level）及「本相階」（noumenal level）一般。但康德把形上的「存有」（Being），等同於「上帝」，這是尼采反對的。科學可以用文字、圖表、數目、語言予以敘述，直接「道出」（said）；哲學則只能「展出」（show），超出科學方法或工具之上。時時刻刻醒覺形上的存有，這是哲學的基本職責，也是不可或失的固有城池。

二、現象學（phenomenology）

(一)現象學付予哲學特定地盤，且帶有科學性

1. 現象學可溯源於布倫塔諾（Franz Brentano, 1838-1917），先是天主教僧侶，其後退出教會，因違反獨身不娶的教規，也使他在奧大利帝國首府維也納（Vienna）大學的教職身分備受困擾。1895年退休到翡冷翠定居，一次世界大戰時轉赴瑞士。

1874年發表一書《從經驗觀點論心理學》（*Psychology from the Empirical Standpoint, Psychologie vom empirischen Standpunkt*）。經驗心理學不是一門含有形上意涵之學，也非「靈魂之學」（a science of the soul），卻在研究精神或心靈的「現象」（psychical phenomena），是敘述性的，注意的是「意識上的心靈動作」（psychical acts of consciousness）。該動作本身，就是意識的對象。一切的意識，都含有所「指」（of something）。「想」不是光「想」而已，而是「想什麼」（to think of something）；意識，也是意識到什麼；「欲」也是「欲什麼」（to desire something）；而所指，是意向（intend）。比如說「看」，已含有「看什麼」在內。當一物被人看了之後，（看是一種動作），該物就「內存於看的人了」（inexistent），而不必再介意於該物的性質或狀況。心靈的意識，是有「意向的」，本身也非完全主觀。心理學家倒應客觀的對此種意向性

予以描繪，將內在的心理意識與外在的物，併合「內存」，這才叫做「現象」
（phenomena）。分析此種「現象」，共有三層次：第一層不含眞或假，只是物
之呈現。第二層，意識起了判斷作用，或排或迎（recognition, *Anerkennen*; rejec-
tion, *Verwerfen*），取正面或負面「看」之。最後第三層，意或情（will, feelings,
Gemütsbewegungen）生，意識上出現愛、恨，或他所言之苦樂。這種說法，可
以取洛克之物三性予以比較。

　　此外，他又堅信，既然邏輯推論可以證明論證之有效或無效，因之他也認爲
道德情（moral sentiments）也有正、該，及對，指道德上常有所偏愛的東西或物
件。

　　此種意識的意向性（the intentionality of consciousness）說法，是現象學崛起
的重要因素。

　　2. 奧地利學派（Austrian School）之崛起：布拉格（Prague）大學教授數
人，常常相聚，在維也納接受布倫塔諾教學的麥隆（Alexius Meinong, 1853-
1920），其後影響英國的羅素甚鉅。他提出一例，即令「金山」（golden moun-
tain）在經驗世界裡並不存在，但取「金山」爲「客體」（objects），當作「概
念」（concept）或「理念」（idea）性的存在，其「眞」及「實」，就如同柏拉
圖所言之「床」本身一般的又眞又實。常人認爲的「客體」如樹、石、桌等，是
客觀的對象，但一入心裡的意識時，就與內心所存的樹、石、桌等，有所區別
了。視「價值」及「數目字」在內的物件是理想的物件，或想像式的對象如「金
山」或「法國皇帝」（the king of France），即令吾人從未實際上看到金山，且
法國已多年未有皇帝，也無妨。每當有人如羅素，他喜歡取金山及法王作例，是
必有所指，是心中有意向的，是有話要說的，是借題發揮的。因爲若無所指，也
等於無所說了，或空說一場。凡能在意識中呈現的，夠了，不必管該物件在實際
經驗上存不存。麥隆還特別舉出價值感覺的兩例，一是快樂，一是悲哀。眞及
實，與存在，二者不一定相合；簡言之，眞的不一定存在。誠如羅素所言，「金
山」及英文字golden mountain等，「眞」的出現在上文中，但卻是「不存在的物

件」。「名」與「實」，這種「後設語言學」（metalanguage）的解析，可以破除此種謎題。

(二)胡塞爾（Edmund Husserl, 1859-1938），才是實際倡導現象學的大師

1. 以數學論文獲博士學位的胡塞爾，在1884-1886年於維也納上過布倫塔諾的課，從此對哲學痛下功夫，是哥丁根等大學的哲學教授。海德格（Martin Heidegger, 1889-1976）是他的學生。

1891年胡塞爾發表《算術哲學》（*Philosophy of Arithmetic, Philosophie der Arithmetik*），把邏輯置於心理學上，成為「心理邏輯論」（psychologism）。算術數學上的「多數」（multiplicity），是心靈上的一種意識，把該意識上的各種不同內容，匯聚起來而形成為概念。心理學之長足進步，德國學界的努力，功不可沒。心理學步上科學之路，擺脫傳統形上學或哲學之羈絆；但是像意識、心靈、精神等重要的心理學名詞，卻都含有濃濃的哲學或形上學意涵。以心來認知萬有所「呈現」的「現象」，憑外五官以及一內官（即「心官」），是經驗主義將此種刺激與反應予以聯結而構成為知識的全部，其中最不受人之「心」所左右的知識層面，即邏輯。胡塞爾不以為然，卻把心理學與最為形式的學門邏輯，結合起來，更不用說其他「非形式」（informal）學門了。感官對萬有之「觀察」，必加上人的「意識」在內。經驗主義加上意識這一因素，遂使經驗主義看重的「現象」（phenomena），發展成為「現象學」（phenomenology）；而意識當中最該著力的，莫過於「價值判斷」；尼采重新估定一切價值的學說，躍然紙上。現象學學者，也莫不以此為要務。

心理學與邏輯，分別是兩種學門，但非彼此不相干，卻也不可二者相混。胡塞爾的上述著作，引來了名數學家及邏輯學者福雷（Gottlob Frege, 1848-1925）的批判。不過把邏輯這種純符號化的學門，也賦予「意義」（meaning），則心理學的作用就極為明顯了。即令是純數目字或符號的演算，也不只是一種不含意

義在內的「純心靈活動」而已。

2. 現象學及經驗主義最大的差別，在於後者視一切的經驗對象都是個別的，獨特的，局部的，有時空性的；由此而形成的概念，絕對不可能成為普世性的，永恆性的，絕對性的。經驗主義採用歸納法，由殊相（particulars）始，由此而得的「結論」（conclusion），頂多只能「逼近」（approximate）「共相」（universal），但絕對不可能是百分百的共相。現象學把個別的殊相，賦予「意義」或「意向」（meant or intended），溯源到意識的「內在於現象的本質」（essences），因之，共相是可能的，重新估定一切價值，是「必然」需要的，也成為普世性的要求，一種「價值現象學」（a phenomenology of value）是可以成立的。

3. 以「疑」（doubt）作「信」（believe）之始：學笛卡兒的樣，在為哲學找到一種堅實基石上，先懷疑一切，但終於肯定地相信一切。因為「疑」本身，就是一種「信」；意識到「疑本身」時，「內在於現象的本質」（essences）就湧出了。「我疑，故我信」（I doubt, therefore I believe），是「我思，故我在」（I think, therefore I am or I exist）的翻版。涉及「存在」的或「本體」的（ontological or existential）的判斷，先「懸著」（the suspension of judgment），也就是說，先用「括號括起來」（bracketed），俟「意識」（consciousness）來裁示，無「意識」則一切判斷都要擱著。笛卡兒名句的「思」，就是「意識」；胡塞爾則取「現象」為「意識」。比如說，「美」（beauty）本身是什麼，這是屬於本體論（ontology）的範疇，也是美本身是否存在的問題。若擬對「美」所生的「美感經驗」（aesthetic experience）作「現象學的解析」（a phenomenological analysis）時，則先把「美」的主觀性或客觀性（subjectivity or objectivity of beauty）這種「本體性」的一切判斷先予以擱置，轉移注意力於「呈現」（appearing）於「意識」（consciousness）時的「美感經驗」上。簡言之，評一幅畫的美感「價值」，完全由該畫呈現在觀賞者的「意識」時，所生的美感經驗來作主。

1910-1911年，他出版了《哲學比爲嚴謹之學》（*Philosophy as Strict Science, Philosophie als strenge Wissenschaft*）。嚴謹之學就是有定根的知識，定於不可搖撼的磐石上。笛卡兒將「信」奠基於「疑」上，人人有疑，但也因人人有疑，才生人人不疑的「定點」，符合了力學始祖阿基米德（Archimedes, 287-212B.C.）的要求。美的判斷，不管主觀性或客觀性，但都確定有「美的判斷」在。價值判斷雖人言人殊，但總有個「價值判斷」在。「重估一切價值」，各人的重估結果或許不一，但「歸根究底」，總該也必是「一切價值的重估」。「疑」或「問」（doubt or question），此種「設定」（supposition），都是人人必有的「經驗」，也是經驗主義所注重的「經驗」。但現象學的經驗，是將「疑」或「問」這種設定，予以「括號」起來，「判斷」疑什麼或問什麼，也先「懸掛著」（suspend）。在「意識」這些設定之前，是有「前設定」（presupposition）的。前設定只一而非多，嚴謹之學要求一而非多，數學是嚴謹之學，現象學亦然。以此來視尼采的「重新估定一切價值」，也「必然」可以歸類爲現象學，是價值的現象學；一問或一疑「價值」到底是何意（what value 'mean'），現象學的分析就十分必要了。哲學既然取「價值」爲核心主題，因之現象學也該列爲哲學的樞紐，也成爲任一「本體哲學」（ontological philosophy）及「形上學」（metaphysics）之基石。

經驗上的判斷，懸著吧！他稱之爲*epoche*，該先關注於意識上的判斷。前者是經驗主義的項目，後者則是現象學的核心訴求。笛卡兒早有榜樣在先，判斷經驗上的疑或問，不如往前推到意識上的疑或問本身。此刻懸著的判斷，就不必再高掛了，括號也可除去了。胡塞爾因之拜笛卡兒爲先師，後者早預言現象學之出世。

4. 現象學儼然成爲二十世紀的顯學之一，可以應用於其他學門，如心理學、法學、數學、價值學、美學，及宗教意識上，甚至存在主義思想家如法國的沙特（Jean-Paul Sartre, 1905-1980）及梅洛—龐蒂（Maurice Merleau-Ponty, 1908-1961），以及當代的托瑪斯主義者（Thomaists）。不過，所謂的現象學分析

法，以及把判斷懸掛或予以括號等，胡塞爾的繼起者並不一定都本著先師意旨。胡塞爾本人如同先賢的笛卡兒、康德，及菲希特，太過樂觀地以一言定江山，以爲哲學的分崩離析性，可以輕易地「一以貫之」。

科學過問「形下的存有」（being），哲學則向「形上的存有」（Being）進軍。前者採歸納法，由殊到共，being先，Being後；哲學反之，取演譯法，由Being到being。Being（*das Sein*）是一，being（*die Seienden*）則多，二者各具「價值」。重新估定一切價值，先得肯定價值的此種分野。價值的理想面及現實面，主觀面及客觀面，都可以取胡塞爾所說的*epoche*（擱置判斷suspension of judgment），將價值本身，也就是現象學的價值觀，作爲價值中的價值。

(三)海德格（Martin Heidegger, 1889-1976）

1. 海德格是德國哲學家，也是個謎樣的（enigmatic）人物，他看出西方哲學沉醉在「形下的存有」（being），而忘了「形上的存有」（Being）；並且以爲「形上的存有」（Being）是空的，是一種「未定項的概念」（indeterminate concept），內心想到的只是一切有定項的形下存有。需知，集所有的beings才構成Being，形下的beings構成形上的Being，形下的being把形上的Being隱藏起來，包了裝，帶了面紗，形上的Being之眞面目，反而爲人所忽視。

過問此事者，顯然有了形上存有感。1927年著《存有及時間》（*Being and Time, Sein und Zeit*），將人作了現象學加上「本體論的分析」（phenomenolog-ical-ontological analysis），認爲人是能夠提出此問的。可惜的是，他未繼續追問，忘了形上的Being（即上帝）到底原因何在；以及此種遺忘，爲何必然會帶來災禍的理由。一切的問，最具最終價值的，是所有知識及判斷，有何最後根據。這種老到掉牙的陳腐問題，卻是二十世紀天主教托瑪斯門徒的最愛，但似乎是舊酒裝在舊瓶裡。

2. 哲學不該放棄形上學，這才是可以與科學一搏的戰本。有了形上學這種資本，才有力爭的籌碼，不必聽令於科學的跋扈囂張。哲學任由科學所差使，但

或許有具體的兩條路可爲哲學家所專享：一是邏輯，把邏輯當成科學的方法學（methodology of the sciences），二是分析日常語言。

科學研究的豐碩果實，哲學坦然招供，自嘆不如。但連一般人都「意識」且也深覺人是全面性的，形下與形上都不可或缺。海德格之大哉問，是「人存在的意義是什麼？」對存在生出的「意識」，此種警覺，任何人皆不可忽視，更視之爲最具價值的哲學問題。此種問題，或明或暗的都在哲學史上出現過；二十世紀及其後的哲學界，尤應傾全力於此。上述的兩條路，只不過是當走路工具而已，過問人存在的意義，才是目的。此問題有解嗎？他否認迴避過，只是常有令人「意識」到玄之又玄的隱喻充斥其間，只好留待後來的學者予以解祕吧！

重新估定「人的存在意義」，此種存在主義哲學問題，也是尼采哲學所留下來的資產！

貳｜英美哲學

第一章

功利效益主義（utilitarianism）

　　從環球哲學史的角度言之，十九世紀的哲學相對於十九世紀以前的哲學，更為蓬勃發展。其中的重大主角人物，在四個地區或國家中陸續出現，且展露一種集體的學風。在學術用語上分別以德文、英文、法文及俄文出版哲學著作，往昔國際性或者普世性的拉丁語文之傳統風光已不再，代之而起的現代語文中，英語文之氣勢最是所向無敵。英國位處歐洲「邊陲」，雖然不似臺灣那般的被支那朝廷藐視為「彈丸之地」，但對比歐陸而言，地理面積的大小，是不成比例的。但英國在文明史上的業績，卻是「日不落國」的代表。整體國力，包括軍事、經濟、宗教，尤其學術力之展現，的確不可一世；學者為文付梓，經常是轟動全球的名著。其後又加上美國這個新力軍，頓使英文影響力，橫掃地球上每一角落。以英文成書的哲學著作，除了在英國本土之外，美國這個哲學史上的陌生客，也加入陣營；哲學史上不只絕不能讓美國缺席，且還得敦請出場，才更顯亮眼。

　　經驗主義是英國哲學的老調，也是基調；與歐陸的理性主義，同時相互輝映於海峽兩岸。英美學者除了舊調重彈之外，也譜出新曲。除了別樹一幟的功利效益學說外，尤在邏輯上有長足的進步。其次，在十九世紀以後，國際性學術交流較過去順暢，也難免受德國心學的影響；二者之交互震盪，產生哲學新火花，而由美國的實驗主義總其成。驗有先驗、後驗、超驗，但不經「實驗或試驗」，則知識或真理之探討，就若有所失。評述德國哲學之後，以英美哲學為主幹，後以法國及俄國哲學墊底。

　　哲學史在古代，除了西洋之外，東方的印度及支那，還可稍沾上一點邊。但中世紀之後，幾乎全是歐美學人所獨占，如同西元之成為公元一般。舉哲學史，而不必特指西方或西洋，也可說是正確又寫實。

　　經驗主義步上功利效益主義，是順理成章。經驗主義注重知識的大眾化、平民化、多元化，及普及化。以經驗主義為基底的學人，關心庶民及下層百姓之福利，是義不容辭；理性主義在知識的層面上，以內思為主調，偏向於稟賦較上層之精英。

　　人是心物合一體，啟蒙運動的口號是理性掛帥。理性偏心的比重，比傾向於肉

體的成分爲高。在德國，「心」論大漲；心論的主將，幾乎個個都是大學教授。菲希特還當上新建的柏林大學校長（1810-1812）。經驗主義在英國，源遠流長，但公認洛克是把經驗主義建構成哲學體系的大師，他雖曾是牛津大學教授，但多年活動於大學之外。洛克出身於英格蘭，他的經驗主義論調，由蘇格蘭不少學者接棒。休姆是英國古典經驗主義的集大成者，小米爾（J.S. Mill）更踵事增華，是新經驗主義的主帥；這些英國學者，大半生都步出大學之外。

　　這只不過是概略性的描述，箇中詳情則頗爲複雜。有一正，必（可能性極高）有一反。德國的心論如日中天時，物論起而抗衡，卻不得勢，馬克斯只好流亡在外（英）；英國的經驗主義大旗招展時，批判休姆的里德（Thomas Reid, 1710-1796）等人吹來逆風，此種局面，充分突顯出一言堂式的哲學絕非史實。正反雙方的激盪，使腦力潛能更有盡情揮灑的餘地。有必要提出的是英國自十九世紀以來的哲學風，與德國大學不同的是，前者大半不是學院派的，後者幾乎全是大學教授。

第一節　邊沁（Jeremy Bentham, 1748-1832）

邊沁出生於1748年，休姆去世於1776年，中間只差28年，可見影響於十九世紀早期的邊沁，哲學理念早與十八世紀經驗主義的集大成者休姆，二者有緊密的聯繫。經驗主義重歸納，即把雜多化爲單一；由殊相推及共相，而得出通則。此種研究法，不只被功利效益主義者所重看，也應用到「觀念聯合心理學」（associationist psychology）上，以及把自我（the self）作「現象學分析」（phenomenalistic analysis）。休姆更在著作《人性論》（*Treatise of Human Nature*）中，把社會契約或合同論，一掃出門，認爲都屬虛構，而代之以「實用」（utility）才是組成社會的主因。

不過，功利效益主義雖有師承，但強調重點不一定仿古。經驗主義哲學在人性論及知識論上開疆闢土，功利效益主義則轉移焦點在法律、政治，尤其刑法的改革上。古典的經驗主義學者發展出一套人性論、知識論，及道德哲學；功利效益主義者的實用性意圖更明顯；套句馬克斯的格言，休姆哲學旨在「了解世界」（understanding of world），邊沁則要「改變世界」（changing the world）。二者在純哲學造詣上，或許邊沁不如休姆；但前者卻有才華利用別人先見作爲工具來淑世造福，恩澤及於廣大民眾。既得利益者，擁護現有體制者（the Establishment），尤其是養尊處優的中上階級者，是他特別注意的對象；期求以功利效益立場使他們心胸更爲開闊、更具人文意，更慷慨施捨及於下層的勞工及貧賤階級。法國於1789年暴發的大革命，造成社會大動盪，傳統大破壞，以及大屠殺特權人士，引發歐洲學界的錯愕與大反彈。英國保守派學者柏克（Edmund Burke, 1729-1797）立即於隔年爲文，火藥味特濃，甚至要求英國不許承認法國的新政府，且該向法國宣戰；「自由」及「平等」的口號，他很不以爲然。不過拿破崙戰爭之後，積極的改革形勢大好，功利效益主義在英國出現，英國政府也順水推舟，不致於發生類似法國大革命所帶來的階級血腥對立，確實功不可沒。尤其功利效益主義者秉持簡單又清楚的文句，而不賣弄高深莫測的玄理，頓時成

爲十九世紀的顯學。

英國十九世紀的社會哲學，前後有三波。首先以邊沁爲主角；其次，小米爾（J.S. Mill）加入陣容，修正了邊沁的一些主張，二者都算是功利效益主義派；後來，小米爾另發展出一套理想的政治哲學，其中隱含的邏輯、知識論，及本體論，視「國」爲一種「有機的統一體」（the State as an organic totality）；顯然的，古代希臘及德國的「心學」，在英國也沾了一點邊。

一、生平、著作概要，及事功

(一)生平

1. 生於1748年2月25日，是個早熟的小孩。幼時即甚爲了了，4歲學拉丁文法，上過英國極享盛名的西敏寺公學（Westminster Public School）及牛津大學（University of Oxford），只是這兩所學校不能使他稱心如意。其父要他步入法律界當律師，他倒有興趣於理論上的深思，對上法庭爲人辯護之工作較少關注。即令在法律上，他腦內所問的是刑法規章或法律制度，目的何在？該達成的宗旨是什麼，可行嗎？可實現否？簡言之，他以「功利或效益」（utility）角度來衡量這些問題。

2. 「最大多數的最大幸福」（the greatest happiness of the greatest possible number of human beings or members of society），是「功利效益」的最大旨標，一清二楚，童叟皆知。他不掠美，也不搶功，更無剽竊抄襲他人，誠實地陳述他之有此想法，得自先賢。英教士及化學家普里斯特利（Joseph Priestley, 1733-1804），蘇格蘭格拉斯哥（Glasgow）大學教授哈欽森（Francis Hutcheson, 1694-1746），義大利刑法改革及經濟分析家貝卡里亞（Cesare Beccaria, 1738-1794），都早曾經有明言，更不用說休姆哲學的功利或效益取向了。「公共的功利或效益，才是正義的唯一始源」（public utility is the sole origin of justice）。至於法國的愛爾維修（Clande Adrien Helvétius, 1715-1771），也是功利性道德哲

學以及社會改造中的先驅。取「功利」兩字（utility一字）爲原則，不是他的發明，他只不過是取爲應用，且應用到作爲道德及立法的基本原則上，如此而已。支那學者嚴復留學英國時，深愛英國此派學說，漢譯爲「功利」兩字，取自於董仲舒的「正其誼不謀其利，明其道不計其功」的儒家主流思想。「功利」最具「效益」義，則utility之意，更一清二楚。

(二) 著作概要及事功

1. 邊沁的一生抱負，初期著力於刑法改革。大英的整個政府體制之翻新，還不在他的規劃之下，對「民主」也不那麼熱衷；人民有神聖權力來治理國家，此念頭也不多。人民享有自然權，此理論他也認爲是無稽。至於治者或立法者是否眞正追求「共善」（the common good），不管用何種方法或伎倆，也不管受誤解或敷衍了事，到頭來，主政者的主要動機，都是自利。高倡主權在民這種高論，引不起他及大家的關心；甚至反對意見，易置他於四面楚歌之困境。

2. 不過，他呼籲廢除王權體制（monarchy），取消貴族院（即上院，House of Lords）；英國教會（the Church of England）不該成爲「國教」，也力倡選舉權普及於全民，國會每年召開。之所以如此，是他心中不想有傳統包袱，與法國「哲人」（*philosophes*）的看法較親近。雙方都對傳統深感不耐，唯一可賴的就是理性治理一切。以功利或效益爲第一天理，民主本身無法享有特殊的神聖性，才是他的結論。

3. 人道關懷，並不是他的初衷。十九世紀的大英國協（Great Britain），本於基督信仰的人道主義（humanitarianism），在社會改造運動中扮演主角角色，邊沁倒與之涉入不深。他一心一意的是以「後效」來檢視改革的成敗指標；依「行爲」而不賴「動機」，重「外顯」而不重「內潛」。力斥刑罰之兇殘及對罪犯之羞辱，此種口吻，與人道主義者同，咸認那不是理性之舉，也根本無法達成原先設立刑法的旨意，更對「共善」之達成徒勞無功（inutility）。他的訴求是基於理性，而非情緒；是冷靜，而非感性。當然，不能因此就認爲邊沁這個人是

冷血動物。

4. 1776年他匿名爲文，《政府論文叢集》（*Fragment on Government*），
攻擊名律師布萊克斯通（Sir William Blackstone, 1723-1780）的不信國教是犯罪
說，更反對虛構的社會契約或合同論。雖不十分引人注目，但1781年卻能結交
其後成爲首相的政治貴人，雖在位只不過半年（1782年7月~1783年2月），但也
因此有機會與重要人物接觸，作品得以出版問世。他的著作常在手稿未定之前，
就又另提新題目。不少作品是由友人及門徒幫忙付梓，有些還用法文在法國出
版。1787年寫了《高利貸辯解》（*Defense of Usury*），法國大革命年（1789）
發表了重要著作《道德及立法原則概說》（*Introduction to the Principle of Morals
and Legislation*）；《概說》是留有伏筆的，表示其後有更深及更博的論述。

1791年擬定一個模範監獄，稱之爲*Panopticon*，從中央監視臺可以觀察內部
全景的圓形監獄，向法國的國民議會（French National Assembly）申請建造，他
願免費當督工。隔年該議會授予唯一的公民證給邊沁這位外人，但他的獻策並未
被採納。他心目中的囚犯，不全是雅各賓恐怖（Jacobin Terror）之下的受害者，
希望在理性的無雲天空下，哲學當家作主；一掃溫情作風，全以理性對待犯人。
雅各賓黨是最激烈的政治團體，倡極端的平等主義及共和體制，其後成爲恐怖政
策，首領最後遭反對者處死。他也向祖國提出申請，但無下文。還好，1813年
國會票決同意付一筆巨款賠他在這方面的損失。他的模範監獄設計，現在已普獲
全球各地使用，臺灣也不例外；展現「功利效益主義」者最實質的一面，即「言
出必行」。

5. 聲名先揚於外（法國），後在英才冒出這顆新星：邊沁早與法國學界
有深度交情，著作又常使用法文，法國友人乃出版他以法文撰述的學術著作。
1808年之後，英本土的著名學者大米爾（J. Mill）成爲他的及門弟子之後，大
力傳播他的理念，邊沁學團（Benthamism）隱然成型，邊沁也成爲該學團的主
座。米爾父子（J. Mill及J.S. Mill）等人爲邊沁的《審判證據論》（*Rationale of
Judicial Evidence*）五大冊，在英法兩國問世。

對於英國法律之混亂及不成系統，且未能建構一套言之成理又持之有故的法典，深感不滿。他進一步過問憲政體制，為文寫國會改革的文章。對教育及公共教學也素感興趣，有《教育選集》（*Chrestomathia*, 1816），而《行動噴泉表》（*Table of the Springs of Action*, 1817），把行動而生的苦樂予以分析，苦樂乃是行動之泉源。逝世後由友人出版了他的《道德科學》（*Deontology or Science of Morality*, 1834）。

6. 興趣多方，寫作是隨興的；靈感一到，即筆記之，有些頗含哲學意味。比如說，在論及《本體論》（*Ontology*）時，他分辨出實體（real entities）及虛體（fictitious entities）；虛體又分為二，一是想像力自由發揮的產物，霧裡看花似的，似乎以虛為實；一是由語言文字的使用所生，那才真正的是「虛體」，如「關係」（relation）。「關係」二字或relation一字，是虛而非實，因「關係」不可能單獨存在；如無「弟」則必無「兄」。

尤必要一提的是這位身體力行的哲學家，遺言中交代，去世後，屍體當作科學解剖之用，以便造福人群。後人遵囑，1832年6月6日於他告別人間時，遺體即保存於1828年成立的英格蘭第三所大學即倫敦的大學學院（University College, London）中。該所大學之成立，他用力甚多。不滿兩個古老大學（牛津及劍橋）未能擴充高等教育機會，且迄他還在世時得先通過宗教測驗後才准入學。倫敦大學之成立，與之互別苗頭，作風與兩老大學大為不同。

二、去苦求樂學說

(一)心理學上的快樂主義（psychological hedonism）

1. 人性的普遍現象，就是以苦樂作為行為的主要指標。此種說法，一點也不新鮮，伊比鳩魯派早已倡言在先，十八世紀的英法也都有傳人。不過邊沁雖非該論的發明者，卻直言無諱，語句一清二楚，文字了無混淆地說出，「苦及樂」（pain and pleasure）乃是指揮人生一切的主人。「作」、「說」、「想」

（do, say, think），都受制於此（They govern us in all we do, in all we say, in all we think）。即令盡力擬脫除此種束縛，終究還是得聽令於苦樂之擺布。嘴巴佯說要放棄苦樂的王國，實情上卻無時無刻不能與之離身心。

2. 苦樂到底是什麼，他厭惡於用形上學那種抽象式或武斷式的定義，倒訴諸於常識。以「普通話」（common language）說說即可，不多也不少。「不必使用精緻典雅的修飾或形容」，「不必就教於柏拉圖或亞里斯多德。苦及樂，就是人人的感受，如此而已，就這麼簡單」。

「樂」（pleasure）包含吃及喝，但也及於讀書、聽音樂，或「仁慈之行」（performing a kind action）時的樂。

人人皆有苦樂的經驗，這是心理學上的真理：樂具引力，苦則帶斥力。

3. 除了建立在心理學的基礎之外，他還為道德行為找到了一個客觀的準繩：「天性」（Nature）即把苦樂置於人身上，行動受制於苦樂。因之，苦樂也變成行為之「該或不該」（ought to do or ought not to do）了。「對及錯，因及果，這種鎖鏈，就緊緊地繫在他們的寶座了。」

其次，樂、福，及善，三字是異名而同實；苦、不幸，及惡，也是異名而同實；但問題立即出現，即苦與樂，福與不幸，善與惡，可以這麼簡單的只是三言兩語，就可交差嗎？苦皆惡，樂皆善，合乎經驗事實嗎？與伊比鳩魯大唱反調的苦行學者齊諾（Zeno of Citium, 336?-264 B.C.）不用說了，二戰亞洲區最高統帥，美將麥克阿瑟（Douglas MacArthur, 1880-1964）的祈禱文，但願上帝賜給他兒子一點苦頭吃，都已變成臺灣國中學生的課文之一。難道樂就是善，苦就是惡嗎？

回答此一問題，答案若是肯定的，則有個前提，即人人所求的樂，至少是指大樂而非小樂，是眾樂而非己樂，是長樂而非短樂等。不少人都以及時行樂為人生準則，忘了行該樂之後，會有大難降身。因之答案必經一番「算計」，總數

若是樂大於苦的行，則是「該」行的行（right action ought to perform），也是有義務去履行的行。若不，則屬「錯行」（wrong action）了。「算計」苦樂之總數，似乎是說，道德就因此成為嚴謹的科學了。樂的總數多，行的強度大；苦的和增，則行的動力就弱。

(二)功利效益原則（the principle of utility）：最大多數人的最大幸福

1. 單個人的計算推及於全部人，至少也是最大多數人的計算，這就形成為「公善」（common good），也是公德（common virtue），而非私善或私德（private or individual good）。此種原則，是道德理論的最高原則；其他原則，如道德感（moral sense），或直覺理論（intuition theories），即天生的憑本能（instinct），都不得不寄身於功利的苦樂算計上。功利效益的苦樂算計，最為客觀；不依行為之先的「動機」（motives），因為太過複雜，主觀性強，或隱而不現，而是靠行為的後效（consequence）。「動機不良」（a bad motive）這種說辭，是了無科學意涵的，動機又怎能「測」呢？至於行為現象，則是昭昭明甚，無法隱瞞。

當年洛克也把「善或惡」（good or evil）視同「樂或苦」（pleasure or pain）。大善即大樂，大惡形同大苦。樂極生悲的樂，本身不是樂。邊沁把洛克的苦樂及善惡，一律換為「功利效益」（utility）。那是行為當事人的資產，由此資產而有「利」（benefit）、「優勢」（advantage）、「樂」（pleasure）、「善」（good），或「福」（happiness），可以阻止「傷害」（mischief）、「苦」（pain）、「惡」（evil）或「不幸」（unhappiness）。

2. 因之行為當事人必須「預估」（estimate）苦樂二者之增增減減，「樂或福的算計」（hedonistic or 'felicific' calculus）是必要之舉。此種算計，有下述數個層面：

①強度（intensity）②持久度（duration）③確定度（certainty）或不確定度（uncertainty）④遠近度（remoteness or propinquity）⑤純度（purity）⑥豐瘦度

（fecundity）。這些都可以想辦法予以客觀的量化。有些樂是孤立自存的，如口欲之樂，比較「貧瘠」（sterile），有些則可「多產」（fertile），肥沃無比。其實這些原則，伊比鳩魯也早已提及；不過，爲了「公善」（common good），則第七層面該補上，即擴充性（extent）；因爲前六層面只針對個人，後一層面則適用於社會群體。這是十九世紀的快樂學說與古代的快樂學說，最大的差別所在。

嚴肅的說，上述七層面可以準確無誤地予以數學的量化嗎？其中困難度頗高，且難以克服，尤其在最後層面上，因爲個別差異性的苦樂感受，有極大的出入。只是無論如何，邊沁在道德學說上的「假設」，是可以接受的。

3.「最大多數的最大幸福」，這句政治、立法、道德的座右銘，最大多數的「量化」比較可能；至於最大幸福，則屬「質」的範疇。如何使組成社會的分子，以理性或開明的方式來求樂追福，以免幸福總量往下降，並協調利益上的衝突，這是立法者及政府的重要職責。邊沁等人以爲在經濟領域內，市場買賣悉聽尊便，競爭是勢所必然，政府不應干涉，則必然會導致幸福指數之增加。此種說法，其後引出不少爭議。市場理論探放任政策（laissez faire），不良的後遺症極其嚴重，這是邊沁等人始料所未及的。邊沁學派者樂觀地以爲利他主義（altruism）之心，必可把自我尋樂的自私心轉爲公共福祉精神。「人不自私，天誅地滅」；此種論調，他並不贊同。有些人的天性早有淑世濟人的傾向，社會情（social affection）及慈悲心（benevolence），以別人之樂爲樂，以他人之哀爲哀；「樂人之樂爲己樂」，「哀人之哀爲己哀」；是與先「樂吾樂」，然後才「及於人之樂」不同的，與推己哀爲人之哀更有差異了。發放救濟品者目睹窮人一領到食物時的喜悅，就心滿意足了，這是有心理學根據的。觀念聯合學派的心理學（associationalist psychology）認爲將心就可比心；目睹小孩之笑容，就如同見到天使一般的快活，甚至把動物也視同「有感者」（sensitive beings）。別人的愁眉苦臉，對自己是有傳染作用的；一知悉他人之受苦蒙難，自己就寢食難安。把他人的苦樂放第一優先順位，自己的幸福反而列爲其次。邊沁等人就是有

此種悲天憫人的情懷，因之一有不公不義之事，必然挺身而出，甚至不顧己身之安危；若還置身度外，則必羞愧終生。

4. 衡諸實際的掌權者，有類似邊沁的廓然大公心態者，只屈指可數。相反的，大多數的治人者，自私自利占絕大多數，仁心濟世者罕見。獨裁者（despot）或享絕對權的王朝（absolute monarch），及統治階級的貴族（ruling aristocracy），幾乎把公善共利擱一邊，中飽私囊才是心中之最愛。因之邊沁等人確信，追求最多數的最大幸福之前提，是權力該爲全民所擁有。他擬議廢除當時的英國王室及上議院，主張全民皆有投票權，且國會須年年召開，教育普及，使人人知悉爲共利及公益而力爭。因之，排除現有的障礙，就可以增加全民福祉，而不必採取積極的干預。他集中注意刑罰學（penology）議題，道理在此。

罪犯受罰可，受苦則不宜；因爲如此，全民之樂就減少而苦增多了。苦是惡，因之使罪犯受苦，本身就是一種惡行。邊沁認爲處罰罪犯的首要目的，在於「制止」（deter）而非「矯正」（reform）；讓冒犯者改過自新（reformation），是次要目的（subsidiary purpose）。犯刑法者之所以要接受處分，乃因犯者侵犯了他人之自由，減少了享福者的人數，因之必須予以制止。

(三)評論

1. 這些議題，都有高度的敏感性。刑法犯者該受罰，使之不敢再犯；但罰本身也會引發苦，犯法者被罰時苦，侵犯他人也使他人苦。邊沁既認爲一切的苦都是惡，則「一切的處分，本身也是惡」（all punishment in itself is evil）。若認爲惡行是不該行的，又說一切處分皆不宜也不該，這不是自相矛盾的說法嗎？

其次，犯者受罰，既然目的在於阻止使之不敢再犯，則施予最殘酷的處分，效果不是最大嗎？死刑就非要不可了。說它是一種「惡」，卻是社會上不得不有的惡（a necessary evil）；相反的，若受的處分極輕，試問又怎能達成處分的目的？第三，陪審團（juries）既要參酌眾人的意見，且傾聽民意，則考慮越多，越不敢匆下決定。案件審理，就必拖延時日。當時陪審團在即令明知犯者有

罪時，有時也拒絕立即作下決定，尤其死刑的宣告。若案件的當事人是小孩或情節不重，則多半以減刑定案。至於處分帶有使犯者重新作人這種附帶目的，則要看看實際狀況來定奪。若監獄成為犯罪溫床，犯人入獄數次之後，反而犯罪伎倆升級，手段更高超呢！這不也是聲名狼藉的實情嗎？善惡之判定及處分犯人之裁決，以何「刑」予以罰之，如何算計，都是刑法學（penalogy）的主要內容。或許邊沁所認為的刑法之次要目的及主要目的，可以對調，把他認為是外因的，移到圓心；將犯人施予再教育，則他的說法，就更具說服力，也更明智了。

2. 純以苦樂作為評斷行為的唯一法則，此種人性觀，他的後生小米爾（J.S. Mill）認為，視見太窄。至於求樂避苦乃是品德上趨善去惡的唯一「動機」，且仿數學方式來算計，如何加樂減苦，小米爾對之並無異議。他認為邊沁的大貢獻，是採用科學方法來探討道德及政治兩個學門，尤其是「注重細節，將整體打散成部分，把抽象具體化於具體物上，將困難析成個別的問題，然後一一予以處理或解決」。此種「縮減法」（reductive method），小米爾認為，邊沁是箇中能手。因之，封邊沁為哲學的改造工程師。倫理予以量化分析，是唯一又該採用的科學方法，「對」（right）及「錯」（wrong）此種用語，才可以有一清二楚的定義。至於所謂「社群」（community）及「公共利益」（common interest），也可以經過解析，而把抽象概念化成具有「票面價值」（cash-value）的辭彙，就如同數錢一般的，有助於明智的判斷與抉擇。若所用的名詞、彙句、命題、假設（設定），一經分析的結果，如同肉體解剖一般的，仍屬虛幻，則變成「空詞」，無一所「指」（denoting）了。

3. 將「縮減法」或「分析法」訴之於真情實況予以試驗一番，吾人迄今找不出有效的「先驗式反擊」（a priori objection）。但邊沁似乎有點輕描淡寫的把諸多疑難雜症，匆匆一覽而已。究其實，並非如同邊沁所認為的那麼單純。比如說，何謂「公益、公利、公善、公共福祉」？既言「公」，可見不是「己益、己利、己善、己福」而已；其次，公利一定要本諸私利嗎？可以把一切的「公」都取「私」為基嗎？二者之間的轉換，如同外文之難譯為本國文一般；外語以母

語代之，怎可能百分百完全如同於數學的「等」號呢？此種疑，希臘當年的辯者早已提醒過；教父哲學也說：「本枝不一定得有分枝」（*ab esse ad posse valet illatio*），更不用說柏拉圖了。邊沁卻惘然於此。這些質問，都涉及語言文字的使用，也是哲學運思的一門大學問，千萬別誤入其後維根斯坦（Wittgenstein）所說的「蠱惑」（bewitchment）裡；培根之市場偶像正是語言迷障，得設法克服。簡言之，群體或個人所陳述的苦或樂，「真正」意義是什麼。當然，以此一問題來苛責邊沁，可能對他並不公平。他確也心思及此，可惜他未集中火力專攻此領域。小米爾也迫不得已地希望先輩不要蔑視其他學派的思想家。

4. 依小米爾的評斷，邊沁「不是個大哲學家，卻是哲學的改造師（reformer）」。對問題的複雜性，他舉重若輕，道德視野較窄，難怪小米爾不把他列位於「大哲」之林。但他的社會改造，用心良苦，且也有實效。他的命題容或問題多多，如以「成敗論英雄」，他的功績倒頗令人耳目一新，且具啓迪性，展現視野的另一景觀。以「用」為工具或武器，似乎所向無敵，無堅不摧，旌旗迎風招展。正確地指出，行為事後的補救，如「處罰」，不如事先的防止，才是消失犯罪的釜底抽薪之計。

第二節　大米爾（James Mill, 1773-1836）

　　邊沁之學是「吾道不孤」，他的門徒及跟從者不計其數；其中一位帶頭學者，即大米爾。米爾父子在哲學史上都極響叮噹，乃以大小米爾分稱這兩位英國哲學界的名人。

一、生平及著作要旨

(一)生平

　　1. 1773年4月6日，生於蘇格蘭，其父是鄉村製鞋者，信奉長老教（presbyterianism）。1790年入愛丁堡大學（University of Edinburgh），聆聽鼓吹「常識哲學」（common sense philosophy）的司徒瓦（Dugald Stewart, 1753-1828）之課，但願哲學去除形上學的束縛，脫軌邁向科學途程，而改以數學爲基。1802年赴倫敦謀生，靠寫作及編書過活。32幾（1805）才結婚，卻能有16名孩子，長子小米爾，其後在學界更超出其父之上。大米爾撰述英屬印度史，1817年（27歲），出版三冊；兩年後也在東印度公司（East India Company）謀得一職，收入不惡，家計絕不虞匱乏。

　　2. 1808年與邊沁見面，立即成爲後者的激情門生。差一點就當上長老教會宣教師的他，卻認爲除了經驗事實的知是可靠的之外，其他如上帝的存在，此種知是不可能的，成爲「不可知論者」（agnostic），觀點傾向偏激。爲《愛丁堡評論》（*Edinburgh Review*）撰稿，1810-23還爲《大英百科全書》（*Encyclopedia Britanica*）編《附錄》（*Supplement*）中的政治議題。持功利主義的觀點，獲得經濟學家李卡多（David Ricardo, 1772-1823）、人口論的馬爾塞斯（Thomas Robert Malthus, 1766-1834），及應用功利效益原則於司法（jurisprudence）的奧斯丁（John Austin, 1790-1859）等人的注意。在當時，功利效益原則對傳統而言，是離心式的，也是激進式的。1836年6月23日告別人間，一生都爲邊沁思想

奔走呼號。

(二) 嚴以律己，注重政經改造

1. 生活嚴肅，交友不多：一生歲月，少有詩情畫意。對子女要求甚多，是典型的嚴父。其子小米爾曾說，其父雖奉伊比鳩魯派的倫理學，也是邊沁所中意的快樂學說，但內心深處卻是道道地地的斯多噶派，甚至是犬儒派，對樂極為冷漠。大米爾用功甚勤，本諸良知，奉行自己所信的真理。苦行派與求樂派，或許可以說是一體的兩面，有其一也極有可能有其二。

2. 注重實際面，要求政治改造；經濟上持「放任政策」，政經合一。人人追求己利，也只能依此立法，且依此行政，行政必對立法負責，也受立法單位所控制。當時英國的立法機構是下議院（House of Commons），但議員皆出身於少數家族，只為少數人的利益著想。下議院議員所陳述的意見，只不過是少數人的看法而已，不能作為全民喉舌。他認為只要從中產階級的富有者中選取議員，就比較可以代表全民利益。至於投票權的擴充，邏輯上是無終點的；但下屬階級必須接受中產階級的控制，因後者的智慧高於前者。此說法，倒不無令人覺得有點莫名其妙。

當時的投票資格，限制太多，他力主放寬，且國會必須定期召開。其次，他與邊沁一夥人都對教育持樂觀心境，認為人人接受教育越多，越能領會社會的「真正」公利。政治革新與教育改造，須雙管齊下，與邊沁心意同，他倆都食人間煙火。

二、觀念聯合心理學與倫理道德之相關性

(一) 樂觀的人生觀

1. 人人尋歡作樂，與人人利他，二者是有可能的。

我們只注意自己的苦或樂，至於他人之苦或樂，此種感受，是與我們自己的苦樂，二者相互聯合的。

由其長子小米爾所輯而成的《人心的現象解析》（*Analysis of the Phenomena of the Human Mind.* 1869）一書中所摘取的上述引言，對其父這種說法，卻有評論，其中存有曖昧不明處（ambiguity）。認為下述兩件事該予以釐清：其一，以人之樂為己之樂，此時之樂，是己樂而非人樂；此話是真的，且一清二楚。其二，把人之樂作為己樂的目標，也希望能尋求人之樂可以作為己之樂，則與上述一句，語意不可相混。前一種樂是感同身受，如男女之愛撫，見對方樂，或使對方樂，自己也樂；第二種樂與此有別，人之樂不在己之經驗範圍內，因之也擬親自體驗之，且盼也能得該樂。第二種樂與第一種樂，該予以分開。第一種樂或許可以說是先天性或本能的；第二種樂大部分是人為的、後天的、外在的。利己是天生的，但利他呢？人利己，己也利人，人與己在這方面上是相同的，因此人樂等於己樂；但己利他，使他有了樂，此時他的此種樂，已可能經驗上未曾有過。因之，是否人之樂必也是己之樂，顯然有問題。換句話說，聯合心理學是否如同物理或化學那般的機械？物理現象是量的，化學變化則是質的，如氫二氧一（H_2O）就「質變」為「水」。人利加上己利，量更多，則質也就變；幸福，就是質變之後的產物。

2. 功利效益原則第一，至高無上。大米爾尊邊沁似神，不敢逾雷池一步，他的兒子倒沒這麼固執。當一位貴族（Sir James Mackintosh, 1765-1832）為《大英百科全書》撰述「倫理」一條目時，不只接受功利效益原則，且也運用觀念聯合心理學來說明道德之發展，除了以眾人之幸福為旨標外，另提「道德感理論」（moral sense theory）。邊沁的純牛奶摻雜了邊沁一向反對最厲的「劣汁」，為了老師之清譽，他仗義執言。若對方採另一與邊沁不同的理論，如康德的倫理學，則大米爾或許還不會憤怒得無以復加。他之怒不可竭，乃因對手藉邊沁之名，掛羊頭賣狗肉。在分別對錯上，既全盤接受邊沁的功利效益原則了，怎

可以另補上「道德情感」（moral sentiments）呢？把道德感與美感（sense of beauty）等而同之，似乎內心中把「感」列爲第一，功用則是無關緊要的。感是主觀的，內在的；功用是客觀的，外在的。二者不可同日而語。以「欣賞」爲基調，如欣賞美畫，聆聽樂曲，這些「感」，都與「用」無涉。以「感」爲主而思及壞人的不良操守，當然也就在「觀念聯合」上，不與「用」搭上關係了。

3. 大米爾認爲，「感」是另外一種「官能」（faculty）。道德感、倫理情，或美意，都屬之。如此一來，「感」就淩駕在「用」之上了，這是他斯可忍孰不可忍的，二者怎不相上下呢？退一步而言，若「感」可指揮「用」，則該感與道德或美無關。道德判斷，取決於「用」，而非由「感」作主。把「感」引入，除了產生迷亂「感」，在道德行爲上罩上了一片烏雲，且也是危險之舉。回歸到「感」，是退步，玄味重，還拱之爲神聖高貴，把功利效益打入冷宮，視之爲世俗低賤，大米爾當然詛咒以對。以「動機」說取代「後效」說，這就走回頭路了。不進反退，功利效益主義（utilitarianism）怎能與「直覺主義」（intuitionalism）相互度蜜月呢？小米爾在這方面卻也不惜與其父撕破臉，且也不取邊沁之言視爲福音或聖旨。

(二)觀念聯合的心理學與縮減分析法

1. 縮減分析法（method of reductive analysis）即將行爲元素化簡，且分析到苦及樂爲止；這也是古典經驗主義者尤其是休姆的爲學良方。再依此，將心比心，認定利己者必會利他。經驗主義強調知識來之於「感官印象」（impressions），其次才是「觀念」（ideas）之形成；前者是「原本」，後者是「抄本」或「影像」（copies or images）。米爾只是把「感官印象」（impression）改稱爲「感覺」（sensations）而已。人類的一切「心靈」活動，都由「感覺」轉化或變形（transformation）。他又把「感覺」與「觀念」結合，而以「感受」（feelings）一詞稱之。「感受」有兩類，一是所感之對象存在，另一是所感之對象不存在；前者稱爲「感覺」，後者稱爲「觀念」。換句話說，感覺及觀念都

是有「對象」的。對象存在於感官者，稱爲「感覺」，否則即是「觀念」。這是他《人心的現象解析》一書中的主要內容。

2. 把人心（human mind）予以分析之後，他仿休姆所列出的觀念聯合法則（principles of association）有三：時及空的鄰近性（contiguity），因果性（causatiom），及相似性（resemblance）。米爾則認爲因果性與時空鄰近性同，前因與後果，若在時空上二者緊鄰，則觀念的聯結必強，否則即弱。

依此，命名（naming）、分類（classification）、抽象（abstraction）、記憶（memory）、信仰（belief）、推想（ratiociation）、苦樂覺（pleasurable and painful sensations）、意志（will），及意向（intentions）等論題，皆採此方式一一予以說明，建立了一套「心靈論」（doctine of the mind）。由此來探討眞理、倫理，及教育時，就有一套邏輯了。爲大多數人謀求最大的幸福，此種功利效益主義目標，也於焉可以實踐。形上學家把因果律說得玄之又玄，邊沁、休姆，及米爾卻訴諸於實際經驗，既不神奇，也不奧妙；前因後果，只因有緊鄰性而已；把苦樂當因，福就是果了。

意識（consciousness）乃是「感覺」加上「觀念」。洛克所言之內感官（心）之「反思」（reflection），米爾解釋爲「意識流」（the stream of consciousness）；身體的動及心靈的動，是一脈相承，有跡可尋；身動與心動，二者是聯結的。他的兒子只作一些補充，引入了「注意」（attending）一因素。

三、市場的經濟理論

(一)自由競爭

1. 鼓吹經濟放任政策，則公私利益最終將可密合，不生干戈。政府的要務，就是掃除一切障礙，如關稅。表面上，關稅是保障英國穀物地主的利益而已。貨物交易，悉聽自由，通行無阻。法國的重農主義者（physiocrats），加上英國本土的經濟學大師斯密（Adam Smith, 1723-1790），都大力鼓吹市場的自由

競爭，以回應工商及資本階級的要求。其實在米爾心目中，中產階級也盼望如此。中產階級在米爾眼裡，是社會中最為聰明的分子。

自由放任政策理論的最初建構者是英人李卡多（David Ricardo, 1772-1823），1817年發表《政治經濟學原理》（*Principles of Political Economy*），是被米爾眷恩之下的產物。邊沁曾說過，米爾是他精神上的孩子，李卡多則是米爾精神上的孩子（事實上，李卡多還年長米爾一歲）。不過，米爾在經濟學上的主張，仰賴這位精神上的孩子甚多，且李卡多的觀念也型構成邊沁學派的經濟學。

2.「價格」的科學理論，李卡多的最大貢獻，是提出貨品的價格（value），大半得依生產中勞動力的多少來決定。但若把此原則予以極大化，認為價格的高下，勞動力是重大因素甚至是唯一因素，那就是馬克斯的說法了；貨物買賣所需的錢（價格），勞動者而非資本家說了算。但李卡多並無如此極端的說法，他也注意到了工廠老闆的角色。放任政策的其他經濟學者也如此，且同時也相信資本家並非都一味地榨取工人利益。資本家花資金購買昂貴的機器，在決定產物價格上，也該有發言餘地。主張放任政策者心存樂觀，在市場自由競爭且毫無阻礙之下，價格自然就會十足真實地反應出貨品的價格。

回歸自然，返回自然，順從自然的基本前提，就是認為自然中自有自然法在。自然法的運作，不許有人為的干擾，就讓自然法功能施展吧！就如同自然主義大師盧梭之所言，不聽從自然者，自然懲罰必降其身，既公平且也無所不在，更無所逃。「懲罰獎賞」（sanction），是有「自然效應」（natural consequency）這一項的，人不需雞婆。

3. 邊沁陣營裡的學者倒沒這麼樂觀地任由自然法「我行我素」，依人口學者馬爾塞斯（Thomas Robert Malthus, 1766-1834）之研究，人口增加是幾何比例式的，但自然產物如農產穀物，卻只是算術等級的而已。且生活富足時，子女眾多，不加以人為的限制，將造成「最大多數最大幸福」的目的無法達成。一旦人口大量增加，產物不足，維生堪虞；這也是「自然」的自然效應。因之在功利效益原則下，米爾等人也不得不在經濟議題上，仿政治議題，而思謀人為的「改

造」。米爾爲《大英百科全書》寫「政府」議題時指出：政府的業務，是確保勞動力的成果可以使勞動者增加幸福，且不許剝奪弱者的工作權。不過一般而言，邊沁門生在經濟學領域內，還是本其初衷地但願政府不要過問。

(三) 經濟議題上秉持一貫的功利效益原則

1. 邊沁陣營裡，先是對此有點自亂陣腳。馬爾塞斯認爲，土地肥沃處的土地租金必較高，地主因之得利多，卻是不費分文即有此得，反而佃農無法沾此利；該處的地主多半是社會的寄生蟲，人口依自然增殖，勢必產生極爲嚴重的後遺症，故非採人爲手段予以節育不可。當時由於立法控制生育，實際上並沒辦法實施，只好另謀他圖。小米爾乃試圖立法來調整財產的分配，即政經分離。經濟上仍維持自由放任政策，政治上則轉頭他向。這是小米爾在這方面著力的重點。

2. 「功利效益」原則本身不變，但邊沁及大米爾對「功利效益」之闡釋與小米爾有出入，且在手段上二者不完全同。前者對人爲的、政府的、立法的干預，尤其在市場自由競爭上是袖手旁觀。因爲他們有個信念，認定即令因之財富不均、苦樂不勻，那是短時現象，卻有最後審判，屆時公平的幸福及快樂，是萬民皆沾且也普及受潤，冥冥之中終有公斷。小米爾主張政府或國家對經濟、市場或貨物價格，不許隔岸觀火，必要時該介入，旨意仍放在大衆幸福的增加上。一開始執行功利效益原則時，就不許在經濟層面上完全准許獨立自主，或自生自滅。固執的堅守邊沁心意的大米爾，也覺得國會的下議院，問題多多，非重新改造不可，以免「功利效益」原則打了大折扣。難道在經濟議題上，就可撒手不管嗎？小米爾在這方面就較其父彈性多了。百分百的放任政治人物是不妥的、不該的、惡的，同理，絕對的聽任經濟人物剝削工資或物價而坐享其成，卻無視於工人或普勞大衆（proletariats）之哀鴻遍野，那不是更與功利效益主義的初衷，天南地北嗎？

第三節　小米爾（John Stuart Mill, 1806-1873）（一）

　　有其「父」必有其子，但二者的「因果性」不必然成立。史實告訴世人，小米爾在哲學史上的建樹，是江山代有才人出，一代新人「勝」舊人；淡水河後浪推前浪，青出於藍更勝於藍。米爾父子在哲學史上是難得一見的兩代哲人。小米爾著作繁多，一生事蹟可供教育界思考之處不少。支那學者嚴復（1853-1921），曾擔任支那最古老大學北京大學校長，在留學英國時，對小米爾的著作，恭維備至，譯爲漢文引入支那。小米爾將功利效益主義從草創到系統化成一套嚴謹的哲學理論，居功最偉。支那漢朝儒生董仲舒（179-104B.C）之下列名句，可以與功利效益主義原則作一強烈的對比：

　　　　正其誼不謀其利，明其道不計其功。

　　一生把「誼」（義）及「道」掛在嘴邊，而棄利及益，那是孟子的遺訓。「王何必曰利，亦有仁義而已矣！」但大倡仁義道德的這個東方古國，二千多年來的「效應」如何，且文明度又如何，誠可以令讀者深思！

一、生平事跡

(一) 父教子的獨特型態

　　1. 英國教育史有長期的精英教學型態，對於送子弟入政府辦的公立學校，一向是自認稟賦優異的家長所反對的。他們偏愛私立學校，尤其是「公學」（public schools）或「文法學校」（grammar schools），這都是教會辦理的教育機構，強調知識教育，對語文尤其是古文，特別安排較多教學時間，數學更不可缺。至於政府所經營的學校，則以生活教育及技藝教育爲主，費用低，收容貧窮家庭孩子入校。米爾是自負頗高的才子，家計收入也不惡，乃在撰寫東印度公司

史之際，伴以教他的長子爲業，父教子而父子雙雙成名且其子後來居上，成爲教育史上的有趣話題。

2. 自述《自傳》（*Autobiography*）一書，剖陳他的求學過程。居家就是教室，嚴父在旁；3歲即唸希臘文，12歲不到，就已涉獵不少希臘及拉丁文學、歷史，及數學。然後進到高階，即邏輯一科；13歲（1815）時已讀過幾乎所有政治經濟領域的文章，包括斯密及李卡多的著作。至於宗教，「我幾乎一開始並無什麼一般人所謂或所接受的宗教信仰」。雖然其父鼓勵他，學學人們事實上所自以爲是的宗教教義。大米爾是個不可知論者，而非一位獨斷性的有神論者，不可能由上帝來創造宇宙。雖然上帝擁有無限的力、智，及善；不過他又說，對上帝的此種信，不利於道德，也有礙又有害於道德。因爲若有一個全知全能又全善的上帝在，則人之爲善，都得仰賴上帝，人也不必爲行爲負責，這又哪是道德啊！

3. 14歲（1820）就離家出國到海峽對岸的法國南部，跟在邊沁弟弟（Sir Samuel Bentham）身邊，不只利用機會學法語文，還在蒙皮立大學（University of Montpellier）隨堂上過化學、動物學、邏輯及高級數學，還結交了當地一些經濟學家及自由派思想家。一年後回英（1821），開始鑽研法國學者孔笛亞（Condillac, 1715-1780）思想，求教他人羅馬法，並向邊沁哲學進軍。不只是對英法名哲學家的著作仔細遍覽，開始被邀參加功利派活動，還自己組成有一個小圈圈。

17歲這麼年輕（1823）時，就在父蔭之下，於東印度公司獲一職；還屢次晉升爲主管，時已年屆半百（1856），薪俸豐厚。父子一生，都不曾在學術機關獲有教職。

(二) 「理」無「情」補，則陷入心靈危機

1. 16歲「年少輕狂」時（1822），就爲文仗義執言，替父親及李卡多辯護。1824年成立的《西敏寺評論》（*Westminster Review*），是宣揚激進改革的喉舌刊物，他常常賜稿發表。1825年，還不到20歲，就擔任編輯邊沁的著作

《審判證據論》（*Rationale of Judicial Evidence*）共五大冊，於1827年公諸於世。他說，此事幾乎耗盡了一年的休閒時光。由於工作勤奮，不眠不休地整理邊沁手稿，導致精神崩潰；此一心理上的危機，也正是他外表容顏上的重要標記——沮喪頹氣。本來，自童年起，即受其父長年灌輸功利效益原則，卻在他內心失去魅力；當然，與之決裂，是還談不上的。此種親自又獨特的人生體驗，他獲得兩個結論，一是幸福的獲致，不是只有直接式的，卻經常迂迴轉彎又繞道；有時爲了自己的理想，不惜棄己利也捨己福；二是分析鑑別法，自非唯一良方，卻該配有他路。人性不光理性而已，柏拉圖早有人性三分說。理性、情性，及欲性，三性中，情性尤不可或缺，否則人生無趣，日月無光，宇宙無色。早年即在嚴父教管之下，已爲哲學奠基，可惜他未有慈母之憐愛。《自傳》一書對媽媽隻字不提，爸爸只顧長子的古典語文及數學邏輯，還要求把所學向另15位弟妹照樣施教一番。「情」上，他幾乎虛空，惆悵、憂鬱、彷徨、失神，使他陷入掙扎痛苦裡。

2. 皇天不負苦心人，他找到了精神食糧。22歲時（1828）他讀了大詩人渥茨瓦滋（William Wodrsworth, 1770-1850）的詩，也觀賞了美術畫作，還對另一名詩人柯力芝（Samuel Taylor Coleridge, 1772-1834）及其門徒的詩作，大受震動及感受。藝文界是與邊沁學派涇渭分明的，他也心有靈犀般地欣賞蘇格蘭散文學者喀萊爾（Thomas Caryle, 1795-1881）的作品，這是其父最爲忽略的精神食糧。不過，英國詩人的核心理念，認爲十九世紀的新人，該大力反擊十八世紀的古人。這種「英風」（英國作風），他並不十分領情；終究他還是邊沁的支持者，且他也不敢對父「不孝」，拂逆之或揚長而去，卻仍是功利效益圈內的一分子，且被後人封爲功利效益哲學最具體與完整的建構師。由於個人切身的人生經驗，使他體會邊沁或其父太重理而輕情，人性觀因而較窄，他不是判將，卻把功利效益原則作了補充且填實。法國的《哲人》（*Philosophes*）及邊沁等人之側重理性分析，是功利效益主義的一面，雖占的面積大，但卻不是全面；不可蔽於一曲而闇於大理。

3. 乾柴如能補以烈火，則一幅不亦快哉的熊熊人生情趣及畫面，不是最令人滿足，既快樂又幸福嗎？1830年起，24歲的米爾因在他的小圈內也有佳人作為知識上的伴侶，雖是倫敦商人之妻，但其夫不疑有他地深信，那只不過是男女交換意見而非密會。米爾在自傳中也明言，即令坐懷，他也不亂，何況無非分之念！只是此事又有何證？倒是商人去世（1849）之後兩年，果真兩人（米爾已45歲）即從知識之侶變成心靈及肉體的貼身，雙雙共度餘生，但也永浴愛河8個春秋而已（1851-1859），這位再嫁夫人在1859年過世，無子嗣。此外，在歐洲使他有機會觀賞高聳入雲且白雪皚皚的群山環繞的自然大風景，這是倫敦最欠缺的。美景當前，大自然及異性的精神滿足，補上了其父教導時所欠缺的那份「情」。上帝真未虧待這位哲學家。

(三)「理」只及少數精英，「情」則嘉惠眾多庶民

1. 1829-30，年歲只23或24，因結交法國社會主義學者聖西蒙（Comte Claude Henri de Bouvroy de Saint-Simon, 1760-1825）及其同夥，雖然不同意他們對經濟上放任政策的攻擊與批判，卻接受他們所陳述的實況。「他們的想法或目的，或許是有理的，且也是該追求的；不過，方式或途徑可能不生效力」。把對立的勞資雙方結合起來，共營公益，以雙贏為目標。年輕的米爾，一生不敢或忘於特性及個體的自由，不過內心倒有些微的修正，即為了公共福祉，該調整個人主義的作風。十九世紀法國的學潮，是社會主義當家，由孔德（Auguste Comte, 1798-1857）的實證哲學（*de philosophie positive*）領軍。他與這位社會學大師自1841年起即有通訊往還，但未曾碰面，其後魚雁漸稀。內心中對孔德禮敬雖有加，但實證論者後來在人文精神或人道關懷上的意見，他並不頷首點頭。

2. 在父嚴但或許未獲母慈的家庭生活中，倖獲異性配偶賜予身心方面的滿足，於願足矣！愛侶早逝後，這位53歲的孤獨「老人」，振筆直書，寫出令學界另眼看待的著作，連支那留學生都擇他的著作作為主要譯文的對象。婚前3年於1848寫了《政治經濟學原理》（*Principles of Political Economy*），妻死之年更以

《群己權界論》（*On Liberty*, 1859）而享譽學界。該年也是達爾文發表震驚全球的演化論學說之年，更是世界上許多名人出生之年，如美國的杜威及法國的柏格森。1863年更以《功利效益主義》（*Utilitarianism*）為書名問世。

3. 三年的國會議員（1865-1868），支持1867年的「改革法案」（Reform Bill）；經由立法，將選舉權從上流社會階級所擁有的小市鎮，擴大到人口密集的工商大城；工人因此享有選舉權。在國會殿堂上，他抨擊大英帝國對愛爾蘭（Ireland）的政策，《英格蘭與愛爾蘭》（*England and Ireland*, 1868）的小冊子，為愛爾蘭的民生疾苦喊冤。勞動工人受盡剝削且遭困苦及飢餓，內心深覺不安。他說，此種社會問題之在他腦際出現，是來之於甜蜜愛妻之意見。女子也有才智，不是「難養之輩」；也促使他提案，要求婦女該享有教育權，他是環球第一人。把女子與小人同列的孔子，都可當上「至聖先師」之美名，則對米爾不知要如何稱呼！絕大多數的史上名人，都有長相廝守的配偶，難道未曾體認「另一半」也有「智慧之言」？連公然出口辱及女性的孔丘，也從一婦女的哀號中而教訓弟子記住「暴政猛於虎」。可恨的是這位「萬世師表」及後代門生，似乎未見悔過，且變本加厲，要求「女子無才便是德」，三從四德甚至纏足，守活寡！

二、《功利效益主義》一書要旨

(一) 為「功利效益主義」原則定調

1. 以功利效益作為倫範準則：他為功利效益主義所下的定義，最常被引用，也符合邊沁一群人的意旨。作為道德基礎的信條，功利效益（Utility）或「最大幸福原則」（Greatest Happiness Priniciple），堅持的是：正當的行為，與幸福之增進，二者成比例；錯誤的行為，也與不幸之增加，二者成比例。幸福朝向樂而無苦；不幸或苦，則無樂。

他急於表達的是，功利效益主義，不等同於「自我主義哲學」（philosophy of egoism）或「便宜行事哲學」（philosophy of expediency）。便宜行事或權宜

之計（the expedient），只對當下或現時有利，卻有違一條更為基本的原則，即該立即所獲的利，與站在「更高度」（a much higher degree）所獲的利，二者並不符合。此種「急時行樂」，哪管後果如何的作為，不只個人經常如此，群體或公共權勢單位，也莫不如是，都以不吃眼前虧為行事要旨；既然有花於眼前，堪折時竟然不折，爾後無花只好空折技了。米爾認為這不是真正的「有用」（useful），反而「有害」（harmful）。利及害，原則是什麼？俗云：兩利相衡取其重，兩害相權取其輕。「權宜之計」（expedient）是有原則的，奠定該原則，乃是他寫作該書的主旨。

2. 幸福不只是個人的，或自我為中心的（egoism）；行為當事人（agent）必涉及到他人。因之有「量」上的考慮；前者之福，量少、範圍窄、時間短，經常把眾之利或福不列入考慮，奉私而不奉公。公務員自己的錢袋滿滿，卻是損他人之利的結果。

3. 邊沁提出最大幸福原則時，立即遭來不少人的指控與嚴斥；米爾挺身而出，打抱不平，認為邊沁原則不該受到侮辱。不過為了免受誤解，他有必要進一步予以闡釋評析，使邊沁的架構更為穩固。首先，若有人質疑最大幸福的原則，那麼他與邊沁一樣提出反問，有無另外原則比最大幸福原則，位階更高、更絕對、更永恆、更普世性的原則？亞里斯多德早說過，人類的一切行動，不是全以追求幸福為最高旨趣嗎？這一最高境界是自明的，不需另找證據來解釋。「幸福且也只是幸福」（happiness and only happiness）才是人人行為的總目標，夠了，這就夠了。何需另提證明？個人如此，群體社會或國家，亦然。這就是邊沁所說「社群」（community）或「公利」（common interest）的真意。此外，他更指出，福不只是「個別的善」（merely a good）而是「善本身」（the good）。人之朝思暮想、期待、仰望，莫不在於此，若不此之圖，而把視線放在金錢、名望、延年益壽、多子多孫、住豪宅，娶嬌妻、喝美酒、享佳餚等，則只稍動一下心思予以解析，就可知那些項目，都無法等同於「福」。但若有了福，則憑觀念聯合的心理學原則，就與福密不可分。以「德行」（virtue）為例，米爾明示，

德與樂，二者相連；尤其是行德才能有眞樂而無其苦。樂與福是聯體嬰，享樂者才是享福者，反之亦然；受苦者最不幸，最不幸者也就是最苦者。此種相連性，米爾並不另走獨木橋，也非與其父及邊沁輩們分道揚鑣；只是米爾在本有的原則上，加柴填油，火勢更旺而已。

(二) 功利效益的算計，質重於量，裡重於表

1. 功利效益不該只思及「外在的」（extrinsic），卻也必有「內在的」（intrinsic）；其次，樂不只有量的（quantitative），且也必有質的（qualitative）。

> 一般功利效益主義者認爲，心樂優於身樂，原因是時間可以較久（permanency），安全度（safety）更高，不必花費（uncostliness），惠而不費等等，似乎不計及「內在性」（intrinsic nature），而只考慮在「某情某景之下有利」（circumstantial advantages）。

但接著他進一步地指出，因「質重於量」，故有必要另取觀點，且前後一致，又與功利原則十足吻合的一項事實，是某「性質的（kind）」樂，確比別種樂更有價值，也更值得去追求。在一切之中，若把量與質置於同位階，而計算出樂只能憑量來評估，這是荒謬的。質的差別，重要性比量的大小，大了許多。

2. 質重於量，此說一清二楚，也呼應邊沁派的論調。至於裡重於表，則不盡然他與「他們」兩相扣緊了。邊沁等人一以貫之，仍取樂爲唯一評斷指標；但樂可以被取爲「內在價值」的衡量標準嗎？樂本身是否具有「內在價值」，或樂本身具有「內在性」及「價值性」，則牽連到人類的「理想」領域；或人「該」往何處去？舉例言之，一個人處在社會上人際脈絡的「此情或此景」關係上，由建設性的活動所生的樂，在「價值」上優於破壞性的活動所生的樂；此種說法之具有任何意義，要視狀況而定。如同說，「聆聽貝多芬交響曲之樂，比吸鴉片煙之樂更爲優質」，一般無聊。因爲純就「樂」本身而言，兩種樂根本無法相較，

尤其作「價值上的比較」。若把此樂只放在「量」上來秤（外在的），邊沁等人是有標準的，不只強度一項而已。此事前已提過。

米爾提的標準，福是不只樂一項的，還得兼及人性。下述是他的名言：

> 寧可作一個不滿足的人，也不願當一頭滿足的豬。
> 一位不滿足的蘇格拉底，總優於一位知足常樂的笨瓜。
> If is better to be a human being dissatisfied than a pig satisfied, better to be Socrates dissatisfied than a fool satisfied.

他一語道出邊沁理論上的最大缺點，就是對人性未予深究，在人性本質上的認知不足。《論自由》，或《群己權界論》（*On Liberty*）一書中更有下述一段話：

> 邊沁所悉的人，易為苦樂所動。由此來操控人的所有行為，部分受制於由自利而生的各種不同面貌。由此而生的「情」（passions）稱為自私，部分受制於「同情」（sympathies）或偶生的「反感憎惡」（antipanthies）。邊沁的人性觀也就止於此了。……所認定的人從來不是個有能力去追求精神上完美且以之作為人生目的者，發自於他自己內心的良知，絕不擔心是否有其他因素足以使他產生善的希望或惡的恐懼；只要他的個性操守，能符合他自訂的頂級標準，就盡力欲其所欲，而無其他理由。

依米爾的說法，邊沁認為人之對待他人，都以自我利益為出發點，因之產生三種感情，一是「自私」（selfish），二是同情（sympathies），三是反感（antipathies）。

換句話說，一個人秉持良知，不計毀譽，更不計較吃多大的苦或樂，這是最滿足者。蘇格拉底願意遵命服毒藥自盡，就是顯例。他當然不滿意於他人，但他

的抉擇，是他自認最為滿意的。

(三) 功利效益的極大化

1. 基於樂而生的活動，價值是有高下等級的：人性本身，不會粗俗地只把苦樂當肉體面來看，卻應有「最大的面」（the largest sense）。人要求苟日新、日日新，苟日進、日日進的（a progressive being），永不止息；人性對米爾而言，具有「更高官能」（higher faculties），更高更優質的樂與之呼應。邊沁認為的樂，不必把亞里斯多德搬出來，米爾則認為有必要就教於這位希臘大師。德國的洪寶德（Wilhelm von Humboldt, 1767-1835）說過的下述話，被他引在《論自由》裡：

> 人生目的，是將各種力道作最高又最合協的發展，使之成為完全又一致的整體
>
> the end of man is the highest and most harmonious development of his powers to a complete and consistent whole.

把人的理性力、意志力、情欲力等「潛能力」（potentialities），都予以大放異彩，同時也最可協合成整體性，此種最極品的人格、道德，或情操，該是人人一生最該獲得的「實踐性」（actualization）。

這不是亞里斯多德的術語嗎？

2. 「獨特的個別性」（individuality），此種觀念，正是他最強調者，也是人的一生「發展」（development）結果。個別的獨自性之培育，才是把人發展成為人的真正結果。此時此刻，這種人絕不屈就於任何衝動。這種人，把各種能力都作「協合的統整」（harmonious integration），一點都不離心（cenfrifugal）或古怪（eccentricity），卻有一股向心力（centripetal forcce）。異中有同。他把此種向心力移植在邊沁的道德學說上，以補充邊沁的苦樂算計上的不足。邊沁的

出發點並無錯誤，他也不取之作爲批評的對象，只不過是擴大了邊沁的道德視野（moral vision）。邊沁的快樂學說，引來的敵人已不少；傳統及宗教上的衛道之士，猛力撻伐者有之。米爾無論如何，豈可絕情以對？何況邊沁是他父親之師，對師公不敬，又哪是人性的「高級官能」這種心力的展現呢？

3. 道德上，行爲後效及前因，二者兼重：亞里斯多德的道德論，很重實務，「勇德」只在有「勇行」時展現，且德行要養成習慣，功利效益主義一群人更強調及此。英國的功利效益主義與希臘亞里斯多德的道德論，二者關係密切，此說一點也不牽強。以行爲後效來見德本身的眞章。德本身是抽象的，德的「行」，就具體了。

米爾在此提醒一點，這一點，亞里斯多德也早提過，即幸福是人生目的，古今皆同，保證未來也如此。但實踐幸福的一切人類行動，不可只視之爲「工具」或「手段」。康德不也特別提醒嗎？並且幸福這種「後效」或「結果」，也不純是外在的，更非與「工具或手段」無關。幸福不是純靜態的，手段也非純動態的；不可非此即彼，非彼即此。亞里斯多德的整體哲學體系，就是如此；他的質與料，形式與內容，潛能性與實踐性，是你中有我，我中有你。米爾闡發其論，勿把道德上的因與果作二分，卻彼此都有「聯合」現象。保持良好的健康，是達到幸福的過程、手段、工具；一前，一後；但前後並不斷然分離。其實，享受健康，或聆聽一首好歌等，都是組成幸福的一部分；手段（means）與目的（aims），若即若離，但並不切割。「幸福不是一種純抽象概念，卻是一種具體的總合」（Happiness is not an abstract idea, but a concrete whole），此說幾乎完全是亞里斯多德的想法。

4. 行爲的「對」（right）或「錯」（wrong），米爾認爲，與幸福之增或減恰成比例，這是前面早已說過的；同時他也說，幸福不單是指個人在福上的增加，而是要「最多的幸福」即「全體人類的福」，也是個人之福（個福）的極量化；視個人的至福，是全體人的福（群福）的極量化，成爲群體的至福了；這是常識，在此種簡單的算數裡，該考慮及深思下述二事：

其一，個福若與群福同，則追求個福與群福兩相合一。

其二，個福若與群福異，則「利他或施捨」（altruism），就與「守財自私」（egoism）二者格格不入。人人皆本諸自己的樂，純以利他爲樂及純以利己爲樂，二者都有可能；前者以「錢散」爲樂，後者則以「錢聚」爲喜。邊沁的計算，純把人當「自然人」（natural man）；米爾則進一步說，人除了是自然人外，也是社會人；人具有「社會性」（social nature of man），體認出人在「群體」或「社會」裡可以獲得的幸福，即功利或興趣，必比單個人獨活時爲多。人是社會的一分子，單個人是個有機體，由單個人所組成的社會，更是個有機體。就單個人而言，左手與右手都是組成人體的一部分；但左手或右手，不可只顧一手之利，左手與右手都要作有機的（organic）的結合。相同的，社會裡的個人，也是如此。社會是個人集合而成的「有機整體」（an organic whole）。德國洪寶德所說的，也正是如此。國家是個有機體。

米爾因之特別注重人的「社會情」（the social feelings）或群體感，由此結合志同道合之士，共謀群體利益，爲公眾造福。這是人類趨向文明的表徵。社會情感或同伙感，是極其自然的，除非有特殊例外。米爾也強調，此種社會情感或同伙感，經過教育的啓迪，而強力增大，結合力也快速；營公利求共福之心必更爲迫切。究其實，那也是人的本性之一。外力如教育、法律、風俗等，也未必能施加諸其上，卻是「最大幸福的德行中，最高階的制裁」（the ultimate sanction of the greatest happiness morality）。

米爾作了這些修正，已與邊沁等人的原先功利效益說稍見差異；但他本諸「情」，捨不得拂袖而去。作人不可太絕，這也是他在理情掙扎中，作了最認爲較幸福的抉擇。

(四) 功利效益主義的義務觀（utilitarian theory of obligation）

1. 把個人的自然人擴大爲社會人，也就變成道德人了嗎？化自利（egoism）爲利他（altruism），是從生物我（biological self）變爲「社會我」（social

self）；若二者皆本諸「人性」（human nature），則都是「事實上的描述」，屬於實情告白的「是」（is）；但怎可因之就跨過、超越，或提升到「該」（ought）的範疇呢？休姆早有警告，不要犯了「範疇的謬誤」（fallacy of category）。人人尋自利甚至覓公利，這是人性的，能否由這種「是」，而成為「該」，即「該」增樂減苦？休姆此種警告，不只對功利效益主義有效，且也適用於康德的道德哲學及亞里斯多德的目的論倫理學（teleological ethics）；尤其康德的「應迫」（即「無上命令」，imperative category）論。簡言之，「義務」是怎麼生的，由「是」就成為「該」嗎？「事實」就搖身一變而為「價值」了？

回答此種挑戰，米爾的回應如下：

其一，加樂減苦的此種人性（個人性及社會性），不是「純」事實的寫真而已。可以以之作為「一種」前提，也可以窮盡所有的前提。功利效益主義學者說過，以幸福為旨趣，這不只是事實描述，且已隱然的內含價值判斷在其中。可見前提不純是「事實」，卻含有「價值」意味。視幸福為最終目的，這是「值得」去追求的。

其二，人是理性的動物，這是亞里斯多德的定義。功利效益主義者不疑有他。求福避苦，正是人的理性運作現象，此種現象頗「該」，列為「義務」也是勢所必然，非推薦不可，「必迫」也勢在必行。邊沁及米爾都著力於此。休姆所上的軛，從此可以解除；康德的無上命令，也就不會套牢。「是」中有「該」，所以從「是」可以推出「該」。當然，這並非邏輯上的必然！但可能性是存在的。「是」與「該」，不該當作二分，二者是有交集的。勿把「是」與「該」，兩極化；二者在「對立關係」（square of opposition）上，不必然屬於第一級的「大衝突」（Contradictory）。這是本書早已提過的。義務屬「該」也屬「價值」的範疇，但「該」早在「是」裡。既然人人求福「是」事實，則人人求福也是價值，答案是：人人「該」求福。

2. 功利效益主義的道德說，純看行為後效能否加樂少苦而定；既具體又可觀察，甚至能計算；這是「目的觀的倫理」（teleological ethics），頗合乎一般

人的口味。其次，米爾把原先的功利效益主義在人性論上予以擴大解釋，將狹窄的快樂學說（hedonism）提升到高層次的人格發展，從生理我、社會我，到道德我。其中，哲學人類學（philosophical anthropology）色彩，甚爲亮眼。功利效益主義在他手中，體系較爲完備。這是他最對得起父親及邊沁集團的地方。

三、《論自由》（*On Liberty*）

「事實」與「價值」既然不可二分，而價值範疇的爭議又比事實範疇爲大，因之，也該是一流哲學家必思考的主題。人類所有的價值中，「自由」的位階層次最高。如同幸福之作爲人生最後旨趣一般，價值中的「生命」、「愛情」，及「自由」，三者是有高下位階的，等級不同。法國大革命時不是頗爲流行下面的詩句嗎？

生命誠可貴，愛情價更高；若爲自由故，兩者皆可拋！

把「自由」取爲論作的主題而成書，在哲學史上，米爾是第一人，他搶了頭香。《論自由》與《功利效益主義》，二書是一以貫之的。取「功利效益作爲一切倫理問題的最終訴求，但功利極大化，必以人的永恆利益爲基礎，以便使人成爲一種進步的存有體」（man as a progressive being）。簡言之，「最進步的存有體」除了「自由」之外，又有什麼嗎？

(一)個體的自由發展（free-development of the individual）

1. 公德建立在私德上，私德是公德的「必要條件」（「有之不必然，無之必不然」，necessary condition）；有私德者不必然有公德，但無私德者「必」無公德。群體的自由亦然。有了個人私下的自由，並不見得必然有群體的自由；但若無個人私下的自由，則「必無公共自由」。

　　討論問題必須抓緊核心或關鍵。組成分子都健全，不必然由此所組成的國家，必是幸福或富強之國；但若成員皆無法健全，則必是個腐朽的國家。

　　把幸福定義爲求樂避苦，這是「最終原則」（ultimate principle），絕不抽象。此外，人不群居，必生存不易，早就滅絕。此種活生生的事實，極爲具體。由此可推知：一來個人之求樂避苦，此種「自由」是無可爭辯的；但同時，出現他人之存在，他人也享有相同的「自由」。因之，功利效益主義者非進一步深思「自由」議題不可。

　　「己」享有自由權，這是私下的權，也是私德，「人」也比照辦理，這才是平等或正義；若二者相安無事，當然不必費辭，但二者不合之「事實」，是不勝枚舉。

　　自由之定義，是以不妨礙他人的自由爲度。

　　在此底線下充分發展的個性，是組成人類幸福當中最主要的成分（principal ingredients），也是造成個人進步及社會進步的核心成分（chief ingredient）。

2. 社會和諧的維持（maintenance of social harmony）

　　個人自由有個限定，勿使自己成爲煩人者（a nuisance）。

　　自由不是任性縱情的，自由是有條件的：既不干擾他人自由，也不煽動他人犯罪；除此之外，個人自由就不加限制了。

　　人的任何行爲，只有當該行爲「關懷他人」（concerns others）時，最容易

爲社會所接受（amenable to society）。至於行爲若只關係到他自己而已時，則他的獨立性，在「權力」（of right）上對他自己來說是絕對的。如何處置他的身及心，他個人都可以當家作主。

「concern」這個字，有「關懷」及「涉及」意。上引言提到「權力」一詞，小米爾暫時忘掉「自然權力論」（the theory of natural rights），不把它放在他的「智袋」（intellectual baggage）裡，因爲邊沁及大米爾反擊該論。他先是繼承，但後來卻再度引介該論，吾人對此倒不必驚訝。原先他也同意邊沁及大米爾之無法接受自然權力論，是認爲自然權力論中的「權力」（rights），是「抽象的」（abstract），因非依功利效益原則；且該論的有效性（validity），並不考慮到歷史及社會上的脈絡關係。自然權力論，盧梭是高唱入雲的；認爲「人生自由」，這是天賦，也是大自然的賞賜。但小米爾所言的自由，是liberty，而非freedom。蠻荒時代的專制政體（despotism），一人自由而已；臣民屈服其下，利只及於最上位者，即君。只要能達「寡人」一己之目的，則採任何手段皆可；文明發展到某個階段時，功利效益原則要求，人人都享有一切自由，除非該自由妨礙他人之自由。此時的自由，有別於前者的自由，也才是小米爾所說享有自由的「權力」，該權力植基於功利效益原則上。

簡言之，蠻荒時代的自由與文明時代的自由，是以「功利效益原則」來判別二者之異。前者享有的自由（權力）在量上最少，後者則最多。文明社會裡，對個人施予的強制力，在於「阻擋他危害他人」。若只考慮到自己的好處、功利或效益，不管是身體的或道德的，都不足以作爲「充足說辭」（sufficient warrant）。

至於行爲是否傷及他人，或只關懷己而不及於人，二者之間的界線如何。米爾在此推薦德國洪寶德所說的那句話，上述早已引用的以「維持社會和諧」爲最終目的。他也深具信心地說，個人在該種社會中，公共幸福最能增加；不如此，則人格是變形的、偏斜的。

　　無自由，就無幸福可言。黑格爾曾以史家觀點說，東方社會只有一個人享有自由，也享有幸福，且享的自由及幸福是「絕對的」；那個「一個人」，就是君、王、皇、帝。「君要臣死，臣不得不死」，更不用提百姓了；希臘羅馬社會是只有少數人才享有自由及幸福，少數人指的是自由民；奴僕（helots）是沒有份的；歐洲社會則多數人享有幸福及自由；只有民主社會，才是全部的人都享有自由及幸福。

　　3. 公共的和諧是前提，卻有但書；因為多數的決定，不保證必然正確又無誤的「利」，可及於每個「個人」。因之，不許以公利為藉口，強求那個「例外」的「個人」非就範不可；除非那個「異類」的「個人」，有明確傷害他人或對公眾產生立即性的危險。

　　好了，問題是所謂「明確」及「傷害」（definite damage, definite risk of damage）意何所指？許多人在下述兩種狀況下，可以清楚地對之有所分辨：

　　其一：在自家喝醉了酒，只是如此而已。

　　其二：駕駛者因酒醉而傷及他人，或破壞交通秩序。

　　米爾也在下述二者之間作了區隔：

　　其三：違反社會的特定義務，且對明顯有所指的個人（assignable individuals）造成「顯而易查的傷害」（perceptible hurt）。

　　其四：只是對他人產生「建設性的損害」（constructive injury）。

　　上述的「其一」，他人是要尊重的，「干卿底事」；其二及其三，則公共社會（政府、法令）有權予以制止。至於其四，未破壞又哪有建設？若破壞本身含有建設意，那就另當別論了。

　　米爾的原則，民主國家遵守不誤。因之，私人財產之限制，該儘可能地減低到非要不可的程度即可。但到底什麼才是「最低限度」（minimum），此種問題大概是「考倒秀才」的棘手難題。

(二) 政府的功能

1. 個人的獨特性（individuality）或原創性（originality），此種私人自由（private liberty），米爾堅持不妥協；個人的自我發展，是他奉行不二的準則。對政府呢？最佳的政府形式，該是民主政治吧！但邊沁及大米爾，並未洞察出民主政治可能受到的威脅處。

其一，最佳的政府形式，並非一種在抽象理論上最佳，就保證實際應用時也最佳，或最具普世性、永恆性、無時空性，在任何文明進展階段上皆是最適合於全民所採用者。持此觀念者，是荒唐的。他堅持：「在抽象界探究最好的政府形式，無非是一種荒誕不經的事（chimerical），頂多是高度運用科學心智（scienfific intellect）的實際產物。」這是他在《代議政府》（*On Representative Government*, 1861）中所說的話。好比培根所言的蜘蛛結網一般，空有緊密的織線，卻捕捉不到蚊蟲。政治體制並非存於人們的沉睡中。當一種政體已陳舊過時，無法滿足該有的期望及需要時，人人就該下決心與毅力，予以改變，而以他制代之；此時，難免會想到哪種政體才最為理想。但這並不等同於說，該理想政體在任何狀況下都最為「實用」（practicable），也最為「合適」（eligible）；倒該是能夠在「效應（consequences）上，直接又可預期的（immediate and prospective），產生最大計量上的利。」

其二，文明若發展到被認為實施民主政體是實際可行的，則最佳的政府體制，是把治權委諸於社群整體，每一公民都運用治權力為自己發聲，有時可以出任公職，在地方或中央服務。一來，個人越有能力保護自己時，自己的安全感也越增加，反之就減少；這是民主政治的最大優點。二來，民主社會的成員，性格上是動態又積極的，也勇於任事且具創意，主動性格當然非被動性格可比，這是米爾最為關注之點，不但對自我發展最為有利，且也最容易引出公利共益並全力促使公善達成。此種長處，連「開明又仁慈的專制政體」（benevolent despotism）也比不上，因為只關心己利私益而已，對公善則不聞不問，不知那才是政

府的「正當業務」。臣民在該政體之下，無發言權，也分不到什麼利益。

2. 米爾所說的「和諧化」（harmonization），不是只純外在的，原子式的，或個人式的作利益上的「整合一致」而已，若只是如此，則「日頭赤炎炎，隨人（各人）顧生命」了。「開明又仁慈的專制政體」，依米爾的解釋，是分工又合作。上位者盡職，百姓也盡職；君君、臣臣，兩不相過問；兄弟登山，各自努力；我不管你，你也不必管我。民主政體不同，之所以優於開明專治政體，是在實際上不會如同開明專制政體一樣的各尋己利。邊沁也基於此種理由，遂採取激進式的民主觀點，純用量來計算利及益。米爾則把視野放在民主政體的教育功能上，且特別注重個人自由及個人自我發展，作為教育的主要職責。

3. 人人參政，擔任公職；這種直接民主，最為理想。但這只能實行於小國寡民上。若國家疆域擴大，人口增加到某一程度時，就只好行「代議士」（representative）的政體。代議士一來，個人的自由就相對的有所損；取決於多數，少數就可能被欺、被壓、被霸凌（bullying）。其實，這在全民直接政體之下，又何嘗不也如此？只是嚴重度較輕而已。

代議制一成立，由此而定的法，極有可能偏向於大眾多數，而少數的團體或個人就得吃虧；某一種族或宗教團體或許因人多勢眾，就獨攬經濟利益。不過，他也有先見的預知，無技無術的工人，可倚眾團結而選出代議士在國會立法，為己利而妨其他技術專業勞動者或其他階級的利益。邊沁並非目光如豆之流，他也「看出」，在民主政體下，被他稱呼為「邪惡利益」（sinister interests）者，幾乎四處流竄。

補救之道，米爾提議，有必要為少數特別發聲，即「比例代表制」（proportional representation），此議題他不是首倡者。不管如何設計，解決問題的源頭，仍然匯聚於「教育」上，對個人自由予以保護又尊重，且不管種族、宗教，或社會地位，大家一律平等。

4. 因之，社會當中，「自願性團體」（voluntary institutions），政府絕不可剝奪其存在的權利，也不許弱化其權力使之轉移到政府手中。公權力這隻「看得

見的手」，更不該伸入其中。

> 官僚式政府所染上的病，及其死亡的原因，就是只依完全不變的常規（ru-
> tine），……官僚體系（bureaucracy）幾乎都變成「拘泥於形式的政體」
> （pedantocracy）。導致於原來由一流賢能者入閣的國家權力運作階層，
> 「遲早都在心靈活動（mental activity）及身體的歲月消遊（progressiveness
> of the body itself）中，注定致命（fatal）。」

為了維持社會和平及秩序，政府或國家有必要立法限制某些人類的行為。他
奉行不渝的原則有二，一是個人自由第一，除非個人自由侵犯他人，否則個人自
由權絕不受限制。二是國家立法，必朝向功利效益原則，此原則也是個人獨特性
發展或個人自由的基礎。個人自由之有必要受限，理由是因個人自由妨礙功利效
益原則的實現。

(三) 教育

1. 國家不許對個人施予強迫力，但這只針對成人而言；對小孩則另當別
論。小孩該受保護，以免受到傷害，包括他人之傷以及自己之傷。他毫不猶豫地
說：國家有必要施行強迫教育，成為公民一分子的人人，都有必要接受某種程度
的教育，這不是幾乎成為自明之理嗎？

但他所指的教育，不一定指公立學校教育。

> 一般而言，公立學校只不過是一種「技謀」（contrivance），形塑出幾乎是
> 同一類型的學生而已。

把「專制獨裁」（despotism）置於學子心上（over the mind），他是反對到
底的。小米爾本人小時的教育，教師就是家父，學校就是宅居，與「公立學校」

甚至「私立學校」都絕緣！

2. 不送子弟入校或未自教己子的家長，是失職失責的。因爲對孩子及社會而言，雙雙受害。若家長無力供應孩子的教育費用，政府有義務提供經濟上的幫忙。與此連帶有關的是婚姻。若人口增加，勞動力過剩，導致於工資下降到無法養子育女；或父母不讓下一代接受教育時，則國家有權禁止婚姻。理由仍然建立在阻止個人免受傷害的原則上。此種說法，確實是石破天驚。他的自由原則，是始終如一的；無能力組成家庭並生育子女的成年男女，是不該結婚的，否則是個不成熟也未盡責者，因爲傷及配偶及子女，也是對「婚姻」二字的誤解。

(四)「國」（state）之地位提高

1. 國家或政府有責任立法以減少勞動時間，才最合乎工人階級之利益：工人以己利爲出發點來決定增減工時，不許立法者干擾工人此種自由抉擇權，此觀念，他持保留態度。立法減少工時，工人必雙手贊成；工人喜歡工時增加，這種說法就荒唐了。除非不如此，他就餓死。

2. 自願性組織，價值層次頗高。成員的創意，不容政府強加控制。官僚體制（bureaucracy）一向是他所噁心的，但所謂的「福利國家」（welfare state），他也有所保留。他希望有一種由國家操控的財產分配制度出現，心目中，社會主義（socialism）已孕育其中，且融入他的原先理念裡；從本來的個人自由，擴增爲社會福祉。評他的說法前後不一，是有點太過分的；斥之爲「轉向」（volte-face），也過甚其辭。他的初衷，在某些層面上，始終如一。他所說的自由，不只不受外限而已，卻也儘量把人發展成爲眞正的人；這種眞正的人，一定會注意公共利益及公意。因之，集合個人爲群的社會、國家、政府，有責任把大眾幸福列爲首要義務。當個人獨特性獲得充分發展，而可以促成公意的實現時，公權力要傾全力保護之；受阻擋時，要立法予以排除。類似減少工時等的社會立法，是勢在必行。

3. 硬要說米爾已離邊沁等人的觀念遠去，在經濟議題上，或許更爲明顯。

邊沁等人，「量」的考慮是心中的要項，因之，「個體」的重要性大增；米爾則補上「質」。豬的樂與人的樂，在「質」上是不同等級的。蘇格拉底與笨蛋的福，也是不同位階的。到臺灣傳教的加拿大人馬偕（George Leslie Mackay, 1844-1901）以Rather burn out than rust out（寧願燒盡，不願朽壞）為一生目的。臺灣人於1895年成立「臺灣民主國」，宣言中提到「臺民寧可戰死而割臺，絕不拱手而讓臺」。在選項（alternatives）中作明確判斷。尼采的重新估計一切價值，這才是真正的自由。因之，自由的「真諦」，不是那麼單純，考慮必須深沉。

以經濟上的提高工資議題而言，工會或商會等自願性組織擬調高薪資，國家立法若予以制止，米爾就要伐之以筆。他的本旨仍然認為，私人企業或自主性社團作的各種實驗，政府該予以放任，不必拌嘴。不過，他也認為提高薪資，方式頗多，並無一項鐵律可以永恆不變。人力尤其是智力在這方面可資施展的，大有天空，人力及智力該在人格特質面上發功。工資的「資」，不一定專指物質或經濟上的收入而已；如能群策群力的共「營」一個民主式的社會，由此所營的「利」，就是真正的避苦得樂了；參與者都與有榮焉之「快」感及「福」感，整個社會的向心力極為鞏固，功利效益主義之風也就由經濟面轉到哲學面、道德面，或心理建設面了。此外，此種說法，也把功利效益主義從理論轉為實際，發動社會福利的立法及國會改造，將阻礙個人自由的因素排除淨盡，這就與十九世紀末期英國的「心論」（British idealism）主張不謀而合了。

4. 「國」之地位在他心目中雖提高，但對「國」之尊敬，不若黑格爾那般的神聖。相反的，最令他禮敬有加者，仍是個人自由。但個人自由最能發揮的，就是在人際關係這個領域內，這也是治「國」的正當業務。或許他應該再進一步地將國擴大成聯合國，如果舉世皆和平和諧，則個人自由這羽翼所飛翔的領域，不是人間最大的嗎？此刻的自由，已從個人自由（individual liberty）發展而為公民自由（civil liberty），人人不只是一國之民，且是世界公民。

(五)心理上的自由（psychological freedom）

1. 米爾在邏輯上的名聲，下節將予以討論。不過，公民自由與政府或國有關，也涉及心理學層面。漢譯爲《名學》（*A System of Logic*）的大作，他把邏輯定名爲一門「心靈科學」（mental science）。自由此一議題，通常都置於倫理學（ethics）裡，因與「責任」（responsibility）有關；但自由也涉及到「意志」（will），那是心理學的研究範疇。邏輯學專注於前提與結論之間的關係，也是探討「因」（cause）與「果」（effect）關聯性之學；此種「因果」（causation），一般都認爲「不變的」（invariable）、「確定的」（certain），也是「無條件的」（unconditional），「秩」（order）或「序」（sequence）一成，就有「可測性」（predictability）。自由是人類自願性（human volition）的展現，也是人類行動（human action）之所依。自由意願這種「變」項問題，與邏輯上的「不變項」之因果關聯，可以相提評論嗎？

「因」（cause）是「動機」（intention）或性格（character）；而哲學上或推論上的「必然」（philosophical necessity），是：

> 根據一個人內心裡呈現的動機，或一個人的性格或性向（disposition），就可以無誤地推論出，這個人將採取什麼行動。

上述引語，來自於他的《名學》，即《邏輯體系》；預測性，由此可知。由行爲當事人心理上的個性及動機力道之多寡，就可預測出這個人將在實際上採取何種行爲。

2. 上述論點，需多加說明。首先，性格一定，即永恆不變，這不是經驗事實，卻隨苦樂而變易，也與獎懲的來臨而更改。其次，外力操控，身不由己。他一本初衷，堅信人人性格之形塑，都爲本身著想。自由的意思，乃是人人可以縱容的任己性而更改行動，使他人莫測嗎？人人行爲之改易，完全以苦樂爲

本，以苦樂爲依，也以苦樂爲考慮的基礎；此種說法，似乎是「性格決定論」（character-determinism）了。「決定論」（determinism）或「必然性」（necessity）一出，就無自由可言。不過，他的「預測說」與「自由論」二者是合一而談的，看似矛盾，其實卻也相容。這就如同宗教上的形上學家，力陳上帝早已預知人類的行爲；但也堅信人類行爲是自由的，二說並不衝突一般。若上帝對人類的一舉一動，早已瞭若指掌；此說與人類擁有自由選擇權，二說都可以並存。「未卜先知」（foreknowledge）論正確，自由論也正確。關鍵在於「自由」的「眞」意，何在？

人類的行爲，從「因」來說，是自由的；由「果」而言，則是命定的；因與果是「過程」。在過程中，人的行爲是自由的；但「果」卻「注定」向「一致」邁進。人之行爲多采多姿，方式變化萬千，但果皆同，人之行爲皆可預測。此原則並不與人之行爲皆自由，二者互生干戈。換言之，因果之中，果是既定的，但因果的「過程」，則不確定；前者「命定」，後者「自由」。

3. 自由的眞諦，有必要作如下的邏輯解析：

首先，若兩人的行爲有各種不同選項時，在考慮到各種因素，包括性格、欲望及動機等皆相同的狀況下，竟然分別選擇出乎衆人預料之外的不同行爲，則不可說此種人是自由的。果眞可以如此，則人類行爲將無可預測性，只能說人類行爲亂無章法。除非當事人能說出一個所以「然」來使他人知其然，還知其所以然！

其次，若兩人的行爲有各種不同選項時，在考慮到各種因素，包括性格、欲望及動機等，都不完全相同的狀況下，各自選擇不同的行爲，則可以說，這兩人是自由的。可見，人的行爲有可預測性，也存在著不可預測性；後者的性格動機、欲望等，已與先前有別。但「最終」，都在掌控中，而非外力可指使。此種可預測性，操在人智之中；機運（chance），或不知所以然者（inexplicable event），少之又少。

這種解析，絕不與他的倫理上的功利效益原則發生齟齬。性格是彈性的、可

形塑的，道德教育是可能的，皆指向愛憎的正確教導培育上，愛或憎，都以功利的苦樂爲基。

道德教育的目標，是「意志的教育」（educate the will），一心一意被教導去苦求樂，取「欲」（desires）棄「憎」（aversions）爲原則。

4. 懲罰、刑責，或行爲之判裁，是否由於與行爲之可預測性不容，而可免？

首先，懲罰目的有二，「一是對犯規者有利，二是保障他人」。恰當的懲罰，可以強化冒犯者對錯誤行爲的憎惡，心向守法途徑而行。有意的殺人犯（murderer）所犯的罪，如予免刑，則比瘋狗流浪街頭所生的災難更大。失去自由意志，絕不可作爲藉口。當然，任何制裁都不該使當事人忍受不必要的苦難。

自由，都以「理」爲「規」；擇此或選彼，也全依「理」爲準則；依「理」，則必有「理則」；邏輯正是一門「理則學」，「可預測性」由此斷定，且也有經驗上的實證。

一種不必爭議的事實告訴世人，當吾人越知悉一個人時，則就更有信心可以判定這個人在某一狀況下，極有可能採某一行動而不採另外行動。若竟然還出乎吾人之預料、則有下述兩種狀況：

其一，他的個性比吾人所猜測的更強

其二，他的個性中藏有一股轉瞬性的風暴（a hidden flaw），視情況定奪，見招拆招。若A對B深覺奇怪，爲何近水樓臺竟然不想先得月，或拒絕採用卑鄙手段來獲利；此時，A實有必要更進一步地了解B。「知」是重要因素，知是預測的重要先決條件。但充分的知，「充分」到何地步？也有出乎預料之外的地盤。人不完全是「自動機器」（automata），卻時有創意（originality）。不過，一般就概率而言，米爾認爲人類行爲的可預測性，百分比當高於不可預測性。這「原則」是可成立的。

5. 行爲之可否事先預測，下述兩種選項是否可以並存：

其一，若行爲是愼思熟慮的，則一般所言之「自由」及預測性原則，就不包

括在內了。此刻，行為當事人都按既定步伐而行，別無其他選擇；後效如何，也勢必在預測當中，即必準；且此種性格恆存。

其二，若行為是不必也不需愼思熟慮，如本能的反射動作（reflex acts），與「自動機器」相彷彿，則與上述就大為不同了。

就道德責任而言，第一種選項者是要負起後果責任的。第二種則不必，因為行為當事人作不了主。

但問題的關鍵是，上述二種選項，並非兩極化；愼思熟慮到何種程度，百分百嗎？無人敢作如此保證。在實際行為中，變數太多；雖依「規」而行，難免有偶發狀況發生。因之事先之預知以及照表操課，就有必要保持彈性。此時，「自由」之意，存在其間，且也不可責怪當事人是前後判若兩人。

米爾對自由大發議論，其中所生的問題，就是性格的形塑。性格的形塑有內外兩種因素，不純是外在的、環境的、後天教育的，而也有內在的、生理的、及心理的。一方是命定論（determinism），一方則是自由（free, freedom），他比較傾向於後者。深入探討，涉及到「意願」（volition）。但何者是意願之「因」（cause），上帝嗎？有「無因事件」（uncaused event）嗎？類似此種「形上的」（metaphysical）討論，邊沁必避而不談。

此外，若有人不是外迫，但卻有內逼，而自願臥薪嚐膽，抱定「不吃苦中苦」，無法成為「人上人」；忍受十年寒窗苦，或如洛克建議孩童以冷水洗澡，更不用說，樂也存於受虐者中。若此刻他人出手干預、阻止、妨礙呢？是否侵犯了他人之「自由」？不經一番寒徹骨，哪得梅花撲鼻香？

*On Liberty*一書，嚴復漢譯為《群己權界論》，太文言典雅了；《論自由》才是原作的「字意」。英文的「自由」，有兩字，一是liberty，含有「解除」意即liberalize，因為誠如盧梭的名言，man is born in chains，人一出生，即受盡鎖鏈，將鎖鏈「解除」，才獲自由身。一是freedom，此字比較通用。小米爾自小即浸於古文裡，也悉希臘社會有兩階級，自由民及奴僕；柏拉圖及亞里斯多德更為此種階級予以哲學化或理由化，不只身享自由，心也該享自由。Liberty這個議

題，可供哲學家發揮之處太多。小米爾有此大作之後，後人承接者不少，但liberty與freedom二字之「別」（distinct），似乎還未有學者作出分辨。世人皆知，在紐約有個「自由女神像」，英文是The Statue of Liberty；是法國人於1886年送給美國人的禮物，慶賀美國獨立戰爭，「解除」英國束縛終得自由；1941年，美國總統羅斯福（F. D. Roosevelt, 1882-1945）提出著名的「四大自由」（four freedoms），含積極性自由（positive freedom）有二，即言論自由（freedom of speech）及信仰自由（freedom of worship）；消極性（negative freedom）有二，即「免於恐懼」（freedom from fear）及「免於匱乏」（freedom from wants），則與liberty的「古典」意相合。德國大學的「學術自由」口號，其中有老師的「教自由」（*Lehrfreiheit*）及學生的「學自由」（*Lernfreiheit*），德文的*freiheit*等於英文的freedom，但不是liberty。

第四節　小米爾（二）

　　小米爾在哲學史上的貢獻，除了使功利效益主義成爲更爲完善的哲學理論之外，也對邏輯之發展，往前推了一大步；《邏輯系統》一書，支那的嚴復比之如先秦的「名家」著作，漢譯爲《穆勒名學》，有點不倫不類。支那的名家因重名輕實，被儒家批得一無是處。其後即失傳，導致邏輯之成爲一門學問，乏人問津。但西方的邏輯，早在希臘時就大受重視，列爲教學科目之一，「辯證」（dialectic）一科，就是其後的「邏輯」（logic）。亞里斯多德是邏輯的始祖，《工具》（*Organon*）一書，成爲「三段論式」（syllogism）的演繹法（deductive）；十六世紀的培根則以《新工具》（*Novum Organon*）與之抗衡，強調歸納法（inductive）。小米爾的《邏輯系統》，更是邏輯史上不可不提的專著，本書特在此節予以評述。

一、邏輯與經驗主義

(一) 邏輯的定義及邏輯的範圍

　　1. 十八世紀，學界討論邏輯，較爲冷門。米爾在1843年的書裡提到，促使英國知識界注意邏輯研究的功臣，非歸給愛爾蘭（Ireland）都柏林總主教（Archbishop of Dublin）的費特利（Richard Whately, 1787-1863）莫屬；在牛津大學任教期間（1825-1831）出版《邏輯學》（*Logic*, 1826），是當時大學最常用的教材。不過，米爾並不完全同意費特利在邏輯的範圍及性質上的看法。費氏認爲邏輯是一門「推理的藝術兼科學」（the science and art of reasoning），米爾認爲此種定義，把邏輯看窄了。費氏還視三段論演繹，乃是最標準的推論（inference），且以爲歸納邏輯（the logic of induction）是等而下之的，不能與三段論原則等同視之；米爾說，費氏並非主張歸納邏輯無原無則，但其原則相對於三段論式來說，就極爲曖昧不明，不符合嚴謹的科學要求。這些說法，米爾一一

予以辯駁。將邏輯描述爲一門推理的「藝術」，費氏認爲不夠，邏輯更該是一門「科學」，米爾同意此說。邏輯如同「教學」（teaching），教學是一門「藝術」，同時也是一門「科學」（art and science）。藝術無章法可言，科學則有嚴謹的定規。

米爾特別強調，邏輯的「科學」面，是「追求眞理」（the pursuit of truth）上的「人心運作」（the operations of the human mind）。簡言之，米爾的重點，放在邏輯準則的更具整合化及綜合化功能，如此才能從已知推及未知，而非僅止於邏輯推論本身的一致性而已。

傳統邏輯爲人所詬病之處，是「溫故」但難以「知新」。原地踏步，頂多是使「舊學」，更穩如玉山。但老眞理之外，該有新眞理待尋覓；在這方面，三段論式就技窮了。

2. 邏輯在傳統上是一門符號科學，也是形式科學，與經驗科學大爲不同。前者重「名」，後者重「實」。培根之後，邏輯上的老工具是演繹，新工具是歸納。演繹以三段論爲主調，歸納則以實際經驗爲前提，不只施用於自然科學，米爾還擬建立一套道德科學的邏輯，包括心理學及社會學。利用物理科學的實驗法，將人性領域發展爲道德科學。這本是休姆早就有此想法的。

經驗科學如道德科學，要取資於經驗；因果律的建立，需有具體實質的證據。若只是資料的堆積，雖是「可見可聞的，後驗的」（a posteriori），而非如玄似奧的「先驗」（a priori），但也淪爲「壞的總括」（bad generalization），或「通稱的經驗主義」（empiricism properly so called）而已。如論及因果時，只是先把眾因集合，這不就像培根指斥的螞蟻式之爲學法嗎？只作量的堆積，是不用心的。「既懶散又粗糙的模式」（rude and slovenly modes）。培根之後，不少人誤會了他的用心，只費力將經驗資料累積成堆，以爲如此就可理出因果。成爲一門「科學」，有如此輕而易舉的嗎？經驗法則（empirical laws）是底，是粗料；從中要建立「因果法則」（causal laws），才是精緻的科學。舉一個例，許多人都以自己國民的想法，就推及他國國民的想法，認爲一體適用，己心可

以比他心。米爾評論法國社會主義大師，就是如此；實證論的孔德，「直接歸結（direct induction），通常不比經驗主義（empiricism）爲佳」。此種「經驗主義」，他是不擬與之爲伍的，認爲身價不高。

他多處看貶經驗主義，因爲許多經驗主義學者心目中認爲只要經驗多了，即可下結論，這是與科學方法大相違背的。不過，他對洛克之言，倒不敢置一詞。洛克說，一切知識資料皆源於經驗；但將「經驗」（experience）提升或轉換爲經驗主義（empiricism），就不一定順理成章。怎能一廂情願地只把「經驗」等同於「經驗主義」呢？中間不只要動手腳，更需動心。

3. 他所說的直覺（intuition）是除了經驗之外的一種知識來源，也可作爲推論的「前提」（premises）。是一種「意識」（consciousness），是感覺（sensations）或感受（feelings）的「立即查知」（immediate awareness）。顯然地，此種「立即查知」，必是內心的功能。若心不能產生一種「聯想」（associations），則純「經驗」（experience），怎能構成爲「知識」（knowledge）？包括心理學、政治學、倫理學等知識。

「先驗的」（*a priori*）或德國式（German）的知識論，他是反對的。在英國，被米爾比喻爲如同邊沁的詩人柯力芝（Samuel Taylor Coleridge, 1772-1834）及劍橋大學教授休厄爾（William Whewell, 1794-1866）由於極力推崇培根的歸納法，使得問題更爲複雜。米爾認爲如不設法導正，將帶來惡果；在政治及道德理論上產生偏差，心態也變得扭曲。他一再重申，眞理絕不許離開觀察及經驗，否則錯誤的說法以及不良的制度就會出現。他的邏輯著作，以數學知識作爲一切知識的據點，不訴之於「先驗」，不只可以解決理論問題，還能提供有價值的社會服務。一言以蔽之，知識築基於數學，但眞理則需經過觀察及經驗的論證。

米爾的說法，引出的問題不減反增。但極爲明確的是，他認爲站在經驗主義的立場，吾人不可能獲得「絕對眞理」（absolute truth）；一切的歸納結論，原則上都有待日後的修正。此外，眞正的科學歸納法，不同於他所指斥「偷懶式的下結論」（slovenly generalization）；依前者，可以從已知之眞理，推論出迄

今未知的眞理。大自然（Nature）確實存有一種「穩定的結構」（a stable struc-
ture）可以由具體經驗予以檢證。因之，把他歸類爲經驗主義者，也屬正確。

(二) 邏輯是一門「推論」（inferences）之學

1. 「推論」，涉及語文之運作。語文由「字母」、「字」或「辭」、「片
語」、「命題」（word, term, phrase, proposition）所組成；a、b、c等是「字
母」，word是「字」；由兩個或兩個以上的「字」所組成者爲片語，如a piece
of paper（一張紙）。敘述事實的語句稱爲「命題」（proposition），如「今日下
雨」。命題包括了上述所言之一切，也是推論之主要成分。

「命題」必含主詞（subject）及「賓詞或述詞」（object）。主詞如「人」
（man），「指涉」（denoting）數不盡的個別的人。「人」有通稱，也有專
稱；通稱即泛指一般的人，專稱即特指某一個個人，如蘇格拉底（Socrates）。
但若光以「蘇格拉底」爲主詞而無述詞，則了無意義。那麼「上帝」（God）
呢？對單一神論者（monotheist）而言，上帝只一而非多；對泛神論者（panthe-
ist）來說，則意義就不同了。在「專有名詞」（proper name）上，有此區別；
於「普通名詞」（common name）裡，則有「內涵」（connotative）及「外延」
（denotative）之分。以「人」爲例，人這個「辭」的內涵，就是「理性」；
外延，就是本地人、外地人……等。內涵一，外延多。人之名有蘇格拉底、柏
拉圖、孔子等，都是「人」的外延。至於the wife of Socrates呢？米爾認爲這個
「片語」（phrase）雖指一個人的名字（name），但非「專有名詞」（a proper
name）。專有名詞不是「內含」，卻只是外延。

米爾說，「名」（names）之具有意義（meaning），該指「內涵」（con-
note）而不指「外延」（denote），如此才具有一般所謂「名」之具體意。以
「人」爲例，曾如上述，給「人」以「名」時，內涵意即人是理性的動物。外延
意可以「例舉」，如蘇格拉底，繼續下去是舉不完的。前者問題結束了，當然或
許有人會持續問什麼是理性，或什麼是動物？但至少，此種問題之「量」不會比

後者「多」。內涵之「名」，是「一般的名」，如「人」。外延的「名」，尤其是「專有名詞」（proper names），至少有John這個特定的人。教學時要讓學生領會John是那一位，則只要請出這一特定人即可。專有名詞的第一個字母是要大寫的，John就是如此。God呢？米爾認為，God不是專有名詞，不然人人都是上帝了。

2. 以米爾所舉的例而言，「the wife of Socrates」，此一命題中，the wife及Socrates二者皆是「名」（names）。the wife是「普通名詞」（general name），Socrates則是「專有名詞」（proper name）。但of本身既非普通名詞也非專有名詞。米爾指出此點，因未另提英文中的or、if等，難免受到其後邏輯學者的批評。在「命名程序」（the naming-process）中所出現的一些「字」，也該經邏輯解析，不可一語帶過。

其次，就「命題」（propositions）來說，主詞及賓詞之間的連接詞，英文中一向以is或is not，are或are not來表示肯定或否定；但他警告讀者，is與to be之間，是有差別的。is作「連詞」（copule）使用時，與to be的有所指，指的是「存在」（being，或existence）時，二者意義不可相混。猶如當個蘇格拉底的太太，與Xanthippi（蘇夫人之名），兩人是有別的一般；後者是專有名詞，天下只一位；但前者是「普通名詞」，具有某些「特質」。

命題中，作為主詞與述詞的「連言」（connectives，或copula）有三，一是is，一是or，一是if……then。單就is來說，試看下例：

其一：Two and two is four.（2加2「是」4）

其二：Unicorn is an animal with one horn.（獨角獸是只有一角的動物）

其一是「真」的；其二若也是「真的」，則必設定獨角獸是存在的，也如「海市蜃樓」（mirage）此種虛幻想像都存在一般。但這就荒謬了。

「用字遣詞」多麼重要，由此可見一般。

3. 命題有二種，一是真實的，一是字面上的。「中國字只有三個字」。此一命題就「實」而言，是錯的；因為「實際上」的中國字，不只三個字；但就

「字面上」（verbal）而言，卻是「眞」的。因爲該命題的「主詞」，「中國字」，只有三個字而已。這也如同支那的「名」家所言之「火不熱」一般；就「火」這個「名字」而言，怎會「熱」呢？「火」這個字若眞的會熱，人類怎有能源危機？在鍋鼎下寫好多個「火」字，不就可以煮飯了嗎？但「實」的命題，可提供新的事實，補上新的資料。眞假先不管，但其「意」，不是靠分析而來。

分析性的命題，也是字面上的命題（verbal propositions），述詞早已含在主詞裡，如man is a corporeal being；主詞中的man，早含有述詞a corporeal being在內了。作爲「人」（man），「必」是「有形體者」（a corporeal being）。這也是tautology（套套言）。作爲主詞的「人」（man），是「普通名詞」；若換爲John這個專有名詞，則除非John是一個人的名字，否則該命題不能成立。分析性命題雖必眞，卻未增減知識分毫；但若說John is married，此一命題的眞或假，雖有待確認，但一確認之後，則在知識的加減或豐瘦上有影響。地球與月亮的平均距離是238,860哩，此一命題也是「眞實性的命題」（real proposition）而非「字面性的命題」（verbal proposition）。或許基於此原因吧！米爾在這方面的討論，觸發也勾起了嚴復以爲米爾與先秦的「名家」之所言，有前後呼應之處，乃把米爾的logic譯爲「名學」。

4. 字面上的命題，最大宗的就是「定義」（definitions）。亞里斯多德稱贊他的太老師蘇格拉底在哲學上的貢獻之一，就是「定義」。絕大多數的專有名詞不帶有意義，只是約定俗成，如臺北或倫敦等。若英人自古即把London說成Taipei，或臺灣人把臺北說成倫敦，然後在這方面去爭辯誰是誰非，這是了無意義的。但普通名詞就不然了，其定義有如下兩種：

其一，眾人皆可接受者，也屬於約定俗成者。

其二，爲特定目的而專爲某命題下定義，且擬改變約定俗成者。

米爾並不排斥把含有古意的命題，予以新解；因之，有必要對日常或慣用的文字予以解剖、分析、闡釋、檢驗，文字語言的改善或革新，自必從此開始。

定義若是字面上的，也不可任性隨意而定，最終還必與實際經驗事實兩相

吻合。呼應笛卡兒的要求，或邏輯推論的結果，都得把經驗事實搬出來作爲最後效標。文字或字面上的定義，要佐以存在的經驗事實；但存在的經驗事實又不能盡舉，因之，定義之準確性就保留有重新定義的空間。米爾說，純字面的命題（purely verbal proposition）又可稱爲「本有性的命題」（essential proposition）。亞里斯多德舉三段論式的具體實例之第一命題如下：

凡人皆死，all men are mortal.

米爾認爲此一命題，不是字面上的，卻是眞實命題（real proposition）。此一命題之所以存在，是「眞」，乃因作爲人的「屬性」（attributes）之一，與「死」的屬性合一。人與死，兩種現象相互跟隨。「人」（man）與「死」（mortality），二者都有相同的「標記」（a mark of），各自存「證」（evidence of）。因之可以預期，且預期「必」爲眞。此種「預期準確性」，也就成爲科學推論（scientific inference）的基礎。

5. 字面上的命題（verbal propositions），即述詞早已全部或部分含在主詞中，如「白花是白的」（白花由白及花組成）（部分），或「套套言」之「雲起自起處」（前「起」後「起」全同）。「眞實的命題」（real propositions），則述詞不在主詞裡。米爾說過，康德早已提出這二種命題之別，其他「形上學家」（metaphysicians）亦然。把前者定名爲「分析性的判斷」（analytical judgments），後者則名爲「綜合性判斷」（synthetical judgments）。其實，米爾提醒，休姆也有相同看法，只是用語不同。休姆的命題有二，一是「理念」（ideas），屬抽象又分析性的；另一是事實（facts），綜合的。至於康德所說的「綜合先驗命題」（synthetic *a priori* proposition）呢？康德認爲，該命題也必「眞」。7 + 5是12，這是綜合命題；因主詞7 + 5，並無含有12，但7 + 5「必」是12，因之是「先驗」的。（7 + 5必有7，7 + 5也必有5）。此命題如同「白花是白的」（分析命題）一般的確定。

但米爾一生不接受「先驗」知識（*a priori* knowedge）的存在，故他反對康德的上述命題，卻用不同的方式予以討論。理論上他不相信有先驗知識，但事實上，康德的實例又無法反駁。康德舉的例，不可純把它歸之爲字面上的，因爲符合實情與經驗。吾人也別無選擇，若質疑它的有效性，則找不到有其他的「假設」（*exhypothesi*）。因之，不便於接受邏輯上有效的眞，只好以還存有觀測不出或未曾經驗的現象以解心理上之困。康德訴諸於數學，作爲先驗知識的陣地，米爾有樣學樣，也以「數學命題」（mathematical propositions），作爲直覺論者（intuitionalists）的大本營，與之較量一番。

二、數學的性質

(一) 數學的特殊性

1. 數學命題，不是純屬任意性的定義，卻有事實層面的。若以爲數學概念，在定義上都是「自明的」（self-evident）、先驗的（*a pirori*），且與經驗事實無涉，這種說法，米爾是不認同的。「最原先的前提」（original premises），是科學眞理從中可以推論出來的，儘管與「表象所呈現出來的」（apperance）作對，但觀察及經驗，都要靠感官的證據。數學的公設（axiom）是駁不倒的，「觀念聯合法則」的運作（the operation of the laws of association），就可以解釋這些公設。如：

若A = B，則3 + A必等於3 + B。

歐幾里得的幾何（Euclidean geometry），在點、線、面上的「定義」，實在沒必要，「刻意的，多多少少都遠離眞理。」舉例來說，幾何學家把「線」（line）定義爲不占寬度（breadth），只具長度（length）；這種（線），還能「存在」嗎？是不眞的。之所以如此界定，純是因有特定目的。忽略了寬度，而只慮及長度；試問經驗上有無寬度的線嗎？點不占空間，經驗上也不可能，只存在於休姆或柏拉圖的「理念」（idea）裡，也純只是一種「假設」（hypotheses）而已。假設與事實，二者卻是有關的；假設之所以不假而是眞，是就「經驗」（experience）事實及觀念「聯合」（association）而言。

數學概念或觀念的定義，純都屬「假設」的範疇。假設成爲「公理」（axioms），只二：

其一：若x = 3，y = 3，則x = y。

其二：若x = y，則x + 5 = y + 5。

2. 數學或邏輯，可以獲得「歸納式眞理」（inductive truth），雖是「從冥思中現出一道曙光」（from the down of speculation），且成爲「永無誤的眞理」（infallible truth），但終究都只是一種假設；且也是字面、數字、符號、形式上的假設。一旦加上數學的「應用」，則對知識之增加，功不可沒。他尤其舉伽利略在天文學上的數學應用，而未提柏拉圖。前者在「現象世界」（phenomenal world）致力，後者則以「本象世界」（noumenal world）爲務。不管數學或邏輯，最後都要落實於經驗。邏輯推理或數學演算，再如何有效或正確，仍以經驗事實爲檢驗眞理的最終極效標。

(二)「命題」（proposition）及「推論」（inference）

1. 米爾認爲大部分的命題，就「眞」而言，有兩途：

其一，來之於該命題在一提出時，立即就知其爲眞。

其二，來之於另一吾人早已認定的眞理，包括已印證的或無印證的；即命題之前又有另一命題，從後一命題「推論」出前一命題。

推論也有兩途：

其一：從另一更廣又更一般性的命題，推論出本命題，即「演繹推論」（deductive inference）。

其二：從另一更狹窄又更特殊的命題，推論出本命題：即「歸納推論」（inductive inference）。

2. 演繹推論又稱「三段論式推論」（ratiocination），是理性主義者的最

愛。歸納推論則是經驗主義者所最強調者。米爾認爲，「眞正」的推論（real inference）是可找出「新眞理」（new truth）者才算，這也是培根「學問提升」（advancement of learning）的致力處；若只炒舊飯，則耗時費力的推論，只是虛擲時光。當年伽利略之所以在天文學上有驚人的成就，一靠精密的數學演算，二依長期的觀察；前者是演繹，後者是歸納。但終究得與經驗事實一一「對應」（correspondence）。好比選舉開票時，唱票者說「1」號，記票者也以「1」號「對應」或「呼應」一般；如此才「眞」，而非「作票」了。演繹眞理頂多使本來堅信者更有信心而已，卻對新知識的開拓未有雄心壯志。依米爾此說，則只有歸納才算是眞正的推論，三段論式的推論就不算是眞正的推論了。米爾也幫了培根，爲「新工具」贊聲。演繹推論或三段式推論，結論早在前提裡；若不，則推論必「邪」（vicious）。

3. 可見米爾的邏輯有二：

其一：演繹推論（deductive inference）。若結論不在前提裡，則推論無效。且此種邏輯對新知之發現，了無幫助。三段論式屬於此類，如：

若：「所有X都是Y，則其中有一X不是Y」；此種推論，是「邏輯上不一致」的（logical inconsistency）。因爲「前提」（所有X都是Y）與「結論」（有一X不是Y），二者起矛盾。演繹邏輯是注重「一致性的邏輯」（logic of consistency）。

其二，歸納推論（inductive inferenes），尤其在物理科學上最爲管用，只向未知界進軍，且雄心萬丈，企圖心高，擬從「已知」邁向「未知」。歸納邏輯是「發現（新眞理）的邏輯」（logic of discovery）。

米爾舉的三段論式之例子，仿亞里斯多德：

凡人皆死……大前提

威靈頓公爵是人……小前提

威靈頓公爵必死……結論

all man are mortal

the Duke of Wellington is a man

---

the Duke of Wellington is mortal

大前提的「眞」，已可保證結論爲「眞」。但「大前提」是何意呢？

man（人）這個「字」，其「屬性」（attributes），都伴有「死」（mortality）這個字的「屬性」。米爾要問，「人」這個「字」的「內涵」（connotation）是什麼？威靈頓公爵（1769-1852）是拿破崙戰爭時的英國英雄，滑鐵盧（Waterloo）一戰成名。米爾要問的是，若「人」這個字的「屬性」之「內涵」性，就等於「死」的屬性，該屬性是「共相式的」（universal）而非「殊相」（particular），即一體適用，毫無例外。上例中的「威靈頓公爵」也如同「蘇格拉底夫人」一般。「人」這個字有內涵意及外延意（connotative and denotative）。此外，「人」是「共相」。蘇格拉底、蘇格拉底夫人、威靈頓公爵等，則是「殊相」（特殊的個人）。「人」是普通名詞，蘇格拉底等則是專有名詞。米爾在這方面特別予以釐清。換句話說，把「人」分析爲內涵意或外延意，會影響推論的有效性（validity）或無效性（invalidity）。

試提孔子的：「自行束脩以上，未嘗不誨焉」此「一命題」，與另一命題：「有教無類」，二者是否相互「呼應」而不生謬，或非「邪說」？任取其一當「前提」或「結論」，二者若合符節，彼此呼應，在邏輯上站得住腳的，是「有效論證」。但這只是「演繹推論」而已。至於「歸納推論」，就得取「事實」予以佐證。孔子一生並無女生受教，怎可說「有教無類」？可見演繹推論或三段論式不能證明什麼。可惜又遺憾的是兩千年以來未曾見過有人尤其是女生，「自行束脩」且「自行束脩以上」來「試」或挑戰孔子及其後人的「有教無類」。

4. 在共相是「名」還是「實」的爭論中，米爾於討論三段論時，持「唯名論（nominalism）」立場，認爲共相只具「名」意。作爲「共相」時，他以「外延」意去了解「人」。一旦把「人」這個共相化爲殊相的蘇格拉底或威靈頓公

爵，前者是亞里斯多德三段論式中所舉的例，後者則是米爾所舉的例（包括蘇格拉底太太）。因之，共相的「人」「必死」，則「殊相」的蘇格拉底等也「必死」。

就經驗事實而言（唯名論的立場），「凡人必死」不是字面上的命題，而是經驗或實際上的命題。他在討論三段論式時，既採「唯名」觀點，則共相的「人」都「必死」了，作為殊相（個別）的人也「必死」無疑。這是分析性的命題，「必真」；訴諸於經驗，就必知那是不可否認的事實。

不過，下述問題頗值討論：

其一：mortal之字意是「難免一死」。經驗事實告訴世人，人人終得要死。人既有生，則「必」也有死；生命有始，則必也有終。

其二，若威靈頓公爵或任何人還活著，則把mortal作「死亡」解，那就錯了。

其三，「死」有身死及心死二意。肉體的死亡是不可免的事實，但精神之「不朽」（immortality）卻也是「事實」。「人」的屬性，若只就殊相意來說，是指特定的人，或是專有名詞的人；也是指「人」這個字的「外延」（denotative）；但「人」這個字也有「內涵」（connotative）意，內涵中的「屬性」（attributes）中，精神是主要的成分。

若前提的「人」具「外延」意，結論的「人」具「內含」意，則結論已超出前提之外，故推論「無效」。反之亦然。

其四：即令把「人」作外延意或殊相解釋，則人之「死」是「必」的，這種「必」，在經驗上是「常是如此」（always）。「常是如此」，有過去的經驗事實，且毫無例外；但過去全屬真，「必」（necessary）保證未來也必真嗎？未來的事只能預測（prediction），雖然已往的預測皆準，都有效，但只如此就可確信未來也「必」如此嗎？未來是不在過去之中的，結論顯然已溢出前提之外。故三段論式之有效性，只針對「已然」而已，未及於「未然」。已然是舊識，未然則是新知。過去紀錄的保存，是演繹所依據的資料，以之為前提；但結論是

指未來的事，已非經驗所能及。前提的「凡人必死」（all men are mortal）所指的「all men」，就經驗事實來說，不能包括未來的人及現在還活著的人。除非把「人」定義爲「必死」，否則，對現今還活著及未來的人來說，以「凡人必死」當前提，是不能成立的。奉爲公式或定理，只能針對「活」人而言；對「新」人，則是要保留的。天文學的現象是地球及月亮皆在繞行，或天天有朝也有夕，過去如此，且也「常」如此，但「必」如此嗎？這是該有所保留的！

> 一般性的命題（general propositions）只是把早已存在的事實予以登載（register）而已，成爲一「簡短的程式」（short formula），可供更多用途。三段論式的主詞（major premise），屬於此種程式，推論不是「從該程式」（from the formula）而來，而是「依」（according）該程式而來。

「依」與「從」一字之差，卻極爲重要。幾何的定理或公設（axioms of geometry），是「依」理性而非「從」理性而來。「從」是內涵，「依」是外延了。

5. 把推論（inference）變成「闡釋」（interpretation），尤其針對大前提，則三段式推論（syllogistic reasoning）只不過是一種闡釋過程（a process of interpretation）。先闡釋後才推論，否則前提若站不住腳，則推論必生問題。如下例的三段論式：

有意殺人者處死刑

劊子手是有意殺人者

劊子手處死刑

就「程式」（formulae）而言，這是「有效論證」；但若應用於「實際」上，則事實上只要出現一個「有意殺人者」，則人類就絕跡，因爲人人都變成劊子手了，都得遭處死刑的結局。此種邏輯推論如成立，又付之實施，則必成爲人類的災難。謬誤出現在前提「劊子手是有意殺人者」。闡釋該前提，劊子手殺人

沒錯，是事實；但殺人有兩種，一是主動的，二是奉令的。劊子手的任務，就定義解，當然是殺人者，但他是被迫的。三段論式除了「形式」上合乎程序，也得在「實質」上先經過正確的闡釋。勿犯了維根斯坦所言的「語言之蠱惑」（the bewitchment of language）。

當年來布尼茲有個盼望，解決哲學上的爭論，要靠邏輯；但先決條件不只多，且困難更不少。首先要把經驗命題（empirical propositions）或一般日常用語、教義經典、聖哲佳句等，「翻譯」爲邏輯語言，但不可與原意有「些微」差池，否則「一棋子錯，則全盤皆輸」。其次，以邏輯符號代之，最後則仿數學運算；則有效無效之推論，就展現於「眞値表」（truth tables）或「眞値樹」（truthtree）上，毫無遁其形。現代的數理邏輯（mathematic logic）、符號邏輯（symbolic logic），或「形式邏輯」（formal logic）就是如此。拜米爾爲「教父」（godfather）的羅素，在「論指謂」（on denoting）一文中，將定冠詞的the及不定冠詞的a，分以邏輯符號表之。

6. 三段論式即由前提推成結論，在法律界及宗教界非常普遍。若大前提單單取之於權威當局而非歸納個案的結果，或只依法條通則，來推論是否可應用於個別訴訟案件中；神學界也只從羅馬教會或聖經教義中取材，則二者的關鍵點都落在「前提的闡釋」上。闡釋一成立，推論就輕而易舉了，如同邏輯符號的程式翻譯先完畢，演算就是另一半的工作。闡釋時，前提的用字就有必要分析爲是內涵意或外延意，是共相意或殊相意，是「從」或「依」。經過此種手續，則幾乎已把演繹推論逼向歸納推論，二者之鴻溝已幾乎不存在。套句康德的名言，

sensation without perception is blind,

perception without sensation is empty.

也可以說：

deductive without inductive is empty.

inductive without deductive is blind.

換句話說，歸納法重經驗的事實，演繹法則取形上的名爲主。「有名無實則

虛，有實無名則罔」。

三、歸納法（induction）是推論之所本

(一) 歸納推論的兩大功能

歸納法可發現新事實及新知識，又可證明演繹之有效性。

1. 經過闡釋功夫後，一切的推論都是由「殊」到「殊」，因此「新」知明顯；「共」只不過是「殊」的合。殊的「量」是無限的（indefinite in number），質則有限又明確（definite in kind）；前者多，後者少。「共」如為眞，則「殊」也必眞。「共」是「殊」的總和。

就「新」知的發現而言，不全然把「新」當作「未來」，由古知今又知未；也包括過去及現在未觀察到的。歸納若無增新知，則徒費口舌。試看下例：

我先發覺任一使徒（Apostle）是一位猶太人（Jew），然後我說：「所有使徒都是猶太人。」

此一命題對眞正知識之增進，了無幫助。因該命題是複合命題，即由兩個「原子語句」（atomic sentences）所組成，但二者都屬同一「類」（class）──前後的使徒與前後的猶太人，都同。

因：「有些X是Y」，所以：「屬於X類的屬性，必也擁有Y的屬性」。

若把A班學生當成一個「組」或「類」（class），A班學生中，有些學生（$A_1, A_2, A_3, A_4, A_5\cdots$）愛好騎單輪車，則凡騎單輪車者之一如$A_1$，所擁有的屬性，如好動，則$A_2$也必擁有此屬性。

在此種推論中，米爾並不強調「完美的歸納」（perfect induction）。以上例而言，並不是只把$A_1, A_2, A_3, \cdots$等一一記錄的詳載「每一位」騎單輪車者，因為這是「早」已確定的，是「已知」事實了，應該進一步探究其他。

2.「自然界的一致性」（the uniformity of Nature）之肯定：歸納法必先肯定大自然是一致的，有則有序的。取此種自然界的一致性即共相當大前提，則三段論式都是由「殊」推到「殊」（inductive inference from particulars to particulars）。但大自然（天）也偶有不測風雲，人也有旦夕禍福，似乎不可料的現象頗多。究其實，不是不可料，而是有些因還未為人所知。米爾的歸納法，強調的是不可單單把已知或可料的經驗事實予以累積，這是無甚意義的，而是要向無知或不可逆料的經驗事實進軍，一探究竟。如此，大自然的「神祕」漸少，人之知增加，這才是「科學式的推論」（scientific inference）；把「不知」（unkown）變成「知」（known）。「殊」不但證實了，「殊」的否認也無；partial verification加上absence of falsification，如此的「知」，才大功告成。知不但在正面成立，又加上反面不能成立，此一種「知」就是真知，也是科學式的知。正面的預測準了，加上無預測不準的，此種預測，不是最有效的嗎？不可只知一面，而忽略其餘。相命者只挑其相中之「個例」，卻絕口不提相不中之「他例」，吾人又怎能聽他之卜卦呢？

3. 因果律：知識的先驗（_a priori_）性，米爾是不相信的。一切的推論，都由殊到殊，相命者並不具備「先驗知識」，或許有「仙稟」，吾人只能由「一些」（some）推到「一些」（some）。然後聚集「一些」成為「全」（all）；「一些」的比例增加，則「全」就逼近。這也正是當時科學進步所展現的現象。

因果律（the law of causation）乃是自然界中存在的各種事實，除了如幾何命題之無時間連續性（temporal succession）之外，其他的經驗事實或現象，不是「同時共存」（synchronous or coexisting），就是一前一後（successive phenomenea）；前因後果之「因果律」，因之出現。

每一事實在出現之初有因，這是與人的經驗共存的。

因果律因之乃是「歸納科學的主柱」（the main pillar of inductive science）。但他只說，對「物理因」（physical causes）有把握，「動力因」（efficient cause）則持保留，後者與形上的終極因（ultimate cause）有關，該是屬於「上帝」的範疇吧！一切因之探討，經驗主義的他，仍以「經驗」作出發點。堅信因與果之間，沒必要介入任何神祕。因與果皆可觀察，都是感覺經驗，超此之外的「永恆因」（permanent causes）之始源，此一部分，他認為人是無知的。

由因生果，此種前後之「連串序列」（sequence），不是一成不變的（invariable），卻變化無窮。一因生一果者少見，一因生多果，多因生多果，多因生一果者也頻頻。因與果之間，條件太多，若是「無條件的」（unconditional），則因果流程也不變（invaribale sequence）。若「因」（the cause），在現象之「前項」（the antecedent）不變，則果也就不變。

可見因果律的成立，仍是歸納法的結果。若前因可以為人所掌握之經驗事實越多，則後果預測之可靠度也相對增加；除非「另有控制宇宙的新力道併發」（unless some new volition of a power cable of controlling the universe should supervene），否則有因必有果，有果也必有因；這是經驗事實，此種知識，不是先天知識，而是後天經驗。

歸納法絕非「單純的例舉」（simple enumeration），或以多取勝，那是易生錯的（fallible）。例舉之外若無證據者，或無經驗者，要預測其概率（可能性），則不要「妄圖簽定」（be idle to attempt to assign any）。

> 若吾人以A是C之因作結論，但事實上不然，則該要追問是否B才是C之因，而非C無因。

但上述也僅能在人的經驗界內才有效，超出人的經驗界之外，該因果律就不存在了。一來，人對已經驗的事實都還無法盡知，更不用說對還無經驗的事實。可見因果律或科學定則之完美性，他是保留又開放的。

(二) 科學方法（scientific method）

只是靠觀察之經驗主義，米爾認為不足；他也不認為試驗主義（experimentalism），即進行控制式的實驗（controlled experiments），就可以算是科學方法。倒是「假設」（hypotheses）的功能，在科學上是不可或缺的，是科學進步最為需要的；更把過去或當前的假設，提升為現在的理論。同時，他也不看輕演繹（deduction）。他所說的「演繹法」（Deductive Method）有三，一是歸納（Induction），二是三段論式推理（Ratiocination），三是求證（Verification）；三管齊下，才使人類對自然之探測大展神功。還認為實驗主義是與經驗主義打對臺的，但二者都該符合科學方法。

假設有二，一是純敘述性的（purely descriptive），一是純說明性的（purely explanatory）。前者如確定星球循橢圓形繞行，但未說明原因，如該假設一獲證實，則假設成真；後者則情況與此有別。

從X這個假設，則a、b、c等現象，在某種狀況下，將出現。

若此種預測成立，並不認為該假設成立；邏輯上A→B若成立，則B→A是不一定成立的，二者的真值表不同。此種「知」，是具備邏輯「初步」者都領會的。A、a、b、c皆真，不保證X必真。

證實假的假設，不能僅限於觀察；因為大自然界中，乍眼一看，是秩序零亂的；純依內在的心靈分析或推理，也莫知其所以然。米爾所提的科學方法有四。

1. 一致法（the method of agreement）：「假如在觀測之下的現象，出現兩種或兩種以上的情狀，其中只有一種狀況是人人共有的，則該種狀況就是該現象的因或果」。舉例來說，數名學生考試都得高分，此種「現象」的「因」或「果」頗為複雜，但只有一狀況同，即凡得高分者皆到某一補習班上過課，則可知那是得高分者「一致」共有的現象。

2. 差別法（the method of difference）：此法恰與一致法相反。比如說，A與B在小學一年級到五年級都同班，成績也都優秀，但六年級時不同班，成績之上下立即明顯，則表示同不同班，乃是造成兩人成績有判別之因或果。

3. 異同法（the joint method of agreement and difference），即上述兩法之合併。若造成一種現象（phenomena）（如生病）的個例，全發現有食用草莓餅以及其他食物的「狀況」（circumstances），而不生病者都未吃過同一餐中的草莓餅，則可知吃草莓餅，才是生病之因或果。

4. 歸餘法（the method of residues）：如A、B、C三生之平均分數為90分，已知A得95分，B得80分，則C得95分。

冥王星（Pluto）未被發現前，天文學家據已知行星之引力來推算天王星（Uranus）之軌道，但推算的結果（數學的「必然演算」，necessáry demonstration）卻與實際觀察的運行軌道不合。天文學家乃另提出一種「假設」，即極有可能或必有一行星介於其中，而影響了天王星的運行。不多久，該行星在更精密的望遠鏡可以發現更遠距離的行星時才被發現，該行星就是冥王星。

5. 共變法（the method of concomitant variations）：室內氣溫高此種現象出現時，有三種實際情形（instances），A_1、A_2及A_3出現；A_1是室內升了火，A_2是看書，A_3是室內有花。當升了更多火（A_1變了），看書及花不變（A_2及A_3仍舊），溫度即升高。可見「升火」（A_1）才是室內溫度上升之因或果。

米爾的上述五法，在陳述時，文字極為抽象，筆者費了心思補以上述實例。詳情可參考三民書局、五南書局，及文景書局由筆者所撰述的邏輯著作。

四、邏輯與心理學及道德學

米爾如同他先前的經驗主義學者，努力把心理學建立成為一門嚴謹的科學。邊沁在道德學及社會學上所依的人性論，米爾認為較狹隘，目光較短淺；因之，成就上無法與物理科學相比。

(一) 邏輯與道德學

1. 《邏輯體系》一書的第六冊，書名爲「道德學的邏輯」（on the Logic of the moral Science）。他所說的「道德學」（the moral science）有二意。

其一，不是道德箴言或傳教式的（normative），也非日常生活上的常規「應迫式」的（imperative）；二者皆屬「文科」（art）而非「理科」（science）。米爾要把道德學放在理科之內來研究。換句話說，道德科學建立在心理學（psychology）上，心理學是理科之學。

其二，進行道德行爲時，把肉體因素儘量排除，如本能上的立即反應。換句話說，道德科學也得以生理學（physiology）爲基。

米爾的道德學有兩大科學基礎，即心理學及生理學；當然，也涉及到動物行爲學，或品格形塑學（ethology）。孟德斯鳩（Montesquieu, 1689-1755）早就曾建議，擬以國民性格（national character）作爲研究主題。社會學（sociology）及歷史（history）也含在道德科學之內。其實，歷史學該是社會學的一部分，是一門研究人在社會中如何行爲的科學。

2. 道德科學不該只是純經驗事實的描述，不是粗糙式的「經驗主義」，而是要建立行爲的因果律，知其然還能知其所以然。不能只靠觀察或蒐集資料就類推，以爲如此即可「以偏概全」；卻該找出在某種狀況下，有其因必有其果的法則。如此，方能成爲一門「純正科學」（a genuine science），雖不敢保證在實際上都能準確無疑，但至少把它視之爲一種理想境界，向前邁進。不聽老人言，吃虧在眼前；嘴上無毛，辦事不牢；年長者渡過的橋比年輕人走過的路還長，這都是經驗事實。但光只是「事實」，不足以形成「科學」。行爲之前因後果，二者關聯性的建立，才是把道德從經驗主義推上科學的途徑。

德國哲學家赫爾巴特（Johann Friedrich Herbart, 1776-1841）奮力把教育學建立在心理學及倫理學上；前者探討教學方法的教學準則，後者則爲教育方向的形塑奠基；如此方能使教育學擺脫經驗談的陳言老套。心理學在實驗心理學之後，

已被學界公認為一門「科學」。米爾期望，倫理道德學也步其後塵。

首先，以心理學的材料作為道德科學的內容。前者的刺激及反應，就是後者行為之動機及後效；二者都有一致性的連續法則存在，那就是觀念的聯合（the association of ideas）。確定該原則，必賴他所舉的實驗方法，即上述的歸納五法。

第二，品格形塑學（ethology），尤其是國民品格的塑造，就難以「實驗」行之。因為變因無法由實驗者所操控，猶如月色盈虧影響潮水之漲落現象，非人之力可及。科學家（實驗者），無「力」可以指揮星球運行。只靠觀察，不足以形成為「科學」。因之，「演繹法」（deductive）就有用武之地了。由此而更為普遍存在的通則，就該先確立。力學始祖要先立一「定點」，幾何學家也先有共識即公設；邊沁以「自利」（self interests）作為社會行為，（包括道德、教育、政治、經濟行為在內）為定點，如同力學之定點或幾何學家之公設。不過，自利也並不必然成為普世性，例外倒不少，有人還取「利他」態度（altruistic attitude）。道德學不該全仿力學或幾何學，因為變數太多，且也極其複雜，不如取物理學為榜樣。物理學家認為雖事出必有因，但因不是單一的；有因也必有果，但果也不一定單一。

3. 米爾建議社會科學該採歷史法（historical method），或「翻轉演繹法」（inverse deductive）。他坦言，該法乃是社會學者孔德（Auguste Comte）所提出，但他深感新穎而已。「對我而言，未能完全同意」。

以人性這個議題而論，有些形上學家預先就斬釘截鐵的論「人性善」或「人性惡」，以為此種知，是「先驗的」（a priori），且作為定點或公設，這是演繹法的特色，「前提已定」。米爾要把此種「演繹」翻轉過來，先從經驗面下手，找出人的真正行為中之善面或惡面等，然後初步作一種「大略式的經驗通則」（approximate empirical generalizations），發現人性論中的各派主張，都可以有客觀事實作為佐證。人性論的定點或公設，不是單一的，而是多元的。孔德的實證哲學（positivism）也從經驗事實作起點。人類行為上的表現並不單

純，頂多只能預測「大方向」，也就是大範圍，幅度頗大。其中的細節繁多，因與果之間的聯繫，偶發因素也常出現，從中作梗。俗云事出有因，查無實據。在政治經濟學（political economy）上，一般人的行為習慣是賺錢及花錢，但這也只是「通則」而已，某些個體卻不遵守此規範。

4. 在社會學裡，米爾步孔德後塵，把社會學分為兩種：

其一：社會靜態學（social statics）：探討當前社會已存現象的人類互動狀況，從中確定，然後予以抽象化，理出一些社會現象的通則。

其二：社會動態學（social dynamics）：注重社會的變遷面，試圖理出歷史前後發展的軌跡，只是無法預知社會進展的速度。因為一些特殊人物的出現與否，乃是社會或歷史變遷的靈魂角色。臨門一腳若缺，則功虧一簣。但又有什麼人敢確信今日或來時，天縱英才的領袖人物必出現呢？舉例來說，若無蘇格拉底、柏拉圖，及亞里斯多德，則能建構為歐洲哲學史，都大成問題。支那人說：天不生仲尼，萬古如長夜；自然科學領域內若無牛頓，則自然科學的演進扉頁（第一頁），就不知從何下筆了。若以為人類行為必事出有因，也由此演繹式的推論一些特殊案例，即令英才也無法施展扭轉乾坤的影響力；但這種結論，必無法獲得「史實」上的驗證。

時勢可以造英雄，但英雄更可造時勢。

社會靜態學建立的因果律及預測度雖比較穩定，但卻不可以與「宿命論」（fatalism）混淆。人的許多行為不是任由他人或命運宰割，因為人的意志（will），是行為之因，且是主因；人意可以擺脫因果相連的鐵鍊，即令行為之先的先決條件已定，人意無可奈何難以改變，但至少當事人對之不予以介意，享有不放在心上的自由，或處之泰然。「死」雖是人人必面臨的「宿命」，但死有重於泰山及輕於鴻毛之別；且黃泉路上有遲速，事在人為之例也舉不勝屈。若說暴君剝奪了「不介意的自由」（liberty of indifference），完全百分百受控於他，

宿命論者若作此解，則只好任由擺布。只是人的意志是內存於心的，又有何種力道可以置人「心」於死地呢？

5. 社會學建立的社會行為法則，只是一種假設，以統計為基礎的通則是容許有例外的；由靜態學而形成的歷史演進法則，因果關係是古今通用的。但由動態學所形塑出來的因果關係，則預測未來也具有「可能性」（possibility），雖不具絕對性（absolute）。

社會學該把上述的靜態與動態都已包括在內。但他特別指出，文明的進展，集體的努力，必超過個人。因之，預測也將比過去容易。過去的歷史，單打獨鬥的英雄角色，分量多且重；今後則群體、組織，及團體的分量漸增。過去的歷史，梟雄不可一世，專制的王朝也稱霸一時；今後則全民普選之後，尤其民主式的教育越發達的國家，民意調查政情的結果，預測選舉的準確度已大幅提升。只是不可能有萬無一誤（infallible）的統計預測。社會學之成為科學，由於人是異質性的（heterogeneous），不似「物」之同質性（homogenous），因之難度很高。

國民性格也可稱為「民風」或「國情」；有些時代，國家、地區，或民族，人民從小就接受到諸如「修身課」，或常聽「勸世歌」，又進行真正的民主式教育，各行各業遵守行規，醫界有醫學倫理，商人講究商道，政治界光明磊落的政治家多於政棍，如此，則知識學術、專業技能、以及道德水平，普遍提升，高下位階之別，不會如同霄壤。在此種狀況下，秀異英才與凡夫俗子之差已縮短距離。因之，同質性之升高，將使異質性或獨特性降低，預測之準確度就相對地較有把握。到民主先進國家購物，可以比較放心地預知價格較公道。公平合理又正義之意識，已普植人心，刺激與反應之心理聯結，也可預估。

(二) 邏輯與常識哲學

1. 經驗主義以具體事實作為可靠知識之源，具體事實都可經由感官知覺獲得印象，由此印象形構為觀念、理念，或概念（idea, concept），其中涉及量及

質。量即表示部分或全部，質即表示正或負，是或非，眞或假。試看下例：

白馬都是白的。

白馬都是馬。

所有的X都是所有的Y。

有些馬不是白的。

有些白的不是馬。

所有的X是部分的Y。

上述諸命題，其中的差別，不言可喻；「常識」即可斷定其有效性或準確性。

2. 道德行爲乃人類之所特有，之所以如此，乃因人有「心」（mind）。「心」，就傳統哲學的分類而言，屬本體論（ontoloty）範疇，康德歸之爲「物自體或物本身」（thing in itself），洛克則說那是一種不可知的基層（unknowable substration），米爾都不以爲然。存有（being）雖是玄祕莫測，卻可化爲「存在」（existence）、物（matter），及心（mind），各自成爲理科或文科的研究地盤。物之由科學家所「感」，乃因物可經由外五官予以接觸；不直接接觸時，並不能否認有該物之存在。在室內，「眼看到書桌」，這是視覺，手摸到書桌，這是觸覺；在暗室中，視覺失效，但觸覺仍有功能；不用手去觸摸，原先的觸摸覺也依舊；離開書桌陳設的房間，書桌之感覺不失，這都是常識哲學的經驗談。本體是什麼？米爾取「腦」爲例，腦有腦功能，如同物質一般，「解剖學家一打開腦殼……」就如同心理分析學者挖掘意識到潛意識層，依其刺激反應之觀念聯結，就知心靈活動底細，因與果之關係就由潛而顯。身爲主教的柏克萊，取神學立場來解說；宇宙存在著上帝，上帝之「感覺」無所不在。米爾則認爲不需把上帝搬出來，人若無感覺，則一切知識皆無，所有德行也勿論了。

化「本體」爲「感覺」，將「本相」化爲「現象」。前者的經驗主義及後者的現象主義，都強調經驗主義的「感官知識」（sensation）及現象主義的「意識」（consciousness）之重要性。但勿淪爲「唯我主義」（solipsism）——以

自我（ego）為「唯一」認知之源，也是唯一「存在」的「存有」。「自我」之外，是另有「非自我」（non-ego）的；自我與非自我，都可化為感官知覺；一來，那是語辭文字使用的定義問題，二來如果能用語辭文字把所有的心靈功能經過翻譯功夫，轉介為感官知覺，則又何必訴求於上帝或本體論的解說呢？科學真理只與「現象」（phenomena）有關，而不與「物本身」（things-in-themselves）有任何牽連。雖然他也說，除此之外的任何說法，只不過是一種「假設」（hypothesis），並「不具實質性存在」（unsubstantial existence）。假設若未經由具體的感官知覺予以檢驗，則該「假設」就是假的。

米爾所遭逢的問題，即令以感官知覺這麼具體的經驗事實為出發點，但一切的心靈活動是否就等於一切的感官知覺，如同現代符號邏輯學者，以量化符號表示出如下式：

(x)Ax：for all x. x is A.

(∃x)Ax：for some x, x is A.

嚴格的來說，由「心功能」而生的感官知覺之「量」，不可盡數；因之能否「完全」等同於「心功能」，這是頗有疑問的。

3. 米爾之父認為宗教不利於道德，也對宗教心懷敵意，但他不完全襲承父教。在大力找出上帝存在的證據上，笛卡兒本體論證方式來推論上帝之存在，他認為「目前少有人滿意」。至於取因果關係來解釋現象界，他也認同休姆及康德的看法，「建立有神論」的「第一因論證」（the first cause argument），本身是不具價值的。他倒甲意於「大自然設計」（design in Nature）論證，既符合科學，可以通過事實檢驗，也符合歸納法法則，又植基於經驗事實，最經得起任何理性式的討論。

神棍藉宗教信仰之名，暗地裡卻在行惡，這是米爾之父認為最可惡之處。米爾反而認為宗教信仰如同詩詞，可以提供人類一種理想的願景。基督教的耶穌，不正是典型的道德楷模嗎？

以「設計」作比喻來描述造物主，這是一種類比。就人的經驗而言，無人

「看過」上帝「設計」過什麼，但人人都見過「手錶」；若手錶置於沙漠中，人必認為那是帶錶者遺失的，而非上帝丟掉的；其次，錶由「設計師」（designer）所製作，但設計師如同「造物主」（creator）嗎？此外，設計錶或製錶者必集合許多人的努力，才完成這一件精密工程，他們必「擁有超強的智力」（supramundane intelligence）；如同眼睛之有視力一般，造眼者的智力絕非凡俗之人可及，視力正常的人，必覺愉快，其他器官亦然。故上帝必以人的幸福，為造人的目的。其實，上帝不只造人使人幸福又快樂，上帝造的一切，也都使人幸福又快樂。

　　至於不朽（immortality）議題，米爾認為科學觀察不出有何「扣緊證據」（cogent evident）來反擊不朽，卻也不能舉出「扣緊證據」予以證實。這正是他歸納法的特色：正證無，反證也無，此時只好「懸決」（suspend decision），不宜匆促下決定，卻該「開放」讓後人去操煩或悉聽尊便吧！這與科學「態度」，十分吻合。

第二章

不可知論及實證哲學

　　檢驗真理的效標有二：一是邏輯推論，二是經驗事實。哲學家在探討「實」（reality）時（究其「實」），分成兩部分，一是「實本身」、「物本身」，或「本相」（noumena）是什麼？這是極其形上的。不少哲學家坦承，此一範疇，人之知無法抵達，但也肯定那是「存有」（essence）。至於由「實」本身發生的各種變化，即「存在」（existence）；這些「存在」，經驗主義學者確信那是感官知覺的來源。人有外五官，外在世界（external world）刺激人的五官，五官也對應之而有反應，這是心理學者最基本的認識。經驗主義的大本營在英國，從洛克以還，不少經驗哲學家紛紛出籠，發展到米爾（小米爾）時，已把外在世界刺激之被動性作另一番闡釋，咸認若無內感官（即心）之主動運作，也不可能產生「知識」。純就外感官層次言之，經驗主義有向「物主義」靠邊站的趨勢，將心理現象歸諸於生理功能，心理學（psychology）轉而以生理學（physiology）為基；如此，心理學之朝科學進軍，乃是必然應走的途徑。但心這種洛克稱之為「內感官」的功能，絕對也扮演重大角色。在德國，「心學」是主流，還滋生出「現象主義」（phenomenalism），即在刺激反應的互動過程中，加入了「意識」（consciousness）因素，這是物理或物質界所無的，只存在於人。人之主動性與物之被動性，恰好對立。小米爾在《邏輯體系》一書中早有此認知；他的觀念聯合論心理學（associational psychology），「心」扮演重要角色。

第一節　觀念聯合論的其後發展

一、貝恩（Alexander Bain, 1818-1903）

(一)貝恩與小米爾的關係

1. 貝恩擔任蘇格蘭亞伯丁大學（University of Aberdeen，立校於1860年）邏輯學教授20年（1860-1880），小米爾自承貝恩對他的《邏輯體系》一書幫了大忙。不少人說，貝恩是小米爾之徒，但小米爾卻不敢當，認為這位小他12歲的年輕人，是有創見的，不全然步先人之路。當然，或許是太陽底下沒有新東西，他倆之「先見」，其實在哲學史上早有人提過；德國的叔本華及尼采，早在「情」及「意」上特加發揮。

2. 兩人都擬把經驗主義的心理學發展成一門科學，修正了不少觀念聯合論的說法。人類行為中，感性（Senses）、理性（Intellect）、情性（Emotion），及意性（Will）特別重要，貝恩也以之作為書名，分別在1855年發表《感性及理性》（*The Senses and the Intellect*），1859年出版《情性及意性》（*The Emotions and the Will*）兩書，把「心」（mind）描述為「有情物」（It has Feeling），包括「感官知覺」（sensation）及「情緒」（Emotion）；既依「情」而「動」（It can Act according to Feeling），且「也能思」（It can think）。英國名震環宇小說界的女作家奧斯汀（Jane Austin, 1775-1877）名作《傲慢與偏見》（*Pride and Prejudice*）及《感性與理性》（*Sense and Sensibility*），讓情竇初開的臺灣高中女生，愛之不忍釋手，百讀不厭。

小米爾早就覺得他的父親輩太理性而欠缺感性，自傳中對此難免深覺遺憾，也因之大力扭轉到人性中的情性及意性上。貝恩在這方面更不必礙於情面，尤把人性中偏於機械面的理性，降低其重要性。

(二) 刺激及反應，不是純物理性、一成不變，也非公式化的

1. 刺激與反應不是純被動式的。相反的，積極主動性的意涵非常明顯。睡夢中若被打擾的醒覺，則前後幾乎判若兩人。

> 感官知覺從來就不是被動性的。一般而言，恰好相反；並且，擬採取行動的傾向，在感官接受刺激之前即已如此。行動使吾人之感受其存在，有了新的特徵（a new character）。

行動由刺激而來，行動代表一種能量或一股力道，也因之「對外物之存在產生新的感情」。舉例來說，與外物接觸所生的觸覺及觸感，最先，是知悉了有外物之存在。「一覺硬，即是一種力感；一來覺得有外物存在，二來也覺得己有力道」；肌肉產生一股抗拒力的意識。此種意識，因人因物而異。貝恩又說，若無意識之產生，則根本無法知悉有物質世界之存在。

2. 「信」（belief）基於「行」（action）：未有「行」之「信」，是空的，也了無意義。「行」是「手段」，「信」是「目的」。行之中，心裡有種預期，但願數次實驗後，都印證可以達到目的。如跑到小溪以解渴，不生意外，也未見目的與手段二者之矛盾或變相。其中，「意志」（Will）扮演重大角色。

刺激與反應之間的聯結，並非一次到位，卻是不停地、持續地進行；成功與否，會影響下一次的反應行為；信心（credulity）之強弱，也因之而生。人「心」對此種「交替反應」（conditioned response），絕不如同物質界，卻好比人類的社會行為一般。舉下棋為例，對方之出手，若早在乙方預料之中，則立即可以決定下一步驟之反應；若出乎預料之外，則陷入長考，其中變數甚多。出租房子，思及房客的人生觀，其重要性也會如同屋主人評估房租金的多少，來決定該筆交易。法官審案，更得視兩造之人格品質來衡量斟酌。

人類本能上的追樂逃苦，此種經驗，是塑造信念或信心的主要依據。但這也只是一因而已，雖是主因，但並非是唯一因。人的情及意，縱使不能左右客觀

事實，但卻能在客觀事實的觀察及闡釋上，影響大局。「證據」（evidence）及「情感」「feeling」二者，都該考慮，缺一不可。「作出決定的主人，有二，不是只一」。

可見貝恩的說法，介於物論與心論之間。觀念聯合論的主張者，其後受到進化論的影響，及功能論（functionalism）的劍橋大學教授瓦德（James Ward, 1843-1925）和美國哈佛大學心理學教授詹姆斯（William James, 1842-1910）的挑戰。倒是倫敦大學大學院（University College, London）哲學教授的蘇利（James Sully, 1842-1923）一本初衷，仍持觀念聯合論說法，且擴充到教育理論界，對兒童心理學下一番功夫予以探討，1895年還出版《童年期研究》（*Studies of Childhood*）一書。

(三)在倫理學上修正了功利效益主義說法

1. 功利效益主義者對倫理行為的單一論調，貝恩認為不足。「道德意識」（moral consciousness）左右道德行為，此一因素極為重要。道德意識中，文化或社會因素的考慮，不可或缺。功利效益主義的倫理學說，有其他學說所欠缺的優點，即豎立了一外在標準來衡量行為之可取或不可取；但若以為人類的所有行為，都植基於一股「自私的衝動」（selfish impulses），那就是對「感動及同情」（affection and sympathy）的誤解。「感動」及「同情」，才是奠定「無私無我的主要基礎」（the main foundations of disinterestedness），也是使人人放棄「自私」的主要心理因素。這些因素雖都出自「自我」，但「自我」（self）並不等於「自私」（selfish）。

自我而生自私者，但也有自我而生無私者。

其實，功利效益主義者也有此認識。既以最大多數的最大幸福為主旨，則怎有可能被誤導有「自私自利」的嫌疑呢？換句話說，「自我」（self）本身是中

性的（disinterested）；但可發展出好壞兩傾向，即自私（惡）及同情（善）；
自私「心」有，同情「心」也有；不可一味地想偏了。貝恩也說，「反感」
（antipathies）及「憎惡」（aversions），也與利害無關（disinterested）。

2. 功利效益主義不能代表全部的道德學說：功利效益有強迫式的，也有自
由式的。

許多對社群有「用」的（useful）的行為，不一定被視為一種「該行的義
務」（obligatory），或被認定具有「道德感」（moral sense）；倒是基於「情」
（sentiment），而廣為社會大眾所認可。功利效益主義者如能在「用」上佐以
「情」，就兩全其美了。行為在內心裡生「情」，由「情」又生「感」，則
「該」的義務性就勢必出現。此種說法，貝恩認為不是本諸「先驗」（a prio-
ri），卻在經驗事實上都有憑有據。道德學不必基於形上學，卻源於心理學；義
務感或義務情（the feeling obligation），也就是「良心」（conscience），都始源
於「心」（mind）。但由「心」所生的「良心」，卻是受後天或外在環境的影
響；來之於父母、師長，及外在的權威，從嬰兒時開始就靠外力予以陶教而成，
不似常識哲學家如蘇格蘭司徒瓦（Dugald Steward, 1753-1828）之以為良心是獨
立於外在權威之上，是本生的，而非沿生的；是先驗的而非後驗的。貝恩說，良
心並非天生，是後天經驗包括教育、家訓、政令，及風氣所營造出來的。

貝恩為小米爾補上了道德意識。除了功利效益原則之外，還得佐以此一重
要因素。不過兩個學者都有一股傾向，皆朝實證主義路線邁進。功利效益主義的
外在標準取向，較為客觀，也較具科學性，且較無爭議性；但同時也具有明顯的
相對性。這種實證性色彩，貝恩較小米爾更為明顯，較注重「現存社會的立法」
（the enactments of the existing society），現存社會中某些人披上法服來訂定道
德法則，有權訂法者，是來之於少數傑出的精英，但卻需社會大眾的同意，才可
以頒出法律條文。如此一來，良心之形塑，加上個人道德義務感之增加，就大功
告成了。

二、西奇威（Henry Sidgwick, 1838-1900）

(一)《倫理學方法》（*The Method of Ethics*, 1874）

1. 數本著作中以《倫理學方法》聞名於學術界，是十九世紀英文的倫理學著作中最為重要者。任教於劍橋大學三一學寮（Trinity College, Cambridge），1883年擔任該大學道德哲學教授。在該書中明示他明確的倫理體系，取之於小米爾的功利效益主義，不過卻也另有己見。

快樂學說（hedonism）該分成兩大陣營：心理學上的快樂學說（psychological hedonism），人人尋己樂己福；及倫理學上的快樂學說（ethical hedonism），追求人人樂，共樂，共福。

心理學上的快樂學說，事實上並非全是，該論題是有疑的，且可能是錯的。此外，從「是」（is）推不出「該」（ought）；休姆早已提醒，由「事實」推不出「價值」。心理學若屬於科學，只針對「是」，而不指向「該」，「該」是哲學地盤。牛頭不可對馬嘴。即令大米爾試圖以人性在求樂或追福時也會有利他之行，但心理學上有此「事實」沒錯，卻推不出「該」價值的結論。因之，得另闢蹊徑，別找他途。

2. 三原則該遵循乎？第一原則的直覺主義（intuitionism）呢？也不可取，因為到頭來，仍回到功利效益主義此種原點，跳不出該主義的框框。他認為，有某些道德原則之「該」，是「自明的眞」（self-evident true）。比如說：未來的大善，總優先於目前的小善。不過，未來的大善如未確定，目前的小善是確定，則該選前而棄後嗎？只考慮時間的先後，不該作為選此或擇彼的主要依據，這不也是「自明」原則嗎？且也是愼思明辯的原則（principle of prudence）。

第二原則的自明原則，是「公平原則」（principle of justice）：作為一個理性的人，對待他人，方式就如同他人也該以同樣方式對待我們。（己之待人，猶如人之待己）

如有不同的對待方式，也必得提出正當的理由，或因人或因事而有別。如對

待兒童的方式，與對待大人的方式，是不同的。

　　第三原則：仁愛原則（principle of benevolence），即人人有道德義務視他人之好處如同自己的好處。依不偏不倚的觀點，來判斷自己的好處是否少於他人，或自己在認知上較不確定或在好處上較少能獲得。

　　在上述三原則之下，人人追求自己的好處、利益，或興趣，一方面可得己樂也享己福，且更增加公眾的福及樂，因眾樂或公福，乃是己樂或己福之總數相加。

(二) 常識論的道德觀及爲學之坦誠

　　1. 分析法：思考一問題，需從各種角度觀之；提出解決方法，正面的及反面的細節都予以詳究，若陷入迷魂陣而找不到出路，只好先懸疑，不作最後判斷。一來表示爲學之嚴謹，一來也展現探討知識時的誠實又細心。雖然他所訴求的自明眞理，還不十足地可以服人，但在致力於道德意識的分析及清晰上，爲英國哲學之步上分析途徑，向前推了一里路。

　　2. 道德的利益（interest）說及義務（duty）說，二者如何中和協調，他不敢直言以斷，也未明示解決辦法。此種倫理學方法或許只是起個頭，在這方面，他同時接受英國小米爾的功利效益學說及德國康德的「無上命令」說，將利己、功利，及直覺，三者合而爲一，試圖調合人己在樂及福之間的明顯衝突。此願是否達成，有待進一步追究。

第二節　進化論及不可知論

觀念聯合論的心理學（associationist psychology）、小米爾的現象學（phenomenalism），及功利效益主義的倫理學（utilitarian ethics），在十八世紀都早已定根。但十九世紀中葉後，一股新潮開始向經驗主義的大浪湧來，這股新力軍，就是進化論（theory of evolution）。進化觀念形塑爲進化論或進化哲學觀，並無確定時日。十九世紀英國最偉大的進化論哲學觀的主角是斯賓塞（Herbert Spencer），在小米爾爲文討論哈米爾頓（Sir William Hamilton, 1788-1856）哲學以及孔德之實證論（書名分別爲*An Examination of Sir William Hamitons' Philosophy*及*Auguste Comte and Positivism*, 1865），之前的1858年，就著手撰述共十巨冊的《綜合哲學體系》（*A System of Synthetic Philosophy*）。與斯賓塞同年辭世（1903）的貝恩，繼續爲大小米爾持續發聲。就哲學思想的全貌而言，經驗主義運動中，進化論的聲調主控了大部分的思想，不只入侵於科學領域，且也攻占了經驗哲學的極大地盤。

一、生物學上的進化論

生物學上的進化論，自古有之，不是十九世紀的新發明。古希臘學人曾有過進化論的說法，但那只是一種純冥思型的憶測，未作經驗事實的檢證。十八世紀時，法國博物學家布豐（George-Louis de Buffon, 1707-1788），有《博物誌》（*Histoire Naturelle*）之作；拉馬克（Jean-Baptiste Pierre Lamarck, 1744-1829）比達爾文更早有生物進化思想。環境變遷使生物在機體結構上發生變化，在適應新需要時，有些器官因常用而功能增，反之則退化；且「後天習得性」（acquired habits），也可遺傳。進化觀念著作在英國出版時（1858），作者是一名哲學家，即斯賓塞；而非晚一年才大作問世且「驚動萬教」的科學家達爾文。達爾文的書一出，即把進化論上的爭議定調，且在宣揚上產生力不可擋的威勢。

(一)達爾文（Charles Robert Darwin, 1809-1882）

達爾文是自然學家而非哲人。1831-1836花了六年功夫，他乘「小獵犬號」（*Beagle*）船，作了一次史上有名的航行，對同一種屬的動物因生活於不同地方而生的變異現象，逐一作精密的觀察，包括活著的及已石化了的。讓他對「物種不變」（the fixity of species）論，產生質疑。早在1838年，他就研究了人口學家馬爾塞斯（Thomas Robert Malthus, 1766-1834）的大作，使他獲得一結論，即在奮鬥中，有利於生存的變化即保留，反之則被棄；新品種之生，已在過程中展現；後天習得的特質，代代相傳。無獨有偶，此種說法，另一自然學者瓦萊士（Alfred Russel Wallace, 1823-1913），也在1858年受馬爾塞斯人口論之啓發，而爲文表示，生存競爭中，適者生存是進化的主因；一夜之間完成構思，兩晚寫成文章，寄給在倫敦的達爾文；文中提及貓有利爪之「因」，乃是利於生存，且一代傳一代。兩人也於1858年7月1日在倫敦的林奈學會（the Linnean Society in London），共同發表研究所得。林奈學會是紀念瑞典博物學者林奈（Linnaeus, 1707-1778）而設的學者團體。

1. 達爾文的名著《物種始源》（*Origin of Species by Means of Natural Selection*, or *The Preservation of Favoured Race in the Struggle for Life*），於1859年11月發表。一出版，一天之內就售罄，1872年已六版。其後又陸續寫了不少類似文章，幾乎世界上無人不知達爾文乃是適者生存、優勝劣敗、自然天擇的代言人。他一心一意以經驗事實爲根據，不作哲學上的冥思沉想；甚至人類之注重道德，也因爲適於生存而來。動物本能經過演化，行爲之價值、意義，或目的，也都因有利於生存之競爭。他警覺到神學界一睹其文而引發巨大的浮躁不安氣氛；自然學者認定人的祖先是猿猴演變而來，而非上帝所創，神學家對此說是忍無可忍！達爾文在1871年又直接了當地以《人的由來及性關係的選擇》（*The Decent of Man, and Selection in Relation to Sex*），更惹火了傳統的保守分子。不過，達爾文本人虛心好學，說話詼諧有趣；研究之意志堅韌不拔，毅力十足，童心常在。可惜，身體健康不佳，1870年時已61歲的這位名震遐邇的學者，雖認爲宇宙之

存在並非胡亂或盲目的產物，但由於找不出證據可以證明有什麼設計師來設計或創造出這個宇宙；且即令有個設計師，也不盡然該設計師心存厚道或仁慈為懷。這種認定，都本諸於他鉅細靡遺的觀測自然史而來。本身是基督教徒的他，一生卻懷疑有「最後的審判」在；對此，他是持「不可知論的」（agnostic）。不過，他極力避免捲入神學的紛爭中。馬克斯曾擬以《資本論》的英文版獻給他，但他也不願與堅持物論者有來往，以免落入神學家攻擊的口實，因此予以婉拒。支那名學者更棄本「名」而改取「適」且又「字」稱「適之」的胡適，一清二楚地印證了「適者生存說」，風行東西，所向披靡。

2. 十九世紀，演化論與宗教上的基本教義派（fundamentalism）曾有過熱鬧非凡的大論戰。其中涉及到純科學及純宗教的部分，不在哲學史的範圍內。但其中的兩股浪潮，與哲學史有密切關係。

其一、演化有自然性的（natural evolution），也有創造性的（creative evolution）：達爾文雖對《人口論》推崇備至，但也認為自然界中的「物」種，可適用於《人口論》的作者所提出的警告，但不必然適用於有意志力的「人」種上。人不盡然全是環境的產物。物競天擇，是極其殘酷的；人呢！無「情」到極點嗎？柏格森（Bergson）的精神哲學（spiritualistic philosophy）有必要一提，但俟後詳述。

其二、演化論在十九世紀中葉，對知識分子是耳目一新的；迎合者及批駁者雙方，都與「目的論」（Teleology）說法無涉。整個宇宙，包括人，都持續在演化中，都是一種「過程」，與最終目的不相干。赫胥黎（Thomas Henry Huxley, 1825-1895）就直言，他研讀《物種始源》所生的最大衝擊，就是堅持：「目的論者的信念，由達爾文先生的手中蒙受致命的一擊」。

(二) 支持演化論者

把進化論列入哲學討論的重要學者之斯賓塞（Herbert Spencer），有必要專章予以討論；不過有兩三個學者，身分是科學家，但在過問演化論時，卻沾有哲

學意味，因之得先予以介紹。一般說來，當演化論一出，社會各界掀起萬丈高潮論戰時，學術殿堂裡卻少受波及，大學教授竟持隔岸觀火心態；斯賓塞一生，從未在大學教過書。

1. 赫胥黎（Thomas Henry Huxley, 1825-1895），自稱是「響尾蛇」（Rattlesnake）號軍艦上的軍醫，使他有機會在赤道研究各種動植物；1851年成爲皇家學會會員（Fellow of the Royal Society），1883-1885年還擔任該會會長。關心公共事務，尤其教育。

赫胥黎世家在英國極其顯赫，由此時出現的赫胥黎開其端。幼貧失學，卻在生物學研究上，成績傲人。他認爲，達爾文採用了小米爾的研究方法，而奠定了學術研究大業，大量蒐集資料，採歸納方式，作觀察及實驗。從資料上進行推理，把推理的結果進行檢測，又與觀測自然上的事實一一予以比較。結果，以「天擇」（natural selection）作爲物種始源，此種說法，確實未得準確性的定論，還停留在假設階段，只當作是一種可能性極高的說法而已。不過，「卻是現存唯一的假設，頗具科學觀念上的價值」。此外，對拉馬克理論（Lamarck's theory）作了許多重要的改善。

2. 拉馬克（Jean-Baptiste de Monet, Chevalier de Lamarck, 1744-1829）是法國進化論者。他認爲，長頸鹿爲了能吃到高樹上的嫩葉，因之長頸又長腿；此種說法，純屬臆測，卻頗合衆人口味。環境變了，動物的需要也跟著變。「新需要」（new needs）也生「新渴望」（new desires）；「新渴望」使有機體的「功能作了轉變」（organic modification）。這些轉變，還遭傳到下一代。赫胥黎請教拉馬克的是，什麼理由可以相信有機體之功能轉變，幅度有限嗎？以及動物在產生新渴望時，欣悅之期有多長？

「天擇」及「適者生存」此種觀點，大概無人有異議；但赫胥黎作了如下的區別，即演化過程與人的道德生活，二者不能相提並論。若把一切道德生活全併入演化論，則非道德或反道德之生活及行爲也不例外；如此一來，「小偷及謀殺犯，也如同慈悲之士一般的都是自然的產物了」；難道後天的環境是形塑人品的

「唯一」因素嗎？人何其被動？

　　「反演化程序」（against the evolutionary process），才是道德的所在；與慾望背道而行，才是步上倫理的道路。「凡我喜歡的，又有什麼不可以」，此論調可以作爲幸福又快樂社會的口號嗎？在生存競爭中，強者當道，踐踏弱者；但社會之所以進步，旨在制止此種宇宙運行的每一步，而以另一步取代。另一步即是倫理程序。

　　作爲一種有機體的人類社會，有許多行爲類似蟻及蜂；但人類社會之能夠進展，往上爬升，就有必要強化相互之間的情愛關懷，仁慈且自我內訂一些限制，如此才最能適應大自然的諧和天則。人的演化程序，在許多方面與自然合，但並不全合，甚至還逆天操作，不仿天也不順天，卻「要制天」。

　　演化過程該分二程：一是自然界的演化，人受控於大自然，「天人合一」。二是倫理界的演化，人有自由天地，「天人不一」。

　　總而言之，赫胥黎中意於尼采的超人說。但尼采的超人道德，是反擊一切的傳統價值，「重新估定一切價值」，包括倫理價值，即同情、慈悲、關懷等。赫胥黎在這方面，是不與尼采站在同一路線上的。大宇宙中的演化程序，也未有此種價值在，只有人類社會才「演化」出此種價值。人在大自然中別出一格，且是最特殊的一格。人與天要互別苗頭。

　　本著經驗主義的英國哲學傳統，既認爲知識源於經驗，經驗又無法窮盡，因之勿把話說死。不走極端，遂變成英國學風。他既不願被歸爲物論者，也不想納入心論陣營；有神或無神論隊伍，更無他入列。或許，「不可知論」（agnosticism）才是他的爲學態度，這也是科學精神；不憑「信仰」（faith），而依知識；且知識要建立在「驗」（justification）上；「求證」（verification）才能鞏固「假設」（hypothese）。一切說法，還只停留在假設中，是一種動態的過程。當然，在逼不得已，要在「物論」（Materialism）與「心論」（Idealism）中二選一時，基於強調人與物之演化有別，「我寧願後者」了。他維護演化論甚力，科學與玄學論戰一役，於1860年在牛津大學上演，他力斥正統神學的說

法，與主教們唇槍舌劍，句句逼人，是學界津津樂道的一幕熱鬧劇。

3. 丁道爾（John Tyndall, 1820-1893）：赫胥黎不願被貼上「物論」的標籤，丁道爾卻坦然接受，對號入座。1853年被任命爲「皇家學府」（Royal Institution，成立於1799年，倫敦；皇家學會則創於1660年，也在倫敦）的自然哲學教授，論證天空之所以呈現藍色，乃因塵埃散射太陽光所造成。與名物理學家法拉第（Michael Faraday, 1791-1867）是同事。法拉第去世後，他繼承擔任學府校長。他不太願意邂逅於哲學界，不過若有人要稱呼他屬於「科學的物論」（scientific materialism）者，則他欣然接受。

赫胥黎之不願與物論有染，丁道爾則願乾脆被認爲是科學的物論者而不以爲意；其實，二者對物論之了解不同。丁道爾認爲，什麼「論」，都只不過是一種科學上的假設。1868年，他向科學界發表演說，強調人是「身」（body）及「思」（thought）的合一體；「身」是機械式的（mechanical），「思」則與「腦之力學」（the physics of the brain）有關。若因之而被名爲「物論者」（Materialist），則「該種身分是可以保有的」（that position is a tenable one）。他認可的物論者，相信有兩組現象，一是腦的心理程序（mental processes），一是腦的物理程序（physical processes）；二者如何結爲一起，他卻「絕對無所知」（in absolute ignorance）。1874年的大英學界聯合會，他的演說又把此論點重伸一次：

> 人這個「客體」（man the *object*）與人這個「主體」（man the *subject*），二者之分，有著不能跨越的鴻溝介於其間。人之智力無法在該鴻溝上，駕駛摩托車從此一端開到彼一端而不生邏輯上的脫序（logical rupture）。

他這麼說，簡直回到笛卡爾的身心二者如何可以聯結上的難題了。

科學上的物論，含有「暫時性認可」（provisional assent）的一種假設；認定「心」及一切「心的現象」，「曾一度暗潛在一堆火焰雲層裡」（were once

latent in a fiery cloud）；是有機體與環境，經由「環宇性的時光（千億年）」
（cosmoic range of time），共同玩弄的結果。科學上所說的「物或質」（mat-
ter），不是一種「粗物」（brute matter），卻潛在性地內含有生命及心理現象。
換句話說，科學上的物論，對物的概念將重新予以界定，不該視物為無生命的，
或缺生理及心靈生命的。簡言之，物也有靈性；天靈靈，地靈靈；如同臺灣婦女
唸咒語，為受驚嚇的幼童息（收）驚一般。

　　科學家探討物，物是有「力」（force）在其中的。

　　宇宙的真正奧祕，臥藏於其底，深不可解。就吾人而言，無能力解。
　　但話說回來，丁道爾也並不因此就把該難題拋給上帝，他倒又提及星雲之外
（outside the nebula），有一種「創造性的活動」（creative activity）。但此種說
法，一來無經驗事實予以佐證，一來也「大大違反科學精神」。同時，他也不否
認別人指控他為「無神論」（atheism）者。凡科學無法解答的問題，則該種問
題，原則上也是無解的。宗教如純只當主觀經驗看，則不必尋求客觀，且也享有
不必證明的特權。

　　我堅持，無神論的推理，能把宗教從人心中逐出；邏輯則不能把生命從我
　　們心中剝奪。宗教對信教者來說，就是生命或生活；作為意識上的一種經
　　驗，可以免受邏輯上的攻擊。

　　人無科學、無推理或無邏輯，還能夠活；但對一個以信仰為第一的人來
說，無宗教也就等於要了他的命。不過，也該注意的是，若因之而堅信把它擴大
到知識，則該種堅信是虛假的。承認不可知、謎、祕吧！一切的知必賴實證。純
就知而言，也只有科學的知，才是真知。

二、不可知論（Agnosticism）

(一)斯蒂芬（Sir Leslie Stephen, 1832-1904）

1. 斯蒂芬的不可知論態度，最為典型：這位英國評論家，以兩冊的《十八世紀英國思想史》（*History of English Thought in the Eighteen Century*, 1876）聞名於學界。本是教會界人士，但經由小米爾、達爾文，及斯賓塞影響之下，1875年後退出神職職務。

他堅稱，物論「代表一種探討物理界的觀點。一個人成為物論者時，他的所作所為，都在觸、摸、看，或依感官之所覺時。」換句話說，科學的探究，需要一種「方法學上的物論」（methodical materialism）。但這並不等於說，物乃是最終的實體（ultimate reality）。

那麼，最終的實體是什麼呢？可以說是心論（spiritualism）所說的精神或靈嗎？心（mind）代替物，或物代替心，作為最終的實體，可二選一嗎？他說：

在布幕之後，吾人毫無所得；布幕之後，才是實體。

若要硬擇其一，難免就立即跳入

腦的蛛網（cobwebs of the brain）及二律背反（antinomies）的超驗界了，那是「不可知的」（unknowable），「只是一面空白」（a mere blank）；把它寫成大寫字母，並無必要；把being寫成Being，只在耍文字遊戲而已。

古代的祕密仍是祕密。「不限定」（Infinite）及「絕對」（Absolute），人無所知。

本相（noumena）是實體（reality），是本尊（original）；現象（phenomena）是分身（copies）：二者能用等號嗎？如可，則科學家一生就鑽研現象即

可。科學家的任務，在揭祕；但祕有深有淺，祕之後有更幽更玄的祕；科學提供給人的正確知識，是有限度的；對「經驗之背後的絕對」（meta-empirical Absolute）無能爲力。即令吾人相信科學界解答了所有的科學問題，但宇宙仍還是一個謎，該謎底是無法揭開的。

2. 科學上的物論及不可知論，並不反對倫理價值。丁道爾曾說，倫理價值與宗教教條無涉。科學上的物論，並不降低人的最高理想。斯蒂芬在1882年出版《倫理科學》（*The Science of Ethics*）一書時，也持續發揮斯賓塞的心意，將道德建立在演化論上；道德的功能，在促使社會有機體（social organism）更健康（health）更有活力（vitality）。就歷史而言，道德原則之演變，也循演化原則，「是且也是」（is and only is）「天擇」（natural selection）。凡最有利於社會有機體的道德原則，就保留下來，淘汰了無效益於社會有機體的格言或綱目。可見，道德律則仍遵守優勝劣敗的天律（自然律）；在這方面，他比赫胥黎更進一步地邁向科學，而較少涉及人爲之努力。

(二)不可知論的愛好者

不可知論並非只有持演化論者的共同爲學態度，在演化論的陣營外，也有不少支持者，且人多勢衆。

1. 作家德拉蒙（Henry Drummond, 1851-1897）希望把科學與宗教結合在一起，將達爾文主義（Darwinism）與基督教義（Christianity）聯姻，以一種持續不斷的演化（continuing evolution）將二者結盟。他的作品曾風行一時。

2. 羅馬尼斯（George John Romanes, 1848-1894），寫了不少演化論的書。這位生物學家的一生經歷，是具體的演化例證；從早期對宗教的虔誠，演變爲一位不折不扣的不可知論者，然後又往前推向泛神論（pantheism），卻以返回基督有神論（Christian theism）當一生的歸宿。1878年，年僅30歲的他，就以筆名出版《有神論的率直檢驗》（*A Candid Examination of Theism*），認爲證明上帝之存在，是無事實根據的；上帝之存在，或許是眞的，因爲無上帝，則無宇

宙。七年後年歲37時，又為文《心、動、及一元論》（*Mind, Motion and Monism,* 1885），見解已稍異，以泛神論（pantheism）為主軸，同時也對基督教的有神論寄予同情。十年後的1895，他已去世，遺作中再度對有神論提出第二次的率直檢驗。

他認為科學對宗教的影響，是破壞性的；相信宇宙有個設計師，或大自然（天、上帝）可直接干預一切等說法，在科學上是無憑無據的，無法使科學家信服。但同時，科學家也得先入為主的設定，大自然是一個森嚴井然的系統，有則有序；有神論以此為基，誠然令人不許置疑，可對宇宙秩序提出合理的說明。但若該造物主之心（Mind）是神聖的（divine），則科學家就得承認，該心的特質，只歸屬於上帝，非凡人之心可比；因之，「心」這個字，代表的「只是一片空白」（stands for a blank）。有神論也就難免步入不可知論了。

有神論再度率直檢驗時，他的態度稍變。認為科學的進步，非但未減弱宗教信仰力，反而增強，因為科學證明了「自然界中因果關係的整合性」（uniformity of natural causation）。不過，普世性的困果律則，是「神意」（the divine will）的持續展現，或者只不過是一種客觀的自然事實？此一問題，不能單靠人的領會力去解決。在追尋上帝時，單依人的理性，是無法奏效的；還得依人之意、情，及心。成為基督徒，單憑冥思性的理性是不足的，「精神或心靈上的直覺」（spiritual intuition），非緊臨而至不可。

從某一觀點言之，自始至終，他都持不可知論而非有神論。但他的不可知論，先後卻有別。先前的不可知論，科學成分較濃。其後的不可知論，卻染上了信仰因素；即「精神或心靈上的直覺」，此種可能性，不可知論者不可懷疑。更不宜說，信仰者的任何「冒險」（venture），都是「蠢者的冒險」（fool's venture）。科學的事實，有必要經過「實驗」，信仰的事實亦然；但兩種實驗的「印證」（verification），方式不同。科學在此一層級上，不可代言。他對不可知論既不完全滿意，也不絕對排斥。給予宗教一份關愛與同情心，這是丁道爾無份的。但要他下定決心為此奮力而為，他倒認為不必要，也不準備為此獻身。

　　上述兩名學者，可惜壽命不長，都活不過半百，只46歲即告別人間，這是遭上帝所嫉而受天譴嗎？

第三節　實證主義（positivism）在英國

實證主義的始祖是法國的孔德（Auguste Comte, 1798-1857），小米爾對他稱讚有加。但孔德據實證主義而擬建立的新宗教來實踐精神界及心智界的美夢，小米爾卻志不在此，倒把實證主義化作一股人文味。斯賓塞亦然，同樣從孔德的學說中獲取不少靈感，卻以子之矛來攻子之盾；利用孔德的批判態度來批判孔德的哲學，1864年還出書《與孔德哲學相左之理由》（*Reasons for Dissenting from the Philosophy of Comte*）。赫胥黎（T. H. Huxley）敘述孔德哲學，認爲那是舊教（Catholicism）扣除新教（Christianity）的結果。舊教的大本營，除了西班牙之外，就是法國；新教的重要國家是英國；由舊教的地盤裡孕育出來的孔德，雖受新教國度裡的上述學者致敬，但難免在致敬者心中存有不過癮之憾。不過，英國學術是多元的，崇拜異國哲學者爲數不少；只是在學術地位上，不如上述英國學者之頭角崢嶸。

一、英國的孔德迷

(一) 英國的孔德派

1. 康格里夫（Richard Congreve, 1818-1899）引線而成立的孔德派，忠於孔德學說。任教於牛津大學（Fellow of Wadham College, Oxford），譯孔德著作爲英文。難得的是還大膽爲文要求英國勢力退出印度及直布羅陀（Gibraltar），如此地冒犯政治當局，眞有讀書人的骨氣。

2. 1867年倫敦成立實證哲學會（Positivist Society），會員中分成兩派：一派死守師承，一派則另有獨立己見。後者中值得一述的有下列諸位：

先是劉易士（George Henry Lewes, 1817-1878）：早年服膺孔德學說，認爲分殊的學門該結合成統合性學門，儘量避免涉及形上而以經驗爲師。晚年卻認定斯賓塞的學說高過孔德一籌。1874-1879年的五年中，共出版五冊的《生命及

思想問題》（*Problems of Life and Mind*）。實證學者只探討現象界而不過問本相界。劉易士把現象界一分爲二，一是「合成的」（resultant），一是「冒出的」（emergent）；前者是物理性的，前後及新舊的合成分子皆同。後者則是化學性的，卻有新分子出現。演化過程也可依此分成兩類，一是合成也漸變的；一是冒出的，含有一種創新的品種，是突變。前者是「同質性的」（homogeneous），如一粒沙合成爲一堆沙；後者則是異質性的（heterogeneous），如父與子。劉易士留學德國兩年，1840年返倫敦，常與小米爾通訊，因而稍悉孔德的實證哲學。1850年婚後與友人之妻也共宿，彼此相互有性行爲，如此所孕的子女，「冒出」突變的成分必大。

3. 克利福特（William Kingdon Clifford, 1845-1879）：天妒英才，這位傑出數學大師只活34歲。年僅26歲（1871）即擔任倫敦大學大學院（University College, London）的應用數學教授，倒對哲學深感興趣，又在宗教領域內大倡人道精神（humanity），提出「心料」（mind-stuff）一辭，來解決身心二者相互連繫問題。物料（matter-stuff）是靜止的、死的；心料則是動態的、活的。二者之差別，他作3個比喻：物料如同已寫或已印的句子，心料則是唸的句子。物有料，心也有料。心料發展到某層次時，「意識」（consciousness）就「冒出」。此種說法，類似休姆的現象學（phenomenalism）說法，「印象」（impression）或「感官知覺」（sensation），乃是「心料」的組成因素，在形成爲「意識」之前，早已先存；意識一生，則印象或感官知覺，就變成意識的對象；從物界跳升到心界，不需另舉什麼神祕的上帝作爲創者。

在倫理層次上，他強調「種族我」（tribal self）觀念。人人都有生理上的我，即衝動及欲望；但人不能離群獨居，必與族群共活；因之個人獨自的我，必納入族群之中。套上達爾文的用語，如此才能「適者生存」。「種族我」就是「良心」（conscience）之聲；私心變成公德，且成爲積極性的一分子。

實證論是與上帝絕緣的。克利福特在宗教議題上，出言有點狂妄，不只說神職人員是人類的敵人，基督教義是瘟疫，還攻擊任何信上帝者。此種口吻，比

較合乎法國啓蒙運動時代學者的胃口，不像英國十九世紀不可知論者的調調；後者對宗教論點以及教會代表人物還以禮待之。出言不遜的他，似乎可以與尼采比美。不過，他常以人道（humanity）取代宗教，以科學的進步來建構人類社會及王國，以「環宇之情」（cosmic emotion）同遊於大自然之中。人不必靠上帝，就可以建樂園，信上帝反而有害於人類之進步及道德之提升。

(二)排除形上學

1. 皮爾遜（Karl Pearson, 1857-1936）繼承克利福特的應用數學講座，且也是倫敦大學優生學（eugenics）的高爾登（Sir Francis Galton, 1822-1911）講座教授。高爾登是達爾文之侄兒，一生力倡優生學，發現大自然之優勝劣效，等於十足地在展現優生，人類社會該仿之。

對形上學及神學，皮爾遜的態度幾乎如同其後的「新實證論者」（neopositivists），他只對科學甘拜下風，認爲科學無所不能；孔德對宗教儀式的概念，他是嚴詞以對的。科學的功能，在於將事實予以分類，從而認知事實的序列（sequence）及相互之間的意義（relative significance）。科學家的心態，是對事實作中性的判斷；把個人的私情、脾氣（individual temperament）及癖好（idiosyncrasies）都擺一邊。形上學家正好相反。形上學（metaphysics）只是一種詩詞（poetry），形上學家正是搞錯行的詩人，經常化裝爲別種身分。

> 詩人在社會上是有價值的一分子，因爲大家都知道詩人就是詩人……
> 形上學家是詩人，也常是大詩人；但不幸的，別人不知其實他只是個詩人。由於他奮力穿了詩人的衣裳，卻也運用理性語文，因之就極易成爲社群中的危險分子。

新實證論的大師卡納普（Rudolf Carnap, 1841-1970），幾乎也異口出同聲，道出科學判斷所建立的基礎，是經驗事實；經驗事實最後總落根到感官印象

（sense impressions）或感官知覺（sensations）上，就這麼簡單。這些都儲存於腦海裡，成為「心料」，形同電話轉接一般，投射於外，稱之為「現象」（phenomenon），在實際生活上，是「真實」的（real）。至於躺在感官印象背後的是什麼，吾人不知，也不能知。形上哲學家聲稱可以穿透深入到「物本身」，此種聲稱，是騙人的（bogus）。他甚至比較喜歡用「感官知覺」（sensations），而不用「感官印象」（sense impressions），因為後者似乎暗含有一種不可知者，在祕密操弄什麼！

他又深知，科學並非只停止在感官知覺或感官印象上而已。由感官知覺（sensations）可以得出「概念」（concepts），得依演繹推論（deductive inference）。但科學植基於感覺知覺，且也止於感官知覺；因為檢測求證，都得依感官知覺。科學之始與終，都是感官知覺。

2. 科學研究所形構的法則或規律，都是一種心靈建構（mental construction）；心靈建構只可當字面解，而非有其客觀事實的存在，是為了敘述上的方便而已。把感官知覺原原本本地予以「陳述」（descriptive），不必另補上什麼「說明」（explanatory）。前者十足地保持原樣，後者則多半動了手腳。公式、定理、設定等，雖可在運思中較為經濟，但並非真有其實體。「原子」（atom）一辭，既觀測不到，也無法形成感官印象或感官知覺。科學家根本看不到也摸不到「原子」，原子或分子（molecule）都只是一種心智上的概念，使物理學家在分類現象時，較易下手。

科學的社會效益是正面的，皮爾遜特別強調這一點。不只技術層面大量運用科學知識，如優生學；且運用科學方法，更有助於教育效果之增加。教訓下一代，務必靠科學精神與方法，將事實作不偏不倚的分析，由此培養出來的下一代，必是健全的公民。科學思想與人類進步本身，二者可以劃上等號，而無前後關係。

除了以「現象」作為科學研究的對象之外，別無其他。現象可化為感官知覺或感覺印象，因之，若把科學當作純敘述性的學問，則除了「意識的內容」

（the contents of consciousness）之外，別無其他對象了。取經驗作爲現象學的分析，乃是科學研究的全部。經驗事實代表一切。

二、形上學及神學還有存在價值嗎？

(一)科學方法的採用，使知識大增

1. 科學方法開拓了知識的新領域。除了科學知識之外，別無其他可靠的知識。其他的知，是不可知的，也不能知。形上學及神學，號稱要上窮「現象界之上」（metaphenomenal），那是虛的、僞的、騙人的。

2. 孔德早就說過，宗教信仰屬於人類發展的童秩期，孩子可欺。臺灣人說，照顧孩子叫做「騙人仔」。人智發展到成年的成熟期，則形上學及宗教信念就被 科學知識取代了，眞知把迷信掃除盡淨；什麼終極性、永恆性、絕對性的闡釋，都了無意義，因爲科學界無法取經驗事實爲之作證。「不可知論」（agnosticism）遂成爲時潮。光是可「實證」的，已夠科學家操心了，怎還徒勞或用武於無法予以實證的地盤呢？兒童期是迷信期，成人期則一來只聽事實，二來擁抱不可知論。除此之外，無第三種選擇了。

3. 上帝存在或不存在，此議題科學家無解；只好兩手一攤，「不可知」！不過，就成年人而言，神學或形上議題，即令欠缺科學的知識內容，卻也對之有一份情，即人情或人道精神（humanity）。就科學史或哲學史而言，十九世紀之後的科學在知識上的傲人成就，是不可否談的事實。由於科學知識之暴增，不少實證論者樂觀地說，必爲人類社會帶來史無前例的福祉。但二十世紀發生的兩次大戰，利用科學方法及科學知識而製造的科學武器，幾乎要把人類毀於一旦，此種慘況，不更令學者憂心如焚？一種宇宙情（cosmic emotion on feeling）遂油然而生。

(二)「科學至上主義」（scientism）必與傳統宗教為敵

宗教信仰由於欠缺理性基礎，迷信當道，阻礙了人類之進步及道德之提升。實證主義者乃改採人道理念予以取代。

1. 紀德（Benjamin Kidd, 1858-1916）為文，書名特別醒目。達爾文的進化論是生物學上的，他提出《社會進化論》（*Social Evolution*, 1894），又出版《西方文明之原則》（*The Principles of Western Civilization*, 1902），及《權力之學》（*The Science of Power*, 1918）。他振筆直書，人類社會中的所謂「天擇」，除了弱肉強食之外，不該忽視一種現象，即人的情及愛（man's emotional and affective）品質，而非只是心智（intellectual）品質。宗教是情面上的，科學則是智面上的，二者不同。在生存競爭中，情面較強的一批宗教界人士，悲天憫人，呼籲利他，濟貧救弱，為公利不惜犧牲己益。這股社會力道之強，是科學道路上少見的。最高度的宗教意識，發自基督教徒的內心，西方文明之所以超前於環宇，根本原因在此。

2. 紀德認為在社會的建構上，理性力沒有像實證論者所想的那麼鉅大無比，倒是情意力無可匹敵；即令欠缺智性的內容，卻在人性中不失為一股最雄渾的力道，是造成社會進步的突起異軍。理性可以作建設用，也可當破壞用。實證主義者過分誇張前者，而無視於後者。當然，冷靜的理性思考者，也可反唇相譏，情性也有正用及誤用情事。二者都有歷史事實予以印證。彼此之見，不該受歧視，也不可作選擇性的判斷。

「天擇」就會「自動」帶來進步，這是一廂情願的；由集體性的情緒所生的大災難，更不下於理性作用於破壞性上。總而言之，科學知識之增加，與人類社會之進步，二者是同名又同實，這是無知者的狂言。科學知識之目的何在，過問此一議題，已不把科學只當描述用了，不可只停在「是」的層次，倒「該」指向「該」了。方法或技術日新月異，但方向或目標若有差池，則差之毫釐，失之千里。科學作為人用，這是無疑的，但「人」又作何解呢？此時，形上學或神學，

就或明或暗地內藏其中。在科學一筆抹殺形上學，以及實證論或不可知論置神學於不聞不問甚至踐踏在地時，自古迄今的形上學及神學，卻也隱魂不散，隨時侍侯在旁，且應時而出。

第四節 斯賓塞（Herbert Spencer, 1820-1903）

一、生平及著作要旨

(一)斯賓塞學說概要

1. 達爾文的名著問世於1859年，先前一年的1858年，斯賓塞早就勾勒一幅哲學體系圖，建構於演化論法則上；或如同他所說的，該法則是「進步法則」（the law of progress）。哲學史上雄心萬丈的企圖規劃無所不包的哲學體系，前有希臘三哲的最後一位，即亞里斯多德，後有德國的黑格爾。英國學者喜愛此道者不多，斯賓塞是少數中的少數，他也是英國人在有生之年即享世界級名師中的一位。他目光如炬地透視時潮，達爾文也助一臂之力，兩人皆以經驗事實或科學佐證，用一種統合性觀點，將宇宙、人生，及道德行為，匯聚百川而成汪洋大海。認定人類歷史是樂觀地邁向進步大道，兩位大師共同扮演一位未卜先知的預言家。

2. 即令如此，斯賓塞哲學卻只是時代寵兒，也僅是時代產物；時過境遷，也幾乎成為明日黃花，寵兒即遭棄。他成長於英國史上黃金時代的維多利亞女王（Victoria, 1819-1901，在位1837-1901）時，是英國勢力雄霸環球之際，他的哲學威勢也如同英國國勢一般的，隨後不僅漸漸褪色，且今日已無多少人關注這位曾經風光一時的哲學家。他的著作相對於小米爾而言，比較無法有令人一讀再續的衝勁。究其原因，不單純只是他所大量依賴且現時已是家曉戶喻的演化論，人們對它已耳熟能詳，引不出好奇或激動；且自二十世紀起，就有不少學者對於演化論的科學假設，可以邏輯與無謬誤地推論到「人類終究樂觀地預期進步」此種結論，給予無情的挑戰。斯賓塞思想此種「兒戲般」似的狂樂，似乎有點過了頭；他所熱愛的實證論，也轉了彎，藏羞般地不敢明目張膽地以實證論作為世界觀的基石。加上不少演化論者，即令深信該學說帶給人類的是福而非禍，且此觀

點也來之於斯賓塞一向嗤之以鼻的形上學理論，事後竟然有許多重大不利的反證。他一生不把康德學說看在眼裡，認爲不需虛耗時光浸於深不可測的批判哲學中。此外，小米爾所探討的諸多問題，當今學者尤其是英國學界也持續鑽研；倒是斯賓塞的體系如同大批發商叫賣而不零售，對於細節也較不重視，卻不知「魔鬼藏在細節中」（the devil is in the details）。不過，持平而倫，斯賓塞可以說是十九世紀英國學界的一顆熠熠發光之巨星，即令他的說法今日已少人過問，但他算是不折不扣的歷史人物。哲學史不可無他的地位。

看過倫敦近郊名人塚者，遠遠的就有一尊醒目又巨大的馬克斯大理石雕像，恰好鄰近有一座較小型的斯賓塞；就影響力而言，或許該兩尊塑像正確也很具體地呈現出比例上的大小。

(二)生平簡介

1. 1820年4月27日生於英格蘭中部的達比（Derby），至死未到校唸過書，自承13歲時，還不曾知悉有拉丁文或希臘文；比起小米爾，「幸運」許多；後者在幼童3歲時，即接受父親之教導，熟背希臘文經典。但斯賓塞於16歲時倒學了些數學，數月之後竟然還受聘成爲建造鐵路的土木工程師；1841年由伯明罕（Birmingham）通往格羅斯特（Gloucester）火車建造完工後，21歲的他，「被解雇，好爽」（Got the sack－very glad），這是他在日記上所寫的句子。1843年雖轉往倫敦擬從事文字寫作，但仍有時返回鐵道局服務，更利用雙手發明一些小東西。

2. 1848年，成爲《經濟學人》（Economist，於1843年創刊）雜誌的副主編，該英國經濟學性質的雜誌，國際聲望卓著，銷路甚廣；針砭時政，一針見血，從而與當時名流交往，尤常與劉易士交換演化論上的意見。1851年，才30歲出頭，就出版了《社會靜態學》（Social Statics）。此時健康狀況日壞，不得不中止寫作；數度過海峽赴法，因而與孔德認識。

3. 個性獨特，受到貴格（Quaker）教派的浸洗，也仿他父親的樣，一生從

不脫帽向人致敬或彎腰；除了在1868年作爲「雅典那俱樂部」（the Athenaeum Club）之外，堅絕不接受任何榮譽與獎賞。該俱樂部成立於1824年，位於倫敦，專供文學家、學者、藝術家聚會之用。被邀擔任倫敦大學大學院（University College, London）的心靈哲學及邏輯教授，他死也不答應；選他爲皇家學會（Royal Society）會員，也不首肯。心中或許認爲，在他內心想要時，不曾給予；等到別人想賜予時，他已覺不需要了。成就早已在，實已至，計較名義什麼呢？至於政府的授勳給獎，他認爲此種制度或措施，易帶來他所反對的社會地位的懸殊，更使他噁心。更不用說，該頒給他的，時間已過，又何必多此一舉呢！

4. 1903年12月8日與世長辭。由於他極力抨擊英國參與了南非波爾（Boer，南非的荷裔農民及其後代）戰爭（Boer War, 1899-1902），使他聲名狼藉；黷武主義是令他深惡痛絕的，卻引來了英國報章雜誌的撻伐。倒是國外媒體同情支持者有之，認爲英人對一位傑出「人才」的過世不聞不問，顯然太過分了。義大利國會（Chamber）一悉斯賓塞不在人間的消息時，還休會致哀呢！

(三)著作要旨把學術各領域作一整合，是他寫作及著書的一生目標

1. 1858年草擬《綜合哲學體系》（*System of Synthetic Philosophy*），內容說明書於1860年時到處散發，計劃出十冊：

《第一原理》（*First Principles*）一冊，1862年問世。

《生物學原理》（*The Principles of Biology*）二冊，1864-1867年付梓。

《心理學原理》（*The Principles of Psychology*），原先在1855年出第一冊，其後於1870-1872年出兩冊。

《社會學原理》（*The Principles of Sociology*），於1876-1896年共出三冊。

《倫理學資料》（*the Data of Ethics*）於1879年撰述，其後與其他文章共輯成爲《倫理學原理》（*The Principles of Ethics*）共二冊（1892, 1893）；次冊還將1891年寫作的《正義》（*Justice*）納入其中。

各冊還不時再版，擴大內容；系統性的寫作，終生不斷。

2. 《綜合哲學體系》一書，使他名聞學界；但償之於身的，卻是健康日差，且嚴重地帶給他經濟上的重大困境。他是多方面興趣的人，與德國的赫爾巴特相近。不過，他所寫作的論題，有不少是他從未認眞研究過的。他遍覽各種資料，皆以演化觀點解釋之。比如說，他實在不太知悉哲學史，頂多是二手貨；一開始確實想認眞拜讀康德的第一批判，但一知悉該書把「時間」及「空間」都當成「主觀性」（subjectivity），就束書不看了。除了合乎自己論點或自己能懂的書之外，他都不想過目。不過，想把各種學問都整理出「原理」以方便領會各學科的奧祕，若不涉獵衆學，則又怎能一生著作等身呢？

3. 1859年在學術史上無比重要，除了達爾文的演化論轟動環宇外，斯賓塞也在同年寫了《什麼知識最具價值》（*What Knowledge is of Most Worth?*）他的答案如同洛克，以一英文字分別提出答案，洛克以experience說明知識之源，斯賓塞則以sciense自問自答，並大力抨擊學校只教不具價值的知識，而引來了英美及全球的課程革新。

1861年著《教育》（*Education*）一書，頁數不多，卻是極爲成功的一本作品。1884年又寫了《個人對照國家》（*The Man versus the State*），警告並提醒世人，奴隸制度之威脅及危害，已刻不容緩地該予以面對並思謀解決之道。1904年時已辭世2年，才有《自傳》（*Autobiography*）一書，爲世人了解他的一生遭遇。

斯賓塞的觀念，尤其他的課程觀，大受美國人歡迎。美國教育學界掀起的教育改革，受他的著作之啓發最大。1885年，人在美國的他，受到英雄式的歡迎，還以《宗教實體及性質》（*The Nature and Reality of Religion*）一書，談及他與英國實證主義者哈里遜（Frederic Harrison, 1831-1923）之間的爭執。兩人同支持孔德的實證主義，但因哈里遜不但認爲實證哲學是今世現實的理論基礎，還能作爲宗教之用途；加上哈里遜抗議斯賓塞未取得他之同意，就把他的文章同登在斯賓塞的上述一書中，尤其在同書裡也出現支持斯賓塞論點的一位教授文章，讓哈里遜頗覺不平。在此種抗議下，該書遂受到抵制。

二、綜合哲學

(一)哲學與科學之關係

1. 與孔德之實證哲學同，斯賓塞認爲科學與哲學都旨在探討「現象」界，即確定的（finite）、有條件的（conditioned）、可分類的（classifiable）；現象把「不定或無盡的」（infinite）及「不受條件限制的存有」（unconditioned Being）之意識（consciousness）展現出來。在斯賓塞的說法裡，知識都帶有相關性及分類性（relating and classification）；而存有之「不定無盡性及無條件性」，是獨特的（unique），又不能分類的（unclassifiable）。若說「存有」（Being）超越在「現象」（Phenomena）之上，也就等於說，「不知」比「知」更高了。如此一來，科學家及哲學家都對該「存有」一籌莫展，只好以「不可知」待之。「形上的現象」（metaphenomenal）或「最終的因」（ultimate causes），都溢出了科學及哲學的界域。

2. 科學與哲學既有如此的分野，就不該以研究對象予以區別，因爲二者的對象是相同的，即都只止於現象界。但現象界中的殊與同，是有等第的，有程度的；科學較「殊」，哲學則較「通」（同）；科學較具個別性，哲學則較具普通性。但科學的殊性或個別性，也具有程度上的性質；有些科學比其他科學更殊，有些科學又比其他科學更全更同；可是即令再怎麼合與同，若與哲學的通性或普性相較，仍差了一大截。科學係針對不相聯貫的事實，作一細節的分析或解剖；細可以再細，分可以再分。哲學的任務，就是在細中求合，分中取同；換句話說，哲學是科學中的「科學」，也是把「細」的科學統整爲「合」的哲學。科學指向最底層的眞理，該種眞理是「還未整合爲一的知識」（un-unified knowledge）。「哲學眞理」（The truths of Philosophy）代表最高級的「科學眞理」。

科學是「把部分予以整合的知識」（Science is *partially-unified* knowlege）。

哲學則是「完全整合的知識」（philosophy is *completely-unified* knowlege）。

3. 從科學的「分」或「殊」，整合成哲學的「通」與「共」，其中不只是有量變更有質變。科學與哲學，都是知識的「產物」（products）。但作為「最普遍性眞理」（the universal truths）或「最廣通則」（widest generalisation）的哲學，是帶有「鑽探或冒險的產物」（Products of exploration）。普遍性眞理也供「鑽探或冒險的工具」（instruments of exploration），挖出現象界存有的各種領域，如倫理學及社會學，那是哲學的「殊性」學門。斯賓塞的《第一原理》（*First Principles*）指的是「通性哲學」（general philosophy）；其後的各書，屬分殊性的哲學。哲學的基本概念，不僅是從分殊性的科學予以統合而來，且其中也含有特別的基本設定（fundamental assumptions），可以包羅萬象。

4. 知識之「分」與「合」：「分」與「合」的概念，非本諸「先驗」，卻都是經驗界的普遍現象。依經驗，知這種「認識」，發現有「同」與「異」之別。此種說法，屬「常識」之見。可惜，他在敘述此種簡單易懂的概念時，竟然也要了許多極爲不明的辭句。如'tacit assumptions'、'unavowed data'、'unacknowedged postulates'、'certain organized and consolidated conceptions'及'fundamental intuitions'，似乎認爲這些用語是名異實同，不用進一步說明。連哲學史名家也莫知其意[1]。一清二楚的，倒是他明言不取康德的「先驗」說，而相信以實驗爲基礎的知識才最牢靠；純從經驗下手，個人的經驗與別人的經驗，有同也有異。「驗」是「相對的」（relative），各民族之經驗也是如此。有些經驗是種族（race）經驗的累積，源於動物經驗。演化論的說法，呼之欲出；靠「直覺」（intuition）即知，那也是求生的本能（instinct）。

由本能或直覺所生的「經驗」，保存與否，純賴該本能或直覺之「後」果，是否有助於生存而定。因之，經驗發生同或異的變化，予以整合或集結而成「前後一致」（congruity）（unification），就是「知識」。

---

[1] 不少學者都有此通病。借用臺語的一句諺語：「有嘴說別人，無嘴說自己」。

5. 經驗或知識在「同」與「異」中，最底屬者就是「時」、「空」，及時及空的「關係」。首先，時（Time）依邏輯分析，有「時同空同」、「時同空異」、「時異空同」，及「時異空異」四種變元。經驗若已存在，則必有「序列」（sequence）；序列有時間上的先後（temporal），但也有邏輯上的先後（logical）。得獎者有第一及第二之分，這是邏輯上的序列，第一必在第二之「前」，但頒獎時，卻有時獲冠軍者「最後」才上臺領獎。

其次，空（space），指經驗同時並存（co-existence）。如看到一條狗及摸到一條棍子，二者同「時」但卻不同地方（空間）。最後，空與時之關係，是相對的。

上述三者，雖都帶「抽象」，卻皆可以具體經驗予以認知，正是「心」「智」（mind or intelligence）的產物。由時及空，而生「動」（motion）及「力」（foree）。「上下四方（空）之謂宇」，「古往今來（時）之謂宙」。時與空都非靜態的，「力」運行其間；力生「能量」（energy）。能是不變的、持續的、永恆存在的；變成或演化，正是「能量」的展現。

(二)進化法則

「心」與「物」（mind and matter），都具有上述的「時」、「空」、「動」、「能」、「力」等現象；區別其「差異」之學為「科學」，合其「同或合」之學，則為哲學。

1. 心及物，都是不滅的（indestructibility）。動是恆存的（continuity），也是永在的（persistence）。這些現象，都表明為哲學的特色。但心與物都會生變。哲學要理出變的法則，即演化法則。單一或個別的心或物之變，是科學研究的對象；統合而形成為變的「通則」，則是哲學的任務。

演化是一種程序，從「相對性的不確定性」（relatively indefinite）及「不相一致的同質性」（incoherent homogeneity），演化到「相對性的確定性」（relatively definite），及「互相一致」的異質性（coherent heterogeneity）。在這當

中，「剩存的動」（retained motion）承擔了「平行的轉化」（parallel transfor-
mation）。坦言之，這些「專有名詞」，著實費解。

可見，演化有歸納式的（inductive），也有演繹式的（deductive）。

歸納式的演化，即從較原始性的，演化到較高級性的；單細胞性的，演化為
多細胞性的；由殊到共，由分向同。

演繹式的演化，即上式的相反程序；由同而分，由共而殊。如同星雲（neb-
ular mass）演化為太陽系（solar systems）。

語言、社會組織或人的心理生活之演化，多半從較不確定性演化成較確定
性，由不相一致性演化為較一致性，也從同質性演化為異質性。以人體結構而
言，從初民迄今之演化，就是如此。

2. 但這也只不過是其中的一面而已。演化過程是動態的，力道常會分散
（dissipation）。由動而靜，歸為均衡狀態（a state of equilibrium），即「動靜
力的平衡」（balance of forces）。其後又由「持固性」（integration）或「解體
性」（dissolution or disintegration）繼之。以人體為例，出生到死亡，就是此種
現象的寫照。社會組織亦然，由盛而衰，而亡，而死滅；太陽之光熱，也日漸降
低溫度，終有熄滅之時。

3. 此刻需注意的是就環宇而言，環宇是個大系統，大系統之下有許多小系
統。此一系統的動或靜，不一定與別系統的動或靜完全吻合；此一系統的靜，也
許恰好是別系統的動，反之亦然。有些系統往上，有些往下；設若太陽完全冷
卻，則地球上的生物必完全死滅。但宇宙除了太陽系之外，別有其他星系，則別
星系的生物也因缺太陽光而死滅，這是不可如此論證的。不許以「偏」（part）
就概「全」（whole）。

演化的交替（alternation）現象，令吾人「心存一種概念」（entertain the
conception），即「演化」（evolutions）充滿了一種「過去的無可估量」（an
immeasurable past）以及「未來的無可估量」（an immeasurable future）。他
引了古希臘哲人的圈圈說（cycle process），因而復始，始而復因，是有律動

（rhythm）在其中的。儘管他一向持有演化的進步此種樂觀心境，但非一味地完全皆是樂觀。大體上樂觀，局部性則存有悲觀。

(三)演化範圍，必擴大到無機體界（inorganic world）

一部完備的綜合哲學，當然無所不包。在生存（存在）競爭的原則下，則無機的礦物（inorganic）、有機的生物（organic），及超有機體（super-organic）的社會，都適用於演化法則。

1. 無機體的礦物之演化，是一物及他物彼此力道的交互作用：以卵擊石，則卵破石存。斯賓塞自認他的《哲學體系》該有一部分涉及「天體始原學」（Astrogeny）及「地球始原學」（Geogeny）。事實上，他費了不少功夫描述生物學（biology）、心理學（psychology）、社會學（sociology），及倫理學（ethics），也在天文學、物理學，及化學等議題上討論很多，卻未曾為無機體的演化有所著墨。社會學家探討超有機體的演化過程，還包括了螞蟻及蜜蜂在內。社會之成立、結構、功能，及產物，此種現象的探討，含有一種「預測性」（prediction）；可經由統計而估量其逼近於真情實況的可能性。但「只有一半的科學，才屬精確的科學」（only a moiety of science is exact science）。從「量」（quantitative）上來看，可能性不可能百分百；但只要能分辨出古今社會的功能及組織變遷，就可以判斷出該社會是朝前進（progressive）或往後退（retrograde）。此種判斷，是少有失敗之處的；也可判斷出什麼是「該得的」（desirable），什麼是「實際有用的」（practicable），什麼是「烏托邦式的」（Utopian）！

物包括無機物、有機物，及超有機物，莫不與周遭環境發生刺激及反應關係。此種關係，有「內在的」（intrinsic）及「外在的」（extrinsic）因素；二者都不完全是靜態的。人力，包括體力、情意力、智力，都在過去的人類史上演化出來。社會組織及功能也跟著而變。

2. 礦物、生物、超有機體之演化，三者之間有「連續性」（continuity），

也有「間斷性」（discontiunity）；有「相似性」（similarity），也有不相似性（dissimilarity）；連續性及相似性，使三者有「同」；相反的，不連續性以及不相似性，使三者生「異」。除了本能的反應是三者皆同外，礦物界的反應是機械的，未具「功能」（functions）意，即主動性；生物界的反應比超有機體的反應，欠缺「意識」（consciousness）及「智性」（intelligence）；尤其表現在「慘及福」（misery and happiness）上。換句話說，超有機體之主動性特強，生物受制於外；超有機體的人，內控於己（內），雖程度不盡人人相同。就以政治社會這種有機體來說，政府好比腦，其他的社會結構都聽令於腦；但悉數服從於腦之決定，這倒是斯賓塞極力要否認的。他倒希望由小我組成的大我（社會及國家），不僅不能犧牲小我以完成大我，且必需時時刻刻以小我為念。覆巢之下無完卵，但光有巢而無卵，則巢又有何用？人身以大腦神經為中樞，但中樞之運作，絕不許傷及手或腳；手及腳是組成人身這個大機體的小機體。

組合體的利益，若不慮及組合體分子的利益，就無「社會中樞」（social sensorium）之名了，也不該是要尋求的終點。「社會是為成員利益而存在的（the society exists for the benefit of its members），而非成員是為社會利益而存在（not its members for the benefit of society）」。

由手及腳而組成人體全身，就社會而言，整體是為部分而存在。社會這個「超有機體」的組織，即「政治社會」（political society）或「國」（the state），務必把獨特的自我個性及自由，列為保護的首要任務。在將各部分整合成一體的過程中，正是一種把「同質性」朝向「異質性」的運動，差異越來越明顯。人類文明在邁向現代工業化國家時，原始社會所存在的階級對立或緊張，就該越來越鬆，甚至打破貧富及強弱的藩籬。他深信只有如此，才算是「進步」（progress）。

3. 同質與異質：斯賓塞認為：「同質性狀態是不穩定的。同質性中早有異質性存在，異質性會越演越烈，異質性也會越趨明顯」。此時此刻，演化就越來越快速。此外，演化過程中所呈現的價值，個人自由是首屈一指的。享有個人自

由的社會，在優勝劣敗的生存競爭裡，獲得的獨利及個人自由，正是異質性的充分展現。原始社會演化爲現代社會，他集中心思的注意於由「好戰爭伐的型態」（militaristic or militant type），發展到工業型態（industrial type）。在戰爭社會型態中，以陸軍爲主力，全民皆兵；將領就是國家主人，爲君爲王。羅馬帝國就是如此，軍事強人成爲民事及政治首腦。其後作戰成爲職業性，並非所有成人皆堪勝任。但在軍事社會中，大家必須精誠團結，共禦外侮，同仇敵愾，目標一致，才能生存永保。個人關係只當工具或手段，而非目的；個人的能量、行動、生命，及自由，都悉數由國家決定。戰爭狀態下的社會或國家，如納粹的德國，要求自給自足，不仰他人或他國。因之，政治獨立之外，經濟也獨立，且思想觀念也自我獨立，與他國尤其敵國有別。在二十世紀的支那，「國」「共」長年鬥得你死我活，彼此價值觀天南地北，是一個顯例。

但人類史的演化過程，戰爭社會由和平社會，野蠻國家也由文明國家，雙雙取代，也是一項無可爭議的史實；最適於生存且最穩定又永續的生存，是後者而非前者。軍事型態的社會已是明日黃花，無必要時光倒流。由軍事狀態轉爲工業狀態（industrial type of society），生存競爭之態勢仍存，但方式已易。凡能在「工業國家中生產最大多數的最佳個人」（the largest number of the best individuals）者，最能在生存競爭中不被淘汰。但他換了用語，在工業社會中，個人的心思及活動，並不完全集中在經濟面上；若只注意產物之增加及分配，此種心思，太過狹隘；認爲國家或政府，只要處理勞工問題即可。他倒大力支持市場或貿易上的「自由放任」（laissez-faire）原則。戰爭狀態下的社會，都難免要關心法律及審判程序了；工業狀態的社會，也不可能全心全力只聚焦於勞動上。因之，共產主義和社會主義（communist and socialist states）都不能稱爲工業型社會的代表。斯賓塞心目中的工業型態之「國」（state），該以維持「個人自由及權利」（individual freedom and rights）爲要務。在自由與責任兩相衝突之際，必要時不可坐視不管，而要裁斷。國或政府之任務，並不是要積極地干預公民的生活及行爲，但在維持內部和平時，也得插手其間。

4. 斯賓塞所闡釋的工業社會型態，重點該從「整體」（totality）考量，轉移到「個人的成員」（members considered as individualds）上，即「個體」第一。

在工業「政權」（industrial regime）下，公民的「個別性」（individual-ity），不能因社會而犧牲，卻該由社會予以維護。

個別性的保障，成為社會的基本及主要任務。換句話說，個別的公民相互之間發生了衝突時，政府有義務出面解決紛爭。個人自由，不許由別人的自由所侵犯。但「國」既享有調停糾紛權，則「國」權高漲時，是否易造成「使人為奴的屆臨」（the coming slavery）。他的論文中，也以此為題。國家機器之運作，無所不在，也法力無邊。

> 過去政治上的大迷信，是認定帝王權神聖；當前政治上的迷信，則相信國會權神聖。
>
> 自由主義（Liberalism）在過去的功能，是制止王權；未來的真正自由主義，則要限制國會權。

為防止「使人為奴的屆臨」，斯賓賽認為演化法則在此之際，不會主動或自然的出現一股阻擋力道，卻得訴求於「個人自由」及「創發率先性」（indi-vidual liberty and initiative）；如同他一般的在一生中，從來就不輕易向權貴低頭或彎腰。政府侵犯個人私下的自由權，如下所舉的數種，是他極力譴責的：

其一：剝削勞工福利的工廠法

其二：政府官員強行衛生檢驗

其三：郵局由政府（國家）經營

其四：濟貧由政府負責

其五：公立學校教育

但慈善團體經營的濟貧疏困，醫院或私立學校進行自願式的計劃行動，因不

受政府操控或經營，則不在他的指斥範圍。在他內心裡，一向是個人第一，包括一切；國家政府無所事事地無爲而治即可；與軍事形式的社會，恰好相反。

5. 他認爲工業型態的社會，相當於愛好和平及反黷武的軍事社會；此種說法，對今日的人來說，是怪怪的。他極端熱愛自由放任的經濟政策，也十分離奇，至少是過時所留下的殘渣。比起小米爾或牛津大學道德學教授格因（Thomas Hill Green, 1836-1882），認爲國家及政府角色不都是負面的，反而可以合法的保障人權及自由；且使人人都能過一種彬彬有禮，及端莊優雅的生活。

當然，如同小米爾，斯賓塞也看出官僚體系帶來的危險，以及公權力之高漲，將窒息個人自由，也割了原創力的喉。國家之施政，一律皆對百姓有利，這是斯賓塞不予背書的。只是要謹記在心的是，「共善」（common good）與「己善」（the good of the individual），不見得水火不容；二者齊一，則個人與國家當然相安無事，且攜手並進。國家或政府的首要義務，應該提供機會，使個人能自由自在地展現才華。其中最重要的職責，該是因材施教；最不該用一種抽象或純理論式的最高遠目標，遙不可期的目的，而犧牲了個人眼前的興趣與意願。國是爲民服務的，不是民爲國捐軀。此外，「國」也只不過是社會組織中的一種而已；除國之外，其他的社會組織之功能，也不容等閒視之。此種論斷，不只根據演化的「事實」，其實也植基於演化的「價值」。

(四) 演化論的倫理學

1. 倫理學是斯賓塞哲學體系的皇冠，位階最高。早在1842年（22歲）時所寫的《政府的正當領域》（*The Proper Sphere of Government*），就明顯地指出國家施政，該具體的指出「正當」（right）及「錯誤」（wrong）的原則。從年輕到老，他都以此爲最終目的，且「依一種科學基礎」（a scientific basis）。此基礎就是當時正大領風騷的「演化論」。

人及動物的行爲，都朝向目的（ends），把無頭蒼蠅亂飛式的行徑（purposeless actions）排除之外，因那不算是一種「舉止」（conduct）。

2. 倫理學也植基於功利效益主義，幸福是一切行為的最高旨趣。在演化過程中，「生物領域」（biological sphere）異於「道德領域」（moral sphere）；後者多了「道德意識」（moral conciousness），由中演化出「人類正義」（human justice）。生物上的演化是一種客觀事實，道德上的演化也是一種客觀事實；二者都有「是」，也有「該」。

為了生存，弱肉強食，優勝劣敗，這是「天擇」（natural selection）的「天則」（natural law）。功利效益原則與演化原則，在這方面是相互一致的；但功利效益主義所追求的福或樂，不是短暫的、個人的、局部的、表面的；人之「意識」，本來就會「計較，或計算；為了生存，且是永續生存，則損及他人」（at the expense of another），或「劫殺他人」（preying on another），這都只是權宜之計；弱者只好認輸，因之無法生存。強者滿足一時之需。試看餓虎撲羊，又有哪一頭羊可以倖免？但需知，猛虎也有落入平陽被犬欺的時刻，獸鬥之殘酷慘狀，人也不忍卒睹。人異於動物。演化有三階段，從無機的礦物到有機的生物，又臻超有機的社會或國家時，該努力建構一種較為持久的和平環境，「合作」（co-operation）「互助」（mutual aid），必成為行為中的要項。強或弱都不是絕對的，也非全面的。前者是強中自有強中手，後者則某方面強，他方面則弱。扶弱濟貧，使弱轉強；而由貧變為富者時，更該基於公平正義原則，來對待弱與貧者一方。如此的演化，最具倫理道德情操。由「生物上的達爾文主義」（Biological Darwinism），昇華為「社會上的達爾文主義」（Social Darwinism）。

3. 功利效益主義的倫理觀，取代了往昔的宗教或形上倫理觀；後者的行為規範，不建立在科學的地基上，也不符合於經驗事實。倫理學該擺脫非倫理的成分，免於悲慘，是人心的最基本需求。安全感、自願心，及主動性，因之而生。恐怖社會或戒嚴國家，社會安定只是一時的表相，絕非實情，並無幸福含於其中，更休言樂趣了。即令個人如何忍氣吞聲，「獨善其身」（a perfect man），但身處在「不完美社會」（an imperfect society）時，二者並存，「這是不可能的」。

當然，在不完美社會中，一個具有強烈道德意識者，「路見不平」，即挺身而出或拔刀相助，也結合弱少鬥強權，甚至豪情千丈地發出「引刀一快少年頭」的正氣語句，雖壯志未酬身先死，但只是生理機體的消失，卻精神永存。

(五)「不可知的哲學」（philosophy of the Unknowable）

1. 知識是有限度的、有條件的、受到制約的。「科學與宗教」（Science and Religion），二者最為「對立」（antagonisms），時間最久、範圍最廣、程度最深，也最為明顯。但若把宗教視為一種「主觀性的經驗」（a subjective experience），則以「經驗」起家的斯賓塞，必認為此種宗教，不會與科學相衝。許多超自然界的奧祕，已被科學所取代；過去的不少宗教迷信，也在科學的解釋下，消失無蹤。宗教（religion）與信仰（belief），二者有別。斯賓賽也知道，信教的人必得為信教給個說法（explanation），不該只是純信仰（belief）而已（為信而信）。宗教與科學，在「心態」（mentalities）上有區分；他提出「不可知的哲學」，來解決二者之間的紛爭。

宗教信仰者提出的說明或解釋，如潛能性發展為實踐性、有個創造主、第一因等，都不屬於可能性（probability）或可信性（credibility）問題，而是「可知性」（conceivability）問題。至於科學，在解宇宙之祕上，也無功而返；因為「無條件限制」（unconditioned）及「絕對」（absolute）的領域，正也是科學知識不可及之處；「現象之後」（meta-phenomenal）或「物本身」（things-in-themselves），科學對它無能為力。所有知識都是相對的，都是關係性的，也是同與異，或似與不似，之間的關係，無絕對及永恆之可能性。若把相對當絕對，這不是犯了矛盾律嗎？將暫時視為永恆，也一定相衝突。

2. 實體界（reality）或環宇的真情實境，分成兩部分，一是可知者（knowable），即科學及經驗上的知，也是「現象界」的知；斯賓塞為此知，建構成體系。二是不可知者（unkowable），形上界是「祕」之所在，卻無解。

　　斯賓塞具有豪情壯志，一心一意以建構完整的大哲學體系爲念。由於健康不佳，加上此種企圖，非常人之力可及；著作文字又常現不清，觀念混淆之處不少，爲當年及其後讀者增加不少困擾。比起小米爾來，影響力只止於他那個時代。他的哲學存有灰塵，在尼采強人道德之高傲眼光中，評之爲替英國中產階級發號司令的傳聲筒。比上不如，比下有餘。「不可知論」也在科學及宗教兩邊，皆不討好。

第三章

心論運動在英國

支那古人說，天行有常，不爲堯存，不爲桀亡；也說：天不生仲尼，萬古如長夜。天行之「常」，不因好人或壞人當道，皆恆在；至於仲尼之生或死，萬古就長夜或光照，也涉及事實之是否存在。希臘哲學家柏拉圖的人性三分說，由位居於頂的「理性」而生出之「理」、「觀念」，或「理性」，認定是「客觀的存在」（objective existence），不因有人或無人，該理恆在。所以柏拉圖的理念主義（idealism），是「客觀的理念主義」（objective idealisn）。套上所引的支那語句，該理「不爲堯存，不爲桀亡」。十八世紀的英國經驗主義者洛克，言及知識之三種性質，第一性爲「本性」，即康德所言之「物本身」，正是柏拉圖所說的「原本」（original），或是「本尊界」（noumena），是不可知的；第二性即「現象界」（phenomena），可依感官而知，屬形下界（physical），也是經驗界（empirical）；第三性即由人之情意所附加於其上，而非「本尊」所自存的，純是「主觀的」，即屬於「主觀的存在」（subjective existence）；由此形成的理念主義，即「主觀的理念主義」（subjective idealism）；十八世紀的休姆及十九世紀的小米爾發展出來的「現象學」（phenomenalism）也都屬之，尤其休姆更注意「理念」上的主觀性，由「心」所扮演的分量加重。經驗主義加上現象學，都把心與物，歸之於感官印象或感官知覺，佐以觀念聯合而形成一龐大的哲學體系；當然，斯賓塞也是該種學說的支持者。知，僅及於現象界、感官界、經驗界、形下界；至於形上界、永恆界、本體界、物本身界，人的知，是不可及的。

第一節　英國心論的形成

十九世紀的理念主義者（即心論者），有恢復柏拉圖哲學的雄心；認為即令物本身是一種客觀的實體，卻是可知的；客體與主體，二者合一。斯賓塞所言之「不可知論」（Unknowable），從此失勢；早受打擊的形上學，也因之復活。「小宇宙的人有靈」（human spirit），「大宇宙則有大靈」（Spirit）。科學的知識只是知的一層次而已，是部分的，不是完整的；形上的知，才是「合」（synthesis）的知。

一、英國心論的特色

(一)如同德國的心論，學者多半是大學教授

1. 「心論」（idealism）不只與「物論」（materialism）打對臺，也少用情於以科學方法來過問物論，卻對宗教較為傾心。英國的心論者，幾乎都是教會人物；英德兩國，都是新教國家。至於天主教這種舊教地區的心論者，幾乎都將神學納入冥思哲學（speculative philosophy）之內。

2. 十九世紀的英國心論者並不與世隔絕，或優遊於絕對的形上學中，卻仍本諸邊沁與大小米爾等人之心願，對實際的政治、社會、倫理問題十分關注。強調自我實現的理念，及完美人格的陶冶，頗符合亞里斯多德的說法；對應於邊沁之實用、功利、效益主張，心論與之相互比肩。更進一步要求政府必須有所作為，積極提供有利條件，使個人潛能可以發揮，將阻礙個人自由的障礙掃除；不可完全放任市場交易或經濟上的自由主義；倒該提出良法及制度，不許將自由民降格為奴僕。十九世紀的心論者，在社會及政治理論上，已比斯賓塞學說，更符合當時社會的需要。前瞻性多，返顧性少。

3. 十九世紀產生的英國心論，有內因也有外因。內因即對經驗主義、不可知論、實證論、自由放任經濟政策等，提出修正、反擊、補充，或增刪；外因則

來之於德國的康德及黑格爾，甚至遠溯至十七世紀的柏拉圖學派，劍橋大學有不少柏拉圖門徒，十八世紀由柏克萊哲學繼之。英國哲學不是一言堂，卻是多元的，不完全都是眾口一聲的同倡經驗主義，或齊譜柏拉圖曲調；同時，英德兩國的學術交流頗為頻繁；雖然英國心論中的要角，無一是康德或黑格爾的門生。英國心論之主要代表人物布拉利（Francis Herbert Bradley, 1846-1924），還是一位原創性強的學者。但英國之發展出心學，德國思想提供的激力，是不容小覷的。康德還在人間時，倫敦於1795年就有康德的追隨者講授批判哲學，還出版康德的著作。不過，英譯《純粹理性批判》在1838年才出世，也才引發不少人對康德哲學下一番工夫研究。大詩人柯力芝之大力吹捧，更使康德在英國名氣大漲。至於黑格爾學說本與康德理論是一脈相承，一唱一隨；菲希特及謝林，則影響於英國者較輕微，雖前者之於蘇格蘭散文家喀萊爾，後者對柯力芝，都發生不少支配力。德國心學運動告終之際，英國心學才開始；德國心學集大成者是黑格爾，黑格爾也是道道地地的康德傳人。英國的心學運動，是新黑格爾運動（Neo-Hegelian movemant）的一支。不過，該了解的是英國心學論者承受了德國學界尤其是黑格爾思想的刺激，而非兩國的心學者有純粹的師生關係。

4. 倒須特加注意的是，黑格爾哲學大談「絕對」（Absolute），且具體化於「國」（state）上；英國學風是個人主義特熾，小米爾及斯賓塞尤其重視自由，放任不干預的經濟思想，籠罩全英。英國的心論者處在英德兩種學風相異的處境中，尋縫發展出一套主張：個性只有直接參與於群性中，才真正能自我實現。心論其後雖甚至演變為「唯心論」（absolute idealism），黑格爾精神等於在英國現身了；但兩位英國唯心論的大將布拉利及柏桑基（Bernard Bosanquet, 1848-1923）並非完封不動地照抄黑格爾思想。「絕對」的觀念，英德兩地的心論者，闡釋上各有重大歧異。

心論中的康德成分，英德兩國學者莫不以知識論上的主體及客體關係作出發點。康德哲學的知識論及批判著作，加上黑格爾哲學從「有限自我」（finite self）到「無限大我」（infinite state）之間的關係，德國心論的這兩個要角，轉

移到英國時，受到英國個人自由精神之風所吹襲，冒出了當代英國於二十世紀時，一批揚名於環球的新一代哲學家如穆爾（G. E. Moore）、羅素（Bertrand Russell），及維根斯坦（Ludwig Wittgenstein）出場亮相。

英國的心論學者，多半是大學教授，英國哲學主流的經驗主義大師，則少是學院派人物。

(二) 由德移入於英的心論，早期以文人及詩人居多

1. 柯力芝（Samuel Taylor Coleridge, 1778-1834）是十九世紀初英國最具影響力的詩人兼思想家，透過「新柏拉圖主義者」（Neo-platonists）的著作，來展現他的哲學思想。早年就讀於倫敦的基督慈善學校（Christ's Hospital），體認了新柏拉圖哲學代表人物普羅泰納（Plotinus, 204-270）的想法，但也採用法國啓蒙運動大師伏爾泰的辭句，對宗教持疑。到劍橋深造時，全心全力傾注於觀念聯合心理學的陣營裡。這位天稟浪漫情懷的大詩人，在理性萌芽苗壯的青年階段，認定觀念聯合論頗爲「先進」（advanced），但由於自小到大所求學的學府，都有濃濃的宗教味，觀念聯合論中的心物聯合說，讓他體會到單憑科學，不足以上臻實體界；倒是「直覺」（intuition）及「道德體驗」（moral experience）之重要性，不可忽視。啓蒙運動所萌出的「理性」，有高下之分；低階理性屬科學，高階理性歸靈感。情的分量加重。

1798-1799年屆青壯，赴德聆聽演講，更領會了德文*Verstand*及*Vernunft*兩字之區隔；前者指科學及批判式的了解，後者則是一種直覺式的領悟。光依前者，不能作爲萬能的知識工具；「直覺的理性」（intuitive reason）才是「批判理性」（critical reason）的臨門一腳，也是不可或缺的武器！或許他在此種分辨上未能說清楚講明白，但單憑感官知覺所獲得的科學知識，也只不過是所有知識的部分而已；該進一步憑直覺而出悟力，才可直達實體界。或可以如此說，前者是「純粹理性」的園地，後者是「實踐理性」的場所，那就十分吻合康德的說辭了。小米爾對這位大詩人之有此種分辨，稱讚有加；柯力芝在他的自傳中也提

到，當他抵德時，

> 克尼斯堡傑出的大聖（illustrious sage），也是批判哲學的奠基者的著作，
> 比他人的作品，立即使我的領悟力大受陶教且增強活力。

純粹理性只及於現象界，實踐理性則上臻本相界；前者以物界為範圍，後者則提升到心界。

也因為如此，這位英國才子並不完全走康德的路，他只是由康德著作獲得刺激與靈感，其實倒十足地佩服柏拉圖。他認定每個人一出生，不是落入柏拉圖的懷抱，就被亞里斯多德陣營收編。但他批評亞里斯多德只見地而未睹天，看下而未視上；心目中只以為感官是知識之源，卻不悉感官之上的領域；被逼不得已，才耍出「最後一招」（last resort）來為心靈界解套。柯力芝心目中的康德，有點近似亞里斯多德；把現象界全歸「純粹理性」力去運作；至於「物自體」的本相界，只好搬出「實踐理性」作為揭開謎底的招式。這位天縱英才的詩聖，心儀者就是與柏拉圖學說扣緊的新柏拉圖主義之代表人物普羅泰納。

對於大自然或天（Nature），他傾心於聆聽謝林在這方面的闡釋；與大自然為友，溫情以待。在異邦德國找到了謝林這樣的知音，欣喜若狂。菲希特對自然既採敵意又無具生命意或無神聖意，他則大不以為然。有人以為他剽竊謝林文句，他反唇抗議，但承認與謝林共飲相同的泉水。作為主體（subject）的我，與作為客體（object）的大自然，無先無後，二者是合一的，無「優先權」（priority）問題。

大自然的資源無窮，奧祕是無底洞，任憑挖掘與開採，人人皆可盡情而為，何需剽竊？人的潛能亦然。所以，人的小我，必擴大成超我，提升到大自然的大我。菲希特的「自我」（ego），不該成為「自我本位」（egoism）；自我是「有限的」（finite），若又把自我定為「本位」，則更為拘謹狹隘了；倒該形同《出埃及記》（*Exodus*）一般，不受限於家鄉。柯力芝也批評笛卡兒之「我

思故我在」（*cogito, ergo sum*）。「我在」（I am）中的「主體」（subject），必與外在的「客體」（object），息息相關。因之，也必有「永恆的我在」（eternal *I am*）存在，升級也升天了。康德把「經驗的我」（empirical ego）與「超驗的我」（transcendental ego）作一區分，後者與上帝合成一體，而處在「虛無飄渺間」，「雲深不知處」；但至少，他反對以物論（materialism）及「現象學」（phenomenalism）來闡釋「人的自我」（human self）。人的自我，必帶「精神心靈性」（spiritualistic），已不完全停留在感覺經驗層次了；且企圖將基督教的神祕性，化為哲學的真理性。康德不愧是啓蒙運動時的大師，一生奉「理性」來爲學及行事。爲學靠「純粹理性」，行事依「實踐理性」；二者都是「理性」，其實「實踐理性」是「情性」，但他卻不用「情性」兩字，頗值玩味！

就社會及政治層面而論，柯力芝不走極端路線。不支持絕對的剷除傳統，也不贊成盡毀偶像崇拜（iconoclasm）作風。黑格爾的「存在必有價值」（to be is to be right）說法，較合乎他的本意。法國大革命一起，年屆17歲的他，興高采烈地予以呼應；年少輕狂時的此種想法，一旦理性冷靜下來，也深感法國大革命時的過激作風不妥。小米爾曾說過，邊沁但願能全除既存的制度、組織、教條，柯力芝卻希望予以保存，沒如此極端。

2. 喀萊爾（Thomas Caryle, 1795-1881），蘇格蘭散文家，愛丁堡大學畢業，1865年還擔任母校校長。在英德思想的聯結性上，既有貢獻也有功。

他先鄙夷德國哲學，認爲康德的著作，語焉不詳，晦澀難解；嘲笑柯力芝的自負、矯飾、假裝。但他深恨物論、快樂主義，及功利效益學說，終於看出康德確實是啓蒙運動中一位可敬的敵手。1827年出版《德國文學狀況》（*State of German Literature*），強調康德的哲學是從內而外，不似洛克的知識論之從外而內；外即感官經驗，內即直覺。直覺（intuition）臥藏於人性的深底處，依此才能領會實體性及基本真理。哲學的最終目的，是對「現象」（phenomena）或「呈現」（appearances）作一番闡釋；現象或呈現，如同一個人穿上了衣裳。

佛要金裝，人要衣裳；金裝或衣裳，都是人的「外表」，也是一種「符號」
（symbol）。哲學是經由「符號」來抵內在的「實體」。他的難讀散文《裁縫
師》（*Sartor Resartus*），無出版商肯接，只好在雜誌連載，標籤上是「衣裳
哲學」（the philosophy of clothes）。小宇宙的人及大宇宙的世界，都爲衣裳所
蔽，揭開面紗（veil），才可使不穿衣的國王之眞正面貌，被衆人看出底細。

> 就粗俗的邏輯眼光中，人是什麼？一種無所不食又穿上吊褲的二足物。對純
> 理性者來說，人是什麼？一種有魂有精又有神聖的幽靈……深藏於奇裝異服
> 之底處。

　　歌德（Goethe）也作過類似比喻。把世界、自然、天，予以神聖化，是「披
著一件衣裳，又可目睹的活生生上帝」（the living visible Garment of God）。喀
萊爾倒比較偏愛菲希特，因爲菲希特把宇宙予以符號化或象徵化，眞正能體察或
目睹者，才眞正獲得自由，純正之德也就臨身。以人的生活及人的歷史而言，是
明與暗或上帝與魔鬼互爭的過程。處此境時，人必有所擇。菲希特特別把大自然
界當作是人類憑道德熱忱、奮發向上，且作一生志業的田地。爲達理想的到來，
就得克服各種障礙。英雄的角色，也在歷史中上舞臺了。

　　1840年在《論英雄，英雄崇拜及歷史上的英雄事跡》（*On Heroes, Hero-
Worship and the Heroic in History*）一書上，他先斥責物論以及「得失哲學」
（profit-and-loss philosophy）；然後將「英雄作風」（the ideas of heroism）、
「道德志業」（moral vocation），及「個人忠誠」（personal loyalty），作爲
該書主要內容；指名叫姓地把宗教上的穆罕默德、詩人但丁和莎士比亞、新教
教士路德、革命家拿破崙等，一一請出場亮相。「歷史上的大人物」（History
of the Great Men），使人類史光輝燦爛無比。這番說辭，無疑的，簡直盜用了
黑格爾。黑格爾把「世界史上出現的個人」（world-historical individuals），稱
爲建構「世界精神」（the world-spirit）的工具（instrument）。歌頌英雄，此種

風氣，其後的尼采以超人予以呼應。喀萊爾的英雄，乃指「自我奉獻」（self-devotion）、「鄭重其事」（earnestness），更不受束於快樂上的計較。他特舉盧梭爲例，由於個性所生的缺失，因之把他歸類爲「一種令人深覺可惜也令人皺眉的英雄」（a sadly *contracted* Hero）。不過，「英雄的第一及首位特質，必須是全心全意的鄭重其事（in earnest），一般人有此特質，法國其他哲學家卻無」。只有盧梭擁有。

二、系統性心論的建構師

　　上述二位，哲學都非他倆的本務，更不用說建構成系統的心論了。在心論上比較具有系統建構的哲學家如下：

(一)哲學家費里爾（James Frederik Ferrier, 1808-1864）

　　1. 費里爾是先鋒開拓者，蘇格蘭口音甚重。在聖安德魯大學（University of St. Andrews）擔任道德學教授二十年（1845-1864）。堅持下述論點：第一，所有哲學命題，必以邏輯爲依；「常識哲學」的蘇格蘭風，他不予搭調。第二，他駁斥常識哲學家，堅持哲學論點不可嘩衆取寵，倒該遵守演繹法則、形上推理、數學演算，不許隨意、權宜、方便（optional expository device）。第三，常識哲學常把形上學與心理學混淆在一起，且以心理學來解哲學問題。他說，若吾人擬解形上學問題，那麼先問，心理學家提供什麼答案，然後就反其答案即可。若心理學家所提的答案是肯定的，我們就持否定。反之亦然，哲學或形上問題即可解。心理學是科學，心學是哲學或形上學，二者之「是」與「非」，恰好相反。

　　2. 自認學說都出之於己，而不外借，更非來自於德。「不可知論」（agnosticism）認爲「絕對」（Absolute）是不可知的，這就誤置了。可惜，蘇格蘭常識哲學家，也是介紹康德學說於英的哈米爾頓（Sir William Hamilton, 1788-1856）就這麼說。這位提出「全量的X就是全量的Y」，與「全量的X就是部分

量的Y」，二者有別的愛丁堡大學哲學及玄學教授，未能百尺竿頭更進一步。知之可知或不可知，都是一種知；若不知我知，則我一切都不知。其實，「不可知」，也屬於「知」，也是「知」的一種。他的哲學體系類同於黑格爾，但他自認無能力領會這位德國哲學家；同時也懷疑，黑格爾是否了解費里爾，或了解黑格爾本人。形上學有個絕對的出發點，作爲一切知識之所憑依；否認此種說法，等於犯了矛盾率。

以「知」作爲哲學體系的建構點。知包含三部分：

其一：知本身

其二：知的主體

其三：知的客體

其實這是三合一的，有其一必也有其餘之二。一提知，必涉及知的主體（subject）及客體（object）。三者各自爲「軛」（yoke），即套牢於其中，不可分割。無客體則無主體在，無主體也無客體可存。知識論（epistemology）就與存有論（ontology）相連了。但二者都以「我」爲中心，「唯我論」（solipsism）呼之欲出；或許與菲希特的「自我」（ego），隔海對唱。若以主體爲「正」（thesis），客體爲「反」（antithesis），則「合」（synthesis）就是「知的絕對因素」（absolute element in knowledge），這不也是黑格爾掛在嘴邊的「辯証」（dialectic）嗎？

3. 「無知論」（agnoiology, the theory of ignorance）：若兩種必然爲眞之命題竟然是相互起衝突的，則吾人也勢必處於「無知」（nescience）中。但這並非表示「心」是不完美的。若在原則上是可知的，但卻對它「無知」，只因時間未到、技術未達，或程度（能力）不及等，而已；對「絕對」（Absolute）無知者，也等於表示「絕對」是「可知的」（knowable）。誠如蘇格拉底一般，他一向都自言「無知」；其實，經過一番程序之後，他的「無知」，更顯示出他的「知」。「絕對」，是「主體」與「客體」的「合」。

(二) 格羅特（John Grote, 1813-1866）

其兄（George Grote, 1794-1871）是名史學家，格羅特是劍橋大學道德哲學教授（1855-1866），批判現象學，也指斥快樂主義的功利效益學說。在這方面，頗有一述之必要性。

1. 對現象學（phenomenalism）的批判：現象學將主體及客體都置於「現象界」（phenomena），若現象能夠較具「知性」（intelligible），則必與「意識」（consciousness）有關；意識存在了，才體會出主體及客體之間的關係；此種關係起初並不明顯，其後經過一番心力，主客才漸分明。作為主體（subject）的「我」（ego），「意識」到有個「非我」（nonego）在，非我即客體（object）。此時，主體的我，並非自我封鎖，或費里爾所說的自我套「軛」（yoked），卻要解軛（unyoked）；或也如笛卡兒所說的，主客之間有個橋樑可以互通。現象之能夠變成一種意識，不是上天生成，卻需人「心」之努力。人「心」之主動性是不可或無的，現象學者不可輕忽此一層次。「主體」或「自我」（subject or self）都含有「目的性的活動」（teleological activity），皆朝向「宗旨」（ends）進行；並非本然或「先驗」（a priori）的就在本來毫無相關的混雜關係中，理出頭緒；船到橋頭不一定「自然」就直，還得靠舵手「用心」的划槳。把世界或自然建構成嚴明的體系，或「自我」（self）之能夠發現「大自然」（Nature），必有範疇在，都是「聖心」（divine mind）的具體展現，且也在實驗路程中，「自動糾正」（auto-correction）。自我的主動性角色，把客體界予以建構，不是任令死板板的現象或一團槽的客體之存在而已。甚至「物自體」，他都認為憑「直覺」（intuition）即可知。

2. 強烈地抨擊自我中心的快樂主義及功利效益學說：在幸福論上，他並不置喙，相反的，也提倡「幸福學」（the science of happiness，他稱為eudaemonics），是倫理學的一部分。他所不滿的是，把求樂避苦當成「唯一」的行為目標，而忘了更高層及更超越境的範疇，甚至自我犧牲也在所不惜。幸福學該佐以

「行德學」（aretaics, the science of virtue）。人之欲有高有低，有急有徐，有遠有近；人之慮有愚有聰，有寬有狹，有負面有正面；謹慎且自願而非逼迫的決定，才算是完美的人格。此種論調，小米爾必然支持，也必修正邊沁的學說。將「快樂學說」（hedonism）升級為功利效益主義；但兩種學說本身，若無道德因子，他擔心人們一聽快樂學說，就不慮及「義務意識」（the consciousness of obligation）了。意務感才能使人性從低層次向高層次爬升。

(三)古希臘及德國心學，在英復活

1. 柯力芝早緬懷於古希臘柏拉圖哲學，牛津大學主授希臘哲學38年之久（1855-1893）的喬威特（Benjamin Jowett, 1817-1893），更領軍使英國學界彌漫著濃濃的希臘古風。心學的要角格因（T.H.Green, 1836-1882）及凱爾德（E. Caird, 1835-1908）都是他的門生；柏拉圖及亞里斯多德哲學的受到重視，且以形上學及人性論為架構所建立的「自我完美」（self-perfection）倫理學，當然就與功利效益主義的顯學，出現拔河大戰了。柏拉圖《對話錄》（*Dialogues*）的英譯，雖瑕瑜互見，卻是讓英語文世界進一步咀嚼柏拉圖哲學的入門書。1838年被選為巴利奧爾學寮（Balliol College）的寮友（Fellow），1870年升為寮長（Dean），桃李滿天下。

2. 對德國心學的傳承：喬威特除了醉心於希臘古典哲學外，還自承受到黑格爾思想的啟發；其後卻越走越遠離「黑格爾主義」（Hegelianism）。不過在牛津，他鼓舞門生與同行，發展德國的心學（German idealism）。費里爾早就看出，黑格爾哲學的思想深度是無底洞，罕見的哲理有待挖寶；但是，大規模的擴展黑格爾學說，倒是來自於蘇格蘭的斯特林（James Hutchison Stirling, 1820-1909），1865年出版兩冊的《黑格爾祕密》（*The Secret of Hegel*），1898年以單冊印引；雖曾於1889-1890年在愛丁堡大學擔任講座（Gifford Lectures），但未曾有學術上的職稱。1856年赴德在海德堡進行訪問，遂對黑格爾哲學的神祕性深感興趣。評者諷刺地說，要是他真正了解黑格爾之祕密，則該當作祖傳妙方，

不宜外洩。羅素在撰述西洋哲學史寫到黑格爾時，還特地具體舉了一段黑格爾著作的德文本文及英文翻譯，但自承不知所云。斯特林之後，英國的黑格爾從者甚眾。休姆哲學是啓蒙運動思想的集大成者，康德還從休姆思想中擷取結晶，另發展出新路線，不只風靡了啓蒙運動思想界還同時超越之。康德將心學奠定了基礎，黑格爾則完成了心學的囂宮大廈。黑格爾哲學的祕密，在於如何將康德批判哲學中隱含的部分，具體地顯現在宇宙界裡。

此外，斯特林還把黑格爾視爲現代哲學的代言人，地位如同亞里斯多德在希臘早期思想中一般。並且，黑格爾哲學在知識上有偉大成就，且是基督宗教的擁護者，也是宗教正統的捍衛大師。基督宗教與黑格爾哲學合流，這是早期英國心學在布拉利唯心論之前的特色；還認爲黑格爾學說，證明靈魂不滅。但此種有神論觀點，是否眞正屬於黑格爾的祕密，倒引發了不少評論。

第二節　英國心論的發展

　　許多哲學史上的哲學家，比較喜歡批判他人的學說，而較少闡釋自己的見地；但卻也可在反對別人之見時，彰顯自己的看法。

　　牛津大學在喬威特大力又長期地推崇希臘及德國心學時，門生之中將心學建構成體系的，有三位在本節當中予以陳述。

一、格因（Thomas Hill Green, 1836-1882）

(一)生平與著作

　　1. 與其師同，也是同一學寮（Balliol College, Oxford）的寮友（Fellow），可惜未如其師之長壽，只度過46年歲月而已。1878-1882的四年時光，擔任牛津大學的道德哲學教授。

　　1874年在《休姆人性論介紹》（*Introductions to Hume's Treatise of Human Nature*）的著作中，於痛批英國經驗主義的同時，提出他的心論思想。從洛克開始，經驗主義者認定哲學的任務，放在知識論上。將知識化簡為原始資料，由原子素材（atomic data）所形成的經驗，予以建構。此種學者，不就等於把人們丟棄在無路可通的地域嗎？在原子素材或「互不隸屬的現象」（discrete phe-nomena）中，「心」的功能如何，卻未給以該有的定位。光是支離破碎的片片素材，也不生什麼關的元素，又如何建構（construct）起知識呢？知識形同一盤散沙嗎？或只是資料的堆積？經驗論者所言的知識，指的必是「人」的知識，卻對「人」隻字不提。換句話說，「經驗主義」（empiricism）與「懷疑主義」（scepticism）是同實異名而已。由之而生的「知」，又如何能使人「信」？休姆不是有名的懷疑論者嗎？

　　格因認為休姆是傑出學者，不妥協的，更以邏輯推論作經驗主義的原則。可惜這位蘇格蘭名學者及他的蘇格蘭後繼者，卻未能注意休姆本人都警告過，經驗

主義所得的知識，「該種知識是不可能有的」（knowledge to be impossible）。

2. 休姆之後的學者，他特別標出蘇格蘭的常識哲學家（philosophers of common sense），一頭栽入樹叢林裡，及布滿毫未經過批判的信念中。有些人步休姆的觀念聯合論，殊不知休姆提醒過，觀念聯合論不足以說明一切，頂多只是對自然的、機械的，或「近似本能式的信念」（quasi-instinctive belief），稍爲管用而已。說到這裡，他指明的是米爾父子兩人。休姆一方面代表經驗主義的高峰成就，一方面卻也象徵經驗主義的步入深谷，破產了；追根究柢的火炬，「轉移到更生龍活虎的德國路線吧！」

康德是休姆的精神或心靈繼承者。

因之，休姆的《人性論》（*Treatise of Human Nature*）加上康德的《純粹理性批判》（*Critique of Pure Reason*），乃是從老世界過渡到新世界的眞正橋樑。這兩部書都是基本的「教本」（Propaedeutik）。未讀過者，就不夠資格作爲現代哲學的學生。

哲學不可止步於康德，卻要邁向黑格爾，他同意斯特林的說法，相信黑格爾把康德的學說，向正確方向發展。不過，他卻也並不完全滿意於黑格爾學說。依他的看法，黑格爾思想充其量，只可供安息日作冥思用而已。平時及非假日的正確判斷，則得另找他途。靜態的沉思與動態的日常抉擇，該兩相協調一致。面對當前思想，黑格爾主義仍不足以統合各方意見；至於康德學說的最大缺憾，就是少了一點「形上學的心論」（metaphysical idealism）。

3. 1883年出版遺作《倫理學導論》（*Prolegomena to Ethics*），視倫理學爲一門自然科學。這在當時也是勢之所趨。一來，倫理學必建基於歷史知識上，二來演化論如日中天，道德生活的各種現象，都應作純自然的解釋，以及從古至今的事實發展或演變來予以探討。但如此一來，一門敘述性（descrptive）的倫理學（科學），又如何變成一門規範性（normative）的學門呢？前者求「是」，

後者問「該」；關鍵在於倫理學的屬性，是二者兼而有之。倫理學完全是「人」的學。人只是「自然」（Nature）的產物嗎？或人又兼有心靈或精神原則（spiritual principle）於其中？換句話說，人的知有二，一是對自然的知，這是敘述性的；一是對道德的知，這是規範性的了。前者是「物質論者」（materialists）的主調，後者則是「精神論者」（spiritualists）的強項；前者的重點放在特殊事實上，後者則要求通觀整合；視前者為「無所不包的經驗」（cosmos of experience），是不妥的；尤其以自然經驗囊括全部經驗。心論者特別標出，宇宙萬有，除了物質之外，另有精神；身不能盡含一切，身之外另有心；形下之餘，另有形上。「形上的心論家」（metaphysical idealists），大半生的努力，盡在消極的攻擊「異論」者，卻少在積極面為己論提出貢獻。其實，這也是哲學史上常有的現象。不過，形上心論者常喜愛使用一種曖昧不明或模糊不清的冥思性辭句，致使該論蒙上了不受誇讚的惡評，更難獲關愛的眼神垂憐。

倫理學是一門純客觀的、科學的、就事論事的科學嗎？過去人類之倫理活動以及演化論者所蒐集的資料，足以建構成倫理學體系嗎？「有膽量堅持此原則者，就得把作為一門僅供實用或訓誡式的倫理學學門予以廢除。」

道德知識不只包括形下的事實經驗，也更含有形上甚至神祕的知識。以人與自然的關係為出發點，人是有意識的，有自覺心的，對一切的變化是有反應的；也了解到主體與客體之間的異同。主體與主體，客體與客體，以及主體與客體之間的關係，「意識」（conscious）到此種關係，是人的精力（也是心力）的表現。但，人只能意識此種關係的一小部分，大部分則歸屬於人之上的上帝範圍。宇宙有「秩序」（order），此種秩序，也把人間的「關係」（relations）納入其中；若未生「關係」，則在秩序中無其地位，也失真。「一系列彼此有關的事件」（a series of related events），與「知悉一系列彼此有關的事件」（knowledge of a series of related events），二者不能劃上等號。過去與現在的存在事實，被發現為一種「演化」，這純是人的「智力」（intelligence）所運思的結果，「解軛」（unyoke）或「套上軛」（yoke），都不是「自然系列」的事件，卻是

人的心力、精神力，及意志力的作爲。但也需知，牛有軛或無軛，難道人不也如此嗎？且軛又有有形無形之分，也有久暫之別。心是一種主動力，可綜合統整，又有原則可資遵守。人有人心，宇宙也有宇宙心，宇宙心即上帝。人心是有窮又有限的（finite），宇宙心則是無窮也無限的（infinite）；前者向後者「分受」（participating）。此一「分受」概念，當然來自於柏拉圖。

人的心是有限的，心的作用或活動，就是一種意識。它有兩個層面，一是經驗層（empirical aspect），是形下的，如「動物機能的持續修補」（sucessive modifications of the animal organism）；一是形上層（metaphysical aspect），使動物機能「轉向恆久又完全的意識」（the vehicle of an eternally complete consciousness）。局部的、細節的、小量的，但皆不可分割的部分，都一一予以連貫串通，「包括經驗過的世界」（experienced world）。但誠如柏拉圖在《泰馬以奧斯》（*Timaeus*）對話錄裡所言的，上帝是使亂序或無序「帶來」序呢？還是「創」（create）出序來？「傳」或「創」的概念，變成柏拉圖言「傳」，及基督教神學家言「創」，二者對上帝概念的分野及爭論處。就信仰而言，格因當然支持後者的論點。

(二)「自我滿足說」（self-satisfaction）

1. 道德論上步柏拉圖及亞里斯多德傳統，以善爲終極目標；潛能性（potentialities）的「完滿實現」（full actualization），使存有的各部分，皆處在「諧和又一體系狀態」（an harmonious and unified state of being）裡。此種自我滿足，就是自我實現，但非滿足或實現在「樂」上。當然，並非把樂排除在外；對行「善」的人而言，也是有「樂」可言的。不過，行德者是「一位精神上的主體」（a spiritual subject），並非只是「一位肉體上的有機體」（a sensative organism）。自我實現時若感受到爽或樂，那是附加現象，不是本有的（不是自我實現本身所必有）。

2. 亞里斯多德的道德觀，必在行中才見德，如勇德只在勇「行」中實踐。

而道德行為必有動機，也必含目的；性格決定一切動機與目的；性格本身是環境或周遭狀況的產物。至於自由決擇呢！由於周遭情境變化萬千，人採取的對應方式是一成不變呢？還是隨機應變而不可事先捉模？若行為的手段、技巧、方式，是早已定調的，則又哪有什麼倫範道德之價值可言？格因大部分持宿命論觀點，但同時他也擬從中拔樁。

3. 時下流行的決定論者（determinists）的命題，也認為人的行動是「個性」（character）及「情勢」（circumstances）二者相合的結果；這在某方面是真的。在該方面上，與「人身自由」（human freedom）十分相合。

定義一個人行動之自由與否，只要看該行動是否出諸於己即可。是某樣的人，「必」有某樣的行動。人依己之意而行，又有誰能說他不自由呢？「自我意識」（self-consciousness）是核心要素。自然或是經驗的，自然或是天性的本來衝動，必定在人的行為中，成為左右行為的主力。決定論者必如此說。格因則補以行為者的自我意識，才具有道德意義。把該意識化為行為的動機，成為「內在行動原則」（internal principles of action），也成為「自由行動原則」（principle of free action）。若他生在今日，勢必與人類行為源於「下意識」（infra-consciousness）理論搭調。把意識分成上下兩層，如此的經驗資料才算齊全。人的行為有無「自由」可言？格因在此，答案是肯定的。凡有意識的人都是有理性的人；若受外力逼迫者，則不屬於自由行動或自由人的行列。

自由行動必以自我或個人為中心，但人是社會動物，且有群性性格。人的自我，不是「自閉式的」（autistic）或原子式的（atomic）；自我實現只能充分展現且完全諧和於社會關係中。也只有在社群時，才使個人潛能絕對能夠伸張；也只有在「群儕脈絡」（social context）裡，才能看出倫範的真正面貌。

(三)自我、社會、國家，三合一

1. 「人人先得在他的居停處履行自己的職務」（each has primarily to fulfil the duties of his station），此句變成心論的布拉利常引用的名言。在涉及政治社

會（即國家）時，他不但提及柏拉圖及亞里斯多德，而且更說到黑格爾；把國家的地位及功能，當成是「社會中的社會成員」（for its members the society of societies）。社會中的社會，最少有家庭及國家兩種成員；國比家的地位，大得多多；但「自我價值，是作為一個人身分」（*personal worth*）中，最為基本的，絕不棄置不顧，價值且是絕對的；其他價值相較之下，都是相對而已。個人價值之能夠完全及真正實現，只能在社會群體中。社會對個人而言，在「道德上最為必要」（in moral necessity）。

2. 國或家，對個人而言，都要為個人提供條件，使個人最能活得像個人一般，使人人視人人為目的，而不「只是」（*merely*）手段而已。這不是康德的箴言嗎？國、家、社會、團體，對個人而言，「只是」工具而非目的。其次，國、家，或社會，並非只是個人的累積，也不是在「群」中的分子都是孤立的、自閉的、封鎖的、隔離的、絕緣的，卻是彼此都存在著緊密的關係。個人的生命，位階最高，而非群體社會的生命凌駕在其上。黑格爾也有同樣說法。只有「殊」（particulars）存在，「共」（universal）才有存在的必要。只是黑格爾對「國」猛然擢升其位階，格因則未給予「國」享有尊榮至上的綽號。

3. 個人在組成為社會的一員時，社會必先體認個人享有不可或缺的基本自然權。道德目的也只能在個人擁有自然權時，才具有意義。只有放在社會中，「權利」（rights）字眼，才適得其所。國或家，對「個人」來說，在這方面的優先順序上，是其次的。哲學闡釋的國及家，在作歷史考查時，必把「個人」放在第一位；即研究人性及個人的道德志向。法規律令之存在或沿續，用意也在此；道德與此結合為一體，二者緊密相連。

道德是個人性的，法規律令則是社會性的；但二者並不隔離孤立。個人隸屬在道德之下（Morality subjection），如同「群體屈從於政治之下」（political subjection）一般。但此種隸屬或屈從，不是降為奴隸身分，而是如同子女同屬一家人般，當有些子女不願履行該有的責任或義務時，就得有強制力。道德上稱之為格言的，政治上就是法規；使之成為一種「義務或職責」（obligation），

以免自我實現變成美夢一場。進一步說，個人無權違反道德義務，群體則不許違規或觸犯國法。

4. 不過，黑格爾也提過，理想的個體及國，及實際上的個體及國，並不等同。爲理想而與現實週旋，甚至與之對立，是義不容辭的。共利共益（public interest）的法，個人必須遵守。若爲特定個人或某些階級之利而立的法時，則主張「廢法」（the repeal of the objectionable law），總比「一味地不守法」（downright disobedience）較佳。一味地不守法，將產生「無政府狀態」（anarchy），後果更爲嚴重。因之，「惡法亦法」。

惡法存在時，不是採取武力暴動的不守法，而該用諸如印度聖雄顏智（甘地）（Gandhi, 1917-1984）之採取「不合作主義」（civil disobedience），消極的抵制；非暴力也和平的表示不滿「惡法」。不過在主張廢法之同時，應向大眾表明，該惡法「並非指向著公眾一般所認同的公利」（to point to some public interest, generally recognized as such）。

5. 若有人隨己意行事而未顧他人之利或益，就不可以擅自解釋這是他的個人自由，而不許他人侵犯：如任意蓋屋子而不講究衛生設備，或命令孩子作工而剝奪下一代的教育機會。需知個人權利是納入公共福祉之中的。從前的人以爲打太太或體罰自己的小孩，又干卿底事？是個人權力的行使，行使此權也未侵犯及他人。但一旦社會整體有了「一般所認同的公利」，如制訂新法強迫入學條例，則不遵守者受罰時，就不可如同以前一般地以爲侵犯了他的自由權力。

因之，自由之幅度有大有小，有遠有近，有高有低；「自由放任的貿易」式的「經濟教條」（laissez-faire dogmas），他是持反對立場的。一概的放任不管，國家社會不予以限縮，置身度外；只有在一種狀況下才可行，即如此才可以使個人自由眞正完全充分發展。不過，個人在行使自由時，難免有荊棘、障礙、阻礙、絆腳石，公權力該予以排除才對，怎可認爲「無爲」就可「而治」呢？立該立的法予以限制，該是正當的吧！如限定童工年齡，保障在某種年歲之前「不許」到工廠工作以便使孩子有機會享受教育的「自由權利」，該種法，無疑地對

雇主及家長綁手綁腳，無法再「爲所欲爲」。私人的、階級的、區域性的利益（private, class, sectional interests）不可以私下以自由作藉口，或戴上個人自由神聖不可侵犯之面具，來力阻行使公權力者；國家應創造出一種條件，讓每一個國家成員（公民），都能發展眞正使人成爲人的生活。

自由主義（liberalism）就有必要作大幅度的修正了。透過社會立法程序，使眞正的自由主義名實相符。經過格因之努力，十九世紀結束之前產生了一股運動。他的說法雖引發公評，但總比放任政策之保持死硬教條不變，或原則上堅持該原則而只作局部讓步者較佳（堅持原則及局部讓步，二者本不相容）。

6. 靈魂不朽，人的精神不滅：在社會的「居停處」（station），人人踐履職務。此種說法或許格局太窄，理想性也有所不足。因爲人心或精神，在吾人所知的任一社會條件中，無法盡情發揮到極致。放眼地球的任何住所或居停，該處也尋覓無著，此種無法完全實現的道德志業（moral vocation），可能是一種無解的問題。不過當前或過去的條件，也許一時挫了自我實現的氣勢，但社會或宇宙是永續存在的。

> 可能人可以自我滿足地說，個人的自我意識，來自於上帝；因之，持續永存於上帝。

此種用詞有點含混不明。不過，語意中卻有一股濃濃的康德味。認定人是永生的，死的只是肉體而已，精神卻不朽，且朝向進步與完美，只止於至善。黑格爾對個人不朽的議題，是興趣缺缺；信或不信該議題，他也不置可否。

二、凱爾德（Caird）兄弟

兩兄弟都主張主體與客體二者的統合說。

(一) 大凱爾德（John Caird, 1820-1898）

1. 神學家，在傳教中宣揚黑格爾哲學，隸屬長老教會。1862年被任命爲格拉斯哥大學（University of Glasgow）神學教授；1873年升爲該大學校長。著作都以神學爲重點，斥物論不遺餘力。屬「有機體」（organism）的生命，必有「意識」（consciousness）。物論對此無法有令人滿意的解釋。

首先，吾人發現有機體有一種「內存的目的嚮往性」（immanent teleology），與物論所提的「機械式因果性」（mechanical causality），二者分屬不同天地；前者使分而爲合，後者則只分而無合。

其次，若把「心功能」降爲「物功能」，則一開始即無可迴避地默認，心不同於物。其實倒該由心將物下降（reduction）才對。

第三，不可知論者在提出上帝是不可知時，已不經意地透漏出一件事實，即隱約知有個上帝在。

> 即令堅持一種説法，以爲人之心未能及於絕對知識，這種懷疑論者已在自己心中有一項設定，人的知識相較於絕對知識，是較爲不足且有缺陷的。在拒絕接受吾人享有絕對睿智（absolute intelligence）之際，除了心照不宣式地默認有絕對睿智在之外，無其他含意了。否認吾人有知識可以了解上帝，等於證明吾人就是有知識可以了解上帝。

換句話說，說「不知」的人，即承認自己是「知」者，至少是「知」自己「不知」。除此之外，不可知論者，如果使用「全稱性語句」，即「一切皆不可知」，其中就有語病，受到「語言蠱惑」（bewitchment of language）之害了。若肯定地確信有些知是可知，且也已知；但仍有些知，人仍無法知，則必也暗含有一種「全知」、「完美的知」、「絕對的知」存在。只是迄今，人仍未悉該「知」而已，期望未來吧！且作爲「理想」。人之才華智力（intelligence）

有限（limitaion）。此命題也暗示必有個「無限，絕對的才華智力」在。宗教尤其基督教的神學正統說法，就呼之欲出了。「隱含」（implicit）中有「明晰」（explicit），主與客的「異」（distinction），可以有「終極的統合」（ultimate unity），正與反的「對立」（contradiction），也更可以克服了。借用許多黑格爾的用語，共同抵制物論及不可知論。但在宗教神學立場上，二者仍稍有不同。黑格爾的「冥思哲學」（speculative philosophy），與基督信仰（Christian faith），二者的位階，是前高後低；凱爾德則高低對調。

(二) 小凱爾德（Edward Caird, 1835-1908）

1. 任職於牛津大學墨頓學寮（Merton College, Oxford）寮友（Fellow）兩年（1864-1866），蘇格蘭格拉斯哥大學道德學教授27年（1866-1893）。過世前接任牛津大學巴里奧學寮（Balliol College, Oxford）寮長（Master）14年（1893-1907）。先出版康德哲學的批判研究，1883年發表一本小冊子，論及黑格爾，迄今被公認是知悉黑格爾哲學的一本導論。由於致力於黑格爾哲學甚深，尤其取黑格爾哲學來闡釋哲學與神學的關係，因之對宗教及神學的寫作，一生不輟。

2. 思想不能移植：他雖寫了不少康德及黑格爾的哲學，也利用「形上心論」（metaphysical idealism）作工具，來闡釋人的經驗，更取之作為攻擊「物論」及「不可知論」的武器，但從來不認為他自己是任何德國哲學家的門生。反而堅持，凡企圖輸入外來哲學入境者，都是「時」及「空」倒置的。暢行於德國的哲學，或早先橫掃於歐陸的思想，在一個世代之後轉移到大英（Great Britain）後，都已時過境遷。

3. 處於他所說的現代社會裡，人必過問當下所確信者是否為真；且把先前結合為一體的，分解成許多因素。笛卡兒以自我意識的自我，作出發點；經驗主義倒走向經驗界的客體；這兩大傳統所生的鴻溝，越來越寬，也越來越深。將心置於物裡呢？還是把物放在心中？物論心論互別苗頭，相看兩厭；二者如水火不相容。其次，科學及宗教意識也分道揚鑣，涇渭分明；二者不能攜手並進，只能

從中選一。

　　這就如同黑格爾辯證哲學中所提的一正一反了，有「合」嗎？回歸到未分之前的原點吧！但已時不我予。採用蘇格蘭的常識哲學原則，也意有不足。休姆不是提出懷疑論（scepticism）嗎？黑格爾試圖以「合」，站在高點，才能掃除濃雲密布而遮了望眼。康德在這方面有巨大貢獻，但依凱爾德的說法，康德也被別人誤解了。不過，該究責的也是康德本人。該把認知當作一種發展歷程啊！將「呈現」（appearance）及「實體」（reality）當作不同階段來看。這位德國大哲學家，卻割裂成兩個互不隸屬也不相干的範疇；其一是「現象」（phe-nomena），另一是「本相」（noumena）；前者可知，後者是不可知的「物本身」；康德之後的學者，乾脆把這部分排除在哲學之外。若能免除此項缺憾，吾人將必肯定康德的批判哲學深具洞識之見。主體與客體是密不可分的，「自我意識的主體」（self-conscious subject），具有的「客體性」（objectivity），就存在於其內。康德爲主客體的合一，提供了最佳服務，「異中有同」（unity-in-dif-ference）；就也不必硬把主體客體相互拆開。二元論（dualism）無法令人心滿意足，因鴛及鴦已成婚，早也共譜愛屋之甜美曲調，是天作之「合」，又哪分彼此呢？此種合，就是「意識的合」（the unity of consciousness），你中有我，我中有你；就如同「夫妻」，已形成爲「一辭」了；有夫必有妻，有妻也必有夫。夫與妻兩字是不能單獨存在的。夫妻是一種「關係」，單言「夫」或「妻」，了無意義，不能從中生出什麼「意識」，只是一種「空詞」（empty-term）！

　　4. 科學本身就已步上了「異中有同」（unity-in-difference）之路，雖以「客體」爲著眼點，同時卻也在客體中發現了「通則」（universal laws）及其相關法則，隱約透露出有一種「知性的體系」（intelligible system）存在其內，不僅僅是支離破碎的異質性（heterogeneous），在理解上對主體不理不睬；相反的，卻靠近主體且與之發生親暱關係。

　　依凱爾德的想法，哲學家分攤的工作，就是提出主體及客體相看兩不厭的基本原則，綜合而爲一。不過，他一生的抱負，卻放在宗教意識上。他說，主體

與客體是有別的，甚至是對立的；但也有相依相存的關係在。對立的視野是低階的，相合則高度增加且眼界大開，祕密還從中顯現；有主必有客，有客也必有主；如同前述夫妻二字，其實是「一辭」；單言主或客，都是「空辭」，了無意義，也不「實」。「始」與「終」（beginning and end），也是如此。

形上學所言的「存有」（being）及知識論所提及的「知」（knowing），柏拉圖早已提示，「存有」就是萬物之源，知也就是知一切知之本；源與本，都不是靜止不動的，卻都在「演化中」（enveloping），也是一種過程。一提「存有」，即與「知」不分；反之亦然。將二者化整爲零的，就是上帝。但此種意識，不是一蹴而就，而是有程序的。這是宗教史的領域，哲學史可避而不談。

凱爾德在宗教哲學上特爲著力，比照黑格爾，他說，宗教發展有三階：

第一階是「客體的宗教」（objective religion）：體認出有個客體在。人這個主體之外，客體環伺四周。一切都可在「時與空」之中展現，朦朧之中有一體性存在。

第二階是「主體的宗教」（subjective religion）：由倘伴於大自然（Nature）中，回歸主體的意識本身，體會出「自然」及「人」之外，有個「上帝」在，高高在上，發出「良心的內在聲音」（inner voice of conscience）。

第三階是「絕對宗教」（absolute religion）：自然的客體，及自我意識的主體，雖二者有異，卻二者有關，且還成爲奠定最終一體性的地基。

前二階是一「正」一「反」，第三階即「合」；[1]把「正」的「客體」與「反」的「主體」都拋開，歸結爲「合」。就知識論而言，主客之合一，是把作爲主的意識，及作爲客的自然，合成一體；則客成爲主了，此時已無客之存在；同樣，主也如同客，主變成客了。

---

[1]　黑格爾提出的三階段，先是「自然宗教」（natural religion），次是「精神上獨特個體的宗教」（religion of spiritual individuality），後是「絕對宗教」（absolute religion）。

第三節　唯心論的布拉利（Francis Herbert Bradley, 1846-1924）

　　哲學思想之光普照大地，但有時放射在緯度（latitude）的兩極（poles）；在「極」端（extremes），或「絕」（absolute）點處；同樣，也在經度（longitude）的上下或高低兩極端所在，閃亮如同天頂（zenith）或天底（nadir）一般。因之有超越（transcendental）界或有潛意識（subconscionsness）領域。就心與物而言，心論與物論是對立的；但所謂的對立，如已抵「大反對」（contradictory）階段，兩者勢如水火，絕不相容，互斥，就成爲absolute idealism（絕對的心論）或absolute materialisn（絕對的物論）了，則漢譯爲「唯心論」或「唯物論」，就名符其實。「唯」這個字有排他性，既獨占又壟斷，排得很「絕」。

　　心論在英的發展，產生兩位哲人的「唯心論」，分在本節及下一節評述。布拉利於1870年（24歲）獲選爲牛津大學墨頓學寮（Merton College, Oxford）的「寮友」（Fellow），不久因腎病而處於半殘狀態。大學當局免除他的上課教學義務，他終生未婚，利用餘暇寫作，在牛津大學度過超出半世紀（54年）的研究時光，出書量不少。一以貫之之道，就是他的心論立場堅如鋼石；「只有心」，才能領會「終極性的實體」（ultimate reality）。他是黑格爾的忠實信徒。對心學的各學派、經驗主義者、實證論者、物論者、實用主義者，都不容情地批駁，又常指名道姓地叫陣。不過，對方常覺得不公平，因爲他舉出質疑的意見，多半不是對方眞正的說法。

一、師承

(一)深受黑格爾思想的影響

　　兩人共同以「整全」（totaliy）爲出發點，不是零售式的（piece-meal），而是大批發商式的（whole-sale）；都擬建構一套「體系」（system）。「絕對」

（Absolute）是兩人著作中最常見的字眼。主體與客體之間，是「超相關的一」
（super relational One），「一」（One）就是無所不包的「絕」（Absolute）。

1. 黑格爾是典型的理性主義者（rationalist），分辨「理力」（reason, *Ver-
nunft*）與「悟力」（understanding, *Verstand*）二字有別；理力能深透穿入銅牆鐵
壁的「絕對」界，悟力則較具美妙莫測的神祕性。因之，黑格爾哲學的宗教味
淡，對辯證的爲學方法（dialectical）絕對有信心，可盡知存有世界的一切。布
拉利的心學，形上味重，信仰情環伺。自我批評由理力而生的思考，或單依人
之「理力」，無法在「絕對」有把握領會。黑格爾緊抓理力不放，布拉利則但
願鬆手，而另找其他的扶持爲依。理力只能到「表象」（appearance），而未臻
「實相」（real）；前者之「矛盾」（contradictions）及「異例」（antinomies）
繁多，扭曲也誤導了實相。實相是「無縫的整全」（a seamless whole），無所
不包，也極爲「諧和」（harmonious）。單利用辯證來排除矛盾，掃清異例，是
無法奏其功的。他的唯心論，不是黑格爾的理性主義；卻將「懷疑論」（scepti-
cism）與「虔誠論」（fideism）攜手；前者貶低了人之所思，後者之「一」，則
來之於對上帝的信仰，由此來建立一種純眞的形上哲學。矛盾或異例，絕不出現
在本相或實體上。若視菩提爲樹，明鏡爲臺，則二者都有塵埃，那都是形下界的
表相而已。其實此種說法，德國哲學家赫爾巴特（Herbart）也早提過。布拉利
也向牛津的同事推薦，對赫爾巴特的著作該下一番功夫研讀，才不會全面倒向黑
格爾思想。簡言之，布拉利認爲單依人之「理」力，無法上達形上界；「心」力
不可或缺，「悟」全由「心」生。

2. 布拉利的唯心論在哲學史上占有地位，並非他只是重述他人學說而
已。從「心論」邁向「唯心論」，只有「一」（One）才是「實相」，其餘的
「多」，都是「表相」；這是有憑有據的；歷史發展，就是「一」的展現。把
歷史作一批判，必「先有種預設」（presuppositions）。《批判歷史的預設》
（*The Presuppositions of Critical History*）一書於1874年問世，「預設」出「法則
統一性」（Uniformity of law）。歷史是「一」的世界，此一就是「因果相連」

（causal connection）；此「一」，也是「絕對」（absolute）或「無窮」（infinite）。因果相連帶有鮮明的道德性，歷史具有告誡意，即「史訓」（historical lesson），是教學科目中不可或缺的一種；是無形的，故是形上的，也是宗教的；在天國，不在人間。經驗史實只是「表相」，也非「實情」；1893年，他以《表相與實情》（*Appearance and Reality*）為書名，公諸於世。赫爾巴特把眾多表相中的感覺，綜合而成為「統覺」（apperception）。統覺就是「一」，不是「多」；是「合」而非「殊」。歷史研究如只知汗牛充棟的史「實」，而未成為一體連貫的「史識」，則此種史家，「心」的用力必淺，甚至不用「心」。1876年的《倫理研究》（*Ethical Studies*），更發揮他的此種「心」意。道德上的理想境界，不存在於「國」，只存在於神的宗教天地裡。人之「心」，必有「宗教意識」（religious consciousness），「與上帝陌生的世界，自我就沉於罪惡中」。

(二) 批判道德學說

絕對的心論或「唯心論」（absolute idealism），也是形上的心論（metaphysical idealism），不針對形下而言。但他的《倫理研究》一書，卻非形上作品。因為他檢驗「凡俗或人間」（the vulgar）對倫範意義的解釋。在行為該負的「責」（responsibility）與「可卸的責」（imputability），二者之分辨上，一般人都認為，只有行為之前後都是同一當事人時，該人才必負行為的後果責任。俗云：好漢作事好漢當。前一漢與後一漢，都是好漢，且是同一人；絕不許好漢作事別漢當。

1. 快樂主義及功利效益學說在英的勢力龐大，在德則形單影隻。布拉利在英國的大風大浪下，不為大江東去浪淘盡。若把環宇當成一個「有機的整體」（an organic whole），是不分英或德或他地的。時下的快樂主義或功利效益學說，都屬於形下的，道德理論不該止於形下；道德目的或道德行為，是「自我實現」（self-realization）。當今英國哲學界之喜愛概念或文字解析，對該辭有如

下的詮釋：

「自我實現」不等同於「自我實踐後之情」（the feeling of self-realized-ness）或產生任何「情」。快樂主義或功利效益學說，都把行善後之苦樂「情」，算計在內。但善惡與情無關。他同意柏拉圖及亞里斯多德的理性說法，依邏輯，行為之具有道德意，不是只使當事人產生更大更多的樂，像個收銀機似的「收錢」（collection），甚至以「量」為度；倒該採取小米爾的論點，以「質為標準」（qualitative standard）來取代「量為標準」（quantitative standard），二者必須「區分」（discrimination），則就得把快樂學說丟棄一旁了。小米爾的旨意，是要進一步追尋「自我實現的倫理理念」（the ethical idea of self-realiza-tion）。若還緊抓不放快樂學說，則該理念之追求，就會受阻。

結論是：我們可以建議所有持功利效益主義者，難道他們無人仍願一聆亞里斯多德的《倫理學》（Ethics）嗎？

2. 快樂學說只是一面而已，對道德無助；另一也是無功而返的面是義務說，那是康德的「為義務而義務」（duty for duty's sake），因只是形式而無內容。康德呼籲，人人之善行要基於善意（good will）：「但這等於沒說，因那只不過是一種無用的抽象辭句」（idle abstraction）。為了避免別人指責他取笑又嘲諷康德倫理學，他只好說，勿庸給予更多詮釋。但同時卻提到：「康德的倫理體系，已被黑格爾的評論所殲滅」。黑格爾的評論，一言以蔽之，就是康德的說法，是「空無其實的形式」（an empty formalism）。

其實，布拉利並無如同黑格爾一般地不贊同道德的實踐要有善意，不過，得要充實「內容」（content），才不會有名無實。光有善「意」（形式），若無善行（內容），則徒呼負負，一片枉然！

3. 「善意」必須是「普遍意」（universal will），而非「己意」（individual will），也不是「私意」（private will）。須知，光只是個人，則無道德倫範

意。個人是「社會有機體」（social organism）的一成員。「我行德，必在我職位上履行義務」（to be moral, I must will my station and its duties）。

但布拉利不是說過嗎？道德目的在於「自我實現」。上述的引語，令人回溯起黑格爾及盧梭的說法，二者並不生齟齬。關鍵在「自我」一字眼的領會上。三大哲學家都堅信，「自我」的眞諦，只能在大我、宇宙我、環宇我中，才眞有施展其實現的可能。離群的我，等於抽象的我，也是空無的我。只有在社群的我，才算是眞正的我。「私意」（private will），與「普遍意」（universal will），是息息相關的。

我（個體）、家、社會、國，除了生理面外，更有政治面。布拉利及黑格爾的眼光都看在後者。道德是具有社會意及群體意的，也是「法律，制度，社會用語，道德意見及情意」（laws, institutions, social usages, moral opinions and feelings）。「道德早已存在且交在其手中」，如此就構成爲道德的實際及具體內容了。言之有物，不是空洞或只是形式而已。

4. 在具體的人間社會裡，就人類史的演化而言，道德法規（moral code）的品質有高下，人的本質之實現，遂有完美度上的差別。人人受到時空及個別差異性的條件所限，所以產生的道德就有相對性，這是經驗事實；不同社會乃有相殊的道德規範，那也是理所當然。不許只具理論而無實際意；紙上談兵，又有何用？把不同的倫範一一呈現在世人面前，供比較省思用。「心」的功能，因之大顯，期待之「情」也將大作；或許更有「向不可能請教」（asking for an impossibility）的效應。水向低下流，人往高處爬；爬之先後，必有差別；但「我就是我」（identity）這種認同問題，是先後同一的。在「好漢作事好漢當」一句中，出現兩次的「好漢」，必屬同一人。要是作事之前的是好漢，作事之後的已非好漢，則「好漢作事好漢當」的道德律令或法規，就大有爭論餘地了。快樂說注重「算計」，算計之前後狀況，必不可能完全等同。當事人在算計，但又有誰在算計當事人呢？這是布拉利在《倫理研究》一書中所提出的著名評語。此外，由經驗主義學說產生的觀念聯合論，也因之產生「決定論者的心理學」（psy-

chology of Determinists）了。一旦當事人受了限也受了制，則「自由」已失，又哪有「責任」意涵呢？只有行為當事人發自內心的自我意願，才有責任該負的問題；在一切皆早被決定的狀況下，人形同奴隸。一個人不能代表他自己，「我已不是我」，就「責任了無意義」（responsibility is sheer nonsense）了。

5. 個人處在社會中，難免受外在環境的刺激，而引發「自我」性格上的修正。是隨波逐流呢，還是中流砥柱？一方面，道德規範是社會環境的產物；另一方面，人「心」是否必滿意於當前或過去的儀式或教條對行為的約束？歷史事實也昭告天下，先知者洞察出現實的缺憾，一心一意地採取「拒絕從眾」（rejection of social conformism），而尋覓更高的道德理想及標準。此種史實，罄竹難書。

以「自我實現」作為道德旨意中的「自我」，是「無窮」（infinite）的，其中深含有道德味。在「理想的自我」（ideal self）中，並不排除「社會的自我」（social self）。藝術家或研究知識者，生活為己，這是一種「道德義務」（moral duty）；不如此，則是一種「道德冒犯」（moral offence）。但藝術家及科學家的活動，都該對社會有利；「他們的社會承受（social bearing），是間接的」。這又怎麼說呢？

　　無社會，人就不是人；但人如果不比社會更高一些，則也只不過是獸。

蟻或蜂等動物，都過社會生活；人勝一籌的是，人不只是社會人，且是道德人。因之，人處在社會上除應盡職責或義務外，應還帶有「美」意。社會是黑格爾所說的「客觀精神」（objective spirit）。藝術及科學之美，則屬「絕對精神」（absolute spirit）。受束於社會中的「他」這種「客體」（object），該和「自我」這個「主體」（subject），合而為一，且超高至「絕對」（absolute），才真正帶有道德性。

帶有道德性的人，從未有自我滿足的一天；卻經常處在矛盾及異例頻生的

現實社會生活裡。現實常與理想脫節，道德提升，是一種不間斷的歷程：由低往高，由壞變好，由不完美到接近完美，永遠不停止在現狀上。一種永恆的意識就萌生了，這就是宗教道德，也是「宗教自我」（religious self）。宗教自我的兩極性，上帝及自我，無限與有限──二者之間的矛盾或背反（contradiction and antinomies），都整合在「信仰」（faith）上。自我的「罪」（sin），由上帝赦免；只要懺悔，上帝即予以「翻轉除罪免罰」（justified）。信上帝者共同生活在宗教社會中，且將社會道德提升為宗教道德。此刻，體會出「一種無止境無窮的整體」（an infinite whole）。這是政治社會的任何一分子，都與之無緣的。

盡本分於社會，這是「倫理」（ethics）；履行職責於教會，才是「道德」（morality）。形上學與道德論，二者已共孕懷子了。

二、邏輯

(一) 邏輯該與心理學脫勾

1. 英國探討邏輯的學者，一向以心理學為根底，重點放在觀念的起源及觀念之聯合。自洛克到小米爾的經驗主義哲學家，莫不如是。布拉利認為，這種邏輯是心理學的領域，邏輯與心理學混在一起了。以心理學研究的結果為邏輯提出答案，「在英國，幾乎一切事件，都讓吾人活在心理學的態度中」。

2. 布拉利的邏輯，是要過問「判斷」（judgment）的。觀念如何聯結，經驗主義者已言之盈耳，他也未對之說三道四。但他希望轉移焦點，以追究判斷的行動，及符號的功能，以推論為核心。「就探討邏輯的目的而言，觀念只是符號，除了符號之外，一無別物。」邏輯學者該專心致力於命題所使用的辭句，到底代表什麼意義；邏輯把命題符號化，不該止於文字語言等概念上的描述，而該進一步發展成符號邏輯（symbolic logic）。此種呼籲，現代數理邏輯（mathematical logic）、形式邏輯（formal logic）、符號邏輯（symbolic logic）的學者，必尊之為師，他可以說是邏輯新天地的墾荒者及開拓者。

3. 不過，布拉利的邏輯與形上學有關，這種說法，就不見得爲符號邏輯學者們所支持。其實，他並不把邏輯與形上學視爲同一學門；但將判斷的形式（forms）、量（quantity）、質（quality），及模態（modality）之可能性、必然性，及偶然性，視爲推論的領域，而非形上學地盤。邏輯與形上學，絕不了緣；他的「反心理學」（anti-psychologizing）態度，既堅定且一清二楚。

(二) 判斷乃邏輯的研究主軸

1. 判斷有眞有假，依是否合乎經驗事實爲據；但有些經驗事實是單一的，他例舉如下：

其一：我牙痛（I have a foothache）。

其二：此樹葉是綠的（This leaf is green）。

這是個別式的判斷（particular judgment）。普遍式的判斷（universal judgment）是「假設性的」（hypothetical），是「推論的結果」（the result of inference）。個別式判斷的「量」，是個別的；普遍式判斷的「量」是全部的，如「所有哺乳動物都是混血的」，該命題乃就個例而推出全量式的判斷。判斷者從此確信，不管哺乳類動物有其他屬性，必有一屬性是混血的。此種判斷，也是一種「設定」（hypothetical）。因爲研究者或推論者，並不能取「全部」的經驗事實爲憑據。即令在有些時候的有些地方，並未出現過哺乳動物，但「凡」是哺乳動物，「必」是混血的。

2. 全稱性或普遍性的判斷（universal judgment）是設定式的，也是假設性的；個別式的判斷（singular judgment），如只是集結式（collective）的，只想把觀察到的每一事實作一「總算」（summation），這不算「判斷」。判斷是一種「純正的、抽象的、普遍性的」（genuine, abstract, universal），那是形上而非形下了；個別式的判斷不是如同「鏡子」（mirrors）一般的，將存在事實一五一十地映照出來。

個別或特殊的，如英文的this、that、here、now（這、那、此處、現在）

等，都必指涉到普遍或通有的。如：「我有一顆牙痛」，「此葉是綠的」；其中的「牙」、「痛」、「葉」、「綠」，雖然主詞是「我」或「此」，但皆非只是單指或特指某時某地的個別存在而已，卻常有泛指或通指意。我的齒與他人的齒，我的齒痛與他人的齒痛；此地的葉與他地的葉，此時的葉與他時的葉；都相互有連繫，有關係。「此一蘋果還未成熟」（This apple is unripe）之命題（辭句）亦然，皆可「推及」（reference to）別的蘋果。支那人說「一葉知秋」，雖有點犯了「過分通則化的謬談」（fallacy of overgeneralization），但該說法之能合乎正確判斷，乃是該「一葉」的個別性，不是只具個別性而已。也就是說，雖只見一葉掉了，他葉還在，也可以下判斷：「秋天已臨」。以「偏蓋全」，常人也知悉不可如此！但天底下一定不可能只一顆牙痛，或只我有此經驗；綠葉也不是只出現一次，酸蘋果（未成熟）更不是只一粒而已啊！

　　形下的經驗事實、個別的、特殊的、有限的，皆未可作為邏輯推論的前提，依之作為「判斷」（judgment），但不也與「實體性」（Reality）有關，且也如同確信「實體性」一般的嗎？好比「S是P」。1883年他出版《邏輯原則》（*the Principles of Logic*）就如此宣示。既然「此葉是綠的」為真，則就整個「宇宙」（universe）或「全部」（whole）來說，「此葉是綠的」，就沒有一葉是孤立的、個別的、特殊的了。可以取作為「判斷」（知）出「秋」的「一葉」，必可類推為所有的葉。

　　3. 判斷的正誤是程度問題：真理若指絕對，必然不會有誤；但相對或部分的真理，則感染上了有誤的可能。所有人類的判斷，都只止於「表相」（appearance）而未抵「實相」（reality）。實相才是「絕對」（absolute），其餘都是「相對」（relative）。相對則有相對的真及相對的假。人們感受到的痛或苦之此種「惡」（evil），也是經驗的事實。但在大樂之下，微痛就被沖洗、中和，或吞噬掉了。支那的孔子也說，大德在，可以不必計較小德。（大德不踰矩，小德出入可也。）

　　「真」，標準具「一貫性」（coherence）及「無所不包括性」（comprehensiveness），也具「環宇的眞實表現」（an ideal expression of the Universe）。本身不起衝突，凡「未能落入此範圍」之內者，就不要提。完美的「眞」，簡言之，就是在實踐一種有系統的整體性；將個別的、特殊的、單個的「那個」（that），合爲共同的、普遍的、全數的「哪」（what）。不過，此一理想難以達成。越廣越博，則越爲抽象，網面也越寬。不少個別的事實，超出吾人的領會範圍之外，以致「使先前爲眞的，最後無法爲眞」。因之，判斷的確否，也停止在程度性階段。「盡知」，是辦不到的；但知其一二，是有可能的。同理，「先驗的」（a priori）、獨斷的（dogmatic）、形上的，不予以確信，也不必予以考慮，甚至可以逐出劃界之外。只在程度上或某些有限範圍內，才對「絕對」的領會，稍許有可能，不多也不少。

4. 一開始，形上學讓吾人領會出「實相」（reality）與「表相」（appearance）有別；認清二者之異，是必要的。因之，先有種設定，形上學視本相是一整全，也就是「一」（One）。先有此結論，然後才認定該結論是有效的（valid），可以成立的，也是正確不疑的。形上學是抽象的，習慣上把萬有一切如同教父哲學般的，分成本象（substance）及偶象（accidents）。布拉利稱之爲「實在的」（substantive）及「依屬的」（adjectival）；雖具語文用語上的方便，卻也滋生無解的迷題，如下例：

一塊糖，具有硬、白，及甜的性質。

白、硬，及甜，都是糖的「性質」（qualities）。但三者是不等同的，白不等於硬或甜，反之亦然。從糖的性質中，提升到可以統合三性質爲「一」的「形上」階層。可是問題來了，這時的「一」，是由三種性質統合而來；一由三，但由三而生的一，失去了原來三所擁有之性質。

就性質（qualities）而言，一提性質，必與關係（relations）密不可分，二者似同卵雙生，如影隨形；關係之上又有關係，如此，關係之關係，永不休止。這

也恰好提供給「本相」所以異於「表相」的理由。只有表相，才有相關性的「關係」問題；本相則是絕對的，關係是相對的。時（time）及空（space），除了是相對性的關係性之外，本身還具有絕對性。就時及空的「表相」（appearance）而言，時有前有後，空則有左有右；就「本相」（reality）來說，就勿庸提及此時彼刻，或此地彼地等用語或文字了。以「時」（time）為例，時的「本相」就是「時程」（duration）；無時程則無時之意，duration才使time具有意義，也具「領會了解」（intelligible）價值。打一場球或吃一頓飯，都要有地點（空）及時間（時），但費時多久（duration）及在何場地，才能使「知」更紮實，更有「情意上的感受經驗」（felt experience或sentient experience）。此種主觀性或相對性的時空關係（time則具客觀又絕對意），是「內在關係」（internal relations），而不止於「外在關係」（external relations）而已。

5. 此種內在關係的體認，是心及靈作用的結果，也是「本相界」（reality）的實情。心之為用，大矣哉！

經驗帶有情、心、靈的因素在其中，使得主體及客體變成一種「有感的整體」，即「合一感」（a felt totality）；使外顯的多與雜，紛與繁，都化簡而不分彼此。內在與外在已無界限，這就是「絕對」（absolute），我心已成宇宙心。「情」把「理」的「分」，整為「合」。不過，人的這種「精神心」（spiritual mind），並不是最完美的。「純粹的精神還未曾實現，除了在絕對裡（Pure spirit is not realized except in the Absolute）。」在「程度」上，心、靈、情的「合」，比「理上的推論」（discursive reasoning）更勝一籌，但還未至絕頂處。

第四節　唯心論的柏桑基（Bernard Bosanquet, 1848-1923）

一、生平及著作

(一)生平點滴

1. 布拉利一生似個隱者、宅男；柏桑基則與之相反。同是牛津學者，畢業於不同的巴里奧學寮（Balliol College, Oxford）。學生身分期間，師承格因（T. H. Green）。1871年（23歲）被選為牛津大學大學院寮（University College, Oxford）的寮友（Fellow）。十年後（1881）遷居倫敦，從此面向社會大眾。不只寫作不斷，還為當時正在推廣的成人教育開課，進行社會工作。1903-1908年，擔任蘇格蘭聖安德魯大學（University of St. Andrews）的道德哲學講座。

2. 一生著作繁多，但其後除了美學史及政治理論外，比起布拉利更少為人知。一來，天資似乎較布拉利魯鈍，二來，他的論點較少引發他人的爭議。其實，主因可能是除了美學史及政治論之外，他的思想比起他的更有名的同輩來說，並不較出色。1876年曾致信給義大利哲學家，自認布拉利是他的老師；只是此種謙謙君子作風，並非事實。因為他力斥過布拉利的邏輯著作。布拉利在《邏輯原理》再版時增加一些新資料，感謝得自於柏桑基的評論。在形上學議題裡，他比較傾向黑格爾，堅信合理的就是真的，真的也是合理的（the rational is real and the real the rational）。不支持布拉利的懷疑立場。

(二)著作

1. 從1883年開始（35歲），即陸續出版有關邏輯、知識論、哲學批判、美學、柏拉圖共和國、心理學、道德學等書。

2. 1899年（51歲）的《國家論》（*The Philosophical Theory of the State*），可能是一生中最頂級作品。1915年（67歲）發表《美學三講》（*Three Lectures on Aesthics*）等書，算是他在哲學史上占一席地位的代表作。

二、學說

(一)「心」屬「現象學」（phenomenology），非「心理學」（psychology）領域

1. 心理學上的心，較被動；由反應與刺激，才形成「知覺」（perception）。現象學的心則較主動；除知覺外，更有「意識」（consciousness）。「意向性」（intentional）及自我（self）的角色，極爲突顯。在「一花一世界」外，也等於「一花」是「自我」的，且世界也不是他人的世界。由「本相或實相」（reality）所呈現的「表相」，經由心靈的建構（mental construction），就形成爲「知識」（knowledge）；其中的建構過程，也就是知的過程。邏輯正是將知的過程，一一予以解析，知識是當判斷用的。在這方面，他對邏輯及知識的看法，與布拉利並無區別。判斷的最終對象，就是整體性的實相界。每一邏輯命題，皆以「實相就是如此如此……」（Reality is such that…）或「眞實世界以……爲特色」（The real world is characterized by…）。命題有主詞與述詞，中間以be作連接詞（copula）。

2. 判斷（judgment）與「推論」（inference）之區別，在於「判斷」是「立即性的」（immediate），「推論」則是「居間性的」（mediate）。但究其實，二者無差。推論是要一步一步來的，每步都是「判斷」；一步與另一步之間，都帶有相關性的連繫，而成爲一有機的整體；由此而建構的知識，是系統性的、前後連貫性的、無所不包的（all-inclusive）。同中存異（identity in difference）。「全就是眞」（The whole is the truth）。分的眞或部分的眞（particular truths），若也可以算是眞，必與「全」的眞不起衝突。

3. 人的心智（intelligence）是有限的（finite），無法完全領會「實相界」（reality）。有限（finite）的心，向無窮（infinite）的實相進軍，只能一點一滴，從殊到共，從點到面。可知，眞理是程度性的，錯誤亦然。最終、最頂，及最絕的眞理或知識，是人心不可抵的，但總向它逼近。

4. 邏輯無法提供環宇的「事實知識」（factual knowledge），邏輯只不過是知識的「形態學」（the morphology of knowledge），是知識的「形式」（form），而非知識的「內容」（content）。邏輯一學門，由文字邏輯進一步發展到形式、符號、數學邏輯，兩位唯心論的英國學者，作出極大的貢獻；哲學亦然。哲學之任務，並不在事實知識上有何增減。

> 哲學能夠告訴你的，不是新事實，也對新發現無能為力；它所能告訴你的是，把已知的事實，提供出「具有意義的聯繫」（significant connection）。若你本來就所知不多或一無所知，則哲學能告訴你的，在這方面也不多，甚至無。

事實上的知識，來之於一般經驗。因之，研究物理學或化學，對此極有幫助，可以增廣見聞。但在這方面，哲學無能為力；不過，卻可把既有的事實知識作一整理。其實，物理或化學等科學，並非只是呈現「原子式的事實」（atomic facts），或單一且與其他的單一無關的事實而已。科學該把個別的單一事實，理出彼此之間的相關，從中得出法則。哲學與科學，在這方面並不分你我，目的或功能一致。換句話說，科學提供經驗事實的「法則」，哲學則將科學所建立的法則，結合成整體性的「一」。就抽象與具體而言，法則及一，既抽象也具體。「同存於異中」（identity in difference）。共或殊，抽象或具體，只是「程度」或「相對」問題：「一」就是「絕對」（Absolute），是「無所不包的系統」（all-embracing system）。既是一，則已無矛盾、對立、相衝。外在客體的經驗事實，與內在心靈的意識，兩相結合在一起。

既然「一花一世界」，「別花別世界」；則此花與別花，有同也有異；但皆由人心的意識所萌出。因之，「個別自我性」（individuality）彰顯，「殊」（particulars）也是必然。但殊中的「我」（self），在往「共」邁進或提升時，就產生一種他所說的「排拒」（repellent），來迎接「自我」以外的「他我」，

以免「狹窄的自我落入貧瘠」（narrow and poverty-stricken self）的困境中。也如此，才能體認有種更高、更豐、更足，又更完全的合與同。這就含有道德及宗教意味了。

5. 在個別的「自我性」（individuality）上，他是步黑格爾後塵的。自我性的最完整意義，就是「絕對性」（the Absolute）。「自我性」與「絕對性」，表現在詩詞美藝時，最爲明顯；既抽象也具體，既形上也形下，既有客觀經驗事實，也有主觀的意識作爲；從個別的自我性，通往絕對性的過程，是一條永不歇止的旅途。其中，把衝突性及局部性，經過自我意識的反思，化爲和諧性及全面性。這就是「絕對」的概念。「動力」（the motive-force）無時無刻都存在。

因之，個別的自我性，也裡外兼顧；「自我意識的反思」（reflection on self-consciousness），是人「心」（mind）的主要特徵，足以提供線索來解本相界之所有奧祕；包括生生死死，過去未來，自我他我。此種體驗，使自我更覺充實與滿足。「自我個別性」與「絕對性」，並不衝突，也非兩立；都可作爲價值判斷的標準。前者是後者的一分子，前者也在後者中，獲得充分的實現。可以排除「自我封閉」（self-enclosedness），又能完全脫卻束縛或袈裟；印度的神祕宗教（Maya），於其中若隱若現。

(二)政治論

1. 以形上境界爲主軸的「唯心論」，若只視「國」（state）爲一種設計，使個人可以在和平及安全中，尋求私下目的；此種政治論，在他心目中都被貶爲膚淺；僅屬於「初見」（of the first look）。如同：

> 初見一個人在街上或是一個旅客奔走於火車站，眼前所看到的熙熙攘攘人群所展現的自我滿足以及自有方向。對他而言，雖是一種明顯的事實；但隱藏於背後的「社會邏輯」（social logic）及「心靈史」（spiritual history），是無法印在他由乍看所引起的想像。

「社會邏輯」與「自我邏輯」（self logic），大有區別。每個個體，都是「自我封閉的單位」（self-enclosed unit）；政府之組成，乃在於將自我封閉性減少到最低；因之，政府的此項業務，對個人而言，都是陌生的、外加的；是一種「惡」，雖然是一種「必要的惡」（a necessary evil）。

2. 這似乎與盧梭的政治說，大異其趣。但兩人皆希望私意與公益一致，結合在政治體（body politic）上，即「政府」或「國家」；全部的社會成員通力合作。即令有強力的限制，但若代表了真正的公共利益，則個人也得服膺就範。我自己是最高無上的主人，我只服我，也只有如此，才真正實踐了我的自由。盧梭詠贊的是直接民主，而痛恨代議式的間接民主；「全民意」（the Will of All）成為「眾意」（the General Will）。

全民意是理想，是永恆的；絕對的多數意，則比較現實，相對的，也是現時的。

「國」的真實內容，不只是一種政府結構，且在「生活上具有一種實用概念」（a working conception of life）。使社會上的每一個分子即「國民」，都能各盡己職，「如同柏拉圖教我們的」。如此一來，「個人的心及意」（the individual mind and will）與「社會的心及眾意」（the mind of society and the General Will）之間的關係，就如同「個別的物」（individual physical object），與「整個自然整體」（Nature as a whole）的關係一般。「自我封閉的個人或個物」（the self-enclosed individual），只是「一種抽象」（an abstraction），是「初看」時的「表相」（appearance）而已，而非「實相」（reality）。作為理性動物的個別人之「真意」（real will），與「眾意」（General will），二者是不分的。

此種不分或認同，「才是政治義務（political obligation）的真諦」。遵守國定的法，等於遵守己所規的律，二者皆本於自己的「真意」（real will）。受限於國也就是受限於是己，心甘情願，自由了。「個體的自我」（individual self）

與「絕對的國」（Absolute State）之間的對立、不合、互反（antithesis），是一種假相；甚至國干預個人自由，此一問題也非純正的問題。當然，某些特殊的具體個例，顯示二者之不相容，也確有其事。不過，「國」的最後目的，如同組成為國的成員之個人一般，是含有道德性的，即追求最佳的生活。將人的潛能性或能力，盡情地發揮。公權力（國）的使用，有何限度，或以何方式使之，才不致於妨礙使國存在的理由；同時，也是成員生活所需的理由。純粹只基於私己的自由，來反對國家的干預，對國家及其成員之真正性質，都是一種扭曲及誤解。當然，這不是說，任何的逼迫，都可任令行之。

國之成立，以及個體（國之成員）之生存，二者都含有道德性。國有國德，是因為人有人德。德兼及內在動機，及外表行為；德無法由法行之。個體可以受限於某些外表行動，但基於更高的道德動機，法也無法予以干預了。基於理性及自由選擇之下的行為，總比被迫之下的行為，道德性較高。因之，盡可能的避免以外力來逼迫行為。德行不是光靠公權力這種外力。以政令或刑法來施政，品味甚低；國之成為國或國之存在，並非為此。外在制裁或懲罰，成事不足，敗事有餘。若以為殺人之不該，乃只因殺人會受法所繩；此種「意識」，顯示這種人已無人「心」。

3. 同格因之說，立法之基本功能，在於排除行善時的障礙。但除蔽不如興利，罰惡其次，獎善才優先；立法是不得已的措施，是消極的、被動的。要注意的是，排除之後，能夠使潛力萌出。強迫教育之所以有必要，旨在排除阻止個性發展及稟賦成長。勿只看「強迫」二字就心生反感，那也是「初看」之下，只及表相而未及本相罷了！

4. 個人真正的自由，只能在社會中行使；則「國」是否為最大的社會，且國可以當成是環宇性或理想性的社會嗎？他與黑格爾同，也生「聯合國」的念頭。其次，他並不支持世界語文來取代各國語文，原因是如此會損及各國文學詩詞的原創性及特有性，且降低水平。各國語文都難免有缺陷，該受公評。此種看法，也與黑格爾同調；原因不出在國，而源於「治國者」（state's agents）。治

國者中有惡料存在。專制時代，開國皇帝不全是「明君」，但末代皇帝幾乎都是「昏君」又「暴君」。罪不在於國，而在於國之王、君、帝、后等。

此種說法，在邏輯上很成問題。既然國之本意在於行德，且國之「意」也代表善意，更是象徵眾民之公意；則此種國，就可以高掛不受批判的免疫牌了。在泛德風之下，「君君」、「臣臣」、「父父」、「子子」，這正是「套套邏輯」（tautology）；「君不君」或「臣不臣」等，那是矛盾的；君要作得如「君」的樣，這才叫「君君」，也是「同語反覆，或重言」（即tautology）。如此的「國」，或國的當事人（治國者），怎會有「不德」（immoral）呢？

5. 一次世界大戰後，英國某些學者認為，戰爭責任該由德國心論學者尤其黑格爾一肩擔起，柏桑基的政治論也遭波及。從1907年到去世，他都在倫敦大學（University of London）擔任社會學的教授。霍布豪斯（Leonard Trelawny Hobhouse, 1884-1929），在1918年大戰結束時，出版《國家的形上學理論》（*The Metaphysical Theory of the State*），不客氣地把大戰罪過歸之於黑格爾及柏桑基，後者的政治哲學向前者最為靠攏。早先也在牛津大學任教十年（1887-1897）的這位社會學教授，興趣多方。他指出兩位英德的唯心論者，都把「國」置於三項命題的形上架構裡。三項命題如下：

第一：個體的「真我」（true self）及「真正自由」（true freedom），──符合「真意」（real will）。

第二：真意即「眾意」（general will）。

第三：眾意具體化於「國」中。

但他不只不接受這三項命題，且公開質疑，為何「國」是社會組織中的金字塔頂點？且為何不能有「世界級的社會」（world-society）出現？沒錯，當時還未成立此種政治組織（一戰之後的國聯及二戰之後的聯全國），但可以創造出來啊！為何黑格爾及柏桑基偏愛現存的國？唯心論的政治理論，太過於保守了。

其次，若視國為道德的護衛者，也是最高的道德實體，則將造成道德一言堂（moral conformism）的災難，這是邏輯也是形上學的結局。道德為政治服務，

也屈服於政治之下。第三：柏桑基認為，道德關係只存在於「一種有根又有組織性的生命裡」（an organized life），但這只能在國之內，但「國」之外呢？本「國」與他「國」或其他社群，與「德」就無關係嗎？國之德高於個人之德，但各國與各國之間的交往，卻未秉此種高超的德，這不是荒謬嗎？各國之軍事行為若皆自認出兵是義舉，又以己國之義乃是至高無上之義；則公說婆說，又要取決於何國？這是「形上理論的致命傷」，也是前後不一致（inconsistency）的邏輯謬談。實在有必要，把「他的全部理論，予以重新建構一番」。換句話說，「政治義務」（political obligation）與「道德義務」（moral obligation），二者不可混為一談；不道德的行為，與不守法的行為，二者是有別的；前者屬私德，後者不只是「公德」而已，也犯了公「法」；前者屬「告訴乃論」，後者則公權力要主動出擊。但哪一種政治組織才算「公」權力呢？才可判定誰才是「替天行道，代民伐罪」啊？

6. 比柏桑基更公開取黑格爾為師的英國學者，是1912年擔任大法官（Lord Chancellor），且在1895年還與費邊社（Fabian Society，力主和平漸進政策）共同籌建倫敦大學政經學院（Economic Institute, University of London，臺灣2016年當選的女總統蔡英文，即在該大學獲博士學位）的霍丹（Richard Burdon Haldane, 1856-1928），是英國二十世紀初一位顯赫的貴族政治哲學家。在著作中坦承，黑格爾是自亞里斯多德以來「思辯方法」（speculative method）最傑出的大師，但願他能被視為「一位黑格爾的人」（an Hegelian）。擔任陸軍大臣（Secretary of State for War）時，不只閣員懷疑他的愛國情操，更基於興情，使他在1915年內閣重組時下臺。他對黑格爾的哲學方法推崇備至，認為自古希臘以來無人出其右。由於他不掩飾自己的「哈德」作風，導致於一戰開始之際，飽受英人之詆毀。

愛因斯坦（Albert Einstein, 1879-1955）於1916年發表相對論後，不僅力持相對論與「黑格爾主義」（Hegelianism）不謀而合；霍丹且認為1903-1904年出版的《通往實體之路》（*The Pathway to Reality*）兩冊，早就提出相對論在哲學

上的重要性：1921年更發表《相對論王朝》（*The Reign of Relativity*）的來臨。
要點是：「實體」（reality）或本相，是「一」；表相則「多」。對「一」的
知，可以從不同角度去觀察與認識。物理學家、生物學家，及哲學家，對絕對的
「一」，所見不同，是相對的；在各自的眞理上，不可以絕對化。部分的眞及相
對的觀點，透過黑格爾慣常使用的辯證，可以直通絕對。其實上述看法，一點也
不新穎。雖搬出愛因斯坦的巨著，也未能對黑格爾思想注入新活力。不過，他在
英國是赫赫有名的公衆人物，且對哲學問題也興致勃勃，有助於唯心論在英國站
穩腳步。

7. 眞理的「一致論」（the coherence theory of truth）：眞理的相對性及絕
對性問題，持續發燒。部分或相對的眞，之所以被公認爲眞，乃因與絕對或全
部的眞不相砥觸；二者「持之有故」，即前後一致也相合。此種說法，由1919-
1935年在牛津大學邏輯教授喬欽姆（Harold Henry Joachim, 1868-1938）所提出。
1916年出版的《眞理的性質》（*The Nature of Truth*）一書，雖討論該說法所生的
困難，不容忽視或掩飾，但還大力主張，不遺餘力。

他先舉其他理論來批判及檢驗，其中之一就是「對應論」（the correspon-
dence theory）。這位牛津大學威肯（William of Wykeham, 1324-1408）[2]邏輯
講座指出，對應論只針對「實」（reality）在「事實上的敘述」（factual state-
ment）；「實」即指「名之外的實（extra-linguistic reality）」，不咬文嚼字，
也不在語言這種「名」上下功夫；科學敘述語句之所以爲眞，因與「實」一一
「對應」。唯心論者的邏輯是一種「判斷」（judgment）（簡易的事實陳述），
或「一組判斷」（set of judgment）（複雜的事實陳述）；也等於是此一判斷與
別一判斷「一致」，故「對應論」也淪爲「一致論」了。把邏輯「判斷」上的
「命題」（proposition）看成是孤立或單獨存在的眞或假，那純粹只是一種「抽

2　威肯（William of Wykeham, 1324-1408）是英格蘭南部文契斯特（Win-
　　chester）主教於1382年設文契斯特學院（Winchester College），且早在1379年
　　就在牛津創立「新學寮」（New College）。

象」（abstraction），即「名」，或語言文字遊戲而已。如「現在的支那皇帝」或「現在的法國皇帝」；該種「命題」之出現，不具唯心論所言之「眞」或「實」；因之，他認爲「一致論」優於其他的「眞理」論。

眞理本身是「一、全、整」（one, whole, and complete），一切的思維及經驗，都環繞著對它的認知，且也展現出威權。此一說法，我從未疑過。

他也不懷疑，在判斷上若出現「相異的判斷」（different judgments）及「局部系統性的判斷」（partial system of judgments），那是「多多少少較眞、較近、較遠於標準」。

不過，一致論也有如下的困難：

第一，「一致」不是只「形式上的一致」（formal consistency），卻得明示與事實上的「絕對經驗」（absolute experience）相一致，後者是「無所不包的全體」（all-inclusive totality）。還得把各種層次的不完全經驗含在其中，作爲它的組成因素。這在理論上或原則上，可以作如此要求；但在實際上，任何哲學學說是辦不到的。後者呈顯的眞，只不過是局部的及有限的（partial and finite）經驗而已。

第二，人類由知識所得的眞，包含兩因素：主體的心思（thought）及客體（object）；二者「一致」或「對應」才眞。但一致論者還未曾對「絕對經驗」與「相對的主體與客體」，二者之間建立的關係，提出令人滿意的解說。他也承認此一說法。

第三，人類知識既然包括主體及客體，內在的思與外在的經驗，我及它（self and other）；因此，不能只止於「心」，尤其「唯心」而已；「只准自己進場」（on its own admission），似乎也直言此種眞理論，功虧一簣，甚至「船隻破滅」（shipreck），遭難而亡。

即令有上述問題不得其解，但他仍堅信：一致論優於他論。之所以如此，乃

認定「實體性」（reality）的領域，只屬於形上界。

　　形上學家在邏輯理論上，理該默不作聲。當後者的成功，係依形上學家備受責難的理論時，逼得前者不得不在「邏輯設定」（Logic assumption）的圈內，也接受邏輯理論。

　　上述引語，他明示不接受。換句話說，形上學的唯心論，要求邏輯學者採用眞理的一致論，不管該論有任何困難。其他一切的眞理論，也得步上一致論。

　　一致論認爲，如一眞理已存在且存在多時，現在或未來的別一眞理，如也能成爲且被認定爲眞理，則必與前一眞理「一致」。即以「前眞」來檢測「後眞」。當然，關鍵在於「眞」（true）及「眞理」（truth）兩辭句，必先經過嚴謹的檢測。

　　他所提的眞理性質或眞理論，以及由該論所滋生的困難問題，足以說明，一致論屬於形上論，也是唯心論的一部分。不過，經過一番徹底的批判檢驗之下，是否除了一致論的眞理觀之外，只有兩條路可走：一是宣告破產或夭折，一是承認唯心論才屬正確。非屬唯心論者並不接受此論斷。若眞的命題必含在絕對經驗裡，而絕對經驗遠超越吾人掌握之外，則「新知」之起將極其困難。但事實經驗呈現給世人的，是吾人的確有「新知」。「唯心」所言的「絕對」，對眞理的性質來說，也該接受最嚴正的批判與檢驗。[3]

---

[3]　「眞理」的希臘字是atètheia，是「不隱蔽」的意思。「隱蔽」的希臘字是lèthe。亞里斯多德在《形上學》（*Metaphysics*）一書中說及「是」（is），必與「是」相對應或相一致；「非」亦然。不許把「is」（是）說成is not（非），把is not（非）說成is（是）。支那的荀子也提過：「是是非非之謂眞，是非非是之謂誑。」（to say that what is not is, or to say that what is is not, is false; but to say that what is is, or to say that what is not is not, is true.）

第四章

美國哲學

第一節　歐洲哲學的沿續與創新

美洲這個新興地尤其美國，並非「古國」，但其後在哲學史上也占有分量，可以與歐洲哲學相互呼應。1492年，由哥倫布所「發現」的新大陸，五百年後的1992年，奧林匹克運動會在西班牙的巴塞隆納（Barcelona）舉辦，以資紀念。該大城附近的塞維爾（Seville），就是啓航港。其後由歐移民入內者日衆，英人尤多。就哲學史的觀點來說，一來與英國關係密切，二來與清教徒（Puritans）之宗教觀念息息相關。從地理名稱而論，自老英格蘭來的英國人，在新世界上所住的區域，迄今仍稱爲「新英格蘭」（New England）；而老英格蘭的約克（York），是英國文化古都，彼岸也有新約克（New York），漢譯爲紐約，是當今環球數一數二的大城。當年自英赴美的移民，大半都是傳教士，不服英國「國教」（Established）者（Dissenters），個性強，自由意志高，也願拋棄舊田園，夢想有個新樂土可以安心立命。他們組成的宗教團體，稱爲「公理教會」（Congregationalism），信徒在新天地定居之後，隨即建教堂且設學校，教育下一代子女，1636年還在波士頓（Boston）成立第一所「高等學府」，仿家鄉劍橋大學措施，故校址也稱爲「劍橋」（Cambridge）。吃盡苦頭渡海而至的讀書人中，劍橋大學畢業者占最大多數，牛津次之；這所新學府之命名，乃由於劍橋畢業來美傳教的哈佛（John Harvard, 1607-1638）去世前捐了錢，也送了四百本書，該校董事會遂取校名爲哈佛，現在是環宇No. 1的頂尖大學。在1776年獨立建國之前，共有類似學府九所，其中多數是現在名列前茅的世界級大學。

西洋哲學史自古希臘起，是以希臘文寫作的哲學；羅馬及中古世紀，幾乎全數是拉丁文哲學；其後雖然拉丁勢力雄霸哲學地盤，但以德文、法文，及英文等現代語文著作的哲學論文漸多。英文威力在哲學界，本來就聲勢浩大，現在再加上美國這個生力軍，就如虎添翼了。

一、早期的美國哲學家，教士身分者居多

(一)宗教學者

1. 詹森（Samuel Johnson, 1696-1772），先是公理教會牧師，後轉依安立甘教會（Anglican Church），1754年被任命爲紐約「國王學院」（King's College）校長，獨立建國後，美國因無「國王」，該校乃改名爲哥倫比亞大學（Columbia University）。這位與英國大文學家同名同姓（1709-1784）但歲數較年長者，依他的自傳所言，當他求學於第三所古老的學府耶魯（Yale，創立於1702年，第二所是William and Mary，設校於1696年）時，學風不佳，水準甚至比不上早期。雖然師生也知悉笛卡兒、波義耳、洛克，及牛頓等開創「新學」的大師之名，但一股濃濃的宗教味，壓過世俗氣息；道德及信仰掛帥。俟柏克萊（Berkeley）於1729-1731年遊歷羅德島（Rhode Island）時，他與這位來自於祖國的哲學大師，因身分同是主教（bishop），有書信往返；1752年寫了一本《哲學初步》（*Elementa Philosophica*），試圖把柏克萊的觀念論（theory of ideas）融入柏拉圖的學說裡。宗教人物是絕對反「物論」的，「心論」才是正軌。這位主教理想性高，與上帝常伴，一生不離。

2. 愛德華滋（Jonathan Edwards, 1703-1758）是十八世紀美國哲學更具代表性的神學家，位居公理教會的顯要職務。與詹森同是耶魯校友。這所最維持古風也最具保守的高等學府，雖未曾中斷過洛克思想的引介，但仍以神學作爲一切知識的最終判決。1757年在紐澤西州（New Jersey）新成立的普林斯頓學院擔任校長，該校也是迄今亮眼的普林斯頓大學（Princeton University）。可惜，次年因天花而去世。一生當中堅信宇宙到處都有神靈，上帝無所不在而無「物」在，只有「心」或「靈」（mind or spirit）才實。吾人所認爲的「存在」，只不過是一種表面的「呈現」（appearance）而已，是表相或現象（phenomena）。科學家當然可以道出自然法則，但所謂的自然法則，乃是根源於上帝之神力無邊，「神意」（divine will）無遠弗屆。因果律此種自然科學法則，也依之而生；更本諸

於上帝的「橫豎聖旨」（the arbitrary fiat of God）。

上帝決定一切。人的行為，不出上帝意志之外，永遠永遠；人人都需接受上帝的指令，且是「武斷」式的指令（arbitrary）。上帝之令是鐵則，更是鋼律，人人必須聽從，不許違背。「物」質界的因果律，每試不爽；那是神意的的展現，人亦無例外。眾「因」之中，只有一因是「眞」因（real cause），該因源於上帝。老祖國的經驗主義，因與果之間在「關係」上，雖自有其經驗基礎，但那是形下的世界。公理教會的因果論是形上的，形上的因才是實因；形上因屬神學領域。「物」都爲「心」所「主」或「宰」，物絕無自主性，但人呢？1754年著《意志自由》（*Freedom of the Will*），明白地反擊「人意」（human will）享有「自決」的理念。人意擋不住無所不在又強有力的「意向或動機」（motive or inclination），即「大善」（greatest good）。從神學角度言之，人既由上帝所創，則一切都取決於上帝；此種「因」，早已安排妥當了。哲學上所言的第一因，即古神學家所明指的「上帝」。但這並不是說，人不必爲任何行爲負起道德責任，關健在於行爲的性質；惡行當然就是惡行，與惡行之「因」無涉。或許也可以如此說，上帝是「大善」之因，此因早已把人類行爲之因訂定了；在這方面，人意是無自由選擇權或餘地的。但人「行」，是人的意可以決定的；既是人意所決定，就比不上上帝所決定的。故由人意所決定的人行，就有好壞了；人所自我決定的人行，就該自負其責。

處在「大覺醒」（Great Awakening）時代（1740-1741），他懷有極強的宗教兼道德情愛（religious and moral affections），咸信此種情，置於人的心胸中，而非安放於頭部。宗教復甦（revivalism）之際，情的感受，重要性大於理的推論。腦的判斷（cerebral judgment）差於情或感的判斷；美、德、信等的判斷，屬於後者。虔誠之「心」，比理論的「知」，高出一籌。信徒的一心向神，最能彰顯在他的一言一行中。

他面容端莊又嚴肅，講道宣教，據說都能令聆者動容。甚至震慄於把上帝的嚴懲，釋之爲行公義。人性基於無知而行的原罪，必受身心之折磨。此種聖經

故事的講解，連成人都驚慌失措，更不用說幼童會懼怕萬分了！「心」論的神學家，都扮演正人君子角色，道貌岸然，一絲不苟。人生苦短，不迫切地早日懺悔自責，更待何時？

由於疫病橫行，他不及長壽就告別人世。他是早期在美國思想界居主導地位的人物。

(二)道德學者

宗教與道德在許多層面上是二合一的。「心」論學者的普遍看法，神意也就是善意。清教徒以內心的「清淨」（pure）為主要修為，也把上帝從天上掉到人間；仗人之意、力，或理，而產生德行，也該大有可能。形上層不予計較，且論點比較世俗化、平民化、百姓化的美國早期最為世人崇仰的學者，非富蘭克林（Benjamin Franklin, 1706-1790）莫屬。步他的路程，就與前述兩位教會領袖，有了巨大的差別。啟示（revelation）對他來說，起不了大作用，倒不如訴求於功利。興利求益者得獎，痛苦或害及他人則受罰。克制（temperance）及勤勉（diligence）是道德箴言，對人對己都有好處。

1. 以嚴格尺度來衡量，富蘭克林雖是「美國哲學學會」（American Philosophical Society）的發起人之一，但他不算是具有深度哲學思考的哲學家，與同好組成「繪仙會」（Junto），類似英國先賢洛克及牛頓等人發起的「月光會」（Lunar Society，每月陰曆15日，月亮皎潔時相聚，返家時較能看清楚夜路），也是其後成立的皇家學會（Royal Society）。二者都在英美兩國，成為極為知名的學者集團。富蘭克林充其量是個高風亮節人物，常以押韻的英文給國人作為座右銘。如：

Many a little makes a mickle（積少成多）

Early to bed and early to rise makes a man healthy and wealthy and wise（早起早睡，既富又健且慧）

典型的清教徒，以誠實、可靠、廉潔，作爲基本德操，就可保證必能一生在世永遠成功。此種論調，預示了其後實用主義（pragmatism）的哲學立場。如此一來，模糊了上帝的影像，宗教的論調也低沉無聞。事實或經驗上，他的警世互勉名言，是否具有成效，倒頗成問題。

2. 道德自勉以及倫範自勵，漸與宗教信仰脫鉤。在這二層面上，歐洲哲學在十八世紀時，早有跡可尋；在美國，披上的清教外衣，也只是歷史發展過程上的殘留影像而已。十八世紀歐洲哲學的顯學，是啓蒙思想，美國當然深受波及。但歐美兩洲在啓蒙時代的哲學家之哲學功力，卻無法相垺。必要一提的是在美國，經過富蘭克林的推動，俗民化（secularization）在十八世紀美國新大陸，比老歐洲較鮮明。新教尤其喀爾文派（Calvinism，新英格蘭的公理教會屬之）在德英兩地享有大權，幾乎成爲教會治國。在新大陸，教徒之組成教會，都是心甘情願、自動自發的；教會主事者雖手持大權，但信徒心中卻大牛以民主或公共福祉爲心思之著眼點；一聞來自於祖國哲學大師洛克的社會契約說，欣喜莫名，乃取之作爲立論的武器。

3. 新大陸幅員廣大，白人人跡罕至。向西部開拓期間所形成的社會，組成分子如懷抱富蘭克林此種甚具俗民化的品德，功名成就之機會幾乎普遍皆是。原先處在東北部的新英格蘭各州，大概還保有宗教古風；其後新的墾殖地住民，宗教信仰頗爲複雜。群體社會生活的唯一寄望，就是生活有則有序，勿成爲無政府（anarchy）狀態；人人安居樂業，自闖天下，不惹煩他人，彼此和平共存。至於操煩何種政治哲學或理論，並非他們的興趣所在，也無暇用心思去鑽研。高倡自由的洛克，堅信社會或政府之成立，必本諸成員之自由意願，共同守法，彼此共守秩序。不只人人可以保平安，且提供個人創意及創業機會，任由發揮，又競爭又比較！那些高談闊論或以玄之又玄的形上哲理，艱澀難懂的要文字譯解之哲學巨著，「西部人」不僅興趣缺缺，且視之如廢物。新英格蘭教育機構如拉丁文法學校或哈佛大學，還停留在古文文法之背誦，或神學及聖經教義的闡釋，富蘭克林斥之爲費時又無用之舉。在政治哲學此一領域內，「基本人權」之重視，倒

最是應時之需。

(三) 人權論及常識哲學

1. 人權論：組成的社會，若無法保障基本人權，則試問組成分子甘願成爲社會的一分子嗎？人權論早爲洛克等英法兩國學者所注重，美國人繼之。

治權依理性，人人平等：這是佩恩（Thomas Paine, 1737-1809）的主張。一生在英未受過正式又充分的學校教育，13歲自力謀生，卻爲文惹怒業主而被解雇。富蘭克林建議他來美，還介紹他到富蘭克林故鄉賓州費城當雜誌編輯員。時值英美兩「國」，火拼轉聚時刻。他公開寫一文，宣示美國該獨立，而非只反對徵稅而已；該文只50頁，1776年1月出版，數月內50萬冊銷罄。1791年出版《人的權利》（*The Rights of Man*），一年中再版7次。1776年，傑佛遜（Thomas Jefferson, 1743-1826）這位政治聞人起草「獨立宣言」（Declaration of Independence），具體地向大眾宣稱，人權有三：生命或生活權、自由權，及追求幸福權；這三權是「不可讓渡的」（inalienable rights），是人生以俱來的天賦人權。政府的基本職責，就在於保障這三種人權。政府也是應人人之需求，保護這三大人權，且經人民之同意才成立。出之於傑佛遜手筆的這份獨立宣言，直接頂撞了祖國的王權。傑佛遜誓言，基本人權不需什麼哲理，卻是人人的基本常識（common sense）。常識必眞，何需哲理析論？

2. 常識哲學來自於蘇格蘭，新大陸學者予以發揚光大的代表性人物，是在高等學府任哲學課程者。富蘭克林與傑佛遜的身分，都非專業性的哲學家。

美國常識哲學家有二：一是馬克錫（James McCosh, 1811-1894），本身屬蘇格蘭長老教會（Scottish Presbyterian），在北愛爾蘭首府貝爾法斯特（Belfast）的「皇后學院」（Queen's College）擔任邏輯及形上學講座16年之久。1868年到新大陸紐繹西州的普林斯頓（Princeton）擔任校長，該校遂成爲美洲宣揚蘇格蘭哲學的重鎮。1875年出版一本爲衆人所知的《蘇格蘭哲學》（*The Scotland Philosophy*），《檢驗小米爾哲學》（*An Examination of John Stuart Mill's Philoso-*

phy），及《唯實論哲學》（*Realistic Philosophy*）；分別在1866及1887年問世。

　　另一位是波特（Noah Porter, 1811-1892），1847年被任命爲耶魯大學道德哲學及形上學講座，且也擔任該校校長。出版爲衆人適用的教學用書，將蘇格蘭哲學傳統移植到美洲新沃土上。他把哲學一分爲二，一是心靈哲學（mental Philosophy），研究心，成爲心理學（Psychology）；一是道德哲學（moral Philosophy），即倫理學（ethics）。除此之外，他企圖對英國經驗主義學者如小米爾等人之學說，以及歐陸康德的日耳曼思想，下一番苦功夫，將蘇格蘭哲學與德國的心論予以綜合。此種努力，法國哲學家庫仁（Victor Cousin, 1792-1867）早也嘗試過；庫仁先是師範學校（*École normale*）後是巴黎大學（University of Paris）校長（rector），又是法國教育部部長，期望兼容並蓄，新舊俱包，而成爲「哲學正統」（philosophical orthodoxy），以之作爲全法國學術主帥。不過，此種擬左右逢源且萬流歸宗的作風，又要穩坐「持中」，不偏不倚，經常是吃力不討好，難盡滿足姑意及嫂意。庫仁的用心，飄洋過海，波特坐擁美國第三所高等學府之尊崇地位，擬擺平由英吉利海峽所隔開的「兩岸」哲學，經過交流，匯聚而成一川。

二、「創」而不只「傳」的愛默生（Ralph Waldo Emerson, 1803-1882）

(一)詩人哲學家

　　思想靈感得自柯力芝（Coleridge）及喀萊爾（Carlyle）；注重自我發展，強調「己見」（personal vision），而不甘停留在傳述他人之意見上。全球首度實行民主的美國，自由之風促使稟賦秀異的學者擺脫「傳」的傳統，而另有「創」道之爐灶。

　　1. 出生於波士頓教士家庭，哈佛神學院畢，且擔任牧師職，向世人傳道。由於初婚妻子去世，遂對宗教信仰及職業心生懷疑；遊歐後對浪漫風潮情有獨

鍾，參觀巴黎自然博物館時，發現人與自然的關係是神祕不可測的，是「超驗」的（Transendental）。1834年定居於波士頓附近的康克（Concord），其後變成全國聞名的「康克聖人」（The Sage of Concord）。1876年《論自然》（*Nature*）是他的代表作。認為真正的智慧，是經由自己來領會神旨。他的小說、散文、詩詞，無不自成一格。

2. 1849年主講一系列的《代表性人物》（*Representative Men*），從柏拉圖開始，到拿破崙及歌德為止。他的學術成就，使全球人幾乎公認，美國這個新生的國家，出了舉世尊敬及欽佩的人物，堪與歷史名人並列。

(二)打出美國名號，不該屈就於歐洲小老弟角色

1. 1837年8月31日，向母校哈佛知識界發表演說，題目是《美國學者》（*The American Scholar*）。提醒同好，美國文學該與英國文學割斷臍帶，如此才能母子均安且各奔前程；勿作歐洲傳統的應聲蟲、跟屁夫，或追隨者。政治上既已獨立建國，政治體制又自創民主品牌，居全球領頭羊角色，後來居上；因之在文學寫作上，該有美國味。英美兩國人雖都說英語寫英文，但英文該有英式及美式之分（English English與American English）；辭典編輯家韋伯斯特（Noah Webster, 1758-1843）遂發憤改造拼字法，《韋氏字典》（*Webster's Dictionary*）風行全球，發音與拼寫，與英文不完全相同。

2. 1838年更向哈佛神學院發表《演說》（*Address*），用辭強烈地指責死氣沉沉的基督教傳統。其後於1842年他謙稱，「新觀點」（new views）其實由來已久，只不過是換了用辭而已。

> 我們通稱的「超驗」（Transcendentalism），其實就是「心論」（Idealism）。
>
> 心論在1842年出現了。

心論與物論（materialism）對立，物論者站在感官經驗或是事實上，而「心論」者以意識作出發點，依此所領會的世界，是種「呈現」（appearance）。

可見，心論與物論恰好相反。一旦吾人請教物論者，基本的事實到底是什麼，則他們可能就啞口無言以對了。感官經驗之存在，必先是人有「意識」（consciousness）。只有經由意識，才能知悉物之存在。故「物論」到頭來，也是「心論」。環宇也只有此種「意識」的「心」，才能意識到物之存或不存，「心是唯一的實」（mind is the only reality）。

3.「人人都有天職，以稟賦為依」（each man has his vocation. The talent is the call）。人生在世，不能無所事事。稟自然之「召喚」（call），依天賦資質而定。

> 堅持自己，千萬別模仿（Insist on yourself, never imitate）。
>
> 千篇一律（Conformism）是一種「罪惡」（a vice）；自我信賴（self-reliance）才是「主德」（cardinal virtue）。
>
> 成為一個人，必是個不服眾者（Whoso would be a man must be a nonconformist）
>
> 「不違如愚者」，絕無資格成為「人」，更不用說「賢者」了。

在愛默生心中，必不同意孔子最得意門生顏回的作為，也一定反對孔子稱讚這個學生為「賢哉！」

人人各憑本事，這才是道德上的準則，如此才能充分展現出一股年輕精神，勇力十足；社會是動態、發展，且也競爭的。

(三) 個人與國家都需「再生」（regeneration）

1. 社會或國家該教育一批聰明人（wise man），即「有個性的人」（the man of character），也是有品格德操者。如此一來，國就不必存在了。因為社會

充滿了道德的正當性以及愛，那是理想國的境界。如此一來，說他是個系統性的哲學家（systematic philosopher），不如說他如同喀萊爾一般的，是個具有千里眼的幻想家（seer）。一「見」即「眞」。

> 笨笨傻傻地堅守今昔如一（a foolish consistency），是小心眼者的妖怪在作祟（the hobgoblin of little minds），也是渺小政治人物、哲人、神學家的作風，他們一路走來，始終不變。

如此的大人物，「簡直就一無作爲」（simply nothing to do），即「無爲」。保持爲學求知上的誠實不欺（intellectual integrity），不必驕飾虛僞，反而可坦誠以告，今日之我已非昨日之我。

2. 不爲任何陳規所束，但以片刻即興式的印象爲主調。此種主張，在「創」重於「傳」的美術、音樂、詩詞、文學、寫作上，或許是較佳的園地。成爲體系連貫一致的哲學，如黑格爾哲學，則非愛默生的最愛。

第二節　羅伊斯（Josiah Royce, 1855-1916）

1867年，哈里斯（William Torrey Harris, 1835-1905）在密蘇里州聖路易（St. Louis, Missouri）主編《思辯哲學雜誌》（*The Journal of Speculative Philosophy*），大力推薦德國的心論：「聖路易黑格爾學派」（St. Louis Hegalians）之名遂之而成。1889年，美第23任總統哈里森（William Henry Harrison, 1833-1901, 1889-1893任總統）聘他為首任教育總長（United Ststes Commissioner of Education）。

思辯哲學要完成三項任務：

1. 提供一套適合時代的宗教哲學，以取代過時的傳統宗教教條及無法在人心中發生作用的教會權威。

2. 發展一套新國家意識所需要的社會哲學理念，勿一味地步入個人主義路線。

3. 科學研究勿再蹈經驗主義的老路，該另謀新途，才能有更深遠的研究成果。

思辯哲學在哲學史上源遠流長，柏拉圖開其端，黑格爾終其尾。他呼籲思辯哲學這種博大精深系統，在美國要承其衣鉢，從「後康德」的德國哲學（post-Kantian German philosophy）獲取靈感，但要配合美國的實際需要。

idealism這個英文字，從哲學史上看，源於柏拉圖的idea學派。這位希臘大哲，從人性三分說中的「理性」進行充分的思辯，得出無處無時不在的「理」。理是永恆的，永存的；早在宇宙中存在。未有人甚至未有哲學家用「心」思索之前，該理已「先天地之生而生」，是「先驗的」（*a priori*）。理具有形式，形式帶有型意，即規範、訓誡、價值、理想。「理念」（idea）也就等於「理想」（ideal）。如此形成一種「主義」（ism），不依人的這個「主體」而存在，而是一種客觀的實體，「既實又真」（real, reality）。柏拉圖所說的idealism，可以譯為理念主義、理想主義、理型論，是「客觀的理型論」（objective idealism），而非「主觀的理型論」（subjective idealism）。

以「人為萬物尺度」的哲學說法，哲學家之有此念頭，關鍵在於人是有「心」的。人是心物合一體，這是勿庸置疑的，但「心之為用大矣哉！」「心」的功能，如思考、想像、推理、分析、綜合、批判等，無一非心不可。但由於「心」太過玄妙，心又與靈或魂密不可分，尤其宗教人物更迷此不疲。但心卻又捉摸不定。自科學昌明之後，「物」（肉體、物質）之地位大為提升；加上科學突飛猛進，傳統以「心」為主的哲學，不能與之相比；「物論」乘勢而起，「心論」被打入冷宮。「理念主義或觀念主義」的擁護者，在此種情勢下，要重振雄風。不只大倡理念主義或觀念主義，還以「絕對」之辭附於其上，心物對擂。為了彰顯與物論之別，idealism也可以用「心論」表之。在英文世界裡，物論未出現過「絕對物論」（absolute materialism）一辭；但心論卻有。「絕對物論」就是「唯物論」，「絕對心論」就是「唯心論」了。

心論的哲學家，雖各國皆有，但大本營在德國。不管是心論還是唯心論，都是「主觀」的；因為皆因人這個「主體」之「心」而生，也由人這個主觀的「意識」而起。強調「意識」而生的「心論」，也就是「現象學」（phenomenalism）。

由於物論者氣焰高漲，以「心論」來予以平衡。idealism一字，古今未變，但漢譯卻今昔有別。在此，不煩贅言予以陳述。

一、生平與著作

(一)生平

1. 羅伊斯年僅16就入學於加州大學（University of California），1875年（20歲）時獲學士學位（baccalaureate）。由於撰述一文，論及《盜火者普羅米修斯被囚》（*Prometheus Bound*）這本古希臘戲劇家埃斯庫羅斯（Aeschylus）之神學作品，而贏得獎金供他赴德進修兩年。趁此機會，他廣讀德國哲學家諸如謝林

（Schelling）及叔本華（Schopenhauer）的著作；並在哥丁根大學（University of Göttingen）接受洛采（Lotze）之指導。

2. 1878年，年僅23歲而已，即獲美國第一所現代化大學——約翰霍普欽斯大學（Johns Hopkins University，立校於1876）博士學位。先在母校加州大學任教，後經由詹姆斯（William James）之引介而轉往哈佛教哲學，從講師（lecturer）、助教授（assistant professor, 1885）到教授（professor, 1892），1914年又榮膺哈佛講座教授。

(二) 著作

1. 1885年，30歲而已，即出版《哲學的宗教層面》（*The Religious Aspect of Philosophy*），認為心懷「道德上的懷疑論」（moral scepticism）及「悲觀調」（pessimism）者，就無法依此證明道德理想界中的絕對性及普世性。人的意力、情力、志向力，強過於理力；「心」力最高。只要有心，一切問題都能解決。心指向的層面，是「普世性或共通性」（Universal）。將「特殊性或局部性」（particulars）予以「協合」（harmonization）為「一」（one），那是「絕對」（absolute）。具體而言，單個人既無法生存，組成社會或國家，乃勢所必然，也是自然（天的旨意）。因之，社會秩序必是整合為一的，也是絕對要遵守的。「國」（state）的絕對性及重要性，從中可以看出。

這個「絕對」，其實就是上帝。他不滿傳統哲學對上帝存在的證明，反而以知識論的立場，一清二楚地體認上帝存在是毫無所疑的。此種思想，不就是笛卡兒走的老路嗎？疑是不存在的，疑者必有一信，必有一不疑，即信其所疑。「錯」（error）是局部的，也是相對的；「真」（true）才是絕對的。

懷疑論者或悲觀論者，從聖奧古斯丁的「欠缺」（privation）說中，就可以成為肯定論或系統論者了；「信」較為「不足」而已。「信」「上帝」，這種觀念是絕對的，上帝也是最終的真理所在。他同聖路易的哈里斯一般，心儀黑格爾的「絕對」及「國」至上論。在知識論上，「錯」只是「欠缺」了真，卻正是

「眞」的一部分。既承認眞有部分眞，則必堅信有個全部眞、永恆眞、絕對眞；同理，承認有「錯」存在的人，必也擁有「眞」在其「心」中。錯判斷如在，則必有眞判斷存，眞理是始終如一的，「一致論」（coherence theory of truth）也是他心中的最愛。認定局部眞的人，承認有局部不眞，此種人心中必不滿足於此而駐足不前，必決「心」向前邁出一步，以之臻「至眞」或「絕對眞」的層次。

2. 1897年，43歲的英年又寫了《上帝的概念》（*The Concept of God*）一書，認定人人都有一種「絕對經驗」（absolute experience），視人人都是一種有機的整體（an organic whole），部分與部分之關係，不是絕緣的，而都扣緊不分。這一種整體的「一」（One），就是「上帝」（God），也是「全」。德國的「完形心理學」（Gestalt psychology）在他心目中，是絕對正確的學說。早五年出版的《現代哲學精神》（*The Spirit of Modern Philosophy*, 1892）早已預告及此。「有限的自我」（finite self）只不過是「有機部分」（organic parts）而已，人的意識或心之功能，絕不許止於此爲已足，卻要「整體」來看，否則就「瞎子摸象」了。「心」指的是「絕對的心」。絕對的心論（absolute idealism），即是「唯心論」，才屬正確，而不只是「個人式的心論」（personal idealism）。

在「一」（One）與「多」（Many）之關係上，並不把「多」屈居於「一」之下，或解說爲一種無可說明的虛幻或表像（image or appearance）。此一層次，涉及善與惡的道德或宗教議題。

3. 1898年他寫《善惡之研究》（*Studies in Good and Evil*）一書。有人以爲吃苦受難以及道德上的惡，可以撇開不談，因爲那只不過是一種虛幻。他不以爲然！反而覺得眞實不虛。他堅信，受苦或爲惡是必要的，不如此，怎能彰顯神聖生活的完美性呢？克服了苦及惡，才是善及樂啊！在「絕對」裡，苦及惡已悉數被解消了；解消之前，苦及惡之存在，是「眞」正的啊！怎是虛假的？那也是邁向絕對時，「心」意可以用武之地！

二、存有（being）與存在（existence）

(一)形上學的本體論，探討「實」（real）或「實體化或眞實性」（reality）。

1. 「是」（is）是什麼？being及existence這兩英文字，皆來之於is。

最簡單的語型，就是What is that?主詞的What，是「存有」；述詞的that，則是「存在」。what是泛指一切，全部、絕對、永恆。在is之前的what，是無窮無盡的，是「存有」；但is之後的that，則必有所指，即「存在」。前者，哲學用語是「基質或本質」（essence），後者則是局部。以漢文句子爲例：「那是什麼？」「那是玉山」。

「那」（what）就是「存有」，玉山就是「存在」（that）。當然，也可細分：

那是什麼？　那是一座山。

那是什麼山？那是玉山，是臺灣最高的山，海拔近四千公尺的山。

……

「那」指的「存有」，是環宇（the world）性的；玉山則是個別（the individual）性的。1900-1901年，他寫了兩冊的《環宇與個別》（*The World and the Individual*）。一提及what，則必指向that。

2. 以that來領會what，即以「存在」來了解「存有」，只有一法，即「觀念」（ideas）。

換句話說，what is that?可以認爲what is an idea? what指的是「實體界」（reality），且是全部的實體界（whole），也是絕對（absolute）；是形上的本體（metaphysical ontology）。that則是形下的經驗（physical experience）。

以what及that，來表達人之內心所指，其實都只是英語文世界的人，以英文字當工具來使用而已。其他語文人種所使用的語文或符號，雖與之有異，但「絕對」都會有相同的表達型態，理念（idea）也同。羅伊斯因先深究「理念」是什麼（what is an Idea?）「理念」（Ideas）與「實體性」（Reality）的關係又如何？此一問題若解，則環宇之「謎底或迷網」（world-knot）就可以解結（untying of its meshes）。

轉移此話題，或許令讀者深感不滿也惹火了他人。但「以理念當世界」（the world as Idea）來代「以事實當世界」（the world as Fact），才是追本探源之策。「理念主義的傳統」（the idealist tradition），他所知的本就如此。視環宇或世界是「絕對理念」（absolute Idea）的「自我實現」（self-realization），最先的開山祖師柏拉圖哲學，不等於是「理念」的哲學嗎？（idea，漢譯為理念、理型，或觀念；到了黑格爾哲學時代，漢譯為「心」較達其意；本節一開始即已對此稍作說明。）

3. 羅伊斯先辨清「理念」的「外意」（external meaning）及「內意」（internal meaning），以上段所舉的例來說明。一個人有玉山的「理念」，這是理念的外意，也是邏輯上所言的「外延」（external）。但這是程度性的，而非絕對性。玉山是眾山之一，玉山是「山」這個字的「外延」，山則是玉山的「內涵」（internal）。這與柏拉圖舉的例相類似，「床匠作的床」，是「床」的「外延」。「床」本身，才是床的內涵。畫家內心中有個「理念」擬表之於畫中，理念是「一」，而此時此地此人所畫的畫，是理念的「外延」，數量多，不一定是「一」，且也只不過是「實現」了理念之「部分」而已，絕非「全部」。

「內涵的理念」存在於畫家的「心」中，那是「存有」，永恆存在；但「外延的理念」，是「經驗」或「感覺」到的「具體」畫，是時有時無的，不能永垂不朽的存在（Immortal）。詩人或畫家「不必然」先有個既清楚又明白的作畫或賦詩的理念，多半是有感而發，才興起作畫或吟誦詩詞的舉動。理念的內涵意，重要性大過於外延意；因前者「全」，後者「分」；前者「完形」，後者只

局部或片斷的形而已。內涵意先解決，然後外延意才有實質意義與價值。若有人負責某地的建屋計畫，則先得有精確的住民數量之統計等，這是「住民」此一理念的外延意。至於「什麼是住民」，此種「住民」的內涵意，如不先確定，則光數住民之量，於事無補，空浪費時光、金錢，及心思。內涵意之「具體」性及「實在」性，不是比「外沿性」更屬本體化又更實嗎？反而是外延，才虛而不實呢！此種論調，柏拉圖早已提及，黑格爾更踵事增華，一點也不新鮮。不過無論如何，「我都相信那是極為基本的，重要地位也是無窮的」（I believe to be of fundamental and of inexhaustible importance）。

因之，心思必以理念的內涵意居先。

(二)「理念」（idea）一經心思，則成為「理想」（ideal）

1. 理念必帶有濃濃的倫理意，以此作為經驗的「生命」（a *life* of experience）；生命的意義含有一種獨特的任務（a unique life-task），或獨特的志業（a unique vocation），也是一種獨特的理想（a unique ideal）；如此，過去及未來才具有意義，這就與其後的存在主義（existentialism）說法相吻合了。

儘管羅伊斯對唯心論以及黑格爾哲學的闡釋用語極為不明，但在「理念」搖身一變為「理想」的過程上，倒是昭昭明甚；「事實界」提升為「理想界」，這一向都是心論尤其唯心論的主旨。「自我觀念」（idea of the self）從此也呈現著自由。當然，身為心之所依，個人也受社會（教育）環境的影響。但自我除了此項「依賴性」（dependence）之外，另有「獨立性」（independence），即「意志」（will）。人人都有意志上的「自我性」（individuality）表現在行動上，在理想或善的追求若有閃失或誤入歧途，那是由於無知或知識上的欠缺，才導致「現實」與「理想」之間的衝突或不合。

2. 「知」即令是一清二楚，但在「行」時，意志力卻時而自發自動地集中於別處，致使「知」的清楚度受損，且忘了「該」（ought）的領域，只注意到了狹隘面；行為者當然要負全責。「存有」是無邊無際的，「存在」則受限；

存有是「絕對」，存在則只不過是「一時」（the instant），而非「普遍」（the universal）。迷途知返，歧路也證明出正途。出發點是實實在在也是獨特的個體，即自我。

如同愛默生所說的：

作個個體（individual）來找到且完成獨特的使命。

群居的社會，價值不容小看。

因之，也呼應哈里斯思辯哲學的召喚，將「國家意識」（national consciousness）列為第一。「大社會」（Great Community）才是人人該戮力以赴的目標，不該止於「個人主義」（individualism）而已。

1913年出版《基督教問題》（*The Problem of Christianity*），要旨是在強調自我一生中有個奉獻、效忠、心甘情願也徹徹底底地，把人人的自我結合在一起。若為公利、公益、公義而奮力，心目中的此種高遠理想場所，就是「教會」（Church），那是志同道合的結合體，也是聖保羅的福音傳教所在（the Pauline Epistles）。但不是指曾經出現在歷史上的教會（Church），也非過去曾建立的國（state），卻比較類似康德所言的「目的王國」（kingdom of ends），或是柏拉圖的理想國。在該種理想境界裡，個人的自我性「真正」地找到了「存在」，存在寄於存有裡，二者是有機的、扣緊的，脈絡相連。

(三)闡釋（interpretation）

在皮爾斯（Charles Sanders Peirce, 1839-1914）的影響下，人類對知識及生活的「闡釋」，成為人生活動最具倫理意的重點。

1. 自我及他我：個人與社會或國家，人與己等，有必要藉「闡釋」予以釐清彼此關係；科學知識（scientific knowledg）及道德洞識（moral insight），也得經一番闡釋過程。

社會生活中，難免發生人己糾紛（如財務上的不清），只好訴請法院裁示，把本來是有危險性的「兩造關係」（dyadic relation），以「訴訟關係」（tryadic reaction）取代，這是現代社會的普遍現象。法官作仲介，具闡釋及道德教育功能；保險制度之成立，也基於此。他更向外擴充，發展成阻止國與國之間的戰爭管道，他的心思也致意及此。難怪評論者因之認為羅伊斯已提醒美國學者，該將高高在上的心論，下凡到具體實例的經驗界裡。此種結合，並非壞事。

2. 康德的「目的王國」（kingdom of ends），視人己彼此不只是手段，且是目的，這是最高的道德旨趣。此種旨趣是永無休止的，不是短暫的目的（no temporal end），卻是「不朽的」（immortality）。

> 意識到一種「最後的道德志業」，此一用辭，是自相矛盾的，……永恆的服務，基本上是無休無息的服務，也是無最後的「道德行徑」（no last moral deed）。

人的肉體生命無法永生的來完成道德使命。作為形上學派的羅伊斯，則把「有限的我」（finite self），當作是「絕對的獨特表達」（a unique expression of the Absolute），也代表一種無可取代的價值。如此，則可闡釋為持續存在了。「有限的我」雖死，「倫範的我」（ethical self）還活著。身死心不死，心更提升等級，且超越在更高的層次上。

哲學史上不少著名哲學家的著作，被當時及其後的讀者吃盡苦頭。因為在表達其哲學觀念時，常使用難以令人理解的文字、辭句、名詞。心學的始祖黑格爾，就被英國的羅素指名道姓，是此類型的代表人物。喜好黑格爾的羅伊斯，也難免染上此風。本節所述，只僅就筆者所揣摩其意者，難以保證是否能「闡釋」其學說於一二。美國在十九世紀時，高等學府的學術地位不高，有志於鑽研高深學術者，幾乎以德國大學為第一志願；黑格爾哲學恰是他們的最愛，美國的心學

也幾乎等於是黑格爾的美國版。

　　不過，美國的特有外在時空環境與歐洲不同，因之發展出來的心論或唯心論，有獨特的美國味。一來，強調在正反合辯證法中，所走的超越，含有綜合或持中意。在這方面，有點學康德，將傳統的理性主義與經驗主義化整爲零，而提出批判哲學觀；美國的心論者也期望，在文科與理科之衝突中，另闢蹊徑；另一方面，也學來自柏拉圖以來所建構的理念主義，其後有主觀理念及客觀理念之分（subjective idealism and objective idealism）；心論在美國，也有「絕對」（absolute idealism）及「個別人格性」（personal idealism）之別；在人之上是「人格」，在宗教上即是「神格」（personality）。「絕對心論」注重群性或社會性，「人格性心論」則強調獨特性；二者都含有濃濃的倫範、法規、道德，及政治意涵。人人邁向「上帝之城」（the City of God），趨近的過程中，由於美國的新天地提供的個人發展潛能性，較舊大陸有極爲優越的條件；自我實現以伸展人格特質、自由、尊嚴，及人生意義；彼此相互尊重，成爲主調。由此種心論所延伸出來的「民主」（democracy）風，就與歐洲心論而演變的「專制極權」（totalitarianism），大異其趣了。

　　第三，1859年之後的演化論，確給心論或唯心論者一大震撼；此種科學上無可爭議的事實，可在價值上採變化性的闡釋。把「理念」（idea）上的「事實」（fact），搖身一變，「演化」成爲「價值」（value）的「理想」（ideal），總難免使思想家有一種不可擋的心理預期。意志性的衝動，加上理性的思辯，美好世界或天國式樂園，正在「演化」過程當中，「心」之主掌力及動態性是主軸，人間仙境有如吸力強大不可抗拒的大磁鐵。舊世界的芸芸眾生，頓時心中興起莫可抵禦的移民潮。「去去去，去美國」之「心」，是十九世紀以還的地球顯赫景觀。美洲這個在哲學史上屬於幼齒國者，「心」上幾乎都如同蛹之出蟲，破繭而出，另有新種出世。從此，西洋哲學已轉名爲歐美哲學了。新大陸生新哲學，新大陸不只是個「物」而已，卻充斥著「心」，且「新觀念」澎湃，動態十足，激盪洶湧。這股新力軍，不只身歷其境的到歐洲取經，也飽覽西洋哲學

名著；但並不抱殘守缺，卻有另見、己見、獨見、創見。「存有」（being）之寶藏無窮，「存在」（existence）也只不過是其中一部分而已。

　　最後有必要再度強調的是，美國高等學府林立，又挾其豐沛無敵的經濟力，加上民主國家之注重學術自由，因之，不只本土孕育出一流的哲學家，且環宇頂尖學者也群聚美國。難怪科技發展之後來居上，民主政治體制之深化，經濟產業成就之睥睨全球；且一流知識分子都在大學裡，覓得安身立命的窩；沉思、講學、著述工作，終生不斷；這是其餘地區望塵莫及的強項。此種優勢，即令放眼當今世界，也只有美國才得天獨厚除了大自然的恩賜外，更是「事在人為」，而「人為」的主力，來之於「心」。

第三節 實用主義（Pragmatism）(一)皮爾斯（Charles Sanders Peirce, 1839-1914）

　　道道地地的美國哲學在哲學史上占有一席地位的，就是實用主義（pragmatism）及實驗主義（Experimentalism）。前者的主將是皮爾斯、詹姆斯（W. James）及謝勒（Shiller），後者則是杜威（J. Dewey）。本節先敘皮爾斯，其次分別說明詹姆斯、謝勒及杜威。提出pragmatism此一哲學字眼之名的學者是詹姆斯，但有此觀念者，史上早有人在。其中，皮爾斯使盡全力提倡此論。詹姆斯是美國名大學哈佛的名教授，向公眾講說此學派之內涵，且涉及公共議題，廣受一般聽者所注意。皮爾斯較內斂，詹姆斯及杜威公開肯定他的卓見。只是皮爾斯生前少有人知，死後才享哀榮，名譽漸響，屬貨真價實的哲學家之哲學見解。

一、生平及著作要旨

(一)生平

　　1. 父親（Benjamin Peirce, 1809-1880）是哈佛數學及天文學教授。達爾文的進化論發表之年，1859，皮爾斯求學於其父任教的哈佛大學部，專攻化學；4年後（1863）獲最優異成績。卻對邏輯別有見地，堪稱美國思想史上首位最具創見性的學者。

　　除了在自然科學如天文觀測及化學研究上極為出色之外，另有實地經驗參加美國海岸及地測（United States Coast and Geodetic Survey）工作；1869年起還在哈佛觀測所（Harvard Observatory）服務多年；又在1870-1871年於哈佛，以及1879-1884年在約翰霍普欽斯大學（Johns Hopkins University）主授邏輯。由於1883年離婚且某些學術論點無法迎合學府圈內人的口味，加上言辭表達上常佐以憤慨之情，因之聘約到期，無法繼續任教。其後，雖經詹姆斯出力幫忙，終其一生都與大學絕緣。1887年續弦於賓州（Pennsylvania），為了家計，乃寫些評論賺取稿酬，累積的文章無以勝數，但大半都在辭世後才出版《全集》（Col-

lected Papers）六冊，於1931-1935年陸續問世。另二冊於1958年付梓。

2. 詹姆斯個性如同英國的休姆，謙謙君子，極力推崇皮爾斯的先見。但皮爾斯卻不必然領情，反而對詹姆斯所提的pragmatism一字不以爲然；1905年還另以一個怪字pragmaticism與之互別苗頭，以免有被「綁架」之虞。對大多數人而言，pragmatism一字是常用字，字意早已約定俗成。「用」或「功能」，是眞理的效標，也判別出眞假。「試」即知，也才知；試其「效果」，收穫如何。與其說「眞理」是「理論」（theory），不如說「眞理」兩字（truth，則只一字）的「意義」（meaning）。這種初衷，或許是詹姆斯的本意，卻不必然爲皮爾斯所認可。

兩人在純哲學上容或有異議，皮爾斯確感謝詹姆斯的友誼；後者伸手援助一位貧無立錐之地的窮哲學家，以便能有機會賺取稿費度日，形同休姆幫馬克斯在倫敦過活一般。

(二) 學說要旨

1. 皮爾斯的「眞理」觀：「吾人所說的眞或假，指謂的是一種命題」。該命題被否決的可能性（the possibility of the proposition being refuted），得先考慮。與其說「眞」，不如先言「假」。「假」一旦不成立，則是「眞」。換句話說，研究「眞理」，該先探討「假理」。「眞」與「假」是「二分」的，不眞即假，不假即眞。常以「正面」考慮的習慣，不如取其反面。此種提醒，英國的小米爾以及其後在倫敦大學擔任哲學教授的波普（Carl Popper, 1902-1994），都在皮爾斯之前及後提醒過。簡言之，若出現一「反例」（counterexample），則全稱句的命題就無法成立。取經驗事實予以「正證」，不如予以「否證」。「每一命題，不是眞就是假」（every proposition is either true or false）。正證的經驗事實，多得無法勝數；但只要「反例」有一，即可使「全」眞不能成立。多量的眞，在眞的有效性上，作用不高；假只一，即可駁眞。歐洲的天鵝都是白的，但澳洲卻有黑天鵝在；「天鵝都是白的」，此一命題就不能成立了！「美國總統都

是白人」，此一命題之「眞」，只存在於過去的事實；2008年美國人選了黑人當總統，2016年又挑了一位綽號爲「黑天鵝」（black swan）者到白宮當主人；這都是「異例」。

2. 上述的眞理觀，是指經驗事實而言；究「實」而不及「名」。在「名」的範疇裡，如純數學等「符號世界」，由於「名」與「實」無涉，故純數學的命題，無法取經驗事實的實「例」，予以正證或否證。「實」的眞或假，異於「名」的眞或假；前者以「經驗事實」爲內容，屬於「事實的眞理」（truths of fact）；後者則是「理性的眞理」（truths of reason）。「理性的眞理」指的是「科學上的假設」（scientific hypotheses）及「形上學的理論」（metaphysical theories）；既然只是「假設」或「理論」，無具體經驗事實爲其「內容」，乍看之下似乎了無意義，但卻可作爲理性運作上的命題。若無否證，則該命題也算眞。試看下例：

「若X出現，則Y必出現」。在此一「命題」中，若Y竟然不出現，則可以證明X不出現。要注意的是，若Y出現呢？不能因之證明X出現。

$$①\ X \to Y \qquad\qquad ②\ X \to Y$$
$$\frac{-y}{-x} \qquad\qquad\qquad \frac{y}{x}$$

稍悉邏輯者必知，①式的推論（理性的眞理）是「有效的」（valid）。②式則「無效」（invalid）；因爲出現Y，可由X而來，更有「可能」是由Z而來。因此，Y之出現，怎能保證X必出現呢？

可見科學上的假設，成立與否，都屬「概率」（probability）或「可能性」（possibility）而已，也是「程度」（degrees）問題，而非「有或無」（0或1）問題。命題都有必要再度予以檢驗。迄今爲止受肯定的「眞理」，並不保證來日不被修正甚至推翻，此種冷冷的「事實」，稍有歷史觀或科學演化觀者，必大力支持。行之不只數千年的風俗習慣，且視之爲「理所當然」的典章制度，不

是因為「文明」的進步，而受到強烈的質疑與挑戰，終於廢除或修正嗎？真的「命題」（true propositions），他給個「安穩的但書」（the saving provision），「但」只不過是個命題而已。總而言之，由人類所建構的知識，都是「不確定的，有誤的」（uncertain, fallible）。

3. 上述的結論，「理論」上是有小疵的。比之於笛卡兒以「疑」為為學之始，卻以「不疑」為為學之終；二者是不同的。皮爾斯持「錯誤原則」（principle of fallibilism），認為「確信」（assertion）所有的確信，其實是不能確信的。當被問到，此原則本身是「有誤」（fallible）或「無誤」（infallible），「確」（certain）或「不確」（uncertain）時，他回答道，他無意宣稱他所謂的「確」是「絕對的確」（absolutely certain），他不敢把話說滿，或許有朝一日，他的「錯誤原則」，會被修正甚至推翻。

有無「客觀真理」（objective truth）存在呢？科學研究要不偏不倚，中立或中性，不許先存立場。但心中既未有「真理存在」的念頭，則何苦窮追猛覓真理呢？真理不依傍真理的追尋者之心思而起舞，更是「天命不足畏」，「祖宗不足法」，「人言不足恤」。「獨斷」（dogmatism）「必」成為真理探討者的大敵。絕對的、終極的、永恆的「理想」高懸在上，人類的知識，只是往它靠近，「逼真」（approximate true）而已，但不完全等同於真。

二、設證法（Abductive）

實用主義的重點，放在使理念一清二楚的「方法」上，即「設證法」。

為學求知、探究真相、尋覓真理，都是思想家的本務。但，要善其事，必先利其器；方法或工具，是不可或缺的。亞里斯多德的演繹法（deductive），培根的歸納法（inductive），一古一新。前者重理性內推，後者靠經驗外求。各有其優，也含有其劣。皮爾斯綜合之，提出「假設」（hypothesis）及「求證」（verification）法，簡稱「設證法」（abductive）。與黑格爾的正反合之「辯證

法」（aialectics），美歐相互呼應。真理「無所不在」（*Weltanschauung*），透過設證法，可把真理呈現眼前。

(一) 假設

1. 假設有「定言」（categorical）與「若言」（hypothetical）之分。亞氏的邏輯以三段論式為主，那是「定言」，是共相的，是公理或已成的定律，是準確不誤的「真理」。把「定言」命題當「前提」或「前項」（premise or antecedent），進行「分析」性的推論，則結論或後項（conclusion or consequent），「必」與之一一符應。以「凡人必死」此種「不疑」的「定言」為「前」項，推出「蘇格拉底必死」這「後」項，就是典型的演繹法。一些神學、宗教、倫範、數學等「格言」，皆屬此類。

「若言」或「假言」，即以「if...then...」為「連辭」（connective term）。「假如……則……」，或「若……則……」。哥白尼的天文學說之論證，即採此法。

2. 不管是定言或若言，「假設」的提出者，依直覺、稟賦、天分、靈感成分多；天才型的學者喜愛之，冥思性的哲人也偏好及此。理性主義、理念主義，或心學者，尤鍾愛之。

(二) 求證

把真理之追求置於「求證」上，是要下苦功夫的。費時費力也費錢。經驗主義者，喜愛此道。

1. 求證只能及於片面、暫時、局部，或表相而已；是「存在」（existence）而非「存有」（being），是現象或分身，而非本尊或「物自體」。「物如其物」（things as things），以「as」作連詞而非「is」，因二者並不「完全等同」（complete identification）。因此，在「後項」上雖不與「前項」衝突或起矛盾，或出現「異例」，但單由以此而出的「真理」，只能說是局部真理而已，非絕對或全部真理。

2. 即如前述，若求證中一現「反例」，即使只一特例（special case）而已，也「足」以駁倒（refutation）前項之成立。此刻，若堅持眞理者並不死心，咸認「必」也有眞理在，也得坦誠接受反例，且承認先前的「假設」爲「假」，有必要予以修正甚至推翻。常人每將「未曾見過」（即未「經驗」過）劃歸爲「誤」而非「眞」，殊不知人類的經驗領域極窄又淺。若以管窺天，就難見天的「眞」面目了。

3. 求證，是「事實」勝於「雄辯」，歸納法強過演繹法。牛頓說過，環宇的眞理，浩瀚如大海洋無邊無際的沙灘，他只不過「如」一孩童，在當中撿拾數之不盡的貝殼而已。以「證據」爲師，這本是「實證主義」（positivism）者的口號，一分證據說一分話，只三分證據就不許說七分話。因之，證據越多，離眞理之路就越近。但以有窮究無窮，正是人生一種無耐的困境。還好，雖然由單一的眞，無法證明全部的眞；但單一的假，就可以推翻全部的眞。如此一來，有點詭異的說法是，眞理的追求者不是在證明眞理，卻在推翻眞理。不過，若推翻眞理不成，則只好「確信」眞理存在，至少是暫時的承認眞理存在，這是最爲「安全的但書」（saving provision）。

至於不屬於經驗事實的命題，即數學符號及形式命題（mathematical, symbolic, formal proposition），因無「事實」爲其「內容」（content），只是「名」而已，則不在此限。眞理（truth）的「意義」（meaning），在此有必要釐清。

(三)「經驗事實」之意

求證是眞理探討中最不可或缺的一環。求證以經驗「事實」爲依歸，但經驗「事實」，究竟又具何意呢？

1. 「經驗事實」，必然只限定於「人」的經驗事實，而不延伸到人之外的事實；「眞理」也只針對人而言，才具「意義」。「人」是「主體」（subject），而非「客體」（object）；由人而生的眞理，是「主觀眞理」。也只有人，或許也只有哲學家這種少數人群，才過問眞理。因之，眞理是「主觀眞

理」。不過,當擁有主觀眞理的人數大增之後,且找不到對該眞理的「否證」時,則「暫時」對該眞理予以確信,也是莫可如何的事,這叫做「互爲主觀」(intersubjectivity)。A的主觀與B的主觀相符應,未有摩擦也無干戈,如此則往客觀「逼近」;眞成爲「逼眞」,「眞如眞」(true as true, truth as truth)了。環宇中是否人外有人,天外有天,地外有地,這種「無所不包的全眞」(the universe of all Truth),有賴科學家不眠不休的太空探索與檢測。但從「知識論的觀點」(epistemological point of view)而言,由設證法而得知的知,該是「眞知」,也是「眞理」。此種實用主義哲學(pragmaticism),他自承與黑格爾哲學有契合之處。

笛卡兒以「疑」本身作爲「不疑」的基點,皮爾斯對此另有看法。「疑」是內心的,「疑」之所以疑,乃因與外在的經驗事實不符。把「疑」移爲「不疑」,必有經驗事實所依。單只言「疑」而不舉「疑」的「具體經驗事實」,則疑是「虛疑,想像的疑」(pretended or fictitious doubt),未有純正紮實的疑(genuine doubt)。換句話說,「疑似疑」(doubt as doubt),這也是「套套邏輯」的必眞命題(tautological proposition)。若「疑」與「不疑」同存,這不是矛盾嗎?

2. 理念(idea)有三層意義:

其一,「冠層」,皮爾斯稱爲firstness,如同康德所言之「物本身」,即本相。「藍本身」或「紅本身」(blueness, redness),這是靜態的、永恆的、不變的。

其二,「亞層」,理念的動性,皮爾斯稱爲secondness,有主有客,有刺激有反應。

其三,「季層」,皮爾斯稱爲thirdness,主客之間的「關係」(relation)或「記號」(sign)。

上述三層意義,都以「實際上的後效」(practical consequences)爲核心。以「硬」(hard)或「軟」(soft)的理念爲例;具體的經驗事實,就可一清二

楚地告訴世人，該二理念的意義。硬一定不屬於奶油，坐在「硬」上是不會沉下的。將硬或軟的一切經驗事實──「實際上的後效」予以綜合，則對該二理念有別之清晰性，就不會有疑了。「實際上的效應」，都與理念的冠、亞、季三層不生任何矛盾。在邏輯命題上，都屬「條件式命題」（conditional propositions），即「若……則……」，都可以印證（verification）；即以「實際上的後效」，予以檢驗眞假。且在每試不爽之下，就帶有「預期性」（prediction）功能。

上述說法，多多少少都有柏拉圖的「床本身」（Bed, bedness），洛克的三性說，及中世紀的名實說的影子。

(四) 批判實證主義

實證主義（positivism）指的是古典的舊派（classical positivism），由法國的孔德（Auguste Comte, 1798-1857）及皮爾遜（Karl Pearson, 1857-1936）所領導。至於「新實證論」（neopositivism）則在英，一般都名之爲邏輯實證論（logical positivism）。

1. 求證不一定要經由「實際的觀察」（practical observation），尤其在「預期上」。預期是未來的，「將會如何如何」（will be or would be）；只需「料想」（conceive）即知，何庸要等候實際的後效？並且，皮爾斯強調的是假設的「實際後效」（practical consequences），目的在於使「假設」的用語，在「意義」（meaning）上更能一清二楚。這種說法，就與其後的「新實證論」（neo-positivism）或邏輯實證論，兩相契合了。

2. 皮爾斯非屬於實證論陣營。實證論完全把形上學排除在外，皮爾斯則無此意圖，卻欣賞黑格爾的「唯心論」（absolute idealism），將形上學保留在其中。那麼，可以視他爲邏輯實證論的先驅嗎？他自創的pragmaticist一字，與pragmatist有所區隔，是否在意義的分析上與邏輯實證論（也就是「新實證論」），不謀而合。他寫有一文，「如何使我們的觀念清晰」（How to make our ideas clear），要點是以「行爲模式」（modes of action）爲準則，來分辨各種不

同的信念。若兩種不同的信念，「行為模式」或「習慣」（habit）未有區別，則不是兩種不同的信念了，二者都是單一信念。

　　請看下例：A相信除了己之外，另有他人；B卻相反地不以為然。顯然的，A與B兩人的「信念」，是水火不容的。但吾人都看出，A與B也與他人交談，或相互質疑討教、聆聽、互通款曲、魚雁往返。則顯然的，可以經由此而「證明」出，B錯了，A才屬正確。真假立辨。

　　3. 應用上述例子不打緊，他卻還牽連到敏感的宗教爭議。「聖餐」（Eucharist）到底是何意？新教（Protestants）與舊教（Catholics）之所以不合，這正是焦點。當然，新教派別林立，對該神聖又具歷史深意的宗教名詞，闡釋不一。不過，聖餐中的麵包及酒，是否為基督的血及肉，是新舊兩教最激烈的爭執核心。對皮爾斯來說，若新教及舊教的信徒，在行為動作上無兩樣，則他們的真正信仰皆同。只是，景觀上的兩教信徒，都在「聖餐儀式」（Blessed Sacrament），及表情及身體動作上，有天壤之別。天主教徒匍匐屈膝禱告於神龕（the Tabernacle）之前，堅信酒及麵包正是基督的血肉之化身（incarnation）。反之，新教徒則不信此套，外表行為完全不同於舊教徒。不過，依皮爾斯的闡釋，新舊教信徒都在內心中「料想」得出，一旦他們實際吃下了「牲禮」上的食物，則與吃下非牲禮上的食物，二者在物理上的「後效」（physical effects）都相同。執著於「化體說」（transubstantiation，即認定聖餐說）的天主教徒，也承認他們吃下的聖餐，與別餐並無異樣。

　　果真無異樣嗎？在不知情之下，當然如此。但一旦了然餐有聖餐及非聖餐之別時，難道在「心理」上會無動於衷嗎？把「應該」視為不具認知意義，只具情感意者，正是邏輯實證論及皮爾斯的見解，勿耽於「毫無意義的難懂術語」（senseless jargon）上，認為形上學者在處理精神或心靈實體界時的一些用字用語，只具「情緒意義」（emotive significance）而已。在「知」之前發作的「意」，也得依傍於知之上；若無在先的知，則情就無由生；「有所感受的效應」（sensible effects），才客觀又可信，且不會因人而異。

三、倫理學

皮爾斯認為倫理學是一門討論該不該、當不當的科學，也是規範性、理想性、目的性的科學。基本上，是研究「目的何在，今後我該如何」（what am I to aim at, what am I after?）；仍然需置於具體「行動」（conduct）中，且是「謹慎或自我控制的行動」（deliberate or self-controlled action）。

(一) 善的概念

皮爾斯倫理學的主要概念，就是善。倫理學分兩部分：

1. 純倫理學（pure ethics），指行為的終極目的（*summum bonum*），是理想性的，為理想而理想，為目的而目的。

2. 實際倫理學（practical ethics），指趨往理想或朝向目的的行動，是規範性的（normative）。要求人人謹言慎行，為的是「未來」（for future），不是為目的而目的；也非為行動而行動；而是該考慮行為之後效或效應（effect），含有以「實踐」目的為意涵。

> 純倫理學曾是且常必是「一種討論的劇場」（a theatre of discussion），理由在於該科研究，可以一清二楚地體認出令人滿意的目標，且往它前進，漸有斬獲。

該種目標是無止境的、無邊際的、不休止的，可以稱之為宇宙的理性化（rationalization of the universe）。宇宙正在演化中，朝至善邁進。天有天道，人有人理，二者都具「環宇目的」（cosmic end）。只有人因具有「自制」（self-control）行為，才能由低級行為朝高級行為演化。如此，才是「一種該行的行為」（an ought-to-be of conduct）。

(二) 獨行與群行

1. 人非獨居動物：社會及合作行為，乃是人的理性演化之必然現象。經由經驗而創生或修補的良心（conscience），是「先於倫理性的」（pre-ethical），皮爾斯稱為「社群意識」（community-consciousness），絕不是個體性的，卻是民胞物與，民吾同胞，萬物也與人同類。這才是「大愛」（universal love），也是絕頂重要的道德理想。

2. 實用主義不只重「證」更重「用」（it works），即效用。先查清道德命題的「意義」，及實踐道德理想的「方法」；因之，與邏輯密不可分。但也是應用倫理學的一支，而不是純理論的。由於倫理學以行為為主題，因之倫理概念，環繞在行為模式（modes of conduct）裡。行為模式所指的，就是行為的「後果」效應，到底是善還是惡；倒不必過問「善」或「惡」的「本身」，是什麼。換句話說，實用主義的倫理學，不討論善惡本身，也非「為善而善」（good for good's sake）或「為行而行」（action for action's sake）。卻是理論與實踐，二者不可分割。猶如亞里斯多德所言，由勇「行」看出「勇」，由善「行」來鑑別善。善的意義，由善之「行」中體會。光在「善」本身下功夫，等於向空氣揮刀，了無著力處。善若無善行，善本身則形同不毛之地。邏輯是一種推理或思維（thinking or reasoning），思維及推理本身，也是一種行為。因之，邏輯也形同倫理學了。思維及推理的「實際效應」，才是邏輯所最關心者，那不是倫理學的領域嗎？不過，不要二者相混，卻各自該有特定的研究地盤。對他而言，二者都屬規範性學科（normative science）。實用主義教導世人：

把吾人所想的，闡釋為吾人準備作什麼。

「所想的」，指的是邏輯；「準備作什麼」，就是倫理學了。二者不是前後相連嗎？依皮爾斯之見，真理的絕對性確信，此種工程之艱鉅，非一人一時

所能竟其功，而是「無數人」也「無止境」（infinite, unending）的群策群力之所爲；一再地求證，不停地觀測，可能性的概率百分比往「眞」逼近而已。道德倫理上所尋覓的善，形同邏輯追求的眞，可以等量等質齊觀。經由一再地論戰，使參與者各自修正觀念，以趨「完全的一致」（complete accord）。屆時，倫理道德就是客觀的了，至少原則上，道德也可納入科學行列，非「情緒理論」（emotive theory）了。道德命題如同科學命題一般的，移到分析解剖臺上，一一細查。不用說，情緒論的倫理學者，對此是不買帳的。

「準備作什麼」，當然指的是行爲；一旦有了行爲，也必有行爲之後效，這都意味著「未來」。因之，又與「唯心論」（absolute idealism）二者相親。唯心論與形上學，二者似是姐弟，是形影不離的。

四、形上學

(一)形上學一辭的闡釋與定義

1. 就負面來說，他與實證論站在同一陣營；皮爾斯的語言用字，在攻擊形上學上，二者是口吻一致的。實用主義與實證主義兩軍聯合，共同向形上學宣戰。都可以提供一種服務，向世人宣示：

> 幾乎所有的本體論形上學（ontological metaphysics），不是一種毫無意義的嘰哩咕嚕的胡言亂語（gibberish）──一個字由另一字予以定義，另一字又由另一字予以定義，毫無達到眞實概念之日……就是十足的荒謬（downright absurd）。把垃圾清除，哲學才可望一清二楚地作爲一門純正的科學。依觀察法來探究以解哲學問題。結論是，實用主義就與實證主義系出同門（a species of prope-positivism）。

2. 形上學只要不濫用其辭，他就不取嘲笑或挖苦的戲弄，而從中「掘出寶

貴的精髓，在宇宙論（cosmology）及物理學（physics）上放光而生出活力」。
最讓他不滿的是形上學經常落入神學家手中，後者握有一把利斧，別有企圖又懷
有陰險用意地要碾碎一切。形上學本有的正面意義變成負面了。他的實用主義，
本身即烙有形上學的印跡，前已提及的「冠層」、「亞層」及「季層」，既有本
體論範疇意，也含有邏輯範疇意（ontological categories and logical categories）。

　　3. 形上學的上述兩層面，不管善用或誤用，他都強調以「觀察」（observa-
tion）爲形上學的基礎。從現象學（phenomenology or "phaneroscopy"）而導出的
本體論範疇，本源於將經驗予以細分到不可再細分的基本元素而來。這種說法，
經驗主義這種形下學而非形上學的比重，就放大了。其次，形上學是探討「實
體」（Reality）的一門學。實體，他的定義包含了「確實的存在」（actually ex-
istent）及「眞實的可能性領域」（the sphere of real possibility）；存有及存在，
二者盡含其中。「經驗」（experience）及「觀察」（observation），是形上學
的根基；邏輯原則，也建立在經驗與觀察上。

　　4. 基本的本體範疇（fundamental ontological categories）有三，與三種形上
的存有模式（metaphysical modes of being）一一呼應：如下所述：左爲前者，右
爲後者。

可能性（posibility）　相對應於潛能性（potential）…………首，冠
實踐性（actuality）　相對應於事實（facts），存在（existence）…………
　　　　　　　　　　次，亞
法則（law）　相對應於命運（destiny）…………三，季
本體範疇　　　　形上模式

　　從字意而言，可能性與潛能性，實踐性與事實或存在，法則與命運，是一體
的兩面。但分別在「本體範疇」及「形上模式」上，都是一種「演化」（evolu-
tion）的歷程；在演化歷程中，「機會因素」（tychism, chanceism）大顯。變

數多，一股類似古希臘哲學家恩貝多克（Empedocles）所提的「吸引」（attraction）即「愛力」（agapism）於其中。

因之由「冠」層的單一，演化到「亞」層的雙雙對立，心物二元之永恆存在，就被愛、吸、引之力逐出了。愛、吸、引力就是「黏結機制」（synechism）。心物二者如同皮包骨一般，永不可分。

(二)「形上學」的致命缺失

形上學的範疇或領域，難免染上語意曖昧不明之嫌。皮爾斯哲學以搞清意義為主旨。由於名辭眾多，定義又幽暗晦澀，形上學此種遭詬病之疾，他或許也束手無策。上面的簡述，也許不得要領；但真意如何，實在莫測。

1. 意義的分析以便釐清真意，這是任何討論或辯解的「初步」，此步不具備，則其後的工作都有可能白費功夫。概念若無具體內容，等於空詞，了無意義。如同他舉的「硬」（hard）或「軟」（soft）二字，若無「實際後效」（practical consequences），則二字只是二字而已。就「上帝」一辭而言，視之為「創造者」（Creator），屬「絕對的第一，冠層」（absolute First）。若視上帝為宇宙萬有創造終止者（terminus of the universe），也是上帝完全啟示盡了，則上帝即成為「絕對第二，亞層」（Absolute Second）。如此一來，與前已述及的firstness、secondness、thirdness，二者之微妙差別又何在？一來，為何不是absolute Fristness或absolute Secondness，二來fristness與First，secondness與Second又有何區別？加上為何無absolute Third，如此不也是在文字上耍戲嗎？「季」（the third）介於「冠」及「亞」之間的任何時及空嗎？

2. 皮爾斯在哲學史尤其美國哲學史上，可以算是最具創見性者，影響力不可小視，拱他為純哲學領域中最偉大的美國哲學家，是名至實歸。哲學史上把哲學從天上掉到人間，又掉到菜市場，皮爾斯則落入於概念的解析裡，一再要求文字用辭的意義，須「觀其後效」。但是否一切的哲學命題皆能如此，則爭議繁多；後續哲學的發展，可以在此開拓新園地。

第四節　實用主義(二)詹姆斯（William James, 1842-1910）

一、生平及著作要旨

(一)生平

1. 1842年生於紐約，在美國境內及國外接受學校教育，嫻熟於法文及德文。1864年（22歲）入哈佛醫學院，五年後（1869）獲醫學博士學位。先在哈佛當解剖學及生化學講師，由於醉心於心理學，1875年還兼上心理學這門課；更在1890年出版了《心理學原理》（*Principles of Psychology*）兩巨冊之後，聲譽陡起。認定思維及知識，是一種生存鬥爭的工具。

2. 父親（Henry James, Senior, 1811-1882）是神學家，詹姆斯兒子、弟弟、父親，三人同名同姓，這一家人都在美國學界享有某種程度的好評。本擬學繪畫當個畫家，接受的教育倒都是科學，尤其是醫學；其父同，卻對宗教信仰產生深情，但也因之造成他身心兩方面的折磨。一方面擬以科學的、物質的、機械的方式，來證明人生及宇宙的一切；但另一方面卻又相信有個上帝在，且人之享有自由，也是無可忽視的事實。就後者而言，他拜讀了法國哲學家的著作，擬克服內心中的兩難，遂不得不轉向哲學進軍。1879年在哈佛上哲學課，次年成為哲學助理教授，1885年正式升為哲學正教授。從此，著作繁多，陸續出版。1907年更以《實用主義》（*Pragmatism*）作書名，哲學界又多了一「主義」。

(二)著作要旨

1. 1897年出版《就是要信，及其他通俗哲學》（*The Will to Believe and Other Essays in Popular Philosophy*）一書，直言他的哲學態度，就是「極端的經驗主義」（radical empiricism）。堅持結論乃由假設而來，而假設都可以在其後的經驗予以修正。用上「極端」（radical）這個字辭，乃因他不認同單一的、唯一

的，或一元的，只相信多元。把單元論（monism）視同一種「假設」（hypothesis），經過經驗的修正之後，就變成多元論（pluralism）了。任何假設，都得經過求證，而非「一種不許質疑的教條」（an unquestionable dogma）。

2. 1911年的《哲學某些問題》（*Some Problems of Philosophy*）一書，提到形上學，也涉及與理性主義（rationalism）對立的經驗主義（empiricism）。

> 理性主義者是心中只有原則（principles）者。
> 經驗主義者是心中只有事實（facts）者。

理性主義者從全到分，由共到殊，藉原則來提事實，樂趣落在最後真理上；經驗主義者反是，由分而合，由部分到整體；在說明原則時，喜愛從事實下手，心中對「至道」或「絕學」比較陌生。

往昔笛卡兒要求理念該符合兩要求，一是一清二楚（clear），一是若有兩理念皆是一清二楚，則必須彼此有「別」（distinct），否則不必要有「二」理念，「一」即可。理性主義及經驗主義的分別，詹姆斯說得「極端」清楚且有別；笛卡兒必拂鬚含笑！

3. 1909年在《真理的意義》（*The Meaning of Truth*）一書的序言裡，再度對「極端經驗主義」作說明。有三步驟：先是「一種陳述（postulate），其次，以事實來陳述，最後是結論」。若陳述的是在事實之外，超出經驗的，則就屬於超驗式的哲學討論了。事實上的敘述，涉及到「和」及「或」的關係，是「聯言」（conjunctive）及「選言」（disjunctive）式的，結論一定落在經驗事實與經驗事實之間的範疇裡。

哲學上的各種對立理論，說穿了，都擬為哲學建構一種自認為正確或真正的系統。但詹姆斯認為，不管心身一元論（monism）或多元論（pluralism），都只不過是一種「假設」（hypothesis）。而假設之成立與否，都有必要證實；證實的方法，只能憑經驗觀察的事實。由於新事實之陸續出現，因之「最後真理」

此種「斷言」，對他來說是不宜的。真理是一種過程，真理都還在形成中；累積許多「正」證，使真理越穩；但一出現「否」證，則真理就得修正或推翻。A經驗與B經驗，二者之間的「關係」，頗具「票面價值」（face value）；二者具有因果性關係（causal relation）。此種因果性的經驗關係，使他不同意休姆對因果存疑的說法。

二、實用主義（pragmatism或pragmaticism）與真理論

(一)二者之同與異

1. 詹姆斯所言的pratmatism，「只不過是一種方法而已」（a method only），旨在處理或終結形上學不休不止的紛爭。方法或工具，使各種主義產生「實際上的後效」（practical consequences）。該字眼首先由皮爾斯提出時，詹姆斯及杜威讚不絕口。若A提出X理論，B提出Y理論，但兩個不同理論卻在「實際上的後效」不見任何差別，則兩理論就是同一理論，不必相互口舌論戰或耍文字遊戲。「理論」（theories）是如此，「定義」（definitions）亦然。1907年所著的《實用主義》（*Pragmatism*）一書，就有如下的字眼：對某客體（object）的整個概念，只需考慮該客體造成的感官知覺（sensation）以及其效應（effccts），立即的或遙遠的，吾人將採何因應（reaction）措施，這才具「積極意義」（positive significance）。

此種口吻，完全是皮爾斯的。他也不掠美地坦言承認，「這是皮爾斯的原則，即實用主義原則」。他把皮爾斯的此一原則向世人昭告，以便廣為人知；不只四下宣揚，還應用到宗教上。

2. 不過二者所強調的重點不同，皮爾斯稍表不悅的是詹姆斯把「實際上的後效」，應用到具體、特殊、局部的感官知覺及反應上，不似皮爾斯所言之一般性的行為習慣上。在「刺激」（stimulus）及「反應」（response）的感官知覺論中，「刺激」是行為的「前項」（antecedents），「反應」則是行為的「後項」

（consequents）。皮爾斯較看重後項，詹姆斯則由於注意一前一後之間的「關係」，故不偏於前也不重於後。其實，之所以有「後」，也必有「前」；且有「前」也必有「後」。「前」及「後」不是單獨存在的，只前無後，只後無前，則「前」與「後」兩個字，都是空詞，都了無意義。前與後，是有「關係」的。

也由於如此，pragmatism如單指一種方法，一種使概念清晰的方法，則皮爾斯及詹姆斯，意見是相合的。但對詹姆斯而言，實用主義不止於此，非僅只是概念意義上的清晰而已，且也是一種「眞理論」（a theory of truth），這是在《實用論》一書中明白指出的。他所謂的「眞理」（truth），是指「吾人的理念，及理念的客體」二者之間的「關係」；理念也就是「意見、信仰、陳述的是與否」（opinion, belief, statement, or what not）。來之於「後效」的「眞理論」，是皮爾斯提的pragmaticism，與兼及「前因」的「眞理論」就是詹姆斯的pragmatism；二者劃清界線。

(二)眞理論

1. 「關係」既有前有後，有始（*terminus a quo*），也有「終」（*terminus ad quem*）。「前」或「始」，是一種「理念」（an idea），屬於經驗的主觀面（subjective）。經驗面很廣也很多，能引發「心思」注意，這是主觀的；但「後」或「終」，是客觀的（objective）。理念內含一種計畫或是行動準則（a plan or rule of action），依之且不出所料的，始與終相合，則形成眞理的「符應論」（the correspondence theory），也就是以「終」來「印證」或「驗明」（verification or validaction）「始」。試看下例：

> 我在森林裡迷了路，恰好有一條步道，心想有可能找到某屋住有人，請他指示迷津或提供協助。此時，我的理念（想法），就形成一種行動計畫。若依之而行，可以印證或驗明該理念，則印證或驗明的過程，就構成爲該理念是眞理的過程。

符應說（correspondence theory）的眞理論，也正是如此。

2. 不過，「眞」是「形成的」（*becomes* true），是「促成的」（*made* true），非早「已」成或早就存在的；不是「始」而不待其後的行動，卻要在「終」出現。此外，還未由「終」來「符應」「始」的眞理，其量不及備載。好比現代人用「信用卡」（credit system）一般，一「用」，才可證明管用或不管用（it works or does not work）。持卡者所持卡之「眞」或「假」，一試之「後」才知，何庸爭論？當年來布尼茲曾有如下豪語：

If controversies were to arise, there could be no more need of disputation between two philosophers than between two accountants. For it would suffice to take their pens in their hands, to sit down to their desks, and to say to each other(with a friend as witness, if they liked), 'Let us calculate'.

以邏輯符號代替邏輯語言，或日常語言，或經驗語言，把爭論雙方的用語形構爲邏輯推論的形式，坐下來吧，人手一筆，還可找個見證友人在旁，雙方各自計算，進行邏輯推理的操作，「有效性」（validity）就一清二楚了。

「眞」有二，一潛一顯（implicit and explicit）；一旦支票或信用卡不管用，就破產了，但那是指「明或顯」其中的一面而已。產之破或不破，是否可單憑一張信用卡或支票無法兌現，就成「眞」或「假」呢？或許有更多的潛財亦未可知。眞亦然。除了早已明示世人之眞之外，是否還另有「臥藏的眞」（truths *in posse*）？他一掌打在哲學上理性主義或主智論者（philosophical rationalists or intellectualists）的眞理觀，因爲他們都稱讚那種靜態又無時空性的絕對眞理，或至道，或絕學。還未待印證或驗明，怎可如此猴急呢？實用論者的眞，才是眞正的眞，是經過印證及驗明的。還未經印證及驗明的眞（*in posse*），數量眞多。

2. 「實用論」顧名思義，很容易爲後世人所誤解。「經驗」兩字，也語意曖昧不明；如同杜威所表明的，與「一種唯名論者的糾結」（a 'nominalistic'

twist）不清；「經驗」的「實」意（reality），反而纏在「名」（nominalism）上。在「名」上有「純經驗」（pure experience）的嗎？大概只有初生嬰孩或半昏迷（semi-coma）狀態者有之。經驗，都已是極為複雜的感官知覺之產物。試看下例：

其一：凱撒（Julius Caesar）「存在」於歷史上的某段時間。這是屬「實」的範疇。

其二：把凱撒（Julius Caesar）「存在」於歷史上的某段時間，予以「陳述」，這是屬「眞」的範疇。反之則為「誣」（假）。

「實」（reality）或「事實」（fact）之「存在」（existence），與把「實」或「事實」予以陳述（statement）所使用的文字或符號，二者之間生出眞或假的「關係」，必以一種條件為基，即含有「實際上的後效」。換句話說，光是「存在」，與「眞」或「假」無涉；但把「存在」予以「陳述」，且「陳述」時所使用的文字或符號，必能化解為「用」，即「效應」，且是「實際上的效應」，否則，也只不過是一陣風或空氣而已。

其三：凱撒渡過盧比孔河（the Rubicon）：紀元前49年，渡過義大利中部盧比孔河的凱撒，率軍破釜沉舟式地採斷然措施，與羅馬政敵決一死戰，是改變歷史的重大行動。渡過該河的人，過去、現在，與未來，無法勝數。但此一事實之具有意義，除歷史上眞有凱撒這個人（主體），地理上也眞有盧比孔這條河（客體）外，主體客體之間發生了「實際上的後效」，此種「關係」，才是要緊盯的，也是「印證」或「驗明」的焦點工作。渡過該河的人，眾多數量中為何「特」舉一事件來陳述，因為意義繁多且關係緊要。只有被如此證實的陳述，才算「眞」，還未曾被證實過的，則屬「潛眞」（truth in posse）。

3. 實用論（pragmatism）與激進經驗主義（radical empiricism），詹姆斯認為，二者並無邏輯上的必然關聯性，各自獨立，不互相屬；激進經驗主義有自己的立足點，即令悉數予以反對者，仍保有實用論者的身分。同時他也說，實用主義者所建立的眞理論，有助於激進經驗主義之廣為流傳，促成「唯經驗是問」者

踏上了第一重要的步伐。「激進經驗主義」是「唯驗主義」。

4. 詹姆斯認為實用論除了「方法之外，別無其他論點」。換句話說，實用論簡直等於方法論。由他發展出來的激進經驗主義，則是一部形上學或世界觀（a metaphysic or world-view）。任何可供哲學爭辯的題材，「都」得訴諸於經驗，「都」有「可能是經驗的」（experienceable），這是激進經驗主義者的主張。而一切既都是「可能是經驗的」，因之，也歸屬在「管用」（workableness）範疇裡了。這不是實用論的主張嗎？光看experienceable = workableness或experienceable 'workings'這些字眼，難怪杜威會說，與「一種唯名論的糾結」纏在一起。或許也可以這麼說，激進經驗主義之所以激進（radical），是認為眞理的判斷，「都」得落實在經驗上；即令是邏輯推理的結論，也「全」以經驗（事實）作最後的判官；有效的論證（valid argument），「都」必與經驗相合；宇宙的一切，「都」有「可能成爲經驗」（experienceable, able to be an experience）。從一切的經驗中，擷取其能不能「管用」（workableness），乃是判斷眞理的「唯一」方法。前者屬激進經驗主義，後者就是實用論了。實用論在促成激進經驗主義上，太具「實用」性。他這麼說，口氣也十足地樂觀。

三、人文主義（humanism）

(一)詹姆斯描述自己的哲學屬於人文主義陣營

1. 取實用主義者的眞理論，認為在信念及知識上，帶有「人」（human）的因素在其中。人文主義把「滿意」（satisfactoriness）當作是「眞」有別於「假」的主因。人文學者精確地認為，無一信念是終極的。某一信念或知識之被認定為「眞」，乃因在認定者的內心中，比較舒服而已。「較多滿意」（more satisfactory）取代「較少滿意」（less satisfactory）的意見，如此罷了。他避免犯上「純主觀性」（pure subjections），堅持任一信念都不許與先前已被印證或驗實的信念（verified beliefs）相抵觸，或與可以找到的證據作對，否則不能作為

「滿意的考量」。不過，從來未曾有過一種信念是絕對的、最後的、終極的；任何信念或知識，都可以重新修正，這是人文味十足的口吻。人類迄今所獲得的眞理、信念、知識等，都是經過一段長時期的經驗過程，吾人不得不引用之；但在未來的人類演化中，難免會生變異。

2. 借用尼采的用語，信念、眞理，或知識，都以人爲本位；排除了人之外的其他信念、知識或眞理。「人爲萬物的尺度」，這一古語再生。

> 雖然經驗的一部分得依另一經驗，作爲在考慮中的經驗之某一種層面；但經驗作爲總體（as a whole）來看，是「自我全包」（self-containing）的，並不倚靠任一方。

經驗的「內」（within experince），自生評量經驗之標準；經驗之「外」（outside），則無絕對標準可言。人文學者堅信眞理是相對的，隨經驗之異而異，也因人而有別。所謂的「絕對眞理」（absolute truth），只不過是一種理想點，「想像全部吾人現存的眞理」，有一天向該點聚集在一起；但該點卻也是「正在消失的點」（vanishing point），人以爲抵達該終點了，卻發現該點仍離人有一段距離；人以爲到達目的地了，其實還有一段路途呢！

(二) 人文主義有其廣義

1. 詹姆斯說，實用主義及理性主義，或人文主義及理性主義，二者之間的關係，不是純邏輯或純知識論上的，應擴大到「宇宙本身的結構」（the structure of the universe itself）。實用主義心目中的宇宙是未完成的，還在變化中、生長中，彈性強。理性主義者反是，對此持異議，以爲有一個「眞正實在的宇宙」（'really real' universe），構造早已完成，也永不變遷。在此處，詹姆斯想到的，部分來之於主張普世一家親及人本精神的印度「辨喜之神祕於一」（Vivekanda's mystical One）；辨喜（Vivekanda, 1863-1902）是印度神學家。也部分與

「單一論」（monism）者的說法有關。單一論認為，「變」並無真正的變；而所謂的真，也是程度性的，是相對於有個「整體絕對經驗」（a unique absolute experience）而言，而該「整體絕對經驗」，卻超出人類的體會範圍之外。

2. 以實用論來討論哲學的實質問題，詹姆斯一本初衷地以「實際上的效應」作評論的基點。或許受到英國功利效益說，蘇格蘭常識哲學說，或更源於柏拉圖及亞里斯多德哲學的具有「大眾化」、「粗俗化」，或「平民化」的一面，更加上美國人獨有的開拓精神，勿使哲學仍如以往地淪為孤芳自賞的悲觀不堪，故他常舉「票面價值」（face-value）來評量心論、物論、有神論等「實質的哲學問題」（substantial philosophical problems）；甚至以「小額零錢」（small-change）作比喻，難免落入他人取不良印象作反擊的口實。以「實際效應」（practical consequences），可以一言以蔽之他的哲學觀。

若無其後經驗或行動上的細節，可以從我們的假設引伸而出，則「物質主義」（*materialism*，或物論）及有神論（theism）二者之間的爭執，都是既蠢又了無意義的。

有神論搬出「上帝」，物論者以「物」代「神」，此二種相反的宇宙論，對雙方的信徒（「人」）來說，若在各自實際行為中未見什麼區別，「票面價值」都相同，人與人之間的「交易」也無別，則情況不是如同前已述及的新舊教徒對聖餐儀式的看法嗎？

3. 「物論」及「有神論」，信徒對他們所承諾的，都帶有「期待性」（prospectively），這是心理層次了。兩派門生的未來展望，也就涇渭分明。有神論者心中既有上帝在，相信未來必然與過去是古今如一，有秩有序，有規有律。「保證有一種理想的秩序，永遠保存下來，不允許由來已久的道德律發生沉船或毀滅之虞」。物論者反是，今後與往昔，必如橫柴入灶一般的，格格不入。

以經驗為師，這是激進經驗主義的「教條」，也是詹姆斯提倡的。人的經驗除了有共通性之外，個別性（個人性）更強。「個人經驗」（personal experience）使他有《多元宇宙》（*A Pluralistic Universe*, 1909）及《宗教經驗的變異

性》（*Varieties of Religious Experience,* 1902）兩本著作問世。除此之外，他利用實用主義方法，來解決「自由意志」（free will）及「命定論」（determinism）問題，也清除了「多元論」（pluralism）及「單元論」（monism）之間的糾紛。

4. 實用主義所說的「用」，就人類經驗面來說，「用」包括過去的用、現在的用，及未來的用。過去的「用」，有不盡如人意者，肇因於過去的哲學家在思索實質問題時，未以「用」爲重點。因之，用有正用及誤用。正用生樂觀的宇宙觀，誤用則生悲觀的人生觀；但二者並非「全面」的宇宙觀。如今的哲學界如改以「用」爲解決問題的途徑，則「淑世論」（meliorism）將取代樂觀（optimism）及悲觀（pessimism）此種不當的「二分法」（dichotomy）所生的「謬誤」（fallacy）。今後的世界不必然變好，也不一定變壞；卻極有可能改「善」，而非只改「變」而已。臺灣現時流行「改變成眞」的政治宣傳語，著實不妥，不如以「改善成眞」代之。宇宙空間無限大，時間無限長；客體變，新及奇存在，人力有施展的時空；未來的事，人不可能早已先定其必好或必壞，即令上帝也不會替人或爲宇宙作主。

鑒於他早年掙扎於科學研究及宗教信仰上的兩者衝突，最後尋出一種彼此契合的妥善安頓，能使他有心滿意足的世界觀。他所稱的經驗，已溢出一般所說的感官經驗之外；認爲「宗教經驗主義」（religious empiricism）總比「非宗教經驗主義」（irreligious empiricism），才是眞正的「經驗主義」。因爲宗教經驗主義者對宗教經驗的多元性，較能深有體會；此種個人問題，如同康德所遭遇的一般，如此才能安撫持有道德及宗教意識者之「心」，「心」也就安了！在激進經驗主義中，納入人文主義；前者是科學的，後者則是宗教的。把「知」的科學面，稍染上人生價值觀的宗教面；這在德國哲學界除了康德之外，也早有先例。在人的一生裡，除了理之外，情及意也不可或缺。法國學界也有人注意及此，這些對詹姆斯的人文主義說法，都有直接及間接影響。

第五節　實用主義(三)謝勒（Ferdinand Canning Scott Schiller, 1864-1937）

一、生平與著作要旨

(一)生平

1. 謝勒祖先來自德國，在英接受教育，最後在英美大學任教。實用主義在美國是思想界的主流，掌旗的皮爾斯是傑出學者，詹姆斯及杜威對美國知識界的支配力更非同小可，突顯出哲學不只是學界注意的焦點，且是公共生活所不可或缺。美國哲學，早期大半皆仰仗歐洲，尤其是英國；即令具有品牌的美國實用主義，在德、法、英學界，也有人主張，但兩相對應之下，倒是如同哲學大海中的小漣漪而已，不是什麼大風大浪。

2. 1898年，牛津大學哲學學會（Oxford Philosophical Society）成立。前一年（1897），謝勒在牛津的「聖禮學寮」（C. C. C. Corpus Christi College, Oxford）任督導生徒職（Tutorial Fellowship），逝世前都保有該「寮友」（Fellow）身分。牛津大學哲學學會於1902年出版該學會的哲學代表作共八篇，執筆者一致的旨意，環繞在「人格」（personality）這個議題上：一方面反擊「自然主義」（naturalism），一方面也批判「唯心論」（absolute idealism），二者皆無視於人性中的意及情兩種層面。八名作者中，有些是人類學家，有些是哲學家，都非持實用主義說法，只有一位，就是本節的主角謝勒，觀點與美呼應，把實用主義接緣於人文主義上。實用主義是新名辭，至於人文主義，那是由來已久且有時是學界的主流思潮。牛津哲學學會擬重振的人文主義這種古學，頗合詹姆斯的心志。謝勒於1893年，被美國康乃爾大學（Cornell University）聘為講師（instructor），1929年位於洛杉磯的南加州大學（University of Southern California at Los Angeles）請他擔任哲學講座。

(二)著作要旨

1. 謝勒爲文不少，是個多產哲學家；著作環繞著兩個主題，以「人格心論」（Personal Idealism）及「人文主義」（Humanism）爲書名者甚多。還爲1929年出版的《大英百科全書》（*Encyclopaedia Britannica*）第十四版中負責撰寫「實用主義」（pragmatism）一款。

2. 「人」是他最關心的對象。1908年，他寫了《柏拉圖或普洛塔格拉斯？》（*Plato or Protagoras?*）一書，明目張膽地爲普洛塔格拉斯「仗義執言」。把「人爲萬物尺度」此句老名言，套上實用主義的新說，使在美國新大陸如日中天的實用主義，在英國學界普傳。其次，1891年在《獅身人面怪之謎》（*In Riddles of the Sphinx*）這本匿名著作中，更直言不諱地指陳，所有的思維，都要以「人」爲本位，都需以「人類學爲中心」（anthropomorphic）。流傳數千年的謎底，答案就是「人」──先是四足，後二足，終是三足者，到底是何「物」？不就是嬰孩、青年，及老年三階段的「人」嗎？因之以《人文主義》（*Humanism*）爲書名者漸多。其後他到美國接受詹姆斯的影響，才對實用主義一辭進一步有所了解，但仍然認爲人文主義所標榜的「人」（man），而非「絕對」（absolute），才是衡量一切經驗以及所有學門的丈測標準。實用主義，「實質上只不過是人文主義在知識論上的應用」。宇宙有必要重新予以人性化、人情化、人意化、人味化。

二、人文主義（Humanism）

(一)宇宙恢復人味（re-humanization of the universe）

1. 以人爲本位：人的身心合一體中，重身（肉體）而發展出來的物論，與重心（心靈、精神）而演變的「心論」，在德國更激進成爲「絕對觀念論」（absolute Idealism），也就是「唯心論」；在「大我」與「小我」之間，又高倡「大我」的「國」（state）而降低了「小我」的「我」（self. ego），形成強

權至上的明顯趨勢；另一與「人」持反方向而走的就是「天」，也就是大自然（Nature），導致有個性及人格尊嚴的獨立性，光芒漸泯。美國是個新國家，喜新厭舊之情，大過於其他各地。人文主義是老名詞，實用主義則是新鮮的學派，其實二者是一脈相承的。詹姆斯及謝勒二人口吻一致，但在個別的偏愛上，前者垂青於實用主義，後者則中意於人文主義。

2. 恢復人味的具體作法，就是邏輯的人味化。向來作爲人類心靈能力競技場的邏輯領域，既枯燥乏味，又講究形式；注意的是無人味的符號，或類似令人見了就心冷的數學演算，且充斥著使人費解又不可思議的專有名詞，嚇走了一般大眾。把邏輯視同爲「心智陶冶」（mental discipline）中最重要的一門學科，眾「人」望而卻步；把鍛煉心智視同爲體能煎熬一般，吹毛求疵，雞蛋挑骨頭，只在細節上下功夫。謝勒期求邏輯必須與人的興趣、利益、人生觀，建立親密關係。邏輯學者太偏愛抽象理論，且也以絕對眞理者自居，這又與「唯心」論有何兩樣？他呼籲的邏輯人味化，就是要以具體的人生經驗爲其基本架構，且多舉常人能了解的實例，勿以爲無時空性的至道或絕學，與人生旨趣、利益、福祉無涉。謝勒心目中的「絕學」或「至道」二辭，只不過是一種「燐火或鬼火」（ignis fatuus），不是人間煙火，也毫無實際及切身需要。由邏輯或數學的「公設」（axioms）或「原理」（principle）所代表的「眞理」，也得植基於「經驗」（experience）而非「先驗」（a priori）上。把邏輯還原於日常經驗，正是邏輯人性化的初步職責。

3. 不止如此，實用主義的視野著重在「實際性的效應」上。「用」是至上的，且是「管用」的，即「用得成功」（successful working）。在行動中看出眞章，不出手，怎知功夫的底細？形式邏輯偏愛永不變的眞理，是靜態的：「就其最嚴肅也最完備的層次而言，是了無意義的」。各種命題，一定有其脈絡關係，不是單獨孤存的。試看下述的一句英文：

it is too light

light這個英文字，含意頗多且有明顯差別，有曖昧性（vagueness）及歧義性（ambiguity）。light這個英文字，若單獨存在，至少有「光」、「輕」、「淡」三意。字意一清二楚的不二法門，就是落實於具體的經驗及行動中。因之，邏輯之原理原則，都與人類的心意、欲望、想法、人生觀，密不可分。

邏輯之具有價值，只能在心理學的事實上去尋找；「他處」是尋不出的（nowhere）。邏輯的心理學化，也是人味化；心理學化就是趣味化、意義化，且與人生意義分不開。在古希臘的「人文學科」（liberal arts）中，邏輯是其中之一；古希臘哲學家早把邏輯放在「人文學科」裡，其後為何走樣了？真愧對祖先！

(二) 真理與價值

1. 真理就是把事實化為價值（Truths are in fact valuations）。邏輯命題（logical proposition）不應只有抽象或空洞的名、符號、形式而已，也要有實際的內容。最實際的內容，莫過於人心所引發的經驗行為。一個命題之成為「真」，乃因由該命題可以完成或實踐某一具有價值的目的。

真理是有用處的、有效率的、實用的（useful, efficient, workable）。吾人的實際經驗，限定了我們的「真理評價觀」（truth-valuations）。

相反的，錯或誤（the false）乃是「無用的」（useless），不起作用的（what does not work）。這都是「揀選實用主義者的大原則」（the great pragmatist principle of selection）。「選真不選假」等於「擇對不擇錯」，也等於「挑用而不挑無用」。

2. 「中不中用」這個「用」（working）字，說穿了，也屬曖昧不明的，有必要釐清。謝勒倒坦承，答案是難的。科學假設上的實「用」性，不易有明晰的定義，更罔談倫理論了。癥結所在，肇因於人的「性情或氣質上的差異」（temperamentally different）。「性情或氣質」（temperant）不是心理學的領域嗎？

古代早有氣質四分說，有膽汁（choleric）的黏液質（phlegmatic），憂鬱質

（melancholic），及多血質（sanguine）等差異。由此滋生出性情暴躁、寡歡、多愁善感、樂觀或悲觀等，不一而足。

就實用主義立場而言，「眞」與「用」（truth and useful），二者是無別的。但注意下述兩句：

其一：一切的眞是有用的（all truths are useful）。

其二：一切有用的都是眞（everything useful is true）。

「用」，必要明講是「用」在何種特別用途上。A受著威脅，若他不表明地是平的，則他將受苦刑折磨。此時，A之說出地是平的，對他而言是有「用」處的。不過，地是平的，此說法，並不屬「眞」。只看地的表面是平的，合乎「經驗科學」的說法；但確信地是平的，對科學的進步，是「無用的」。且在被逼之下之所言，非虛即妄，非假即詐，離眞頗遠。

處理此一問題的另一考慮，是「社會上的認知」（social recognition）。「可用」或「不可用」，有個人面也有社會面。對A有用者，不必然爲A之外的人認爲有用。因此，有用或無用，應擴大到群體。這樣一來，若以有用即眞，則有用既具主觀及相對性，眞也就無客觀絕對性了。當然，二者仍有相合一致的可能性，即個人的有用也等於眾人的有用。

3. 價值具有生理學意涵：凡「繼續存活的價值」（survival-value）越長，則價值越高越大，反之則越低越小。價值是演化的，含自然淘汰律，是一種優勝劣敗的原則。因之，價值也可以「算計」。最大多數的人認爲最有利，加上最多時間存在的價值，是最大也最好的價值。此種說法，簡直仿自功利效益主義的口頭禪，也與「科學」界之努力相類似。科學之眞理觀，是往客觀界進軍，減少主觀性；使「有用」的個人性、主觀性、局部性、地域性、時空性，在「價值存活」的尺度之下，必相形減少或消失。其中隱約含有一絲絲的「形上理論」（metaphysical theories）在「眞理－價值」（truth-value）上，不屬「科學理論」（scientific theories）了；但昭然若揭，極爲醒目。詹姆斯對形上學興致勃勃，謝勒則不如此熱衷。「形上學」對「最終實體界」（ultimate reality）上注

定停止於「個人的猜測」（personal guesses），在客觀價值界屈居科學之下。人文學者或實用論者之能夠忍受形上學者之努力，把美藝價值（aesthetic value）置於人文或實用論系統內，唯一的讓步是承認美藝價值與科學價值，二者分屬不同範疇。科學的假設可以取經驗事實予以佐證或驗明，形上系統則否。

　　總而言之，謝勒之把邏輯心理學化、人文化、大眾化，大爲杜威所欣賞。也因爲如此，羅素則對此並不噤聲不語。杜威的邏輯著作，全書都帶有「人」味的文字，不見符號及數學演算，羅素對此大有意見。

第六節　杜威（John Dewey, 1859-1952）的試驗主義

一、生平及著作要旨

杜威同詹姆斯，把美國哲學的特色擺在環球知識圈內，讓舉世一流哲學家來評比。杜威更在教育哲學及社會哲學領域內，將哲學的實用面發揮得淋漓盡致。提起杜威，不得不令筆者感觸良多。一來，哲學史學界迄今仍有一些人持有一種見地，以爲哲學史的名著除了古希臘及羅馬拉丁作品之外，就數德文著作一支獨秀，連法、英、日、義、俄文等作品，都無法望其項背。當然，有哈中癖者會說，支那文言文的經典，哲學造詣是「天下無雙」。不過，以漢文撰述的教育哲學著作，筆者認爲吳俊升的《教育哲學大綱》（商務）最具深度；其中羅列教育哲學派別林立，卻各有優缺，唯獨杜威學說最爲持平，也最是頂尖的結晶。該書提到的教育哲學家，大半都是哲學家，但無一是支那人；且又稱杜威教育哲學見解，超過史上任一哲學家。其次，杜威在世界首屈一指以教育學居冠的美國哥倫比亞大學任教到退休。到該大學深造的國外學子數以萬計，其中有臺灣的林茂生（1887-1947），在1929年榮獲該大學教育哲學博士，親聆杜威的教學。同時，亞洲支那及高麗的兩位留學生，蔣夢麟及吳天錫，二戰結束（1945）回國，各擔任過中韓兩國的教育部長；但臺灣的林茂生卻死於二二八（1947）的不幸事變中，爲蔣介石政權槍斃。杜威還曾說過他的外國學生很多，最欣賞的至少有兩位，其一是胡適，是他親手指導完成學位者；另外就是臺灣的林茂生。1915年，美國學界組成「美國教授協會」（AAUP, American Association of University Professors），杜威是創會會長，爲教授之受到不公不平待遇，挺身抗議。可惜，未見他出手聲援他的愛徒在臺灣蒙受不明不白之冤。林茂生的同窗，或同是哥倫比亞校友的胡適及蔣夢麟，也未曾爲林茂生的苦難，發出不平之鳴！

實用主義此一名稱，雖不一定是美國學者所創，卻在新大陸擁有大片學術天地。皮爾斯以邏輯出發，還提出「設證法」；詹姆斯憑其在哈佛大學的聲望及

人緣，以心理學原則向哲學探路，爲實用主義開疆拓土；謝勒力主人文主義與之接軌。杜威不只聲援支持該主義，且另創「實驗主義」（experimentalism）來與「經驗主義」（empiricism）作區隔。新大陸學者此種新穎性、主動性、開創性等人格特質，也是不喜靜態或單只等候已成經驗作爲思考佐料，而要突破僵局，操諸在我，把「驗」親自「實驗」一番；從中掌控、操縱、自主。經驗主義大師洛克，享有哲學界的閃亮頭銜；實驗主義的杜威，也從此在環球哲學界中坐上寶殿。他又享高壽，且一生勤學不懈，著作等身；即令到了九十歲高齡，還有文字保留下來，頗值後生欽佩與學習！

(一) 求學歷程

1. 1859年恰是學術史上重大事件發生之年。該年杜威出生於佛蒙特州（Vermont），也是轟動全球學界名著《進化論》出版之年；與杜威同一年出生且也名氣甚響的，尚有法國的柏格森（Henri Bergson, 1859-1941）。杜威求學於佛蒙特大學，畢業後當過中學教師。由於對哲學素有所喜愛，投稿於當時掌學界重要地位的《思辯哲學雜誌》（*The Journal of Speculative Philosophy*），主編是赫赫有名的哈里斯（W. T. Harris, 1835-1909）。除了因主編提拔後進此種「教育」情懷而獲一紙鼓勵信之外，該文還刊登於1882年的四月號上。從此，杜威動機強烈地到號稱爲美國第一所現代化的大學，1876年立校於馬利蘭（Maryland）州巴鐵摩（Baltimore）的約翰霍普欽斯（Johns Hopkins University）深造，上過皮爾斯任教的邏輯課。不過，影響他較深的卻另有其人，且是一位「心論」（觀念論，Idealism）的默里斯（George Sylvester Morris, 1840-1889）。

2. 默里斯曾在新罕布夏州（New Hampshire）的達特茅斯學院（Dartmouth College，美國立國之前成立的九大高等學府中的最後一所）及在紐約的「聯合神學院」（Union Theological Seminary）讀過書，也到過德國的柏林，深受黑格爾哲學所影響。1870年回美後在密西根（Michigan）大學教授現代語言及文學的課。1878年轉到約翰霍普欽斯大學負責上哲學史及倫理學。四年後（1882）該

大學來了杜威這位新生，師生緣從此奠立。默里斯頗接受亞里斯多德的潛能實踐
說。宇宙尤其人，有一種「能量活力」（entelechy），生命就似一種永不休止的
躍動，生生不息，思維亦然。因之，哲學史或思想史絕非一成不變，更不只是從
抽象的理念或範疇中，依辯證發展模式，或取正反合型態，如按鐵定的軌道進行
一般；而是有一股主動又生機力無窮的心靈運作其間，這才是活生生的經驗。主
體與客體，心與物，人與環境，知與被知，都相互有關。康德提出的「物本身不
可知」（unknowable thing-in-itself），可知的只是「現象」而已，由此而成的這
種「現象學」（phenomenalism），默里斯是無法接受的。

　　杜威雖拜默里斯為師，但對其師之言，並非「無所不悅」。默里斯也從黑
格爾接傳過來心學，杜威還以黑格爾心理學撰述博士論文；但「心論」的德國哲
學，對杜威而言，是水土不服的。人各有志，不能強逼。即令名震一時的美國黑
格爾死忠支持者哈里斯，不只在所編的美國最具權威的哲學刊物上，讓默默無聞
的初生之犢，大學部也非畢業於名校的年輕小夥子，有初試啼聲機會，還親函嘉
勉。哈里斯不愧是個教育家（其後當上美國中央聯邦政府首任教育總長）。杜威
因之信心十足，最後更與黑格爾哲學互分陽關道與獨木橋。

(二) 多所重要大學任教，經歷豐富

　　1. 杜威在研究所從名大學獲哲學博士之後，與該大學同期的另一校友威爾
遜（Woodrow Wilson, 1856-1924）都享有環宇性國際聲望。先是1884-1888年在
密西根大學（University of Michigan）任教，由哲學講師（lecturer）升上助理教
授（assistant professor），後還在米尼蘇達大學（University of Minnesota）任職
一年的教授。1889年返密西根大學擔任哲學系系主任，到1894年轉赴新成立的
芝加哥大學（University of Chicago）。這段時間，他自言讀了詹姆斯的《心理學
原理》之後大受影響，遂與默里斯的心學，漸行漸遠。

　　2. 由企業大亨洛克菲勒興辦的這所芝加哥大學，真如同哈里斯一般的龍眼
有珠，不只聘杜威到該大學任教，支薪高，還禮遇他當哲學系系主任。1896年

更與夫人共同在該大學創「實驗學校」（Laboratory School）。是美國人耳熟能詳的「杜威學校」（The Dewey School）。之前發表的論文，涉及心理學及倫理學，現則集中在教育上。不過，也在邏輯理論領域裡，陸續寫出他的見解。

3. 1904-1929年長達四分之一世紀的長時間，轉到以教育學最爲叫座的哥倫比亞大學教育學院（Teachers College, Columbia University），就是在這段任教期間，教導了由支那來的名徒胡適及臺灣來的首位哲學博士林茂生。年屆70時（1929）以名譽教授（professor of emeritus）身分退休，但著作陸續且大量問市，即令到了1949年的90歲，仍出版了一本書名爲《知及被知》（*Knowing and the Known*）。南伊利諾大學（Southern Illinois University）編有杜威全集，數十本大冊，著作幾乎等身。他精力充沛，不只學術研究一生不斷，且還過問美國教改，更足跡遍全球。到歐、遠東、蘇聯、墨西哥等地。臺灣人及中國人都知道的「五四運動」，與他或許有緣：1919年5月3日，他由日本抵上海，因爲他的愛徒胡適及蔣夢麟急切發電，希望老師既然到東京，也該來支那。結果在上海登岸隔日，北京大學發生五四學潮。他停留中國兩年，南北各地巡迴演講，對中國教育界及思想界，掀起一股杜威熱。在美國國內，1915年成立美國教授協會（AAUP, American Association of University Professors），他是首任會長。關心「學術自由」，是該會的主旨。臺灣也在1990年成立「臺灣教授協會」，仿AAUP而爲TAUP，首任會長即本書作者。

「知」與「行」合一，杜威不是學術界的宅男，關起門來冥思苦想，而是以行來驗證知，以知來指導行。此種抱負，就是他在教育哲學的名著《民主與教育》（*Democracy and Education*, 1916）中所說的：「哲學是教育的指導原理，教育則是哲學的實驗室」。「實驗」哲學之名，呼之欲出。實驗主義或試驗主義，都是英文Experimentalism的漢譯。有必要一提的是，杜威的教育哲學代表作《民主與教育》，發表於一戰方殷的1916年，他堅信人類慘劇，源於教育之未能民主化。2016年，臺灣師大教育學系辦了一場「民主與教育」國際研討會，紀念一百年前杜威寫作該書的歷史意義及價值。該書也由本書作者予以漢譯《民

主與教育》，臺北師大書苑出版。注意，杜威抱有「包容」的「民主」度量，不喜「主義」，因帶有排他性，漢文譯者不悉他的用意，譯爲《民主主義與教育》，實在不宜！尤其是「教育」！

(三) 著作要旨

1. 杜威的著作量驚人，卻有他「一以貫之」之道，即勿「二分」（dichotomy）。目的與過程，勿視爲如同對立的「二分」（either……or, neither……nor），卻是「二者得兼」（both……and）。勿以目的爲「終了」，或「完畢」。在學校教育上，學習到了一個段落，英文稱之爲commencement，漢譯爲「畢業」，日人更常以「卒業」譯之，非常不妥。結束了，完蛋了，告別或訣別了。其實該字是「開始」的意思，是另一個階段的起步。學習或接受教育，沒有終了之時，都在過程中，都屬進行式。俗話說「學無止境」，是永續的，無「終極的」（ultimate），無「絕對的」（absolute）。「過程」（process）才是運思甚至萬有一切的眞相。

2. 理論與實際，主體與客體，人與環境，刺激及反應等，一般人視之爲「二分」，都不合實情。因爲二者皆無時無刻地在「互動」（interaction）中，且互動的方式隨時隨地都會發生變化，不是一成不變的；互動之後，彼此也都有修正，不會維持原樣。就有機體層面而言，尤其人，在互動中，無不含有意識存在，且「用心用智」（intelligence）於其間，「選擇」（selection）變成最卓著的現象。物競天擇的演化論，出版問世之年恰是他降生之年。此種理論，也就變成他的哲學主旨。其中個別差異性頗爲顯著，人之不同，各如其面；在「目的」與「過程」中，複雜多端。當然，都朝向一種「目的」，即「存活」，且能永續存活（the continuity of life）。「持續性」（continuity）也是他的哲學之主要用辭。

3. 以生物學作爲哲學的奠基，仿亞里斯多德的哲學以生物學起家，人是個有機體（organism），也是主體（subject）。對客體（object）的自然、物、環

境等的「刺激」（stimulus），採取「反應」（reaction）。反應結果如令有機體滿足，則活動停止；但經常有出乎意料之外的結果，都是經驗上的事實。此刻，疑心必起，「把疑當疑」（the doubtful as the doubtful），主體的人就擁有一種「心靈素質」（mental quality）了，這是他在1929年寫《準確性之追求》（The Quest for Certainty）一書中的用語。乍看之下，用語有點曖昧；或許他本諸於笛卡兒的初衷，以疑為運思的出發點。「把疑當一回事」，認真向它挑戰，企圖解疑；由「疑」而生的「問」，可以獲得「答」；「心靈」（mental）就成為「智能」（intellectual）了。

反應的最初級模式，即「習慣」（habit）；若是長期建立的習慣（established habit），或不加思索的行為模式，由此也能解疑，則該習慣必續存，且更紮下基礎。但事與願違者也必多，此時，就有必要「運思」（thought）與「探究」（inquiry）。1910年寫了《思維術》（How We Think），同年又寫了《達爾文對當代思想的影響》（The Influence of Darwin on Philosophy and Other Essays in Contemporary Thought），1938年《邏輯：探究的理論》（Logic: The Theory of Inquiry）等，都環繞著「問題解決」（problem-solving）此一焦點上，十足呼應了實用論的要旨。哲學的最「實用」價值，莫過於「解決問題」；真、善、美，都與之脫離不了關係。解決問題的方式，無法單憑舊有的習慣，卻要創新；由此而得的解答，必也使哲學系統不得不重新改造或建構；這也是他在1916年出版《實驗邏輯論文集》（Essays in Experimental Logic），1920年更以《哲學再造》（Reconstruction in Philosophy）一書，引發哲學界的震撼。從此，「實驗（試驗）」及「再造」，就變成他的哲學代表名詞。

沒有一種探究活動，不包括對環境條件的「某些」改變。

因之，反應、思索、探究，都在試驗的進行中，也是實際又具體的行動；視之為一種「方法」（method），也是一種「工具」（instrument）。工具主義

（Instrumentalism）似乎是杜威哲學的專利了。把思考或行為當成一種「工具」或「儀器」，來試試看能否解決問題；解決不了時，一般人都怪工具本身不佳或儀器不良，甚至大發脾氣把工具或儀器摔在地上。拉錯了譜，就把琴摔了；打壞了球，也把球拍向地面猛摔。冷靜「想」一想吧！那些舉動，不只無助於事，且破財但消不了災，非務本之道。因為問題未解。

4. 以憑依的「常識」或「習慣」來「探究」，就有必要「重新改造」。那就是「科學」一字的本意與要旨。但科學與常識，也不可作為彼此互不通有無的「無尾巷」（impassable gulf）。「科學式的探究」（scientific inquiry）是一種漫長的過程；還與符號、形式、數字有關。含有假設、演譯，及控制式的實驗、分析、綜合、比較、判別、歸納等，目的在於改變客觀環境。客觀環境不只包括物理環境而已，且也把人文、社會、文化環境包括其中。因之，科學統包一切，此種性質的科學，與哲學宗旨，就密不可分了，由此形成了「科學的哲學」（scientific philosophy），也是「哲學的科學」（philosophical science）。人生在世，遭逢危險，遇到困境，必得採取行動；但在較為複雜的情況之下，不許妄動，得集思廣益（議）。在採取行動之前，得先規劃、預測、模擬實驗一番，慎思謀慮。在比較有把握時，才可放手一搏；否則將鎩羽而歸，且生命陷入不可收拾的危境。

此外，面臨的各種困難處境，不少是無前例可尋的；頂多也只能是類似而已，不可能百分百完全與過去等同。因之，一般性的、通用性的、普遍式的理論，效應並不大。完封不變地照單全收，一再地重述複誦，是了無實用價值的；可能的變數務必考慮，以防萬一。「可能性」（possibility）之重要性，大過於「必然性」（necessity）。

5. 經驗不該是被動的，應是有機體（organism）與環境（environment）二者互動的產物；前者「出手」（doing），後者「反擊」（undergoing）；二者並非一次交手即停止「交易」（transaction），或像商品買賣一般的「銀貨兩訖」，而是有後續動作的。人的「經驗」，也罕見有單純是首次的，或與「知」

無涉。一隻自來水筆，純當作物理上的客體而言，若無法作為寫字的工具，則該筆在認知上，了無意義。此種說法，並非對自來水筆的扭曲或誤解（distortion or perversion）。當然，「用」是人所附加的，把自來水筆純當作一個絕不許予以變動的「客體」，此種認知理論，成為「知識的旁觀者理論」（the spectator theory of knowledge）。不，探究者不只作旁觀者而已，而是經常要「動手動腳、動心動思」地把「客體」予以拿捏、把玩、操弄、切片、加工、著料、上裝、穿衣等一番，然後視其變化。此刻對客體的知，必較豐富無比，也最具實用價值。

可知，經驗不是死的、僵硬的、不變的，卻都可作為認知主體的附屬；相同的，作為認知主體的人，也經過此番一來一往的過程；務必使主體及客體的「知」，都在「知」的過程中才可以「知」。如此一說，似乎成了邏輯上的「套套言」（tautology）了。事實上不盡然。「知在知中」，或「知中得知」；前知及後知，極有可能不屬於同一個知。一隻筆之是一隻筆，與一隻筆經由其可以寫字來認知該筆，前筆已異於後筆了。一隻打起來順手的球拍，比還未經過實驗或實際作為打球用的球拍，二者就「探究者」（inquirer）而言，是兩樣情的。只供「看」（seeing）的球拍，與可供「打」（doing）的球拍，怎可視之無兩樣呢？「試試看」，才能見底細；「穿穿看」，才知衣服好不好。每件「物」，都是「獨特的」（*sui generis*）。

二、哲學的功能

(一)排難解紛，以獲「安全」（security）及「確定」（certainty）

1. 宇宙萬有的真正實情，「多變且危險叢生」（precarious and perilous）；不可能風平浪靜又一向順遂。人人都暴露在此種大自然界中，人生界也是詭譎難測；且人之不如意事常十之八九，「問題」多多。如加上可以運用的方法、工具、儀器又受限，以致於認知的「確定性」，從來就一直爭論不休；憑知以獲的

安全感，也未保。哲學的功能，從此可見。哲學追求知識上的「定見」，排除生命上的危險；但歷來的哲學家把宇宙看成二分，理論與實際，理想與現實，二者各有天地；彼此，兩不相干。杜威當然知悉，希臘柏拉圖以還的哲學家，不只有其理論面，且另有其哲學的實際面；但卻給世人一種印象，即實際面此種經驗世界，與永恆終極的理論面，二者是「二分」的，無橋樑可搭。前者是靜止成定型的「有」（Being），後者是還在動態中的「變」（being）。亞里斯多德更進一步歌頌高於理論性的冥想沉思，蔑視勞動、手工、費力的肢體行動；且以前者指揮後者，前者是主，後者是奴。雖然亞氏也曾說過，由德「行」中見「德」，實際或實踐仍未完全忽視。但在社會階級上，這兩位希臘大哲，尤其是亞里斯多德，竟把自由民與奴僕作「二分」，確實該予以批判。

2. 知行合一的努力，現代科學的表現最為亮麗。早期人們對大自然所生的迷，又驚懼於其力道，乃將大自然賦予神祕性。巨大的樹、山、海、川、石等，都是初民祭拜的對象，以求神祇能息怒止威。其後，不少哲學家成為大自然的旁觀者及被動者而非主動者；可是不久，對大自然之領會、了解、使用，甚至控制及支配，人力較能化險為夷。此種哲學史的演變，提供給時人更能深悉哲學的功能。當然，科學的分門別類，越來越細，且不屬於哲學領域；尤其科學與價值無涉，更與倫理道德靠不上邊；但科學的突飛猛進，卻十足地在左右人類的行為。科學知識與宗教信仰，二者如何調和，康德不是憂心如焚嗎？

3. 知識是關鍵，尤其是科學知識。科學知識比較正確，也能為人所確信又可解疑；由人的情、欲、意等所生的「行為」，有必要考慮方向，即目的。舉目四望，在何去何從之際，科學知識提供一盞明燈，並且在「實際效應」中，見出真章。把本來是束手無策、未決（indeterminate）及「問題叢叢的處境」（problematic situations），烏雲掃清。哲學的功能是批判的、建設性的，也是重新建構一番的，尤其在社會哲學及教育哲學上。自然哲學（natural philosophy）已更名為自然科學（natural sciences）了。哲學在這方面早放手讓科學家大展「神」威，只在社會哲學及教育哲學上，仍保有地盤。該地盤與人生關係更為密切，包

括宗教、道德、美藝、文化等層面。這些層面，都是人人天天必有的「行為」。

知與行不可截然二分。每一個人的行，都是獨特的、個別的，絕對不與他人完全雷同。即令自己今日的一言一行，也必與往昔稍異。杜威指出，過去哲學在價值議題上，偏重於「通案」（the）而少「個例」（a），似乎哲學仍停留在沉思型的理論性上，隔「鞋」（理論）而搔不到「癢」（實用），更少實用性及具體性。自然科學則專門針對某一特定難題予以解決。哲學是否也該對政治、經濟、社會、教育、倫理或宗教的某一特定難題來進行研究，提出對策。

(二)哲學的再造，始於實驗方法，追根究柢（inquiry）

1. 將科技界的實驗方法，轉到人生的各領域。在此，沒必要認為理念及知識是「先驗」的這種過時的形上思考；或認為理念或知識，是至道絕學型的，奉之如聖旨；卻有必要將現存的習俗、舊慣、制度、典章、儀式等，取之作為「心智檢驗」（intelligent examination）的材料，並觀察其實際效應，得知其是否合乎眾人之所欲、所期、所望。這當中，自然就會理出一套邏輯、方法，及理論了。自然科學的對象是同質性的（homogeneous），人文社會科學的對象是異質性的（heterogeneous），不按牌理出牌的例外或偶發事件多；這方面的探究，對哲學更具挑戰性。「創造性心智或智慧」（Creative Intelligence）的成分頗高，結論通常不由前提得出。當然，由個案也可理出通案，只是得特別小心謹慎。自然科學之探究，或許賴「知識」（knowledge）即可有成；人文社會科學則更有賴「智慧」（wisdom）。相對而言，知識易得，智慧難求。

2. inquiry此字，杜威頗為喜愛。該英文字含有探查、追究、了解之意。杜威對該字的定義為：

> 將一種不定型的處境予以控制或導向，使之朝定型而轉向成為一種整體性的整合，結果可使組成分子之間的區別及彼此關係，都能把原有情境中的元素翻轉過來。

這是從他在1938年寫的《邏輯：探究的理論》一書中的104-105頁所記載的。羅素批評，此種定義無異於操練型士官長，要把個別的新兵轉型爲團隊一般，與學術學門的探究了無關係。

不過杜威娓娓道來，他說這是一種「新邏輯」（a new logic），與老邏輯亞里斯多德的「舊工具」（Organon）大異其趣。植基於希臘古文化的老邏輯，「確實可圈可點」。不過，討論的界域，與實際效應隔離，不生關係；亞氏邏輯是封閉式的，也是純形式的。但杜威的邏輯，是作爲探究用的；邏輯本身既然是工具，而工具之好不好，純依工具可不可用而定；以用之後的效果來評其價值，基本形式就是「若……則」（if...then type）。把「困難」一一分解（disposes），取之作爲實驗、解剖、分析等之用。他常把「探究」（inquiry）一詞，定義爲「加深經驗與豐富經驗」（an enrichment and deepening of experience）之意，絕非只是事前就早定的「先驗」（a priori），或作爲一成不變（fixed）的前提。邏輯的有效性（logical validity）純依其結論在實際行動中是否成功而定，以成效論英雄。不然，試問又有何標準可言？道道地地的美國實用主義，就是取杜威的探究理論作爲邏輯底子。

3. 工具主義的眞理觀：杜威認爲眞理的定義，最佳者是皮爾斯。眞理（truth）與用途（utility）或「有用」（the useful），是同義語。此種定義，並非說，用途或有用，專指純私下或個人的；私下或個人的「困境」（problematic situation），也絕不「永遠」都只是私下或個人的。其實，就經驗的「過程」（process）而言，也絕無一種永久都只是「私下」或純「個人」式的困境，卻都形構爲「一種公共及客觀的困境」（a problematic situation is something public and objective）。嚴肅地說，「眞理」都是「公理」，而非「私理」；經驗亦然，絕無永久都只是私下的經驗。私都會轉爲公。完全、絕對、永久的私人經驗，絕無其事。一種科學問題，絕不只是個人私下神經質的操煩，而是一種客觀的困境，有必要持客觀方法予以解之。因之，眞理之發現，不只是個人的滿足、快意、情感等此種己樂而已，且也是眾樂的一種。

真理的至聖觀，最爲杜威所抨擊。真理反而都可也都得一再地重新修正或補充。此一論點，尤其在道德及政治領域中，大有施展空間。基於此一信念，人的「責任感」就加重了。

> 棄守政治及道德的教條，移之作後效的實驗之用；並檢查出是否染上了最不可告人的心懷不正及邪惡的偏見（surrendering political and moral dogmas, and subjecting to the test of consequences their most cherished prejudices）。

用辭如此坦率，掀開了底細，不客氣地盡揭要害，直搗黃龍。也難怪因之引發不少人的敵意及恐懼。

三、倫理學說

人類行爲絕不許胡裡胡塗，盲目愚蠢；相反的，杜威力倡「智行」（intelligent behaviour）及「智斷」（intellectual decision）。

(一) 倫理規範

延承千年之久的風俗或習慣，都是經驗累積的產物，竟然搖身一變而成爲倫範。

1. 習慣（habits）：心理學所稱的習慣，是「構成個人自我」（constitute the self）的基礎；個性（character）也因之是「習慣的滲透」（the interpenetration of habits）而形成。受後天環境所左右之成分大，先天稟賦的百分比不多。因之，習慣也是獨特的、個別的。倫理道德論也可以說是一種習慣論。

2. 習慣一成，就如同經驗一般，並非永世不更易；此種現象，也極其自然；勿訴求那種神祕不可測及人類經驗無可領會的超自然力，來作爲道德規約的立法者（moral legislator），卻都是有機體與環境交相互動的成果。因此，研

究道德倫理學說時，生理心理學（biological psychology）與社會心理學（social psychology）要通力合作。

環境的意義甚廣，不僅只是物理的或非屬人的環境。就倫範角度來說，人與社會環境的關係該屬首要。「德行本身就是一種社會行為」（morals are social），二者平階，「該」或「不該」（ought or ought not）的律例，絕不出社會行為之外。

3. 風俗（customs）：習慣是個別性的，風俗則是集體性的，也是社會性的。個人生活在社會中所承受的風俗，也就如同個人在團體裡學習語言一般。特定的組群有特定的風俗及語言，這在初民社會中極其明顯。現代尤其是民主社會時代，個人面對的社會是多元的，而非單一的；因之，風俗及語言對個人的刺激，也就與祖先時代之單一性不同了；初民社會的風俗轉為文明社會的行為模式。臺灣原住民某族有獵漢人人頭的風俗，他們憑經驗印證「漢人多奸」，巧取豪奪土地，因之對漢人恨之入骨；但現在呢？

有些風俗定型了，即令到今日已不管用，卻仍是「成規」，今人也依之作為行為準繩，妨礙文明的進步。還好，人類的本性中另有一股心理力道，即「衝動」（impulse），也是一種「本能」（instinct），不是後天習得的（unaquired or unlearned）。是一種時興（spontaneity），或料想不到也出其不意的舉動。有機體經過與環境的週旋，實際的後效極有可能對往昔的反應方式予以重組、改造。此刻，「智力」（intelligence）就運作其間了。

(二) 智力（intelligence）

1. 若個人的習慣或集體社會的風俗，及行為模式，都能保證人人滿意，問題也解決，則如此產生的行為模式，必定成為範疇，且也是當代人及其後人的典範或規律，這就是道德倫理。但習或俗，在社會生活圈擴大之後，難免發現彼此干戈或相反作對，此種情勢必逼使人用「智」來思索並作抉擇。原先的律則受到挑戰，古來的方向有必要更改，控制力也得放鬆甚至廢除，鐵鍊更必被炸得粉

碎。不少風俗習慣或許只是由少數階級者定義爲「善良」，卻對多數人不利且有害。此刻，社會之不和諧而生動亂，必然可期。僵化或石化（fossilized）的習俗，已形同一潭死水（lifeless）。遭遇到解決問題的壓力或衝動，人智之運用乃被逼而生。詹姆斯早提出類似如「斷奶」的處方（weaning treatment）。

2. 智力之運用，使人一改過去只是被動的爲環境所束，翻轉而成爲環境的主人；把「有問題的道德處境」（problematic moral situation）予以「重建」（reconstruct），「目的」（ends）與「手段」（means）之間，勢必聯結起來。目的無一成不變性（no fixed ends），手段也有彈性；且目的的價值，「都得依手段」來決定，如同下棋一般；一出手之前，先斟情深思，且預先設定對方可能有什麼反應，若果眞如所料，則依原計而行；萬一對方有奇招，就得見招拆招。這才是德行該走的途徑。在過程中，心裡上的滿足或不滿足，也現在其中。經驗因之有所「成長」（growth）了。「成長」才得有道德上的眞諦，也是「教育」的本質。成長是進行式的，沒有完結篇，且是持續不斷的。「成長」與「持續」（continuity）正是杜威哲學的代名詞，也是傳統所言的「宗旨」（end）。

3. 成長有方向嗎？爲了什麼目的，使經驗予以重新建造？杜威語帶玄妙地答以，成長的方向就是再成長，目的就是追求下一目的。從亞里斯多德以還，「幸福」爲人生旨趣；此論點無人反對，杜威當然也支持此說。但幸福絕不外於生命之繼續存在。繼續活著的生命，經驗必有成長；因爲不生一事，不長一智。而「事」之所以「生」，必因有疑，有難有困。此時，「賢人」勢必應運而生，賢人也就是智者。由於「數十年如一日」的經驗，絕不永遠存在；一遇新奇時，若早有賢者「料事如神」，必得眾人敬愛。但巫師或神祇之預兆，頂多是「經驗談」，如支那古人之「礎潤則雨，月暈則風」。隔離屋子內外的木礎若濕了，則有降雨的可能；月環以暈，則勢必刮風；這只是「知其然而不知其所以然」。在自然現象上或許可以見得準；但較高明的智者，必須更「成長」地往前邁進，由果知因，由因推果；把可能性向必然性邁進，如此方能每試必爽。

因與果、手段與目的、刺激與反應，二者之聯結，不必把時及空，擴大到

無邊無際，成爲永世的絕對。「話說天下大勢，分久必合，合久必分」；分與合是何意？久又是多久？「善有善報，惡有惡報；不是不報，時間未到」；此種說法，了無意義。「漢奸必亡，侵略必敗」；也只不過是情緒發洩而已！在「知」與「德」上，不具價值也得不到權威性。「實際的效應」必end in view，即隱約可見目的，是看得到的；視野展現在眼前，往前一瞧，又擴大了視野面（new vistas）。新視野與舊視野必有相異的面貌與內容，一再持續地推陳出新，苟日新，日日新，永無止境。

個人的有機體生命是有止境的，人生不滿百；但心靈生命卻絕不消失，且集體社會的生命也生生不息。美國人或世人之了解林肯，或銘記這位偉人，絕不是認爲他的生理生命迄今不朽，而是他的豐功偉業，以及爲人類營造出更幸福、更自由、更平等的倫理生活，永世爲人懷念。

(三) 事實（fact）與價值（value）

傳統將「事實」與「價值」予以「二分」，此種「二分」，早該泯除。

1. 生長及持續生長，這種「事實」，也是「價值」；價值寄存於事實中，不是附加的。價值是一種判斷。事實與價值之所以堅壁清野，兩不相交，乃因無「智力」運作其間。價值是一種理想，未來式的，「欲想的或欣悅的」（something to be desired and enjoyed）。草莽社會中，愚、盲、蠢者太多，智使不上力，因之「滿意」（satisfying或satisfactory）之經驗少之又少，不幸甚至有害於繼續生存者必不罕見。經過人智的普遍激發，「受讚美」（to be prized）、「該被追求的」（to be cherished），或「該享受的」（to be enjoyed），一旦成爲「事實」（facts），或把早該成爲事實的，快速地成爲事實，這不是價值與事實同一了嗎？因之，事實與價值是同義語，是一體的兩面。「價值」是還未成爲事實的「事實」，事實則是已實現的「價值」；二者都處在「過程」（process）中，都還在「持續」（continuous）著，也必還在「用」（working）裡；如同「目的」（end）及「手段」（means）般。目的是以「用」爲手段的結果，而

方法也使目的管「用」──解決問題。

2. 事實屬「知」，價值屬「德」，此種二分也無必要。因爲二者都合一於「判斷」（judgment）之內。知要判斷，德也須判斷；都針對「經驗物件」（experienced objects）的「狀況」及「結果」（the conditions and the results）作出判斷，以便迎合人的「欲求」及「享受」（desires, affections and enjoyments）。二者都屬知，也都屬德；「是」（is）與「該」（ought），二者是不分的。平鋪直敘的客觀，與規範訓誡的主觀，二者不分彼此，冶爲一體，都是「探究過程」（process of inquiry）所不可或缺者。也不分主與客、身與心，理想面（de jure）與「現實面」（de facto），都是判斷中不可分割的部分。判斷何者是人所欲求的，或人所擬享受的；把此種還未實踐的變爲既成事實，也就等於時間上的未來，與今日或往昔，是一脈相承的，哪能分割切斷？

3. 經驗主義不如試驗主義來得合乎實情真意：經驗主義的爲學方法，是「守株待兔」型的、被動的；試驗主義則主動出擊，不是空等待。自然科學之所以日新月異，持續地進步，非往昔可比；今日一天的成就，或許超越古代百年的辛勞，原因何在？杜威的愛徒胡適，取「嘗試歌」，以白話文喻之：「自古成功在嘗試，請看藥聖嚐百草，嚐了一味又一味；又如名醫試丹藥，何妨六百零六次」。606成爲治療性病之藥名。雖然人「力」在某些層面上還無法作主，如觀察天象或星球運行，只好費時「等待」；但其他可供探究的地盤，都可放在實驗室予以控制，試驗或實驗，總比經驗，更合乎現代的科學意。「重建」或「再造」（reconstruction），是杜威喜愛用的詞句。

試驗或實驗，都如同自然科學一般，皆屬一種「假設」（hypothesis）。因之都可以用客觀的實證資料來試試實際上的效應，繁多的爭論就因之減少或消失。在倫理道德，甚至宗教或政治議題上，也採取此種方式，才會使「人云亦云」、「公說婆說」、「七嘴八舌」之紛爭止息。就杜威而言，他的試驗主義，真是「探究」的萬應靈丹。

人一方面是社會環境的產物，受外在刺激所制約；但另一方面卻也常擬修正

或改造社會環境。以「私有財產之持有」此種政治體制而言，視之為神聖不可侵犯，永不可讓渡的權利；或把它當成是竊占品；此種「兩極化」的非此即彼，又非彼即此的二分，都十分不該也不當。就「實際情況」（即既成事實）而論，兩種說法都有部分事實，但非絕對事實；二種說法，都有必要採開放、公開，或批判的角度去處理之。這是「民主態度」（democratic attitude）。

4. 民主式的教育：1916年，歐洲戰火正熾，民主與威權對立的殊死戰，杜威的解決之道，追本溯源，肇因於「教育」民主化之有無。就教育哲學而論，教育作為哲學的實驗室，哲學作為教育的指導原理。秉持「生長」及「持續」原則，教育除了不斷地生長之外，別無目的。教育的此種意義，本身就是教育目的，除此之外，別無其他目的。因之，教育無終了期，業是不「卒」的，終生都在教育。活到老，學到老。有形的學校教育，有告一段落的時刻；但無形的社會教育、生活教育、家庭教育，都無邊無際。學校與社會不能脫節，生活與教育一定要掛鉤。傳統的教育觀念、教學方法、課程組織，及教學態度，都有必要重新建構。「主動的試驗精神，不展現在一生成長的教育體制裡，不以問題解決方式作為活動之依據，都不符合實驗主義的教育要求。」培養民主式的公民，就可止戰！

(四) 宗教

1. 宗教的經驗，幾乎人人皆有，尤其是人力脆弱或生存競爭中挫敗時為然。但他絕然反對取人或物當一種崇拜對象，更力斥特定的教條及儀式。他心目中的上帝，絕非猶太教、基督教、回教，或佛教等宗教上的上帝。宗教（religion）與其當名詞（noun）看，不如作為形容詞（adjective），成為「宗教的」（religious），是一種心境或一種態度，如此而已。作用於美學、科學，或道德層面上，從中體會出友誼及愛。因之，宗教情或宗教態度，充斥著一個人的一生，把個人與宇宙結合。

2. 宗教信念、宗教情，或宗教態度，皆可以一再修正或重建，都具試驗及

印證性質。因之，宗教也如同自然科學及社會科學一般，持續性及成長性極其明顯；也在問題解決上著力。相同的，「智力」更該在宗教上有揮灑的空間。在邏輯、工具主義，或試驗主義上，都當一種可資驗證的假設；若一種假設阻擋探究的繼續進行，則該假設必非有價值的假設，也是該放棄的假設。他企圖把藉由神祕的啓示宗教這種高高在上的形上，掉入於實際生活的形下行動中；取具體的道德、社會、政治、教育，及宗教議題，作爲解難脫圍的討論話題。可惜，他的文筆功力所表述的，並非十分順暢，且經常出現不十分清楚的語辭。筆者在譯《民主與教育》一書，時有「此句費解」以表心中之惑。他對美國人或全球人的重大影響力，並非由於他有文字動人的寫作天分，而是大表哲學的實際（實用）面。作爲一位知名的大學教授，任教長達數十年，據及門弟子親自的經驗感受，也覺得上課時「輒惟恐臥」，如同宰予晝寢一般。他到支那兩年，到處演講；由於嚴肅、學究型、欠缺幽默感，得意門生爲其翻譯也不得輕鬆。不過，就其較一清二楚的表達上，他把哲學當成是一門「價值判斷」（judgments of value）之學，展現出一種可以有遠眺視野的天地。眞理的工具觀、實驗性、實用性，可以公開地在衆目睽睽之下無所遁其形，而非只是一種「冷靜無情的分析」（a dispassionate analysis）而已。概念有必要解析（concept analysis）。道德、宗教、倫理、社會習俗等，亦然。

第五章

英美的實在論及分析哲學

　　心論威力，所向披靡；支持者有之，批判者有之。與心論較不同調且是經驗主義大本營的英國，激起了一股反心論學潮，主將是劍橋人，一是穆爾（G. E. Moore），另一是羅素（Bertrand Russell）。二者都是分析運動（analytic movement）的領航人。

　　英國兩所老大學之一的牛津，卻是心學的大本營。十九世紀後半，聲勢浩大，但也產生逆流。從柏拉圖建立觀念主義（idealism）以來，德國哲學演變成爲唯心論，二者之間，有必要先釐清與此有關的一些名詞。

　　由理性思辯而生的「觀念」（idea），又名「理念」，是抽象的、形上的、超驗的，柏拉圖認爲是「客觀的」（objective），「先天地生」。此種觀念主義，叫做「客觀觀念主義」（objective idealism）。觀念由「心」思所生，這是必然的。此種「心論」到了德國，繼續增強威勢；但由德國「絕對觀念主義」（absolute idealism）所發揚光大的，卻持與柏拉圖相反的見解，以爲觀念主義非「先天地生」，卻是由人所創；人是主體，也是主觀的，這叫做「主觀觀念主義」（subjective idealism）。柏克萊的 *esse est pereipi*, to be is to be perceived，是觀念主義（idealism）最重要的原則，只有「心有所感」（to be perceived）者，才是存在者，「心」是形成「觀念」的主宰；但是否其反句，「心無所感」者，都是空無？則有必要進一步予以分析。知識（knowledge）從感官經驗而來，但感官印象（impression）而成的感覺（sensation），除了人之外，動物也有。因之，光只是感覺還未能成爲知識的主要成分，比感覺進一步的「知覺」（perception），才是知識的素材，這就只有人類才享有了。所以，與其說 to be is to be sensed，不如說 to be is to be perceived，才算是「知識」（knowledge）。依柏拉圖的闡釋，那才是眞理的所在，也是眞正的知，而非「幻影」（image）、「意見」（opinion），或「信仰」（believe）。knowing, opining, believing，三者是不同位階的。由此來「知悉」一切知的「對象」或「客體」（object），是否是早就獨立存在，或得等人「心」之「知覺」後才存在，也就產生「客觀觀念論」及「主觀觀念論」兩種分枝。以洛克所言之實在體三性說而言，他以熱（heat）

為例，比色（colour）更足以說明「客觀觀念論」及「主觀觀念論」二者之別。連未悉洛克理論者，也必有「熱感」（feeling hot）必比「色感」（feeling co-loured）更為強烈經驗。「熱感」之對「心」，比「色感」之對「心」，還更明顯。因之，「熱」的主觀性大於「色」（甚至客觀性也如此）。二者都由客體所生，但對主體的人而言，人之「心」所感受的，是知熱比知色更為容易。只有第一性或初性（primary qualities）才是「物本身」，不依人之感受或知覺而單獨存在；第二及第三性，則全依人「心」來裁斷，人也因之生出觀念。換句話說，「客觀觀念論」偏於第一性，「主觀觀念論」則屬第二性及第三性。

第一節　實在論的醞釀

一、英國觀念論及實在論的對衝

(一) 觀念主義——德，實在主義——英

1. 由德國觀念論或觀念主義、心論的或唯心論的大海浪，衝擊到英時，英國學界兩位赫赫有名的哲學家起而抗之，他倆是穆爾（Moore）及羅素（Russell）。兩位都是劍橋人。另一更老的大學牛津，卻深受德國哲學風的吹襲。其實即令在牛津，也不完全臣服於異國浪潮之下。下述諸位牛津人，曾聲援劍橋學者，如牛津CCC學寮（Corpus Christ College）的凱斯（Thomas Case, 1844-1925），主授形上學（1899-1910），且擔任該學寮首長（President, 1904-1924），以「實在論」（Realism）為主題，分別寫了兩書，《道德上的實在論》（*Realism in Morals*, 1877）及《物理上的實在論》（*Physical Realism*, 1888），公然對來自於德國的「主觀觀念論」（subjective idealism）及「現象學」（phenomenalism）予以反擊。

至於「客觀觀念論」（objective idealism）或「絕對觀念論」（absolute idealism），凱斯就手下留情了。他強調在知的世界中，存在著一種獨立於「感官資料」（sense-data）之外的知；宇宙或萬有萬物之存，是「實實在在的」，不依感官對它有覺或無覺。在心論及物論中，他傾向於心論，但揚言他要重振培根（Francis Bacon）的實在論（realism），也步牛頓（Newton）等科學家的後塵。

2. 順風飛翔的群雁裡，出現另一逆襲的蒼鷹；他是牛津的威爾森（John Cook Wilson, 1849-1915），1889-1915年（去世之年）都在牛津擔任邏輯學教授；雖著作少見，卻是有影響力的教師，還親自到德哥丁根大學（Göttingen University）聽課，但心論主張，不合他口味。心意上不爽於舉國規模式的宏觀，倒對個案或特殊問題有興趣；要求從細部下手，謹慎細心又徹底。分析取代

綜合，尤對日常用語深感興趣，也是他認為邏輯該下工夫的對象。概念分析的
語言哲學，從中現出光芒。他服膺亞里斯多德的「行中見知」——由勇行看出
勇德，由智行中顯出智德等。知識就是一種行動，是進行式的，動態的，而非
靜態。「知」就是「正在知」（knowing），「意見」（opinion）也「正是在展
示意見」（opinioning），信也「正在信中」（believing）；邏輯上的「判斷」
（judgment）也處於「正在判斷」（judging）裡；就字意而言，二者是有別的，
不應搞混；都屬「知識」（knowledge）沒錯，但何謂「知識」，或「知識」本
身是什麼，這是不能如此問的，只能就知的「進行狀態」（ing）中求知。「知
識本身」此一用語，毫無意義可言；「知什麼」，「如何知」，「知有何用」，
「知的後效如何」……如此的「知」，才具知識意義。

　　3. 上述的知識觀或邏輯觀，對另一牛津道德學教授普里查德（Harold Arthur
Prichard, 1871-1947），感受最深。

　　若言知識，則必首先問，有什麼是吾人要予以知的（if there is to be knowl-
　　edge, there must first be something to be known）。

　　「知」必有知的主體，即「人」；也必有「知」的客體，即「物」。無人又
無物，則又有何「知」可言？

　　知是「自成一格的」，若然，則是無法予以說明解釋的（knowledge is *sui
　　generis*, and, as such, cannot be explained）。

　　換句話說，任何「實在性」或「真實性」（reality），包括宇宙萬有的一
切，人、物、事、時、時空或所有「範疇」，就其「本身」來予以「知」，是
不可能的，也了無意義。這也是洛克所言的初性或第一性。只有第二性及第三
性，才「實」（real），也才能知。但該知不含「知本身」，只能知「相關」

（related）的其餘一切。「知」不是孤立存在的，或靜止的。「知」成爲動態時，必有所牽涉。1950年在他去世三年之後出版的《知識及知覺》（*Knowledge and Perception*）一書中，力言吾人確實未能實際上看到什麼物，看到的只不過是該物的顏色，或空間上該物的延展性，而「誤」（mistake）後者爲前者，以爲該有色的物或有彈性的物，乃是該「物」本身。若「主體」的心是實實在在的（real），則「客體」的物，也一樣是實實在在的。二者都獨立自存，未能單言「心」爲實，「物」不實。簡言之，心實物也實，但兩者並不絕對依存；心不存時，物仍存；物不存時，心仍存。

1912年出版《心》（*Mind*），影響力大；1949年重印在《道德義務：論著及演講集》（*Moral Obligation: Essays and Lectures*）一書中，提出一問：「道德哲學以誤爲論嗎。」（Does Moral Philosophy rest on a Mistake?）依他之見，過去的道德學主題，是論「義務」（duty）；什麼才是實實在在又眞眞正正的「義務」，而不是錯誤的「義務」。若道德義務觀，本諸於「直覺」（intuition）而非「論辯」（argument）其他道德哲學家之所倡言，出發點就「錯誤」了。論辯確實也有其用，但一旦「義務」不一、不合、互起衝突時，試問是依「論辯」就可解圍嗎？

以「義務」爲例，觀念論只就「義務」而言「義務」，強調「義務」的「內在性」，即duty，「義」重於「利」。實在論則要求以「義務什麼」來言「義務」，重點放在「義務」的「外在性」，即obligation；「利」先於「義」。二者區別，極爲鮮明。雞嘴對不上鴨嘴。觀念論中意於理論，實在論則鍾情於實際。

(二) 實在論的倫理觀

1. 持倫理直覺主義（ethical intuitionism）的普里查德，認定義務感這種道德觀，來自於本能，是人性的一種直覺，是先天的，而非後天經由辯論或邏輯分析而來。並且也認爲，義務感比善的觀念還優先。還說，持目的觀的倫理學體系

（teleological ethical systems），如亞里斯多德及功利效益說者，基本論點都植基於錯誤上。義務的大小、範圍的廣狹等，都憑「直感」（intuit or see）而來。

2. 一戰後，牛津重提此一舊議題。牛津人自有主見，在難免受到來自劍橋穆爾的影響下，強力反擊劍橋這位哲學家的見解。穆爾雖在1903年的《倫理原理》（Principia Ethica）一書中，認爲「善本身」（goodness），是無法予以定義的；相反的，他一清二楚地明示「道德義務」（moral obligation）乃是一種行爲，該行爲可以滋生更多的善本身。

1922年，普里查德在牛津當道德哲學教授的就職演說中，以「義及利」（Duty and Interest）爲題，再度提出己見，堅持直覺說。一時使大學校園裡充斥著善與義務之爭辯。「至善」（summum bonum, a supreme good）的說法，對道德哲學而言，是不切實際形同「鬼火」（ignis fatuus）呢？愚蠢之至嗎？「善本身」這種至高無上的善，都可藉其他小善的累積而成，此種說法，注定以鳴金收兵作爲下場嗎？

1936年艾雅（Alfred Jules Ayer, 1910-1989）出版《語言、眞理，及邏輯》（Language, Truth, and Logic）一書，是著名的邏輯實證論宣言書（logical positivist manifestation），其中提到，對「X類的舉動是錯的」（actions of type X are wrong）之闡釋，並非來自於任何方式的直覺，卻只不過純是對X類的舉動表達出一種「情緒性的態度」（an emotive attitude）而已，且連帶地也希望別人同樣有類似的情緒態度。情緒理論的倫理道德說，雖還不至於代表全英的道德哲學論，卻也激起不小的火花。不管如何，由德國移來的觀念主義、心論，或唯心論，都把倫理道德當作一種附屬於某些可盡吸一切的形上論之下。在英國所生的反彈，就倫理學說而論，就是直覺主義或語言分析論。至於倫理學是否可以在道德語言這種絕緣式的境遇中成長茁壯，也是頗質深思的課題。

二、美國新實在論（new realism）之興起

(一) 語言哲學

1. 單就語言分析及概念分析而論，美國學界也有不少人產生積極的回音共鳴，他們形成「新實在論者」（new realists）。一方面仔細注意語文的使用，對語文不可掉以輕心；一方面把曖昧及繁複問題（vague and complex problems），一一擊碎成可以「操弄」（manageable）為十分確定的問題（quite definite questions），作風完全與英國的穆爾相同。順著杜威的工具主義說法，把語文當作一切哲學問題的解決工具，「仔細的、系統的、窮盡的對任何議題予以檢驗」（the careful, systematic and exhaustive examination of any topic of discourse），則主觀及鬆散的思想及語言問題，就可迎刃而解。如此一來，就不必理會或介意科學瞧不起哲學了。這才是哲學最「真正確實」該走的路（realist line of thought），也是英美實在論的精髓。

哲學史上的「實在論」（或譯為唯實論，realism）有古今之別，且恰好有相反的主張。「古」實在論，指的是中世紀教父們爭論「共相」（universal）此一普通、抽象、形上、絕對的「觀念」，如「上帝」。「共相」到底是「真實的」（real），或只是一種「名稱」（nominal）？若指前者，則是「實在論」；若是後者，即認為那只不過是一種「名」，空洞的；真正的「實」，是具體、個別、特殊、相對的「物」；「實物」之名，因之而起。十八世紀左右因科學發明及經驗主義勃起，「物」之「實」較有具體「內容」；而「名」只是形式或符號，是「虛」而不「實」的。此時的實在論與中世紀的實在論，同名卻義異，因之乃有「古典實在論」（classical realism）及「新實在論」（new realism）之分，後者對語言、文字、辭類的使用特別予以概念解析。其中一要項就是「關係詞」，如主詞與述詞、主體與客體、刺激與反應、字與字、辭與辭等之間的「關係」（relation）。

2. 例如，「圓形」（round）與「四角形」（square）二辭，各有其「實」

（real）；但英文的這二字若連成一辭「圓形四角形」（round square），則成爲「空詞」（empty term）。夫與妻、父與子、兄與弟、姊與妹，甚至「同窗」、「朋友」等，這些關係辭之存在，與「獨角獸」、「美人魚」、「金山」、「現在法國皇帝」等，是相互有別的。有夫必有妻。一個人的身分，如名之爲「父」，則表示他「必」有子。同理，若A是B的同窗，則B「必」也是A的同窗。但如由「愛」或「恨」而生的「關係」，則不盡然；A愛B，不表示B愛A。此種錯綜複雜的「關係」，有待釐清；「A在B旁邊」，等於「B在A旁邊」，這是「無誤」的；但「A在B左邊」，若也等於「B在A左邊」，此種「知」就大錯特錯了。「金」與「山」，都有其「實」；但「金山」則是幻覺（illusions）、夢覺（hallucination），或海市蜃樓（mirage）。「美」與「人」各自是「實」；「美人」及「魚」，也是實；但「美人魚」就不實了。

3. 不過，鐵軌是平行的，遠處看，卻聚集合一；一支筷子入水時呈歪折現象，就視覺本身而言，二者皆「實」。依「正常人」的眼睛之「正常」功能所生的「印象」，「確」是如此。若有一人「視」筷子在水中時，水面上的筷子與水面下的同一根筷子是「直」的，則此人的「視」功能必有問題，該看眼科醫生了。依人眼之所「視」，都是「客觀的」，而非「主觀的」。

while all perceived things are things, not all perceived things are real things.

同一根筷子，水面上的一段，與水面下的那一段，二者「看起來」（perceived），都是筷子。但看起來是「不同一根」，而是兩根筷子，也都是眞「實」的筷子，其實卻「不實」。深眠中以爲與愛人裸裎相擁，醒來卻是南柯一夢。當然！也有美夢成眞的。夢中以爲的「實」，到底是「眞」的實或「虛」的實，二者應有分辨。有人「名」爲「美人」、「查哺」（男生）、「狀元」，或許只是一種心理情緒上的安慰而已。猶如窮鄉僻壤的小豆腐店，新年時門聯高掛：「生意興隆通四海，財源茂盛達三江」一般。有地名爲「金山」者，如

臺灣北部有一鄉鎮爲「金山」，雖有小山，但無金。作爲「地名」，是眞有其處；但若以爲金山必有鑽石金礦脈，則就誤以「名」爲「實」了。有名又有實的關係詞，是既「存在」（existence）也「存有」（being）。有名無實者，是「存有」（being）而非「存在」（existeince）。一切都是「存有」，「存有」所「呈現」（appearance）出來的，是數不盡的「存在」，包括「物理的、心靈的、邏輯的各種命題」（physical, mental, logical propositions）。不管由人評爲眞或假、善或惡、實或不實，都「依之而存」（subsist）。關係詞有三種，一是「可對稱的」（symmetrical），如「對面」；A在B對面，則B「必」在A對面。二是不對稱的（unsymmetrical），如「父子」；若A是父，B是子，則A是B之父，B「必」不是A之父。三是「擬對稱性的」（asymmetrical），即對稱性時有時無，如「愛」；A愛B，則有「可能」B也愛A，但不「必」然如此。筷子在水中，浮出水面的是直的，在水下的也「實」在是直的，但「看起來」不是同一根筷子；因爲「水」介入其中。若杯中無水，則整根筷子在杯中，都是直的。兩種「呈現」之有別，乃因「水」從中作「祟」。其次，有些「不實」之名，如「龍」（dragon），對人之「思」有刺激作用，可以「激」起人類製造「龍船」作伐舟之用；而獅（lion）則無此功能。支那人有「龍」舟比賽，卻無人伐「獅」船。自然界有獅但無龍，有龍舟卻無獅舟。「舟」與「獅」兩字不能相聯，舟與龍卻可相聯。

(二) 美國的「批判實在論」（critical realism）

1. 洛夫喬依（Arthur Oncken Lovejoy, 1873-1962）：「批判實在論」同「新實在論」（new-realism），都反對「心論或觀念論」（idealism）。不過二者之見解仍有些許出入。洛夫喬依在美各名大學任教，最後於約翰霍普欽斯大學退休，是積極推動美國大學教授協會成立的主將。不滿一種例子：若以爲平行的鐵軌，爲何在遠處看起來相交？由「表象」（representation）而成的「表象論」（representationalism），若都是客觀的存在，則是否也可以說，錢幣的表面，同

時既「圓也橢圓」（circular and elliptical）？將語言文字作概念解析，這是新實在論或批判實在論的最愛。此種觸角，也伸向倫理道德層面，英國牛津有一群學者也熱愛於此。批判實在論與現代邏輯更不可分，邏輯解析（logical analysis）之勢已在醞釀。一切的「存有」（essence, being），是無所不包的，窮盡實界與不實界。軌道盡頭兩軌合在一起，而非平行，這是「不實」的。但「不實」本身也是一種「實」。把–(x)Ax（並非全部X都是A）予以化解，而成（∃x)–Ax（有x，x不是A）；–(∃x)Ax（並非有x是A）予以化解而成爲(x)–Ax（一切的x，都不是A）。如此的解說，更一清二楚了。碰到「金」、「山」、「金山」三字或三辭時，三字三辭皆「實」；「金山」這個「地方」，可能既無「金」也無「山」，但卻有人名爲「金山」，或地方叫「金山鄉」。個中的虛虛實實，就猶如水中筷是直或不直的情況一樣。

　　來自於德國的心論，傾向於對知識予以「建構」；相反的，實在論則注重「解構」；破壞、支解、分析的目的，在於排除主觀色彩、思維的鬆散、語文的隨意使用，同時也關注「意識」（consciousness）的性質。顯然是受哈佛大學心理學大師詹姆斯的影響。心與物之差別，不如常人所想的那麼大，甚至用「行爲主義」（behaviourism）的角度視之，心與物、主體與客體、目的與方法等，都是直接的，不必賴什麼中介物，更不必再假手神祕的第三者插手，以爲「眞相」與「幻相」之所以不同「相」，「中」間是否有「心」（mind）在搞鬼？究其實，也只不過都是一種「過程」，且是連續不中斷的「過程」（process）。這不也是杜威哲學的重要名詞嗎？

　　2. 來自於西班牙舊教信仰的桑地雅納（George Santayana, 1863-1952），是詹姆斯指導而獲哈佛學位的哲學家，提出「動物信仰」（animal faith）說；類似本能性的「信」（instinctive believe），人有之，動物也有之；「活在當下」，那種一瞬間的感受，該緊緊抓住，不可遺漏。望梅止渴似的感受，不也是頗爲眞實嗎？

　　美國實在論者除了過問知識論之外，仍對價值層面的道德哲學、政治社會哲學，及演化論，深感興趣，甚至認爲常人以爲的「物質」如石頭，「或許」也含有一種「潛在的能量」（potential energy），當演化到某種程度時，本身有可能出現「意識」（consciousness）。洛夫喬依還在1948年出版《觀念史論文集》（心史，*Essays in the History of Ideas*），提出上述論點。

三、心論與實在論的合流

(一) 亞力山大（Samuel Alexander, 1839-1938）

　　心論持絕對、永恆、至道、絕學，因之對形上學，統包式的宇宙觀，大爲著力；實在論者致力於此層面者，亞力山大就是其中之一。

　　1. 生於澳洲雪梨（Sydney），1877年至牛津，受到唯心論者格因（Green）及布拉利（Bradley）的影響。不過，接受劍橋達爾文的演化論，卻凌駕於德國的黑格爾哲學之上；他也對經驗主義的心理學，下了不少功夫。當時，牛津學風對心理學之致力，是淡淡的；布拉利雖也對心理學深感興趣，但牛津長久以來都藐視該門學科，咸認不夠格在大學作爲探討對象。其後，亞力山大又受到實在論者穆爾及羅素的影響，且心向美國的新實在論。只是他心中也有定心力，認爲知識是一種預備工具，作爲綜合形上學之用。心學在他早年的陰影，揮之不去。

　　2. 1882年他被牛津林肯學寮（Lincoln College）選爲「寮友」（Fellow）；持進化論觀點，於1889年出版了《道德秩序及進步：倫理概念的解析》（*Moral Order and Progress: An Analysis of Ethical Conceptions*）。將形上學的宏觀，無所不包性、大批發式的，都寄情於進化論這種科學理論上；知識是進化的，是經驗的；形上學必須建立於此。道德觀念如善或惡，當或不當，都有必要予以概念解析；倫理學不只是敘述事實的科學（descriptive science），也是規範性學門（normative science）。生物界中的生存競爭，優勝劣敗，在人的社會裡亦莫不如是；但人的競爭除了生理面之外，另有道德倫理面。若能使人與環境、己與

人、人與社會，都能有個「協合的均衡性」（equilibrium or harmony），這才是真正的幸福，也是自我發展（happiness and self-realization）的倫理系統。

3. 其次，包括物理及社會的生活條件，時時都在變化中，均衡協合性也因之非變不可，是動態的。1893年他到曼徹斯特大學（University of Manchester）任教，1916-1918年還赴格拉斯哥大學（University of Glasgow）擔任講座教授。1920年出版他在形上學的代表作，《時、空及神祇》（*Space, Time and Deity*）一書。形上學代表一切之學，但方法是經驗科學的；視形上學爲一種「假設」之學，也是取資料來印證各種關係之學（hypotheses by which bring its data into verifiable connection）；包括經驗的及非經驗的。「驗」指已經驗的（experienced）、「先驗的」（*a priori*）或超驗的（transcendental experience）。

他的實在論，乃建立在時及空上，即以「時」及「空」（space and time）作爲萬有之「實」。時及空都在進化中，也是收藏一切的「容器」（receptacles or containers）。一方面是時空互存（co-existence），一方面也是持續（succession）。時無空不存，空無時也不存。既似「猛衝」（precipitated），也如靜態的「凝固」（crystallized）。有一就有二，但無三不成禮，這個三就是動態的「神祇」（Deity），也就是傳統哲學中所言的「第三性」（tertiary qualities）。由初性（primary qualities）的「質料」（matter），到次性（secondary qualities）的意識心靈活動（conscious mental activity），最終抵「時空」（space-time）所形成的第三性。

第三性就是價值（values），「眞」（truth）、「善」（goodness），及美（beauty）屬之。有別於「色、形」（colour or form），卻與「目的」（purpose）息息相關。紅玫瑰是紅的，視紅玫瑰爲「好一朵美麗的花」，則純屬心靈作用。第三性的「實」，是客觀的存在，絕非主觀。此種「實」，也是萬有的「實」之中之「實」，是主客交互作用的產物。主客關係絕非孤立或互不相隸屬；定義爲善、美，或眞，則是心靈作用的結果。且作如此判斷，也不是純由個別的主觀心靈所裁定，卻有「公斷」──群體的心靈（the community of minds或

collective mind）。公斷就是客觀的了。進化論的說法，已呼之欲出。

達爾文主義（Darwinism）常被認爲無涉於價值，事實上，價值都在生活史
上存在著。

最「實」的價值，就是能夠繼續保有生命，在進化過程中展現出來，否則
該價值就被淘汰。新價值就是更能適應環境的價值，也才是「眞」、「善」，及
「美」的價值。「時」及「空」此種客觀存在的經驗事實，二者之交替互動，也
就生出第三性，即神祇或上帝等宗教性了。「就吾人的經驗所知，演化的另一更
高之經驗性質，也是吾人所知的最高階，就是神祇（Deity）」。猶太籍的他，
對神祇或上帝的看法，免不了要把這最高或最後的進化層，歸之於一種如同來布
尼茲（Leibniz）所言之「巨大或陣痛」（big or travail），屆時一定會出生號嚎
痛哭的嬰孩一般；只是一直還在「孕育」（in embryo）的胚胎期。作爲現代人
日夜期待的一種寄望情（sentiment），是「時空相連」（space-time continuum）
的。從某一角度言之，那正是黑格爾所言的「絕對精神」（absolute spirit），只
是他取「時空」（space-time）代之。

(二) 懷德海（Alfred North Whitehead, 1861-1947）

1. 英國思「潮」，並不傾向於納入一種無所不包的形上系統裡。上述的亞
力山大哲學觀，由於偏於一隅，因之也受盡冷落。在形上哲學地盤裡，與懷德海
相較，也遜色不少。懷德海是英國自布拉利以來最具影響力的形上哲學家，也在
美國發揮威力，是劍橋有名的數理教授，羅素是他的門徒。懷德海在1942年起
即在美任教，至逝世爲止，時間比在英更長。晚年時，大英及歐洲學人漸漸對他
的哲學感興趣。英國學界甚至因而認爲自1900年以來，不把亞力山大列名爲哲
學家行列裡，而以懷德海爲主角。

2. 1929年名著《過程及實在》（*Process and Reality*）出版，成爲形上學最

龐大的著作之一。1880年入學於劍橋三一學寮（Trinity College, Cambridge），
1942年受聘爲哈佛大學教授，1931年入選爲英國皇家學院院士。唯心論與他的
哲學思考，二者相親；他不滿布拉利的學說，但也發覺兩人所說，並無大異。

以數學起家的懷德海，如同柏拉圖一般的對科學哲學及形上學特加注意，也
似康德之前的哲學家一般，取當時的科學業績作爲哲學思考的底子；堅持必須拿
新物理學作爲思辯哲學即形上學的依據，企圖以物理學此種「實」科研究成果，
來「修正或轉變」（transformation）唯心論或絕對觀念主義（absolute idealism）
的論點。

此事說來話長，不過一言以蔽之，他深信任一哲學，都該有統合性及邏輯的
一致性；任一經驗事實在闡釋時，不是只各打五十大板的折中而已。特殊的、個
別的、有時空性的、局部的、具體的經驗事實（實），能夠在整體性的環宇裡占
有地位、意義，或價值，也能成爲通則或範疇，就如同亞里斯多德或康德的範疇
論一般；細節與整體，都生密不可分的關係。因之，所需的形上思考成分，是不
可或缺的。語言文字或概念之解析，也不例外。換句話說，環宇是一個有機體，
主客都一體相連，且是一種「動態過程」（dynamic process）；殊中有共，共中
有殊（a plurality-in-unity, a unity-in-plurality）。從中產生新穎性及創造性，而非
原地踏步或新瓶裝舊酒。切勿把辯證法當固定不變的使用，創新性（creativity）
意識，才最眞最「實」，遍在於時空中（the universal of universals）。

第二節　穆爾（George Edward Moore, 1873-1958）

由德國影響於英的觀念主義之心論或唯心論，在英雖有附和者，但最後卻有一股大反彈；由實在論發起端，而以分析哲學終其結。先在劍橋大學發動，其後卻結集於牛津大學及其他各大學。分析運動（analytic movement）遂變成「牛津哲學」（Oxford philosophy）。但不要忘了，原先肇始的三大巨星，都是劍橋人，他們是穆爾、羅素，及維根思坦（Moore, Russell, Wittgenstein）。

一、生平及著作要旨

(一) 生平

1. 1892年，穆爾在劍橋就學，主修古典語文，知足自滿，並不認為一切有什麼疑或問題，要待去惑或解答。反正世界就是那個樣，對他來說，沒什麼哲學難題令他集中注意，也不嚮往有什麼傑出看法。存在主義學者如齊克果（Kierkegaard）、雅斯培（Jaspers）、卡繆（Camus）等人，唯心論者如布拉利（Bradley），都有不滿意於常人之所思，他卻在內心中起不了波浪。不過，卻對有些哲學家的奇怪想法，心湖裡激起漣漪，心思也生出不平靜的現象；如：時間是不實在的，或科學知識不是真正的知識等。因之，轉古典語文科為哲學科。不過，大部分原由，卻是交上了年齡較他多一歲的學長羅素（Bertrand Russell, 1872-1970）這位朋友所致。

1898年在劍橋名學寮的「三一」榮獲寮友榮譽獎（Prize-Fellowship），五年以後的1903年出版了《倫理學原理》（*Principia Ethica*），堪與牛頓的《物理學原理》（*Principia*）、羅素與其師懷德海合著的《數理原理》（*Principia Mathematica*）等，同列學界巨著。1921年主編《心靈》（*Mind*）刊物。1925年，因心理學家瓦德（James Ward, 1843-1925）退休，他被聘接其缺而成為劍橋哲學教授，1951年更榮獲「功績勳章」（the Order of Merit，制訂於1902年，簡稱

O.M，專頒給全英對軍事、學問、藝術等著有業績者）。

2. 依羅素的說法，穆爾才是領導群雄力抗「心論」（idealism）的主帥。穆爾最早的「實在論」（realism），出現在他的一篇論「判斷性質」（the nature of judgment）裡，那是在1899年還未接《心靈》刊物之前，於該雜誌發表的文章。其次，他的主要論著，開門見山地以《反駁心論》（*The Refutation of Idealism*）爲書名；也在1903年的《心靈》雜誌上發表；1925年他又寫了一文《維護常識論》（*A Defense of Common Sense*）。心論者以爲萬有皆是精神的，而非物質的；其實，就「常識」（common sense）而言，物質與精神都是存在的。我知我有個身體，我也知除了我身之外，另有他人之身；我知地球存在多年，他人也知悉此事；這都是「常識」，不必勞動哲學家來「正證」這些事實。哲學家若能「否認」，則是他們的功力到家。

(二) 著作要旨

1. 或許由柏克萊名言*esse est percipi*, to be is to be perceived所引起的吧！心論者依此振振有辭地說，萬有之存在（*esse*, be），得依「心」對之有所「感」（*percipi* be perceived）才存在。在劍橋當學生時，常聽教授提及，時間是不實的。他一聆聽此話，內心中不免想到，果眞教授的眞正意思是如此嗎？「不實」（unreal），是否另有其意。時間若不實，不是極爲荒誕詭異嗎？難道我們可以說：吃早餐之後才吃午餐，此種敘述是「不實」的嗎？同時也是「悖理」（preposterous）的。解此窘局的唯一途徑，是先該問清楚，所謂的「實」「不實」，到底是何意！

唯心論者以爲只有精神的靈性（spiritual）才眞，此一說法，也是該還原到各種字用詞的眞正意義爲何。所有哲學問題之所以成爲問題，且爭論不休，追根究柢，原來是在出發點就走錯了路，沒先搞清楚癥結之所在；原來都只在語文辭彙中打一場混仗，盡要文字遊戲，簡直毫無意義可言。

2. 就道德倫範的判斷而言，亦然。布魯特斯（Brutus）刺殺凱撒（Julius

Caesar），此種行為「該」或「不該」？在《倫理學原理》（*Principia Ethica*）一書中，他比較看重於個人的感受及美的享受上，尤對大自然情有獨鍾。在1907-1930年之間，還聚集一群同好在倫敦大學及大英博物館附近，形成一個類似俱樂部的小圈子（Bloomsbury circle）。Bloomsbury是倫敦高級住宅區，文教匯聚處。

一種歷史的客觀事實，如布魯特斯刺殺凱撒的事件，變成道德議題時，就是該事件該或不該，當或不當；與該事件是否為真或假，二者在關係上是不相涉的。此外，穆爾坦誠地說：若有人說該，有人說不該，則：

> 我就覺得他倆的意見不合，只不過是態度上的不合。就如同一人說：「讓我們玩撲克牌吧！」另一人說：「不，讓我們聽聽錄音機」一般。至於他們不相容的強硬聲明（incompatible assertions），我並不願想太多，也不願知太多。

就如同提出「倫理學情緒理論」（emotive theory of ethics）的司蒂芬遜教授（Professor Charles Leslie Stevenson, 1908-1979）之所言：「當」（right）、「錯」（wrong）、「該」（ought），只具情緒意義；「善」（good）亦然。不過：

> 我「傾向於」（inclined）這麼想，卻也傾向於不這麼想，我確實不知那邊的傾向較強。

3. 此種遲疑躊躇，就是他的典型性格。他是位常提大哉問者，一提之後，就要求給個明確的定義，且提出解答。一旦遇到批駁，他迎面絕不迴避。若對方有誤解，他就耐心予以明示，若非誤解且也具實質內涵，他會慎重考慮，且納入於自己的觀點中。這是他的為學習慣。並不以為己是必真、必對、必正確，他人

之說必假；且立即公正地表達他的反省思考及困惑。他是個「大聲公」的人，說話無遮掩，也不虛矯僞情。當他陷入左右爲難，己思及人思不一而不知如何作決定時，不必然就表示他要棄往昔看法，卻要秤秤新觀點的分量有多重，看看批判者可以提供多少眞情實況。他的主觀表述，是極其坦率的，毫無隱瞞或保留；不惜以今日之我非昨日之我。如發現過去說錯了，他絕不護短，或藉口藏拙。並非所有哲學問題都是「假議題」（pseudo-problems），哲學問題之所以讓人覺得是頗難以治療的疑難雜症，癥結所在，就是用語不清，取字不明；致使參與論辯者各方都話不投機，風馬牛不相及（cross-purposes）。「明晰」（clarity）與「精確」（accuracy）這兩條件，若無法滿足，就不配作爲哲學問題的提出以及答案的獲得。因之，第一步就要先從相互之間毫無爭議的「常識命題」（common sense propositions）開始，否則差之毫釐，失之千里；方向搞錯，全盤皆輸了。常識命題之爲眞，是公認的。舉例來說，哲學家何必千辛萬苦或殫精竭慮地證明，除了「心在」之外，另有「物在」呢？有更佳的理由嗎？以命題的解析，來斷定命題的眞假，訴諸於「日常語言」（ordinary language）即可。試比較下面兩句：

其一：「無物在」（there are no material things）

其二：「我們不能確知，無物在」（we do not know for certain that there are no material things.）

上兩句都是人人的常用句。但兩句的「眞假」是不同的。二者之有別，猶如下兩句一般：

其一：今日是禮拜三。

其二：A說，今日是禮拜三。

證明「其一」爲眞或假，與論辯其二之爲眞或假，有明顯的差別。

二、命題解析

「承認心在，物也在之外，唯一合理的選項，就是絕對的懷疑論（absolute scepticism），即無一存在」。此種認定，卻無法持之有故；命題解析，才是解套祕方。

(一) 命題解析肇始於穆爾，以「常識」或「日常語言」開其端

1. 命題的眞或假，先得釐清命題的定義。「知一命題爲眞，同時卻又說不明命題之意」，這句話不是垃圾嗎？

義大利的朋友問英國人：John is the brother of James這句英文是何意時，若英人以Giovanni è il fratello di Giacomo回答，這不是命題的解析，只不過是義大利語與英語的翻譯而已。但問題並非如此簡單。當英文譯漢文的「一打」時，可以譯爲dozen也可譯爲one beat；二者之意就相差天南地北。獎品爲鋼筆一「打」，是用鋼筆打一下呢？還是賞以12支鋼筆？

其次，把古文背得滾瓜爛熟者，就是「精通」古文的大學者嗎？二者的「知」，層次是有高下的。一是純屬記憶上的知，是機械式的，本能式的；一是理解上的知，能解釋其意，甚至是可以「持之有故，言之成理」的知，可以經得起任何「常識」上的批駁，而不是只以「權威」或「古訓」或「經典」爲據。

2. 命題解析，就是文字表達（verbal expression）的概念解析（concept analysis）。「概念（concept）是知識的唯一對象」。他同意心論學者布拉利的說法，認爲眞或假，是依「觀念」（ideas）及「實體」（reality，眞情）二者之間的關係而定。「觀念」不在於表述主觀的「心理狀態」（mental states），卻是具有「通意」──普遍的意義（universal meanings）。邏輯不該心理學化──這也是其後羅素對杜威的邏輯定義趨向於心理學，因之有微詞的緣由。穆爾取

「概念」（concepts）來取代「觀念」（idea），也把「判斷」（judgment）換成「命題」（proposition）。確信一個命題，是確信命題與命題、概念與概念，彼此之間的關係，單單以「命題」本身來談其正或誤即可，不必外求。此一說法，乍看之下，似乎與實在論相衝。不過他所說的概念，絕不是抽象的、形上的，或心靈上的建構物。一切的存在，反而都是概念的複合體（a complex of concepts）。「共相」（universals）如「白本身」（whiteness），必有「白物（white things）」與之呼應。概念與「物」（東西things）合一，知「物」也「直接」從物得知，不假手於其他中介物。知有知的主體，即人；也有知的客體，即物。知不要動到（改變）客體，動到主體即可。

A說今日是禮拜三	此一命題的主詞是「A說」，
B說，A說今日是禮拜三	此一命題的主詞是「B說」。

兩個命題的眞假，不一定同；但單憑「常識」即可斷定其眞假。

地球是平面的（the earth is flat）。
我相信地球是平面的（I believe that the earth is flat）。

上述兩個命題的眞假值，並不全同。「知」的「客體」不變，變的是知的「主體」。

3. 藍（blue）及綠（green）的「覺」（sensation）不同，這也是常識。二者皆使人有所覺，乃因人有「意識」（consciousness）。藍及綠各有其客體（物，objects），藍、綠，及意識三者，或藍、綠，及覺三者，都彼此不同，對藍或綠若未能有「覺」，則藍或綠就不存在。這也是to be is to be perceived的原意。

藍加上意識，不同於只有藍本身。

綠加上意識，不同於只有綠本身。

上述兩句陳述的「意識」之為「真」，也屬常識。

4. 單純的概念（simple concept）如綠、藍，不需下定義，也不可能下定義。「善」也是如此。善（good）這個字，並不比綠或藍這兩字更具神祕性、奧妙性、不可捉摸性；但「善的行為」或「行善的人」，都是複合概念（complex concept），就需加以解析了。以「善」而形成的敘述句，即命題，就是複合概念了。如：

樂是一種善（pleasure is the good）

但「善」與「樂」二詞彙，可以等同看待嗎？善與樂的「屬性」中，有同也有不同。對此不知者，顯然犯了「自然論的謬誤」（naturalistic fallacy）了。犯此錯者，好比把「淡黃」（primroses）的櫻草花，比為「黃」（yellow）一般。淡黃是黃的一種，但不是所有的櫻草花都是黃的。部分與全部的「關係」，怎可視部分等於全部呢？這不是一偏即概全嗎？「關係」有「自然性的」，也是「必然性的」，如父子或兄弟等，是自然的（naturalistic），是「被動性的」（related）；但也有人為的，如夫妻、君臣、同窗、同鄉等，是「主動性的」（relative）。不知及此，也犯了上述所言之「自然論的謬誤」了。

犯此謬誤者，穆爾舉下述兩派為例。

其一：快樂主義（hedonism），把樂與善合一。

其二：一方是形上理論家，與另一方是超現實或超驗界、不存在於時空界的「絕對實體」（absolute substance），兩相結合，才稱為善，斯賓諾沙是代表；或把既不在此也不在彼的「真自我」（true self），徹底或完全地實踐在最終極境界的至善上，此種道德學家也屬此類。他在此未舉哪一位著名哲學家。

在《倫理學原理》一書中，他一點都無意否認，善可以作爲「自然界的一項資產」（a property of natural objects）。「但我早說過，善本身並非是一項自然資產」。勇是善之一，但勇這項資產，是自然的，還是人爲的？是先天的，還是後天的呢？

善是一種態度，一種評價態度（an evaluative attitude）；評爲善者，期望他人也能有相同的評價。至於「善本身」此種「內在性」（intrinsic quality），卻無法予以定義之，道德哲學家的困境在此。「善本身」（goodness）的眞意何在？「善是無法下定義的」（the indefinability of good）。此句名言，乃與他的名相連。其後的情緒理論，較具「論理說服性」（tenable），也較令人「可理解」（intelligible）。

(二)「分析」也需經得起分析

1. 分析有二，一是分析的對象（*analyzandum*），即「概念」（concept）；一是分析（the analysis）本身（*analyzans*）也是一種「概念」。穆爾自舉下例：

X is a male sibling

將此一命題作爲分析的對象（*analyzandum*），就可以析之爲'X is a brother'。英文的sibling這個字，抵上漢文之「兄弟姊妹」四個字；male指雄性。所以X必是個男的，他有兄有弟；male一字，排除了姊妹，姊妹是女性，female。義大利文的「兄弟」是fratello，英文的「兄弟」是brother。把原先的命題析成較一清二楚的語意。如下：

X is a brother

此種分析，只是字面上的以brother代替male sibling嗎？不懂英文字sibling卻

知brother者，就由「後命題」（X is a brother）來領會「前命題」（X is a male sibling）了。

2. 常人的分析及哲人的分析

Male sibling與male brother，只是英文字的交替嗎？還是另有新意？二者語意同，則又與哲學有何關係？但試看下例：

A被告知，門砰的一聲大響，關了；乃因窗戶未閉，卻來了一陣疾風所致。

A當然知悉上句之意，有「前因及後果」（post hoc, propter hoc），也知上例中的特殊因果關係。不過，若把因果關係予以抽象解析，不少人就不知所措了，就如同與蘇格拉底對話的朋友受窘一般。但柏拉圖及亞里斯多德以還的哲人，卻有能力把「因果」（causality）這種概念，予以「抽象解析」（abstract analyses of concepts），而成為「哲學解析」（philosophical analysis）。

對哲學家而言，此種解析工作是輕而易舉也一帆風順。不過，經深究之下，沒這麼簡單。穆爾認為，哲學家的主要工作，是分析概念；但概念分析並非哲學家的唯一業務。有些哲學家一生全致力於此，他不是這種人。他認為哲學家的職業不「全」限於此。其次他也表明，並非全部概念都可分析。如「善的概念，知的概念」（the concept of good，the concept of knowing），是簡易單純的（simple），不能分析的（unanalyzable）。

維根斯坦這位羅素出色的門生，在《哲學探查》（Philosophical Investigations）一書中提到，當A被問到「因果關係」是何意時，恰當答案如只是舉例說明，則未能探查「因果關係」（causality）一辭的「意義」（meaning）。只靠舉特例來解是不夠的，單憑個例來解的是「凡人」而非「哲人」。「真」意（real meaning）只一，非多也非雜。描述「眾多」東西是「美」的，不能彰顯出「單一」的「美」意。字典中有某字某辭某詞彙的定義，但有時並非查者所想要的定義。靠字典上某字的定義，也不知該字在整句中作何解，此種經驗，諒必

許多人都有過。一字多義的情況何其多，在某特定命題中，該字之「眞意」，卻只一而非多。

3. 穆爾本人花了不少時間在哲學分析上「實地」操練（practice），對特定命題予以分析，卻未把「分析的概念」（the concept of analysis）予以分析。被質問到採取此法以及採取此法的目的到底何在，能否給個「抽象的說明」（abstract account）？自覺有能力來排除別人的誤解，卻無法滿意於自己所提供的所有答案。誠實無欺，是他的個性，他毫不猶豫地公開承認此事。

既然如此，只好從「實際」又「具體」面來看，他所説的「分析」，到底是何意？

1939年「大英學術院」（the British Academy，設於1901年，特重文科研究）出版的議事錄（*Proceedings*）中，他寫了一聞名的文章，《外在世界的一個證明》（*Proof of an External World*），堅持心之外有物。此種論辯是好的論辯，證明也夠充分。隨時可以舉雙手，然後又有姿態表示，舉出右手時說：「這是一手」，後又舉左手說：「這是另一手」。這麼說，是何其稀鬆平常！他就喜歡此調調。不過，關鍵在於有必要爲此事提出論辯或證明者，正是對「外物之存在」有疑者。對此有疑者，不只是對雙手這種「物」的存在有疑，也疑一切的外物存在。因之，穆爾舉兩手以說明兩手這種外物存在，此辯給他人的印象並不深刻，甚至懷疑看到的雙手是否是眞的雙手，是否是眞的外物！

不過，他的上述舉例，不可等閒視之，或被評爲天眞魯直。一位「註定是疑者」（determined sceptic），是不相信任何論辯或分析的。他只好這麼說：

我能提供給你的證據，就僅僅如此而已。夠了！你若要求更多證據或事實，抱歉！我無法如你之願。依我的意見，我也無力提供；我沒有理由相信，其他哲學家能比我提供更佳證據。閣下的眞正要求，超出我所能提供的

證據之外了。你要求我提供的證據，是外在世界的存在是一種「必然的真理」（necessary truth）。但你卻認為那不是必然的真理。因之，要找該種證據，是徒勞的；已舉雙手為例，還要證明外物之存在，似乎不是堂堂著名大學哲學教授的口吻！閣下卻堅持如此，我也無可奈何！

(三)「感覺料」（sense-datum）

1. 從一簡單命題：「我知覺到有一隻人手」（I am perceiving a human hand），來進行實地的分析，該簡單命題由下述兩命題所組成：

其一：我知覺到有「這」（I am perceiving this）。
其二：「這」是一隻人手（this is a human hand）。

什麼是「這」，穆爾說那是「感覺的料」（sense-datum），即感官的經驗素材。既然他認為哲人（他自己）都沒辦法對自以為是真的命題，如「物存在」或「心外有物」等，有特別妙方以解對此有疑者之惑，但他相信，對此種命題予以解析，正是哲學的部分工作。不過，命題為真如可確信，一經正確解析的結果，確信竟不盡然。由上述的其一加上其二，形成結論：「我知覺到有一隻人手」。上述的「這」（this），他說是一種「感覺料」（a sense-datum），但「感覺料」的「這」，或許只是人手的一部分，可以等於人手嗎？人手也等於我正在看時的人手嗎？「知覺到一隻人手」與「人手」，二者之間的關係；與感覺出有一種「料」叫做人手的，與人手二者之間的關係；前一關係與後一關係，又是什麼關係呢？

2. 1905年為亞里斯多德學會（Aristotelian Society）提出一文《感官知覺的客體，其性質及實體》（*The Nature and Reality of Objects of Perception*）中，又以實例說明：書架上有兩本書，一紅一藍；吾人肉眼可看見的，只不過是「一簇

某種形狀及大小的藍色及紅色而已，中間有空間隔著，也相依著」。此種直接的知覺感受，他先稱爲「感覺內容」（sense-contents）；後來，1910-1911年他在《哲學的一些主要問題》（*Some Main Problems of Philosophy*）時，改採「感覺料」（sense-data）一辭。1913-1914年又在亞里斯多德學會宣讀另一論文，題目就用《感覺料的地位》（*The Status of Sense-Data*）了。雖然他自稱該辭是曖昧的，但爲維護「常識」而發聲的他，堅持爲了方便起見，凡直接看到一隻手或一個信封的知覺感受，就是「感覺料」，不管該感覺料是否爲「物件」（the physical object）的一部分，但一般人們的通用語言，就是這麼用的。

「感覺」（sensation）與「感覺料」（sense-data單數，sense-datum複數）有何區別呢？「我看到一種色」（I see a colour），即「看到」（seeing）色了。先「感覺」看到的「什麼」（what），那是「感覺料」。當沒看到一種色時，該色（感覺料）存在嗎？無感覺料存在而竟然也有該料的感覺，這是說不通的。但如問：未感覺出色時，色依然存在嗎？此一問是有意義的，不過他不說「存於心」（in the mind）。若不存於心，到底存於何處？或許尙未引發感覺者的感覺，但存在於「公共的物理空間」（a public physical space）嗎？

試看下例：「A與B同時看到一紙白信封」。我們通常就以爲，A與B看到相同的東西。但依「感覺料」理論，A與B有兩種「感覺料」，A的感覺料不會完全同於B。A與B所見的信封之大小、形狀，與自己的空間關係，怎可能完全沒有兩樣？因爲這都屬「私人的空間」（private space）。A由私人空間所生的感覺料，必完全相同的存在於B的私人空間所生的感覺料嗎？

3. 感覺料與「物件」（physical object）的關係又如何？A看一銅板，從某一角度視之，看出該銅板的表面「現象」是橢圓的（elliptical）。橢圓的銅板，就變成A的「感覺料」了。該感覺料也形成銅板此一「物件」的一部分。但常人以爲銅板的表面是圓形的（circular），視銅板的表面爲圓形者是「正常的」（normally）；視之爲橢圓形者可被評爲不正常（unnormal）的嗎？視的內容，在量及質上，二者不同，都可作爲「感覺料」嗎？如是，則銅板同時是圓的也是

橢圓的。如否，感覺料與物件關係又如何？

這些困擾問題，是他情有獨鍾且願意不時去面對的，也是一生盡瘁於斯的，但卻無法完全滿己意。在反唯心論中，他排斥一種說法，即柏克萊所言之「有感覺才存在」to be is to be perceived。他認為，即令「無所感」（unperceived）的感覺料，也是存在的。在這方面，他舉「色」、「形」、「大小」（color, size and shape）為例，還說得通，「有理」；但是如牙痛呢？甜、苦亦然！若未覺牙痛，難道牙痛是存在的嗎？

物件的部分或表面，與感覺料不可能完全等同；可知物件異於感覺料。知悉此一層，極端重要。他當然也了解，不過他仍對「常識」戀棧不已，「以常識看世界」（the common sense view of the world），仍是他的最愛！

4. 1940-1944年在美有數場演講，標出《懷疑論四式》（*Four Forms of Scepticism*），簡直是羅素反駁懷疑論的典型翻版：「我不確知這是一支鉛筆，或我也不確知你是有意識的」（I do not know for certain that this is a pencil or that you are conscions）。他說，羅素的論證有四種層次的「設定」（assumption）：

其一：一個人不立即知這些東西（即這是一枝鉛筆或你是有意識的）。
其二：一個人既不能立即知這些東西，就不能邏輯地說他知任何東西。
其三：如此，一個人對該命題的知識或信念，就必植基於類比論證或歸納論證（analogical or inductive argument）。
其四：因之，上述的論證都得不出確定的知識。

穆爾說，他接受上述中的前三種設定是真的。同時，「即令這三項只是設定為真，我也覺得我確知這是一枝鉛筆。不只如此，還確信上述四項設定的任何一項為真，就如同我確知這是一枝鉛筆此種命題為真一般，我不認為要經由理性思辯（rational）」。「常識」就夠了。

當他一開始，就設定吾人確知有外物存在，但此種命題如予以正確解析，卻

對該種確知產生懷疑；有人難免就說他是屬懷疑論者或不可知論者（scepticism, agnosticism），但這是不正確的。即令確信之後的分析，使確信動搖，他仍不改初衷地說，「我看到一隻人手」，或「我看到一枚錢幣」。此種命題如予以解析，若以為似乎「只是動用了文字」（simply with words），這就對他誤解大了。他的解析是一種「現象學的解析」（phenomenological analysis），即一見物件之後，該物件到底發生什麼「現象」，不是只計及「物理程序」（physical processes）而已，如「眼球、視神經及腦」到底發生了什麼，倒關注於與之相伴而生的「心靈上之呈現」（the mental occurence），即「意識上的行為」（the act of consciousness）。「感覺料」（sense-data）就是指這些，是從中「被發現」出來的（discovered），不局限於視覺而已。這是現象學的分析，而非只是「語言學的分析」（linguistic analysis）。

隨時以「常用語言」（ordinary language）來舉經驗上的實例，如「我看見一枝鉛筆」來作哲學概念的解析，放棄玄之又玄的傳統形上學舊習；且視「心」之外另有「物」在，此種「實在論」，是反駁唯心論的利器。純作此種哲學上的論辯，大概只有在和平且豐衣足食的民主社會裡，才能提供此種條件。二十世紀以還，全球發生了兩次世界大戰，都泱及英國。哲學家可以罔顧此種人類浩劫嗎？過問政治及人權，力爭自由且在哲學界大享盛名者，就是另一位英國大思想家羅素；他與美國杜威同，雙雙至東方支那，對這個古國學術界，產生不小的支配力。可惜的是民主與自由兩大議題，卻迄今未能在這個老舊國家發生絲毫影響或改變。

第三節　羅素的《數學原理》

　　羅素（Bertrand Russell, 1872-1970）是二十世紀英國最爲世人所知的大哲學家。不只對政治、道德、社會議題發表宏論，著書甚多，廣爲世人所關注；且對專技性的哲學論點，也貢獻良多。一生奉自由人道精神爲圭臬，拋開宗教及形上學的枷鎖與窒窖，結集群英鬥專制獨裁，希冀人類進步；時而爲了堅持己見而甘冒眾怒也在所不惜，雖千萬人亦往矣！只要自反而「縮」（正直）即可。擅長於寫作，還得諾貝爾文學獎（1950）；更頻上電視及電臺作公共議題的學術評論。在各大學任教，又長壽直達百齡（98）；一生結過數次婚，且與夫人創辦實驗學校，與杜威同。更揚言性生活不滿足、貧窮、疾病，乃是人生三大不幸；衛道守舊之士對他所指的第一點很不能諒解，真不知誰才是「虛偽」或「假仙」！

　　在數理邏輯上極享盛名。不過，他認爲該領域屬數學而非哲學。他認定的哲學，是針對具體的道德及政治議題發表讜論，將命題予以解析；若對價值作出具體的判斷，那非哲學的領域；他心目中認爲的哲學，是知識論及形上學。將近一世紀的歲月，他「浮沉」於英國哲學思潮的經驗主義主潮中。

一、生平及著作

(一) 生平

　　1. 羅素的全名是Bertrand Arthur William Russell，1872年生於貴族之家，但父母早逝，祖父於1931年晉升伯爵（earldom）。年僅11歲時即對宗教生疑，18歲入劍橋的三一學寮，集中精力於數學，大四時轉移注意力於哲學。心論者評英國經驗主義相當粗糙，黑格爾傳統才是哲學的主流，形上學是樞紐。18歲時放棄相信上帝的存在，他取形上學代宗教信仰。形上學有一股「情感態度」，使他在宇宙上的愛恨情仇、恐懼，及敬重，可以得到理論上的支柱。1957年還寫了一書《我爲何不是個基督徒》（*Why I am not a Christian and Other Essays*），時年

歲已逾85。

2. 1896年（24歲）赴巴黎擔任大使館隨員，隔年還到柏林學經濟學及德國的社會民主政治。畢生著作都環繞著數學及邏輯，但初試啼聲之作，卻是社會理論，《德國的社會民主》（*German Social Democracy*, 1896）；同時，也對康德及黑格爾思想作進一步的探討。二者若有磨擦或相衝，他站在黑格爾這邊；自述自己是個「不雜混的黑格爾」（unadulterated Hegel），純種的。但其後獲母校寮友身分的論文，提到幾何理論時，卻又說「主要來自於康德」（mainly Kantian）。只是該文在愛因斯坦（Einstein）的相對論之下，被掃入角落，無人聞問。

1898年之後，他強力反擊心論，特提黑格爾在《邏輯》一書中的數學，是了無意義的。在劍橋授課時，也標舉布拉利的心學是謬誤多多。同窗穆爾是他摯友，二人堅信，常識最實；同時也心儀於來布尼茲的哲學。

3. 1900年，機緣巧遇認識了一位義大利數學家，也是國際語推動者，更是形式邏輯語言的建構大師皮亞諾（Giuseppe-Peano, 1858-1932）。羅素本人自研究幾何以來，即對數學的基礎問題甚感困惑；皮亞諾的著作，對他有新刺激作用。終於在1903年，寫了一本《數學原理》（*The Principles of Mathematics*）一書。在數學園地裡，心田早有的種苗，快速成長苗壯。「基數」（cardinal numbers）如one、two、three等，不同於「序數」（ordinal numbers）如first、second、third。「2」代表兩個單數，但「第二」就只一個單數。此觀念不釐清，就變成邏輯上的詭論（paradox）或相互矛盾（antinomy，二律背反）。「臺南二中」的「二」，是序數數目，不是基數數目。「二中」只是「一」所學校，而非兩所。數學上的「集合」（class, set）本身就是如此。「豬的集合」（the class of pigs）本身不是一頭豬。一整車的豬，不是一頭豬。「豬」與「車」在分「類」（class）上是不同的。試看下例：

X is mortal（X是會死的）

Socrates is mortal（蘇格拉底是會死的）

形式邏輯是「若X是一個人，X是會死的」（if X is a man, X is mortal）。由此可以推論出「若蘇格拉底是一個人，則蘇格拉底是會死的」（if Socrates is a man, Socrates is mortal）。但若推論出「人的組合」是會死的（the class of men is mortal），就了無意義了。因爲人的組合（如一團或一隊），其字義本身不是一個人。俱樂部（club）、協會（association）等亦然。分清基數及序數之差，數學及邏輯的概念才不會搞混。時間亦然！第一局所費「時間」（duration）可能是30分，第二局也許只3分就結束。同是一「局」，但球賽的第一局與第二局，賽情兩樣。前者是「基數」，後者是「序數」。

4. 《我的哲學思想歷程》（*My Philosophical Development*, 1959），自述心思對象，隨時代而轉移。

1914年8月到1917年底，全心全意投入反戰行列。除了採取行動之外，另作《社會重建原則》（*Principles of Social Reconstraction*）及《戰時之正義》（*Justice in War-Time*），都在1916年出版。[1]

1914-1918年的第一次世界大戰期間，也不忘情於純哲學上的深思。其中，邏輯與知識問題，是他的最愛。1918年出版《神祕主義與邏輯》（*Mysticism and Logic and Other Essays*）；《邁向自由之路：社會主義、無政府主義，及工團主義》（*Roads to Freedom: Socialism, Anarchism and Syndicalism*），同時也寫了《數學哲學導論》（*Introduction to Mathematical Philosophy*）。坐牢6個月，因在此段時間內，他公開反戰又二度被告。戰前，維根斯坦給他提供一些邏輯上的觀點，加上1912-1913年兩人在劍橋的認識，羅素公開說，他的不少論點，得自於這位遠從奧地利來的高材生。但這位奧國公民卻從軍而成爲義大利人的戰俘（prisoner-of-war of the Italians）。

---

[1] 該年一戰烽火蔽天，美國的杜威出版《民主與教育》（*Democracy and Education*），警覺到人間無寧日，肇因於民主式教育未能普及。

(二) 著作要旨

1. 謬論或矛盾有二種，一是邏輯或數學上的（logical or mathematical），如上述的例；另一是語言或語義上的（linguistic or semantic），如「I am lying」（我正在說謊）；哲學史上的「謊言詭論」（liar paradox）屬此。語言或語意之「解析」，何其重要！

試看下例：

金山是很高的山（the golden mountain is very high）

上例的陳述句，就「文法」而言，主詞是「金山」（the golden mountain）。如該陳述句成立，即表示陳述出一「事實」，即有「金山」存在。文字語言上，該例完全合乎文法；卻在經驗事實上，無此種山存在。因之：

金山並不存在（the golden mountain does not exist）

此陳述句較具意義，即具「認知意」（intelligible）。「金山」（the golden mountain）一辭，必有所「指」。1905年羅素就在《心靈》（*Mind*）雜誌上寫了一文，題目是「論指」（on denoting）。

法王是禿頭的（the king of France is bald）

上述語句指涉到「法國，皇帝，禿頭」。法國、皇帝、禿頭，分別而言，各有所指；但整個語句中的關鍵詞「是」（is），是「現在式」，就使整句了無意義。因為現在的法國，並無皇帝。

命題、設定、陳述句、問句等，是有「層級的」（hierarchy）。第一級（first order）及第二級（second order），意義差別很大。「金山」之所

「指」，若指的是物理上的，有金也有山，且二者成「組合」（set class）而爲「金山」，但「事實或實際」上，卻是「空詞」（empty term）。如同「現在法王是禿頭」，是空詞一般。若此時爭辯金山有多高、在何處；或法國哪一個國王是禿頭的，全禿或半禿，何時禿等，都是在搞語文遊戲。但「金山」若「指」地名或人名，則又屬另一層次的語意了。

試看下例：

福爾摩斯戴了一頂前後都有遮簷的獵鹿帽（Sherlock Holmes wore a deer-stalker's cap）

有名的偵探小說，情節都是虛構不實的。「指」（denoting）有二，一是「確定的」（definite），即「the」；文法稱爲「定冠詞」，如「the cap」，「這」一頂帽子；一是不確定的（indefinite），即「a」，如「a cap」（一頂帽子）。前者是the so-and-so（「這」什麼什麼），後者即a so-and-so（「一」什麼什麼）。「確定的」指，是有所指，且是「定」指，有「特定」對象，有時間性又有空間性。不確定的指則無時空性。「the king of France」中的「the king」是有所「指」的，是確指某時的某一法王，至於「a king of France」則只是指「一位」法王，但不限定哪一位。man、a man、this man、that man，都是單數的man，但意義差別極其明顯。漢文的「人」、「一人」、「這人」、「那人」也是如此；不予分辨，則在會「意」上就大有出入了！

2. 蘇格蘭名作家斯考特（Sir Walter Scott, 1771-1832）於1814年以驚人速度，匿名寫了歷史小說《威弗利》（*Waverley*），描述蘇格蘭高地的風土人情，但大家都猜測一定是他的傑作，甚受歡迎；1827年才坦言出之於他的手筆。羅素取「《威弗利》的作者爲誰？」作例，若答以「斯考特」，則成一種邏輯上的「套套言」（tautology），等於是說：斯考特是斯考特（Scott is Scott）。但一本書的作者，可以完全等同於一本書嗎？以臺灣的名老歌《雨夜花》的作者爲

例：

鄧雨賢（1906-1944）是《雨夜花》的作曲者。

第一問：誰譜了《雨夜花》的曲？答：鄧雨賢。因此，鄧雨賢等於《雨夜花》的作者。「X譜了《雨夜花》的曲」且「X是鄧雨賢」，所以：「鄧雨賢譜了《雨夜花》的曲」。

第二問：《威弗利》的作者是誰？答案如下：

其一：是一位蘇格蘭人。

其二：斯考科。

如同回答《雨夜花》譜曲者之答案，至少有如下三種：

其一：是一位臺灣人。

其二：是桃園龍潭人。

其三：是鄧雨賢。

兩問的「命題」有三：

其一：「至少」（at least）有一人寫了《威弗利》這本小說，「至少」有一人為《雨夜花》譜曲。

其二：「至多」（at most）有一人寫了《威弗利》這本小說，「至多」有一人為《雨夜花》譜曲。

其三：寫《威弗利》者是蘇格蘭人，《雨夜花》之譜曲者是臺灣人。

3. 若上述命題不一定要求答案是「專有名詞」（proper name）（如斯考特或鄧雨賢）時，則比較下例：

其一：穆爾提的例，1700年時若有一英人說：「法王是賢明的」（the king of France is wise）。該敘述句（命題）的所指，若是指路易十四（Louis ⅩⅣ, 1638-1715），或其他人，則意義是不同於現代有一英人說：「現代的法王是賢明的」。前一敘述有爭辯的空間，後一敘述則否，且「了無意義」。

其二：無所指的命題，如「金山」、「現今法國皇帝」，或「我的叔叔是女的」。

其三：《數學原理》的作者是英國人，若轉換成「假如《數學原理》的作者消失不見時，則無羅素這個人」嗎？換句話說，若羅素不寫《數學原理》，難道可以說天底下沒有羅素這個人嗎？有無《數學原理》一書，英國人及羅素，照樣是存在的。

命題的「文法形式」（grammatical form）異於「邏輯形式」（logical forns），這是他的重要發現。

文法形式，如「金山」或「《威弗利》作者」，不屬於邏輯形式。

「我看無人在路上」（I saw nobody on the road）。此敘述句以「無人」（nobody）當文法上的受格（grammatical object）。此敘述句等同於「並非我看到有人在路上」（it is not the case that I saw any person on the road）。「無人在路上」，並非指環宇無人。環宇是有人的，只是在我看之時，並未看到路上有人。數學是有原理的，未寫出《數學原理》一書之前，數學原理早就存在；《數學原理》一書未問世之前，數學原理也在。羅素在寫出該書之前，他「存在」於世間；即令他未有該著作，世人中仍有一人叫羅素。

4. 總而言之，就邏輯言，主詞與述詞之「條件關係」（conditional），有「必要」、「充足」，及「必要兼充足」三種，這是當今稍悉數學或邏輯者，皆一清二楚的。

其一：「必要兼充足」，簡稱為「充要」。「若A則B，且若B則A」，此時A與B同，形成套套言。「斯考特是《威佛利》一書的作者」，與「《威佛利》一書的作者是斯考利」；二句等同。這是「是且只是」的邏輯語式（if and only if）；常用語辭就是「恰恰是」（exactly）：「至少有一，也至多有一」，「只有一，且也只有一」。

其二：「金山很高」或「現在的法王是禿頭的」等，在語文文法上，「正確無誤」。但該兩命題之正確不是邏輯上的。「金山」或「現在的法王」，並

非當前存在的事實。一些科幻、偵探，或神話小說，屬於虛擬（fiction）。「實在論」（reality）處理「邏輯的」及「語文文法上的」分辨，才不會犯謬誤、矛盾、二律背反（antinomy）。十二世紀的聖安瑟倫（St. Anselm）提出論辯，上帝從無中生有。此論辯之命題，可解析成邏輯的及語法上的兩種層面。語法上無誤，並不等於邏輯上也無誤。

二、《數學原理》：羅素在數學及哲學界的巨著

(一) 純數學都可化爲邏輯

1. 1910-1913年與亦師亦友的劍橋名數學兼哲學教授懷德海（A.N. White-head, 1861-1947）合寫《數學原理》。

在兩人合寫的該書中，他有點不滿意於較少利用數學演算技巧。一切命題，皆以數學爲起始，以邏輯爲終結；因之不必另提什麼「先驗」這種康德的慣常用語。數學與邏輯，密不可分。對此有興趣又有成就的學者，義大利、英、德，及美，都有一群人致力於斯，雖未必能贏得學界無異議的肯定與接受，但對「數理邏輯」（mathematical logic）的發展，確實功不可沒。在英國，更因《數學原理》三冊的問世，使符號邏輯（symbolic logic）在英大爲走紅。不過，一般說來，哲學家倒對「日常語言」（ordinary language）的興味，高於「符號邏輯」（symbolic logic）；後者反而成爲波蘭及美國邏輯界的時潮。

依羅素的說法，既倡言純數學都可化爲邏輯，並非等於數學一科可以併入邏輯而消失。其實，二者各有分野。純數學在原則上，可以由某些基本邏輯概念得出；且也在原則上，數學命題可以譯爲邏輯命題，在眞值表（truth-values table）上，二者等同。

2. 邏輯及數學，都是人類思考的產物：數學把人類帶入一種絕對也必然的境界（the region of absolute necessity），不只是吾人的「現實的世界」（actual world）而已，且任何「可能的世界」（every possible world），都必須與之符合

一致。這是二十世紀初年，他對數學的憧憬。一種最終又永恆眞理的殿堂，奠基於數學上，從中冥思著一股靜謐的美，遠離俗世之苦痛、折磨，及罪惡。但沒多久，似乎有點不太情願地接受其生維根斯坦的看法，而修正了原先的堅持，承認純數學只不過是由「套套言」（tautologies）所組成。此種心意上的改變，自認是「漸從畢達格拉斯處後退」（a gradual retreat from Pythagoras）。一次世界大戰使他不得不回心轉意，由朝思暮想有個極樂盡美又永恆的佳境中，返回關注現實世界；逼使他不得不從純邏輯的研究地盤，撥出時間與精力，來探索知識論、心理學，及語言學等領域。

不再費心思於諸如「金山」（the golden mountain）等贅言式的詞句。同時，懷德海也提醒他該從「沉睡的獨斷」（dogmatic slumbers）中一躍而起，從而不再局限於特定的邏輯及數學理論，而關注於物理世界的一些因素，設法發明出一套建構，如「點」（points）、瞬間（instants），及分子（particles）等，作爲「事件的組合」（sets of events）。因而，他侵門踏戶式地在一般哲學上，大顯威風。

(二)「還原分析」（reductive analysis）

1. 數學可還原到邏輯，因爲邏輯比數學所使用的辭句更簡，符合奧坎剃刀的「經濟原則」（Ockham's razor, Principle of Parsimony or Economy）。物理界的一切「事件」，都可用「點」、「瞬間」、「分子」等既簡單又更基本的因素，予以組合，也予以詳釋。「物」是原子的集合體，「思」是感官印像的集合體。分門別類的科學，都可以統一在更爲基本的科學上。將數學還原到基數（cardinal numbers，如1.2.3等），基數是再怎麼寫都永遠寫不完的。物理也還原到「點」、「瞬間」，及「分子」。數學所使用的辭彙最少，與邏輯同；物理學也該仿之，把「簡之不能再簡的辭彙」（minimum vocabulary）予以定義即可。把那些「去除不掉的」（uneliminable）辭彙，予以分析就得了。試看下例：

X是一系列的經驗體（empirical entities），由a, b, c, d……所組成。「經驗體」是可由感官知覺得來的印象。X這個「非經驗體」（non-empirical entity）或是「推定體」（putative entity）——推定出來的，也可以由a, b, c, d……的「經驗體」得知。因之，X就成爲a, b, c, d……的一種「邏輯建構」（a logical construction）。

此刻，語言層面必涉入其中。一提X命題時，就可譯爲「一組命題」（a set of propositions），而不必再提x了，只提a, b, c, d……即可，二者之間的關係，是「前眞後必眞」，「前假後必假」。邏輯符號是↔，也是「充足兼必要條件」關係。同時，這也涉及到「本體論層次」（ontological aspect），該層次即「存在」。換句話說，若X可闡釋爲a, b, c, d……的邏輯建構，則不許拒絕承認X的存在。雖然X「不是經驗體」（non-empirical entity），或認爲X異於或高於a, b, c, d……，基於經濟原則，快刀斬亂麻。「當邏輯建構上是可能的，就可以取代推定體」（whenever possible, logical constructions are to be substituted for inferred entities）。

「物件」（physical objects）可定義爲「感覺料」（sense-data）的「函數」（functions）。其意即「物件」依「感覺科」而變，如「火」因「風」而火勢大，「風」是造成「火大」的「函數」。感覺料形同主體（人）所感知的一撮顏色，穆爾也提及於此。但感覺料與「感覺」（sensation），二者不可相混。感覺料是客觀存在的，感覺則是主觀的心理作用；前者是有被感覺的「潛在性」（*susibilia*）。一般常識或科學所提的物件，都是感覺料及其潛在性二者的「函數」或「功能」（function）。

舉例言之，「宇宙萬有」這個「x」，是分別以a, b, c, d……代表的動、植、人、礦……所組成。x→a, b, c, d……；必有a；若無a，則「必有x」，就說不過去了。甚至可以說，無a則無x。英國必有倫敦、牛津、劍橋……；但若一個國家無牛津，則該國「必」非英國。

2. 就物理學而言，還原分析者取「原子物理學」（atomic physics）作爲語言，而不選日常通用語言；但後者不會因之變成「非法」（illegitimate），因爲二者功能不同，函數各異。日常生活上的說話，言及樹木或石頭時，都不會以「原子」（atoms）代之。若哲學分析使吾人認爲，物理科學之「體」（entity），如原子，乃是邏輯上的建構，則言原子者與道樹及石者，可以兩不相犯，只是不要相混。二者各有不同目的，「脈絡」（context）也不盡然全同。「桌子」一辭，有人取桌子的功能爲話題，或材料、形式、價錢、美觀等爲談資；在分析哲學家的眼光中，則把桌子視爲一種從感覺料中得到的邏輯建構。「感覺料理論」（the sense-datum theory）及「常識世界觀」（the commonsense view of the world），二者之間的爭議，純屬語言界的事，也單單只是一種「挑此或挑彼」的選擇問題。

3. 年紀小時就對上帝起疑的羅素，作學問求知識以及成爲哲學家，不時對哲學上的「定論」採保留態度。語言界之外，或許還該有「超語文界」（extra-linguistic reality），眞理該是非個人性的（impersonal truth），尋覓之道只一，即「分析」（analysis）。布拉利這個心論者，對此是持異議的，認爲把「全」打「散」，就變成分崩離析了，扭曲了「實」而失去了「眞」。黑格爾早就如此說。至於哲學與經驗科學二者之間的關係，羅素則採「合」（synthesis）而非對立。雖對環宇提出大膽又廣博的哲學設定，分析仍是他的拿手，但非純屬「語言」（linguistic）分析而已。他的「環宇」觀是「存有」（being），無時空性的，非只是「存在」（existence）而已。

4. 分析──邏輯的而非物理的：尋求環宇實體的最終組成因素（the ultimate constituent elements of reality），落在「原子論」（atomism）上。他的此一構思，坦言來自於維根斯坦；但這是邏輯分析（logical analysis）結果的「原子」，而非物理分析（physical）結果的「原子」（atom）。此種邏輯原子論（logical atomism）可以釐清語法上的意義，與邏輯上的意義是不同階的。注意於命題中所使用最原子的字辭，如「和」、「或」、「不」、「若…則」等。命

題的「事實」或「眞假」性有二：（邏輯的「原子」，不是物理的「原子」）

其一：原子命題（atomic proposition），只描述單一事實者。

其二：複合命題（compound, complex molecular），描述二或二以上事實者。

如：今日下雨。此一命題（完整語句），屬原子命題；「今日下雨且颱風」（「且」即「和」），則屬複合命題，因描述兩種事實，而以「和」、「且」等作連詞（conectives）。若以A、B符號化原子命題，則A & B，就符號化複合命題了。複合命題也就是關係性命題（monadic relation），有些是以「二」爲一組的關係（dyadic relation），有些則是以三爲一組的關係（triadic relation）等。

This is white（這是白的），此一命題是原子命題

Either today is Sunday or I made a mistake in coming here（「今日若非週日，否則我怎會來」或「要嗎今日是週日，或我弄錯了，因之竟然也來了」，此一命題顯然是複合命題，因由兩個「分子」（moleculars）組成，連詞用的是（either ... or），不是「和」（conjunctive）而是「或」（disjunctive）。「事實」上，該命題卻只陳述單一事實而已。若以大寫的英文字母予以符號化，則A就夠了；表面上看似乎是兩個原子命題所組成——today is Sunday（今日是週日）及I made a mistake in coming here（我來此是我搞錯了）。

試看下例所舉的「存在性命題」（existence-propositions）：

廣州有人（there are men in Canton）

承認上述原子命題爲眞者，舉不出哪一人住在廣州。不認識任何一位非洲人者，也必相信「非洲有人」，此命題所陳述的，屬眞，也是事實。

他坦言，「邏輯原子論」（logical atomism）的想法，部分得自維根斯坦，但那是還未成熟的初型（a preliminary or immature form）。一戰熄火的1918年，

維根斯坦還未30歲，羅素則已快近半百；前者的名著《邏輯哲學專論》（*Tractatus Logico-philosophicus*）的手稿，來到羅素面前，羅素不盡然全部同意這位門生的見解。維根斯坦以邏輯學家自居，也以此身分來寫書，沒必要費神舉經驗上的事實為例。羅素雖同以數理邏輯起家，卻不時地未忘傳統英國的經驗主義。維根斯坦來自心學根深柢固的歐陸，英國經驗主義無法作為他心胸中的擺飾傢俱。

(三)「中性一元論」（neutral monism）

核心思想時有修正，並不僵化頑固。

1. 身心是一元，還是多元？此種哲學爭論早已不新鮮。他不只讀破萬卷書，且如同杜威，也行遍萬里路。事實經驗有出乎他原先預料者，早就「心有定見」，非他的為學態度。1920年訪俄，觀感不佳；寫了一本《布爾什維主義的理論與實際》（*The Practice and Theory of Bolshevism*）。俄國社會民主黨中的激進派（Bolshevism），主張由無產階級來奪取政權，此種要求，當然令來自於資本社會英國的羅素，倒盡胃口。旅遊支那，則成果較豐。1922年也寫了《支那問題》（*The Problems of China*）。前一年，一本哲學界大家搶購一看的著作，《心的解析》（*The Analysis of Mind*, 1921），偏愛二元論（dualist position）或多元主義（pluralism）。其後知悉美國詹姆斯主張「中性一元論」，本來極力反對的，轉為攻擊力道減弱，最後越發覺得該論是正論。該論與多元主義並不衝突，因為既不言心也不言物，卻以「中性」（neutral）代之。心與物若是一正一反，則中性就是合了。二十世紀以來的學界主要招牌，已高高掛上。

2. 更多的心理學家強調，心理現象要藉物理現象予以解釋，尤其行為科學家（behavourists）為然。他們認為，物理學的進步比心理學更令世人刮目相看。物理學比心理學，更具基本科學的身分。

眾多物理學家中，尤其是愛因斯坦（Albert Einstein, 1879-1955）的相對論，認為老式的物論，是一種「邏輯上的虛構」（logical fiction），或是一種心靈上的擬議而已。

「心」（mind）及「物」（matter），都視之爲一種「邏輯上的建構」（logical constructions），既不心也不物，卻是中性的。「一片顏色」（a patch of colour），其中有心也有物。

早歲與晚年，長達近一世紀；今昔之說法，不完全全同。對異見先予以反駁，後來漸取同情甚至同意，但仍語多保留，不把話說滿。心胸開放，準備接納，並吸取新論點。「重新定義」（redefine），「再行闡釋」（re-interpret）一些辭彙，是他爲學寫作的特色。

1940年出了《意義及眞理的探究》（*An Inquiry into Meaning and Truth*），不諱避地坦承，他未解決一切問題。或許他張臂擁抱中性論，心裡想的是以拒代迎。這麼說或許並不精準，卻遵守他一生的爲學態度，即不願鐵口直斷。

第四節　羅素的語言哲學及道德論

　　羅素說過，哲學的主要業務，是在語文的表達及敘述上，下一番苦功夫。如同軍營中的「士官長」（a sergeant-major），說話或貼布告之目的何在，旨在影響他人或兵卒之行為舉止，而非僅只作事實描述而已；甚至其中含有情緒上的表態。語文功能之多，無法勝數。哲學家要闡釋內心思想，雖有時文字、語言、姿態、表情等有窮，尤其上臻「不可說，不可說」的境界，形同「無字天書」，無言勝有言，無書勝有書。不過，若能擅長於語文的哲學，則也別有洞天。語文是當了解用的，了解世界、人生、大自然；而非茶餘飯後咀嚼文字的娛樂。咬文嚼字或語文拆字遊戲，如「四維」為「羅」，「虫二」為「妓女戶」、「風無邊為虫，月無邊為二」等。語文哲學，算是羅素最注意也拿手的哲學工作。

一、語言哲學

(一) 語言的階層（hierarchy of language）

　　1. 一戰之後，他集中心力於知識論及其相關論題上。三本著作陸續問世，一為《心靈解析》（*The Analysis of Mind*, 1921），二為《真理及意義之探討》（*An inquiry into Meaning and Truth*, 1940），三為《人類知識：範圍及限度》（*Human Knowledge: Its Scope and Limits*, 1948）。他認為推論有兩種，一是可以運算或展現的推論（demonstrative inference），如邏輯及純數學（不是應用數學，而是理論數學），經驗科學不屬之，經驗科學是經常識而來，不需推論，也不必演算或展現。其次，並非一切推論都屬有效論證，許多科學上的假設被放棄了，但不可因此就懷疑科學假設無甚價值。事實告訴我們，科學研究使人類知識大增。

　　許多科學家不免這麼說，且俗人也多半支持此說，即科學推論的可靠性或真實性，是以「用」作指標，以成敗論英雄；成了，就算推論可以成立；敗了，就

得割捨。科學家之「預測」，可以未卜先知；若其後果真應驗，則科學假設就成立。羅素並不支持此種論調，反而認為，研究果真走此途徑，則失之毫釐，差之千里；一開始就斷了繼續探討之路。沒錯，眾人皆知科學常給世人不少益處；但只是純以經驗事實作為前提，在科學推論上找到的許多成功的推論結果，多半是意外的，偶發的；不可只因有了收獲就沾沾自喜。在知識論的建構上，那是不足的；吾人的眼光，不該只聚焦於事實層面上。只是世人總是這麼相信，以經驗為師。

2. 在科學推論上，他找到了最少也是最不可或缺的五項原則，可以從已觀察者推論到還未被觀察者，或從一群事件推論到另一群事件。經驗世界不是邏輯世界，前者是或然或概然、可能的、相對的；後者則是必然的、絕對的、一定的。邏輯及數學世界，不在經驗世界之內。經驗世界即科學世界，有五項原則最不可或缺。由部分經驗而推論形成的通則，不保證必然成立。這五項原則，可以使前項推論某特定的後項，但不保證適用於其他特定的後項。科學推論涉及到「概率」（probability），不是百分百，但也不至於為0；卻介於0到1之間，有量或程度的多寡。由於其中牽涉到的因素太多又過於複雜，科學推論遂無法有定論。比如說，群聚於倫敦海德公園（Hyde Park）演講角落（Speakers' Corner）的聽眾，每人的來歷各殊，興趣、性向、性情各異，不過都聽到了有人在臺上高談闊論。眾人雖一致有相似的經驗，但反應必無法全同。只是聽到的聲音、看到的講者，單指這二項經驗而言，才彼此相同。這是羅素所指的五項原則之一。由於他不堅持非五項不可，甚至可以減少到三項或二項，因之也不必一一細談他所舉的五項。

科學推論原則並非來之於「先驗」（a priori），也不依「經驗論證」（empirical arguments）；而是以事實來推論事實，如此而已。此說似乎有點「繞圈圈」（a vicious circle）——惡性循環。羅素倒傾向於採心理生理學的生活適應或環境適應來予以解說。聽到有人說話、看到有人站著，就必「大有可能」產生一些經驗，此種「概率」必然存在；連動物都有此習性，更不用說人了。

3. 語文有高下階層，底層是「具體物的語言」（object-language）：這不需解釋，「指」向的是「物」。如成人向小孩明示一頭豬，而說「豬」；這不限於名詞。動詞的「跑」、「擊打」，形容詞的「紅的」及「硬的」，都屬此層。但光知這些，或許只導致於「洋涇濱」（pidgin）式的語文水平而已，臺語的「雞婆」（「多管閒事」之意），可以英譯爲（mother-chicken）嗎？具體物的語言，屬最基本的第一階。光就此階而言，眞或假純循約定俗成。若當初把英文的pig音譯爲「屁股」，deer音譯爲「豬仔」，violin音譯爲「凡多林」，則表其「意」的眞假性，依舊慣而定。

第二階層的語文是邏輯語文（logical words），這也是一般日常說話所使用的語文。其中，無意義的語文未有眞假值，但有意義的語文也不表示必有眞假值。如命令句的「向右轉」（right turn），關懷句的「你好一點了嗎？」（Are you feeling better?）語意或文意的範圍，超過邏輯上的眞或假。「一般性的意義」（meaning）及「特殊性的意義」（significance），又有分別。某種符號、字母、文字，或語言，對一般人而言，或許意義皆同；但對特殊人來說，卻別具意義，另有所指。前者來之於共同的經驗，後者則源於特別經驗，未有該經驗者，未必能體會其意。「只有敘述句（indicative sentences）才有眞有假」。不過，其後他又說，眞假是語句的屬性（attributes of sentences）。光只是個「單字」（word vocabulary），如「硬」（hard），未具眞假值。語文的眞假值，含有公共意（public），彼此的溝通、領會、了解、會意，才有可能。孩童學習文字或語言，由第一階層開始。物件的移動（bodily movement），最易引發孩童的注意。此種「行爲主義」（behaviorism）的「方法論」（methodology）效果最大；動態的而非靜態的，五官一齊運動的，而非只是背誦或記憶。未「見」烏拉草，只發出「烏拉草」的音或寫的字，是了無「意義」的（the senseless presence of the object）。羅素及其夫人曾在倫敦創辦實驗式開放的學校，將具體物譯爲一種語文，也將同一具體物譯爲其他語文。英文的I am hungry，等於法文的J'ai faim，也等於漢文的「我餓了」。

(二) 語文意義之領會，心理上的因素不可不考慮

1. 邏輯實證論（logical positivism）以經驗事實，作爲眞假的驗證標準。但眞假的驗證是一回事，「意義」（meaning）又是另一回事。邏輯實證論者有兩大訴求，其一：凡未能證實爲眞或假者，皆是了無意義的。其二：兩種命題語文或辭彙若都「同一呈現」（same occurences），則用奧坎剃刀化簡爲一：如犬與狗，二者有同「指」：臺灣南部人說「讀冊」，北部人說「讀書」；二者語意同。羅素一清二楚地表明，上述兩種實證說法，「我二者都反對」（I reject both）。其一，「應該」一辭，是無「眞假」認知意義的，但難道不具心理學上的情緒價值嗎？後者也具有「意義」。他倒同意實證論的說法，未有「敬畏而不該說或形容的知識」（ineffable knowledge）。但「事實命題的意義」（the meaning of a factual proposition），與「驗證其爲眞僞的模態」（the mode of its verification），二者不能混淆。犬與狗是同一「事實」，但「虎父無犬子」一成語，怎能與「虎父無狗子」，在「模式」（mode）上完全等同呢？「書」與「冊」，「事實」意同；但使用該兩字者在「心」理上是有不同「情意」在其中的。「讀書愈讀愈ㄅㄨㄍㄨ（打瞌睡）」。「讀冊愈讀愈切（咬牙切齒）」，如此，才合「韻」的！交互調換，就「韻」味盡無了！

其次，邏輯實證論的「眼見爲憑」，羅素認爲，眼見只能作爲憑的充足條件（sufficient condition），但非「必要條件」（necessary condition）。「若眼不見」呢？難道沒有其他可憑嗎？

2. 羅素對知識論上的一些用語，容或有時鬆散，但對「眞理論」（theory of truth）卻語意嚴謹明確。「複合命題」是由「原子命題」所組成，其中，有些原子命題是眞的（合乎事實），但也只是合乎部分事實而已，亦有可能與全部事實不吻合，匆促據之作爲判斷，「眞相」就不能大白。戒嚴或威權時代的政治牢獄，官方所陳述的事實，大都是片面、虛假、扭曲、僞造的，頂多只符合全部事實的部分而已。善於工計的玄學家或心論者，必抬出一種看似前後連貫又首尾一

致的「眞理論」（truth as coherence），但經不起抽絲剝繭，奮而不懈的追根究柢，方能水落石出。現代的科學斷案，當然比包公之審訊，高明許多。

3. 實用主義者之眞理論，他有微詞：雖從美國實用主義大師詹姆斯處獲取不少靈感；但對這位美國哲學家的眞理說法，並不苟同。「眞」因爲有「用」，方便於解決問題，是付出代價才使人相信的（it pays to believe）。如此的引用詹姆斯的話，後者控他誤解，且闡釋顯得粗鄙；但羅素反唇相譏，還認爲詹姆斯的說法比他更糊塗。

眞理（truth）與知識（knowedge），二者不可混淆。純以經驗爲眞理之師，他是堅決反對的。「純經驗主義論，無人相信」（pure empiricism is believed by no one）。「嘴上無毛」（經驗短缺的少年仔）辦事「必」不牢嗎？至於「信」（belief），則心理上情的角色不可小視。宗教神學界以「信」爲第一，信了就知，信了也成眞；理性化的哲學家及科學家翻轉倒反過來，「知」了才「信」。信如未有「知」作底子，必迷信成習；以爲天狗食日，才成日蝕；地牛翻身，乃地震之因；嫦娥奔月，牛郎織女是天上兩星之相思，成爲詩詞歌詠繪畫的題材。以「人」爲本，所得的知，也只是人之知而已。是否也可爲其他生命體之知，是未可知的。至於地球之外是否另有生命的星球，如同佛教界或臺灣大學哲學教授曾天從（1910-2007）所言之無窮世界，天外有天，人外有人。浩瀚無邊無際界的「眞」、「知」，及「信」，另有其檢驗或印證的標準吧！誰又能確「知」其底細？

4 .至於「對應論」（the correspondence theory of truth）者主張，一新說如眞，則與之相關者也眞：羅素稱，後者乃是前者的「測定器」（verifiers），測定器是公認的，共有的。新知一旦與全部或大部分的舊知抵觸，則此新知爲眞的可能性，必大減。早被公認的舊眞或舊知，已構成爲「常識」（common sense），若新知與常識相衝，這是「知」的大忌。不過，羅素認爲，「對應論」以常識經驗作爲檢驗器，該器無法在邏輯及純數學的分析命題上發功，因爲後者不屬經驗科學，後者只是一些語文的「句形」（the form of the sentence）。

「文法」反而才是「語文財」（properties of language），研究「字句的文法排列或規則」（syntax），利用由之而生的語文所描繪的世界，必另有一番天地。他因之說，若亞里斯多德的思想，以漢文來寫作而不用希臘語文，則亞氏哲學的風貌，必大爲不同。

「金山」（the golden mountain）這一辭彙，是文法上的，而非經驗事實上的。「本有性－偶有性」此種形上學（substance-accident metaphysics），可化爲文法上的「主詞－賓詞」（subject-predicate）句形。不使用「金山」一辭，是因爲經驗事實上並無「金山」存在於人世間，可是語文上卻可以有「金山」兩字。

二、道德論及宗教觀

羅素哲學除了抽象理論部分之外，他的實際哲學論著，也占了極大的比例。平生第一本書是《德國的社會民主》（*German Social Democracy*），是24歲（1896）時的作品。然後也在倫理、社會及政治議題上，大發議論。1948年在荷蘭阿姆斯特丹（Amsterdam）召開「國際哲學會」（International Philosophical Congress）時，一位來自匈牙利布拉格（Prague）的共黨教授，指羅素是個象牙塔（ivory tower）哲學家的典型代表。此種判斷確屬無稽。羅素本人的思想與行動，容或有不少人持有異議，但他是身體力行者，還因之而有牢獄之災。二戰時他反納粹（Nazis），戰後共黨勢力崛起，不少國家淪入鐵幕，他極爲不容情地指控共黨某些政策及行徑。此刻的言行與英國官方是一致的，二戰結束後的1949年，還從英王喬治六世（King George VI，在位1936-1952）手中獲勳章（the Order of Merit），與穆爾同。當然，他的哲學家聲名，也是他獲取此勳位的主因之一。更推動一種世界政府的制度（system of world-government），極力要求廢除核子武器，還加入「公民不服從運動」（the movement of civil disobedience）；由於拒付罰款，還因之吃了一週的牢飯。年屆古稀之年，更不時爲大衆福利發聲。斥他爲象牙塔人物者，確實是孤陋寡聞。

羅素本其哲學素養，對倫理及政治理論，提出他的一番見解；甚至還涉及性問題。1940年，紐約市立學院（Cllege of the City of New York）本聘他任教，由於他在婚姻及性行爲上的一些看法，導致聘約被取消。杜威還因此挺身而出，爲他聲援。

(一) 倫理學說

1. 1910年出版的《哲學論文》（*Philosophical Essays*），在第一章標題〈倫理的基本要素〉（the elements of Ethics）中，界定倫理學是一種科學，討論善行爲及惡行爲。若問爲何該有某行爲，答案是依據來之於一些無法得證的基本前提。不只倫理學一科有此特色，其他不少學科也如此，但不可因此就降低音量，使之不能成爲一門科學。

爲某種行爲贊聲，理由通常都與後果有關。一種行爲被稱爲善行或正當之行，乃因該行之後效是良好的，但不是一切的行爲都是良好的。其次，某些行爲也被稱爲好的，乃因可藉此當手段，作踏板之用而求別的目的；不過，有一種「內在的善」（intrinsically good），不隨任何人的意見而搖擺，也不靠自己或他人的欲求而變更。眾說紛紜中，是否有一種固有的「性質」（qualities）存在。如同「圓」（round）或「方」（square），眾人皆對圓及方不生歧見。對善及惡呢？

善本身（goodness）是一種「客觀的資產」（an objective property），是難以下定義的。與「樂」（pleasant）不完全相同。樂有可能是善，樂之所以是善，乃因善居於樂之上。

2. 從人類學（anthropology）或人性（human nature）角度來思索倫理道德，「一切的人類行爲」，皆來之於兩大源泉，即衝動（impulse）及欲望（desire）二者之受到壓制。這與當時的「心理分析論」（psycho-analytic theory）提出的「潛意識」（subconscious）或「無意識」（unconscious）說法相合；若衝動及欲望能順暢的得到自然展現，自然生長也等於自然方向，這是好事或善事，

猶如植物的向陽性一般。此說法可能受盧梭影響。不過這太被動了，卻無法控制、支配、利用、增刪外在環境的束縛。人之心有一種建構性，可以選擇、決定、判斷，如何使「生機力」（vitality）有利於人生，甚至可以關懷己之外的他人；推己樂而爲眾樂，減少己及人之悲痛苦難，更進一步的追求眞善美境界。

3. 在《社會重建原則》（*Principles of Social Reconstruction*, 1916）及通俗性或大眾化論文《我之信仰》（*What I Believe*, 1925）中提到，善的人生，是由「愛所啓迪」（inspired by love），加上「以知作引導」（guided by knowledge）者。但有「倫理知識」（ethical knowledge）嗎？善惡的判斷或任何「價值」判斷（judgment of value），「純是一種個人的品味」（purely personal taste）嗎？其實，價值判斷是一種「祈願」（the optative），拜託型的；即對善有種欲求，對惡有一種嫌棄；屬心情上的。人之所以能夠繼續存在，要不是有此種普遍的共性（an element of universality），趨善去惡，則人種早就消失。因之，「殘忍」（cruelty）到底是好或壞，是善或惡，就昭昭明甚了。該領域不是知識上的眞或假，卻是價值判斷上的好或壞。善或惡，品評二者之區別，就猶如人人皆喜歡喝上可口的法國葡萄酒（good claret）一般。當然，二者也有區別。人人品嘗良酒是一回事，人人喜愛殘酷與否，又是另一回事。當我說：「殘酷是惡的」（cruelty is bad）時，我顯然希望或祈使，在我能力範圍內，我必身體力行；比如說，教育子女戒除殘酷行爲。他是言出必行的人，也是名哲學家，愛惡很容易表達出來，嫉惡如仇。監獄虐待囚犯，此種行徑，本身就不該；掃除敗類雖有益於人種幸福，但惡冠滿盈者，也該有基本的人權。自覺即令他的倫理理論與實際上他強烈表達的道德偏愛，二者並無邏輯上的矛盾，卻並不以此自滿。至於其他人的不同說法，他是更難以接受的。如同前已述及的，「我贊成殘酷」（I approve of cruelty），與「殘酷是好的」（Cruelty is good），二者位階不同。前者是「敘述句」，後者是「價值判斷」句。不過，此種分際，似乎也有點撲朔迷離。

(二) 價值判斷（value-judgment）的分析

1. 倫理學說中至少有一部分可歸爲哲學領域，即價值判斷的分析。首先，人力抵不過自然力，且有「非人力的肆虐」（the tyranny of non-human power），如大地震、火山爆發、大颱風、極冷極熱等；大自然才不介意於人之生死存亡。其次，他斥責「赤裸裸的權力」（naked power），窮兵黷武式的征伐，不進行思索之力（unthinking power）。經濟學家誤認「自利」（self-interest）乃是社會生活的基本動力，政治學者甚至認爲社會科學的主要概念是「權力」（power）。1938年他出版《權力：一種新的社會分析》（*Power: A New Social Analysis*, N.Y: the Notton Library, 1969），致力於權力的馴化（taming the power），還舉出支那古代一婦女有「苛政猛於虎」的眞知灼見。（該書273頁）

權力的掌控或權力的追尋，覓封侯，金榜題名時，不是支那儒生的人生一大樂趣嗎？「愛權」（love of power）之後果，「該產生所願的效果」（produce intended effects），對人與人之外的世界，才能有益處。

2. 踏著培根「知識即權力」（knowledge is power）之後塵，「覓」權要植基於「求」知，以知作爲掌控一切的根據。現代科學在知識的增加上日新月異，造福人群也澤及人之外的其他一切。「知識與權力合一」，化知成爲知者，愛成爲愛人，詩成爲詩人，神祕性成爲神祕家；權力本身不是目的，卻是手段，以增進社會合作爲宗旨，且以全人類之福祉，爲中心意念之所在。民主才是阻止權力濫用的良方。羅素或許被他人歸類爲社會主義者（socialist），但他一再強調，若遠離有效的民主運作，社會主義將是危險的學說，勿流爲無政府的結局。他高呼要有個國際性的世界政府（world-government），享有權力來阻止國與國之間的爭戰；其後，他更致力於核子裁軍（nuclear disarmament），且列爲他畢生優先的使命。因爲擔心一旦核戰爆發，人類即形同自殺、滅種。科技可以把世界納爲一體，但政治遠落在科技之後。科學造福於人群，政治也該如此；科學爲害於人群時，政治就該出手。「善的生活」（the good life），是人人衷心追求的。人有獵取欲（predatory impulse）及占有欲（acquisitive impulse），一國的政府

對此二欲該有功能予以管制；世界政府則約束各國此二欲。第三欲更該提倡，即創造欲（creative impulses）。個人自由（individual liberty）是基本要件。該欲不僅不許受壓抑，還應大力鼓吹，各國都該儘量發揚各自的文化及交流方式，異樣多元又殊別，才使創造力最富有激盪性。社會動態（social dynamics）而非社會靜態（social statics），才不會使人的潛力及生機力萎靡枯亡。

總而言之，價值（value）高於事實（fact）。他所言的價值，當然是倫理上及道德上的。

(三) 宗教觀

羅素早年即不信上帝，在他的浩瀚哲學著作中，要找出對宗教的態度，也是妄然。但他仍有宗教觀。

1. 他的「教父」（god-father）小米爾（John Stuart Mill）早就提過，世界多災多難，人之不如意事常十之八九。依此種體驗來相信有個上帝是全能全智，是不可能之事，頂多是保持對上帝一事「無知」（agnostic）；證明上帝存在的傳統說法，他一概敬謝不敏，因果律不足以採信。戰爭之前「必」出現日蝕或月蝕？難道前者是果，後者是因嗎？康德長壽（80），乃「因」一生未婚，此種說法，真是荒唐。羅素一生結過四次婚，卻年屆近一世紀（98）。

宇宙有則有序，天行健；但羅素說，「秩序，一體性及持續性」（order, unity, and continuity），都是「人發明出來的」（human inventions）；如同「目錄」（catalogues）及「百科分類」（encyclopedias）一般。依現代的進化論來說，沒有一種進化，含有神祉之意在內。時間也非無中生有的屬於「創」（created），卻是一種自然的流露（spontaneously）。此種說法或許也極其古怪，但古怪之事，不也經常發生嗎？

2. 即令無法提出上帝存在的證明，但信上帝的人，比信森林或地窖有小精靈（elves或fairies），較不引起他的反感。因為信上帝者心安，雖得不到上帝存在的證據，但總不會比不信者更是一位惡民或歹徒。他最憤怒的是基督宗教團

體，竟然率先引發宗教戰爭，迫害異教徒，又阻止另尋他途者。他的價值觀，不免也帶有些許的宗教情懷，關照世人的生活，個人價值的尊重，正是他的「信仰」，也是他的最愛。基督教史上的功過，他是貶多於褒的。

羅素的心態如同支那的梁啓超，常以今日之我非昨日之我；日新、日日新、苟日新。一生歲月又長，難怪在壯年時及老年時，想法數變，但以知識追求來尋獲客觀真理，正是他探討哲學的主要動機，以便了解闡釋世界的一切。

概念解析的主要工具是邏輯，邏輯及數學是絕對的，不屬經驗界；哲學及科學，則屬經驗界。其次，哲學及科學都是假設性的命題，一旦該命題獲得印證了，則已不歸哲學而屬科學了。科學還未解答的問題，如生活的目的何在，那是哲學地盤。哲學家或許也無法提供盡人皆可信的說法，但這並不表示該種問題了無意義。實證主義者認為，無實證的命題都是了無意義的，羅素不致於有如此的主張。相反的，「哲學的一種功能，就是對此問題保持一種濃厚的興趣」。宗教信仰問題就是其中之一。科學若在這方面（宗教）無任何發現，人們對此就不能有所知。但此類問題若予以忘懷，則「人生將了無情趣」（impoverished），人生也有「著謎」的層面（enigmatic aspect）；對此效力，更非了無意義。科學式的哲學（scientific philosophy）是他的最愛。但該哲學對此「有時而窮」，難以發揮作用；完全予以排斥，易流於「不當的獨斷論」（an unwarranted dogmatism），或「心胸狹窄，雞腸鳥肚般的庸俗氣」（a narrow minded philistinism）。

3. 一般人以為宗教對人生觀具有啓示作用，他倒認為：「哲學將使人能知悉人生目的」；但卻又說，「哲學本身無法決定人生走向」。哲學家該時時刻刻對宇宙的旨趣保持高度關注。哲學取代宗教，但有兩要件：

其一：追究真理時，要無私無我，不可含有個人的主觀論點在內，不許先入為主。在這方面，形上學在史上是紀錄不佳的。

其二：科學的假設常具時空性、偶有性、局部性，修改其假設是可能的。但科學卻最可以提供最明確知識。「只有藉由科學，吾人才可能知」。從此一說

法來看，哲學也得讓位給科學；但就實際而言，科學也難以解開一切的謎。即令如此，哲學也該往科學移動。在《西方的智慧》（*Wisdom of the West*, 1959）一書中說：「哲學本身擺出的架勢，既不解決吾人的煩惱，也不拯救吾人的心靈」（In itself philosophy sets out neither to solve our troubles nor save our souls）。在「救贖之道」（a way of salvation）上，無法提供任何服務。有關價值的具體判斷，以及依此判斷所形成的反思，都排除在「科學的哲學」（scientific philosophy）之外。

「哲學」一辭，在史上為多數人所了解的意義，比「科學」的哲學，範圍大得多。即令科學的哲學所依的科學，仍無法盡解人類問題，卻可擴充吾人的心智視野。

4. 「冷靜的腦」作價值判斷及概念分析，將哲學問題作「切片似地處理（piecemeal tackling）；一方面卻本著「火熱的心」，胸懷大志，關懷人生。寫作文字優雅又帶有哲學深意，1950年榮獲諾貝爾文學大獎。有時雖用字仍不免鬆散，但對照不少哲學家的著作，字意尚較一清二楚。他的數理邏輯，一般人是束之高閣的；其他著作，讀者群確比康德的三大《批判》（*Critiques*）或黑格爾的《精神現象學》（*Phenomenology of Spirit*）多得多。文風延襲洛克、休姆，及小米爾路線，但染有法國啟蒙時代哲人的韻味。大致說來，他代表了理性主義的發言人，也算是一位「非宗教的人文主義」（non-religious humanism）哲學家。羅素對當代英國哲學是舉足輕重的人物，對他國影響也深。不少臺灣學子是他的熱心支持者。但有些國家，尤其德國，只把他當作是一位「經驗主義者」，稍稍還承認羅素在數學上的重大建樹，但數學不是哲學。他具有多方面興趣及能力，手寫最抽象的數學邏輯及科幻小說。1953年還撰一短故事《近郊的惡魔》（*Satan in the Suburbs*），隔年又出《名人惡夢》（*Nightmares of Eminent Persons*）。不管如何，他高抬人格的重要性；在「非宗教的人文精神」之下，把他歸類於何種主義，都不十分妥當。出身貴族，以哲學為業，民主鬥士，為抱負拼命不屈；引發異教人士之怨言，自是難免。

第五節　維根斯坦及紐曼

　　羅素向來抱有一股很大的疑心，覺得哲學家不太有能力提供吾人準確知識。若有人揚言，其學說或主義是絕學或至道，他必嗤之以鼻。哲學家雖有一股強烈動機，在求知上致力，且領會人與世界的關係，但頂多也只是把經驗科學的成果，當作一種架構（a frame-work）；將科學上的發現，導入某種系統秩序中，如此而已。他所說的科學，是給哲學新概念且作爲出發點用的。

　　語文意義的分析，該成爲哲學的分內業務。羅素本人發展出一套語文的邏輯分析。但他分身乏術，又過問此領域之外的太多哲學問題；倒是穆爾（G.E.Moore）自己以身作則，在日常用語上，下一番實際的分析工作。

　　不過，把哲學的性質及範圍，作一嚴格又武斷的限定的，倒是來自於奧地利的維根斯坦，使羅素改變觀點，正視純數學及邏輯命題，屬於「套套邏輯」（tautologies）

一、維根斯坦（Ludwig Wittgenstein, 1889-1951）

(一) 套套邏輯

　　1922年出版的重要著作《邏輯─哲學專論》（*Tractatus Logico-Philosophicus*），爲「套套邏輯」一新辭作如下解釋：命題若爲絕對的眞，其反面則爲絕對的假，或相互矛盾。簡言之，如A是A。請問：「雲起於何處？」則以「雲起於起處」作答。

　　1. 套套邏輯雖是絕對的眞，但對「新知」無助。至於「命題」（proposition）則與套套邏輯迥異，是有眞有假的。二者「意義」（*Sinn*, meaning）之有別，是後者要依「經驗事實」（empirical facts）來斷定，前者則不需；且與經驗事實了無牽掛或瓜隔，因爲非屬「經驗上的敘述」（empirical statement）。凡經驗上的事實陳述，是不必然爲眞或假的。康德所言之分析性（analytic）命題，

不需舉證，是自明的或定義上的（definitional）命題。自然科學所敘述的，不必然是真或假，如「狗在桌下」。以康德的術語而言，那是綜合性命題（synthesis）。

2. 意義的分析（analysis of meaning），自穆爾以來，就成為哲學「革命」的重要口號，且將「語文」分析列為首要對象；羅素也致力於此，但他常旁及他騖。取語文的日常使用，作為分析工作，兩人皆認為那是哲學家分內的職責。維根斯坦進一步指陳，哲學命題（philosophical proposition）須排除自然科學的事實陳述，也限制數學或邏輯上的套套言。試看下例：

「連續體」（continuum）這個字，根本是無「部分」（parts）性的。

「線」（line）這種「連續體」，是由許多「點」（points）組成的，但線中有點這種「部分」嗎？維根斯坦說，任何陳述句若是套套言，等於是一種「定義」語言；如「線就是線」、「點就是點」，這不是同語（字）反覆嗎？Tautology也可漢譯為「同語（又）反覆」。上例的命題，屬日常經驗的敘述句，不是哲學命題。

3. 哲學功能是「命題的清晰化」（the clarification of propositions），可當「語文治療」（linguistic therapeutic）用途，以釐清意義上的混淆。弔詭的是不少學界名家，著作中的用字遣詞，極為艱澀、冷僻、混淆難解，卻能吸引一群甚至都自承似懂非懂的崇拜者。奧地利是維根斯坦的祖國，「維也納圈」（Vienna Circle）要求哲學的一份謙卑功能，就是作為科學的「女僕」（handmaid），來服侍科學或「治療」科學。羅素也指出，日常或口語說話時，語句的文法形式，常隱瞞著邏輯形式，如「金山」（the golden mountain）。

金與山，屬形下的物理層（physical）
金山則是形上層（metaphysical）

　　「金」與「山」，與「金山」，之存在與否，涉及本體論（ontology）範圍。這是羅素「描述性的說明理論」（theory of descriptions）。維根斯坦的著作，或許仿康德，絕少舉例。難得的是在此，他常有如下的一例：

Socrates is identical.

　　identical當作「形容詞」（adjective），在上語句中是了無意義的。上述的英文，並無文法規則上的錯誤，但卻「毫無所指」。下例則不然：

what is the cause of the world？（造成此世界之因是什麼？）「因果」（causality）表示現象與現象之間的關係，這就具意義性了。

(二) 維也納圈（Vienna circle）

　　1. 以施立克（Moritz Schlick, 1882-1936）這位維也納大學（University of Vienna）哲學教授為主的志同道合學者，形成一個圈圈。除了哲學家之外，另有科學家或數學家；他們不一定都有師生關係，但皆被稱為「邏輯實證論者」（logical positivists），支持維根斯坦的論點。堅持一種說法，即經驗陳述不必然是真的；並且也認為，形上學所提供的訊息，真假莫測。哲學的前途，該為科學提供服務；哲學的陳述，建立在經驗的證據上，該發展符號邏輯，以免受困於文字邏輯的混淆中。尤其是形上學家，該認清本分是詩人，勿搞錯行自詡為哲學家。各種命題，當印證（verification）其為真或假時，皆以感官經驗（sense-experiences）為準。由於吾人不可能「盡悉」所有的感官經驗，因之，由此而印證出來的命題，真假也就受限了。

　　形上學者所敘述的語文，雖無真假值，卻常有「激發情緒的意義」（emotive-evocative significance）。那是一種「態度」（attitudes），除了表達己意之

外，另有影響他人心態的作用。

2. 引邏輯實證論入英的學者是艾雅（Alfred Jules Ayer, 1910-1989），1931年出版《語言、真理，及邏輯》（*Language, Truth, and Logic*）一書，痛斥形上學及神學，贏得了「中傷式的勝利」（*succès de scandale*）之名。雖不少人聞風喪膽，但專業哲學家卻不盡然心服口服。劍橋大學就有教授試圖平衡一下，希望邏輯實證論與基督教二者握手同歡。艾雅其後的著作，也較少火氣，或許當作是現代英國哲學發展歷史上的一段插曲。同樣在劍橋大學執教的維根斯坦，也多多少少修正自己的觀點。本以為只有敘述事實的語文才具有意義，卻也承認那只不過是有意義性語文中的一種而已。語文的複雜度，不可等閒視之；上下文的脈絡（context），潛藏著語意的奧祕，不全然皆可「映像」（picturing）出一物必有一影，一影也必有一物。此種「命題」（事實敘述），真假莫測。

3. 因之科學語文（the language of science）一方面享有獨特優勢利權的寶座，另方面也失去御尊地位。邏輯實證論者冊封科學語文為模範語文，維根斯坦晚年的想法卻有所保留；早年著作的《專論》（*Tractatus*, 1922），與晚年的《哲學探究》（*Philosophical Investigations*，1953去世後兩年才出版），在這方面的立場，稍有出入。前書在「革新語文」（reform language），是革命性的；後者則是傳統性的，維持原先語文的模樣。果真如此嗎？

> 舉games為例，若有人問，什麼是games，則可能有如下回應：
> 網球、桌球、板球、西洋棋、橋牌、高爾夫、排球、足球，這些都是games。此外，美洲印地安人所玩的，或捉迷藏等，也都叫做games。

或許有可能聽者不耐煩了，反唇以對：

> 我完全領會這些。但我不是問你何種活動在習慣上被稱為games。我是請教你，什麼叫做games。換句話說，我希望知悉games這個字的定義。什麼是

games的「本質」（essense）？你剛剛的回答，就如同圍繞在蘇格拉底四周的那群年輕小夥子一般，當被問到什麼是beauty（美）時，就答以美的東西或美的人來了。如此回答，我會回應如下：喔！我知道了，你以為我們使用games一字，只有一種意義，也只有一種「本質」，這是錯的。games有好多種玩法。相似性有，但方式異。有些games是用一球玩的，但玩西洋棋這種game就無球，也無一球。即令只玩一球，球的種類也很多；桌球、板球、高爾夫球、網球等。真正比賽時，規則也不同，有明有暗，且以規則來定義比賽也是不足的。刑事法庭內有行為規則，但此種法則程序，一般並不歸類於games（球賽規則）中。換句話說，回答你原先的問題，先要提醒你，以games作為語文時，實際上是怎麼用的，你可能不滿意於此。不過，在這方面你確實徒勞於錯誤的理念中，以為games只有單一意，只有單一的本質。若你堅持要如此來找出其字義或該字的本質，則你確實在堅持語文改革（reform）或語文干擾（interference with language）。

4. 命題種類多，語句種類也繁；有敘述性的、命令性的、祈願性的等。日常或聊天的語文，與專技性或科學性的語文（代表科學概念及假設用的語文），二者又有別。有人以為哲學家有能力挖掘或顯示出隱藏的語意或本質，他持反對態度。語文的改造，只不過是在澄清誤會，掃除混淆的語義，以及拋棄假的哲學問題及理論。他一生的哲學心思，容或前後有變化，但「語文的治療」（linguistic therapeutics）仍是他持之以恆的訴求。試看下兩語句：

其一，我出去走一走
其二，我認為A作家比B作家更為偉大。

「我」都是主詞，我出去走一走，「意」指我這個「身子」（body）。第二語句中的「我」，也是主詞，就與「身子」（body）無關。

語文的使用，有正面（positively）及負面（negatively）意。真正使用語文時，領會上的困難或繁複問題予以掃除，用手術刀或取奧坎剃刀一砍，這是負面的。作語文使用上的確實「描述」（describing），則是正面的。

5. 正面性的語文使用，可以把語文分類為科學語文（the language of science）、道德語文（the language of morals）、宗教意識語文（the language of religious consciousness），及美學語文（aesthetic language），彼此且可相互比較。邏輯實證論者只取科學語文為典範，將其他語文湊成一堆，只具「煽情意義」（emotive-evocative significance），如「怒髮沖冠」此種詩詞文字。一旦科學語文失去高高在上的寶座時，哲學家就該鼓起勇氣來，核驗其他類型的語文，個別地一一予以處理。其中，整頓道德語文的成果最大，宗教語文的討論也多。比如說，上帝（God）這個字彙，到底意何所指？不可因該字彙不屬科學，就以「了無意義」結束討論，卻該如同維根斯坦所言的將該字的使用及功能，「回歸老家」（its native home）。其次，把宗教上慣用的辭彙，與詩詞作一番比較。宗教或神學上的用字遣詞，不可當字面解，多數是含有「喻」意的（analogical）。中世紀不少神學家早已指出此點，只是其後學者對此默不作聲。柏克萊對此說了一些，康德以符號語言（symbolic language）來討論神學的脈絡語意，黑格爾則以宗教的「圖相」（pictorial）語文來討論宗教與神學關係，以及宗教與哲學的關係。

6. 「回歸老家」的哲學，就是「哲學人類學」（philosophical anthropology），以人為中心，心理層面或物理層面需二者兼顧，才能解除笛卡兒心物二分法中，「機器裡的幽靈」（the ghost in the machine）。哲學家建構哲學理論時，不關注或忽視日常用語，欠缺道德責任感（moral responsibility），我行我素，把理解的重擔壓在讀者身上，要他們承受風險。哲學問題正是人的問題，若無法使用常人所使用的語文，來陳訴自己的哲學理念，此種哲學家，也就失去哲學責任或使命感了。

語言分析（linguistic analysis）該擴大為「概念分析」（concept analysis），

則視野是海闊天空，且有容乃大，不該一味指責形上學語文是了無意義。過去的偉大形上學家，都是胸懷大志，「刺激性」（stimulating）及「啓蒙性」（illuminating），意在言中。對形上學予以批判，也可以同情對待之。傳統形上學並非都中了語文上的「蠱惑」（bewitchment）；分析是需要的，綜合更不可或缺。哲學問題是環環相扣的，並非孤立存在。世界觀（world-view, *Weltanschauung*）之必要性，哪能說無關緊要？微觀分析（microscopic analysis）是第一步，巨觀綜合（macroscopic synthesis）則總其成。哲學與人生，二者相合。大學之必要有哲學系，其理不必贅言。

二、紐曼（John Henry Newman, 1801-1890）

真理的兩大建構，一是經驗事實，一分證據說一分話，七分證據不許說十分；二是邏輯推理，或是數學演算。前者是歸納法，後者是演繹法；「邏輯實證」，則二者兼而有之。因此，把形上學及宗教神學開除於哲學門外。維也納圈及英國羅素等人，與之呼應，構成爲歐洲哲學界一股大風潮。其中有一逆流，即由紐曼領銜而發展的「牛津運動」。

(一) 牛津運動（Oxford Movement）之領袖

1. 紐曼身分是基督教宣教兼辯解師（Christian apologist），而非以哲學理論之探究爲其本務。

早年就讀於牛津三一學寮，認爲哲學研究，並非專注於在理論上疑惑的解除，或以「內在興趣」（intrinsic interest）爲優位，而是先確認自己是一位虔誠的基督教徒，信先於知。信列第一，然後再試圖以知識或理性來證明信是不可疑的。宗教及上帝的觀念，在他心目中，經過各種質疑問難，始終搖撼不了先前一心向神的初衷。此種心路歷程，與一出生就徬徨失措，然後有倖覓得理性上的驗證上帝存在者，是相反的途徑。

先信後知，而非先知後信，才使紐曼極力發展出一套哲學理念，來作爲基督信仰的奠基石。一來他認爲當代的理性主義是不足的，因單從邏輯角度，依自明原則（self-evident principles）推論而成的結論，就以爲可以目睹基督之光。同時，他也表明，信上帝者絕不是一群非理性態度者，或是純任性式的信仰者；其中卻有與哲學密不可分的內容。作爲宗教辯解師的身分，有必要使不信神者領會信神者經得起任何挑戰與質疑；一般信神者不必藉什麼哲學論證來支持上帝存在的事實，即令在他們面前呈現出該論證，他們也不必然有能力予以領會；但信仰的辯解師，卻有職責向大衆表明，絕大多數的信仰者蹤使對抽象的哲學論證一無所知，但他們的信仰都與抽象的哲學論證一一吻合；由潛而顯，由暗而明，由知其然而更知其所以然。

2. 信神者不只心中有上帝在，且此種信對信徒而言，是活生生的信（a living belief），即信徒與上帝結合爲一。「信神如神在」，猶如支那孔子所書「祭神如神在」一般。此刻，信神者不只「口」中有神，且「行」中也有神。從而也滋生出「道德義務感」（moral obligation）的「承諾」（commitment），奉守不喻。此種心理上的主觀感受，直如「啓示」（revelation）一般；不必藉由什麼數學上的演算或邏輯符號上的推論。

3. 求學背景上，他對亞里斯多德及希臘哲學略有所知，更認爲柏拉圖主義最合他的心意，該主義更由基督信徒及中世紀教父們引申闡釋。就英國哲學家而言，培根（F. Bacon）、休姆、洛克等人，他並不陌生；但評休姆，則認爲他的說法雖敏銳卻危險。紐曼不曾研究過柏克萊。對洛克是行注目禮的，褒之有加；能力超強，人格高尚，「心思純正，有男人氣概，直言坦率」（manly simplicity of mind and his outspoken candour）。蘇格蘭的哲學家及小米爾的《邏輯》，他也略有涉獵；至於德國思想界的著作，他所知不多。由於他活動多，興趣廣，不局限於哲學理論，閱讀只不過是作爲深化他信仰之用而已；己見不少，難以說他是哪位先哲的門生。

天主教教宗里奧十三世（Leo XⅢ, 1810-1903；1878-1903爲教皇）下令要求

教徒研究聖托瑪斯（St. Thomas）的著作，紐曼專寫一信向他示以敬意，但未寄出。信中表達出重振教會的學術生涯，延續先聖先賢的香火，尤其把托瑪斯主義（Thomism）置於中心。除了溫故以知新外，教父時代的神學盛世，也該在二十世紀重現。

(二) 信仰與理性

1. 1839年他在牛津傳道，闡釋信仰要旨，力主「信仰確實是一種理性的運作」（an exercise of reason），以一物證一物，增加了感官知覺所得的知識，也擴充了「內省」（introspection）的範圍，至少在認定上帝的存在上，是「經理性推論過的」（inferred）；但推理結果並不必然為真，「錯誤的推理」（faulty reasoning）是有可能的；尤其在宗教信仰上，推論是「無效的」（invalid）。但由理性而生的此種理念，以及理性的運作，務必先排除一切的偏見，先入為主的想法，及性情上的差異。單純地步著某些科學規則及已安置好的標準，來測度證據的輕重並作事實的檢查；如此才能使理性的運作，可以獲得有效的推論結果。可是大多數的信徒之所以信，不是採取此途徑；不信者也非因為他們的理性運作受到挑戰或遭受疑惑。此外「信是行的準則」，行是「不容些許時間作鉅細靡遺及完結式的探查的」（for minute and finished investigation），信者不要求對方提出毫無問題的說明或解釋。舉例來說，我們看報紙的消息，就信以為真，何嘗去深究消息來源是否可靠，是否真實？生活經驗所浮現的，不就是如此嗎？當然，信者恆信，不信者恆不信。為聖人所「意向」（inclinations）者，通常與「信」有關。理性主義者貶低信的價值與地位，充其量，也只不過是「某種心中渴望的表達」（the expression of a wishful thinking）而已，那不也是「情」的發動而非「理」的運作嗎？對洛克禮敬有加的他，雖對這位經驗主義與理性主義的大師之不少哲學論點予以支持，但由於自己另有所見，以異樣觀點與之作對，也心中常覺樂不起來。

2. 這麼說，信者與疑者，若處在同舟裡，由於二者的「事前設定」（pre-

sumption）也就是「成見」或「偏見」（prejudices）皆同，只是各走兩極。理性推論或經驗事實，甚至科學探查，雖都不可能對「雞生蛋或蛋生雞」提出最正確的答案，但對此置疑者，難道不也要過天天的日子嗎？信神者常舉親身看到上帝者作「目擊者」（eye-witness）之見，此種「神跡」（miracle）之可能性與不可能性，早由信者及疑者預先已定。誰是誰非呢？理性主義者心中的那把「尺」，可作爲「公」的尺碼？吾人的記憶或感覺印象，容或有些許出錯，不可盡信，但只是不可「盡」信而已，「全」可信嗎？絕對懷疑論者，大概瞬間也無法生存下去。「內思」可疑甚至全疑，「外行」卻片刻也不許疑。宗教信仰屬於「外行」，哲學理論歸於「內思」；二者作此分別，宗教信仰就與哲學理論平分秋色了。洛克早也說過，若無法先證明食物可提供營養，則堅持不進食者，此種人什麼也不得吃。未看過的東西就認爲不存在，不，上帝永遠在。人未曾看過的東西，早爲上帝所看過；柏克萊的著作，早有此說。雖紐曼未讀過。

(三) 自明原則（self-evident principles）－良心（conscience）

1. 自明原則即不待證明：絕對的、人人皆同的、必然的。此種定義一立，該無爭議才對。在具體生活準則中或道德倫理上，是否有此種自明原則，卻人言言殊。此種例證，俯拾即是。天無二日，國無二王；此種政治「格言」，早被推翻；至於女子必須從一而終，男人倒可三妻六妾，皇帝更可後宮佳麗三千；不孝有三，無後爲大；忠臣必出於孝子之門等「原則」，紐曼全把它們歸屬「條件式」（conditional）的敘述句，即「前提眞」，若推論有效，結論「才」眞。在宗教信仰上，信上帝者乃基於一種前提條件，即人人都有「良心」（conscience），這是人之所以是人的「本質」。人的肢體殘缺或行爲受窒，絕不泯良心之存在。良心乃是宗教信仰的本源。

2. 良心是整體，不可分；但有兩種不同的層面：

其一：經驗事實告訴世人，有些社會支持某種行爲，其他社會則譴責之。

其二：良心代表權威之音，有規勸且逼迫性；雖選擇的行爲方式、手段、

技倆，各有差別，但本性良心皆同。良心生「敬」及「畏」（reverence and awe），願與懼（hope and fear）等心情；帶有「預感」及「想像」（presentiment and imagination）作用；「道德感」（Moral Sense）及「品味」（Taste），藏有褒貶及獎懲意味。把此情或此感，立即地、迫切地、必然地顯示在外表行為者，「上帝」的影像必印在心中。忽略之，或對良心之聲裝聾作啞者，上帝的影像就模糊不清，暗淡不明，頂多只不過是一種他名之為「概念上的同意」（notional assent），或成為一位遙遠的、無親切感的、虛有其表的信徒，「掛名」而已。無良心者，簡直不是人。作為一位基督教的辯解師，對此種人，或許也是愛莫能助，無能為力的。

第六節　邏輯實證論

顯著又思潮式的馬克斯及馬克斯主義，風起雲湧於全歐甚至環球；但在英、美、法、德等重要的西方國家，卻聲勢不大。馬（Marx）列（Lenin）主義在蘇聯是「唯一的政治正統」，馬與列皆在大英博物館之內的大英圖書館進修，可是英國學界對物論尤其馬列共產黨思想，並不時興；由馬列一心一意要推翻的資本主義，在歐美真正的民主國家，由於包容及多元思想爲其特色，當然也不乏馬克斯及馬克斯主義的傳人，但顯然只是小支流，激化的漣漪或波浪，不高也不巨。二戰之後，德法損失慘重；日不落的大不列顛，在全球的經濟力及軍事力上，也只能把首位轉給鼎力相助的友邦美國。美國哲學家在哲學史上開始出場亮相，占上一角，但分量不重。實用主義及試驗主義這種美國哲學的特色，雖幾乎橫掃全球！不過，純就哲學本身領域而言，哲學歷史根柢深厚的英國，似乎還足以與共產陣營中的馬列主義平分秋色的，就是邏輯實證論。

一、背景

(一) 時代的產物

1. 文藝復興以還，科學突飛猛進，一脫哲學被神學及道德學之羈絆，一日千里，對知識之增加及真理之準確性，貢獻良多。相較之下，哲學似乎原地踏步，舉足不前。啓蒙運動的「進步」大口號，哲學似乎貢獻全無，尤其是形上學及神學。由奧地利維也納形成的一批分析哲學家，即「維也納圈」（Vienna Circle）發現，免於傳統哲學之所以令人詬病，必須學科學精神。他們發現哲學之病魔，是語文纏身；使用的哲學名辭，定義不明、語言混淆、饒舌晦澀，他們遂在語言學上下功夫；加上輾轉赴英國劍橋大學的維根斯坦，與其師羅素之合作，德文世界的維也納圈，較不是普世性英語的對手。治療傳統哲學的沉痾，下了兩道藥方，一是邏輯，一是實證；邏輯實證論（logical positivism）遂竄起宣

布形上學不是哲學，頂多只是古詩。

2. 純就知識或眞理而言，科學之所以令哲學家刮目稱羨，乃因科學知識在全民及普世信用上，大獲肯定。人類社會積存的問題，科學解決了一大半。科學家雖不敢妄言絕對眞理，但至少他們放開大步，全民也瞪大眼睛觀看，他們正向絕對眞理挺進；相較之下，科學之外的哲學、神學、形上學，就相形遜色。重大關鍵，就是由培根開始所重視的實驗。思想家尤其哲學家，由古至今，莫不對「根本問題」提出高見，但那也只是一種假設；假設若未經事實的驗證，則只能各說各話，徒費紙張、氣力、文筆，對進步毫無助功。比如說，宇宙中的地動論或天動說，早是哲學家頗感興趣的話題；其後，太陽中心的地動論（heliocentric）之所以取代地球的中心論（geocentric），是靠天文學家的觀察實驗證明。哲學家甚至一切的思想家，所提出的見解、理論、主義，就科學語辭而言，都只不過是假設，即有可能假。一定得通過驗證（verification）這一關，否則就停留在假設一層級了。此時若還把誰眞誰假，作語文的爭論，著實是愚蠢又荒謬之至。沒錯，科學理論也是一種假設，但證明其爲假，有待「實證」。經過實證之後，科學假設的「假」成分，逐漸減少。這才是知識「進步」的最佳標記。

好學深思者，一旦成爲「家」，必有文字著作。但「字以表意」，此種功能，早有哲學家質疑。這道手續如未完成，則起步已陷入迷障；以「失敗的問題」爲始，又怎保證必有「成功的結局」？正本清源，對語文特下功夫，正是邏輯實證論的具體貢獻。

3. 二十世紀還未結束前，此種哲學思想卻也步入下坡，甚至死亡；個中情節，耐人尋味。此種命運，也如同風光一時的存在主義一般。就某些神學家的立場而論，存在主義也只不過是現代人所特有的人生哲學；在哲學世界中，邏輯實證論及存在主義，力道稍退。簡言之，實證論比邏輯實證論，眼界更大；不少哲人不屑於被封爲「邏輯實證論者」（logical positivist）；至於由存在主義所激起的問題，也非只「悲世或痛告」（*Augst or augoisse*）而已。不過，這些都涉及到價值判斷的層面，主觀性及個人性甚強。其實，不同的價值觀，正十足地代表

現代精神。哲學的真正功能，是對任何敘述性或價值判斷性說法，採取「批判性檢驗」（critical examination）。只有如此，哲學才有必要存在而永續發展。取語言哲學之研究爲例，這是十足可以稱羡的活動；但若不與生活、道德意識，或人生觀有關，進而涉及哲學人類學（philosophic anthropology），就把哲學的定義矮化了，也狹窄化了。有趣的是，當代的兩門顯學，邏輯實證論及存在主義，是二者合，得其利，分則只有兩相害而已。

　　該居功又可喜的一面是，追根究柢；思想不清不楚，概念模糊又含混，是傳統思想的最大缺陷，尤以形上學家及神學家得了重症；是該祭出奧坎剃刀以消除亂象、斬斷毒瘤的時辰了。馬克斯門徒怪邏輯實證論是一批「資產階級哲學」（bourgeois philosophy），因爲邏輯實證論學者，在階級鬥爭中無聲。究其實，以工業革命發源地的英國，豪門貴族惡形惡狀的剝削普勞大衆，此種極不人道的措施，已在英美等具有指標性的資本主義社會中，經過「民主」及「溝通協調」手續，大大的緩和，共產黨或社會主義無法找到沃土；反而在第三世界高度的窮富懸殊之社會如蘇聯及支那，喜獲肥壤。在英美茁壯的邏輯實證論，不必爲「革命」給予理性的哲學化；反而在多元及開放的學術園地裡，萬花齊放。以英國爲例，邏輯實證的光環較大之外，也有心論者與之抗衡；名學者如與羅素之亦師亦友的劍橋同道懷德海，美國及加拿大的托瑪斯哲學家等，也擁有聲勢不小的地盤。既然有發洩不同理念的機會，而非如極權專政之下的一言堂，則社會對立，政局不安，及經濟蕭條等後遺症，就鮮少發生。

(二) 以科學爲師，哲學也該改頭換面，成爲科學式的哲學

　　1. 字、辭、語言、概念、命題、假設等的「解析」，是斬除傳統哲學餘毒時，尖利無比的手術刀。先清除荊棘，才是步上坦途的保證。邏輯實證論並不好大喜功，不以「世界觀」（world-view）或道德訓誡師的角色；相反的，卻採如波普（Karl Popper, 1906-1994）所謂的「點滴工程」（piece-meal engineering），不好大喜功地樂於「大批發工程」（whole-sale engineering）；不好高騖

遠，起點行為極端重要；否則，失之毫釐，可能就差之千里了。最原始的「原子」，就語言分析哲學（linguistic philosophy）上，就是「字」；「用字遣詞」非同小可（the wording is very important）。俗言「魔鬼藏在細節裡」（the devil is in the detail）。當然，成果之一，極有可能令不同道者無法諒解，以為吹毛求疵，雞蛋裡挑骨頭；除了得了如同蘇格拉底的罪名「敗壞青年」（Corrupting the youth）外，還多了一項指控，即令人「煩」（bore）。卻正中了分析學者反唇相譏的下懷。嚴肅及正格的哲學，怎可鬧情緒的「生厭起煩心」呢？煩及厭，是主觀的，不少人煩中取樂，還醉心於其中不疲。不先把概念或名詞搞清楚，就栽入論爭中，雙方皆無利可圖；單面自稱得勝，正是阿Q式的聊以自慰而已。英國學者穆爾（George Edward Moore, 1873-1958），早已警告，這才是哲學該面對的最沉重也最不堪負荷的問題及重擔。把細節中暗藏的魔鬼揪出來，如同醫生下了針砭，一舉殲滅細小的癌細胞，此種點滴工程之功，怎可忽視呢？

2. 穆爾也說過，一般人甚至一流哲學家，視之為毫無疑點的命題或陳述，放在分析解剖臺上，就原形畢露，由此怎能妄想有宏圖建設甚至環宇系統呢？因之任何形上企圖，都是了無意義的。萬事起頭難，高樓大廈也得先建穩固地基；行遠必自邇（近），登高必自卑（下）；這都是「常識」（common sense），也是經驗談。怎可藐之為無甚高論呢？勿有「情緒」上的自傲，「情緒」也正是擾亂哲學清淨如鏡的最大障礙。詩是情緒的發洩，把形上學家等同於搞錯行的詩人，不也正是維也納圈的哲學所嘲諷的嗎？

確實不確實、真或假、是與非、甚至該與不該、美與不美，別以為那都自明無可爭議；只有經過「檢驗」的解析，真金才不怕火煉；真就假不了，假也真不了。不要再搞諸如《紅樓夢》所言的「真是假時假亦真，假是真時真亦假」的詩句或文字遊戲了，如此僅是增加篇幅而已，在可靠及真正知識的增加上，一無是處。對解析哲學或邏輯實證論有微言者，或許心中有鬼；怎怕攤在陽光下，現出原形呢？真正的美女，不需要「猶抱琵琶半遮面」。真正的美女，在該種情境裡美上加美，要命的是若非美女呢？為何不揭開面紗？打開天窗說亮話，不要遮

遮掩掩、虛虛實實，徒費青春！有心病或隱情者，才對此最有胃口！不禁令人疑
竇叢生嗎？洩其底細者難免引發隱祕者的火冒三丈！但純就人生「眞」的面向
而言，邏輯實證論擴大了「眞」的價值。只是不顧人情事故，不悉難以言宣地
抖出眞情之苦衷，也終使得該學風其後並不吃香的結局！這也是此學風該負的
「原罪」（original sin）吧！無法逃脫也難以免除，更不易洗贖！就以穆爾本人
來說，他認爲哲學一大堆問題之難以討論，更不易解決，乃因問題之形成，缺少
簡明性（clarity）及精確性（precision）。表面上看，數種問題之堆積，或許只
一個問題而已。究其底細，「分析」若針對「同質性」（homogeneity）的數、
物、無機等，可微之再微，仍不失其「性質」；但若呈現眼前的問題是「異質
性」（heterogeneity）的心、性、意識、精神、理念等，則細分結果，質已變。
導致分析或解剖所遇到的瓶頸，無法化繁爲簡。當然，「適度」的概念或字辭分
析，是有必要的。但何謂「適度」，此一辭彙是否也列爲分析的對象。

　　3. 羅素在這方面也難得定見，他認爲科學的知是人可知也能知的；哲學的
知則人不一定能知或可知；因哲學經常碰到連科學也無能爲力去解答的「終極問
題」（ultimate questions），只好移樽就教於哲學。不過，他卻也說，即令形上
學家，對此也束手無策。但，無法解答的問題，並非了無意義。若一再地強調，
除了分析哲學之外，其他哲學都了無意義；則此種陳述，才眞正了無意義。形同
「蠢人也能說蠢話」（silly people can say silly things）。一旦分析哲學家與之交
談，可能立即使「蠢人」陷入一種似乎是玩學術性的瑣碎「戲」（game）中。
就「戲」這個字而言，戲有比賽用的、有消遣性的、有費體力的、有打發時間
的。飯後玩娛樂活動，不該選激烈性的打羽毛球、藍球，或踢足球；寧可玩紙
牌。戲有這麼多種，相同的，語言作爲表達工具，敘述性也只是其中之一而已；
另有命令性、祈願性、問答性、咒詛性、禱告性等，不一而足，解析哲學家只特
別費力在敘述性（科學性）上，卻忽略了其餘！「是」（is）這種「眞」的範疇
之外，另有「該」（ought）的範疇，那是宗教及倫理領域了。只視科學語言才
是「典範」（paradigm）或「模範語言」（model language），這就把語言功能

的複雜化、延伸化、廣博化，予以窄化了，甚至將「科學假設」（scientific hypothesis）只取經驗事實予以「正證」（verifiability），更縮小了真理的界域。幸而波普（Sir Karl Popper）還注重「反證」（counter-examples, falsifiability）等。維也納圈的要角卡納普（Rudolf Carnap）消除了形上學，此一要旨轉入英國的艾雅（A. J. Ayer）時，後者的《語言、真理及邏輯》（*Language, Truth, and Logic*）一書，要把形上學與基督教，一併與邏輯實證論者劃清界線，並不成功，二十世紀了，神學家即令再如何忠貞不二，或堅持正統，已無法抵擋世俗化（secularization）；可是他們仍然堅持，勿以文害義來闡釋聖經教義；舊約或新約，已不取之作為現代天文學的基礎。不過，「上帝」屬於宗教語言，「義務」是倫理用辭，這些都十足帶有「情緒」性（emotive）。語言的複雜性甚多，非單由科學敘述性語言一手包辦。另一由歐入英的要角維根斯坦，也言「大多數的」「哲學命題」（philosophical propostions），在邏輯上都是混淆的。他也只言「大多數而非全部」（most, not all）；他所說的「混淆」，尤指「形上學的敘述」（metaphysical statement），生前所著的*Tractatus*，期望邏輯實證論作為「治療」（therapeutic）用，以釐清命題之亂；語文之用，該受「節制」（limited）。死後遺著《哲學探究》（*Philosophical Investigation*），則言哲學任務，不是旨在語言的革新或改造。只作「描述」（describe）用，「蠅飛離蠅瓶」（the fly-bottle）吧！勿停留，勿不自量力；就地取材已任務艱難了，還妄圖改頭換面？英國是道地的民主國家，多元思想極為時興；分析哲學、語言哲學，或科學哲學，也只不過是其中之一支，而非全部英國哲學都只有此一單行道而已。

羅素的文章，不少涉及倫理道德的實際層面。他說，那不屬於正字標記的哲學問題；「價值判斷的分析」（analysis of the judgment of value）才是哲學家該履行的職責；不是扮演一位格律規範師，指出何者該行，何者不該行。道德哲學家不該是傳教士、牧師、神父、正經八百的夫子先生；難道還得為未履行借書幾天該還的許諾，或一頓共食餐中該吃多少菜餚等「瑣碎雜事」，操心嗎？

此外，休姆早已提醒過，倫理道德的用詞是「該」，自然科學的用詞是

「是」，這是（有時）不能相混的，否則犯了「範疇的謬誤」（fallacy of category）。但此種二分法，在涉「哲學人類學」（philosophical anthropology）時，是否兩不相涉？「是」與「該」，二者在人生中各據山頭，或如河水井水兩不相涉乎？究其實，屹立相隔的兩山，或各有流域的兩河，也該有相連處；「交集」處也是各門學科整合的結局吧！分析是手段，是前提，也是預備工作：指導行為才是目的，也是結局。宗教領域亦然。「語言遊戲」（language games）中的用語及文字，先一一予以分析，也作事實的描述，則「該」的語意就不言可喻，且呼之欲出了！宗教及倫理語言，都是「活生生的語言」（living languages），尤其針對某特定人來說，是無法「中立」（neutral）且是切身利害關係的。這也是邏輯實證論者，一再地把它歸於「情緒語言」（emotive language）的緣故；對上帝的虔誠信徒而言，證明上帝存在的語文，絕非等同於視「圓形四邊形」（round square）為真正存在的語文，那麼的既可笑又毫無意義了！有人堅持一定得參加考古團隊赴遠地，親目一睹已滅種絕跡的恐龍殘骸，才要相信pterodactyl（翼手龍）此字之意一般嗎？

就語文分析而言，各國語文一經分析，語意、語法、語用等，都別有洞天。說文解字或訓詁一番，可能又添上更多非常人能領會的哲學真義，或新創名詞（jargon），且更令人麻「煩」！

二、定義及語意解析

(一) 對形上學及神學的不滿

1. 哲學與時代背景，密不可分。柏拉圖的哲學大受他生存時代的文化影響；他的數學成就，支配了其後不少哲學家的理念。當然，他也接受當時希臘數學家的說法。亞里斯多德的哲學，則基於生理學方面的觀察。柏、亞兩哲的政治理論，是當時希臘實際政情的產物。中世紀哲學，是神學的附庸；基督信仰提供哲學家一塊肥沃的哲學思考土壤；文藝復興之後，科學之光紅遍歐洲。分

析哲學反映科學進步的時代特色；幾乎一切現象，科學皆能解。時空之「動」
（motion），來之於「能」（energy）；上帝「創」宇宙，是萬有之「始」，一
有始，即不停，除非有阻力。

2. 經驗科學（empirical science）與冥思哲學（speculative philosophy）對比
之下，是一前進一停滯。經驗科學的後人，雖斷定前人所「假設」的，有效性，
是有限的甚至是錯誤的，卻能提出更具豐富性的新假設予以替代之，且作爲新的
出發點，以便獲得更精確也缺失較少的假設。冥思哲學迄今何似一團謎，費人
猜測，且多半屬個人性，效度不高，信度也不增，是情的發洩而非理的闡述。
當經驗科學所帶動的物質文明及工業文明，幾乎眾人皆蒙其利時，應用科學使
大多數人感受今人與前人有別；思辯哲學給人的印象，卻今昔「無差」（no dif-
ference）。人人不會質疑自然科學家的說法，但對神學家或哲學家的斷言及其
價值，聲望上二者不能同日而語。科學家在一般人的心目中，地位陡升，非神
學家或哲學家能望其項背。此種現象，也是促成邏輯實證論崛起的主因之一。
素來作爲「神學僕役」（handmaid of theology）的哲學，現在改名爲「科學的工
差」（handmaid of science）了。科學家不再聽令於神學家，卻要唯科學家馬首
是瞻！

即令如此，以科學爲師的邏輯實證論，並不把宗教信仰或神學掃地出門，仍
堅信上帝的科學家不在少數。並且他們也不是全屬「物論者」（materialists）。
就整體的人、生活、生命來看，將技術工業文明、宗教信仰、美感及道德價值，
都當成整體中的一部分，正是當前人類所面臨的課題。只有瘋子，才擬毀機器而
過魯賓遜的林野生活；或視神學及形上學如同南柯一夢或空想（dream or moon-
shine），或把科學與宗教當作不共戴天的宿仇。將聖經當天文學教科書的時代
已過，在機器力道暴漲之際，人的心態反而使神學、形上學、道德論，否極泰
來，復甦有望；正當邏輯實證論高唱入雲時，英、美，及瑞典等地，都可以明顯
地看出上述諸學的迴光返照。依「事實」論述，並非人人都喜歡揭形上學家及神
學家用字遣詞之弊陋而喜形於色，倒是邏輯實論者之功，正是在於使眞正的醜聞

無所遁其形，或揪出冒充的哲學假貨。

3. 就倫理問題而言，A醫生給久病不癒的癌病人過量的致死藥，是「謀殺」者，還是「憐憫」者呢？關鍵字「謀殺」（murder）到底如何定義，得事先使爭議者皆同意接受，也認可「安樂死」（euthanasia）是何意。此事不先解決，雙方皆可「濫用」「硬心腸」（hard-hearted）一辭；若動了情緒，「辯論」就遙遠了。如何取得經驗事實來驗證心腸是軟還是硬，這才是平息糾紛的所在吧！

情緒的表達，都有前後左右的「脈絡關係」（context）。「喔！」（oh!）在何種場合出現、語氣如何、表情如何、音量如何等，非只憑孤立存在的文字或語詞就可以領會其意！獻殷勤的方式有百態，或許解析哲學家不耐煩於此，乾脆以「了無意義」結案，結果，「實情」無法見天日了。

(二)「了無意義」為何意？

1. 漢文世界的讀者，在領會邏輯實證者挑戰形上學家、道德哲學家，及神學家的說詞當中，以經驗事實及邏輯推論作為「有意義」及「了無意義」的分辨座標時，近20年來政治界流傳於支那及臺灣兩地的熱門名詞即「九二共識」。那是在1992年，臺灣與支那兩地的主政者，有了第一次會談。不少政治人物堅持以「一中各表」，作為「九二共識」。此種說詞，置於語言解析學者面前，必然引起許多極大的疑點。其中最關鍵的用字，是「共識」、「一中」，及「各表」，到底是何意？意義有傳統上的（稱為meaning），有非傳統上的（稱為significance）。前者客觀又科學，後者則心理主觀性極強，甚至把客觀事實不只列為末位，還可視而不見、聽而不聞。當「各表」之意，竟然可以解讀為「只許一方表而不准另一方表」，這算是什麼定義的「各表」呢？對「各表」兩漢字的領會，造詣有如此低劣的嗎？相信「車子在車庫」此種事實陳述句，竟然可以與「車子在車庫以外的地方」意義等同，這是何意呢？除了神經錯亂之外，是否另有心理上的隱情。不過，夠清楚的一件事，就是若依此則目前及今後的實際行

為，必極為嚴重與擾亂。「印證」（verification）是求得真理非走不可的法門。可恨的是即令鐵證如山，但政棍的大言不慚嘴臉，還津津樂道那種不知所云的「共識」。治療此種心疾，也是學校教育及哲學教育最迫不急待的任務。

2. 形上學、神學，及倫理學，一再地言及最終、最高、絕對、永恆，及必然，經驗科學反而只關注著適然、可能、相對、比較性。單從邏輯來看，有比較級，則「必然」有最高級。因之，由較好，就必然有最好。此等推論，只在形式上或數學上無可爭議；若落實在具體經驗界，則無法認可者「必」多。一個玻璃杯由高處掉在石板上，「必」碎無疑；未掉下來之前，憑現有經驗就可預期其後果。不過，若第三次大戰爆發，殺傷力及破壞力是史無前例的；核子彈齊發，地球及人類也將毀於一旦。此種說法，因無前例可循，姑妄聽之即可。

其次，形上學、神學，及倫理學等無時無刻掛在心上或口上的「真理」，連自家人也不盡皆信其為真。當然，經驗科學的理論、命題、假設，同樣也不一定有一家言。但二者的區別，也只在程度上的而非性質上的。一言以蔽之，經驗科學家彼此之間的爭議，不似形上學家等之強烈。就實際行為效度而言，一旦舉棋較為不定時，則頗難訴諸實際行動。這就如同漢醫與西醫的對比一般，此二者都不敢妄言可以治百病。但信西醫者人數必多過於漢醫。

維根斯坦說過：「凡能說的，都能說得一清二楚」（what can be said of all can be said clearly）。他的這句話，著實太過天真與樂觀。不清不楚的自言自語，當然無溝通交流意義；即令自信表述已一清二白者，也不保證別人聽了能有青紅皂白的分明。「凡不能說的，則緘默吧！」（where of one cannot speak, there of one must be silent）。經驗事實或許恰好相反，一堆政令宣傳的政棍，口若懸河，滔滔不絕地大放連自己也可能不信的厥詞。諷刺的是，竟然聽者不僅未藐之，還以為身受蠱惑般的出神。或許有人正愛此滋味，是否這些人都該接受心理分析家的潛意識解剖。至於「定義」要能滿足邏輯實證論者的標準，則注定是無功而返。以上帝二字及God一字為例，檢證的「正證」，就是歸納法；舉窮盡的具體事實作為證明「上帝是……」，則太「神人同體論」（anthropomor-

phism）；但以「上帝不是⋯⋯」的負面（negation）表述，則淪爲「不可知論」
（agnosticism）了。

　　要求「窮盡」，實際上不可行，故神學家對宗教信仰所發揮的影響力，還
游刃有餘。解析哲學家要開除神學家於哲學家行列，也只能仰天長嘆！不過單以
「是」來定義上帝，比如說，「上帝是有腦筋的」（God is intelligent），如同
人一般。但人的腦筋與上帝的腦筋，究竟性質同或異，又有誰知？人在品評某
一條狗有腦筋（this dog is intelligent）時，該狗的腦筋是否又與人同性質呢？更
不用說，就邏輯實證論最中意的事實經驗而論，一種幾乎無可爭議的現象是，凡
是得不到手的，才會日以繼夜且經年累月地思念愛慕；賺人眼淚的，是有情人卻
不能成眷屬，也才朝思暮想甚至椎心泣血、赴湯蹈火也在所不惜。可是一旦成爲
配偶，也許連牽手都不願。「上帝」或許最了解人的心理，看不見的比看得見的
更爲珍寶。許多對上帝的描繪文字，如天堂，但天堂在何處？現代科技的發射衛
星，數量已指不勝屈地環行於太空中；物論的學者可以因衛星仍找不到上帝的住
所，以及未能目睹上帝的形影，就爲「無神論」大力撐腰嗎？果眞目擊的上帝，
絕非眞正的上帝。由於人類的一般心理，認爲全費功夫但踏破鐵鞋仍無覓處者，
最爲人人所敬、愛、畏、懼，最後終點還未抵達，因之不許遲疑猶豫、躊躇，仍
需一股更大的衝勁，持續不斷；人生也必因之更有意義。倫理上的理想，神學家
的超越，形上學家的玄奧，恰是上帝「較」具體的賜予人類的恩物。解析哲學
家怎堪貶之爲「了無意義」（meaningless）呢？「客觀意義」（objective mean-
ing）可以在具體的、實際的、行動的層面上顯示，另有「主觀意義」（subjec-
tive meaning）。狗、人、上帝，都是有智力的（intelligence），但有程度上及性
質上的差別；程度上的差別，即屬客觀意義範疇；性質上的差別，是主觀意義的
領域了。聰明人把事情理得有則有序，上帝不也把宇宙建構得極爲井然又神奇
嗎？

　　3. 邏輯、純數學、經驗事實，此三項是作爲檢證命題的眞假時，取正證及
否證作爲有效性的效標，才是絕對的。正證即「充足條件」，「有之必然」；否

證即「必要條件」，「無之必不然」；二者相加，即「充足兼必要條件」（有之必然且無之必不然），也形同「套套言」（tautology）了。A就是A（同語反覆）。如此一來，連邏輯實證論者也說，此種結果，對實際知識的增加毫無幫助。上帝就是上帝，名者名也，政者政也；這些辭句，不也正是最「了無意義」的命題嗎？支那儒門的「室者室也」，該向英美所發展的實用主義及墨家討救兵以解之，卻也是邏輯實證論者痛斥的對象。不幸，竟然出在自家人陣營。萬箭齊飛之際，不長眼睛的矛，會直攻自己的司令部。此故，邏輯實證論風靡一時，在語文表述之清晰度及明確度上，是否有助於哲學「教育」的普及，或令眾生喜愛，實在還有待實證的檢驗。簡言之，語文的概念解析，其中涉及的繁複問題，絕非三言兩語或簡單如凱撒於紀元前47年，只用五天功夫即擊潰小亞細亞聯軍，致信給羅馬元老報捷時，僅寫了一個音節簡練、響聲鏗鏘的拉丁語詞veni, vidi, vici就了事，「我來了，我看見了，我征服了」；是「來到，見到，得到」之意。男女魚雁往返稱名道姓之外，如還加上「同學，先生，小姐」等，則與直接以私下暱名稱之，二者之親密疏遠度，還無法一眼就瞧出者，就真是呆頭鵝了！語文分析，不帶有熱熱的「情」，只冷冷祭出切割沙西米的快刀，就太掃興了。

　　附帶一提的是，語文解析家感到一件困擾的事，是既有的語文已無法指陳新的哲學理念時，是否有必要新創語文？猶如自然科學家有了新字，如photon或positron；前者是指光或放射能的量子，後者則是正電子。門外漢當然摸不清頭緒，非如同地理大發現可以具體地指出新地方予以命新名一般。但舊名詞之毛病，在還未治癒之前，就已另創出新卻更難懂的「術語」，則視之為畏途者相信更夥。走筆至此，英文的digital，漢譯為「數位」，確實與早已用慣的「數位」相混，頗為不妥。

參｜法俄哲學

前言

此處所指的法國哲學，是從法國大革命起至二十世紀結束時爲止，其中柏格森（Henri Bergson, 1859-1941）、沙特（Jean-Panl Sartre, 1905-1980），及梅洛龐蒂（Maurice Merleau-Ponty, 1908-1961），分別以實證論（Positivism）、生機主義（Vitalism）、存在主義（Existentialism），及構造主義（Structuralism），凸顯出法國哲學的特點。孔德（Auguste Comte, 1798-1857）爲了評介這些哲學家的論點，不免也涉及到比利時、義大利、西班牙，及俄羅斯的哲人之觀念。有些哲人從外國移入，甚至長期住在巴黎，是否有資格算是法國哲學家，這倒是個問題；如同馬克斯（Karl Marx, 1818-1883）是德國籍，但長住倫敦（1849-1883），且在大英博物館謀職，可以算他是英國哲學家嗎？這也好比被俄國驅逐而流亡於法國者，該歸類爲俄國哲人，才屬應該。當然，此種歸類標準，也不見得一體運用；盧梭出生於瑞士，但一般都稱他是法國思想家。

倫敦同於巴黎，都收容有外國名學者，其中屬英國及法國本籍的哲學家甚多。史上尤其近代以還，少有名哲學家如康德者，一生足不出戶，只在故鄉大學任教，眞正是「從一而終」。歐洲的地理面積大概約略等同於美國、中國，或蘇聯（俄羅斯）；歐洲具有哲學代表性的國家，大概都幾乎緊臨相接；海陸交通方便時，隨時皆可到達。有代表性的國家之哲學理念，尤其具開放多元又民主者，都歡迎異議學者入內。他們在祖國或許有牢獄之災，甚至遇生命之危，英法等國則展雙臂開門納客，且禮遇有加。趁歐洲各國哲學無法出現一言堂之際，哲學主流雖仍然存在於德、英，及法，但三「國」之「思」，派別門號多，但也容易看出「思潮」的主要流向；其中小支流在本國或許大受排斥，但在他國卻顯熱門。在本國是家喻戶曉人物，或許在異國則爲陌生客。相反的，在本國大受撻伐的學者，他們在他國極可能備受禮遇。

一、法國大革命以後的哲學特色

(一)濃濃的形上烏雲籠罩天空

1. 哲學史上號稱第一位現代化的哲學家，是法國的笛卡兒，他的寫作要求是語詞需一清二楚；啓蒙運動時的思想家承此衣缽，文字表達是一清見底。但大革命之後的法國學界，不知是否大受德國康德的影響，卻是語文辭彙深奧玄妙，不可解之處甚多；意外的是如此的著作，反而有一股魔力。尤其爲文在哲學領域時，偏愛烏雲遮日，不喜陽光普照。存在主義的健將沙特，是個中能手；不過，存在主義學者心中最爲關注的是人；將人的「內在生活」（inner life），一再地予以反思，才促使形上學上路。在實際應用面上，存在主義學者也不冤涉入人際社會及「政治關注」（personal commitment）；這方面的寫作，尤其在文學作品中，含沙射影地將哲學作置入性行銷，讀者大衆讀之不忍釋手；連臺灣不少中學生以上的年輕人，都幾乎不絕於口地常把「異鄕人」或「嘔吐」等存在主義小說家所使用的書名當名詞，掛在嘴邊滔滔不絕。

2. 就純哲學性的論著而言，法國不少哲學家的作品，難冤被哲學史評家評爲：在「領會其意涵」的層次上不堪入目，似懂非懂。存在主義、亞里斯多德的形上學，以及康德、黑格爾等德國哲學家的著作，實令人有讀之痛苦萬分的經驗。形上學的名詞一再出籠，定義又不明；或許只是哲人特有人生遭遇上的獨特印象，難以使一般人體會。夏蟲不能與之語冰，要年屆古稀吧！才能登堂入室以窺其堂奧；無緣的局外人，頂多徬徨於幽境之外，望之儼然！怪異的是反而迎合某些人心理上的鍾情膜拜。德國學界形成一種傳統，喜愛堆積腫大又難解的字句（turgid jargon），此種流風，也時受英法哲人所喜愛。

(二)法國哲學對人、社會，及生活的關注

1. 存在主義大師沙特，常以「人」當「自由的當事人」（a free agent）看待。注重自發自動的行爲（spontaneous activity），充分表達出人的精神、心靈

及心理困境；而且也體現「價值」與「事實」二者之分野。價值是超越的，高階的；事實則是平面的，低階的。甚至以此為出發點，來觀看人的歷史發展。不少法國哲學家關注於人生的整體性，或許有某方面的強調，但絕不忽略其他領域。因為「人」，又怎能分割成片段呢？因之歸類某一學者屬於某一學派、主義，或「運動」，都不該視之為如同「鴿籠式的」（pigeon-holing）。

2. 在社會實際問題的關注上，社會學始祖涂爾幹（Emile Durkheim, 1858-1917）是佼佼者；專攻結構主義人類學（Structuralist Anthropology）的比利時籍學者萊維-斯特勞斯（Claude Lévi-Strauss, 1908-2009），不只求學於巴黎大學，其後歷任巴西、美國紐約，最後應聘返法擔任重要的學術研究職位，把哲學與人類學予以結盟；旨趣如同馬克思，不只要了解社會，且須訴諸行動予以改善社會。此種心機動力，尤其出現在法國大革命後，將致命性的傳統習俗，盡數予以刪除掃淨。大革命已把專制政權推翻，新社會的建立亟待努力規劃，且訴諸實踐。孔德在這方面更是率先高舉大旗，甚至沙特也持一種改良式的馬克斯革命精神，獻身於完美社會的奠立；為個性呼喊的沙特，也不忘情於群性。法國大革命只是社會改造中不可或缺的一階段而已，其後的持續工作，亟待展開。

對照之下，英法的哲學在這一層面上或許有差別。羅素除了專業上的哲學著作大受哲學界熱烈討論之外，仍無計其數地發表為人生及社會撰述過的許多爭議主張。只是他認為後者，嚴格來論，不算是哲學作品。

個人與社會、個性與群性、自由與紀律，如何將彼此的對立結合在一起而未生磨擦，倒要費盡哲人的心思。正、反、合的辯證，隱含其中；也是法國大革命之後，社會改造極為需要的當前迫切問題。

3. 因之，法國哲學把哲學理論含在人世間實際問題的解決中，哲學之意義也藏於文學甚至藝術作品裡；用字遣詞難免常有情緒味，詩情畫意者也不少，非如同英國哲學家嚴肅的採取「中性態度政策」（a policy of neutrality），尤其在價值判斷的領域上。當然，法國學界也出現不少象牙塔角色。但過問世事者，似乎比英國多。法國教育制度的安排上，中等教育階段的里塞（lycée）此種傳統

最受重視的的精英學校，就有哲學課程。二戰之後，馬克斯主義（Marxism）之討論甚爲熱門，這在英國倒不多見。

　　只是法國哲人討論人、社會、政治、經濟、倫理、道德、教育等實際問題時，卻不必然因該領域頗爲實際，就在文字表達時一清二楚；「形上學的曖昧性」（metaphyical obscurities），「存在或存有」（*létre*或*das Sein*）之類的語詞，常夾在其中，時而激怒了讀者。擬向法國哲學界進軍者，該有心理上的準備。

第一章

大革命後到孔德（Comte）時代

　　傳統、專制，又極權的政治，變革為民主、開放、多元的政治；1776年的美國獨立戰爭運動，及1789年的法國大革命，是人類史上最驚天動地的大事件。就後者而言，不只法國人民獲得解放、活力再生，同時光芒四射，也照亮他國異地。恐慌時代已過，在位者且受嚴懲；是新教改革後，個人尊嚴及自由奔放的再度展現。不過，卻也滋生出後遺症。一來，原有社會解體，維護社會秩序的先前體制已遭徹底剷除；大破壞之餘，亟待大建設；個人主義及無政府之風大吹。因之評價大革命就有兩極化的結局，一「正」一「反」，什麼才是「合」呢？

第一節　曼恩德比朗及庫仁

一、守舊之士（Traditionalists）及「哲人」對大革命採不同面向的評價

大革命溯源於啓蒙運動（the Enlightenment），拿破崙曾說過，若無盧梭，法國大革命不可能成功。至於一心懷古的守舊人士，雖短視得看不清歷史的演進，但所見也不無價值。

(一)大革命嚇呆了不少人，也激起許多學者的反感

革命人物破壞一切，弒君（regicide）又攻擊教會（Church），令人目瞪口呆！

1. 教會人士認爲歷史的演進，是通過上帝（God）以達成「一人」（One）治的政權；革命的首謀羅伯斯比（Maximilien dé Robespierre, 1758-1794）及其他從人，都是無賴的惡棍及罪寇；在不知情之下，作爲神意所示天災的工具。人生命運早掌控在上帝手中，人的舉動，看似自發自動，其實是早就註定的。上帝以大革命來制裁歹徒，下手雖毒，也不得不如此；可以使新生來得更快。毀了基督教，結果基督教更爲興隆；王權被摧了，重建卻更快速。歷史上似乎有一種「神祕力道」（secret force），是人眼看不見的。此種歷史事實，層出不窮。

舊王朝毀於一旦，大破壞之下，不只壞蛋死了，好人也遭殃。社會不容分崩離析，卻該堅固如一整體。啓蒙運動的最大缺失，就是一味地強調個人主義；「國」是政治組織的最實在體，無國又哪有家？更無個人可言。

十八世紀的理性主義高舉反抗傳統的大旗，其實，傳統正是神意的運作。法國出現的「哲人派」（*les philosphes*）及其他的理性主義者，高談闊論，認爲政治實體是經由「合同」或「契約」（a contract or convention）所生，是「先驗的」（*a priori*）；其次，宗教信仰上更因大革命的影響，而有無神論（atheism）的主張，在後人的眼光中，這是最丟人現眼的時代。

主權在民或民主政治，這都是無稽之談。民主的結局就是無秩無序，及無政府狀態；補救之道，除了基督教王朝復位，別無他途。承認教宗的至尊地位，無以復加。絕對權乃是治療無政府社會的唯一藥方。

2. 拿破崙（Napoléon Bonaparte, 1769-1821）一上臺後，不少人極力擁護，咸認大一統的歐洲即將來臨；政治的及宗教的，皆集權於一人身上。拿破崙的執政，頗合傳統人士的心意。無政府狀態結束了，大權由拿破崙這個時代梟雄所掌控，他正是社會哲學上一位活生生的代表。每一社會都有三種人：宗教社會裡有上帝、神職人員，及信徒；家庭社會裡有父、母，及子女；政治社會裡有代表最高權力者、官員，及百姓。任何社會的第一種「人」之享權，皆非經由什麼契約或合同而來，而都是天然的、「必然的」（necessary）、非逼迫的也非自願的（neither forced nor voluntary）。拿破崙就是「天將降大任於斯人也」的政治人物。

3. 人是天然的社會動物，人之使用語文是上帝所賜；語言才能使人人意見溝通順暢，組成社會尤其政治社會乃勢所必然。個人主義或無政府狀態，是異常，是反常；人人使用語文，乃是「最原始的事實」（primitive fact），也構成爲社會哲學的最穩固基礎。語文的使用，才使人成爲眞正的人。人從上帝處接獲語文的使用此種恩物，從此可以作符號式的表情又達意；上帝之存在及其必要性，由此可知。革命人物竟然有人主張無神論，這是大逆不道的。語文雖不同，但一經翻譯，就可以把內在的「想法」，變成外在的「說法」或「寫法」；猶如亞里斯多德所言，「形式」（form）與「質料」（matter）有別但二者卻可合。

上帝創了人也造了語文，基督教的宗教在語文敘述上，最富有詩意，最具人文味，最厚愛於人的自由，是所有存在的宗教中最具文學及藝術情調者。基督教最美，最能撫慰人心；史上最偉大的畫家及詩人，但丁及米開朗基羅（Dante and Michelangelo），不都是基督教徒嗎？

美是否就等於眞，這是兩回事沒錯；但單對人美的「情」面而言，有些

「巧辯之士」（sophists）竟然以基督教是美藝文學的敵人，傷及人類幸福，認為宗教充斥著殘酷；傳統人士該有義務挺身而出，作個衛道之士來撥亂反正，絕不許充耳不聞不問，作個「局外人」（man of indifference），這是違反人性，也對人之成為人具傷害作用的。宗教對人及對社會，都是必要的；因為宗教與道德，兩相一致。不如此，人各走各的路，以私欲及己利作為行為指導，社會必然解體，人也無法生存了；且得更進一步地指陳，宗教不只對人及社會具有「用」處，且也是「真」的。

4. 教皇權至高無上，此種權尤指羅馬天主教會教皇的權（Ultramontanism）：唯教皇之命是從，教皇在阿爾卑斯山（Alps）另一側，而非單指一地一國之帝王權。教皇權低於國王權，這是傳統之士無法接受的。法國在大革命之後，境內基督教教會之經濟權仰賴政府，他們大聲疾呼，希望羅馬天主教教皇要力挽狂瀾。傳統衛道之士所言的「極權」，只能由教皇獨享。不幸，大革命之前早已存在的專制帝王權，也早享有高於教皇的絕對權；路易十四（Louis XIV, 1638-1715）主政期間（1643-1715）榨乾又啃食了羅馬天主教會的活力，置教會於其王權之下；教徒信眾或神職人員，只好低聲下氣，服服貼貼，依皇帝旨令行事；革命之後及拿破崙當政時，也是如此。其實，英國在亨利八世（Henry VIII, 1491-1547，1509-1547在位）時，早就如此了。

政教分離，才是當務之急，也是正本清源之道。國之內的教會，悉聽羅馬教皇的諭令，不接受法國國王的聖旨。1830年的革命，守舊人士警覺到社會的再造，不可寄望於王室；教會與政府，不相互隸屬；教會不接受政府的經濟好處或特權。

良心的完全自由，傳統人士全力支持。因之，不少守舊人士，也對受壓抑及受苦人民，表達支持。革命的三大口號：自由、平等、博愛，就宗教層面而言，不只無可厚非，且焚香以禱。因之，傳統人士中拉梅內（Félicité Robert de Lamennai, 1782-1854）早年是盧梭的跟從者，其後觀念雖數變，終仍擁抱「自由主義」（liberalism）；相信這種自由，不能任意經由武斷或人為暴力予以阻

止。此種爲文，爲當政者不喜，還被囚一年於牢獄中；1848年的革命，使他有機會上臺；拿破崙三世（Napoleon Ⅲ, 1808-1873，1848當選爲總統，1852年稱帝）時他就退休，隔二年辭世。教會竟連一紙形式上的弔辭也無。

總而言之，傳統主義者不滿大革命之說辭，乃因革命者把舊有的一切悉數掃淨。他們認爲舊有的基本理念，作爲精神及文化發展及人類福祉要素者，不是單只是理性思考的產物，卻有不少來之於原始性的宗教啓示或上帝所創造而來者，經由語文一代傳一代。不過，傳統人士的作爲，若被刻板印象套上與「舊體制」（*ancien régime*）相合，當然就難免使不少人望之生厭。

(二)支持大革命的「哲人」（*les philosophes*）

大革命不完全是哲學界的「功勞」，但哲學家之言行與大革命有關，這是不容否認的事實。傳統主義者非難大革命，啓蒙運動的支持者則力讚大革命。

1. 推翻舊體制：十八世紀的哲學家並不鼓吹暴力、血流、恐怖，而要求以普及知識作爲社會改革之用。其中之一，當然是推翻「舊有體制」（*ancien régime*）

2. 教育興革，提倡世俗性倫理，擺脫羅馬天主教的羈絆，法國公共教育制度因之奠立。啓蒙運動健將雖有人是大革命的受害者，如康多塞（Condorcet）在被捕時自殺身亡，但他力主「人之完美性」（man perfectibility），也認爲人類智力及德力是一直朝前邁進的。此種歷史哲學觀，大大地影響了孔德。

3. 1795年設立的「師校」（*Ecole Normale*, Normal School）及「國立研究院」（*Institut National*），結集一群學者，以德斯特（Destutt de Tracy, 1754-1836）爲首，共同鑽探知識及觀念之所由起；1801年，德斯特發表一書，書名是（*Eléments d'ideologie*）英譯爲*Elements of Ideology*，這群相關讀者逐被稱爲ideologists；與當今時人常提的「意識型態」（ideology），二者意義有出入。臺大殷海光教授漢譯ideology爲「意底牢結」，即頑固僵化，不知變通者。德斯特指的ideology是探討觀念（idea）之始源；依洛克的說法，只有憑藉感官經驗，

具體且立即的實物觀測，而非仰賴什麼先天觀念（innate ideas）來建構「感受」（feeling）、「記憶」（remembering）、「判斷」（judging），及「意志」（willing）；且探討文法（grammar）及邏輯（logic），作爲判斷準確性的標準。此種說法，美國第三任總統傑佛遜（Thomas Jefferson, 1743-1826）給予高度評價，且自1806-1826年，兩人魚雁往還不斷。

二、曼恩德比朗及庫仁——時潮的主將

(一) 曼恩德比朗（Maine De Biran, 1766-1824）

1. 以德斯特爲首的「觀念論者」（ideologists），認爲知識的準確性不依權威，也不憑宗教的神學啓示；因之新舊兩面不討好，新政權不喜，教宗也不悅；拿破崙於1812年更以政治謀反罪指控這群人。人性的內心自由，是最爲緊要的眞理座標，把人性作爲科學研究的對象，也是其後法國存在主義最爲關注的核心。此種思潮之形成，曼恩德比朗居功最偉。

2. 曼恩德比朗於18歲時就讀於巴黎，還作爲皇室衛隊，大革命時曾受傷。一生多彩多姿，面臨許多離奇的境遇，爲文表達內心之己見，不只贏得德斯特一群人的注目，還得大獎，深受法蘭西學術院（the Institute of France）及丹麥哥本哈根學術院（Academy of Copenhagen）的注目。死後他人爲之編輯的著作，紛紛問世，以人性的科學，即「哲學人類學」（philosophical anthropology）爲核心。坦誠、眞正、純樸、無邪的人性表露，是他一生致力予以探討的；因之，心儀盧梭的《懺悔錄》（*Confessions*）。幼時即有強烈的「內省」（introspection）及「自我心靈溝通」（self-communing）；早年曾退隱於山林環繞的碉堡，頓然將「返回自然」的盧梭，視爲他的暱友及良師。只是仍有一己之見的他也說過：「盧梭說出我心坎裡的話，但他的錯誤也讓我深以爲苦」；在宗教信仰上，與其取盧梭的「自然神學觀」（natural theology），不如該以「不可知論」（agnosticism），才是正當的心態。

人性本善，此種盧梭的樂觀說法，曼恩德比朗持有異議；但也不提人性本惡此種反調，或以爲不墮落（Fall）之後就心地善良了。依他的人性論，人有一種自然衝動要尋覓幸福，德是福的主要因素；但不可因之就以爲人在天性上是好德行善的，人倒是可善可惡的。理性才能發現德的性質，以及倫範的基本原則。盧梭觀點之錯誤，歸根究柢，源之於「先天觀念」說；其實「所有觀點都是後天習得的」（all our ideas are acquisitions）。該不該、當不當，等倫理觀念，都純依理性運作或反思的成果，不是靠觀察或憑經驗；在這方面，宗教信仰也與之無涉。

3. 他倒相當注意盧梭的一種說法，即人是一種「自由自在的行動者」（a free agent），有別於其他動物。人的本能、胃口，或習慣，不全是由外因所造成，內因更具主控力。以機械唯物主義論點解釋一切，包括人的精神、心理，及道德等的法國哲學家卡巴尼（Pierre-Jean Georges Cabanis, 1757-1808），曾與由美國來的傑佛遜及富蘭克林（Benjamin Franklin, 1706-1790）在巴黎邂逅，甚至更主張思想是腦部的分泌物，如同肝分泌膽汁一般。此種說法所依據的經驗證據，曼恩德比朗認爲是不足的，只是單方面的而已；怎可以把全部的心靈運作悉數全落在生理層面呢？「自動性」（motility）及「積極性」（active），更是《習慣影響》（*Influence of Habit*）的主力。

> 我（I）才是動者，或想要（will）動者；且我也因之是被動的（It is *I* who will or who *will* to move, and it is also *I* who am moved）。

他的獲獎論文，卡巴尼及德斯特都是審稿者，對上述說法是溫情歡迎的，認爲是同夥者；但他更強調人的主動力。人性的生理面須注意及之，這是「客觀的意識型態」（objective ideology）；但人更有心理精神層面，那是「主觀的意識型態」（subjective ideology）了。

化繁爲簡的愛好者（reductionist），試圖以一種更爲原始或更爲基本的元

素，來解釋雜亂的萬花世界。德斯特及卡巴尼這群「意識型態論者」，就是如此；曼恩德比朗本來也被納入其中，但由於他又把「意識型態」（ideology）分為主觀及客觀兩種，不只未化繁為簡，反而背道而馳，化簡為繁了。他在主觀及客觀意識型態之分別上，用字極為晦澀難解；似乎表示一為內在（主觀），一為外在（客觀）；內在即「思」（thinking），外在即感官印象（sensible impressions）；不能簡單地化二為一，把自我（self, I）化為「物」（thing）；現象界（phenomenal）之上更有「後現象界」（meta-phenomenal），即本相界（noumenal）。前者是相對的，後者是絕對的，更是一種「內在之見」（interior vision）。形上學變成一種「原則性學門」（the science of principles）了。「直覺」（intuition）意更濃，卻語意不明處尤顯，遭到「形上含糊」（metaphysical obscurity）的指控，也越為明顯。他體認的信念，來之於一種心理上的靈光一閃，而非一種推論上的操作；跳躍式的，「絕對又無條件的」（the absolute and the unconditional）；一飛沖天，超脫出知識境外，以臻不可知的領域（the unknowable），那就是「後現象界」地盤了。

4. 除了與密友通訊之外，也廣為閱讀哲學名家之著作。笛卡兒、來布尼茲，及康德，是他最希望了解的。但其後也受培根、洛克、孔笛亞（Condillac, 1715-1780）等人的影響，因而不理會先天觀念說。認為笛卡兒及來布尼茲的思想，比他所想像的還更多、更廣、更深；康德的第一手著作他無緣閱讀，但經由轉譯，也頗受這位德國哲學大師的影響。

笛卡兒的「我思故我在」（*Cogito ergo sum*, I think, therefore I am），絕非出自於推論，卻是一種「直覺式的領會」（an intuitive apprehensions）。他心儀之。不過，也稍予修改為：

Volo ergo sum（I will，therefore I am）

內心有一般「意力」（willed effort），當「遭遇抵抗」（encountering resistance）時，「我的意識」（the I of consciousness ）就冒然出現。他說笛卡兒犯的大錯，是把「現象的我」（the phenomenal self）與「本相的我」（the noumenal or substantial self）相混。「我思故我在」一句中的前我與後我，是不同位階及範疇的。「我本身」（I "in itself"）已非知識界內了。這不就是康德所言「物自體、即物本身」不可知嗎？「我本身」不屬於求知的客體（對象）。比起同是法國同胞的笛卡兒，曼恩德比郎似乎對異國的康德較親。但康德最後卻也因以道德義務感來界定「道德我」（moral self），顯示出具「道德我」者，在道德選擇上具有自由決定權，如此又有點模糊了本相與現象的界線。不過，由於釐清信與知的分野，故他認為在這方面，康德比笛卡兒勝過一籌。但「物自體」雖不可知（unknowable），卻是可「悟」（understanding）。據此，他也修正了康德的錯誤。知是形下界的，悟則是形上界了；既經「悟」，就該「信」。

5. 人有三性：「上帝」（God）及「絕對」（Absolute），乃是一切存在的永恆因及基礎。這一層次的領悟或認知，並非靠傳統的哲學或邏輯論證，倒是依沉思冥想，且早有宗教的心性使然；一股迫切的與上帝交往之心，油然而生，「內感」（interior sense, *sens intime*）就夠，尤其年齡漸增之後。但信上帝是一回事，不可與道德上必行善，二者等同視之；無神論者之言行，在德操上不輸給虔誠的基督徒。他一生崇拜斯多噶派（Stoicism）的主將，如羅馬帝王兼哲學家的馬卡斯（Marcus Aurelius, 121-180）。不過，將倫理學與心理學相連，是他最為關注的。人要使盡全力使身心平衡和諧，這才是致福之道；且以理來管束物欲及衝動。尤其最為實際的是，人獨身不能活，人必生長在社會群體中；獨處之身是自由身，群居之身則帶義務感；「義務感」（the feeling of duty or obligation），即代表有一股「社會迫力」（social *coercion*），逼使己之力不可隨便、任性，或胡作非為。

因之，人的理性及意性（human reason and will），是不許放縱無束的，有一種「社會壓力」（social pressure）在。柏格森（Henry Bergson）稱之為「封鎖性道德」（closed morality）；斯多噶派的道德論，因崇高聖潔無比，就某

層次來說，是違反天性的。人有三性，動物性、人性，及靈性（the life of the spirit），經由愛，就可與「聖靈」（the divine Spirit）相通。

啓蒙運動所生的「意識論」（ideologism），在曼恩德比朗手中，就轉換爲具有柏拉圖或宗教神祕意味了。第三性位階最高，在感性（sensibility）、理性（reason）或「意性」（will）之上。這方面的論述，由柏格森接棒。

(二)庫仁（Cousin）及折中論（Electicim）的爭議

十九世紀初，法國哲學中有折中味。「折中」一辭來之於希臘字動詞 *eklegein*。大凡一流思想家必有所「見」，但也有所「不見」。來布尼茲曾說，任何一種哲學體系，肯定部分若是對的，反對部分則錯了。創見式思想家有一見之「得」，但也有一見之「愚」；猶如莊子有見於「天」，但無見於「人」一般。某一哲人之見，未必也是他哲之見。原希臘文該字有挑或選意，即將各種門派之思想中挑合乎己意者。此種作爲，在「實際」面上頗爲實用，但在純理論上就不盡然行得通。有「用」必有「體」，有「體」也必有「用」；忽視了「體」（理論）而光著重於「用」，是十九世紀初折中論的特色。代表人物有二，都是曼恩德比朗好友，三人也都是大革命後發揚「精神哲學運動」（spiritualist movement）者。曼恩德比朗開此運動的先鋒，他的影響力，稍後顯現於心理學，尤其是實驗心理學，或科學心理學、及「現象學」甚至在存在主義上。另兩位則坦然地發展出代表法國學術界的官方系統，但不多時卻曇花一現。兩人在世時，光芒四射，非曼恩德比朗可比。但其後聲名之起落，卻是此消彼長。

1. 步折中路線者，大多屬平庸之輩，東湊西湊式的（syncretism），無己見；原創性學者棄之如敝屣。折中論表面上看起來是四平八穩，其實並無連貫及一致性；且時此時彼，甚至莫衷一是：還美其名曰「聖者時者也」；明顯地有見風轉舵而無定向性，與亞里斯多德及黑格爾不同。這兩位大師取精用宏，批判他家；卻有「高見」來擺平異論；看出哲學史的「演變」，是把一正一反的平階，置於「合」的高階上，予以截長補短。折衷者類似臺灣人喜歡說的「磨壁雙面

光」或「各打五十大板」的牆頭草人物，「西瓜偎大邊」，勢利眼角色而已。當
然，本節所述哲學家之中的折中人物，有雅不願對號入座地被批爲折中型，且堅
持有自己的一貫之道，只是自以爲是的一貫之道，並不一定能「言之成理」又
「持之有故」。其次，哲人混跡於政治者，最易被公衆標籤成折中型人物，他們
敏感於政治風向球，在民主政治（democracy）、貴族政治（aristocracy），及皇
權政治（monarchy）中，沒有主見，只依當朝者臉色來設計以迎合其口味的憲
法。在不同的政治體制中，都八面玲瓏，長袖又善舞；逢迎得體，見解雖時而兩
極化，卻也能如魚得水般的識時務。有人大力反對皇朝復辟，也不滿拿破崙將
軍；有人則認爲革命火力不足，得一再加油且擴大範圍；或許他們都被封爲妥協
分子，代表中產階級（bourgeois）發聲，還以爲他們是冷靜地析長論短，在彼此
衝突的體制中，不固執己見，卻擇優補拙，去蕪存菁。

2. 宗教信仰上也採折中，一方面棄物論及無神論，一方面堅持信仰自由，
不許教會意見爲唯一眞理的保障，或是宗教及道德的最後護身符；更不同情於教
會享有最高及絕對的公共教育權。傳統主義者夢想，教皇權至上論能班師回朝，
也視境外的羅馬天主教會是最終的定奪者（ultramontanism）。社會主義者則看
出大革命還未至百尺竿頭，盼望勿前功盡棄；雖然還不至於要求厲行恐怖謀殺
（the Terror），但革命毀了舊體制，卻無法重建社會新家園；拿破崙東山再起，
不只進步受阻，社會主義之士還紛紛被捕入獄。在這兩極端之中，走中道可能是
時勢所趨。這些迫切的「時務」問題，或許純哲學理論也無法有解。

處在衆說紛紜中，魯克拉（Paul Royer-Collard, 1763-1845）是關鍵人物。
1792年是巴黎公社（Commune of Paris）成員，1797年還被推爲「五百人諮詢
會」（the Council of the Five Hundred）要角之一，1811-1814年是巴黎大學神學
院〔即沙邦學院（the Sorbonne）〕哲學教授。由於就職演講針對孔笛亞說法予
以駁斥，令他所不喜的拿破崙龍心大悅；拿破崙取他當工具，來困窘並擊潰「意
識學派者」（ideologist）及放言高論空有理想者。他主授的哲學史課程，重點在
介紹來自於海峽對面蘇格蘭的「常識論」（the philosophy of common sense）。

常識就可證明上帝的存在，何必另找祕方？常識也是一種極其自然可獲的知識，不必仰賴什麼超自然的權威。

3. 庫仁（Victor Cousin, 1792-1867）出生於巴黎藝匠之家，清寒貧窮，賣藝為生。在演奏吉他時，見義勇為，介入幫派綁學生事件，把被困學生救了出來。該生之母乃提供庫仁上學接受正規教育作為謝恩之用。上「里賽」（Lycée，為法國古文學校）且獲獎，入當時聲譽甚高的師校（the École Normale）；畢業後，年屆20左右而已，即當上希臘文助理教授。1815年，接替其師魯克拉在沙邦神學院的職位，傳授蘇格蘭的常識哲學。不過，師徒兩人在哲學上的造詣，都有限。勝過其師的是庫仁旅遊德國，擬鑽研康德哲學。1817年在異國與後康德時代的哲人交往，還遇上黑格爾。隔年，再度去德拜訪謝林（Schelling）及主張意志論的雅各比（Friedrich Heinrion Jacobi, 1743-1819）。1824年更三度赴德。由於未經核實的政治指控有密謀之嫌，而坐了半年牢獄之災，卻也因之有空擴充他對德國哲學的閱讀與了解。1820年師校關門，只好編輯笛卡兒及譯柏拉圖的著作為業。1828年師校重啟校門，他再拾教鞭，加上新皇於1830年登基，備受重用，更擔任師校校長，仕途順暢，步步高升，1840年更擔任全國公共教學部部長，不只是法國哲學的官方喉舌，更如同軍隊指揮官一般的下達哲學指令，把沙邦學院不合己意的哲學教授革除教職；當中，孔德（Comte）就名列其中。作風類似支那漢朝的董仲舒，更可與蔣介石及蔣經國在臺的戒嚴政策比「醜」。此種君臨天下的學術風格，也是法國十九世紀的特異現象。

1848年的革命，終止了庫仁的哲學獨裁地位。退休養身，但享名譽教授頭銜，領有恩俸退休金。

庫仁深信十九世紀，折中論是應時之需，尤其在政治層面上，更是迫切的，因為皇權政治、貴族政治，及民主政治，都該作為憲政體制的組成因素；哲學界也該把各學派具價值的學說，冶於一爐。就「常識」來說，折中論更是老少咸宜，且童叟皆知。以人為例，不就是肌體各部位功能的和諧整合嗎？如此就可預期達成人生目標，不應過分誇大或減縮某一部位的力道。

　　就哲學史而論，折中也是勢所必然。他看出哲學史上共有四種哲學體系，先是「感官主義」（sensualism），把孔笛亞的「感覺論」（sensationalism）描述爲「感官主義」──全依感官而決定一切。

　　其次是「心論」（idealism），以心「思」（thought）爲主；

　　其三是常識論（the philosophy of common sense）；

　　其四是神祕論（mysticiam），回歸到感官主義，但帶有內潛意。

　　四種說法都具價值及眞實性，但可惜每一種皆不是全部價值也非絕對眞實，只是部分眞而已。因之得細心，「不可排斥其中任何一種，也不可受陷於任何一種」；面面俱到，缺一不可。這就是折中。

　　此種折中，或許是哲學發展史上的極致，也是最後該走的一哩路；文明史似也呈現如此。中世紀結束時，新力道出現，攻擊羅馬教會的主控權，結果產生宗教革命；其次，緊接而來的是政治革命。兩種革命都是自由精神的呈現，十八世紀在英、美、法三地出現；十九世紀則該以折中論作結。

　　感官主義的最大缺失是只靠觀察及實驗，所得的印象或知識，是被動的；不知人的主動意志心力及自發自動性更扮演重大角色，並且常識也讓人人知悉因果律則的存在。感官主義植基的心理學，該是人性三合一，即理性、意性，及感性（reason, will, sensibility）；這正與人生最高旨趣的眞、善、美，一一符應。

　　心理學上的「我」（self or ego）及「非我」（non-ego），德哲菲希特（Fichte）早提出；二者相互牽制，但皆歸屬於上帝的活動中。

　　4. 傳統主義者（Traditionalists）過分注意形上學及優遊於宗教領域中；理性是無能的，只好仰賴啓示。天主教會堅持此種態度，屹立不搖；但十八世紀的無神論及不可知識論，就與之互別苗頭。庫仁的折中論，雖擬兩邊討好，但雙方卻敬謝不敏。擔當哲學思想的官方代言人，長袖善舞型的政客，不願對懷有敵意的陣營表示出水火不容的氣勢，心懷妥協，以和爲貴，一笑泯恩仇。此一政策，顯然不十分奏效；尤其他的愛徒弗洛伊（Théodore Simon Jouffroy, 1796-1842）爲然。18歲（1814）求學於師校，27歲（1833）即擔任法蘭西學院（Collège de

France）的古代哲學教授，之前也在母校及沙邦教過書；哲學著作還涉及自然法及美學，在哲學體系中，懷疑精神極爲顯著。17歲時（1813）自覺失去了基督教信仰，有關人生問題及運命，基督教父陳述的，他認爲極爲不可靠，倒覺得終有一天，這些困擾將由哲學代爲處理。依宗教啓示或教會權威的宣示，已無法令他信任，哲學的慰藉夠了，不必麻煩宗教。此種史例，先人早已有感。庫仁強調哲學及宗教共生，他則認爲不如由哲學取代宗教。人各有志，不可能強求共同；即令哲學也無法明確指示吾人之志確是爲何。各哲學體系代表相對的眞，而非絕對的實；宗教體系也如此，雖都具實用價值。至於什麼是最終的哲學體系，那太遙遠了，現在即過問這些，一點都不實際也不實用。

常識是一面鏡子，「常識」指出「識」是「恆常」的，那是全體人類智慧的結集。蘇格蘭傳來的常識哲學，提供給法國學界某種程度的眞理觀，非光由單一哲學家個人所獨享。常識常存也遍在，非局部及層面。物論系統之外，另有心論系統，二者共同組成爲「常識」。常識中存有自明眞理的命題，可作爲邏輯及倫理的依據及基礎。個人主義（individualism）與集體主義（collectivism）之互損，一旦人人都參與於社會中，由此而生的共同心及共同智慧，就可使二者心連心，手接手；「國家情懷」（nationalism）者，也有一天會邁向「大同世界情懷」（internationalism）；後者更表達出博愛精神（fraternity）。

自然法的討論不得不涉及倫理議題，善惡是相對的，基本原則卻依常識。一種統合性的道德情懷若在此生無法完全實現，則寄望於來世；人的歷史往前進步，而人的歷史是由全部人類共同的「常識」，構織而成。

第二節　社會哲學在法國

「傳統學者」（Traditionalists）一方面唏噓於社會秩序遭受革命之徹底崩毀，另一方面也備受斥責；但若一再地怪罪傳統學者以爲他們只是盼望時光倒流，把革命前的舊有體制完封不動地予以再建，包括舊體制的濫權以及僵硬又頑固的死守原先地盤，稍許變動都不允，則此種指責，對傳統學者也不盡公平。重建社會「新」秩序，也該奠定在穩固的基礎上；而穩固的基礎，非恢復傳統的宗教原則及皇室體制不可，這是傳統人士的一貫立場。從此一角度來看，他們的眼光是「返顧式的」（backward），而非「前瞻」（forward）。也有人持境外（即義大利，阿爾卑斯山那邊，也是羅馬天主教教會所在地）主義，即「教宗或教皇權無限又絕對」（ultramontainism），而對限制教宗權力的高盧主義（Gallicanism），也是法國境內天主教的訴求，無好感。

被拿破崙心目中視爲「疫病帶原的形上學家（pestilential metaphysicians）的「意識論者」（ideologists），對政治議題討論不多。不過，他們所採用的方法，卻在社會領域內，痕跡顯著。一來他們堅持社會現象該仔細分析，經由討論來解決教育問題。拿破崙這位登基爲帝者，毫無疑問地認爲，意識論者之探討太過瑣碎無用，也無實質效益可言。事實上，意識論者強調年輕人的心靈塑造或培育及教育制度，與拿破崙心中所構思的是南轅北轍；尤其是當法國恢復天主教信仰時，意識論者就群情激昂了；而立於折中論者既採妥協政策，中產階級也接受，對政治生活又熱心參與，革命成果也可以分一杯羹，但不願往前再踏出門檻。守成已不易，創業尤艱。因之，另一批期求更上一層樓的學者就出現了。他們倒不願再見血流成河的革命爆動結局，卻盼社會結構的重組及再建。革命的三大口號，自由已得，平等及博愛卻還遙不可期。十九世紀初期，此種社會條件遂孕育出一批社會哲學家，豐富了法國哲學界在整個哲學史上的內容。

一、社會重建的異想天開型學者

(一) 傅立業（François Marie-Charles Fourier, 1772-1837）的「方陣」（phalanx）

1. 馬克斯曾評論傅立葉是個烏托邦型的社會學者，用意良善，但幻想多，古怪離奇。一心一意擬重建社會，倒是他一生最大的抱負與願望。個性溫文有禮，彬彬君子。受過舊教耶穌會（Jesuits）學校教育，出身於商人之家，以貿易爲生。不過，帶有人味社會（human society）的建立，卻是他深盼能實現的樂土。他個人除了學校教育之外，自學勤奮，智力高人一籌；閱讀範圍廣泛。深信社會存有客觀規律，如同牛頓認爲宇宙物質世界有地心引力的定則一般。著有《新工業及社會世界》（*The New Industrial and Social World, Le nouveau monde industriel et sociétaire*, 1829）、《萬有統一論》（*Theory of Universal Unity, Théorie de l'unité universelle*, 1822）等。

2. 對既有社會提出不客氣也不妥協的評論：順著盧梭的口吻，強烈否定文明社會的一切，那是人類爲惡的淵藪。他發現所謂的文明社會，一點也不文明，反而都帶了假面具，自私自利。醫生對輕疾病患卻下重藥，求療者多時，心中竊喜。教士渴望教區富人早點過世，就可以在追思禮拜或葬禮儀式中大賺服務津貼。此種調侃、諷刺、取笑某群人的行爲動機，或許犯了以偏概全之弊，但部分事實就不難使他言之鑿鑿，把隱藏於內心見不得陽光的醜惡面，公然揭露出來，令詐騙及丟人現眼的勾當，無所遁其形；政棍型人物美其名爲公共服務，卻也心懷不軌。其次，文明社會裡臥藏一群寄生蟲，婦女與小孩在家，士兵及商人在社會，雙雙都是寄生蟲；他們不事生產，只會消費。他不是古怪離奇到要把這些寄生蟲消滅，卻應解放出來。婦女該有工可做，小孩既然喜愛在陰溝嬉戲，就分派清掃街道。人口中只有極少數人負責生產，消費多生產少，此種社會難道不應徹底重建嗎？士兵軍人在戰爭期以破壞爲業，和平來臨時，不是如同肚子裡的蛔蟲嗎？至於商人及貿易者，這種蛔蟲更大條了，是「生產者的天然敵人」（com-

merce in the natural enemy of the producer）。至於生產者呢？由於生活條件頗為困苦悲慘，生產階級也不得幸福。不事生產者除上述之外，該還有教師、學生、公務人員。

文明社會的罪惡，導源於「情受到壓抑」（the repression of the passions）。世界創於上帝，上帝是個大善者；因之，上帝授予人某些情，該情本身是善的。他說，人本諸上帝所賜的善情，共有13種之多，除了包括五官（the five senses）之情外，另有社會情（social passions），如愛及家庭感（family feeling）；喜愛花俏樣式繁多的「蝴蝶情」（the butterfly passion），也有位居最高的皇冠情（crowning passion）；作為綜合及諧和一切之情，但失序或越分之情不包括在內。文明社會把這些情窒息了，重建社會先得鬆綁這些情。個人的發展以及人與人間的協和一致，是社會重建的當務之急。

3. 他具體設計出來的一幅社會組織圖相，稱之為「方陣」（phalanx），由一群人（理想的人數是1,620）組成，方便於把13種基本情，予以釋放且組合起來；男、女、小孩都是其中成員；性情、能力、品味，各有不同。依工作性質予以組合或分類，凡不宜於某種工作者，就不將他歸於該工作團隊的成員；被他人嫌惡者，也予以排除；若品味改了，或擬調換其他工作，則正可以滿足「蝴蝶情」──到處探蜜。「方陣」裡是有「家」的，但蝴蝶情一釋出，「招蜂引蝶」之情，即表示「禁忌」已廢，不必顧及「夫妻貞潔」（conjugal fidelity）；人人皆可盡情發展才華、稟賦、情愛；也可領會自己的特殊工作在社會群體中的意義。次級團體彼此之間容許有競爭，但和諧第一，勿傷和氣；競爭中會帶來模仿，而不許戰爭存在。以比賽如美食烹飪術，相互一爭雌雄。他特別強調「美食業」（gastrosophy）。

4. 傅立葉的構想，多數人一聽，皆斥之為荒唐可笑。他且相信，社會的重建，不只在動物王國社會行得通，天國世界也依樣可行。不管他的想法多麼出人意表，但他敏銳觀察出人類今日所形成的工業社會，產生了勞工及勞資糾紛問題，以及疏離（alienation）之克服問題，確實越來越嚴重。他的解決策略，容

或有烏托邦的異想天開，是社會主義者（socialist）的解決方式，但他卻主張私有財產是必要存在的，如此方可發展個人的人格。他進行一種實驗式的合作型社會，大家都認股，人人是股東（shareholders）；工人、資本家，及資賦秀異者，都可按比例來分股數，有時股數最少者，反而得股利最多。「方陣」也是「合夥」，比資本主義社會更能合理分配財富。他本人的設計，未能在生時看出成效，去世後生徒在法及美的德州（Texas）予以實驗，修剪刪掉老師的怪葉奇枝，贏來了法美兩國不少擁護者，只是效果有限，且也過時。他以社會發展理論中的牛頓自居，一心要把工業社會重建為一和諧及美好的社會。雖見解超乎常人之外，但洞察力倒極為敏銳。他所擔心的社會問題，一直延續到現在，且嚴重性有增無減。

(二) 聖西蒙（Claude-Henri de Rouvroy, Comte de Saint-Simon, 1760-1825）的「人學」

1. 身為沒落的貴族後裔，財富並不雄厚。小時受私人教師啓迪，其中之一，就是哲學家兼科學家的達朗拜（Jean le Rond d'Alembert, 1717-1783），使他對科學產生無比的信心，視科學乃是啓蒙思想之源頭，科學家該代替牧師在社會的地位。17歲時入伍為軍官，還親自到美參加獨立戰。不過，他在熱心支援之餘，骨子裡卻擬以低價購買被沒收的財產。1793年，因從事贏利投資業而被捕，幸而不久被釋無罪。其後熱心於政治，預見全球將進入工業社會，也相信大多數社會問題可以靠科學技術來解決。可是，歐洲戰爭此起彼落，令他失望透頂。1823年，更曾舉槍自殺未遂，但打穿了一眼。

2. 一生寫了一些書，都與社會改造有關。1818年初，孔德還當他的祕書，卻在他辭世之年，兩人口角不斷。孔德自承與他共事，獲益不少，因之寧願不提此事。聖西蒙自述，十八世紀的歐洲哲學是批判兼革命式的（critical and revolutionary），十九世紀則邁入發明及組織型（inventive and organizational）；兩個世紀哲學都是全面型的（Encyclopaedia）；前者「推翻神學及封建制度」，後者

則提出「工業及科學制度」。若十八世紀的法國王室具有視野，善與新興的工業階級合作，而擺脫貴族糾纏，則社會轉型將極其和平安穩。遺憾的是，舊體制在一陣革命風起雲湧之際，就被秋風掃落葉了。政治制度在社會上勢必存在，以新換舊。法國大革命時，新體制未設計好時，舊體制早就崩潰；難怪會有舊王朝復辟之情事發生。十九世紀不許重蹈此覆轍。他願挺身而出，揭露新的方向及途徑。

3. 雖然看出十八世紀哲學帶有解構及破壞面，卻也含有建設及結構種子，即理性及科學精神。科學將教會威權及神學教條，置於腳下踐踏；同時，物理學及天文學等科學之亮眼成績，提供社會改造的基礎。

人的知識，使人可以發現協調眾人利益或興趣的方法。

人的知識，來之於把人當作自然的一部分，且沿著啓蒙運動諸賢所發揚的心理學及生理學，成爲重建社會不可或缺的學問。新科學指的是「社會生理學」（social physiology）。不過「社會學」（sociology）此一辭，倒是孔德最早提出者。研究天體或星球的活動，就如同探討人在社會的一言一行一般；牛頓的物理科學，該好好地予以應用在人身及社會上，包括心理學、道德行爲學，及政治學在內。如此，解決歐洲的社會問題，才可出現一盞明燈。

天文、物理、化學，都有其「積極基礎」（positive basis），即依觀察及實驗；是主動的、人爲的；物理及化學，可以實驗，至於天文呢？困難度高，只好以觀察爲主。自然科學靠此二法，難道人的科學不能仿之嗎？人的科學該取代神學及形上學，「人的科學」（人學）該整合一切之學，因爲人是主體；人所研究的其他學問，都是客體。

4. 焦點集中於人身上，集體的人所形構的社會，也勢必成爲研究的核心。社會不是個抽象名詞，卻最具體也最實際。社會機構及政治組織之變遷及發展，必有法則；社會演化論如同達爾文所說，好比生物進化論一般，都是嚴謹的科學。有必要將人類社會之演化，取歷史宏觀視野，作一歸納性的現象整理；探究之，反思之。他尤其對中世紀轉換爲現代文明階段，深感興趣；研究方法，必需

把中世紀的神學觀及形上冥思，改頭換面；而以積極實證或科學態度對之，這也就是其後由孔德所發皇的實證主義（positivism）了。二者共事期內，切磋琢磨，彼此獲益良多。對於中世紀在人類史上所扮演的角色，他排除眾議，不視之為「黑暗時代」（a period of darkness）；反而認為是歷史發展過程中不可或缺的一階段。又認為歷史發展，經濟因素是主因，但並非唯一因。「實證知識」（positive knowledge）所顯示的，政治社會結構除了經濟因之外，另有理念因。這是與孔德及馬克思不同之處。沒錯，商人階級及藝徒制度之萌生，此種經濟條件，使社會不得不轉型。但中世紀的封建社會，在11世紀達於頂點，其後冒出該種制度之解體，有下述兩個遠因及預兆（remote augurs）：

其一：回教世界帶來的科學觀念。

其二：公社（communes）之中，生產階級不包括封建貴族及教會。

他並不把教會及封建貴族，視為中世紀社會的寄生蟲；中世紀社會也是「有機的」（organic）。因之，封建貴族及教會也扮演有益的功能。宗教不全屬有害的迷信，卻也代表一種「歷史上的必需」（an historical necessity）。當然，宗教信仰註定最後由科學知識所頂替。

十六世紀之前，無一種力道對既存體制（包括宗教的教會，及政治的王權）產生威脅性；之後的宗教改革火力漸猛；又與王權結合，甚至甘願屈服於舊有王權之下，而不願與新興政治力結合來共同對抗教會。科學知識的累積越來越豐富，神學社會岌岌可危；讀書人（intellectuals）奮身而起，質問任何既定的權威及理念。此外，由於法國皇室蠢到竟然與往昔只扮一卑躬屈膝角色的貴族攜手，捨去和新興的無產階級心連心，手攜手；導致革命一發不可收拾。究其實，法國大革命不是一朝一夕的偶發事件，卻醞釀期「長達二世紀之久」。新興階級冒出來了，工業社會的來臨，也水到渠成。

5. 專家政治：聖西蒙視他那個世代是轉型期或中介點，處於老政體（old régime）及新體制之間。新體制建立在科學知識及工業上，建立新社會的條件成熟時，法國丟棄了皇室王權、主教，及地主。這還不打緊，若連唯一有用的階

級，即生產或工人階級，也丟了，那才令人擔憂。當然，科學家也是有用的階級。他心目中的理想社會，並非屬於一種「社會民主」（social democracy）或全民皆享投票權，甚至人人參政；而是社會得遵守科學家的規則，由工業的資本家出面掌政。1819年的《組織論》（*L'Organisation*），提議設立三種「專家廳」（three chamber of experts）：

其一：發明廳（the chamber of invention）：由工程師、美藝家（engineers and artists）組成，描繪計畫或藍圖，交由第二廳者審查。

其二：審查廳（the chamber of examination）：由數學家、物理學家，及生理學家組成；生理學家是指研究人的科學家。此一廳也負責掌控教育，教會不該插手。

第三：行政廳（the chamber of execution）也是「議會廳」（the chamber of deputies）：由農工團體代表組成，但只有生產階級享有投票權。

科學家最值得信賴，由科學家擬議的計畫，也對全民最為有利。此外，把全民集結在一起的動機，不是神學力或軍事力，而是經濟力。政府若擬發號施令或進行軍事冒險，及管理行政業務，必以增進社會福祉為要務。

工業社會是詳和平穩的社會，成員包括資本家及工人；二者利害同，因之應和平共存。他看出法國的工業階級與貴族階級不相上下，英國則不同於此。因此在法國，工業階級一起，社會的穩固及團結性會更強，可以抵制外國之入侵。舊政權的遺物既可容於新政府中，二者的敵意不會明顯。

6. 馬克斯對聖西蒙的看法以禮待之，只是不同意聖西蒙在理念上竟然持工業資本家的真正利益會與工人相一致。二人皆看重經濟生活面，但馬克斯認為聖西蒙未悉經濟利益的衝突，必然在資產階級（bourgeoisie）及普勞階級（proletariat）之間，不可能平靜無波；階級與戰爭，勢必迭現不斷。總而言之，二者相比，聖西蒙比較是個理想型者，烏托邦（utopian）者，太過樂觀。儘管馬克斯本人也是完美式幻想家，同屬烏托邦形，不過程度上二者較有別。凡居於玻璃屋內者，千萬別丟擲石頭。

7. 聖西蒙提醒一點，令教育工作者不得不眼睛一亮：即無知不只妨礙進步，且科學知識的廣被，以及由專家組成政府，仍不足以實踐民胞物與的理想又「博愛於懷」（*fraternité*）。人的自私及自我，非賴道德倫理的克制不為功。去世前一年出版的《新基督教》（*New Chistianity, Nouveau Christianisme,* 1824）特別提出愛的基督倫理，不是恢復早該由科學知識所頂替的教條，卻該發揚教徒的博愛精神。不幸，此種精神，早由教會的權力結構及宗教的不寬容政策所壓制，而煙消雲散。博愛於世人，此種精神該永世長存，價值彌高。舊教過時了，新教的路德主義（Lutheranism）怎也要求內心與政治生活兩不相涉呢？該重振雄風的是基督福音，能在社會政治圈內隨風飄蕩。

晚年在辭世之前才發出此種愛的福音書，被評為是他終於棄實證主義之路；此說並不正確。一來，他不排斥對上帝的一切信仰，也不是個徹底的實證論者，心中孕育有一種永生永在的神（Deity）。一生素對基督教帶有景仰意，只是不信教條。中世紀時的神學，是一種歷史上的必然，不需悲嘆，也不擔心其為迷信。心中雖以科學來接棒信仰，但基督道德價值並非一無是處。新社會將有新宗教，以節制個人及民族的自私心，從而型構一種「有機的社會」（organic society），如同中世紀一般，續保老宗教的永恆價值。基督教該「世俗化」（secularized），與工業社會及實證科學相接合。

嚴格來說，聖西蒙不算是一個系統一致的思想家。他的理念，激起廣泛的興趣與爭論，門徒眾多，更一步的力主男女之間的情愛。從他的理念獲取靈感而在哲學史上享大名者，孔德、馬克斯，及恩格斯，三人對他都有某種程度的崇敬，但評論也不少。物論的後二者，馬克斯及恩格斯，評聖西蒙時，雖不滿聖西門未充分了解階級鬥爭的重要性，但若與孔德相比，則更評孔德是個哲學價值不多的反動派。

二、無政府主義的普魯東（Pierre Joseph Proudhon, 1809-1865）

傅立葉及聖西蒙兩人，與傳統分子，都希望大革命之後，社會有必要重建；但傳統分子的重建是原封不動的，返觀式的，把原有體制重現於今日。傅立葉及聖西蒙不然，兩人的重建是前瞻式的，展望未來；舊因素有，但新成分更多。若能有個強有力的中央集權式的國家體制，則是大家的共識。此時極力揚棄「政府」甚至「國家」，尤其是大權集於中央式的體制，都不爲其所好的社會主義學者，就是普魯東。與其說他力持「無政府主義」（anarchy），不如說他並非反對一切社會組織，也不贊成社會的混亂（social chaos）；不如說，他期望沒有政府形式，尤其是中央集權式的政府；「國」（state）的地位遜色了，「政府」（government）降格爲「行政」（administration）較爲妥當。具體地說，他盼望該有一種掌「權」的組織，只是勿把權無限擴大，倒適可而止即可。無大權式集權存在的社會，人人或許享有更大的自由；自行立法，自我司法，這不是最佳也最理想的社會嗎？

(一)生平

1. 出身於桶匠之家，9歲在山區牧牛，於當地印刷場當「黑手」的藝徒；其後成爲印刷廠的股東。不過，此時他廣泛的閱讀神學，且學希臘及希伯來語文；更進一步希望人的思維，能把上帝觀念排除於心之外，使人的想法更獲得自由。雖經營事業，卻對學問探討不敢或忘。與傅立業相識，自學之餘，於1838年獲一筆獎學金，年近30的他有機會到巴黎。更在1840年（31歲）時出版《財產是什麼？》（*What is Property? Qûest-ce que la propriété?*）把財產解說爲「竊盜」（theft），是他最成名的語辭，連續兩年都對「財產」議題發言；俗世團體取之作爲煽動性的宣傳，有財產者提出控告，使他上了法庭，陪審團一方面不悉其眞意，另方面也無法批駁，也就獲無罪開釋了。

2. 1843年提出人心的進步有三階梯，一是宗教階，二是哲學階，三是科學階；第三階才使人有能力在世界中找到一連串的運作法則，他稱之爲「連串的

辯證」（serial dialectic）。一段時間他到里昂（Lyons），與主張男女平等的社會學家相識，在巴黎則與馬克斯和巴古寧（Michael Bakunin, 1814-1876）等人爲友，後者還稱他是「我們所有人中的大師」；且也因之稍悉黑格爾的「辯證」思想，但涉獵不深。1846年出版《貧困的哲學》又名《經濟系統的矛盾》（*System of Economic Contradictions or the Philosophy of Poverty, Systéme des contractions économiques ou Philosophie de la misère*）；在一方是「財富平等的廢除」（equality-destroyig property），另方是共產主義（communism）或「毀獨立謀生的社會主義」（independence-destroying socialism），二者之間的對立這種一正一反之中，得到的合，就是「無政府」（anarchy），也是「互助論」（mutualism）。依自由契約方式，形成一種生產者的社會。馬克斯先是歡迎且以「科學的社會主義」（scientific socialism）喊讚，但繼而在1847年以《哲學的貧困》（*Poverty of Philosophy, Misère de la philosophie*）出面攻擊之。二者之反目，並不意外。普魯東從來就不是共產黨員，且在馬克斯的心目中，代表的是「小資產」（petite bourgeoisie）的利益。普魯東認定「貧困」之因，乃由於社會缺乏「互助」；馬克斯則認爲此種哲學論點，正展示「哲學的貧困」。

3. 政治革命不如經濟革命才是務本之道。1848年王權之被推倒，他只是出小錢支助；但卻尋求其他方式，比如說，力倡成立「人民銀行」（People's Bank）。向大衆演說，又創辦無政府論者報紙《人民的代表報》（*the Representative of the People, Le représentant de peuple*）。雖於1848年被推爲「國民大會代表」（National Assembly），由於他在報紙上攻擊總統拿破崙三世（Louis Napoleon, 1808-1873，1852稱帝，1872退位亡命於英），使他入獄三年之久，還好可假釋出牢且可寫作，獲釋後受警察監視。1853年寫了一本《進步哲學》（*Philosophy of Progress, Philosophie du Progrès*），認爲環宇都在變、都在動、都在改，無一恆、無一久，也無一常。道德、政治，及宗教也如此。正、反、合之後仍然持續正、反，合不斷；動態的，不穩的。因該書又惹禍，爲了逃避囹圄，乃赴比利時，在該國首都布魯塞爾（Brussels），寫作不斷。

(二)財產是竊盜觀

1. 出身農夫或桶匠的他，自己擁有一小片土地，自食其勞；或桶匠靠勞力謀生過活；此種「財產」，絕不是偷來的，是自己擁有的。至於說財產是竊來的，乃是有人對財產「濫用」（an abuse），非法充公沒收權（the right of escheat or *aubaine*）。比如說，地主擁有土地，本身並不親自耕種，卻賺取爲其辛勞的農奴或農僕之耕種所得，這不是搶、偷、竊、盜嗎？「所有權」（possession）是可以的，但不可榨取他人的勞力據爲己之「所有」。享有財產權者「濫用」（misuse）財產，形同剝削（exploitation）；此種時潮與偷者（theft）的行徑，並無兩樣。

耕種者、農夫，或工人該「擁有」土地，自己耕自己種，自己收成且自享其成果。國家政府竟用公權力，計劃集體農場，政府取代了資本家或不事生產的地主，國家或政府就成爲大盜了。國有制（state ownership）或共產制（communism），都不是他支持的。個人式或集體式的剝削，他都力抗到底。

因之，在現有及既成的財產觀念之下，他把財產名之爲竊盜；若能實施他的新構想，財產就可定義爲「自由」（liberty）；財產觀念變成反擊國家公權力的唯一力道。就是由於如此，才使馬克斯忍無可忍的批他爲小資本家發聲。他一生都是站在「小資本家」的立場，以小生產家（the small producer）自居。共產理論者當然同他爲敵了。

2. 正反雙方的衝突或革命，後效有正面及反面；反面即破壞，棄除或毀滅；這只是革命的一面而已，另有正面。就法國大革命來說，正面是平等、自由，及博愛三方面的爭取，只是實踐者不多，部分成，部分敗。政治上的自由與平等或許有少許成功，但經濟上倒無成績可陳。以政治及戰爭來改變社會，不如以勞動力的有無，來得正確及恰當。革命的任務，該以「平等的工業體制」（egalitarian industrial *régime*）爲目的，可惜功敗垂成。他的社會及經濟理論，爲此效力；並且又認爲，社會問題的解決方案，都沒有絕對、恆常，或必然的藍

圖。因爲人類社會都存在著一股反對勢力，該勢力一冒出，改變就箭在弦上了。

財產或所有權若公匀的分配，就可以永保獨立及平等。但人類社會又不可缺少組織或體制，該組織或體制之權力，有時來之於上方，或來之於國家之公權力。他期望政治性組織該由經濟性組織來取代，由生產者自行同意簽契約來形成社會組織，這就是他所稱的「無政府」（anarchy）。中央集權政府萎縮其權力，功能由基於經濟而組成的自由社團來取代，考慮供需及供需的安全。最令他一生恐怖的是類似軍團的組織化（regimentation），自由必盡失。只有在自由意願之下，雙方遵守各自兩相情願所簽的約，才保證自由最爲實在。以契約代替法律，工業公司代替軍隊。在他心目中，人人都是可以相互合作，相處愉快和諧者；私利及公益相合。又以進步及持續改變爲口號，即令稱之爲「無政府」或「博愛」，也並非最爲完美的理想境界，充其量也只不過是多多少少帶有點神祕的符號，足以引發人們的一種激動力而已，使社會更有正義，而正義是無止境的。任何美景都免不了因誤判而生錯。他算是一位不折不扣的烏托邦型理想家。

經由他及後人的努力，倒是有點具體成果。在他所言的工業社會裡，工人的教育使識字及文盲階級鴻溝泯除，閒暇時間獲得充分的使用；在藝徒制度的訓練中，教導各色各樣的技巧，消除單調乏味，以免機械式的重覆操作。人民銀行的設置，提供信用貸款。他的建議，都功不可沒。把anarchy漢譯爲「無政府主義」，言不及義。其實是以經濟的合作及互助，來取代政府的管束。政府，尤其是中央集權或制式的政府，是沒必要存在的。人自有能力解決社會問題。歷史的進步是無可避免的。不過，有時他也不敢如此堅持。

孔德及馬克斯都受到法國社會哲學家的影響，雖然馬克斯評上述三人都是不切實際的空想家，其實就某層次而言，馬克斯有嘴說別人，無口指自己；自己也屬幻想家之一。馬克斯指斥法國社會學者，不悉階級對立的本質；階級利益之不合，是永無法協合一致的。法國大革命，只不過實踐了上述三人理想中的部分而已；社會的轉型該持續下去，但轉型需用和平方式。先了解問題的癥結所在，然

後採取適當方式予以解決。馬克斯及恩格斯（Friedrich Engles, 1820-1895）卻一味地要求非革命不可，階級之間的戰爭因之勢在必行。由先知先覺者帶領，使普勞階級鬥倒資本家而奪權；不要妄想治人者階級的利益，與被剝削者的利益，可以透過知識或訊息之廣傳，雙方就會含笑以對或握手言歡。治人者階級既是當權者，享受既得利益，絕對是不肯讓步的；無產階級的治於人者，必須掌政，否則絕不能翻身。因此，普勞階級的革命，才是真正解決社會問題的唯一途徑，其他都是不切實際的烏托邦，這是馬克斯一群人的核心思想。

　　進行普勞階級革命的先決條件，必須先有人登高一呼，洞見歷史的演進及發展，鼓動被剝削者要有自覺且團結一致。法國社會哲學家對政府及國家權力，素無好感，尤其是位高權重的中央集權政府，他們或許還容許「政府」（government）降格，只在「處理業務」（administration）工作而已。但法國大革命後的全球歷史，政府角色不減反增，且中央集權式政府陸續出現，尤其是蘇俄的共產政權（Soviet Communism）。相反的，法國社會理論家倒推崇個性及自由，並抨擊暴力。馬克斯等人，以過度樂觀予以反證，深信傳統社會有必要大變，非採暴力式革命，又哪能有巨大改革？法國學者心境也樂觀，贏得世人同情，雖擬議只是具文，或頂多在全球少數地方有門生實際進行實驗，但在環球歷史演變中，漣漪無波更無大浪沖天。

第三節　孔德（Auguste Comte, 1798-1857）

自然科學對哲學的影響，始於十七世紀，明顯於十八世紀；以實驗爲方法，不只研究自然界，且也探討人的行爲及社會生活。過去由形上學操盤的人生哲學，在此受到挑戰與質疑。在傳統的神學信仰與形上的冥思地盤裡，科學一腳插入，三者並存，這是牛頓的心意。其後由於科學力道漸猛，前二者萎縮讓步；就知識的可信度、穩固度，及擴增度而言，根本無法與科學相提併論。「實證知識」（positive knowledge）時代的來臨，也是遲早問題而已。孔德在實證哲學上是集其大成者；前節所述的諸人，已爲其問路。不過，他在哲學史上被歸爲「古典實證主義」（classical positivism），到了二十世紀，由「新實證主義或邏輯實證論」（neo-positivism or logical positivism）接棒，持續展現科學在知識論上的威力。

一、生平與著作要旨

(一)生平

1. 1798生於法國大城蒙皮立（Montpellier），父母信天主教，且是保皇黨者（royalist）。但14歲時，這位初生之犢，竟與父母的宗教及政治看法相左，宣布他從此不信天主教，且也公然說他是個主張共和政體者（republican）。14-16歲上了兩年的「科技學校」（*École Polytechnique*），除了享受「有趣的頂樓自由」之外，大受科學老師的影響，也奠定了他一生不變的信念，即科學精英分子（scientific elite）該挺身而出，重建一嶄新的社會。但該校的保皇風，不許他囂張，被勒令退學後轉赴巴黎，聞了一股濃濃的意識型態主義（ideologists）、政治經濟學家，及史家的氣息。1817年，只19歲而已，成爲聖西蒙祕書，兩人過往甚密，長達七年之久；雖二者意見並不水乳交融，但對孔德理念的形塑，卻貢獻不少。科學方法，是新社會組織不可或缺的要件。早期文章，還發

表在聖西蒙所主編的刊物上。由於孔德發現聖西蒙治學方法不嚴謹，萬花筒似的，二人激烈的口角終於爆發，導火線在於孔德的文章實有聖西蒙的點子，但封面頁卻對聖西蒙隻字不提。兩人遂分道揚鑣。

2. 1826年在私人場合裡，向朋友介紹他的實證哲學（positive philosophy）；因過勞且婚姻不如意而中斷，也自殺未遂，隔三年重操舊業。私下授課內容輯成書，《實證哲學教程》（*Course of Positive Philosophy*，*Cours de philosophie positive*）共六冊（1830-1842）。其實，實證哲學理念，早在1822年孕育，因之其後不少寫作，都出現「實證哲學」此一新哲學名詞。有必要特別提出的是他以「人道」（Humanity）取代「上帝」（God），作為奉獻一生的目標。更有傳記學者透露出，他於1844年逾半百之時，愛上了有夫之貴婦，該婦之夫因犯了盜用公款罪而失蹤以免受罰。

一生從未曾在大學榮獲教職，只好當家教以謀生。為母校學生補習，也寫作不斷。致意於他的一些追隨者，提供經濟上的援助。

(二)著作要旨——哲學發展三期說

1. 「實證哲學」採古代哲學代表人物亞里斯多德認定的人類概念上的「一般系統」（the general system），配合「觀察到的事實」細節（observed facts），兩相交織（the coordination），缺一不可。不只帶有事實的敘述性（descriptive），且又具「解說性」（explanatory），更將特殊性予以分門別類的科學，作一系統性的整合；只選擇已觀察到的「事實」又經得經驗檢查者，才可算是知識；從中型構出律則，不只可測試過去的事實，且可預知未來。這也是由蘇格蘭傳來的「常識哲學」論了。「荒謬的形上懷疑」（absurd metaphysical doubts），就煙消雲散。

此種「實證精神」（positive spirit），帶來了自然科學的進步，也是人的心靈在歷史發展中的結局。三階井然有序。人的智力發展，也有此三階：猶如出生到走路，從嬰兒、青少年，到成年一般。人人回憶過往，難道不曾由嬰兒期之神

學性，邁向青少年期之形上學性，最後到成年期之物理科學性嗎？夭折或意外事故者當然例外。這是孔德自己的親身體驗。至於是否他人也必然如此，則勢必又有一番爭議。

第一期或第一階：神學期（theological stage），也是嬰兒期（infancy）。上帝或神的意像，深入心中；拜物教（fetishism）猖獗，萬物皆有靈性；多神論（polytheistic religion）也在初民社會中普遍存在。在社會組織上，與之對應的是絕對權威的聽從，君權神授，軍事化的社會管理；由上而下，戰士階級最受尊崇。遊牧民族屬之，古代及中世紀也屬之。

第二期或第二階：形上期（metaphysical stage），形上的抽象思考出現，以「力」（force）、「引」（attraction），及「斥」（repulsion）來解釋萬有一切，不是中世紀神學大師或當過主教的柏克萊（Bishop Berkeley）所強調的「聖意」（divine will）嗎？與之相平行的社會組織，是抽象的典章制度，不切實際只含形上意義的文辭或儀式。農業社會是典型，啓蒙運動時代屬之。

第三期或第三階：實證期（positive stage），代表成熟期。心智具科學外觀，但並不企圖找出最終、永恆，或絕對的「因」。以地心引力的法則來說明一切現象，即可測知未來，且可控制未來，有用又確實。有用又確實，也只具相對性意義而已。人頂多知悉所呈現出來的相對「現象」（phenomena），「絕對」字眼是被排除的；即令有最終因（the final causes），也非人之知所可知。因之，不必費神或徒勞於神學及形上冥思上。工業社會也就是人類心智發展的第二波來臨，第一波即農業社會。經濟生活是核心，科學的精英人物出世，爲工業社會制訂合理的行爲模式，是愛好和平的社會。此種說法，法國社會學界並不完全苟同。但一種新學門之名出世，即「社會學」（sociology），自然科學使人有能力在某種程度範圍內控制物理環境，以研究人作爲核心的「社會學」，有才華來建構一個和平的工業社會。孔德自己的時代屬之。

2. 形上期是中介期，承上接下。他的三期分法，可供參考；若仔細查之，漏洞不少，且與史實出入者多。比如說，古代希臘哲學頗爲興盛，數學尤其一枝

獨秀，自然科學之成績也不遜於其後的形上期。孔德也深知此事。他強調的是在
支流之下有主潮。中世紀的神學伴有形上學，但形上學卻被修剪以便安置於神學
之下。至於數學在古希臘早已一鳴驚人，只是他仍提醒反對者，古希臘的數學太
抽象化了，不如實證期所生的科學，即社會學那麼的實用又切實。物理科學不可
只高談闊論，卻該落實於社會及人生上。

三階有相容地帶，新中有舊，舊中有新。就如同嬰兒期、青少年期，及成人
期一般，三者並不是片段，卻是連續性的。不過，他認爲後一階比前一階進步；
也表示在價值判斷上，後階高於前階。但實證期之後呢？有後實證期嗎？如同成
人期之後呢？孩童期喜聽小精靈（elves）及神話故事（fairies，如綠野仙蹤），
信以爲眞；其後也以爲上帝或超越性的神祇是存在的。形上論證所展現的，卻未
有「實證」。科學越進步，超自然的解說就越少有聽眾；成熟心態者不是仰諸上
帝來塡滿空虛的心靈。有神論及無神論的問題，無法以經驗事實予以檢驗；即令
有最後因，人也無法得知該最後因。

其次，人的智力發展，速度超過社會組織之進步。實證者的精神，必在社會
重建之前早先出現。他也仰賴科學的精英起帶頭作用，預備功夫不可或缺；一旦
實踐完成，則實證哲學的堅固性必有增無減。

二、科學分類及科學方法論（classification and methodology of the sciences）

(一) 知識的進步，指的是科學知識

1. 科學分門別類，方法也殊異。

先是基礎科學（the basic or fundamental sciences），「只計及科學理論而不
涉應用部分」。理論性科學是處理一般性或抽象性科學的，如物理學的通則。地
球學及人生的一般律則，屬應用性科學；至於植物學（botany），則只計及植物
一科而已。

　　基礎科學有六，數學、天文、物理、化學、生理及生物學、社會學（或社會物理學social physics or sociology），不包括心理學。一來，他反對「內省法（introspection）」所生的心理學（psychology）。當時實驗心理學（experimental psychology）還未流行，他心目中的心理學，可以分為生理學（physiology）及社會學（sociology）。既以研究個別的人而形成的科學，即生理學或生物學（biology），都是以人性及人的行為當作社會現象，稱之為「社會生理學」（social physiology）或「社會學」（sociology）皆可。

　　其後他把倫理學（ethics）也帶入基礎科學行列中。他的倫理學是一種社會心理學，研究人的外表社會行為，依此可以預測且擬訂社會計畫的建構法則。

　　2. 為了分類的系統化，他從最簡單也最一般性或最抽象的開始，然後依邏輯程序，到較複雜的學門。

　　數學比天文學較為抽象，天文學得仰數學，且植基於數學的預設。同理，生理學或生物學在於探討生命的一般通則，因之比社會學更抽象；社會學則處理人在社會中的特別現象。依此而言，數學在體系中該作為基礎。最高也最具體又實用也最不具抽象理論的學門，就是社會學。

(二)科學方法

　　聖西蒙思及一種全面性的科學方法，孔德則認為各科學都該發展出自己的科學方法。不過，他也強調依不同的觀察所得的事實，若彼此不生關係，則「毫無科學」可言。科學方法指的是：事實的觀察以及將該事實的法則一一予以連串（coordination）。在方法的選擇上，每一科學也都稍有其特殊性。化學可採的實驗法，天文學就不管用了；天文學則多半賴觀測法。人力還無法移動天體或星球，以便蒐集移動之後發生什麼現象。

　　1. 方法不是單一，卻有多元管道，尤其該知科學史。亞里斯多德早也指出，由科學的發展中來領會科學。一種科學剛在起始階段時，真正的性質之顯現，比起其後陸續發展且修正改善之後的科學，在比例上是後來居上。以數學為

例，最早的數學幾乎都是量上的（guantitative aspects）；其後是量與量之間的關係，甚至更抽象到數目字之間的關係了，「純邏輯性的，純理性式的」（purely logical, rational），因之，成為一切科學之母。孔德稱數學為「微積分學」（calculus），是一切實證科學的基地。其他學門之能被稱為科學，得看該學門與數學關係之鬆緊而定。

2. 數學發展到極致，完全純粹屬於演繹科學（deductive science）。孔德稱演繹法才是科學方法的典範。他並不是說，所有基礎科學都可轉換為一門純演繹的科學，但離演繹法越遠，則被稱為科學的可能性就越減；不過，複雜度卻更高。社會學不可能完全轉化為數學，故精準性不夠，也不可能完全使用純演繹法。但若能運用數學的部分，則千萬別放棄。

3. 哲學的功能，在於整合一切的科學；社會學就在於整合一切的科學。一切的科學都要與人有關，符合人的需求，把個人當社會人看待；從過去忽略人的科學，導向關心人的科學，且是集體生活者的科學，把客觀世界納入主觀世界中；社會學在歷史上是最後的一門科學。社會學理論從早期的神學信仰及形上的倫理設定中解脫出來，振翅高飛。一方面熟悉於大自然現象法則，可以制天、順天、用天；一方面也領會人際社會關係理論及法則，則可以帶動社會的改造及進步。

三、社會學的主要內容，社會動態學及社會靜態學

(一)社會學又稱為社會物理學（social physics）

1. 社會學取材於其他科學，但居一切科學的尖峰。社會學一分為二，一是社會靜態學（social statics），一是社會動態學（social dynamics）

2. 社會靜態學：探討現存社會的既定法則及基本要件，即社會團結（social solidarity）。社會靜態學與所有其他科學，尤其生物學結合為一，作為社會功能學的出發點。社會靜態學之另一名稱即道德學。人性具社會性，分工是自然現

象；政府之存在及必要性，也因人性之本然而確定；秩序、法則、規定是要素，不過僵化、硬化、石化，卻也是一種必然的負面效應。烏托邦哲學家如柏拉圖，一心一意以一種社會秩序為唯一最完美秩序；亞里斯多德以為自由民的社會非有奴隸不可。孔德認為，這些都是社會靜態學要特加注意者。

3. 社會動態學以變、進步、改正、革新為要皆，不似靜態學之守成。光有秩序理念是不足的，返顧之餘，要有前瞻，否則枯萎；但動而不知止，則形成無政府狀態。進步是一種「來回式的擺動」（oscillatory），一前一後，但要退寸進尺，而非退尺進寸。

社會靜態學中，孔德認為亞里斯多德貢獻最多；社會動態學則以孟德斯鳩成就最高。二者皆「視政治學為一門科學，一門事實科學而非獨斷的教條」；但兩位先賢皆有其弊，亞里斯多德以奴隸制度作為穩固社會秩序的良方，孟德斯鳩則受束於形上學，太偏重於政府形式上的三權架構。

(二)社會學建基於科學

1. 科學皆要把「一切現象」（all phenomena）納入其中，社會學在這方面的努力還不如其他科學。人的一切現象都是社會學該予以研究的，社會現象形成的規則，在不同的歷史演進期中出現；形上期是轉型期，介於過去的戰士階級及未來的工業階級之中。

社會現象（social phenomena）比物理現象（physical phenomena）複雜得多，社會學的法則也因之不如物理學的法則精確，離數學公式更為遙遠。雖如此，卻具預測性。因之社會計畫（social planning），正是社會動態學的要務，社會計畫可以加速人類歷史的演進腳步。他推崇精英式的智者計畫如柏拉圖的構想，而非民主式的眾人政治。科學家及實證哲學家才是精英，由他們來掌控教育，免受公共輿論所左右。工業社會時代的精英，類似中世紀社會的教皇及主教。

大倡人道精神（humanity）而少言及個人（individual）的孔德，當然看出法

國大革命解體了舊政權及既有社會體制，卻無法迎合新生社會的需要。三大口號之一的自由，他不表同情或支持。作爲獨立的個人，只不過是一種抽象的個體；大革命特重「權利」（rights），少言「義務」（duties）；「個性」（personality）重於（群性）（sociality），這是他無法接受的。不盡「義務」者無法也無資格享有「權利」，政治學一定要居於道德學之下。實證社會中當然要保證人民有「權利」可享，但「權利」並非可以獨立於社會之外。

2. 實證社會裡的政府，並非要打壓個人；實證社會乃是人智演進過程中，人道精神的展現。因之，必不會使個人利益受到傷害。以「道德新生」（moral regeneration）爲主調的實證社會，愛及服務，接手中世紀的信神及傳道；大聖人變成大善人。不過，人智的歷史演進，也步社會發展的三階，由神學、形上學，到科學。

在科學可以帶給人類純正眞實及有用的知識下，是否也可搖身一變而提升個人性而爲人道精神，甚至還形成一種「實證者教會」（a positivist Church），這在邏輯上是不必然的。英國以邏輯出身的小米爾，就對孔德此種樂觀無法認同，更指出孔德在潛意識裡對中世紀以及天主教信仰懷有一股濃濃的舊戀，不朽的，永存的；即令「環宇性的宿命大災難」（cosmological fatalities）也無法毀之。

3. 孔德的實證主義，在哲學史上歸類爲「古典的」，與二十世紀的邏輯實證論（logical positivism）有別；後者一律取消無意義的概念，凡未經證實的假設或前提，都缺乏任何一清二楚的意義。孔德偶爾也自己認定，任何前提若無法化歸爲簡單可知的事實，則不具任何意義。但他把人道精神力捧上天，崇之拜之，如同宗教奉獻一般；實證科學反而淪爲實證宗教、實證神學，甚至實證形上學。「實證」既揮別了宗教、神學、形上學，怎麼這些學還陰魂不散呢？

四、後續發展

(一)門生接棒，視社會學是眾學之「合」

孔德是十九世紀法國最有名的實證哲學家，他的不少門生秉師教，發揚他的學說，包括宗教的人道化（religion of humanity）；也歌頌孔德的社會學，填補了哲學史上留下的裂隙。他們明顯地指出：形上學建立在「先驗」（*a priori*）理論上，缺乏穩固的經驗事實。相反的，個別的科學提出可以檢證的假設，但少了較普遍性通則的建立。若二者是一「正」一「反」，則孔德的實證哲學，也是他新創的哲學，則是「合」。

由數學作基底而發展出一套哲學體系，最後以社會學總收其成，討論主題是「人」，社會學是「人的科學」（the science of man），把「絕對性」問題納入其中，什麼「最初始」（ultimate origin）或「最終目的」（ultimate end or purpose）或什麼「物本身」都排除在外。原因是這些傳統的神學及形上學所感興趣的主題，超乎人類知識可能抵達之境，勿徒勞於此。

1. 最具代表性的孔德傳人，莫過於以編法語辭典而聞名的利特雷（Émile Littré, 1801-1881）。先研究醫學，也學英、德、希臘、拉丁文，後研讀孔德著作而奉之為先行者。1871年入選法國學術院（French Academy），心中已與神學信仰及形上理論道別。孔德曾送他一本著作，「他的著作征服了我……，我從此（1840）就是實證哲學門徒了」。實證哲學要與德國哲學劃清界限，英國呢？斯賓塞（Herbert Spencer）仍稍寄情於「不可知」（unknowable），小米爾（J.S.Mill）也不願對超驗界一刀兩段；羅素（B.Russell）更欲語還休地提到，哲學家的業務得時時體會出有某些重要議題是無解。法國實證論者則全部封閉了這些「公開問題」（open questions）；除了「物質」（matter）及由之而生的「力」（force），才最具體更實在又有用的思考現象之外，其他問題皆不值一提；也因為如此，利特雷於1863年被推為學術院院士時，即受某一主教大力抨擊反對而落選。形上學尤其神學家一心一意且全然又獨斷地以一種了無實證性的

命題為前提，然後純依形式邏輯的推論，獲得自認完美無缺的有效論證。他抨擊此種「主觀方法」（subjective method）或「演繹法」（deductive method），嚴重地忽視了經驗事實的檢證（empirical verification）

2. 以醫學為主修的貝爾納（Claude Bernard, 1813-1878），為法國首位受到國葬的醫學家。出身貧苦，1853年獲醫學博士學位，隔年成為巴黎大學生理學（physiology）教授，且成為法蘭西學術院院士（1868）。

醫學最該往科學方向邁進，科學方法的精確及其性質，才使醫學與哲學建立關係。首先，他不希望有什麼「哲學體系」（philosophical system），對現存體系也不擬予以維護，只有堅持實驗才能獲「實體界」（reality）的客觀知識。他確曾提過「主觀真理」（subjective truths）為「絕對真理」（absolute truths）；他提的就是「數學」，形式的、獨立存在的、排除一切主觀的因素，如情或意。形上學及神學家一再的提出「未經檢驗的假設」（unverifiable hypotheses），怎可稱之為知識呢？只有科學的實驗方法，尤其應用於醫學上的，才是道道地地的真正知識。雖然其結果並非一律可定終生，該律卻是可修正的；因之，也不許死抱實證主義哲學不放，視之為獨斷至尊。

3. 泰納（Hippolyte-Adolphe Taine, 1828-1893），多元興趣於美術、文學、文學史，及現代法國社會的發展。1870-1871年的普法戰爭，讓他感慨良多，認為法國之敗，是法國社會患了重病所致，大革命之後所生的中央集權制是病因。從小在基督信仰家庭中長大，15歲卻不信上帝了，醉心於尋覓一種確信不疑的知識，即科學。知識的統一性及特殊性，都是缺一不可的哲學體系。來自於德國的斯賓諾沙及黑格爾哲學在前，法國的實證主義社會學緊隨在後，試圖把德國的形上學（German metaphysics）與導源於英國尤其是小米爾的經驗主義（English empiricism）整合為一；「介於兩國之間的國，就是我們的國」。出面糾正兩國哲人心靈上的謬誤。

他特別提出，法國人不該被德英兩大不同的哲學體系之用字遣詞所蠱惑；一旦作語意解析，則迷亂的系統就不再障人耳目。由他所研究的心理學，法國在

此領域中步入實證大道。受他影響的比奈（Alfred Binet, 1857-1911）發展出「智力測驗」，還作出量表，具體又實際。智愚之高下受三種因素影響：種族遺傳（race）、外在環境（environment）、當時處境（time），此說已被心理學界普遍接受。

(二) 涂爾幹（Émile Durkheim, 1858-1917）

涂爾幹的學術成就，使社會學成爲法國學界在環球思想界中一隻獨秀的學問。英國的小米爾在這方面的「新見」（originality）不多，倒是斯賓塞的社會學視野較大。

1. 1858年出生於猶太家庭，清寒過日；1879年（21歲）入巴黎高等師範（École Normale Supérieure），畢業後在數所學校教哲學。1885年，到德國大受實驗心理學大師溫德（Wilhelm Wundt, 1832-1920）的青睞與賞識。1898年創辦《社會學年刊》（*L'année sociologique*），1902年回巴黎擔任教育學教授，也兼授社會學。1893年出版《社會分工論》（*De la division du travail social, The Division of Labour in Society*），兩年後又寫了一本《社會學方法論》（*Les régles de la méthode sociologique, the Rules of Sociological Method*, 1895）；另撰《自殺論》（*Le suicide,* 1897, *Suicide*）等，其中提及，凡個體與所歸屬的文化相結合的地區，居民自殺率就大爲降低，不認同當地者，該小心了。去世後問世的作品也不少，對社會學的影響，後人無出其右者。

2. 社會學是社會現象（social phenomena）或社會事實（social facts）之學，猶如物理科學家研究物理現象或物理事實一般；此一事實或現象，與彼一事實或現象，二者之間的關係，是社會學研究的重點；客觀且具體。勿先存「先驗」的設定。

首先他批評孔德及斯賓賽的社會學，二者都把預先存在的理念放在前頭，結論早定；然後才把合乎此結論的社會現象或事實，「硬」納入其中作爲佐證。這是不合「科學」精神與方法的。

　　孔德以為社會學的歷史發展，「必走」三途徑或三階段，從神學、形上學，而後步入實證；斯賓賽則依演化論觀點，來看社會學的發展。而涂爾幹的社會學，是先讓事實與現象說話，證據或客觀事實居首位，而非理論當后座，不許心中先有譜。

　　人類社會是多元的，是獨特的，絕不單一或雷同。孔德及斯賓賽的社會學之演化，都有盲點。孔德的社會學患了近視症（myopic），未有宏觀（macrososm）。若社會之演變只是由神學、形上學，與實證論，則後繼者僅能守成；門徒也只循三階而行。涂爾幹說過，該三階只可供作一種史觀或史實，並非其他的史觀或史實必也如此；連歐洲本身的歷史發展，都不盡然完全適合於孔德三階了，更不用說環球其他地區的歷史演變。至於斯賓賽，涂爾幹認為這位英國社會史學者，除了發現社會是多元的之外，還承認人除了科學演進之外，另有一種曖昧不明的力道，潛藏於理性之下。

　　每一社會現象，除了與其他社會現象有同者之外，另也有殊；是「獨特的」（*sui generis*），不可籠統地強拉送作堆。他不願作個「化繁為簡者」（reductionist）。其次，社會學之真正進步，要擺脫哲學的羈絆，不要涉入哲學爭論中，如命定論者（determinists）及「自由意志」（free will）二者之糾纏。因果論只能就事論事，若有經驗事實，就得認帳；非必然的「先驗真理」（*a priori* truth），能迴避就迴避，千萬別主動討論該議題。

　　3. 社會事實或社會現象既是社會學的內容及材料，這些事實與現象，對個人有「拘束力」（constraint）；由此生出道德及宗教。拘束力不盡然都是明顯的一種力（force），卻在無形中發威。養育子女時難免有一些價值判斷，把新生一代納入既有社會成規中，扮演「集體意識」（collective consciousness）中的一位成員。

　　新生一代必學語言，此種事實或現象，就是集體意識「拘束」了幼童的個別意識；集體意識也是社會意識。因之，群性定了個性；「社會心」（social mind）約束了「個人心」（individual mind）。但若無個人心，則社會心是空

的。若無印度人（Hindus），則哪來印度教、印度社會、印度體制呢？道德意識亦然。義務感是一種集體意識，違反者必受社會制裁。社會意識存在於道德及宗教上，「實質的具體化」（hypostatization）於「上帝」。

但個人意識對集體意識「必」遵守不疑嗎？「社會順從」（social conformism）可以壓制「自由個性」（individual personality）嗎？涂爾幹發現，人類的一部文明史，展現出群性易流於抽象化，確有必要稍留餘地，甚至擴大空間，供多樣性可以有「再出場」（representation）機會。懷有較高理念的個人，抗拒既成不變的常規，是合理且該行的。不能忽視的社會事實或社會現象，即初民社會較具同質性（homogeneity），「異類」的個人性或自由性較少。社會一旦發展到人口較多，農工商較發達的「異質性」（heterogeneity）時，倫理道德甚至法律，也隨著多元了；「功能的殊異化」（functional diversity）也就是道德的殊異化（moral diversity）。

道德是應社會需求而生的，既不必賴功利效益主義的外在動機論，也不必仗康德的內在道德良心說。英國的利樂主張以及德國的「無上命令」（categorical imperative），都不足以「完全」作為社會學的道德理論基礎。

由孔德到涂爾幹，社會學成為一門科學，是法國學界的特色。社會學已獨立成為一種學門，與哲學發生關係者，若即若離。不少哲學史家撰述哲學史，甚至不把這兩位社會學大師置列其中。

第二章

生機哲學

　　德國的心論，尤其是康德的批判哲學，在法國學界發揮了不少影響力。有許多法國思想界人士，喜稱自己是康德的後繼者，至少也願作新康德主義（neo-Kantianism）的一員，或列爲新批判論（neo-criticism）的一分子。不過，百分百的盡信他人說法，是不可能的事。從理性的批判中，也不時表達出異於康德的己見。套句「套套邏輯」（tautology）語，史上的哲學家，每一位都是獨特的，絕不完全等同於某一人；我就是我，你就是你，他就是他；人人皆有與他人不同的「人格」（personality）。「人格主義」（personalism）正也是法國十九世紀哲學的一種面貌。國人就是法國人，法國哲學家也就是法國哲學家；不是他人或他國人的完全翻版。人格主義興於法國，最後由生機論（vitalism）總其成。更使法國哲學在十九及二十世紀時現出一道特殊光芒。

第一節　人格論（Personalism）

十九世紀的法國人格論者，幾乎都敬佩康德的批判哲學。但誠如上段所言，他們並不照單全收，其中的另闢蹊徑，就是以人格論來別開生面。代表性人物如下：

一、庫諾（Antoine Augustin Cournot, 1801-1877）

(一)在經濟學、數學，及哲學上，有突出建樹

1. 先在故鄉德容（Dijon）上學，後就讀巴黎高等師範（École Normale Supérieure）專攻數學，年僅22（1823）即成為名將聖西爾元帥（Masrhal Saint-Cyre）祕書兼當其子之家教。其後擔任里昂（Lyon）的分析及力學教授，不久他又承接公共教育視察官，遂從1838年起定居於巴黎。把數學帶進經濟學，是他的重大貢獻。經濟學從此與統計及數學建立親密關係，變成為一門新式的科學。同時，在哲學領域上他發表不少著作，論及「機率論」（the theory of chance and of probability）、知識論、科學與歷史。1875年時（74歲）發表《物論、生機論、理性論，研究如何運用科學資料於哲學》（*Matérialisme, vitalisme rationalisme: Études sur L'emploi des données de la science en philosophie, Materialism, Vitalism, Rationalism: Studies on the Use of the Data of Sciences in Philosophy*）。

2. 科學與哲學相看兩不厭，互助互利，彼此不許各自隔離，否則對「宇宙之真正關係」（real relations with the Universe）就失去視野。哲學不是一門特殊科學，也不是科學的整合。科學與哲學的相互關係，方式有許多種；由於兩學之探討方式有別，因之不可因為科學之突飛猛進，就註定哲學已到了窮途末路，甚至漸漸消失遁形，這都是謬誤至極之論。

哲學之功能之一，在於釐清「理由」（reason）與「原因」（cause），二者

並不等同。人的「知」，只及於「理由」層而不及「原因」層；「理由」層是或然的；「原因」層則是必然的。事出有因，但查無實據；在庫諾的世界裡，不少事件是意外的（fortuitous），機率性的（chance）。因爲人類的知，頂多只及「現象之間的關係」（the relations between phenomena）。該關係不是絕對的，最少在原則上常可更易。天文學家探討星球之動或運行，但太空中由於找不出一個絕對的定點，所以天文學體系的知識，都有可能被修正甚至推翻；假設都屬「概率」（probability），而非「絕對知識」（absolute knowledge），頂多產生一種主觀的確定感而已。

概率的觀念，遂成爲庫諾的基本觀念之一。概率有二：一是數學的，一是哲學的；前者客觀，後者主觀。純邏輯或數學的演算，概率百分百，其餘則介於 1~0 之間。

(二) 機運（chance）

1. 機運事件，不是絕無僅有，或少之又少，或令人驚異莫名。莫名奇妙的因，不是無因；「任一吾人稱之爲事件者，都有其因」。他舉一例，一個巴黎市民乘火車到郊外，由於發生車禍，該巴黎市民也是受難者。車禍此一事件，必有肇事者，肇事者是否因該巴黎市民乘上了車才導致事故之發生，或該市民在上車的最後刹那突然變卦，留在市內而不到野外但事故依舊？並非宇宙一切皆在意料中，「意外」（accident）事故頻傳。形上學探討「必然」（necessity），也及於「或然」（contingency），後者有「不確定因素」（elements of indeterminacy）。預估能絕對與料想者全部吻合嗎？機運可以如同休姆（Hume）所言，只不過是「吾人對真因的無知」嗎？機運的概念，是宇宙中一種極爲客觀的因素。美國的皮爾斯（C.S. Peirce）也早有發覺。人智利用微積分之計算，準確度確實提高了不少；超人利用超越常人的智慧，可以尋覓出機運中也有法則可獲嗎？庫諾堅持地認爲，科學學門眾多，除了共有基本的秩序或規則之外，不該化一切科學爲單一科學，即物理學。就有生命機體（the living organism）的行爲來

說，絕不該將它化歸爲「物理-化學」（the physico-chemical）因素。必得注意有一種「生機能量」（a vital energy）或「成形之力」（plastic force）存在其間。

在有機的及有生命體中，有機的結構及生命，同步扮演因及果的角色，貫穿於關係與關係之相互交作之中。

此種「關係」極爲「獨特」（*sui generis*），即令上述解說未能一清二楚，但有生命體與無生命體，二者之間是「無可歸原」（irreducibility）的。

2. 可見無生命體演化爲生命體，其中的過程不是連續性的，卻有一種無可言玄的新因素出現期間，二者不是如直線般的序列（a linear series），卻是一高一低，一缺陷一完美。庫諾的主張，演化過程難免出現獨特的創力衝動，預卜其後的柏格森哲學；絕不許採用純機械式的闡釋。「秩序」（order）及「機運」（chance），都是宇宙中的「眞正因素」（real factors）。理性之運作，在擴充秩序概念及於「超理性主義」（trans-rationalism）領域時，不會與「機運」發生齟齬，此種理性之運作才可以大行其道。其意即把上帝觀念，隱含其中。

學界普遍認定庫諾在經濟學界是一顆巨星，反而因此遮掩了他在哲學上的新批判。

二、雷諾維耶（Charles Bernard Renouvier, 1815-1903）

(一)未有學術頭銜，但卻是多產作家

1. 與孔德同鄉（蒙皮立，Montpellier），在巴黎入科技學校（École Polytechnique）時，上了孔德所任教的數學，畢業後於1842年及1844年分別發表現代及古代哲學，受當時法國實證社會學家的影響頗深。他執著於政治上的共和，因之在拿破崙三世（Napoleon Ⅲ, 1808-1873）於1852年自稱爲帝時，輒遭風暴；只好埋首哲學思考及寫作以避禍。1870年拿破崙遭德軍捕獲，退位逃命於英時，他又拾筆爲文在期刊上大力支持共和體制的復位，連遠在美國的詹姆斯都感同身受，成爲他的支援者，也賜文發表共鳴之論。辭世之年出了一本《人格論》

（*Le personnalisme, Personalism*）。另有遺作《論康德的批判論》（*Critique de la doctrine de Kant*, 1906）。

2. 實證論有一項為他所接受的基本原則，即知識只限於現象法則而已。不過，口稱同意孔德的此項原則，但其後他本人發展出來的，卻非實證論。此外，既口口聲聲呼籲「新批判主義」（neo-criticism），也從康德處獲取不少靈感，但卻也一再地說，他要對康德的《批判》（*Critique*）進行批判；骨子裡或心底下所想的，是利用康德思想來發展他自己的人格論或人格哲學（personalist philosophy）

(二) 人格哲學

1. 康德哲學最令他持異議的有二，其一是「物本身理論」（the theory of the thing-in-itself）。物本身所「呈現」的（appearance），是「現象」（phenomena），而非物自己（物本身）。康德認為物本身不可知（unknowable），這麼一來，此種學說只不過是一種「多餘的虛構」（a superflous fiction），是累贅，如同洛克所舉的「第一性」（first nature）即「質料」（substance）一般。他與朋友共譯休姆的《人性論》（*Treatise of Human Nature*）為法文，認為休姆把洛克所言之「質料」或「本質」去除，是正確的。既然物本身不可知，物本身所呈現的並非物本身，只是物本身的「現象」，雖然現象不等同於物本身；不過，現象不單純只是一種主觀印象（subjective impression）而已，卻盡可能地都可作為吾人的感覺及判斷之用。簡言之，「現象的」（phenomenal）與「真的」（real），是二而一。真的就是現象的，現象的也就是真的。不必再提什麼「物本身」了。

其二是「二律背反論」（the theory of antinomies）：康德認為時間有始有終，或無始無終，二者都有正證及反證；空間有限或無限，二者有正證也有反證；正證及反證皆可成立。這種「二律」相背，不是違反矛盾律了嗎？他對康德的此番領會，有點失焦，也對康德很不公平，康德當然要排除矛盾；康德反對的

是傳統獨斷式的形上學，且認為那是一種「假學門」（a pseudo-science）。雷諾維耶不忍形上學被開除，且認為二律中只有一律可證，另一律是不可證的；康德竟然認為極為相背的二律皆可證，孰忍孰不可忍!

3. 範疇論的議題，他倒傾心於康德這位德國哲學家。所有範疇中最為抽象的，也最具一般性的，就是「關係」（relation）；若無「關係」，則一切皆不可知。因之，範疇之種類，他加上了數目（number）、位置（position）、持續（succession）、質（quality）、形成（becoming）、因果（causality）、最終或目的（finality or purposiveness），及「人格」（personality）。從最抽象到最具體，依據的不是「先驗」；而是完全採法國實證經驗哲學，此一層上似乎又與康德反目，不過，他的範疇論取自康德的靈感，還喜稱自己是康德的真正從者。

4. 康德把信仰放在實踐理性上或道德意志上，他則安插於「信仰的意志」（the will in belief）裡。這一點，詹姆斯就吾道不孤了。康德把理論理性與實踐理性切割，也就是「本相界」（noumenon）異於「現象界」（phenomenon），他則拒絕接受此種一刀兩斷的分法，還誣指康德將「思辯理性」（speculate reason）與「實踐理性」（practical reason）不相隸屬的說法，是一種幻覺（illusion）。且進一步借用老祖先笛卡兒的「我思故我在」（*Cogito, ergo sum*）名言，把「主格的我」（I-subject）與「受格的我」（me-object）二者相併，「個人存在」（personal existence），從此確定。

康德在宗教信仰（實踐理性）上自限的門檻，雷諾維耶擬衝破且往前推進。康德把理性的理論運用及實踐運用，作了嚴格的二分；雷諾維耶以「人格論哲學」（personalist philosophy）來發展他的知識論，把「人格」（personality）當作基本範疇中最為具體者。人格顯現在他的「人格」論，試圖整合康德的純粹理性及實踐理性。在心意及情意（inclination and feeling）上，與理性平分秋色；絕不能忽視，人格是人的獨特性格，分別在理、情、意裡，當然有比重上的出入。「義務感」有發自外在約束者（obligation），與發自內在良心上的（duty），都形成為人格的要素。

5. 人格中的自由意識，建構出道德意識；無自由則無道德可言，但康德說，人只在「本相界」才自由，在「現象界」就受限制。雷諾維耶頗不以爲然，還認爲這是康德「二律背反」的實例。現象界對人有許多限制，但限制再怎麼多，也限制不了有意及有情的個人。實證論者以爲歷史演變必循三階的法則，其中，神學論者以爲上帝全面主宰一切，此種命定論似乎把個人當作神聖又普世性因果律中的傀儡。政治學說更把「國」安放在「個人」之上，此種論調，他絕不認同。他不是個無政府主義者，心目中最盼望的好社會，是把個人當作道德自由的當事人看待。「國」（state）本身，不是「人」（person），更非一具「道德當事人」（a moral agent），卻只是一種「名」而已；是「個人」的集結體，不是高高在上作爲指使個人的單位。康德之後的德國心論學家把「國」當爲「絕對」（Absolute），他是絕不贊成的。道德秩序（moral order）只能由個人扮演，由個人建構且維持，而非來之於一種虛構的「超個人」（super-person），即「國」（state）。

6. 道德該成爲一門「倫理學」（a science of ethics），將「道德現象」（moral phenomena）作科學觀察及研究。科學乃是現象與現象之間的關係之學，不同的個人之道德關係，必是倫理學的內容。倫理學必涉及「權力概念」（the concept of rights），只有在「社會脈絡關係」（social context）內，才有「權力概念」存在。個人必有伴，權力及義務關係因之密不可分；其中，義務最爲基本。個人獨處時，存有道德義務感，群居才生權力意識。每一個人，除了自我本身之外，必也另有更高更理想的「我」；前「我」向後「我」攀升，一種義務感在激勵，以性格及行爲來表達。道德現象中，義務感最爲基本；康德如是主張，他是同意的。不過，義務感的面相殊方，其中「正義」感（the concept of justice）尤爲重要。正義感要求尊重別人的價值觀及別人的權利，誠如康德的名言，勿把他人「只」當工具，而不當目的。

既把「人格」（personality）放在範疇的最高位階，又大倡個人性的價值，因之他強烈反對二事，一是國家至上論，二是宗教上的教條作風（dogmatism）

及威權主義（authoritarianism）。他力主俗世教育，反教權（anticlericalism）甚至反天主教。他不是個無神論者（atheist），道德意識就足夠作爲上帝信仰之用。既然惡的存在是不爭的事實，可見神祇或上帝之力也有限度。還好，人因享有一種創造性的自由及責任感，可以在除惡上大顯威風。此種說法，正十足地表達出他的「激進性」（radicalism）。啓蒙運動及法國大革命的自由口號，兩相連接而展開下節將敘述的法國「精神運動」（spiritualist movement）。

三、哈美林（Octave Hamelin, 1856-1907）及布蘭斯維克（Léon Brunschvicg, 1869-1944）

(一)哈美林

1. 自認是雷諾維耶的門徒。曾寫一書向其師致敬，遺作出版的《雷諾維耶體系》（The System of Renouvier, Le systéme de Renouvier），認定該體系是他「長期沉思默想的對象」（the object of long meditation）。

秉承其師的「新批判主義」（new-criticism），在沙邦（Sorbonne）的巴黎大學教授時，取之作爲自己學說的出發點，但不是盡信其師之說。其實，影響他思想的另有其人，其中之一，即下節「精神運動」之健將拉凱利（Jules Lachelier, 1832-1918）。

2. 範疇論是哈美林與雷諾維耶兩人的共同主張。其中，最關鍵性的範疇，就是「關係」（relation）。關係範疇最爲抽象也最爲共相，該範疇的頂尖就是「人格」（personality）；其下的範疇分屬一正一反，而後是合。以「數目」（number）爲例，數目是「正」（thesis）的「單數」（unity），及「負」（antithesis）的「複數」（plurality）的「合」（synthesis）。這是「辯證演繹」（dailectical deduction）的結果。每一成爲「正」者，必給「反」留一餘地，二者也因之必生「關係」，且是「相互關係」（mutual relation）。「正」占據一方（posited），但只是一方而已，不是全占；另有占據「另一方」（opposed）

者。「相互關係」，也是「相互反對」（mutual opposition），彼此叫陣，單獨一方是不存在的。如作戰，無敵又哪有我；無我也就無敵。正倚反而存，反也靠正而在。

「關係」是範疇的核心。師徒兩人都以「人格」（personality）作為「合」，「人格」之「正」是「自我」（ego），「反」是「非自我」（non-ego）。世界由可知的「關係」所組成，而非由不可知的「物本身」（thing-in-itself）。

51歲的這位學者，奮勇入水搶救他人免於溺斃，卻因此葬身去世。他的學說似乎傾向於黑格爾哲學所言的「絕對」（absolute）。哲學史尤其德國心論言絕對者，或許不是黑格爾本人，卻是謝林。一談「絕對」，只不過是一種「空無」（avoid），不見天日，漆黑一片，「暗地裡所有的牛都是黑的」，不分青紅皂白了。這不正是黑格爾諷刺謝林的「絕對」論嗎？一切區別、差異、特殊性，都可以藉「絕對」之名而消失不見；這與獨特的人格主義又大相拂逆。可惜哈美林，英年早逝，來不及詳說他在這方面的見地。

(二) 布蘭斯維克

1. 師範學校（Ecole Normale）出身，1891年以22歲的英年獲文學士及理學士（licentiate in letters and science）。28歲（1897）發表他的博士學位論文《判斷的樣態》（*The Modality of Judgment*）。三版於1964年問世，增加了一篇拉丁論文，提及亞里斯多德的三段論在形上學的力道，1909年被提名為沙邦哲學講座，1940年（71歲）退休。著作不少，集中於「心」（mind）、「意識」（consciousness）、「知識」（knowledge），及「判斷」（judgement）議題上。

2. 以知識作為世界的內容：知識之增加，不是偶發性的，也非一成不變，也非「除此之外，一切皆無。」踰越知識以外的境界，依定義而言，是「抵達不及的所在」（inacessible），該「不置可否」（non-determinable），「等於空」（equivalent to nothing）。

「知識」與「意識」（consciousness）二者可以劃上等號。意識形成的理念，正是「心論」（idealism）的說法。對萬有一切進行「判斷」，分出主體與客體之分，人與環境之別；甚至可以這麼說，「意識」與「良心」（conscience），是同義的。知識的進步，在科學領域最一清二楚。1927年他發表了《西方哲學在意識上的進步》（*Le progrès de la conscience dans la philosophie occidentale, The Progress of Consciousness in Western Philosophy*）。哲學是一種心智活動，將意識作一種反思；這是康德的超驗哲學（transcendental philosophy）。但他不接受康德的「先驗」（*a priori*）說，倒該遵循來之於經驗的自然科學。範疇不是先天性或一成不變的。心智產物的範疇，由於心智因素中藏有「創新性」及「發明性」（creativity and inventiveness），因之，一切都是開放而非封閉的。「不如此的心論，易變成貧瘠枯萎」（a sterile idealism），不孕、不育、不生。「心是活生生的」（the living mind），由此種心而成的哲學，才是道道地地的「真正心論」（genuine idealism）。科學之所以日新月異，乃是本諸心的活力而來。哲學怎可冷然默視？不只科學是如此，科學之外的其他領域，如道德原則，也該本諸社會進步法則而日新日日新。「意識」既與「良心」無別，意識之進步表示知識之成長；良心之往上提升，不也是一種社會道德的更上一層樓嗎？「先驗」論是一種「限」，科學掙脫其桎梏，道德原則也該與之告別，「洞見」（insights）才會湧出。科學既強調變及進步，人的道德生活也該如此。

3. 形上學可化歸為知識論。知識論的活動就是判斷，判斷有二：

先具「內在性」（interiority），自成一系統，數目字的四則運算屬此，靜態的，自足的。

後是「外在性」（exteriority），動態的使心靈受到「驚嚇」（shock），體認出阻擋或限制的「經驗」（experience of constraint）。

上述二者，先是純形式的判斷（purely formal judgments），後是個別離散式的判斷（discrete judgments）。二者利用智力（intelligibility）予以整合。二者之緊張甚至衝突，先是自然的、內在性的，或純數學的、守「必然法則」（necessity rules）的；後則是「概率法則」（probability rules）當道，是「人類精神」（human spirit）的產物；未臻終點站、絕對站，或不許修正站。

4. 在道德境域裡，判斷的實際面，是人類精神傾向於「統一」（unification）；先經由意識活動的參與而得「同化」（assimilation），從而新創出超越自我中心之上的價值。判斷的理論面，則經由理性創出一種聯繫性的關係網路，而構成一幅彼此緊密相連的系統；道德生活就可以把愛及正義兩相結合。宗教信仰上的上帝，也如同人一般的，把人與人之間的障礙，一一予以克服。

「心」（mind）或「靈」（spirit）的性質，只能經由研究其活動才能領會。科學與哲學，在這方面是一體的兩面，二者相互影響，也彼此互補。若以為知識只能純由演繹法而得，科學界必出面反對此說。此外，科學進步中出現的創新性及發明性，不會把科學全歸於經驗主義的說法。愛因斯坦（Einstein）的「相對論」（relativity theory），強化了他在這方面的見解。理性及經驗，不可一刀兩斷，互不相隸屬，卻是「彼此倚靠」（interdependence）。頂尖物理學家如愛因斯坦的新科學理論，顯然的與傳統的固定形式及固定範疇論背道而馳。一方面質疑「絕對眞理」（apodictic truth）的存在，一方面也迎接新穎及前所未見的關係之臨盆而降。創新力及發明力此種心靈力，不只在科學及哲學上所向無敵，且也在倫理面上大展雄風。

第二節　精神（心靈）論運動（the Spiritualist Movement）

　　哲學史上強調心（mind）、靈（spirit）、魂（soul）之地位，有別於物（matter）或肉體（body）者，皆可歸類為精神主義（spiritualism）。該主義分屬於哲學界及神學界，源遠流長，不及備載。本節只及於發生在法國十八及十九世紀時的一段時潮。不把精神主義者的各樣說法，全部堆放在雜物房（the lumber room）內，只具體地挑出從曼恩德比朗（Maine de Biran, 1766-1824）作為鼻祖，終由柏格森（Bergson）到達此種主義的巔峰。強調的重點是，人之意志（human will）那種「即興性」（spontaneity）及「意志自由」（freedom of the will）行為，來緩和、沖淡，並殺殺啟蒙運動之後一股「物論」（materialism）及「命定論」（determinism）的銳氣，回復法國真正的傳統學風。

一、拉韋松（Jean Gaspard Félix Ravaisson-Mollien, 1813-1900）

(一)生平及著作

　　先在巴黎求學後轉往慕尼黑（Munich）聽謝林（Schelling）授課，但一生以曼恩德比朗為師。

　　1. 1835年（22歲）呈一文論及亞里斯多德的形上學，而獲法國「道德及政治學學術院」（the Academy of Moral and Political Sciences）獎。1838年撰二文獲巴黎大學博士學位，一為拉丁文，一為法文。由於意見與當時學界霸主庫仁（Victor Cousin）不合，終無法如願在巴黎覓得大學教職。1840年改行當圖書館員，1859年還當高等教育視察員。不只對哲學感興趣，也對藝術、繪畫，及古董著迷，終於使他當選為這方面的院士。

　　1867年應法國政府之請，出版《十九世紀法國哲學》（*Philosophy in France*

in the Nineteenth Century, Rapport sur la philosphie en France au XIXe siécle），寫了一大群哲學家的說法。十九世紀之前早由曼恩德比朗提出一種精神心靈論，以之作爲形上學傳統。拉韋松爲該論作實用性的維護及答辯，也趁此機會不只抨擊「實證學說」，炮火也波及庫仁的折衷論（eclecticism），評之爲既悲觀又暗淡。還說庫仁只不過可憐地把蘇格蘭的常識哲學與某些爲他所誤解的曼恩德比朗哲學，二者融合在一起。他揚言，曼恩德比朗的眞正傳人，就是他本人。

2. 1838年以法文論《習慣》（*De l'habitude, On Habit*），表達出他的一般性哲學觀。習慣一旦形成，則變成人的「第二性」（second nature）。第一性是本能的、立即性的、隨意的。第二性（即習慣），就是機械性的，甚至無意識的，卻是一種實現某種目的的手段。舉一例來說，步行去拜訪友人，拜訪友人是目的，步行則是手段。目的是心中所想的，步行則是一種物理動作。拉韋松看出，世界由兩種基本因素所組成，一是時間（time），表示「變」（change）；一是空間（space），表示「靜止或永恆」（stability or permanence）。動、時間，也就是「生命」（life）；靜、空間，也就是「物質」（matter）。前者是有機體的行爲，是帶有「自由」（freedom）的；後者是機械性及必然性（mechanism and necessity）的。二者的交會點，就是「習慣」。對無機物界（inorganic sphere）而言，不可用上「習慣」一辭。「習慣」含有兩面向，一靜一動，一物一心，一死一活。此種說法，都由德國的謝林及法國的曼恩德比朗賜予他靈感；將理想（ideal）與現實（real），二者結合於「習慣」中，朝上升或往下沉，中間階段之數，無法以指計。《論習慣》一書，上承謝林及曼恩德比朗之意，下啓柏格森的「生機論」（*élan vital*）。柏格森繼拉韋松之後也成爲同一學術院院士時，就提及《論習慣》一文。「機械論」（mechanism）本身是不足的，不能自圓其說，頂多只能說是「一種精神活動」（a spiritual activity）的陳腐「殘留物」（fossilized residue）而已。

(二)自然科學有別於精神科學

1. 自然科學研究自然現象（natural phenomenon），採「物理化學程序」（physico-chemical processes），卻在「精神現象」（spiritual phenomena）的了解上，步入死巷。前者只及於「過程」、「手段」、「工具」，後者則以「終點」（finality）、「目的導向」（goal-directed），作為「生命向上提升」（upword movement of life）為旨趣，在意識上是內潛的，有一股尋覓真、善、美的奮力，高升至上帝層次。

2. 曼恩德比朗的心理學加上謝林的形上學，匯聚於拉韋松學說裡，對環宇之「見」（vision），看出有一種終極性的「最高實體」（ultimate reality）。此種說法，除了希臘先哲早已言及，也與十九世紀生物學研究不謀而合。「大自然」（Nature）有一種「沉睡的精神」（slumbering spirit），從環宇性的「墮落」（cosmic Fall），回神到上帝身邊。簡言之，自然科學靠分析法，精神科學則賴一種直覺來攫獲生命活力。

二、師校幫

拉韋松雖不在巴黎擔任教授職，影響力卻非同小可，尤其在師範學校這個享譽法國的學府內。

(一)批判歸納法

1. 被他大力提拔的學生，為文批駁「歸納」（induction）這種科學方法，因為問題多多。歸納法依經驗事實的累積，也對現象予以陳述；但再如何累積，也不可能悉數不遺；依此而作的事實陳述，必有缺失。如進一步以為歸納的結論可以統括一切，這就有以偏概全之虞；在獲得自然界的「必然」（necessity）或環宇性（universality）解釋上，「歸納法常常導致錯誤」。科學法則不是一再地被修正、補充，或廢除嗎？

2. 自然法則來之於歸納法，但「自然法則」（the laws of Nature）只是「或真或假的」（contingency）。自然現象之外，另有精神現象；後者層次高於前者，不能完全化歸爲機械式的物理化學式的，一成不變式的。這就是「精神主義者」（spiritualist）所堅持的了。

精神現象是「質的」（qualitative），該質是「異質」（heterogeneity）。自然現象則是「量的」（quantitative），該質是同質（homogeneity）；A＝A，套套邏輯式的（tautological），必然的，分析的。精神現象是獨特的、單一的、絕不能相互等同。因果律（the principle of causality）無法完全正確的解釋精神現象，即令探討自然現象而生的自然科學，也難以用「客觀必然關係」（objectively necessary relations）來說明大自然的底細；且由之而生的原則，硬要說是「不能修改的」（irreformable），或「不許修正的」（unrevisible），此種說法，都已成明日黃花，過時了。

除了純數學（pure mathematics）或邏輯外，無一是絕對的、必然的、恆常的、不變的；這兩學門是「形式學門」（formal sciences）；以「名」爲主。其餘之外的學門，都是「內容學門」（content sciences）；以「實」爲依。形式學門是一切「學」之母。自然科學如天文學，得依數學或邏輯，才能領會「大自然或天然」（Nature）之奧祕或底細。形式及內容，二者是有分際的；間隙之大，取「無機領域」（inorganic sphere）及「生命領域」（sphere of life）兩相對照，最可一目了然。自然領域可以步物理化學程序，但生命領域，也就是精神界，則必計及「生物學現象或心靈現象」（biological and mental phenomena）。一味地把這些現象都認爲與物理學及化學（physics and chemistry）等同，則河水井水兩相混了。精神或心靈現象的「新穎化」（novelty），是脫軌性的，常不守則。自然法則確實有其功利實用價值，但也只不過是向「實體」（reality）「逼近」（approximation）而已。取自然法則應用於生物界、心理學，及社會學界，「逼近」性予以解釋這三門學科的新穎性及創發生（novelty and creativeness），最爲明確。即令在純物理學界，難道不也常出現許多「變元」（variability），傷及

「決定論」（determinism）嗎？

3. 一味地堅信有什麼「先驗」（*a priori*）式的基本命題或設定，是無法予以言玄的，也不必然是自明的，現時都已不流行了。「或然的」（contingent）性質或「不確定原則」（測不準原則）（principle of uncertainty），此種二十世紀極具創新性的說法，已由德國物理學兼哲學家海森柏（Werner Karl Heisenberg, 1901-1976）於1927年提出。這位於1932年獲諾貝爾物理獎的得主，堅決反對維也納的邏輯實證論。「無所不在的絕對論」（universal determinism），是無法獲得證實的；德國名學者也與法國師範學校常相互呼應。當然，測不準或不確定，是「概率」性（probability）的，介於0~1之間；有些原則「比較」逼近於1或0，或比較遠離於1或0。「名」或「形式」學門的數學或邏輯，也只是眾學中的一門或二門而已，其他學門不能「完全」歸納於其下。

可見，科學有其局限性。對某些心懷環宇的一致性、統一性、諧和性者而言，當然心有不甘；尤其惦惦不忘於「宗教形上學」（religious metaphysics）者。另一方面，在人智發展史的演進中，先有形上學後才有科學；但科學之所以日新月異後來居上，形上學之所以原地踏步或如逆水行舟，不進反退，也因為在步向科學的途程中，含有一種潛在的形上成因。人往高處爬，展現出「精神生活」（the life of spirit），也是在理性、精神，或心靈（reason、spirit、mind）中，有一股「創造性活動」（creative activity）蠢蠢欲動，擴大了心思範疇，將道德、美藝，及宗教，都涵蓋其內。科學有其限度，康德早已言之；但上述隱含於科學的，是形上學，點子源於曼恩德比朗；把心理學推入科學之內的同時，也得談論心理學及形上學。二者之邊境劃界著實不易釐清；中間有連續性及中斷性，有同質性也有異質性。將科學與形上學置於兩極，如同有生命階（animate levels）與「無生命階」（inanimate levels）之二分，極為不智。即令被稱為「死物」（dead matter）階，也有一種「天然自發性」（spontaneity）在。拉韋松所言之「習慣」，是流於江山易改的難移本性了。宗教上的信仰，及道德上的愛，都使人跳脫出固定成規、純機械模仿，或單依本能的窠臼。「所有宗教道德、

政治，及社會大運動中，都展現出仁慈、親愛，及關懷之心（the heart of human-ity）。」

(二)反「唯科學」（scientism）而非反「科學」（science）

1. 科學尤其自然科學，成就如日中天時，不少學者興奮過頭，以爲科學才是一切之學，科學之外別無「學」。此種科學掛帥或泛科學主義（panscientism），就是「唯科學」，科學至上；也道出科學不安其位或不守本分的狂妄性，引來師範幫的反擊。不如學學來布尼茲那種較緩和性的說法吧！這位德國大哲說過，各派的哲學學說，是「是其所是」，也「非其所非」；可以接受他們所肯定的部分，「是其所是」；但他們所排斥的部分，就得「非其所非」，不予接受。師範幫的學者舉出，英國斯賓塞的進化論哲學（philosophy of evolution），以及赫胥黎（T. H. Huxley）的「意識附帶現象論」（epiphenomenalist theory of consciousness），就是顯例；二者之論，十足是典型的科學論。但吾人該「是其所是」，而「非其所非」。讀者注意，赫胥黎本人也反對他人將他歸類爲「物論者」（materialist），更不承認自己將心靈活動視同於物理程式。

演化的觀念，並非一無可取。師範幫並不全盤否定，反而接受之；但不滿的是「純」以機械性語辭，來說明演化活動；認爲那只是一面之詞，局限性的而已，太窄化了。即令是機械性的概念，也純由人類的心智所建構。連斯賓塞也同意，該建構來之於人的一種內在奮力經驗以及意志活動的展現；至於附帶現象論，則太輕忽了人的「主動自發行爲」（initiate movement and action）心性，這是人之所以成爲人之最「獨特」（*sui generis*）部分，不該只是附隨的而已，必然性的概率頗高。

2. 人一有某觀念（idea），必因「意識」（consciousness）而起，連帶地也必擬有行動或作爲；這叫做「概念力」（*idée-force*）或是「思力」（thought-force），不是靜態的，卻動態也蓄勢待發。此說幾乎與美國哲學家羅伊斯（Josiah Royce, 1855-1916）所說的「概念的內在意義」（internal meaning of an

idea）一般。一有概念，似乎也就目的達成一半似的（the partial fulfilment of a purpose），且變成因果率中的「因」（cause）了，「自我實現」（self-realization or self-actualization）指日可待。因與果，刺激與反應，二者之間不必畫蛇又添足；內在的概念世界，早已與外在的物理世界，密不可分；概念本身就是一條牽線，本身就有主動出擊性，而非只是守勢而已。心中必然生出一股力道，又哪是附隨的、消極的、被動的而已？

此種說法，也使自由說及決定說之對立，消失於無形，二者都犯了以偏概全之蔽。「部分就是全部」（something is all），所以「全部就該成為部分」（all that it should be）嗎？如同算命仙堅持的「機運」，算一命「準」，就要他人相信他所相的命必準，這不也是歸納法常易造成的謬誤嗎？在「概念力」或「思力」上，他偏向自由說一這面，越為顯著。自由成分越高，且「人格性」（personalities）、責任感、及道德觀，更為突出；意識中的自我存在感很濃，同時也旁及他人之存在。價值判斷絕不會顧此而失彼，愛尤其博愛（love and fraternity），將普現於今世。因之，人類歷史是往前又朝上發展的，現實已漸成理想；一股「生命意志」（will to live）活躍其間；此種說法，尼采欣然歡顏以對。生命的動態觀（dynamism of life），「生命之旺如在沃土」（life is fecundity），不只意識（consciousness）階如此，潛意識（infra-consciousness）及本能階（instinctive level）也如此；這就是道德，也是宗教。人人合作，而非自私自利、自我孤立、自我隔絕。未來的理想宗教、道德、政治等層面，都屬個己的事，他人不必置喙，也勿庸擔心。生命意志觀如同上述，則「群體感」（社會感）必不欠缺，且更濃於前。在此一層次上，或許師範幫的說法，尼采並不認同；尼采以超人為最高階梯，超人不是常人，必與眾有別。

柏格森的活力論或生機哲學，在法國哲學界是一顆閃亮環宇哲學的彗星；他曾在師校求學過，上述師範幫的理念，必牢牢地深植其心。

第三節　柏格森（Henry Bergson, 1859-1941）

　　哲學史的閱讀，最引讀者不解的是爲何充斥著「名」？人名、地名、時間年代、書名，尤其是專有名詞。對漢文世界的讀書人而言，西洋哲學家的名最好不要太多；當然，這要看該名在哲學史上的地位、意義、價值而定。法國哲學在十九及二十世紀時，最不可或缺的一位哲人，即柏格森。此公非登臺亮相不可。

　　1859年，確實極爲湊巧的是有數位哲學大師的生年；該年在學術史上也有不少哥白尼式的創時代革命性著作；演化論在該年問世，而持「科學主義」大旗的斯賓塞也在該年出版《何種知識最具價值》；他學洛克的榜樣，當言及知識的起源時，洛克一口咬定以一個英文字experience回之；斯賓塞自問自答，也以一個英文字來說明何種知識最具價值，即science；又進一步大倡科學主義，堅信在探討眞相的知識層面時，也擴散科學研究及於道德及宗教層面上。科學家的毅力、坦率、誠實不欺、執著等，難道不正是道德及信仰項目嗎？

　　緩和一下此種「極端」，另以生機論作爲主調的，就是柏格森。

一、生平與著作要旨

(一)生平

　　1. 巴黎是他的故鄉，中學於法國極注重古文及數學的學校（Lycée）就讀；對文科情有獨鍾時，數學老師竟然親自前去家庭訪問，稍加勸誡，畢業後求學於師校（École Normale）。22歲時（1881）謀職於另一古文學校達16年之久，還兼在大學任教，後成爲母校（師校）教授（1897-1900），更在法蘭西學院（the College de France）擔任教授（1900-1924）。1891年結婚。由於上課精彩，吸引了不少圈內及圈外學生聆聽，有些學員爲了先搶座位，不惜先上前一堂由他人任教的課；他的執教，變成巴黎一景。1914年被推爲法國學術院（French Academy）院士。更在1928年榮獲諾貝爾文學獎，時間比羅素早22年。

2. 一戰後他積極參與國際合作及了解，還當上一戰後組成的國聯（League of Nations）組織下由知識界所組合的合作委員會，更被推爲主席，由於健康關係（1921）而辭退。晚年才心向天主教會，坦言要不是他的猶太同胞飽受納粹迫害，此種內心的牽掛使他割捨不掉，否則他早是一位天主教信徒。事實上在德軍占領法國時，不受德軍騷擾的一批法國名人，他入列其中。

羅素、杜威，及柏格森，這三位英美法頂尖學者，都到過支那講學及遊歷。

(二)著作要旨

1. 首先引發學界注目的寫作是1889年（30歲）的《時間及自由意志，論知覺的直接資料》（*Essai sur les données immédiates de la conscience*），英譯於1910年出版，書名爲《時間及自由意志》（*Time and Free will*）。其他著作甚至包括《大笑》（*Le rire, Laughter*）、喜劇意義、形上學等，都有英譯本在倫敦及紐約問市。1907年更以《創造演化論》（*L' évolution créatrice, Creative Evolution*）而引發轟動。1932年，爲文涉及道德及宗教。百年冥誕（1959）時，有他的著作全集。

2. 學術界雖享有盛名，可惜著作使用的語言字彙極其晦澀，艱深難懂，謎樣的、誇大其辭的、誦歌賦辭式的，在語意上少有精確性，不免引發概念分析或要求說清楚講明白的異國哲學家所詆毀。跨錯行的詩人，難怪會成爲他的封號，而非一位嚴肅的哲學家。在他的祖國裡，由於存在主義（Existentialism）及現象學（Phenomenology）而引發的「生命哲學」（the philosophy of life），風靡一時，使他的立論相形失色。另一位於1923年也赴支那研究考古學，二戰期間滯留支那，且（北京人）頭蓋骨的發現與之有關，特別爲文稱讚柏格森的德日進（Teilhard de Chardin, 1881-1955），使柏格森哲學重新燃起學界興趣，也使柏格森著作稍顯具體性，但仍難免遭受分析派的駁斥；道不同，不相爲謀所致。分析哲學與柏格森哲學或德日進哲學，兩派是南轅北轍，難有交集。

3. 以「時間」爲例，可以代表兩派觀念之天南地北。柏格森把時間一分爲二，其一：科學家所使用的數學時間，除了有單位時間之外，另有空間性，這也是一般人習慣上所說的「時間」，有「時」也有「間」（time），是客觀的，人人皆同。

其二：「眞正」的時間（real time）即指「時段或時程」（duration），該時段或時程視「時」爲連續性的一個單位，各時段的時間並不相同。是一種內在又主觀的經驗（inner subjective experience）。「時段或時程」是一種內心的感受，人人皆異。

他所說的哲學或形上學，來之於「本能」或「直覺」（intuition）而非「分析」（analysis）。「直覺」是一種「立即性的意識」（immediate consciousness），對實體（reality）有「直感」（direct awareness）。分析則把繁化爲簡，如把物單純化爲分子、原子、核子、中子、質子等，細之再細。分析是客觀的、外在的、步驟相同的；直覺則是內在的、自由的、操之在我的、獨立的、帶有神祕味的、謎樣的。

物理時間（physical time）不同於心理時間（mental time）。前者是常人慣用的「時間」，後者則是「時段或時程」。同樣是一天24小時，有人度日如年，有人則覺光陰似箭，日月如梭，度年如日；學生上課，同是一節50分鐘，有些人如坐針氈，有些人則意猶未盡──怎這麼早就打下課鈴了！

二、直覺（intuition）──生命哲學之所依

(一)一切皆在「形成」（becoming）或「變動」（change）中

1. 過去、現在、未來，整個過程是持續不中斷的，中斷是人爲的、虛假的、外力造作的。科學的對象與哲學的對象，各自不同，方法也彼此有別。科學重分析，是智力工作；哲學或形上學則從直覺中找到或擁有生命，生命哲學依直覺而得。

物理時間是固定的，舉世皆同；但心裡時間卻人人各異。打一場球，輸贏所費時間，若用物理時間來表示，與另一場球所費的物理時間，必不能完全等同。每個人的生命，都是獨特的，變動不居的。物理時間是科學的，心理時間則是哲學的，也是形上學的。二者不該相互傾軋，彼此貶抑，這都是不該的。倒該握手言好，合作無間。遺憾的是他使用的語辭的確令讀者捉摸不定，猜測並不保證完全合乎他的本意，這也是直覺所產生的結果。科學與直覺，二者在價值判斷上不該有高下，但在他心目中，難免令人有形上學淩駕於科學之上的「直覺」。

2. 未來的事不可逆料，受訪時他說過，他不敢事先預言。前提一出，結論將如何？有誰敢鐵口直斷？對固定式的、已成的、既定的哲學體系，他的態度是消極的。自明的或先驗的命題，限制不了一種「事先看不到又持續創造出來的新穎」（continuous creation of unforeseeable novelty）。因之他不會偏愛或偏棄任何哲學史上的體系，尤其是那種無所不包式的，為什麼會「看是有什麼，其實一無所有」（why is there something rather than nothing?）且「看是有序而非無序呢？」（why is there order rather than disorder?）生命存有一種「生機活力及衝力」（vital impetus *élan vital*）。在演化過程中，這是不可忽視的現象。

(二)對演化論的批判

1. 生年恰是達爾文發表演化論之年，當然深受演化思維的影響，但反對採取機械式的闡釋。「天擇」（natural selection）及「適者生存」（survival for fittist）論，他認為不足。演化是從簡到繁，越繁則冒險性越大；其中隱藏的「創新性」（novelty and creativity），不可勝數；並非千篇一律，今昔不變。生命體具有一種「生機活力」（elan vital）。就記憶而言，人在這方面的心智功能已不同於鸚鵡，後者之發聲，純只是一種固定不變的習慣，如同人之走路一般。

2. 以人的演化來說，人異於其他生命體，在於人是「有智的」（*homo sapiens*），具體表現在人會利用甚至製作工具（*homo faber*）；「智能」（intelligence）加上「本能」（instinct），在演化過程扮演的角色，不可忽視。其他動

物即令在這方面也稍有業績，但程度上甚至性質上，絕不堪能與人比；人種本身在這方面的優劣，也分別出種族素質上的高下。「工具」（instrument）之利用，物質環境即遭受「建構」（construction）。物質經過人智的捉弄，構成為文化或文明；連猿猴也會利用其智，把兩枝隔離的木棍結合起來，以便抓取食物；高級動物之IQ（智商），容或比白癡者高，但就「正常人」而言，不少動物仍被飼養於動物園以供遊客觀賞。人力不如牛，跑不如馬；但牛馬為人用；支那的荀子早已言及。可見人在演化過程中，是有突變的。突變的狀況也並非客觀的「時」（time）可解釋，而該是一種稟賦上的「時程」（duration），快慢不一。人類從第一波（First Wave）的遊牧，轉為農業生活型態，長達千萬年之久；十六世紀，終於步入第二波（Second Wave）的工業時代，也歷經數千年時間；如今即將向第三波（The Third Wave）電子或網路時代邁進；從十六到二十世紀，僅只四百多年而已。

「直覺」（intuition）是人之享有「自由」（freedom）的重大天然稟賦，也因此產生「創造性活動」（creative activity）。宇宙從此，「持續在建造中」（the universe is being made continually）。其他動物依「本能」（instinct）成分多，鳥的歌唱，億萬年不變，更不用說無生物了。

(三)道德及宗教學說

柏格森的許多著作，語意上缺乏精確明晰，是最大敗筆。不過就大體而言，在身與心二者之關係上，他常取經驗上的資料作為假設的前提，或作基本概念的設定；也依此常批評某些理論之不足或錯誤，但從不武斷地認定自己的學說是定論或絕學，只不過是提出另一種視野或風景畫，暫供人觀賞，如此而已。這在道德及宗教學說上，尤其明顯。兩本著作也呼應了他的《創造性演化》（Creative Evolution）及《時間及自由意志》（Time and Free will）的見解。

依社會學者如涂爾幹等人的著作，獲致道德及宗教有兩大層面：

1. 不同社會都有特殊的行為、典章、規範，一方面那是由生活經驗演化出

來的，一方面則由特殊的個體擬改善習俗及追求理想而來；前者是靜態的，後者是動態的。二者之存在，皆有其「理」；但前者是「下理性」（infra-rational），後者是「上理性」（supra-rational）。

義務感（sense of obligation）來之於社會意識。人過群居的社會生活，必因此而生社會意識（social consciousness）。義務感與自由，二者必息息相關；心甘情願，此種義務，就不帶強迫性；「歡喜做，甘願受」。非由外力支使，是本身作主。同理，不守道德法則或宗教教條，也因自由意志而生出不守或不遵的「義務」。守與不守，二者的社會現象之「內因」，是相同的。

因社會意識而生「社會聲音」（social voice）及「社會壓力」（social pressure），一點也沒有神祕味，卻昭昭明甚。「社會自我」（social self）使個體有從眾傾向；即令個人到天涯海角，在人跡罕至的沙漠荒島，此種「社會自我」仍伴隨他終生。個體所生存的社會，對個體而言，「緊密不可分」。此種社會，包括初民及現代國家的社會，都是如此。他稱之為「緊扣住的社會」（closed society）。個體所生存「過」的社會，對個體而言，都是獨特的，都有差異性，都不與其他社會雷同。

2. 除了「緊扣住的社會」之外，另有「開放式的社會」（open society）。准許也鼓勵個人為追求更高理想與價值，而組成社會。

由「義務感的道德」（the morality of obligation）所組成的社會，是保守的、靜態的（static）、持久不變的、少用腦的；開放式的社會，在歷史上因代有個別式的才人出，不只提倡博愛，且自行表率，以身作則；因之主動吸引他人之仰慕及模仿，不靠社會壓力；是動態的（dynamic），與上帝神祕結合。具此種「生機衝動力」（vital impetus）者，在演化過程中，必主動積極，展現出「創」及「新」、「變」及「化」的活力。

規可破，則可修，法可變，令可易，習慣可更；動態社會中，難免隱含一種神祕不可測的宗教味。過本能式社會生活型態的蟻或蜂，若也智力大開，自我意識覺醒，「智力」（intelligence）之揮灑，本能上以「己」及「利」為優先的

「思慮」，在演化過程裡，藏著一股「解體力」（dissolving power）而非「社會凝結力」（social cohesion）。理性是批判的、分析的、質疑的、問難的，一發動則危及社會的一體性。柏格森不客氣地指出，雖然理性可以說服使人相信增進他人之福或贏利，也等於為己牟利及為己營福，但也等了數世紀之久，才出了個小米爾。可惜，「他也並未說服所有哲學家，更奢談能令大多數人心動」。不如仰賴一種冥冥之中的神祇，「止之、脅之、懲之」（to forbid, threaten, punish），甚至以禁忌（tabu）或巫術（magic）為工具。初民社會裡，宗教與社會習俗，是二而一的；不服者必有報應，天網恢恢，疏而不漏。若要人不知，除非己莫為；即令人不知，但天知，神更知。

此外，人生自古誰無死，這是必然的，無可避免的；個體的人無法不朽，但社會的群體，生生不息，這不是「幻覺」（hallucination）。初民能力受限，無法支配、控制，或影響環境；行動之初意，及行為之後果，二者差距頗大；生機衝動力似有一種唸咒召遣力，賜予初民一種祈望、信仰，或圖相，樂觀的、成功在望的、友善的；只要禱告，則可得助。雖然經過自然科學的洗刷，此種初民心態已漸失，但在文明社會裡猶存。他甚至公開指出，這股大神祕是普世性的，在東方尤為明顯。

上帝即愛，是愛的對象，這是神祕主義的全部貢獻。

3. 愛就是生機活力，演化過程中，可以體認出一股濃濃的「動態宗教」（dynamic religion）或「神祕主義」（mysticism）。告示世人，那是生命的原則，以愛來啟示世人。演化過程，就是愛的過程。生機缺乏愛，就沒有活力。科技之進步，除了在物質文明及科學文明上，人人有目共睹外，神祕的宗教把性靈注入於肉體中，使人的人味性及神性（a deified humanity），從靜態轉為動態。「內潛智」（infra-intellectual）成為「外顯智」（supra-intellectual），沖淡了演化過程中的機械成分。

第四節　情意面的宗教哲學

　　十八世紀的啟蒙運動（Enlightenment），理性呼聲響徹雲霄，力道之大所向披靡，橫掃全歐，法國當然不例外。宗教界也不得不採取理性作為信仰的辯解，以駁斥無神論者（atheists）及自然神論者（deists）之「謬論」。一方面以哲學論點來肯定上帝之存在，視上帝乃宇宙一切之因，也是萬有之序，來杜無神論者之口；一方面取新約（New Testament）作證；耶穌基督是真有其人，神跡及啟示，都有目及的見證人，據此堵住了自然神論者的「胡言亂語」。「理性時代」（the Age of Reason），一切以理性為憑依。基督宗教也從此與哲學密不可分，信仰賴哲學來辯解（apologetics），成為風尚。

　　法國從1789年大革命後為基督教辯解的主潮方向，是理性朝向情性或意性；反映出啟蒙運動除了理性之外，另有一股強大的浪漫潮；依理求真之餘，也得滿足美的需求。心甘情願之意志，及主動自發之熱愛，凌駕在冷冷的形上學論證及純三段論式的數理演繹推論之上。芸芸眾生的生活觀及社會需要情，才是信仰辯解者最該關注者。面對現實，而不必抽象理論或在信仰史上翻箱倒篋；只依「理」，或許可以消極或被動地被說服；若更佐以「情」、「愛」、「美」，則掀起的信仰浪潮，就如同千鈞萬馬般難以遏止。感於心又動於情，總比說於理，更具效果。此種方向的轉舵，師校裡不少教授是領航人，羨煞了許多臺灣及中國以師範為校名的校友。他們的主要論點如下：

一、學術研究，意力與理力，二者不可或缺。

(一)注意力（attention）集中，是為學要旨

　　數理演算、實證、讀書、寫字、技能活動等，集中注意力是成功的必要條件。注意力正是一種「意力」（intention），一股動機（motivation），也是決心（decision）。

1. 心胸開放（open-minded），不許存有偏見或成見（prejudice）。師生用心思考，本來就是本務，也是生活及行動的一面，且是重要層面。宗教及道德學者追求真理，責無旁貸；但有些真理，無法「悅」於己「心」，尤其頻頻指出己的缺失或錯誤，不「願」接受者必多。「同意」有主動性（consent）及被動性（assent）；自願（voluntary）才算是真正的同意，也是無條件的；非自願（involuntary）則頂多是有條件的同意而已。比如說，法律上「准許」的婚姻年齡（the age of consent），是有條件的，有限制性的。不過對「心胸開放」者而言，放棄成見或偏見，說之以理又動之以情，把本來不同意的更改為同意，改被動同意為主動同意；還停留在猶疑不決或無法同意者，由於心意的介入，發現該躊躇站不住腳或無理時，就得改變心意，而非冥頑不靈，反而全心全力「同意」。經由這道手續，同意也就生出「共識」了。consent（同意）與consensus（共識），是同語根的。

2. 道德意識及宗教信仰的共識，也因之而得；把片面或時空性的「倫理真理」（ethical truth）轉換為「道德真理」（moral truth）。倫理以「情」為依歸，道德則以「理」為主導；理與情不一定對立。道德規範、政治法令、宗教信仰等這些人生及社會所遵行的行為，理性風佐以浪漫情，雙管齊下。革命的三大口號，將可以實踐在現實世界中。某些枯燥及乏味的純理性論者（dry rationalists），只以機械式的邏輯推論，罔顧情及意的功能，哪具說服效果？「個人氣質」（personal dispositions）是支持或反對道德及宗教「義務」（obligation）的主因；「奉獻、付出、守諾」，也都是個人的事（personal commitment）。經由「自由抉擇」（free choice），以作為最後判斷之所依。意志力而非推理力，才能在純形式、數學，或邏輯推論上，掃除一切的迷障、曖昧、晦澀（obscurities）。心內的門窗一啟，就能撥雲見日；一片青天清晰奪目。

(二)意與理相結合，「行」就相伴而生

《行為哲學》（*L' Action, Philosophy of Action*），以「行為」作為學術論文

主題，而獲巴黎（沙邦）大學教授職。這位也是師範學校畢業者，就是布隆代（Maurice Blondel, 1861-1949）。哲學家之名再怎麼減，也得把他的名字提給漢文讀者知悉。

1. 1893年，《行為哲學》問世，也是他《三部曲》（*Trilogy*, 1934-1937）中的一部曲，另兩部即《思想》（*Thought, La Pensée*，兩冊，1934）與《存在》（*Being and Beings, L'être et les êtres, 1935*）。其他著作不少，都有英譯本。別人封他為天主教辯護師（Catholic apologist），他也坦然接受。為天主教教義辯解，該用哲學方式；哲學與辯解，不是兩回事；史上也未見有「基督教哲學」（Christian philosophy）。他一心一意致力於此，且指出門徑。德國人為新教主義下的功夫，法國天主教（舊教）學者，也該為天主教哲學盡力。他深受德國思想的影響。

學術史上有一樁懸案該如何解套，即哲學與神學，何者當家作主？二者是自主性（autonomy）或「異主性」（heteronomy）？就後者而言，哲學只當作神學的手段，作為神學正統或教會權威的工具、女僕、侍從嗎？換句話說，基督教哲學家或基督教辯護教師，本身根本不是哲學家，而是偽裝的神學家而已。當然，哲學可以服務許多對象，應用面頗廣，甚至無所不包；有利或有益於宗教，更無可厚非；但哲學本身也該自主。布隆代舉數學為例，數學是自主性的學門，是一切學門之根本；但數學之外的其他學門，不能因之就非成為數學本身不可；數學被其他學門所「用」，數學的獨立自主性，也並未損失或受傷。哲學概念對闡釋基督信仰的內容上，當然有其用途；但神學的「內在本身」（internal），如同數學一般，是自存的；哲學在事實上及理論上，都是獨立自主的，基督教哲學也該如此。基督哲學的自主，迄今未誕生，該有人「創」之。人由於在「自我充足性」（self-sufficiency）上有所不足，乃向「超越」（transcendent）邁進；在邁進過程中，人是受限的。人並非無所不能，希望獲超自然界之助；只依人之打拼奮鬥，力有未逮。人的心靈視野遂向神界出手求援，如同聖奧古斯丁之祈求一般；手能抵達之處，深盼神力拔提。哲學該有自知之明，自知之力不可能無邊。

「護教的哲學」（apologetical philosophy）不該變成「哲學的護教」（philosoph-ical apologetic）。換句話說，護教的哲學也只不過是哲學的「應用」而已，不可把哲學全放在護教同一籃子裡。「護教的哲學」一辭，「哲學」是名詞，「護教」該附屬於哲學之下。「教育哲學」，以「教育」爲重點，但取的是哲學角度視野（philosophy of education）；教育哲學等於是教育理論或教育思想。將教育目的，教材選擇，課程安排等，作「哲理」的判斷。

2. 前述的「創」（creation）或「新」（new），他頗願支持；但他的「創」或「新」，絕非無中生有，卻必與「舊」與「傳」相關。一個人不是生存在眞空中，卻有時空脈絡；有本國的、也有異地的；有今賢，也有古聖。

從哲學史上來看，哲學有自主期，但也有隸屬期；神學亦然。前者即「理」力高高在上，後者強調人的「存在」（existence）及「命運」（desti-ny），「自限」（self-limiting）及「自評」（self-critical）；尤其是康德。康德的「批判」，都是「自內而發」（immanence），而非外加的。哲學的自主性，並非可以胡亂非爲。自主與自由，在嚴謹意義上是相同的，不是漫無限制，卻是有條件的。在內「思」（thought）及外「存」（being），「理論」（theory）及「實際」（practice），或「純粹理性」（pure reason）及「實踐理性」（practi-cal reason）中分出界線，不逾鴻溝。一方面自主，一方面自限，這才是道道地地的「行爲」（action）。

他的「行爲哲學」，引來了天主教教宗庇護十世（Pope Pius X, 1835-1914，1903-1914爲教宗）於1907年發布禁令。好辯的他，一方面著作用語極爲艱深難懂，一方面作爲專業哲學家身分，聆聽他講學或閱讀他著作者，只限於一小撮人，如同康德一般，並不屬熱門的口若懸河之說客，使他還能享88歲高壽。晚年態度較馴良溫和。哲學的自主性當然不容於天主教教會，他幸而因禍得福，全心全力爲內行哲學家說話。大眾看其文字，著實吃盡苦頭，當然引發不起「時代力量」引爆爲「學潮」。既令是專業哲學家，也如置身於五里霧中，徬徨於他的「眞知灼見」。他常以「對話」（dialogue）方式來與當代及過去名哲學家相

談，卻也很有個性地不認自己師承何家，倒自詡爲具有己見或獨見者。

　　《行爲哲學》一書即表明他的此種心意。首先，純粹又完全的行爲概念，只能在上帝中才可證實。上帝等於「絕對行爲」（*l'Agir absolu*），是一切行爲之源，更是所有人類行爲之所從出；但中間卻有數不清的階段或過程；有些逼近，有些相離較遠；較遠者反而帶有一種既自由又負責的道德人性。上帝是共，人人則是殊；好比時空兩個概念，有共有殊一般。若只針對「個人」而言，「共」比「殊」較缺意義。以時爲例，人人的生命時程（duration）皆不同，空間亦然；有人視宇宙就是自己的屋宇，此種「心中意象」，可以突破外在環境的約束。心的牢籠與身的囚室，二者不能等同。一方面人是「自主的」（autonomous），一方面卻也該「自我批判」（self critical）或「自限」（self limiting）。意力與理力，兩相結合於「行爲」中。

二、生命的意義哲學——自我意識爲人所特有

(一)拉貝多尼（Lucien Laberthonnière, 1860-1932）

　　拉貝多尼是布隆代常與之通訊交談及會晤的對象，著作集中於宗教信仰上。己見或創見，常與羅馬不合。曾在巴黎求學。法國政府於1902年下令政教分離，也反對羅馬天主教指揮法國宗教界，逼使他不得不噤聲。

　　1. 一切哲學都是生命哲學，探討人生意義及人的存在。古希臘柏拉圖以數學起家，本國的笛卡兒以「準數學形式」（quasi-mathematical form）來建構其人生哲學體系，波蘭的斯賓諾沙則以幾何結構（geometrical structure）爲底子，作爲人生目的及行爲動機的依據。

　　　只有一個問題，即我們自己的問題，從中得出其他的一切。

　　換句話說，我們是什麼，我們該當如何？這不是哲學家念茲在茲的思考對象

嗎？他確信，動物絕非一部機器，但動物卻未能享有自我意識；因缺自我意識，也就不能提出問題來探究世界及它本身的問題。人與動物都稟有「活意」（will-to-live），是有生命的；在「時及空」（time and space）的經驗中，學到某些可以滿足需要者，且也閃避一些有害或有苦難於其生存者。其中的關鍵因素，就是「自我意識」（self-consciousness）。如此才分出人與動物之間的差別。人「意識」到自己生存於變化中，當前的一切，不是早已定了的，不是過去已安排好的，且未來也有變數，呈現於人眼前待選擇的途徑多。

2. 首先擺在人的自我意識之前的，是有所礙的，必予以克服。一方面作為「瞭望」（spectacle）用，也可當理論上或美的沉思默想。外物非我所有，但我也非外物所有。其次，人努力挖掘出一切物的資產，以及一切現象之因，以便予以掌控或利用，隨己之意可以變化物的各種現象，增加之、阻止之、生之、毀之。因此，人享有下述兩種對「物理」（physics）的思維。

其一：冥思型物理（physics of contemplation），這是亞里斯多德型的學思。

其二：開發型物理（physics of exploitation），這是笛卡兒以還的學思。

先知天、知物；其次制天、用物；最後，人與物、人與天，合一。「我」（I）及「我是」（I am）的「意識」，隨之而起。周遭現象絕不可忽視，有敵意者，也有善意者。此種意識，也形同道德意識了。義務感（the sense of obliga-tion）是人最有必要待開採墾拓的領域；把物理上的「物」（things），轉換為意識上的「存有」（beings）；把「動物」的前者，轉化為似「人」的後者。

二者結合為一，不能只依「權威」」（authority）的「指令」（dictate）。視人如同動物，如此的「一」，只是表面的、外在的，以「訓練」（training）對待二者，衝突必起；即令不在外表上二者生干戈，至少在內「心」裡必起齟齬。最佳之道，莫過於「自我心態」（egoism）的拋棄，而以「服務」（ser-vice）為懷。如此，則不只相安無事，且必有擴充意識之美果可期。這才是真正權威之力，而非把人降格為綿羊或馴馬層級。

3. 此一說法，應用於政治界及宗教界，則絕不許他所提的「極權壓制」（totalitarianism）的「凱撒式或法西斯式」（Caesarist or Fascist）存在；但同時，也不准一種盲目的純讓民主肆意胡為而不悉其缺失。更警告時人，本應是動態性的民主，在提昇人類精神生活層次的「生機力」（élan）時，怎可一窩風的向「系統化的物質生活」（a systematic materialization of life）「竄跑」（a stampede）？建立現代民主社會往理想邁進的初衷，卻與政治上的威權作風不相上下？信仰上，他厭惡由上而下的壓制，連他個人都遭殃；人格發展，是他的教育理論基礎。違背人格獨立卻侔稱心甘情願性，他是力斥的。「人」具有一種天然性，朝向理想爬升的意願（a willed ideal），上達天聽的上帝。無上帝則人無法解答「我們是什麼」（What are we）及「我們該如何」（what ought we to be?）等問題。

對他來說，哲學就是「生生之學」（the science of life）。「生」當然指的是「人生」（human life），出發點是「我們自己就是內在及精神上的實體，即我們自己的意識」。「生生之學」中的「學」（science），含有「物」之學（a science of things），如物理學（physics），人也有「物理」的部分。但物之「上」即「後物理學」（metaphysics），也是形上學；二學都具有意義，對生的問題有讓人「一開眼目」（illumination）之功，是「活生生的」（livable）。生物學（biology）探討「生」（life），心理學（psychology）追究「心」（mind），形上學則以「自我意識」為主體，往理想及目的勇往直前。形上學也是人生之學。

4. 對亞里斯多德主義（Aristotelianism）及傳統的托瑪斯主義（Thomism），他都無好感。別人向這兩種主義讓步，他是不諒解的，因為兩種主義都不視上帝與人之「生」，有什麼密切相關。亞里斯多德主義的後物理學（形上學），簡直就只是「物理學」而已。他特別強調，「一個人人格不可削減的獨特性及完整性」（the irreducible distinctness of persons），此一原則他絕不妥協。這一要旨，他公開不隱瞞。基督教不可置於哲學之上，因「哲學」（phi-

losophy）一辭，早在古希臘即已甚享盛名；基督教信仰（Christian faith）或基督教（Christianity），在史上是晚起的；「且在字根上」（etymological sense of the word），即愛智之學。生生之學，說明我們是什麼，及我們該如何，二者本相合；怎可說基督教高高在上，自視爲「超自然」的「超越構體」（"supernatural" superstructure）呢？亞里斯多德主義一入侵於中世紀時，基督教哲學變成唯一哲學，排他性當然極爲顯然。

並非只有基督教徒才能過問形上學問題，或探討人生之學，人人都有資格去思考該問題。但基督教在這方面所提供的解答方案，最爲足夠，賜予人一種「救助智慧」（the saving wisdom）。具此智慧，人才活，也才能活。他最喜愛的是聖奧古斯丁及早期的基督教作家。視基督教本身把眞又純的哲學，注入於古代世界裡；其後的亞里斯多德主義及托瑪斯主義哲學，卻與神學分立，甚至衝突，這是一大災難。把自然界與超自然界一分爲二，以爲哲學工作是「純理性的」，置放在自然階；神學則是啓示之果，來自於超自然界。有此必要嗎？「眞」（truth）及「生」（life），二者關係密切。人是「一切眞的尺度」（man is the measure of all truth），包括「啓示的眞」（revealed truth）。

由於他偏愛聖奧古斯丁而不喜亞里斯多德主義及托瑪斯主義，因之結局如同天主教教會當局於1277年下令指斥，而引發的反感一般。他的說法，卻爲法國之存在主義（existentialism）鋪路。

(二)「現代主義」（modernism）與托瑪斯主義（Thomism）於二十世紀初期出現

1. 上述法國學者被羅馬天主教會指名，譴責爲「現代主義學者」（modernists）。其實，天主教會於1907年發布律令，駁斥來自於法、英、義大利等學者要求羅馬天主教該與當代學術及知識發展同步，不該落伍；更取積極態度學中古時代的托瑪斯作風，將十三世紀時亞里斯多德主義的豐富知識，「成功」地作個「現代主義者」。但拉貝多尼反唇回問：「哪方面成功？」（successful in

what?）。拉貝多尼的看法，所謂的成功，就是把「亞里斯多德的托瑪斯主義」（Aristotelian Thomism）演變成為天主教會權威當局賜予的正式祝福。此種結果，他認為是一種遺憾，而無法欣然接受。

其次，新教尤其在日耳曼地區的學者，要求基督教神學信仰的內容，要趕上現代學者的考據與批判學風。比如說，耶穌出生於拿撒勒（Nazareth），歷史上真有其人者成為「上帝之子」（the Son of God），乃是基督宗教信仰的「神創」。不過此種神祕性的說法，現代學者能普遍接受嗎？羅馬天主教當局能對此充耳不聞嗎？

2. 現代主義學者接受斯賓塞的觀點，認為上帝是「不可知的」（Unknowable），也把康德的學說納入。理論知識是逾出人知的領域，人只能用符號予以描繪；任何信仰的絕對真理部分，人的知識無法證實。人所稱的啟示，是依個人的經驗所作的闡釋；而經驗及闡釋皆無常，「變」才是「恆」。孔德的說法，更贏得現代學者的稱讚。這位社會學創始人說，宗教史所呈現的信仰，不是個人式的，而是社會性的。基督教使人「群」邁向「人文性」（humanity）。羅馬的天主教會不是啟示的守護者（custodian of revelation），啟示是超乎人的意識之上，人心無法有超意識的意識；猶如人之「思」，無法超出「思」之上，只能在「思」的境域內去「思」，頂多只能就人的宗教經驗得到「一種宗教情或宗教感」（a religious feeling or sense），這就可能與「信」（faith）等同。以「概念或智識上的形式予以闡釋」（conceptual or intellectual forms），難免「過時」（antiquated），且有「窒息」（stifling）感。尋求新形式表達，乃勢所必然。若認定啟示真理乃絕對真理，這是天主教會高高在上，也是外在權威的宣布，將不變真理宣布為不得變更的陳述，必與演化觀念不合。就人的宗教生活及文化生活而言，宗教真理該相伴著的是「相對觀點」（relativistic view）。人人的啟示只不過是人人「精神經驗」（spiritual experiences）的表達。經由此種經驗，人與上帝就兩相邂逅了。因之，即令現代論明顯的是不可知論（agnosticism），但也情不得已地承認上帝是真實的存在，且頗具「實用價值」（pragmatic val-

ue）。現代主義者的主要思考，重點放在把天主教信仰與自由思想，二者置於歷史研究、科學探討，及聖經溯源上，當然，難免傷及天主教會的既有權威及發言力道。

(三) 托瑪斯主義復活

1. 1879年教皇里奧十三世（Pope Leo XⅢ, 1878-1903）的強勢中央集權作風，提高教權，大張托瑪斯主義的永恆價值，迎接現代主義學者的挑戰，成為一股哲學及神學的正統性，壓低了哲學力道，使之屈服於神學之下；即令對天主教圈內較具創見力及獨立思考型的學者如布隆代，都以異類視之，甚至看為敵人。把中世紀頂尖學者請出檯面來與之一決雌雄，而非僅僅只是溫和地持一種平庸持勻卻空洞無聊的折中態度。在神學界、學術界，及宗教界裡，折中說法，不起什麼風浪。

天主教當局大肆摘取某些特定教義的闡釋，來打擊那批「結黨營私」的「判徒」之際，獨立思考型的哲學家，也大有人在。一項無法否認的事實，既取托瑪斯主義為天主教唯一的正統，視之為不可詆毀的學說，如同把馬克斯列寧學說（Marxim-Leninism）、毛澤東論調、孫逸仙或蔣介石之主張，奉為聖旨者，在共黨或極權統治圈內，那是家常便飯，絕不稀奇。不過「返回托瑪斯」（back to Thomas Aquinas）運動，也有正面性，即採取其精神或原則，重新在文化圈內作一整合；尤其「實用」性的針對實際社會及人生問題，提供解決方案。在這方面，法國的貢獻，比其他地方較具成績。先由比利時盧汶大學（University of Louvain）發其端，崇拜托瑪斯主義的哲學家在面臨新科學尤其實驗心理學之日新月異之處境下，促使羅馬天主教當局不得不緩和一下正統的路線之爭；在涉及哲學論爭議題上，謹慎發言。信仰與哲學，兩相獨立，互不侵犯，把「神學的婢女」（hándmaid of theology）封給哲學，著實不妥。托瑪斯主義之復活，該重視這位闡釋聖經最大權威的天主教哲學兼神學家的精神及學說。

2. 馬利丹（Jacques Maritain, 1882-1973），生於巴黎，入學於沙邦（巴黎

大學）研究學術，視科學可解一切的疑難雜症。由於聽柏格森授課，乃擺脫了唯科學是問的「科學主義」作風（scientism）；娶學生爲妻，25歲（1907）時赴德海德堡（Heidelberg）大學，聆聽生物學教授強調生機論，遂發願一生以托瑪斯思想爲中心，也服膺柏格森學說。不只在法國數所學府任教，還遠赴加拿大多倫多（Toronto）、美國普林斯頓（Princeton）、哥倫比亞（Columbia）、聖母（Notre Dame, Indiana州）大學擔任客座教授。二戰時至法國駐梵蒂岡（Holy See）大使，退休後返國定居。

在名著《知識的等級》（*The Degrees of Knowledge*, 1959; *Distinguer pour unir, ou Les degrés du savoir*, 1932）中，對「知識的知識」（knowlege of knowledge）下一番功夫。亞里斯多德視形上學爲「第一哲學」（the first philosophy）。知識的等級依理論與實際、抽象與具體、質與量，而有深淺或高下。經由感官經驗之遠近，而分出「階層」（hierarchy）。以亞里斯多德爲師的托瑪斯，亦然。

但這兩位馬利丹最爲醉心的先哲所稱的形上學，也就是「後設物理學」（metaphysics）；以及形下學，也就是「物理學」（physics），已非馬利丹當時炙手可熱的物理學。馬利丹稱進步神速的物理學，爲「自然哲學」（philosophy of Nature）。但他仿托瑪斯，視科學之尖頂，是基督教神學，以啓示前提（revealed premises）爲依；最高之學，也是最上層的知，就是神學，其次是形上學。形上學是「一種目的」（an end）之學，而非「一種手段」（a means）之學，提供人們永恆及絕對價值。與亞里斯多德稍有不同的是，馬利丹的形上學多了基督教神學的內容，故與托瑪斯較密合。

3. 吉爾森（Étienne Henri Gilson, 1884-1978），巴黎出生，也在沙邦求學，是名史學家；一戰時入伍當軍官，戰後赴北法的斯特拉斯堡（Strasbourg）當哲學教授。1921年回母校擔任中古哲學史教授，還赴多倫多負責籌劃中世紀研究所工作。二戰後擔任多倫多中世紀研究所（Institute of Medieval Studies at Toronto）所長，1947年被推爲法國學術院（French Academy）院士。

　　博士論文涉及笛卡兒哲學中的自由，其後對托瑪斯學說特下功夫，常以歷史角度看先人。托瑪斯把神學與哲學合而爲一，哲學離不開神學；百分百獨立自主的哲學，那是神話。若哲學不是神學的婢女，也將成爲別領域的僕人，都處於「寄生」（parasite）狀態。

　　同馬利丹，著作中常以美學（aesthetics）爲話題，但觀點卻探自托瑪斯；美可勾引人一種沉思性的享福或受樂。美的要旨，在「創」而非「仿」；只有上帝才創，且是全創；人尤其美學家也有創且該創，但頂多只能部分創而已。上帝可以從「無」中生有。人由於活在歷史中，且早在歷史中，因之人早已有某些「知」，排除這些知，就無法過問知是什麼。知不可能是「先驗」的，知早存在歷史中。美的創作，在藝術家這一層次上亦然。

　　現代主義與托瑪斯主義，二者對壘，是「敵手」（adversaries）；有時托瑪斯主義者甚至把批判起家的康德及懷疑爲出發點的笛卡兒，當作是「越軌」（aberrations），甚至還以「妖怪」（bogeyman）稱之。

第五節　科學哲學

哲學包羅萬象，是一切學之學（the science of all sciences）。物理學（physics）之「後」，有「後物理學」（metaphysics）。其後，物理學被納入自然科學之內；但有一段長時間，該學稱爲「自然哲學」（natural philosophy）。工業革命、唯實論、天文學等勢力撲天蓋地而來時，數學更有極爲高深的微積分等之加入行列，科學儼然與哲學分庭抗禮，二者之分野也越成楚河漢界。此時，把科學的性質、功能、定義、價值等，作一番哲學上的探討，在歐美各國各自成軍；尤其在法國，一股「科學哲學」（philosophy of science）成風。

一、龐加萊（Jules Henri Poincaré, 1854-1912）

公認是十九及二十世紀之間最偉大數學家的龐加萊，侄兒Raymond Poincaré（1860-1934）一戰時（1913），是法國共和總統（President of the Republic）。

(一) 先研究採礦工程，對數學情有獨鍾

1881年就任巴黎大學數學、物理學，及天文學教授，一直到辭世爲止，榮獲不少學術上的亮麗頭銜。與哲學有關的著作是《科學與假設》（*Science and Hypothesis, La science et l'hypothèse*, 1902）、《科學的價值》（*The Value of Science, La valeur de la science,* 1905）、《科學及方法》（*Science and Method, Science et méthode*, 1908）、《數學及科學》（*Mathematics and Science, Dernières Pensées*, 1912）。都有英譯本。

1. 人擁有理性（reason）的智能（intelligence），探討萬有的一切而形成知識。但知識的準確性，卻是歷來最爲爭議不休的話題，答案是絕對的、永恆的、如一的，還是相對的、暫時的、待修正或推翻的，成爲史上「思想家」殫精竭慮的思辯對象。其中，數學在「理」上的建樹，最爲宏偉。「言之成理」，是衆人皆奉守的準則；把「理」從局部或片面的，發展爲「公」理，則可以杜悠悠之

口。在數學的演進史上，這部分的貢獻最爲世人所稱道。數學發展過程中，容或有時空性，但此種「異質性」已絕響；數學現已成爲普世性之學。到美國念數學與到德國、英國、法國、日本，或俄國所念的數學，絕無兩樣。當前已無「美國數學」或「法國數學」此種學科之名了；數學之外的其他學科，尤其是哲學、社會學、政治學等，都得冠上時間及空間；神學亦不例外。在「齊衆人之口」，「合億萬人之心」的奮鬥上，數學是獨步領先一切之學的。吾人可以說，有基督教神學或哲學之名，但已無基督教數學此種科目了。

2. 知識的等級或階層，在「眞理」的準確度上，各學門所占位置懸殊。他提醒一件事，科學尤其是數學，只不過是追究「萬有一切之間的關係」（relations）；至於萬有一切到底是什麼，這不是科學或數學家的業務，留給哲學家去探究吧！該領域還停留在不可知地步；即令是可知的層次，也難有「共識」；先驗、超驗、經驗、後驗，更難以定奪。科學發展成爲「科學哲學」，猶如同宗教研發成「宗教哲學」，或其他諸如「教育哲學」等一般，就得先領會科學哲學的「定義」（definition）。

(二)「公設」（axioms）

公設之成爲公理，是爲了「方便」（convenient）；不必與「眞」產生瓜葛或糾纏。

1. 以幾何爲例，歐幾里得幾何或畢氏「定理」，既非「綜合先驗」（synthetic *a priori*）這種康德用語，也不屬可以予以實驗的客觀事實；「只不過是約定俗成」而成爲「慣例」（conventions），純屬一種「人爲的定義」（definition in disguise），是爲了「方便」而「套」（disguise）上去的。別把該「套」予以「解套」，因爲有了該「套」，就很管用；這也是實用主義者最中意的話。他說，「公理」絕非人爲的任性作爲，但可以免除矛盾，符合「邏輯的一致性」（logical consistency）。不只言之成「理」，且也可「持之有故」；不愁有心人以實驗事實予以檢驗。一套幾何學系統，如歐幾里得幾何或非歐幾何（Euclidean

geometry and non-Euclidean geometries），平面幾何或立體幾何，沒有涉及何者較「眞」。好比說，十進位的錢幣（a decimal coinage）是否比非十進位錢幣（non-decimal coinage）爲「眞」；爭執這些，了無意義。人們在「習慣」上爲何採用十進位錢幣，「理」只一，即「方便」。歐幾里得幾何，是「最爲方便的系統」（the most convenient system）。公里（kilometer）比英里（mile），在使用上，方便許多。當然，即令在二十一世紀的現在，並非所有可以以「量」爲計算的單位，都採「十進位」。以時間爲例，一小時並非十分鐘，一分鐘也不是十秒，一天也非十小時，一年也不是十個月，一個月也非十天。這種不方便，倒成爲「人生」界的一種「變異性」或插曲，或許才不會「單調、機械、呆板」吧！人生的一切，都可化爲十進位的數學嗎？

物理科學亦然。依「定義」，「力」（foree）乃是物之重量加上「加速度」（acceleration）。此一定義可以符應任何的未來實驗。「動」（action）與「反動」（reaction），即作用力與反作用力，二者相對，卻也相等。科學以「觀察及實驗」爲出發點，隨著「數學物理學」（mathematical physics）之發展，約定俗成的定義，也跟隨而成長。

2. 但科學並不全然只依「慣」而行，或只究「名」（nominalism）而不計「實」（realism）。科學規則（scientific rules）與「遊戲規則」（the rules of a game），雖皆在定義上具有實質的行動意義，皆可依規而行；但遊戲規則只要參與者同意，就可修改或廢棄，以新規則來進行比賽。科學規則除了適合於依規而行之外，另有預測性功能，是公開的，經實驗或經驗可以印證爲眞或假。換句話說，「認知價值（cognitive value）」全在其中；雖絕對準確性無法獲得，但「概率」（probability）之高，是可預期的；有助於正確知識之增加。

就「眞理」（truth）層面而論，「事先設定」（presuppositions or assumptions）是「萬有一切」（Nature或Universe），都具「單純性」（simplicity），即萬有一切都「相互有關」（interrelated），如同有機體各器官都緊密相連一般。因之，「單純性」（simplicity）的考慮，是必要的。

就人之「知」而言，科學不是要使人能知一切萬有之「本」（the essences of things）。「一種科學理論若聲稱要告訴大家，熱、電，或生命是什麼？是該予以譴責的。因為給予我們的答案，只不過是一團幻影（a rough image）」。經由科學所得的知識，頂多是知道：萬有之間彼此的「關係」，都是「感覺關係」（relations between sensations）。感覺本身是「無法傳遞的」（non-transmisible），但「感覺關係」則不然。「物與物」（things and things），與「物與物之間的關係」（relation between things），二者不可相混；前者不可知，後者卻可知。「慣」成為「舊慣」，慣也是一種習慣，顯然與經驗有關；所有經驗都是過去的。採取舊慣，一方面在思考上頗為方便，一方面也綜合經驗事實。舊有經驗告訴我們，物與物之間是有關係的。至於「物之內在性」（the inner natures of things）是什麼，科學家不探討這個；如同物理學家探討光的理論（a theory of light），而非告訴世人，「光本身」（light in itself）是什麼。無光，則一切皆「黑」，可見「光」與「一切」之間是有關係的。無光時，一切皆「黑」。在「黑」之下的一切，包括本來是白、黃，或綠者，也都黑。

3. 物理學（physics）及後物理學（metaphysics）之差異，也就是科學及哲學分殊之處。物理學在於敘述物與物之間的「關係」，後物理學也是形上學，是傳統哲學的主流，即在「說明」（explanation）「物」是什麼，把蓋在「表相」（phenomena, appearances）上的罩紗移除，直觀「本相」（noumena）。但人所能「確知」的是前者，卻對後者束手無策。致力於後者的形上學家，也是哲學家，提供的「說明」，不一而足；前者具預測功能，準不準就成為增減知識的主要效標。就邏輯而言，前提A若必然導致B，也勿以為B必由A而來；卻有可能是C或其他前提，而不必然是A這個前提。當：

A→B且C→B

就實用主義者的看法，A與C無別；但這種認定是欠妥的。

其次，就A→B來說，若A之現象出，竟然無B之現象，則依A→B而生的物理理論，就有必要修正。科學的結論，若依實驗事實來檢證其為錯誤，就可以悉

數推翻而放棄；但科學的前提或假設，卻不能悉數予以證實。換句話說，全部「否證」易得，全部「正證」難求。這也是符合基本邏輯原則的。試看下例：

$$A \rightarrow B$$
$$\underline{-B}$$
$$-A$$

這是有效論證（valid argument）。否定後項（後果），則必否定前項（前因）。但

$$A \rightarrow B$$
$$\underline{B}$$
$$A$$

這是無效論證（invalid argument）。這也是「初級邏輯」的天律。培根所要求的「關鍵性實驗」（crucial experiment），是無所不包的客觀事實，一件都不能遺漏。但這是辦不到的。換句話說，本項（相）是一，表相是多，且多得無止境，又哪能「盡舉」呢？由物理界或科學界的理論，所得的真，「不能單由頭或尾來決定」（The truth of a physical theory is not decided by heads or tails）；頭即前提，尾即結論。因果律此種形上原則，放在科學上，變數太多。因果律「本身」是存在的，但經驗事件（科學實驗世界）中的因果律，遭修正、推翻、放棄的案例，多得無可勝數。一部科學演進史，在這方面是昭昭明甚的。

物理學及後物理學，科學及哲學，先合後分，各享獨立自主地位，二者該各就各位，各司其事。

二、「進步」一辭的解析

(一) 進步有無止境？

1. 形上學（哲學）原地踏步，物理學（科學）日新月異。十八世紀由啟蒙運動所展現的無止境進步說法，實證主義的孔德，對之有所修正。科學的進步已到達一種「鞏固狀態」（the state of consolidation），可預見的劇烈替換，是不可能的。雖然當前的成就並非已到達極點，但基本概念已固定；新概念不可能「全然」與舊有別。全然的新，已不可能，只能局部的更替。革命型（revolutionary）的全以新換舊，該為演進型（evolutionary）的局部翻修所取代。

2. 此一有限度進步的說法，受到蒙皮立（Montpellier）及巴黎大學哲學史教授米約（Gaston Milhaud, 1858-1918）的挑戰。米約特別強調，人的理性功能上有一種天然的自發性（spontaneity）及創見性（creativity）。首先，他將純數學（pure mathematics）與經驗科學（empirical science）作二分，前者的準則，是不許犯矛盾律。但即令如此，純數學及經驗科學所建構的假設，絕非任意而為，除了滿足邏輯及經驗事實之外，更也是人心創造力的表達。孔德的知識演進三境界，有必要超越之；掃除障礙，該有第四或第五境界才對。科學知識之途，還未抵終點。事實上，也似乎無終點可言。理性除了在科學學門發揮其力道之外，也為人們的實際行動，尤其美意享受上，該具有出人意表之外的功能。

(二) 梅耶松（Émile Meyerson, 1859-1933）的觀點

1. 全家信猶太，生於波蘭，在德學古典及化學；1882年定居巴黎，一戰期間（1914-1918）歸化為法國籍。雖未擔任過學術職務，但出版了不少影響力頗大的書籍；涉及量子力學（quantum theory）及相對論（relativity theory）等。

2. 對科學的解釋，認為科學有預測性及控制人類行為性，但也有擴大人類行為的範圍性。這種「科學的實證觀」（positivist view of science），並不是科學唯一的目的。科學除了使人力之運作較經濟又有效之外，還更須「了解自然」

（*understand* Nature）。認定萬有一切（自然），人只要運用智力，都是「可以認知的」（intelligible）；此種「認知的智能性」（intelligibility），才是人類進步之基；將老祖先本以為是不可認知的，變成現代一般人都可認知的；科學之探究及追查，乃因之而起。實證學者只滿足於到此止步；不及於科學的預測功能，這是「骨子裡，明顯的源之於心理學上的錯誤。」怎可將「心」拋於「腦」後而置之不聞不問呢？只慮及可控制的物嗎？其實，物理學之研究物，不是常識所言的「物」，卻比常識之物有更多的物，如原子（atoms）或電子（electrons），都非單憑五官可以感覺得出的。棄形上學或本體論（ontology），本身就等於收回形上學或本體論；排除者根本不配作為「科學家」，還沾沾自喜以為已擺脫了形上學或本體論的牢籠，其實是「身在此山中」，才不知「廬山真面目」。這些科學家之所以如此，是科學史盲所造成。科學家最易犯的重大錯誤，是以為他們只抓住解決「當前」的科學問題，卻不知可以從過去的科學家如何為當時或當地的科學問題尋求答案，才可以為當今及當地的科學家當指南針或燈塔。對「物」予以探討，是物理學家的「心」思對象，怎可只問物而不及於心呢！既然科學只問「關係」，難道心與物二者無關係嗎？

3. 在自然的「了解」上，科學家向來皆依因果律或同一律來解釋自然。現代科學家，則深悉「時間的不逆轉性」（the irreversibility of time），更領會「新奇之冒出」（the emergence of novelty），科學從未找到一個最後的休息站。量子力學此種最新的科學告訴世人，「不可見」也「不可預知」（unforseen and unforeseeable）常會闖入。有機體的行為，絕不可單純只依無機體的行為來說明。現代科學比往昔進步，乃因可以解釋先人所料想不到的偶發或突發之「非理性現象」（irrational phenomena），經修改或放棄該「先前之見」，把原來所謂的「非理性」，成為「理性」，原來也是有「理」可解的；此「理」，是「新理」。因之，如愛因思坦這種傑出科學家出世，有可能另有其他更傑出的科學家降生。新或奇，難以逆料，屆時如何「跳出脫身」（break out, *éclater*）？真相就大白，理性之運作無有已時，障礙也不時出現，這不是一部科學史的真情告白

嗎？

人憑理性以了解自然，發明出演繹推論體系，希望將自然納入其中，接受人的指揮及控制。但自然卻「難以駕御的」（refractory），常有「報復」（revenge）或「抗拒」（resistence）。此種具體的經驗事實，科學家不可掉以輕心。在領會的過程中，難免有令人震驚的客觀事實呈現，這是科學家應有的心理準備。幸而也因如此，科學家不必氣餒，更不該受挫而心痛。換一角度來說，理想境界若已達到，英雄已無用武之地，則人生又有何旨趣呢？往昔在希臘帕米尼德斯的「一」（One），「自因」（*causa sui*），或支那老子的「道」，化殊爲單，可供人心之憧憬；人生奮鬥，永無了時；休戰停歇牌，是永遠不許高掛的。

(三) 進步到底是「分」（殊）或「合」的結果？

1. 英國的斯賓塞認爲，演化過程展現出由「同質性」（homogeneity）變爲「異質性」（heterogeneity），重點放在「殊異」（differentiation）及「分解」（dissolution）上，強調個人自由，強力反擊國家這種大的有機體，後者力道大於前者的組成分子；這才是進步的標誌，也是人類社會該走的途徑。梅耶松的「理性」觀念以及拉朗德（André Lalande, 1867-1964），卻持相反見解；在人生之旨趣上，把斯賓塞所言的「分解」（dissolution）一辭，以「捲入」（involution）代之，認爲後者的意義較廣。一方面同意英國學者強調個人自由性及獨特性說法，另一方面也認爲自然界之發展，先從同而向殊；但人類社會卻反方向而行，自然現象不可作爲道德判斷的標準。人的生理性促使人人以自我爲中心，人人有別；那不是好現象。物以類聚，人亦然。但存同去異，不是仰仗外力來泯除個人自由，卻憑理性，使大家共同參與，一體感自然而生。人的生物面是由合而分，人的理性面是由分而合。

2. 科學的整合功能更爲明顯，殊居其之下，現象的相互調和（coordination）結果，通及同之量，由多變少，最後是1。人人一把號的主觀性（subjectivity），統合成「互爲主觀性」（intersubjectivity），意見或理念就漸漸不會七

嘴八舌；或一人一議，十人十議了；而能萬衆一心。理如此，情亦然。理與情，都在「同」上下功夫，而少主張離；猶如處理夫妻勃谿事宜時，勸和不勸離一般。現代社會之比傳統社會進步，乃是人與人之間的同點多，異點少。在專制威權之下，社會階級森然嚴明，現代社會則掃除此種分殊的等級。在服飾、佳居、教育程度、文化價值觀，甚至美學論上，人人的自發自動性，今多於昔；但認同（identification）之動力，使彼此不分崩離析，社會也不形同散沙，卻能生出一股強大的向心凝聚力，不是尼采所指斥的，由「冷漠怪物」（Cold Monster）而組成冷漠症（apathy）及疏離感（alienation）的社會。拉朗德心目中的現代社會，是將個人的單一獨特性，釋出解放，在共同文化、美藝，及理性之下，更能充實自我。存在主義過分誇張人生之無味及無意義或荒謬，科學知識反可告訴世人，整個宇宙萬有，都含有智性（intelligibility），意義性十足；不會無聊，也不機械，更不呆板。現代社會的一種理性觀，若只視理性是永恆不變且絕對，從此而建立的哲學，則也只不過是衆多哲學中的一種而已，且該種哲學，早已頻臨死亡。難怪「存在主義」，也爲它發出訃聞。

第三章

存在主義（Existentialism）

第一節　價值哲學（Axiology）

　　哲學思想對象，不外人及物；科學對物之探討，成績斐然，這是有目共睹的事實。而過問人生，早由希臘辯者發其端。人的問題，複雜度更高於物。物是同質性的，人則異質性特爲明顯。科學追求事實眞相，客觀性極重；人則涉及價值判斷，主觀性尤強。把「價值」當成哲學領域，成爲價值哲學，以與科學有所區隔，在十八及十九世紀，已漸成氣候；進一步把「人」當作價值層次的總匯聚處，將「人格主義」（personalism）及精神主義（spiritualism），及其後積河成海般地合爲哲學主流之一的存在主義（existentialism）；且把人的經濟面及政治面之偏重，扭轉過來，特在形上面及宗教面上思及人生意義、命運、自由、創造性等較深沉的問題。此種趨勢，普遍出現於歐美各地。法國哲學界，在這一層面上，有一枝獨秀的表現。

一、法國哲學界對價值面的探討

(一)自文藝復興以來的學思重點

　　法國思想家早就對倫理道德此種人生價值面的思索，很感興趣。

　　1.　「德」此種「價值」，是哲學家心思的核心。笛卡兒這位鼎鼎大名的法國哲學家，雖強調方法論、知識論、數學、形上學，視宇宙形同一部機器，但哲學的實用性價值，卻未忽略；還以「倫理學」（a science of ethics）作爲哲學王冠。十八世紀的啓蒙運動，更將倫理學往前推，自立其足，以與神學及形上學三分鼎立。十九世紀一屆臨，倫理議題在實證論者（positivists）、精神主義者，及新批判論者（neo-criticalists）心目中，都是主要議題。比起德國主流學風，雖屬幼齒之輩，還時遭猜疑及抵制，但對「善」之關懷，總是心中之牽掛，不許或忘其「價值」，不下於美及眞。

　　就倫理價值此一範疇而言，法國學者之心力，聚焦於將倫理現象置於經驗

界，且以經驗事實作思考的出發點。將「價值」放在具體實際的「活動」中，較蔑視將價值概念作抽象分析或理論解剖。尼采對價值的說法，有段時間還被法國人視之爲詩人而非哲學家。詩人較不食人間煙火，甚至與世隔絕；尼采自承他的學說，離地球極爲遙遠。

2. 將倫理價值置於純思辯面上，這是「現象學」（phenomenology）的價值觀，德國在這方面的走向，少波及於法；只把「價值」當一客觀的討論、認知，或予以發現的爭辯對象，視價值如同眞與美一般的位階。人在意識上，對價值尤其是倫理價值上，也欠缺人的自由抉擇性及主觀判斷性。即令視愛爲價值，恨爲無價值，也該在抉擇及判斷上，關注於盲目的可能性及愛恨的等級性。個人是如此，群體亦然。

「價值」一辭，是否統包一切的「理念」（idea）或「理想」（ideal），如同柏拉圖所說的；且將價值高升到一種獨自存在的靈妙世界中。價值的「存在」（existence），意義到底是如何，正是法國學界較感興趣的論點；視價值與人的「意願」（will）及「選擇」（choice）密不可分，更與「行動」（act）相呼應。因之，「個人意識」（individual consciousness）之外，另有集體意識（collective consciousness），社會學家如涂爾幹最關心這一要旨。例外的是存在主義大師尤其是沙特（Jean-Paul Sartre, 1925-1980），卻不步此道。

(二)價值屬靜態的「意識」（consciousness），還是歸動態的「舉止」（action）

1. 現象學視價值是一種靜態的「意識」，法國哲學家則視之爲動態的「舉止」，最該與「價值」合一。本來與哲學混同爲一的「心理學」，自實驗心理學及經驗主義心理學之後，越走向科學化、物質化，甚至機械化；適可而止的是德國現象學，取「意識」以代之。美國心理學大師詹姆斯，則視人之內心與外界之物所生的「互動」（interaction），杜威更說那是刺激與反應二者之聯結，而以「意識流」（stream of consciousness）名之；意識不是靜止的，卻在「流

動」中：內心與外物之間的「互動」，變數多；憑人的一種主觀意願，個人選擇，尤其在「舉止行動」中，才能辨別價值之有無及高下。德國現象學重視的意識，英美經驗或實驗主義者之強調意識流，法國一批師範或巴黎大學學者，則以「舉止行動哲學」（philosophy of action）綜合之。希望能從科學的「事實敘述」（factual statement）導引出「價值判斷」（value-judgment）來。一言價值（value），就立即與「評價」（evaluation）相連。評價是一種行動，且只有人才具有。任何人類行動，都含有評價性。視人為自由的主體，即不言可喻了；且也超越出經驗層。意識中的意向性（目的性）（intentional; teleological consciousness）自然而生。「價值」由人類意識所「創」，因之，人是「創意的主體」（creative subject）。

2. 「價值」不是客觀的存在於某時、某處、某人，或某社會，只等待這個具創意的主體去認知、去發現。「真」或「事實敘述」，本身不是「價值」；只有採取抉擇行動了，價值才伴隨而來。既然「行動」是價值的基本要素，則行動必涉及他人，群體意識乃相伴而出。道德之具社會層面，乃是必然的。宇宙天地若只有一人存在，此種存在，在時及空上，都只是短暫的、局部的，且了無意義；行動指的是，既有己在，也更有他在。因之，價值為人所創。一旦創出價值，必牽連價值的普及性，即當作範本（norms），稱為「倫範」。倫範對某些個人而言，是外鑠的、強加的。過群體的社會生活，倫範形成紀律、法規、準則，違之則受罰，社會才具穩定性；個人有了立足點，且危險時有個避難所。倫範有阻止意，也有鼓舞意；在各族群或社團之不同倫範對比之下，價值的優劣良窳互見。吸力與排力，也因之而起。「命令」（commandment）由「訴求」（appeal）所取代，人的自由性、自主性、選擇性、情意性，油然而生；主人性而非奴僕性之「人格」（personality），順勢而起。「開放及閉塞道德」（open and closed moralities）之辨，一清二楚了。社會的開放或閉鎖，就與評價所取的倫範「命令」或「訴求」，二者之差別，兩相平行。

「價值評斷的態度」（axiological）層面，具「行動」（action）性。若只具

「冥思」性（contemplative），或想像的，以爲一套完美無缺的價值觀存在，也必激起「效驗性的行動」（efficacious action）。「價值」是否早已存在或只待人智去「找尋」或「發現」，如同柏拉圖之理念先存說一般。這是「價值論」（axiology）哲學最爲爭議的議題。

(三)形上學與價值論

1. 法國哲學自從在哲學史上大享第一位現代化哲學家封號的笛卡兒開始，法國學者自感與有榮焉。笛卡兒哲學「博大精深」（fecundity），有理性主義成分，要求「概念清晰且有別」（clear and distinct ideas），及推理的數學化。但從他以來一直到十九世紀爲止，精神主義運動（spiritualist movements）及心學運動（idealist movements），逼使「笛卡兒主義」（Cartesianism）的從者，較少提及數學及機械觀的物界，而注目於自我（self）及上帝（God）之間的關係；視「人」是既「思」（thinking）又「主動」（active）的「我」（self）。在實證論的挑戰及科技文明的威脅之下，以價值判斷來形構「純眞哲學」（authentic philosophy），特色即對五花八門甚至對立的學說，採取對話或辯證方式（dialogue, dialectic）。其後成爲顯學的存在主義學者，各持己見，因此彼此對話及辯證，確有必要。有宗教信仰上樂觀者，也有消極悲觀者；所見不同是常事，要緊的是相互接觸，以待「見面三分情」，「人情留一線，日後好相看」。彼此無恨且展顏呈歡。

如此一來，雙方之火花，變成靈感。心與物不是二分，卻是二者有「關係」（relation）。不管二者相助或指斥，皆可視之爲一種「阻」（obstacle），也是一種「助」（support）。其一是「行動」（action），另一則是「沉思」（contemplation）。就人的層面來說，心（spirit）及物（matter），就是如此。「心」有「個人心」，也有由個人所組合的「群體心」；有此時此地的心，也有別處異時的心。一與多，同與異，共與殊，二者都是藕斷絲連；上帝才是統合體（union），上帝是「無止境的心」（infinite spirit）。

2. 人之「心」，是作評價用的，也以評價作出發點。「值得追求者，即是具備價值者」（That which is worthy of being sought after），人人稱之爲「價值」。既言「追求」，則「價值」早已存在而非人所創，也是價值哲學中難以避免的價值紛歧性；價值如此，「智慧」（wisdom）也一般。人本無智慧，卻喜愛智慧；一言喜愛，此種「心」，就進行「追求」；「愛智」，成爲「哲學」的原始意。追求價值亦然。價值與智慧，二者皆無所不在。就眞、善、美三者而言，以何優先順序作爲追求對象，人人互異。由此而生出「人格性」（person-ality），人格類型也就五花八門了。價值的多面性或多元性，是不容否認的事實。道德價值中的義務（duty or moral obligation），也只是價值之一而已。母愛及於兒女，出之於道德義務觀念；但若只是基於義務，則她只能享「道德媽媽」（moral mother）之名，而不一定有「愛」的行動及於下一代身上。當年胡適的「非孝論」，認爲父母生小孩，不一定以「愛小孩」爲出發點，或許純是一種性慾滿足下的不期然後果；但既成爲父母「身分」，則有教養子女之「義務」。如不能佐以「愛」來澤及子女，則子女也不必「報恩」。當然此種口吻，父母身分者可言之成「理」，若子女也以此來對先人反目，則「氣氛」就難以收拾！人生「意義」與「價值」何在？「愛」純出之於「心」（heart），有此「心」者就會視愛是無條件的，不限定於某一特殊或個別的個體。手心手背都是肉，得人疼的孩子受人愛，大家厭之的棄兒，也該收容；這才是純眞的愛。建立在此的哲學，才是純正的價值哲學，或純正的哲學（authentic philosophy）。好比作爲「子女之母」（children's mother），才是純正的媽媽一般。價值有正面也有負面，由於有負面性價值，才顯示出正面性價值的「價值」。負面也具正面意。生病是負面的，但該感謝由生病而帶來的正面，也才知悉健康的純正價值。類似此種例子，不勝枚舉。愛與恨，勇敢與懦弱，眞與假等，只不過是相對的，是現象的（表相的，phenomenal）。其實，「倫範」（norms）不該被視爲只具負面性，或淪落爲「法」的位階（juridicial sphere）。人的行爲若只依「法」行事，則降格爲「法匠作風」（legalism）：形式、官僚、泥法、不知變通者了。相反

的，卻可作爲一個「平臺」（matrix），人的「創思性自由」（creative liberty）
揮灑於其間。凡事唯「法」是問，此種人物，絕非政治家或法學家，或許該稱之
爲法棍或政閥才對！

價值在具體「行動」（Act）面上表現其「純正」，才可使人之所以成爲
人，此種「存在的本質性」（Being），兩相結合。價值的形上意，不言可喻。

二、毛尼的人格主義（personalism）

(一) 價值與人格

1. 人生的價值，也就是作爲人的意義或目的，即在彰顯人的純眞、尊嚴
（dignity），與自由（freedom），這些是最爲基本的構成要素。人的行動、未
來的歸趨、命運（destiny）、志業（vocation），正是其後存在主義者最爲關注
的課題。其實，幾乎任何哲學家都無不思索此一人生問題，也自然地把今世與來
生作爲擴充思想的領域。當然，此種哲學思考，並不局限於法國，連俄國、丹
麥、瑞士學人也不例外。

有人格的人稱爲「人格者」，高風亮節，崇尚自由；向強權尤其專制對
抗，正是人格者的「宿命」；不少此種人格主義者，一生遭遇都極爲坎坷，更
有牢獄之災。俄國學人柏代也夫（Nikolai Berdyaev, 1874-1948）被放逐，於1924
年定居巴黎（詳後）。巴黎刊物《精神》（Esprit）在1941年被維奇（Vichy）政
府勒令停止發行，主編毛尼（Emmanuel Mounier, 1905-1950）次年被捕，坐牢數
月，釋放後於二戰期間轉入地下「抗爭」（Resistance）；戰後復刊作爲人格主
義的喉舌，還以《人格主義》（personnalisme）爲書名，出版數本著作。因之，
人格主義最具代表性的哲學家，就是這位刊物的主編。

2. 毛尼生於法國東南部，先入學於故鄉後到巴黎，受到愛國志士之慷慨捐
軀及爲正義吶喊之精神所感動，除了身體力行之外，還振筆直書，是人格主義哲
學的最佳代言人。

(二) 存在主義者的兩股運動

1. 依毛尼之見，存在主義是一種「人的哲學」（the philosophy of man）。運動方向有二，其一，哲學界太偏於「理念」（ideas）的討論，是「理念的哲學」（the philosophy of ideas），內容集中在抽象、共相，及群性上，太疏忽殊相、具體，及個性；個體的自由幾乎消失不見。自古希臘開始，哲學家莫不主張「絕對理念論」（absolute idealism），即唯心論。其二，「物的哲學」（the philosophy of things），形同自然科學，把人「客體化了」（objectively），置人於物理世界中。二者都是「偏激太過」（excesses）。與其一相近的「理性主義」（rationalism），及與其二相仿的實證論（positivism），同樣犯了偏激太過之弊。即令向這兩股潮流直衝的存在主義，若持無神立場，則也是一極。他的人格主義，一方面反擊體系森然的哲學，一方力拒實證論、物論，及「行為主義論」（behaviourism）；因之可以與存在主義，二者心連心，手攜手。但存在主義若流於「悲觀論」（pessimism）及「唯我論」（solipsism）──完全以自我為中心，則人格主義也該與之劃清界線。

2. 人格主義不該如同斯賓諾沙（Spinosa）或黑格爾（Hegel）般地成為體系完備的封閉體系（a system）。相反的，人格主義是開放的，強調自由及創見力的個人之存在，遵守「不可測原則」（a principle of unpredictability），也不使用最終及絕對字眼。「體系」（system）之意，排除了可能性、偶發性、機遇性。因此，人格主義的說法，是派別林立的；有不可知論的人格主義（agnostic personalism），也有宗教及基督的人格主義（religious and Christian personalism），毛尼本人即屬後者；不過，殊中有「共」；「行動」（action），就是其中最大的「共」，且以耶穌為最佳的典範，毛尼仿之；一生都是挑戰者（campaigner）或鬥士（fighter）。人格主義是一門「開戰之學」（a fighting science），羅素本人是最佳的夥伴。不過，羅素把實際的行動與專業哲學家的身分分清，毛尼則認為無此必要。

3. 人格主義者採取行動，分途出擊；一來，力排把人單純化為一種複雜的

物料之物論；一來，指責將物（包括人體）化簡爲心的心論；因二者各走偏峰。人與物，都屬「大自然」（Nature），都具「經驗」（experience）內容，都是「存在」（existence）。對人格主義者而言，大自然提供了包括心與物二者的「開發」（exploitation）；向道德界及精神界墾拓，視之爲一生的志業。人重新找回自我，一方面直指大自然之不利於人的部分；也就是要控制、利用、了解、改變大自然；一方面妥善地運用人的獨創自由性，直攻專制極權（totalitarianism）制度。在社會有機體上，個人不單只是細胞或只扮演經濟角色，勿沉淪到與動植物同一等級。

人格主義不同於「個體主義」（individualism），後者保留在物欲上的滿足，以自我爲中心，視個人如同原子一般的孤立，嚴重地喪失了人與人之間的關係性，孤癖不合群。人格主義的首要條件，就是去「自我中心化」（decentralization），共營共生；把「我」（I）擴大爲「我們」（We）。這之中，道德意識就萌生了。信基督者之成爲教徒，就是以耶穌爲榜樣，視他人爲「鄰居」（neighbor）。由「行動」、「出現」，及「奉獻」（act, presence, and commitment）這三字來定義人，更要聽耶穌基督的使令，視人人都是鄰居；人人在這方面的志業，都是「不可取代的」（irreplaceable）。先是人，後是人與人之間的關係，二者以「價值」作連繫。個人有人格，社會及環宇也都有「格」了。

4. 國家觀：既然人格主義不許視個人如同有機體的細胞，則「國」（state）該只是爲人而存在，而非人爲國而存在。因之，極權專制國家必是毛尼的大敵。至於資本主義的民主國家，由於極有可能導向「社會主義」（socialism），眾人決或純以多數決，有泯個性及自由創新性之虞；而無政府主義雖屬理想，卻頗不實際。因爲群居生活是勢所必然，也形成自然！且也只有在政治組織及帶有權威性的社會組織之內時，人格主義的真正精神，才能落實。一切「非人性」（inhuman）的行動，都該消失。資本主義（capitalism）、專制獨裁主義（totalitarianism），都是「非人性的」。尋求「無政府主義」（anarchism）也不妥。人格主義者惦記的是，發展出一套「人格化的社會主義」（a personalized

socialism），把個人的「我」（I），與個人之外的「你」（thou），二者都視爲同位階的主格，相互依存、合作、了解、會話，甚至辯證，不許視之爲低於己之「它」（it）。此種說法，也爲存在主義者預先留下伏筆。

第二節　德日進及馬賽

兩位頗具知名度及影響力的宗教思想家，對存在主義的成爲主流，有推波助浪的貢獻。他倆是本節要評介的對象。

一、德日進（Teilhard de Chardin, 1881-1955）

(一)生平及著作大要

1. 到過支那數次（1923-1924, 1926-1927, 1946）的這位考古學家，生於1881年法國中南部。先在耶穌社（Jesuit）這種最具天主教色彩的學校接受教育，還於1898年入耶穌社（Jesuit, Society of Jesus）爲入教見習信徒。1911年，被羅馬天主教會正式授以神職。一戰時，入伍爲法軍士兵醫療團隊之一員。

2. 對古生物學（palaeontology）早就發生深厚興趣，但也醉心於神學研究。一戰後，發表對古生物學的研究所得。赴沙邦（the Sorbonne，巴黎大學神學院）探討自然科學。1922年獲博士學位。對達爾文進化論推崇備至，認爲環宇或大自然，時時刻刻都在進行「動態的演化運動」（dynamic evolutionary movement）；同時也受柏格森學說的影響，但不願首肯「分離式進化論」（divergent paths of evolution），而選擇「輻合說」（convergence），強調磨合，聚而非散：心身不是二元，也非對立。心從物出，之後，就一再不停地成爲一種動態的演化，生生不息，沒有止歇。1925年，他取名此種觀念爲noosphere，noos此字源於希臘字，有「智圈」意，人是有「智」的。人在此種演化過程中，是主角。基於他早年就奠定的宗教信仰，因之「以基督信仰爲中心」（Christocentric）的主張，乃是勢所必然。

3. 將他的科學研究納入宗教信仰中，這是極爲敏感的嘗試。教會當局時而不悅於他擬將傳統教義中的「原罪」（orginal sin），與演化論作一調合，乃要求他只在考古本業上著書立說，不許再對非科學領域放言高論。1947年還被警

告，要遠離哲學。1946-1951年之間，在巴黎本有教職，但他的教會上級長官不許他接任。還好1947年及1950年，被選爲學術院的一員。1951年赴南非後到紐約，在美國因心臟病而辭世。朋友早勸他把未發表的文字置於安全處，俟死後公布。

(二)科學研究的宇宙觀，與形上學及宗教信仰，兩相結合。

　　1. 宇宙及大自然代表一整體，人只是其中一成員，價值卻因人而生，也因此使整個宇宙及大自然具有價值。在此一論點上，分析哲學是無能爲力的。他發現整個宇宙大自然，極爲複雜；現象與現象之間的關係，絕非簡易可解。但全部「整體」（totality）本身，就具價值義，與「完形心理學」（Gestalt psychology）之強調「全」（whole），二者相互呼應。科學把具體經驗或事實，由大化小，由全而分，到原子理論（atomic theory）出現爲止。整個宇宙大自然，就是一個大又複雜的系統；部分與部分，部分與全體，彼此皆有關係；不是「集合」（collection），而是「整合」（totality）。其次，此種「整合」，不是靜態而是動態的，正在發展中（developing）。由無生物到有機體，有機體又到心靈的人類，也等於是由無意識演化爲意識，科學建立於意識上。科學卻擬把這種帶有主觀性的意識，集中於量及可測的對象上，將心、意識、精神，當作是物界的一種「附屬現象」（epiphenomenon），心與物成爲「二元」（dualism）。他反對此種論調，同意來布尼茲所提的，一切都帶有「精靈面」（psychic aspect）；即令是物，物本身或內在裡，也含有「內力」（inner force）在。無生物之所以生出生物，又由之所以生出心，乃因心早已「內存」於物中。演化過程中，此種科學式又具體的證據，可以爲此說奠定不可搖撼的基礎。由物而生人，由人而生「人性」（humanity），由人發展出「人格」（personality）。人具有「格」，才可以說是純眞的「人」，否則即降爲人之下的動物、植物，或礦物了。這種說法的神聖意及宗教味，正是他身兼科學家、神學家，及哲學家的最好說明。「存在」（existence）之眞諦，呼之欲出。

2. 物中有「能量」（energy）：能量有二，一是「觸面的能量」（tangential energy），即能量彼此之間的接觸，複雜度單純。二是「放射的能量」（radial energy），複雜度增加，且有持續性（continuity），在道德上即「良心」（conscicnce）。物之演化為心，就是此種能量將「內」（within）放射出，而與「外」（without）結合，這也就是柏格森所提「生機力層面」（vital aspect），帶有「生」之意（biosphere, sphere of life）的「細胞」（cell）出世了。細胞一出，「生」命即開始。物演化而為身，身也演化為心。生物一旦在地球上出現，都是獨特的、單一的、個別的、不會重複的。在演化過程中，都是「動態的」（dynamic），而非「靜態」（static），都有增補或刪減，前後絕無雷同。前已提及的noosphere，就是此意，等於是Christosphere（基督層）。胚胎（embryo）是「有意識的」（consciousness），有「思的」（thought），都朝一目標邁進，達到他所言的「最頂點」（Omega Point）。此一最高點，是「人智的極大化又整合化」（intellectual unification），科學上早有此種研究業績。「社會整合化」（social unification）也指日可待。

3. 意識本身的演化（noosphere），化「多為一」（one-in-many），此種說法，幾乎與黑格爾的「精神之自我發展」（the self-development of spirit）兩相吻合。但這兩位法德學者，卻有下述的「似而不是」之論點。

首先，黑格爾本人出生於達爾文之前，演化論還未出世，未悉演化論之科學假設（hypothesis）。黑格爾學說，是在自然哲學中的一種「邏輯辯證」（logical dialectic）過程，是「先驗的」；而非德日進之採用生物學的演化，那是自然科學的客觀事實，是「後驗的」。

其次，黑格爾的邏輯辯證，純屬且都是「精神」（spirit）在「自我意識」（self-consciousness）上的「演化」；德日進則分有等級，從機械物理層（mechanistic physics），到生物層（biosphere）、自我意識層（self-consciousness），最後到「人心」（human mind）。

因之，就歷史而言，黑格爾說法該放在「後康德的德國心論」（post-Kantian German idealism）之脈絡裡。德日進則向英國達爾文演化論靠攏，經驗科學的色彩較濃。黑格爾本人較瞧不起經驗科學。

不過，即令有上述的法德思想上的差異，但在「宇宙發生學」（cosmogenesis）上，採取「目的觀」（teleological or goal-directed process），德法兩位學者的見解，英雄所見略同。德日進的「最高頂點」（Omega Point），就是黑格爾「理念」（Idea）的預期結果。就事實而言，德日進對黑格爾哲學所知不多，他也只在有限的此種「知」中，特別重視二者之「異」而非「同」。認眞追究，二者有同也有異，且後生也不一定非步前生之路；即令採先人學說，也不盡然是後來者之論點係抄襲自前輩。

4. 德日進較少對形上學感興趣，只謹守神學至上的「道成肉身說」（incarnation）。他認爲柏拉圖、斯賓諾沙，及黑格爾，在發展出博大精深的論點時，足以與道成肉身說相對抗衡。但他排斥形上系統之只止於「心」或「理念」（idea）此種「意識形態」（ideology）之內，未能越此雷池一步。作爲基督徒的德日進，忙於向世人展示「基督教」（Chirstianity）與現代人所研發的「世界意識」（world-consciousness）兩相比較，絕不狹窄，也不過時；都可在現實需要上，滿足人人之願望。基於基督教信仰發展出來他所提的「現象學」（phenomenology），與胡塞爾（Husserl）所說的現象學，二者不同。德日進希望，宇宙演化論佐以基督信仰，且依後者更對現象學提供豐富的世界觀。經驗科學研究的他，現身說法，標舉人生存在的意義與價值；特別舉「道成肉身」此種宗教教義，以及基督在宇宙演進中的特殊角色，「已越出現象學層面之外」。「基督教中心」（Christocentricism）對他而言，是整體宇宙觀最不可或缺的一環；著作中，字裡行間無不謹記不忘。此種「特加」（extra）的註明，他的支持者不盡然都同意，或許還認爲那是多餘的。

(三)一元論而非多元論

1. 「基督教中心」是他的一以貫之學說。心物或身心二元（dualism），

或把自然與超自然分爲兩棲（bifurcation），彼此不相干，都是他抨擊的學說。「有機的一體論」（organic unity）或「輻合說」（convergence），把人的意識與知識盡吸於內。此種說法，他歌頌之，甚至詩歌式的詠贊。視物質世界早已懷有精神之胎，創造性的演化向神境邁進。作爲基督徒，他虔誠謹信，上帝早已化身於基督身上，復活再生，乃是演化過程中，「最高頂點」（Omega Point）如在眼前。以愛爲出發點，該點是「一切的一切」（all in all）。

> 演化中已注入新血。也就是說，有一種基督教的「視野及願望」（perspectives and aspiration），歷歷如日如光；反射過來的，難道不是基督教信仰早已定奪了，早已準備好了，使演化更安全甚至可以取而代之嗎？

因之，演化不只出現了「人化」（hominization），且也在基督復活（the risen Christ）中「神化」（divinization）了。

2. 此種「放射的能量」（emanation）說，等於是過去一種理論的復活，即從上帝「放散」（emanation）出來，又復返回上帝之內。週與始，初期與結束，都是上帝。宇宙之演化，形同這種教義說法的翻版，也作爲教義辯證的主要論點。他但願信徒能在目「視」（see）之中，有所心「見」（*see*, vision）。該「見」早存於上帝之「內」。現在依演化（動態式的）而向外流出，又返回原處；外出之前的一種生理上本然的目視，及返回後加上了心之運作而得知的「見」，前後有差。先前是陌生的，現在已不對之背向卻銷魂似地與「一」（one）合成一體；如同普羅泰納（Plotinus, 204-270）所言之「從（個人的）孤單中」，向「孤單本身」（Alone）竄入。道成肉身之前與之後的肉身，已非完全相同的肉身，孤單也有前後之別。「一入於多」（one-in-many），是透過基督的。尼采不承認人（man）之存在是演化的最高點，最高點是「超人」（Superman），是「人」的較高形式；人之意志，作爲「一種衝刺」（a spur）或「一種標的」（a goal）。宣布上帝已死的尼采，當然不爲德日進所喜；後者一

心及一生耿耿於懷的，是人人經過演化之後，都入「基督教境界」（one sphere, noosphere）。

3. 此種世界觀，難免引發議論。演化論即令廣爲科學界所接受，也只是科學上的一種「假設」（hypothesis）而已。科學假設不足以建構德日進擬蓋的知識高樓。其次，演化或改變，並不一定就是改善或進步，後者才能使人樂觀。不可只目及正面、積極面、可喜面而已，而盲於負面、消極面、惡面。人生不如意事常十之八九，惡人反而長壽享福，正義之士每多一生逢厄運；旅途中每遇不幸的車禍、船難、飛機失事。哲學理念所得的結論，若只源於自己自由自在的形上冥思所得，或單憑個人宗教信念上的執著，卻未悉或不安分於彼此之間的分野，則難免受他人埋怨。

德日進的著作文字，可惜仍犯了幾乎全部思想家難以避免的缺失，即概念不清楚，定義不明確。把科學、詩詞、宗教信仰，三者混而爲一。語文的明白性，及思維的精確性，這種笛卡兒的爲學要求，後生包括德日進在內，都難能滿足；充其量只是一種心情上的提升，寄望有了落腳而已。等而下的，就是假科學之名，而演了一場科學鬧劇；對科學的實質「進步」，並無什麼幫助。視他爲一位幻想家（visionary）或空想家（seers），先知式的（prophetic），夠了！若訴諸於概念解析，則德日進的論點，火力將大減，也傷及學說生命力；一方若無活水，源頭已枯竭。從哲學史上而言，一種學派之原先掌門人，其後演變爲一種主義，或門生根源於某一閃閃發亮的大明星而拱月式的打鑼敲鼓，則一種事實是不容否認的，史上雖代有才人出，但在牢守某一學派的基本前提下，後生不如先輩。如由黑格爾建立的塔，黑格爾學派（Hegelians）的高度就低於黑格爾本人；尼采觀點，也比尼采後輩較爲尖端；肇始者（original）比凡人（pedestrians）之見，更爲高明。

德日進的科學假設（如宇宙發展之演化論），是他的基督教學中心之世界觀基礎；純就科學假設而言，本身是可以修正或增補的。唯一可作爲今後哲學界

該從他的世界觀獲取的一種靈感或收穫，乃是他所言的基督信仰，不受時空所限而淪爲「教區型的」（parochial）或「陳舊性的」（outdated）。他不輕視此世而只寄望來生，且一再地肯定現實世界，也期望勿把科學與宗教視爲兩立，不是你死就是我亡，無法並存。開明的「護教師」（apologetics）在聖經版本的闡釋上，已不取與科學相左的論點。一心爲科學致力者，及全意爲信仰獻身者，即令二者並無「邏輯上的不相容」（logical incompatibility），但「心態」（mentalities）之有別，是意料之事。德日進在此一層面上，竭其力試圖讓二者握手言合。此種用意，動機可嘉；但是功效如何，則有待觀察。

二、馬賽（Gabriel Marcel, 1889-1973）

(一)生平與著作大要

1. 與德日進都屬基督教神學家，生於巴黎。父先是天主教徒，後轉而爲不可知論者（agnostics）。曾擔任法駐瑞典傳教士（minister），母信猶太教，但生馬賽不久即告別人間；馬賽由改信新教的姑母教養，對道德感甚爲執著。

德日進之關注人，是把人放在大宇宙中；考古學出身的他，從「萬有始源」（cosmogenesis）之探討，歸結於「人」上。馬賽也以人爲中心，但強調的是人的「內在世界」（inner world）。前者的生命觀或人生觀是「巨觀」（macrocosm），後者則是「微觀」（microcosm）；前者視科學具有極高價值，後者則強調內在的自我反思（introspections），集中於自我上（self-concentration）；人際關係（personal relationships）之意義，是他心思的焦點。與時人相比，黑格爾、柏格森、懷德海之構思，似德日進；大而化之，齊與同之勢較明。馬賽則以個體的自我爲哲學的興趣所在，異與別就明顯。德日進的學說，雖時有曖昧不明處，但整體言之，還能爲讀者理出其大概。馬賽則常對別人之質問避而不答，沉默以對，甚至認爲對方不該有該問，因爲基本設定（assumption）已錯。

2. 沙特及一些存在主義者，常把馬賽歸類爲「天主教存在主義者」（Cath-

olic existentialist）；馬賽本人則不願被貼上此標籤，基督徒的身分不容置疑，但封他為存在主義者，他卻大有意見；最主要理由，是擬與沙特互別苗頭，不願與之「同流」。其次，他的思想是植基於經驗的，否認有「先驗」（*a priori*）在，但也難以視他為經驗主義者。他別出心裁，是獨特的、奇異的；就算他是史上某一大哲的後輩，他也不買帳。他的一位學生有一次稱他走「新蘇格拉底主義」（neo-Socratism）路線，他才鬆口說，此種頭銜是最少錯誤的。因為他質疑問難的態度，類似希臘大哲學家，卻又不願與「懷疑主義」（scepticism）有任何牽連。

8歲隨父到瑞典首府斯德哥爾摩（Stockholm）一年，回國後入學於古文中學（Lycée），成績亮麗，但厭惡於當時的教育制度，只醉心迷於音樂及想像，還試圖寫劇。畢業後入學於沙邦，為心論說所著魔，謝林哲學頗中他的心意，但不久也棄之而去。菲希特的說法惹火了他，對黑格爾也不信任，卻也欽慕之。一戰時他參加法國紅十字會（French Red Cross），因健康因素，不能赴沙場第一線衝鋒陷陣。由於實實在在的體驗，了解到抽象哲學與人生之存在，二者距離何止千里。一戰後他任教於多所學府，教授哲學一科。由於在文學、戲劇，及音樂辯論上的成就，使他獲得不少獎項。常以不同主題如流亡、被俘、別離、忠貞、希望等，發表他的觀點，反映出德軍占領法境時人民的處境。現象及存在事實，一一予以剖析，不愧被稱為法國現象學家及存在主義思想家。

(二) 人生無時無處都是哲學思考的出發點

1. 力學始祖阿基米德（Archimedes, 287?-212B.C.）擬先找一「定點」，作為力學研究的出發點；該定點既確實、穩固，又不疑。不少思想家把哲學奠定在數學或邏輯上，因為其「前提」是公設或定理，既抽象也是共相。馬賽的心思，卻反其道而行；走的是「具體路」（concrete approaches）。他作了一個譬喻，比如說一位化學家發明了一種物品，在店裡可以買到，購者並不用心思索該科學家用什麼方法製造出物品，但把耕耘及收穫，當成是兩回事。馬賽認為哲學家不

許如此，就如同胡適常舉的名言：要怎麼收穫先怎麼栽。學者包括科學家及哲學家，這兩種人之心思，極大部分都與個人有關。有些人之所以致力於某種研發疾病之療程，極有可能是他的親人患有此疾而痛苦難堪。個人因素主控了人人的行為。哲學思考的個人性色彩，極其濃厚，無一共同的出發點。哲學家個人的情境，說來也話長，不能三言兩語就乾淨俐落地交代一清二楚。有人向他請教是否可以長話短說，他只好以聳聳肩回應。內心想，提出此要求者，既蠢又笨；若有哲學史家濃縮這位法國哲學家的論點，他就評為不夠詳實而莫可奈何。

2. 可以一言以蔽之的是他是一位「基督教存在主義者」（Christian existentialist），對天主教信仰極為虔誠。但若進一步以為，他的哲學「一定」以天主教信仰為依，卻又不符事實了！他在1929年（40歲）才改信天主教，主要緣由，不純只具哲學因而已。之前他在形上學刊物上就發表不少文章，如同遊民一般地四處漂泊，尋覓人生險境是否有避風港。1933年寫了《破碎世界》（*The Broken World, Le Monde cassé*）一劇，落幕帶有哲學意味的寫道：該劇是「本體論的神怪小說」（the ontological mystery）；把破碎世界描繪成如同一種「功能化了的世界」（the functionalized world）。個體對己及對人，都如同是一種「功能的凝結」（an agglomeration of functions）。功能有如下兩種：一是活力功能（vital functions），是生命力之所依。二是社會功能（social functions），如消費者（the consumer）、生產者（the producer）、公民（the citizen）、收票員（the ticket-collector）、月票通勤者（commuter）、退休公務員（the retired civil servant）等。

人因此「分崩離析，支離破碎」（fragmented）了；現時趕去教會（churchgoer），又是辦事員（clerk），又是家庭中的一員。就醫學而論，個人隨時都經過藥物的翻修，如同機器換零件一般。完全壞了，就說死了。功能化的世界是「空的」（empty），「失去活力的」（devitalizeal）。兩種程序在其中進行，一是「原子化」（atomization），一是「集體化」（collectivization），朝向「活力化」（vitalization）的過程中，互不相讓，導致於「活力消失而斃命」（devitalization）。難怪人生問題層出不窮，在破碎世界中，人都破而成碎片。

3. 本體論上的這種「神怪」（mystery），如何變成哲學「問題」（problem），若以爲二者分界一清二楚，沒這回事！他所用的「問題」這個語辭，指的是可以純粹客觀予以解答者。不，卻得把提問者也包括在內，這才是問題的所在。他舉自己對數學問題的解答爲例，「有可能我對解數學題極感熱衷，解決之，對我來說，也頗爲重要，尤其應付考試時。解題成功，得高分，有益於我的職務升遷。」但解題者不只有我，有他人，甚至由機器也可解。一旦解了，就可交卷了。但「問題」眞的解了嗎？不該只看結果，猶如不許只以成敗論英雄一般。

首先，「問題」（problem）的得到答案，解題者（己、人，或機器）與問題本身，是截然二分。一主體一客體，一在內一在外；至於「神怪」，是解題者介入其中，而非當局外人。科學家解「我是什麼」（what am I）時，用分析解剖地把我說成「我是有肉體者」。這與「我有一把傘」（I have an umbrella），又有何兩樣？只從「外」而不由「內」來解「我是什麼」，眞是「神怪」！科學解題是「第一階反思」（primary reflection），哲學解題該是「第二階反思」（secondary reflection）。

其次，以「愛」「望」（love, hope）爲例，男女相愛，不是只探抽象式，而是具體地結合成一體，也非冷冷地要求了解「什麼是愛」（what is love），只把對方當個整體而不融入其中。冷冷地把愛作邏輯解析成什麼元素，訴求於一種「權力意志」（the will to power），把愛當成好遙遠而不是相愛者的水乳交融，及由中而得有活生生的體驗。前者支離，後者凝結；「神怪迷題」，也只能由後者才能去惑。

此種第二階的反思，將個體（being）納入環宇整體（Being）中。此時，對愛及望的感受之情（feeling）更殷。以兩人相愛爲例，設若一方已身亡，科學無法使之復活，更不可能將彼此肉身使之雙方「體貼」在一起，但卻有一股「我倆」（we）之結合感，猶如「道成肉身」（incarnation）的天主教信仰一般，二

者之「心」永浴愛河裡。「我汝」（I-Thou）已成連理枝，比翼鳥，永世共存而不離。此種「創出的忠誠信守」（creative fidelity），不只呈現在前，且絕不中斷。

愛或望，是一種「邂逅」（encounter），不必藉科學予以證明（prove）「互為主觀性關係」（intersubjective relationship），尤其是與上帝的邂逅，那是可遇不可求的。先從內打開門窗，愛及望此種「時時可得的概念」（the concept of availability, *disponibilité*），是馬賽在論及「個人關係」（personal relationship）時，把人之外的他或物，人與己，雙雙嵌入。特別著墨的是如此的人，是具有超越「自我心思」（egoism）的人格者，且也在「互為主觀」的領域內，遁入形上境，跳脫語言學或現象學的字義解析之外。

視人為旅客，將演化論觀點從第二反思中排除；也把「問題」納入「神怪迷題」中，去科學而入詩歌，詠之唱之。科學高唱「去人格化」（depersonalization），難免引發馬賽的憂心，現代文明更加速其進程。1947年，他與德日進共同討論「物質組織或建構」（material organization）與「精神成熟」（spiritual maturity）問題時，德日進如同往常的樂觀以待，他則以疑問之。集體化（collectivization）及科技社會（technological society），是否會步上竊火者普羅米修斯（Prometheus）之路，離上帝而去。末世論（eschatologicalism）主張，善，終將得勝，因有宗教為其根底。科學假設並非一無是處，演化論此種科學假設，憑證據說話。但科學總不該氾濫成災，侵犯形上學地盤。進步說法，並不是如同科學家所說的那麼樂觀。

本節所述的兩位宗教思想家，都關心人及基督信仰。德日進一廂情願地認定人生是多采多姿的，雖不必然是玫瑰色（rosy）。馬賽則相當程度地對此有所保留；不過，有時呈現的語意曖昧又多變，讓讀者捉摸不定；這是詩人式的哲人易犯的通病。

第三節　沙特（Jean-Paul Sartre, 1905-1980）

存在主義是十九及二十世紀的顯學之一，極有可能在二十一世紀也風光依舊。該主義的要角有多人，卻各自在存在主義的定義上，難能一致。沙特於1946年出版暢銷書《存在主義及人文主義》（*Existentialism and Humanism, L'existentialisme est un humanisme*，英譯1948），且四下演講時，向聽眾表明，存在主義有下述兩種：

一是基督教存在主義（Christian existentialism）：他舉雅斯培（Karl Jaspers, 1883-1969）及馬賽（Gabriel Marcel）爲代表，二者都有天主教的信仰。

二是無神論存在主義（athesist existentialism）：以海德格（Martin Heidegger, 1889-1976）及他本人爲代表。

事實本身是會說話的。雅斯培並不是天主教徒。海德堡大學（University of Heidelberg）出身的這位德國哲學家也是母校哲學教授，認爲哲學該爲人的存在發聲，強調人的自由。由於妻子是猶太人，因而不見容於希特勒的排猶政策，而受到不少迫害。至於前節已述的馬賽，確是位天主教徒，但他壓根兒不願被貼上「存在主義者」標籤。至於海德格，早就公開與沙特決裂，不願與之同行。雖非基督徒，卻不喜他人稱呼他爲無神論者。沙特本人對存在主義一辭，提出基本論點，即令該主義的定義難有同調，他本人並不否認他的哲學就是存在主義哲學。

此外，沙特還認定「馬克斯主義」（Marxism）是當代一部活生生的哲學，即生命哲學。但他並不背對存在主義而去擁抱馬克斯主義，倒是認爲二者同於一湖。將存在主義的活水，注入僵化的馬克斯主義，使之復活再生。

此外，沙特除了對純哲學議題發表論文之外，還寫小說，編劇本；更見洛陽紙貴，廣受公眾歡迎。因之，不少人在印象中，不視他爲一位學院派的嚴謹哲學家，身分比較像是文豪。他的思想，淵源來自於德國者多，還不時向馬克斯主義頻送秋波，眉目傳情。究其實，他具多重身分，小說家、劇作家、哲學家、社會及政治改革家，分身這麼有術，又名滿天下，謗也就隨之。有人認爲他思考不嚴

謹，應該隱身躲在巴黎咖啡屋（Parisian cafe's）杜撰文稿即可。不過，沙特英才煥發，智力高人一等；他的哲學稟賦，分量頗重，在法國曾風靡一時，沙特迷更四下可見。

一、生平及著作要旨

(一)求學及寫作

1. 尼采辭世（1900）後五年，沙特誕生（1905），他於年近六十時（1964），有憶兒時之作（*Les mots*，英文譯作書名為*Words*，於隔年出版）。19歲（1924）入師校（Ecole Normale）就讀，四年之後，法國師範之揚名於學界，又添加了一具體實例。他專攻哲學，畢業後也在數所學校擔任教職，於1933-1935年在德度過兩年；先到柏林後在福來保大學（University of Freiburg）。回國後除了續執教鞭外，還於二戰時入伍，卻被俘。幸而隔年（1941）即獲釋，遂轉入地下積極對抗納粹在法的傀儡，一生中未曾在大學教過書。

2. 二戰前，為文發表觀點，1936年論及「自我」（ego, self）及「想像」（imagination），1938年更以《嘔吐》（*La nausée, Nausea*）而成為名小說家，作品都有英譯。筆者出生之年（1939），他為情緒（emotions, *des.êmotions*）及親熱（*Le Mur, Intimacy*）等議題提出己見。1943年，道道地地的一本正式的哲學論著出版，即《有與無》（*L'être et le néant: essai d'une ontologie phéno-ménologique, Being and Nothingness*），初試啼聲即音如洪鐘。同年《蒼蠅》（*The Flies, Les mouches*）一劇也公演於世。其後作品無數，是一個多產的作家。此外，試圖把馬克斯主義與存在主義兩相結親的論文，《一個方法的探索》（*Critque de la raison dialectique, Search for a Method*）也在1960年出世，都引發學界注目。英語世界更將他的作品一一予以英譯。

3. 思想淵源：沙特認為百年來，法國人都享受著「笛卡兒式自由」（Car-

tesian freedom）。笛卡兒是主智論者（intellectualist），提出自由的性質及此種自由觀，橫掃法國及歐美哲學界。「反思的程序」（a process of reflection），導出「我思故我在」這一名言嘉句。但反思的結果，卻反彈到笛卡兒學說本身，迎或拒，必然出現。他本人就是最好的例證。其次，來自於德國學者如黑格爾、胡塞爾、及海德格，也左右了他的心思。但他並不照單全收。此種為學心態，使他不至於悉數前規後隨，或只是作先人的應聲蟲，卻時而有評論，也予以反駁。不過，笛卡兒的思維術及理念，是他為學之所依；德國哲學家也提供他不少靈感。倒是來自於隔海對岸的英國經驗主義，難以占據他的心田，雖也論及柏克萊或休姆，但次數與歐陸學者相較，不成比例原則。簡言之，聞名的笛卡兒主義（Cartesianism）及異地移栽過來的現象學（phenomenology），乃是他為文論及自我、意識、想像、情緒等論文的內容，尤其對笛卡兒及胡塞爾兩人學說，獨有厚愛。

> 凡同於先人或他人理念的部分，不必重覆，離異點倒有必要說明。

離異點有二，一是意識（consciousness），是胡塞爾現象學的主要名詞；二是「我思故我在」（cogito, ergo sum），是笛卡兒為學的出發點。

(二)「意識」及「我思故我在」

1. 胡塞爾說，「所有意識都是對某事的意識」（all consciousnecs is consciousness of something）。這裡的something，指的是人、物、事等萬有的一切。一張桌子擺眼前，我看到之後，等於我意識到了，覺察到該桌子在一個空間裡，近窗或近門等等。英國經驗主義哲學家所言的，「覺察到了或感受到了」（perceived），胡塞爾把它換成「意識到了」。由「意識」（consciousness）所建構的現象學（phenomenology），也是胡塞爾哲學的主要內容。沙特即在「意識」這個字眼上作分析。意識有許多層面，有情緒的，也有幻想的。就情緒面而言，

比如說，懼怕，人之所以怕，一定是在怕某人或某事，但他人或許認爲沒有什麼好怕的。形成「怕」的意識者，在反思時，或許也意識到「沒什麼好怕的」（there was nothing to be afraid of after all）。眞正有過怕的意識者，先是產生怕之情，這是「初階」（first order），即必有某人或某事引發了「怕之情」。此情「轉變了世界」（a transformation of the world），也以此情來觀世界。

　意識因之有前有後，將意識予以「反思」，稱之爲「反思意識」（reflexive consciousness）；反思之後，情緒或想像，也生變化。反思之前的意識（pre-reflexive consciousness），也就是意識的「初階」。B愛A，與B思及愛A，是兩回事；前者是行爲或舉動，後者是靜態的內思。B愛A時，A本人是B的客體；B思及愛A時，則「B思及愛A」變成B的客體，二者是有別的。

　2. 笛卡兒的「我思故我在」，前「我」與後「我」，是有別的；「我思」之後才「我在」，未「我思」之前，「我」是什麼，胡塞爾認爲把它「括號」起來（bracketing），存而不論。此種現象學，沙特是排斥的。既「存」又怎可不論呢？我思之前的「我」，是「初階意識」；笛卡兒的經典名言，只關注在「反思意識」（reflexive consciousness），而不慮及「前思意識」（pre-reflexive consciousness），也就是「初階意義」（first order consciousness）。在初階意識之「存在」（existence）與反思意識的存在上，笛卡兒只提及後者，沙特則慮及前者。初階「超」（transcendence, transcend）於後階，但並非超出人類經驗之「外」，也非外物之抄本或影像（copies or images of external things）。

　3. 舉例以明之，初階之意識，具有想像性；以爲一好友A在眼前，但眞實經驗界中，此時A並未現身。意識的客體或對象，當然是A，且是眞眞實實的A；但「想像」A立於前，是A與想像者二者之間的關係，A成爲「想像的意識」（the imaginable consciousness）。想像的意識並非可以無的放矢、暢所欲爲、任意創出一種不實的境界；或是沙特所言之「幽靈」（phantom objects）而不面對眞實世界，「反世界」（antiworld）、逃避（an escape），或「負面以對」（a negative of it）。他所言的「負面」，當然含有想像在內。比如說，想像不在眼

前的A立在眼前；不在眼前，此事不容否認，但卻試圖征服或否定A不在眼前的事實，而想像A在眼前，這都是「反思意識」（reflexive consciousness）所造成的結局。他在《想像》（L'imaginaire）一書中，費了不少文字，書及想像及夢的病理學（pathology）。把虛構故事中的不實人物或情節，意識爲眞實；反思之後，才發現是一種幻想。但反思之前的「初階意識」，卻針對它而來，甚至把即令是虛構，也當成是一種眞實。致「病」，也就源於此。

「想像意識」（Imaginary consciousness）有其特徵。想像力是一種情意的發揮，自以爲可以「翻轉世界」（a transformation of the world）；縱使不能發生實質的成效，心中想像有個奇魔般的世界（a magical world），來取代「因果早定」的世界（the world of determinitic causality），也「企圖式的」（intentionally）扭曲或著裝於某事或某人身上，甚至將某人的語言表達或行動，採取惡意解釋。愛恨情仇等情緒或想像，都由反思而生，也因反思而生變。「反思之前的意識」（pre-reflexive consciousness），此種「自我意識」（self-consciousness），正是沙特在《有與無》一書中操刀的部分。支那魯迅（1881-1936）之《阿Q正傳》，或蔣介石（1887-1975）下令全臺牆上遍寫「反共必成」、「殺朱拔毛，消滅共匪」等標語，都是「自我意識」作祟的寫照！

初階意識帶有「超」意，以「桌子」（a table）或「燦爛的日落餘暉」（splendid sunset）爲例，對之生出「意識」，都因有「我」（me）介入其中。胡塞爾的現象學，著重於「反思之後的意識」，沙特則往前探究「反思之前的意識」；將意識分成兩端或而極，似乎都有點深奧莫測的哲學文字或觀念，難怪不能把沙特當作只是舞文弄墨或遊戲於小說的業餘作家（dilettante）而已。

二、「現象」（phenomenon）論

(一)「現象」的描述

　　1. 將「現象」當成是一種「表相」（appearance），背後有「本相」（real-

ity or essence）；本相是不外露的，不現身的。此種解釋，沙特希望該有所保留。以人人能知悉的桌子為例，桌子可供坐用；桌子的「表相」與「本相」（實相，reality）二者有別，前顯後隱。此說，不是現象學的主張。現象本身所展現出來的，正展現出其「本」（essence），也展現其本的「存在」（existence）。以桌子為例，桌子本身並不只指現時或此地呈現在我之前而令我生出意識到它存在而已。柏克萊以為「能感知的即存在」（to be is to be perceived），此說法太過單純化了。呈現於外的表面現象，可能性及數量多到無法勝數，只舉其中的一種表相作為桌子的實相本身，這是不當的。把「表」與「本」二分，或如柏克萊的把「表的總合」作為「本」，也都不妥。

　　沙特取古希臘帕米尼德斯（Parmenides）的說法：「有就是有，有本身就是有本身」（Being is. Being is in self. Being is what it is）。但此種說法，也令人莫測高深。以桌子為例，桌子有別於桌子之外的他物，桌子之用途也非他物皆可取代；對桌子之生出「意識」，只有人才有，也只有人才給桌子某些定義。因此，桌子之存在，關鍵點在「意識」。取亞里斯多德的四因論來解桌子之存在，一是質料因，即桌子的質料是木頭；二是效能因或目的因，即桌子之功用，可以擺上東西，可作燒火用，甚至可當破城槌（batteringram），攻可，守也可；也具審美意；三是形式因，即桌子的形狀；四是動力因，即木匠的作為。僅僅只是意識本身，不能使桌子存在與否；其存在，不是意識所創。桌子之存在，本身是「不可置疑的」（It indubitably is or exists），桌子就是桌子。桌子有工具意義，人人皆知；桌子「就在那」（de trop, just there）。此種工具意義性，使萬物皆生關係。海德格也如是說，更採取黑格爾的正反合辯證論。以桌子為例，桌子為正，非桌子為反，二者之間都常有時空關係；遠近的意識遂起，相互有別的觀念也生。亞里斯多德的潛能論（potency）及實現論（act），也全在其意識中。如桌子可當薪柴（fire wood）用。

　　2. 在意識上，世界所呈現的是，萬物皆有彼此關係，且關係帶有「智」意（intelligible）。「天生我才必有我用」。萬物之存在，也自賦價值與意義，不

是胡亂「併置安裝」（juxtaposition）的。世界所呈現的，若不從「意識」面來說，則都只不過是一團晦暗不明又不清的「存在本身」（being in itself, *l'en-soi,* the in itself）而已：但一有「意識行動」（the activity of consciousness）之後，呈現於世人眼前的，就與「意識行動」之前的，有時也天差地別了。「反思意識」不同於「前反思意識」；反思之後的「存在」，也與反思之前的「存在」，二者形同霄壤。

「存在就只是存在」（to exist is simply to be there, *de trop*）。存在不需什麼理由（gratuitous），極為廉價，存在就是存在；在《嘔吐》這部小說裡，就是如此。男主角坐在公共公園裡，產生一種印象，發現周遭的人及他本身，都只是多餘的角色，可有可無（contingent），人人的視野絕無相同者。登山攀崖的冒險者與從遠處旁觀享其「美」景者，意識上自有出入，彼此角度有異；自認一清二楚者，對方可能評為模糊昏暗。當然，人人意識有懸殊，但也有同；比如說，就工具面來說，共識又共趣之意識較多；若有「區別」（distinguishing），沙特以「負」（negation）視之，也就是否或反；這些都種因於己的意識有別於人之意識使然。

(二)意識與自由

1. 「存在本身」（the in-itself, *l'en-soi*）是《有與無》一書的主要概念；另一核心要旨即「為存在而存在」（the for-itself, *le pour-soi*）。沙特的存在主義，對人之存在尤感興趣；其中，人的自由（human freedom）是他哲學的要旨。「為存在而存在」，是評論自由的議題。

「存在本身」是「濃密的」（dense）、「硬塊的」（massive）、「滿滿的」（full），不可能安放著「無」（nothingness）。對有意識的人而言，意識既是對「某物」的意識，則「意識」乃有別於「某物」。某物是密不透風的，但是，「有」這種人的意識，要將「有」的「正面」（positive）變成「負面」（negative），或常以「虛無化」（nothingness）與之「疏離」（distantiation）

或「隔絕」（separation）；把「有」（being）當作「無」（nothing）；意識活動，就等於是「虛無化過程」（a process of nihilation）。一張紙之存在，是「有」；但在人的意識裡，人一旦遠離該紙，就不能說人就是紙。

在美術畫廊上聚精會神觀賞一幅畫時，把其他展出的作品或他人或他物，都視之爲不撓我心者；不只消極地視其他的「有」爲無，且也積極地心無旁鶩。因之，意識「本身」（in-itself），是一「存在」（being）；與意識到的「別物」（如一幅畫）（something），是「不存在」（not-being），二者疏離且予以區隔。事實上，沙特本人並未在此一層次上給世人進一步的清楚交代。

2. 一切存在中，只有人存在著「自由」問題，其他有生命體，不生此問題。「自由」此一「存在」（existence），「先」於人這個「本質」（essence）。笛卡兒以人之「思」，作爲人的「本質」，因「思」而肯定「在」。沙特反之，認爲「在」先於「思」，「我存在故我思」；「存在先於本質」（existence precedes essence）。只有人才有「自由」的存在問題。因此，就人而言，人的自由，先於人的一切；而非人的一切，先於人的自由。人的自由，也等於是人的意識。意識之生，不是「自因」（*causa sui*）。人本身以及人本身之外的他「物」，才引發人的意識；自由只賜予人，故自由是因人而存。人之成爲人，是人自己決定的，也非事先就早已定的（predetermined）。人要走的路，不是如同鐵軌一般，只能依軌而駛又不能出軌。人要走什麼路，都依人的「自定」——自由決定（free choice），上帝在這方面並不介入。無神論者對沙特此一說是首肯的。存在先於本質，沙特認爲該說法與上帝無涉。人的存在，之中有了自由，方使人異於動物的獅子、植物的玫瑰，或礦物的石頭。人的行爲都是自我抉擇的結果，人人的抉擇不同，因之，人人之有別，各如其面。

3. 此處所言之行爲，當然是指「反射性行爲」（reflex acts），也是「意識行爲」（conscious act）。意識行爲就是自由行爲，與決定論（determinist theory）大相逕庭。事實上，人的行爲受到不少限制；受限之因，有內有外，有主觀的也有心理的；有環境的，也有成長期養育上的、教育上的、社會壓力上的。其

次，若一個人的行爲是可預測的，猜想某種情境中，該人「必」有何作爲；且當吾已對A所知越多，預測的準確度就越高。因之，堅持人的行爲是絕對自由自在，必與事實相違。

自由並不是通行無阻，卻每多荊棘叢生。有些人的意識，認爲障礙必須征服，甚至作爲跳板或踏腳石，阻力反而成爲助力；有些人意識到困難的高度太高，無法越過，難度或複雜度太強，己力未逮。以沙特自己舉的例，如擬到日本渡假，由於儲蓄不夠無法成行，可改在較近的英吉利海峽對岸某城，也可使渡假如願以償啊！「選」（choosing）是關鍵字。天無絕人時，且通往羅馬之路並非只有一條。勇將或懦夫，難以界定成二分。忍跨下之辱者，是君子報仇，三年不遲，何必猴急？危機就是契機或轉機。意識上該在此下功夫，惡境當成機會，破繭而出或被吞噬，依人的自由意識而定。

4. 外力無法征服時，不必如螳臂擋車般的愚蠢。人身處時空中，意識盲動，或力不從心，甚至掩飾過去的己行己言，不如「面對現實」（facticité）。「暫時性」（temporality）問題，頗費思量，正可當意識的主題。「虎落平陽被犬欺，千山萬水也遲疑；寬心且待風霜退，還君依舊作乾坤。」古、今、未三者，要整體思量，蓋棺都不見得可以論定，何況意識還停留在時空中。現在的「本質」，就是過去之積（Essence is what has been, *Wesen ist, was gewese ist*）。船過就船過，船過水痕就是船過水痕。「往事不堪回首」，也不能更改，只有從頭來一遍，才有可能不蹈覆轍。其中「擇」（choice）及賦「意義」（meaning）於意識，大展自由的揮舞天地。完由由過往決定者，已非人的本質，更非意識的人。往者已矣，來者可追，這才是「意識」之所在。

人既有意識，自由也伴之而生。有人以爲自由之賜予人，是對人的一種咒詛與責難（condemned）；加上自由與責任兩不分離，「苦惱」（anguish, *angoisse*）伴隨人一生；心境類似於站立峭壁懸崖者，一睹深淵，吸引力及排拒力雙湧而至，一意孤行等於在欺騙自己。上帝的旨意，先天的遺傳基因，幼時的家教及學校環境的左右，這些藉口，都讓自我陷入一陣暈眩（vertigo），「苦惱」

源於此。一陣暈眩時，人的舉動絕對無法可測，明智的解釋也使不上力。A如向B請教以解惑去疑，要是B的立場態度及論點，早爲A所熟悉，則請教之前，A早已有定奪。若A早知B正處於暈眩狀態，會提出合乎A已定的解決方案嗎？

沙特極力撇清時人對他的一種印象，以爲他鼓吹道德的無政府主義，且在價值選擇上可以任性而爲。選A不選B作爲具有價值的道德，乃因A之價值較具普世性。自己看上自由的價值，必因在意識裡認定別人也一定看上自由的價值。因之「擇」是帶「責」的。二戰中一年輕人向他請教，留在法照顧媽媽或赴英參加法國解放軍；他不回應，心中祈求年輕人自決。

其次，人是自由的，人靠人，夠了，不必依上帝。行動由人發號施令。信神者認爲上帝給人獎懲，沙特認爲獎懲也由人，上帝存不存在，並不重要。

三、沙特與馬克斯主義（Marxism）之關係

(一) 存在主義與馬克斯主義

1. 存在主義與馬克斯主義之出現，都有時空背景，都與價值論有關。沙特秉持的價值觀，不具形上學的絕對性。存在主義哲學在二戰時，支持法國的地下反抗運動（Resistance），理由極爲明顯。至於響應馬克斯主義，則情形較爲複雜。堅持人的自由乃是一切價值中位階最高的存在主義，竟然與一個壓制自由的政黨，即由馬克斯主義而生的共產黨結合，以爲如此可以實踐某些社會理念，這就如同與虎謀皮了。此種決定之智慧，難免遭人挑戰。在歷史的闡釋上，沙特的存在主義，與馬克斯主義，二者也干戈軒輊。沙特接受馬克斯主義，視之爲一種哲學，且是純正又活生生的哲學（genuine and a living philosophy），是否要放棄存在主義或乾脆將存在主義納入於馬克斯主義中？

2. 1946年沙特寫一有關於「物論及革命」（materialism and revolution）的文章。馬克斯視人類爲了克服「自我隔離」（self-alienation），故有需要革命；此觀點，沙特是接受的；但不同意馬克斯的物論（Marxist materialism）。就歷

史角度言之，物論「與革命態度綁在一起」（bound up with the revolutionary attitude）。就政治人物或政治行動派（political activist）的短期觀點而論，物論是滿足革命需求的「唯一神話」（the only myth），是積極主動的；至於有神論（theism），則心態上保守。沙特把物論當作「神話」，但非科學知識也非絕對價值。其次，「唯物論」（dogmatic materialism）更比物論極端，根本不了解人乃是一種既有「自由又能自我超越的主體」（the free self-transcending subject）。馬克斯主義者反唇以辯，堅持他們的物論是辯證式的（dialectical），不同於老式的物論；且在實際行動中也強調人的自由行動性。一旦革命了，則哪有神話可言？不過，革命之後的社會，不盡然都能如預期。存在主義對自由及創造性的注重，乃是馬克斯陣營所省略的部分。

沙特即令確信，「共黨（Communist Party）才是唯一的革命政黨」；但他其後加上數言，不是反擊馬克斯本人，而是對「1949年墨守馬克斯成規者（the Marxist Scholasticism）」有意見。共黨是社會革命的「先鋒」（the spearhead），也是人在自我超越上的矛頭；1952年還為文替該黨說話，也稱頌又鼓舞加入該黨的工人。但他本人並不申請入黨，也持續認為「馬克斯主義」（Marxism）已成為「教條主義」（dogmatism），有必要再生復活；唯一之途，只有把人視為自由兼活動的主體。只要「辯證的物論」（dialectical materialism）維持舊貫，則存在主義就有必要存在，且與之劃清界限，表明思維方式之不同。一言以蔽之，若馬克斯主義把「人」（man）安放在「自然」（Nature）之上，則存在主義就可以告老返鄉，不必再與之互別苗頭。

(二) 二者哲學史觀有別

1. 《一種方法之尋覓》（*Question de méthode, Search for a Method*）於1960年出版，沙特在該書中認為，歷史上出現「一種活生生的哲學」（a living philosophy）時，上層階級處在該歷史時刻，或明或暗，直接或間接地意識到本身的職責。以十七到到二十世紀為例，他發現有三個時刻，可以算是真正的哲學創

作期，形成一種「運動」（movement）。一是笛卡兒及洛克期；二是康德及黑格爾期；三是馬克斯期。

　　二十世紀的馬克斯哲學，是活生生的哲學，無其他哲學超越過它。可惜，馬克斯哲學之活力已不再，卻得了硬化症（sclerosis），生長停頓了。「馬克斯主義的開放性已關，不再是一串鑰匙（keys）；闡釋已式樣化（interpretative schemata）；斷然性的斬釘截鐵語氣，似乎早已抵達確信無疑的知」。他取康德的哲學術語，評馬克斯哲學，把可「調整的理念」（regulative ideas）轉型為「定型的理念」（constitutive ideas）；「自由引發式的計策（heuristic schemes）」也變成「權威發令式的獨斷」（dogmas imposed by authority）了。馬克斯主義者已誤解了歷史事件，尤其是把發生在1956年的匈牙利革命，硬納入「一種刻板的純理論架構」中（a rigid theoretical framework）；加上捷克的尋求解放，棄除共黨枷鎖，但蘇聯的馬克斯主義信徒，卻一味地以殘酷手段予以鎮壓；去殊求共，血洗「殊」（liquidate particulars）的「恐怖原則」（the terrorist principle），是史達林（Joseph V. Stalin, 1879-1953）這個二十世紀全球四大殺人魔王之一的共酋，所採取的最高原則。另三殺人魔王是希特勒、毛澤東，及蔣介石。

　　2. 沙特認為一部活生生的哲學，是一種「全面化的過程」（a process of totalization），但不是「指完成式的全面化」（a totality or finished whole），也非一部已「安裝好的機器」（a fully constructive machine），卻是在進行「整合或統合過程」（a unifying or synthesizing process）；將過去與現在合一，並指向事前還未定的將來。哲學家本人置身其過程中，不是取代上帝的位子，而是將歷史當成「一全部整體」（a totality）。馬克斯主義者卻以為未來早就如所料，歷史途程向該目的進軍，是勢不可免。因之，高談闊論人的自由及創建，是了無意義的。唯一例外，或許只是共黨頭子才能獨享自由及創意。

　　沙特並不否認，馬克斯主義是二十世紀的活生生哲學，由該主義誕生出一股力道，排山倒海而來進行社會及政治運動；卻也不認為馬克斯主義的硬化症，是老耄（senility）所致；「馬克斯主義還正值年輕，甚至還在嬰兒期，剛要發展；

因之還可以稱得上是我們這一代的哲學」。遺憾的是共黨的理論家，已把該主義的原始靈感性忘得一乾二淨。馬克斯主義者實該謹守恩格斯（Engels）的說法，發現辯證是自然（Nature）的事，獨立於人之外；且視人的歷史是自然歷程的延長，雖無可避免；但把人納入辯證中予以實質化（hypostatized dialectic）時，不該把人視爲一種被動消極性的工具而已；則即令馬克斯主義曾被如此地扭曲，卻也可以重新發現它本身原則性的啓發靈感功能。基本上，「馬克斯主義」是一種「人文主義」（humanism）。他引用恩格斯致信予馬克斯的信中一句早爲一般人所知的話，即人自己才爲人造出歷史；當然，人所處的情境也限制了人的行動。只有經由人的自由行動，才是歷史演變過程中的主角。

若馬克斯主義能把人的角色重新找到，重視原則性的靈感啓發，則「存在主義就無理由繼續存在」，可以被吸入、保存，或被超越於一部「哲學的全面性運動」（the totalizing movement of philosophy）中，成爲吾人一部活生生的也正在發展中的哲學。馬克斯主義是唯一的哲學，眞正表達出，人著實是活生生地在這個「匱乏」（scarcity, *rareté*）世界中；在該種世界裡，物質產品之分配太不平均了，才造成階級衝突及敵對。「人文化的馬克斯主義」（humanized Marxism），也可以說「存在主義的馬克斯主義」（an existentialized Marxism），變成唯一的革命哲學。經由此革命之後的社會，匱乏及階級對立已不再，則馬克斯主義就完成了使命，由其後另一「全包型哲學」（"totalizing" philosophy）所接續，即「自由哲學」（a philosophy of freedom）。從物質生產的困局中，廢除奴隸制度；至於社會中無時無刻皆存在的一種「結構性自由」（the structure of *le pour-soi*），則還有賴另一活生生哲學來接手。馬克斯主義是現時的活生生哲學，但不是活生生哲學的完結篇。它讓經驗可及的奴隸制度成爲歷史，使「自由哲學」所言的結構性自由，都是「現身在眼前」（an ever-present reality），成爲無所不在的自由。

四、方法論與批判論

(一)方法論與批判論皆有專書

《存在主義與馬克斯主義》（*Existentialism and Marxism*）一書，論及方法問題；之後更寫一書，《辯證理性批判》（*Critique of Dialectical Reason*），簡稱《批判》作爲前書《方法》之導引。

1. 《批判》一書冗長、誇張、隨筆式的，較不嚴謹，也不易爲衆人領會。沙特認爲「辯證思維」（dialectical thinking），是唯一可以領會歷史的方式。理性論（rationalism）古有畢達格拉斯，中世紀之後有笛卡兒，十八世紀開始，黑格爾等人是主角。要點有二：

一是分析性的理性主義，以十八世紀的理性主義及實證論爲代表。站在旁觀者立場作壁上觀，還將新事實化歸爲舊事實來解釋。因之「對於新穎性的領會」或有不足。這是沙特給予的「批判」。

二是辯證性的理性主義，以「正」（thesis）、「反」（antithesis或nega-tion）、「反反」（the negation of the negation）爲程序；不把新納入舊中，也不將「全」（the whole）化於「分」（parts）裡。新與舊不是一再的反覆，而是「不能回轉的」（irreversible），也是「不能各自化約的」（irreducible）。新必有與舊不同之處。整個變化都是一種動態的過程，「新」一再地出現。在「自然」及「人」二者中，雖都屬「全」或「整體」，但「人的行動」（human action）最爲特別，表現在歷史及人的演化中，可以作爲「未來人類學的序論」（prolegomena for every future anthropology）。雖「批判」一辭，仿或「抄襲」（parody）自康德的《批判》，卻別有所圖。因爲「人的行動」（human ac-tion）都指向未來，他取之名爲*praxis*！意即「對未來有所圖的人之行爲」。

2. 「批判」一辭雖源於康德，但他認爲歷史進程不是純形式的，卻一再強調歷史是人造出來的；辯證亦屬人爲的，不是早已先定的。把歷史闡釋爲一部形同機器般運作的辯證歷程，如同馬克斯主義者之所言，甚至把人只當傀儡一般

或工具來把玩，硬納入辯證法則中，這在自然界或許管用，卻在人的世界裡，無法讓他認同。《批判》一書，尤其指出辯證的歷史程序，不能只言「自然」（Nature）而不涉「人」（man）。「自然」誠然非人力所造，但「人」卻是人「智」（intelligence）之所為。人生存於物質環境中，物質環境左右了人的行為；但自然環境（物質環境）與人，二者之間是相互的。在某一限度之內，人可以改變環境，由改變過的環境組成一種新的「客體對象」（a new objectivity）；該「客體對象」又變成人的行為之「先決條件」（antecedent conditions），其中的變數多。人與社會環境的關係亦然。人遇社會壓力，這是難免的，時代環境考驗著人，但人應該不完全由其所縛，卻該「創造」新時代環境，這才叫做人的 *praxis*，即人的行動（human action）。

因之在《批判》一書中，他花了不少文字，特別強調一種「結構上的人類學」（a structural anthropology）。奠基的智力即 *praxis*（人的行動），是一部辯證程序。以生產工作為例，人是工人，人與生產品二者「隔離」（alienation），二者「相背」（negation），人成為產物之「奴」（a prisoner of his own product），因之產生「操作遲緩」（practico-inert）現象。若在過程中欠缺人的自由性或創意性，則「負」加上「負」（negation），負的後果更為嚴重。解套方式即人「意識」到負中有正，「自由行動」（free activity），才是合乎 *praxis* 一字的真諦。簡言之，馬克斯主義只要把存在主義一針注射下去，就可以復活重生，也就可以成為當今活生生的一部哲學。

(二)歷史是人造的，過程是辯證式的，有正有負。

1. 沙特在《批判》一書中使用一些令人看而生厭的專門術語，事實上大可不必。人是一部活生生的有機體，以有機否定（negate）無機。人之所以活，必仰仗「需」（need, *besoin*），如食物此種需，就是「否定的否定」（a negation of the negation）。有機體的人有了食物之後，「本身超越」（transcend itself）在食物之上。人不是米，人與米都處於「否定」的一方，但不少人不食米就餓

死。有了米之後，人轉換了物質環境；食米之前後，人都是一個「全體的整體」（tolality）。但過去、現在，與未來的整體，不完全等同。米是大自然中的一種，非源自於人。自然對人的有機體甚至生命，時而是一種「脅迫」（menace）或「阻礙」（obstacle），是「死亡之險」（threat of possible death）。就此一層面而言，人與自然是對敵的反方；在《有與無》一書中，意識到「有本身」（being-in-itself）之可能死亡；知悉自然對人之「生」，是一種「毀」（destruction）。人與物，都屬於being-in-itself，死亡之人就是物。但人卻把物轉換為工具，使現在的人異於未來的人，這才是praxis（人的活動）。人與物之互動，本身就是辯證式的，循環不已；他名之為「辯證的循環」（dialectical circularity），人與物皆「屬於其間」（mediated）。

2. 上述是個人面，集體面亦然。兩工人相互同意互換產品，雙方都歡喜甘願作為「工具」，也互悉praxis。不過在「匱乏世界」（a world of scarcity）時，則彼此不是互助而是形同水火。此時，由個體而形成的集體，必與個體反目，即令一方置另一方為奴僕時亦然。該種「整體」（unity），是外力促成的（unity comes from outside）。這種說法，在《有與無》一書中屢次出現。有些狀況，整體性的意識來自於第三方；沙特稱渡假中的資產階級為第三方。這位有閒者從窗戶目睹兩位工人，一在道路作工，一在花園除草，他是旁觀者。三者的行為，都是praxis（人的行為）。資產階級者與另兩位工人的行為是不同的，相異的，且旁觀的第三者也不干擾兩位工人。但若第三者是工人的壓榨者，則兩位工人的「我倆意識」（we-consciousness）必起，休戚與共，同仇敵愾。

工人之嘗受壓詐感，一種主因乃是「匱乏」（scarcity）。「自然」（Nature）本身又哪有「匱乏」？匱乏乃因人而起，且也因人「生」之需而起。就物質環境來說，把自然界當成是一種對人生存活的威脅，自然界反彈在人身上，就把本是同伴者變成仇敵，衝突、暴力、壓榨情事遂生。沙特所指的匱乏，是產物、工具、工人、消費者的匱乏，難以使人維生。社會上乃有「有」及「無有」（haves and have-not）之分，結果引發了戰爭，食人者及食於人者對立。馬

克斯主義者咸信，工作勞動及工具使用，是社會組織的基礎；他則更往前推到人與人之間的「反」（negation）。當然，己與人之「反」目以對，也種因於「匱乏」。肇緣不在「自然」，而在「人」。

人為了免於匱乏，人就製作機器或發明工具來征服物質環境，但結果卻變成「人反人」（counter-man）。沙特說，支那農夫的「征服天」（against Nature），是把林地轉為可耕的農地，結果大雨一來，即泛濫成災，無林木可擋傾盆而下的雨水。對人的「最後作為，自然是予以反擊的」（counter-finality）。本來擬化解匱乏而出現的工業化社會及機器發明，反使人與人之間的相背情，有增無已，人淪為機器之奴。人造了機器，機器對人的反擊，是把人降格，人反而沉淪於受機器所操弄（practical inert），受宰割。人自己遠離人本身，自外於自己，也與己極為陌生。

3. 機器一使用，技術的巧劣，乃把工人一分為二。受制於機器之下的社會，也形成不同的社會等級。工廠裡的任一工人，都為了謀生而操作機器。他接受馬克斯主義者的說法，生產模式決定了社會階級的性質；工人之集結成群，也因機器種類或功能之不同而分。機器取代人工之後，工人之「惰性」（inert）及倚賴性增加，人性相形減少。人不是「主」，反而是「僕」。「人為人本身」（man for-itself）的自由性雖還在，但人已自外於自己。本為「賓」的物或機器，反而鳩占鵲巢，喧賓奪主了。甚至嚴重的是人失去了自我，把自己當成是路人，迷失了，尤其迷失在「集體」（collection）中。

人發明機器，本該是機器的主人，結果反而主奴互換。但需知，此時人仍是自由的。把工人集結成群，為共同目的打拼，一旦短暫又立即性的目的已達，如1789年7月14日巴黎市民蜂湧於巴斯底監獄（the Bestille）的暴動一般，就鳥獸散了。阻止此種「分崩離析性」（atomization），要依由個人心意所發出的「誓言」（oath, le serment）來維持。但誓言不許形式化、口頭化、契約化，卻帶有對個人的限制性。領導人物的言行或意志，與會員相契合，才不會造成群體只像「行屍走肉」般（perinde ac cadaver, like a corpse）。一旦限制解除，會員就擬

「拆伙」（break apart）。

「國」（State）之存在是一種客觀的事實。治權的合法性及功能性，讓組成分子感受或意識到：「我遵守，因爲我別無他途可走」（I obey because I *cannot* do otherwise）。成員之聽令守法，不是由於「無能」（impotence），而是主動積極的情願如此。但國不可神格化（deification）。在階級鬥爭中，他接受馬克斯主義者觀點，認爲「國」是「壓榨階級的機關」（the organ of the exploiting class or classes），也是產生階級的機關；但也不得不說，「國」代表整體利益，且有陳述公共福祉的「全部觀點」（totalizing view）；因之，時而不得不走中道，進行斡旋政策（mediating policy）。政府由某一階級者所組成，執政之後的政策，視野必大過於該特定階級。

共產黨國家、納粹政府，或平民階級專政（dictatorship of the proletariat），都試圖限制在野團體，且使之產生一種幻覺，以爲自己才是「純眞整體」（genuine totality）的一部分。沙特認爲這是一場「騙局」（mystification）。究其實，在位者的利益，才代表「全部整體」（totality）利益。資本主義社會的民主政黨，一執政之後的政策大都往中靠攏，作「全民」的政府，其實仍以執政黨利益爲第一優先。

4. 《有及無》此本較早作品（1943），以個人爲焦點。個人自選價值，時時超越自我，邁向未來更理想境界，一直到死亡爲止。《批判》一書出書較晚（1960），則以群體的人爲核心，注重社會條件及處境，向新社會翻轉。二書都言及人的自由受到不少因素的干擾，環境的、生理的，及心理的，絕不如同斯多噶（the Stoics）所聲稱的，人處在一切情境之下都是自由自在的；事實上是恰恰相反。兩書重點不一，卻有連續性，強調人的自由性，不許降格人爲工具化。此一要點，還與康德的批判學說相吻合。不過，人雖自由行動，但不是在虛空中（in a vacuum）行動，實質上卻對人的自由行動有許多限制。他存心給馬克斯主義注射一針存在主義，使之再度生龍活虎；因前者太重物質及自然，限制太多；後者則補以人文主義的自由及創意。只是沙特以爲當時只有馬克斯主義才是一部

活生生哲學，且每一時代都有一部活生生哲學，他怎未提分析哲學或其他哲學也還未過時呢？難道他認爲只有馬克斯哲學的活力最強？或實用價值最高？沙特不也說嗎！「每一哲學都是實用的（practical），即令一出現之初，多數哲學都只具沉思型（contemplative）」。

沙特對此種質疑，是有回復的。第一：時代都出現一種「往上提升的階級」（ascending class），活生生哲學要爲該階級的需要、利益、願望，及目的發聲，不是計較該階級的人數多寡。馬克斯及恩格斯都屬資產階級（bourgeoisie），卻把普勞階級（proletariat）從「收斂性」*in-itself*提升爲「外放性」*for itself*：集體採取革命行動，以達成時代使命。由「自反而縮」（in itself）大步向前，「雖千萬人吾往矣」（for itself）。此種辯證，不是一部活生生的哲學嗎？治於人者往上超拔而成爲治人者，工農兵階級萬歲，無產階級專政，不正是共黨的口號嗎？

在《批判》一書中，他提到馬克斯主義之作爲一部活生生哲學，討論及「疏離的人」（alienated man）而非只及於「疏離的工人」（alienated worker）而已。他打算注射的一針，即人類學，使人解除枷鎖，不再作奴隸身（enslavement）。這不光限於及某一特殊階級。其實，全民都心中有牢籠。一部人類史或哲學史，不都在解放人的自由嗎？先從普勞階級之翻身，來帶動全民都享有自由身分。因之，馬克斯主義不只現存，且還能永生；馬克斯主義之所以強而有力，乃因爲它成爲官方的正統學說，登上權威至上的頂座。共黨赤色的臥榻之旁，絕不讓其他哲學酣睡，不少人沉醉又著魔於此種迷思（myth）中！取哲學爲打壓異己的工具，沙特只能將新酒灑在舊皮膚上，期望注射一針於血液裡以便重新活力十足或改頭換面，共黨對此絕不領情！

第四節　卡繆及梅洛—龐蒂之現象學

　　若哲學家擬討論諸如人的自由（human freedom）、眞誠性（authenticity）、自我承諾或奉獻（self-commitment）、個人關係（personal relationship），則處理方式大部分都意含抽象，且也只就大體言之而已。把人當作科學探討的對象，視人是指早已存在著的。心理學家及生理學家對人都有不同的分類，雅斯培（Karl Jaspers, 1883-1969）曾把人予以客觀化，與人的內在體認出自由，此種主觀化，二者作一嚴格的區分。前者是科學式的，後者是哲學式的，且是以「存在」（*Existenz*, existence）爲主題的哲學家，視人爲「自由的當事人」（free agent），每一個人都是獨特的。自我超越（self-transcendence）的可能性（possibility）也是獨一無二的。即令雅斯培也以普世性的概念寫到了人，但他堅持使用特殊範疇，將「人」納入其中。沙特及馬賽就是如此，他們兩位在哲學領域裡已爲文不斷，但一提到「人」，就不得不用戲劇或小說（尤其是沙特），來剖陳「生命問題」（problems of life）；如行動（actions）、困局（predicaments）、抉擇（options），及個人關係（relationships of individuals）等生命問題；把抽象議題具體化及戲劇化，並未妨及更爲形上的抽象路。不少哲學家更把哲學置於一旁，寫出老少咸宜的大衆化偵探小說，因之稿酬倍增。其實，文學作品暗藏有哲學理念，文豪也可享哲學家之名。不過，文人與哲人，二者如何劃清界線，這得看「哲學」一辭在定義上的寬窄而定。此一問題出現在世界各國，俄國如此，法國亦不例外。

　　就法國的存在主義而言，卡繆就是一醒目的個例。他不算是一位專業哲學家，也自承不敢當哲學家這稱呼。但一提法國存在主義，似乎又與他脫離不了關係，即令他不願被稱爲存在主義者。

一、卡繆（Albert Camus, 1913-1960）

(一)生平及著作要旨

1. 生於非洲北部的阿爾及利亞（Algeria，1962年脫離法國而獨立），也在故鄉接受教育。1940年（27歲）到巴黎，加入地下反抗組織（Resistance），1942年發表《異鄉人》（*L'étranger*，英譯爲*The Outsider*，或*The Stranger*）小說，以及一部衆所周知的《西希弗神話》（*Le mythe de Sisyphe*，英譯爲*The Myth of Sisyphus*）。二戰後他介入政治活動，常在報上爲文發表高論，輯成三冊，以《抗拒》（*Actuelles*，英譯*Resistance, Rebellion and Death*）。1947年名小說《瘟疫》（*La Peste*，英譯*The Plague*）問世。1951年陸續爲文提及反抗，也與沙特脫離關係。1957年榮獲諾貝爾文學獎，但1960年因車禍喪生。

2. 卡繆有句爲衆人所知的名言，「唯一眞正嚴肅的哲學問題，就是自殺。判斷活著是否有價值，是否有必要爲它操煩，那是哲學最該回答的基本問題」。以研究自殺出名的教育社會學家涂爾幹，卡繆持續爲此問題延燒。哲學史上似乎還未曾有哲學家提出此怪誕離奇的觀點，基本前提是人人都在尋求活在世界上的意義，在人生及歷史上是否可以找到人生理想及價值之所寄托。宇宙人生的整個歷程，是有目的性的，朝向睿智面發展，內中含有具體的道德秩序。人渴望經由形上學以確認人的一生是睿智發展過程中的一部分，邁向一種高遠的理想目標。在自己朝此奮往前程時，還能獲得靠背及支助，又能稍盡綿薄，共推時代齒輪，抵達崇高神聖的美境。宗教領導人物、形上學體系及世界觀的建構者，該義不容辭地爲此提供答案及線索。可惜，他們的闡釋不一定經得起批判，未必能賜給人人決定性的視野或目的。相反的，人生處處體驗的卻盡是荒謬（the absurd, *le sentiment de l'absurde*），非理性可解。人一有所傾訴，整個世界卻沉默以對。「人所遭逢的有三事：一是非理性的（irrational），二是荒謬的（the absurd），三是鄉愁，好想回老家（human nostalgia）。人生一場劇，這三位是主角」。荒謬感有數種表達方式，其一是大自然似乎對人的價值及理想，不予介意，也不關

注，反正人生終究難免一死，活在人間只不過是如無頭蒼蠅般地亂飛。沙特也寫了一小說《蒼蠅》（*The Flies, Les Mouches*, 1943）。有些思想家了解到荒謬此一問題，但卻建議採迴避政策（escapism），雅斯培就是代表，他要從人的迷航「沉船」（shipwreck）中，跳躍而出，以抵「超越境」（the Transcendent），或仰仗上帝作為依持。大概只有尼采才一清二楚地看出：人生存在的荒謬性，體會活在世界上的意義已消失在面前，只好自殺了斷一生。眼看此生意義已「消散」（dissipated），也看到人存在於世的理性已「不見」（disappear）。斯可忍，孰不可忍？「無意義的生，是不能活的」（one can not live without meaning）。

(二)自殺

1. 卡繆當然不樂於人人自殺，對他來說，自殺是一種「投降」（capitulation），這是荒謬的。人的尊嚴或驕傲，或人之偉大，絕不卑躬屈膝，也不該聽從存在主義哲學家如雅斯培所沉迷的「迴避主義」（escapism）。既活在荒謬裡，就該有荒謬的意識存在，但要正面迎向且反擊之。人要承諾自己，奉獻自己，還得盡可能地展現神采奕奕，風度翩翩，舉止優雅。人怎麼過活，並無一套絕對標準可循，「任何方式都被允許」（all is permitted）。但並不推薦「荒謬」或「犯罪」（crime），否則就是「幼稚」（puerile）了。處在荒謬時代的人，生活樣態殊而不一。西班牙傳說中，過著放蕩生活的貴族唐璜（Don Juan），一生享樂不盡，任何經驗都要品嘗一番，這是一種生活方式。但盡食天下美味之後，意識到無一味全合我意；且「歷史也無意義可言」（the meaninglessness of histoty）。至於人生舉動，「終究無用」（ultimate futility of human action）者的生活方式，又是另一種了。無論如何，身處於歷史情境中，總得為社會或政治多多少少奉獻自己。如同一位具創新性的畫家，一清二楚看出，他本人及作品，總有一天注定要消失不見，卻也得賣力為藝術作品投注一生心血。

2. 在《瘟疫》作品裡，他提出一問，是否有個「無神論的聖者」（an atheist saint），使得在荒謬裡的人，無上帝但也活著。其意即表示，為了同胞福

社，自我奉獻一生，不求酬報，也不計較犧牲行爲引不起他人的關注。視之爲不同凡響或與人不同，正表示他的偉大。將「到頭來還是歸於無用」（ultimate futility），與「自我奉獻愛的生活」（life of self-sacrificing love）二者相連；此種人，才算「不是幻覺的聖者」（a saint without illusion）。

(三) 荒謬

1. 世界了無意義，人生乏味：歐洲從文藝復興加上啓蒙運動之後，帶給世人的是進步、樂觀、享受；但二十世紀的世人，尤其歐洲人，卻盡嘗世界大戰的苦難。極權統治政府的慘絕人寰之暴政，不由得令人深覺人生之荒謬絕倫，又哪呈現五彩繽紛甚至七色並存的一道美虹？人的目的、價值、意義，自己都作不了主，眞令人深覺荒謬透頂。在這方面，卡繆與沙特是同調的。但晚八年出生的卡繆，絕非沙特的抄襲者，倒是尼采才是啓蒙師。這位德國哲學家，「見」及「虛無主義」（nihilism）已駕臨，且勢力如旭日東升；但法德哲人共同認爲，只有「人」自己才能克服此虛無主義。卡繆也不是唯尼采之學問是問。尼采似乎不涉人間世，對社會、政治、經濟等所存在的不公不義，置若罔聞；卡繆卻一身投入其中。「世界了無意義」（that the world has no ultimate meaning），此句話他並未放棄，但身體力行，加入反抗陣營中，向不公不義宣戰。宣戰本身就具價值，價值爲人所創，創是無中生有。荒謬感本身可以爲一切行爲予以合理化，包括謀殺。

> 若有人相信無，一切皆空（nothing），這是具有意義的。確信除無之外，無其他價值可言，則任何事皆可以允許去作，沒什麼是最重要的……一個人可以自由自在地點燃火葬場上的火，或一生爲麻瘋病人服務。採取革命行動之先，必已確認革命具價值。不過，自由及正義之價值，是我確信不疑的。鎮壓他人及致令他人成爲奴隸之身，絕不能假自由及正義之名行之。

2. 與沙特之關係：當沙特越來越向共產主義靠攏，雖未入黨，卻致力於將存在主義與馬克斯主義二者垂線連結時，卡繆一方面不願被稱爲存在主義者，且也認爲存在主義與馬克斯主義，兩不相容。馬克斯主義的凡俗化而非基督教化，且以歷史運動代替上帝本身，人的自由就宣告死亡了，斯達林主義（Stalinism）的恐怖腳步已到。

其次，他也對資產社會無好言。資產民主社會（the bourgeois democracy），以抽象的理性原則，來頂替永恆的神聖上帝旨意，卻對該理性原則的應用面太過疏忽，寬恕了社會上的不公不義，也諒解了資本家對工人的壓榨，甚至暴力。舉目四望，二十世紀不就是共黨、法西斯黨、納粹黨，及資本民主主義嗎？卡繆也舉不出其他什麼藍圖。他的革命哲學，要點放在道德價值及道德責任感的發展上，最好的社會是開放的，容許所採的革命行動或許會錯；但共黨是不容許出錯的，因之，殘酷無情。死刑上斷頭臺，此種判決，他希望能廢除。

他個人無法接受基督教信仰，但品德端莊，道德理念高尚。爲了人的自由，社會的正義及和平，以及暴力之廢除，身體力行，熱心參與。但是他也不「反」基督；他交的至友有些是基督徒。由於基督徒的妥協性且對社會及政治罪惡的處理上採取曖昧不明態度，令他覺得已背離了基督教原始精神。「人把道德判斷置於上帝之下，則在人的心上早已是自殺了」。無價值的人生，根本不能活；一旦要活，就要活得有價值。人一定要把反抗指向榨取、鎮壓、不公及暴力，在反抗行動中才看出價值真章。革命哲學是以道德爲基礎的，若無此基礎，不管理由是明或暗，是潛或顯，甚至取什麼權宜之計來搪塞，那是假自由之名卻行專制暴政之實，自由已失。卡繆不是專業哲學家，他也不費心於此；在榮獲諾貝爾獎時，卻對當代人的良心問題大發言論，疾呼該在道德上發揮「自我允諾」（self-commitment）精神。

二、梅洛－龐蒂（Maurice Merlean-Ponty, 1908-1961）

(一)道地的哲學家

1. 卡繆以散文、小說，及戲劇，爲文議及社會及政治問題；梅格－龐蒂則是一位專業性哲學家，要求政治行爲不能與倫理道德脫鉤。同時，他也支持馬克斯主義，但少提該主義的教條。他的哲學，純就理論上下手。

2. 出身於巴黎的師校（the École Normale in Paris），也在母校擔任哲學教席。二戰後是巴黎大學教授（1949），且與沙特同編雜誌，也被歸類爲存在主義者，但卻是「無神論」的存在主義者。把他當作現象學者（phenomenologist），或許是最恰當的。存在主義與現象學，二者似即若離；沙特本人也對現象學深感興趣。在這方面，沙特與梅洛－龐蒂或許有師徒關係，但梅洛－龐蒂也有自創品牌的獨見。

1942年在巴黎出版主要著作《行爲結構》（*La structure du comportement*，英譯爲*The Structure of Behaviour*, 1963, Boston）。1949年二戰結束，他也將《概念的現象學》（*Phénoménologie de la perception*，英譯*Phenomenology of Perception*, Londom and New York, 1962）付梓。兩年後（1947）又寫了《人道及恐怖》（*Humanisme et terreur, essai sur le probléme communiste*），論及共產黨問題。其他論著也多，論域包括《感及無感》（*Sens et nonsens*, 1948，英譯爲*Sense and Nonsense*, 1964），及對《哲學之稱讚》（*L'éloge de la philosophie*, 1953，英譯爲*In Praise of Philosophy*, 1963）等。

(二)哲學思想要旨

1. 1951年在日內瓦授課時，向學員說，20世紀哲學已泯除了身心二元論，而以人際關係代之。他也順勢將物論（把一切皆歸於物）之主張予以否決，提出「身爲主體」（body-subject）的概念。「存在」之具有意義與否，皆因「人」而起。人是主體，存在於世，是一再地與人之外的世界及己之外的人，

相對話。人的「身」，是主體，不只是客體（object）而已。如此一來，人的「身」（body），已不只是「物」（material），且有「心」（spiritual）。他的哲學就是要爲「身爲主體」說清楚講明白。雖在這方面，語文有時而窮，難免也有令人難解的遺憾；不過，並無馴服的聽令於舊有語文的窠臼中，而飽受概念的腳鐐手銬；此種勇氣與用意，與英國語文概念解析家賴爾（Gilbert Ryle, 1920-1976）極爲相似；後者於1949年出版名著《心的概念》（*The Concept of Mind*），堪稱是《牛津哲學》（*Oxford Philosophy*）或「普通語言」（ordinary language）運動的代表作。二者皆反對笛卡兒的身心二元論，絕不許把人降格爲機器；強調人單純的是一具活著，有欲、有思、有行等「具體內化的實體」（"incarnate"reality），怎能強將「心」與「物」、「精神」與「肉體」作二分呢？該都「內化」於一的「身爲主體」中。賴爾且進一步指出，一切的心靈活動，都應有公開或有目證爲據的活動爲憑。此一說法，難免被指責爲「行爲主義」（behaviourism），賴爾本人也反對此種主義，但他力求「普通語言」的使用。語文不是純私下的表達，更非莫測高深的心靈活動；「機器中有鬼」（the ghost in the machine）說法，是令人無法置信的。既是機器了，又哪出鬼或神呢？普通語文要揭開語意中的神祕面紗。

　　梅洛—龐蒂稍與賴爾不同的是，他不把人之「身」當作一「主體」看待，也不將心靈化歸爲物理或肉體的，卻花心血勘查或挖掘「身爲主體」這塊還待開墾的處女地。一般人只注意到「意識」（consciousness），卻未注意到意識之前的意識層次（preconscious level）。該地盤猶如潛意識（或下意識sub-consciousness）一般。把潛意識或前意識的概念，作清楚的交代，這是他的哲學目的。潛意識已成爲重要的現代心理學說，前意識就變成他的哲學「現象學」了。

　　2. 知覺「概念」（perception）乃是他致力之處，也是他候選法蘭西學院（the Collége de France）講座的論文。「身爲主體」早就與外有對話，只是對話的結構及細節，還未有哲學家予以追究。意識前的意識，影響意識之後的意識。

　　在《行爲結構》一書中，他探討「人」與「人所處的環境」之「對話」。單

只利用現代生理學及心理學的理論，如行爲學派及完形心理學（Gestalt psychology）等科學理論，絕無法形成一種說法，以爲「身」只不過是一部「早已安裝好的機制」（pre-established mechanism），一有刺激即有反應一般。「眞正的所謂刺激（stimulus），不是誠如物理或化學家所定義的一般；刺激與反應的聯結，也不是單由兩事件（即刺激及反應）的連續現象而已」。科學確實可以把物當物，但科學家之有科學「觀點」（scientific point of view），該注意物之反應是否帶有某種意義或目的，勿視之爲盲目的反應」（a 'blind' response）。有機體透過「前意識層」（pre-conscious level），而展現了「主體性」（subjectivity）。只依「機械式的因果律」（mechanistic reciprocal causality）不足以說明實情，不能完全屬於「一系列統合成單一方向的決定」（a series of uni-directional determination）。

　　因果律是存在的，因果性的互動也是事實；如食物與有機體，二者之互動。但食物與有機體二者「對話」（互動）之具有意義，乃因二者都存在於「結構」中（structure）。食物如不在有機體內，又怎能被有機體消化呢？二者之間是有辯證關係的，其中存在著「能力」（'can'or ability）問題。食物置於有機體內，與置於非有機體內，二者「環境」之同異，絕非雷同。將二者結合之前，即一刺激一反應之結合，未能意識及此，就無法必然地生出或創出二者之「對話」，且前後位階之高下也立判。把人之「身」只當「客體」而非「主體」，早已失去人之「存在」意義。辯證的正與反，主與客，就一目了然了。

　　舉一實例說明之，一樹呈現出來的遠近觀念，都只針對人這個主體而言。人作爲判官，或遠或近，此種正反辯證，不是靜態，而是動態的。這也是人人都有的普通經驗。將「經驗過的」（experienced），與「生活體驗過的」（lived），「具體化於人這個主體上」（incarnate subject），才算是眞正的辯證或對話。

　　3. 反對任何的二元論：此種立場，伴隨著他拒絕接受「言」（language）及「思」（thought）之分野。某一社會自創的語言表達，約定俗成的形構爲語言意義，代代相傳，藉教育永續存在。這是「古人說出的話」（the spoken

word）；但今人有可能創出新的表達方式及新概念，因之除了古人說的話之外，另加上「今人說的話」（the speaking word）。把「思」及「言」當兩回事，他認爲這是對語文表達的一種誤解。若語文之表達不及於實，甚至二者截然一分爲二，則他只好以一種中古名詞*flatus voucis*（虛音）稱之，只有語文或語音，而無語「意」。這一方面，他的立場就與賴爾相仿了。吾人又怎能說古代哲學家如柏拉圖或黑格爾，吾人只識其字而不懂其意或不解其心思呢？不過，賴爾的指斥，大概針對「古人說話語文」而言，他則連「今人說話語文」也包括在內。把科學家、詩人、及哲學家新創的今人說話語文也含盡其中。

4. 人與環境對話，環境不單指物理層面而已。人一生，就活在文化及歷史情境世界中。「我不是只有一個物理世界，我也不是活在只是土、氣，及水的環境中。我周遭有道路、動植物、村莊、大街小巷、教堂、器皿。一鐘、一匙、一管，每一這些物件，都在人的行爲中刻下服務的印證」。其中，文化環境最爲突出，即體驗己之外，另有他人在。他人以「無名氏」（an anonymous one）出現眼前，戴著面紗，由其外表或身體活動，可以與之對話，怎能視之如同身心二元論的對象呢？需知無名氏之「身」是「主體」，與己無兩樣。如嬰孩，純只由臉上的笑容，或手的舉動，就「推論」出媽媽的存在嗎？母子之間的「前意識」，早已有過對話了；即令是衝突，也是基於此。不過，溝通或交流（communication）不是全面的，個體難免有「形單影隻」（solitude）時刻。但這不同於「孤單爲我主義」（solipsism），卻只不過是「單一現象的兩種時辰」（two moments of a single phenomenon）；己爲人而在，人也爲己而存，是有「社會面」（social dimension）的。

5. 自由：沙特認爲自由是絕對的。人的決定不靠動機，倒是動機源於人的決定。此外，人自作決定而由非他人代決；作爲人，就是自由人。攀登崖岩峭壁，難度頗高，冒險難免，但人的意志決定爲首要。此種觀點，梅洛─龐蒂並不支持。自由若是絕對，無任何限制，則「自由」的字義就受到扭曲，「不能說有任何的自由行動（free action）了。若自由無處不在，只要你喜歡，自由也

無處可尋」。攀登險岩之際，「我」該與「世界」「對話」（dialogue），而非「獨白」（monologue）。峭壁與吾身，二者之間的互動，絕非全然靠己；卻當置身其中，把過去我已建構的行爲及習慣，組成一種情境，「處於其中」（situated），才悉自由的意義。不能光靠當前的意識來裁示，卻要加上「前意識層」（pre-conscious level）。

他自舉一例，資產階級的知識分子與自己所屬階級決裂，自己自由自在地投入於普勞革命勢力團體中。作出此種「自由」決定，絕不純依當前的意識，卻多多少少含有前意識在內。類似諸如此類問題，他不是早已提供一明確的解答方案，而是奮力擬開拓該領域，爲更多的沉思提供貢獻。我與他，人與己，是建構「互爲主觀性理論」（the theory of intersubjectivity）中的「絆腳石」（the stumbling-block）。純科學或許找不出解套，不如從美藝音樂中尋求靈感。

6. 實際問題的關注：政治及社會議題，他並非冷然以對。除了盡心力於抽象哲學思考之外，他極受馬克斯主義所吸引。馬克斯強調，人處於世而與世界環境進行會談。哲學理想與社會現實，或倫理與政治，都存在著純正的關係，他的心爲此說所打動。他不是肯接受權威主義者，更不走共黨路線，也絕不認爲歷史走向是命中已註定。在《人道及恐怖》（Humanisme et terreur）一書中，發現馬克斯主義「單純地只把事實剖陳。不如此，任何人道（humanism）或理性（rationality），都不會在歷史上出現。」未有專制之可怖，怎悉人道之可貴？對現存社會的批判以及其他人道理論，都無法凌駕於馬克斯主義之上。其後蘇聯屬行恐怖行爲，史達林採取血洗清算鬥爭，他不只高度抨擊蘇維埃政策（Soviet Policy）及共黨正統性（Communist orthodoxy），並且還把共黨的實際措施，邏輯的歸罪於馬克斯之史觀，後者視共黨頭子採取專制奪權及壓抑行徑，與天主教會當年「異端審判官」（Inquisitors）之自以爲依神旨及聖意，二者沒什麼兩樣。馬克斯本人是個思想家，這一點是讓他折服的；但不能憑此就認爲馬克斯的哲學是眞理，或將馬克斯信徒的專制獨裁予以合理化。他不支持資本主義，也從未加入共黨甚至成爲一位眞正的馬克斯主義者。馬克斯主義發展成爲他心中不喜

歡的共產黨，馬克斯的原始理念是始作俑者，該負相當責任。

　　他倒提起一點，自尼采之後，即令是最謙卑的學生也會得出一種評論，一種哲學如不能充實人生，則就棄之如糞土。因之，除了指責畫家逃避現實外，哲學家若也步入此道，更該非議。

三、結構主義（Structuralism）

　　法國是社會學研究的大本營，前已述及。社會學者研究「人」的社會行為，而非「螞蟻」或蜜蜂；蟻、人，及蜂等，都有社會組織，但只有人才「意識」於社會的組織行為。存在主義探討人存在的意義、價值，與目的，在人的一生中或在人的歷史上，發現諸多令人荒謬的「現象」，難免出現諸如「自殺」的煩惱與困擾；蟻或蜂曾有過「自殺」行徑嗎？

(一) 人種學

　　1. 涂爾幹的名著論自殺，他的外甥莫斯（Marcel Mauss, 1872-1950）之鼎力協助，居功甚偉。後者於1925年在巴黎大學創辦「人種學」（ethnography），對初民生活之種種行為深入探討與研究。沙特曾說過，不少人之對人有興趣，也把人當成蟻一般。

　　2. 梅洛－龐蒂有一書名《從莫斯到萊維－斯特勞斯》（*From Mauss to Claude Lévi-Strauss*）。萊維－斯特勞斯（Claude Lévi-Strauss, 1908-2009）是比利時籍，與梅洛－龐蒂同庚，也同在法蘭西學院服務；曾以一書《原民之心》（*La pensée sauvage*，英譯*the Savage Mind,* London, 1962）向同歲的至友致哀憶往。1935-1939年在巴西（Brazil）接受聖保羅大學（University of Sao Paulo）社會學講座。二戰後受命為法駐美大使的文化督辦（cultural attaché）。1947年從華盛頓返法，1959年擔任法蘭西學院的社會人類學（social anthropology）教授，以人類學家享譽於世。由於提出「結構主義」（structuralism）一詞，人類學在

探討人時，與存在主義者略有不同，因而與哲學結緣。尼采宣布「上帝之死」（death of God），是否也得昭告「人之死」（death of man）。

(二)「人」之研究，要追根溯源。

初民之心智、意識、行為等，該是人類學者致力的目標。「人類學」（anthropology）之興，乃成為氣候。

1. 人種誌（ethnography）是人類行為的記錄、觀察、敘述、分析、綜合，人類學則側重人類社會生活的基本結構，不只包括此時此地的人類社會，且遠涉他鄉異地的原住民社會。並且在思考指向上，不只注意意識層，還關心非意識層，這才能真正領會文化制度及社會結構，也是莫斯所謂的「整體之社會現象」（the total social phenomenon）。萊維－斯特勞斯接其說，意識層及無意識層，都含有諸多數不盡的「可能性」（possibilities），且「潛能性」（potentials）很明顯。他引用馬克斯的話，人改變歷史，卻不知人也正在造歷史。然後評注說，馬克斯的話之前半句，是在說歷史，後半句則在說人類學。

比如說「親屬關係」的基本結構，共有四型，即親子、兄妹姊弟、夫妻、甥舅，但這只是血緣關係而已。血緣關係是一清二楚的、客觀的、科學的、具體的、意識上的。另一主觀因素更不可或缺，那是無意識的、潛意識的、主觀的、心理的，這就是現代流行的「認同」（identification）之堅實基礎與結構。只顧前不顧後，就無法了解人種誌或人類學的真相。事實上，兄弟反目、弒父殺母、斃兄滅弟等行為，史上是罄竹難書；只言前者之「客觀面」，不必然彼此「結合成一體」（constitute），反而「把人拆離解體」（dissolve man）。

2. 只有人才善用語文，語言學之研究，為人類社會結構開啟一扇門。萊維－斯特勞斯利用語文學家的探索成果，進一步提出「社群理論」（theory of community）。社群除了語文之外，另有其他。把意識層、無意識層、下意識層，或潛意識層，都包含其中。如此一來，才可望把所觀察的事實，帶出而形成「可知或可理解性」（intelligible）；將心靈的、情意的、藝術的、社會的生活

面，悉數無遺地盡涵其中。雖然社會現象難以全部量化，但數學終究是人類學分析所不可或缺。

3. 另一法國哲學家，也是人類學者的萊維－布呂爾（Lucien Lévy-Bruhl, 1857-1939），1899-1927年爲巴黎大學哲學教授。認爲原始人與現代（文明）人尤其是西方人，在思維推理上有別；前者的神祕性（myths）極強，邏輯性奇差。此一論點，引來萊維－斯特勞斯的反擊。「原住民心智之合乎邏輯性，如同現代人一般。現代人只多了應用物理學及語意學上的資產而已。」原始人視爲神話的，也有神話的邏輯在其中；選擇某些幻想（images）與之結合、隔離、或禁或准，並非單純的只是突發奇想（fantasy），其中並非無則無序，或任己意行之；成爲神話，也必有理由，那是屬於無意識層的心靈結構之運作；原始人有人有之，現代人也有之。把神話與科學一分爲二，這是就「內容」（content）而言，依「形式」（form）來說，都落在無意識層上，二者不分且同。不必言及形上學，卻是自自然然如此。

人類學是自然科學，尤其在物理層面的人類學；但也與人文學有關，如語文學（linguistics）及考古學（archaeology）。此種性質，如同心理學或地理學一般，可以在大學的文學院或理學院分立，合稱爲社會科學或哲學人類學。就廣義的哲學而言，都是哲學包羅萬象的具體顯例。

結構主義應用於人文科學（human sciences）多多，探討相關現象之間的聯結關係，有時間性或歷史性因素（"diachronic" element），但聚焦於無時間性的因素（"synchronic" element），卻是最基本的形式結構，不因時空而變。因之，可以應用在文學評論、美藝、心理學，及馬克斯主義的闡釋上。追本溯源，源遠流長，其巨觀性或許比存在主義或馬克斯主義更明顯。

舉臺灣原住民爲例，漢人或日人殖民於臺灣時，向原住民進行數學教學，「0」與「1, 2, 3 …」等同位階。但在原住民的「意識」裡，認爲0就是「無」（nothingness），1, 2, 3 … 卻是「有」（being）；二者性質異，位階有別。因之，他們在學漢人或日人的「數學」時，這方面很難接受，造成他們的數學成績

不佳，與數學有緊密關係的邏輯推理力也極為薄弱。這是兩種不同的文化結構所形成的意識現象。想像有那麼一天，原住民來殖民漢人，且以原住民的數字概念教導漢人，則也有可能漢人的數學及邏輯推理能力，差於原住民許多。沙特的名著《有及無》（*Being and Nothingness*），有是無，無是有；是有是無，頗費思量！

第五節　存在主義及人格主義

亞里斯多德說過，人類因「徬徨」（wonder）而哲學生。由於徬徨迄今不只猶存，且徬徨更甚；此故，哲學不衰反旺。

一、時代背景

人所徬徨的除了客體的自然之外，就是主體的自己。這些層面，史上有不少學者利用科學方法予以深究。徬徨雖未失，但已多多少少可解；只是「存在」（existence）本身，突然變成哲學家所徬徨之對象，且也形成一股學潮，即「存在主義」（existentialism），確實有其時空背景。

粗略說，人人知悉自然及人的存在，這是常識。但把存在列為首位，就已離一般感官經驗的範疇。A這個俊男愛上B這個美女，約會次數多，雙方相知越深；但突然感受到或體認到雙方的「存在」，這就另當別論了。前者由五官可「知」及，後者則從心「意」及；情侶「存在」此一事實之真假，攸關雙方人生之意義。是否有何三長兩短，意外即令不是當前的客觀事實，但也在內心中惦記不忘，萬一如何如何！今後將如何如何？「存在」一辭，絕不等同於面貌、體態、姿色、收入、地位、權勢等等「形下」層次，卻是超越及形上的境界。

名正言順地大張「存在」大旗，這是存在主義的職責。與其相關度極高的另一學風，即「人格主義」（personalism），也相伴而成。對存在產生「意識」者，必力倡人格尊嚴，學術獨立，身心自由；正面迎戰哲學中出現的「單一主義」（monism）或「獨裁專斷主義」（totalitarianism），以維持或增進人生的存在價值。

二、人的定義

(一)以理性來反擊時潮

1. 亞里斯多德把人定義為「理性的動物」，且在他的範疇中，把「本質性」（substance）及由之而派生的九種「偶有性」（accidents）作一對照。人的「本質性」，就是「理性的動物」。六世紀早期的柏伊修（Boethius, 480-524）循此把人定義為 *rationalis naturae individua sbstantia, an individual substance of rational nature*，實質意與亞里斯多德所定義同，以「理性的」（rational nature）作為「一種專有的本質」；展示出獨特性及別人無法取代性。其後，此種說法，幾乎無一哲學家唱反調。理之中有靈性，中世紀神學家如托瑪斯尤其標出此點。無魂有體的稻草人，不算人；臺灣歌謠《愛拼才會贏》就有此歌詞（a disembodied soul is not a person）。行屍走肉，比禽獸還不如，又哪有資格稱為「人」？

2. 時代齒輪轉到二十世紀，以理性作為「人」的本質，已由「自由」這種人人能懂的辭句所替代。除了消極意義抵制威權主義大傷人性外，還積極性地開拓人性尊嚴的一片晴天綠地。

「理」此種人的本有之「本質性」一運作，有兩種截然不同的效應，一是趨向於「同」、「共」、「一」、「齊」、「絕對」，所以有萬流歸宗、共相、公理等。但果真如此，單個人不是形同機器裡一顆無關緊要的鑼絲釘嗎？我之有無，我之存不存，並不兩樣（indifference）。難怪存在主義大師齊克果反對黑格爾；前者倡「個別」（individual），後者主「絕對」（absolute）。

> 在全部的思考中忘掉自己，這種思想家，竟然還說自己是個存在的個體，這是無法解釋生命的。只不過企圖把「人」（human being）終結掉，而只成為一本書或是一種客體上的某物，這不像孟僑生嗎？

他意有所指地把黑格爾當成一位孟僑生（Munchausen, 1728-1797）。這位

德國鄉紳（Baron）擅講奇遇故事及逸聞，曾參加俄土戰爭。同是德國作家，且在1769年入選英國皇家學會會員的拉斯培（Rudolph Erich Raspe, 1737-1794），在逃入英國後以英文撰孟僑生的吹牛小說而聞名於英德兩地。齊克果此種不打折的諷刺，真是文人相輕；強調個性的齊克果，本來就對黑格爾的只顧齊而不計畸，無法入耳。個別的人在心甘情願之下，自由抉擇地依上帝或遵從道德律則，這才是真正的體驗出人生的真諦。

3. 另一傑出的存在主義學者馬賽（Gabriel Marcel, 1889-1973），則依「具體的臨場感」（sense of the concrete），那是獨特的、唯我的、個別的，無法接受客觀齊一性的經驗主義。未拜讀齊克果作品之前，他早持與齊克果同樣的論調。此外，他大力抨擊當代的「功能主義」（functionalisation）在生活中掛帥。這位在巴黎大學習哲學者，臨場性地感受到二戰期間，流亡、被俘、別離、忠、貞、希望等情緒上的困擾。人人的處境都有其獨特性，無單一整齊性。扮演社會的功能角色時，個人性已泯。為了生活或生計，不得不擔任地下室的剪票員；睡、吃、休閒的時間安排，都由一個火車作業員、公司辦事員、公僕、教師、商會職員等所操弄，連退休也無法擺脫其糾纏，因為身分早就與他不離身。「我不是我的我。」「我只是一名退休醫生、退休公務員，或退休的偵探！」試問人生除了扮演社會功能之外，一切皆空嗎？不管信不信基督，有神論的馬賽，或無神論的卡繆及沙特，都異口同聲，不要做個「功能」奴，要恢復自由身，才能了無牽掛與罣礙。出生就受束於生理需欲，其後又為社會功能所縛，誠如盧梭所言，到處都是鐵鍊，枷鎖永不離頸。

更早的雅斯培（Jaspers, 1883-1969），認為哲學該為自由請命，不該作為眾人的應聲蟲，不許有從眾的心態（the crowd mentality），或以偽裝待人。人也不許被「社會叢結」（social complex）所纏，而要激發自己的獨特潛能。自身的所作所為，只有自己才最坦然領會，無法傳教於他人。

(二)存在主義

1. 當前歐洲哲學界的兩股大勢力，恰好由英吉利海峽的兩岸各自領軍。邏輯實證論源於歐陸的維也納，在英國大放異彩；存在主義則源遠流長，相互對映之下，在歐陸頭角崢嶸。邏輯實證論者責怪傳統哲學家，經常使用不一致或混淆的哲學語辭；恰可舉存在主義為例。存在主義學者之著作撲朔迷離，字辭難有精確定義。連存在主義者對該主義之界定，也難有共識。

沙特明示他是個存在主義者，馬賽則拒絕接受該稱呼，海德格不擬與沙特相伴，且擺清兩人之間的不合觀點。雅斯培與海德格兩人共用*Existenzphilosophize*一字，但又各有私意夾在其中。在一般人所領會的存在主義學者中，除上述諸「公」之外，也族繁不及備載，幾乎史上哲學家都可名列其中。蘇格拉底、奧古斯丁，甚至托瑪斯，也可安放在存在主義陣營裡，就某層次而言，未嘗不可。不過，此處只談二十世紀的存在主義。

2. 存在主義者的「共識」：「存在先於存有」（existence precedes essence），由沙特鐵口直斷地首先揭出；不存在則一切皆空，許多存在主義學者莫不接受此種主張。「存在」不能當作命題的「述詞」（predicate），而是主詞（subject）。笛卡兒的名言：「我思故我在」，該糾正為「我在故我思」。我若不「存」，又何來「思」？人的主格味特強。人是主角（actor），不是旁觀者（spectator）。哲學如同傳記，全為切身問題而操煩或抉擇，絕非只袖手作壁上觀；也不只是冥思沉想地向空洞之抽象或理論進軍。不，人一生面臨的都是活生生的「存在」問題，且每人的問題也都是獨一無二的、無可替代的、個別的、特殊的，每種條件都需個案處理。並非只基於智力上的好奇，才使哲學興；而是紮紮實實且迫切待處理的生命問題，才令哲人操煩。畢達格拉斯高度評價奧林匹克運動會上的第三種人，即觀眾，而非競技者或賣冷飲食品者。亞里斯多德以理性為主調，存在主義學者倒是無心情作為置身度外的「他」者，卻時時刻刻把「存在」，視為都與己密不可分。這跟興趣無關。存在問題有如一團已燃在身上尤其是眉毛上的火球！又哪有閒情逸致，欣賞那種競技場上景觀的壯美或景美！

　　一旦捲入存在的漩渦中，卻有當局者迷，旁觀者清的現象。哲學思考必須冷靜。不少「存在」問題，確實都與自己有關；但也不是所有的該問題，都得立即解決。在拖延時日之際，若以旁觀者或當局者身分去「反思」（reflection），或許這才是關鍵，也是哲學思考該有的「心態」（mental attitude）。一個專技性的頂尖科學家，被高薪羅致要求解決他內行的棘手問題；與他不計待遇自願獻身於深究家人受病魔所纏的疏痛之道，二者之「心態」不同。這就如同與夏蟲語冰一般，哪有「適用於前者的，必也適用於後者」（what souse for the goose is souse for the gander）？不少調味料（souse）是針對特定菜餚的。自傳又哪有千篇一律的呢？存在主義思想家的著作內容，大半都與自己的生活遭遇有關。因之，無面臨該種困境者，難以領會。尤其，由精神生活面上的困惑所引發的形上甚至玄祕的內心反思，著實無法為外人道；有一種隔隔不入的陌生感；但如有類似人生旅途者，必有如獲我心的心電感應。

　　3. 存在主義以人為核心，是人的哲學。不過，海德格的著作中，本體論（ontology）的分量極重，他一再地言及Being（*das Sein*）的意義；由於不是把「人」當作如同一件可以用科學方法予以處理的物品或對象（object），也不許拋開人的主體性而只注意其客體性；更不該視人如「它」（it），尤其目「他人」如「物」，否則就失去了人的「本體論」意義了。「人」這種主體性的Being，怎能與「它」這種只具客體性的Being，同等對待呢？

　　當然，人這種Being，不是自我封閉的（self-enclosed），卻因有愛（love）、望（hope），及貞（fidelity），而向外「開放」（open）。不是只有笛卡兒所言的「思」（*cogito*）而已，太抽象也太知識論的課題了。人這個主體，是自由的（free），自我創新的（self-creating），也是自我超越的（self-transcending）。這些字眼，或許本體論的味道濃，但不是更有「人」味嗎？人的「本體」性，不是自由的、創造的、抉擇或超越性的嗎？試問人人不都體會今日之我已非昔日之我？來日之我，也不可能完全同於今日之我。人不完全倚賴外力而活。人之異於他物，就是人享有自主性。除了人與人之間的交往之外，甚至

還可以與造物主遊，跟上帝打交道！

「當局者迷，旁觀者清」，這也是事實，但不全然是事實。不入虎穴焉得虎子？如人飲水，冷暖自知；不經一事，不長一智。不也是與之打對臺的格言嗎？當然，身歷其境者，感受才最深。如無此種個己之遭遇，但也能設身處地為他人著想，必引發對方的溫情感，彼此芥蒂就不可能存在；「存在」的意義，也就增加不少分量了。中間或許仍有差距，但疏離或冷漠之情，總比置身度外、不聞不問、與己無關、何必撩落去淌混水等那般的大。處在物論高漲，科學掛帥，科學主義（scientism）披靡，「唯科學是問」當道，只把人當手段而非目的，以及戰火蔽天，暴政苛刑等慘不忍睹的時代裡，有「當局」或「臨場」經驗者必多於往昔。工業化、機器化，及物化的結果，人也被物所化了。難道哲學家耳聾目盲心瞎了嗎？存在主義應聲而起，也是時間及空間的產物，是自然的也是必然的。

患難見眞情，齊克果最提倡此種眞心之流露。此種人之坦誠，虔誠基督徒可以與之相比。不必動用什麼辯證論了。「唯心論」（absolute idealism）的主要缺陷，莫此為甚。心絕，情也絕。人人的眞情表露，不完全雷同。雅斯培說，存在主義若淪落成為「通論」（a general theory），即齊一化，那是存在哲學的不存在，也是訃聞告世，死了。有神論（如雅斯培）及無神論（如沙特及卡繆），在這方面都是口徑一致。哲學家不能替他人作出決定，但卻可釐清眞抉擇與假抉擇的差別，其中，自由或不自由才是關鍵。至於有一種「絕對」，超越於自由及個己之上，這是齊克果無法接受的。齊克果在大學接受過的黑格爾哲學系統，作為大學哲學教授授課題材或許綽綽有餘，但對解決個別性的人生問題，則毫無相干；正反合此種「絕技」（tour de-force）是無用武之地的，且也得對道德的敗壞承擔其責任。

每個時代都有個別性的墮落或敗壞特徵，我們這一代，可能不是淪為享樂、縱慾，或色情，卻是一種放蕩又泛濫式地對個別的人予以蔑視。

集體化（collectivity）具體化於政治及社會的專斷化（totalitarianism）上，此種資產社會的傾向，馬克斯主義奮力要置之於死地，也因如此，才令沙特將馬克斯主義視爲存在主義之友。社會或政治功能取向，把個別的人功能化爲納稅者、投票者、公僕、工程師、工會幹部等，最令馬賽心冷。個人在此情此景之下，還有什麼「格」在呢？人與人之間似乎老死不相聞見。貧在鬧市無人問，富在鄉村若也有遠親，也是有令人不敢恭維的目的。「一種撕裂的社會」（a riven society），似乎處在懸崖深谷，人人陌生如路人（alienation），困境（predicament）臨身，求救無門，叫天天不應，呼地地不靈。人人都似乘了1912年沉船的鐵達尼號（Titanic）。

存在主義者堅持自由大旗，受齊克果批評的黑格爾，也不齒剝奪自由的國度；曾說，東方的專制極權（despotism）只一人享有自由，該人即「皇上」；希臘羅馬社會只少數自由民享有自由身，基督教世界才使人人自由。但「國家至上」的黑格爾說法，最不爲海德格所諒解。

三、存在主義的派別

(一) 有神論的存在主義（theistic existentialism）

1. 齊克果曾作了一個比喻，不少人渾渾噩噩過一生，過程就像一個喝醉酒的農夫睡在他的馬車裡，由識途老馬載他回老家一般。即令他表面上手握韁繩，但並無指揮功能。這種人之「存在」，是「眞的存在」嗎？如同一個人無自己的主意，隨波逐流，聽令於習俗與傳統的「群意」（crowded decision）而已，毫無定見。

1815年生於丹麥，42歲（1855）即告別人生。在短暫的歲月中，他提出人生三階段說，第一期是美學階段（aesthetic stage），常以悲劇終，生命無法持續，《羅密歐與茱麗葉》（*Romeo and Juliet*）是典型。第二階段是倫理階段（ethical stage），普世性及相對性常相作對，蘇格拉底的一生是寫照。第三階段

即宗教階段（religious stage），亞伯拉罕（Abraham）情願殺其子以撒（Isaac）的聖經故事，是佳例。第一階段的憂鬱（melancholy）或失望（despair）消失；第二階段的「惡」（evil）也去除，因蘇格拉底並無「罪」（sin）的觀念，認為一切「道德的惡」（moral evil），都種因於無知（ignorance）。只有第三階段的亞伯拉罕獲得真正的信仰，卻形同立於陡峭的山脊，下是無底深淵，躍躍欲試又打退堂鼓，進退失序，身處兩難困境。齊克果之有此種感受，可能其父的心情感染在身使然；宗教信仰極深，罪惡感揮之不去的家風，讓他窒息無法喘氣。第一階段類似唐璜（Don Juan）式的生活，心態是憤世嫉俗的；「跳」（leap）到第二及第三階段後，找到了真正的歸屬。至於這三階段隱含的「存在」意義，似乎語焉不詳！受限於有生之年的短暫，只好賴闡釋者詳述。不過，他最終還是步其父後塵，以上帝之指令唯命是從，這不是失去了自由，而是由辯證程序中的一正一反，跳躍上升到合，但這合，不是黑格爾說的「絕對」，卻是上帝。

2. 生於1883年的雅斯培則長命（1969去世），比前者多了一倍的歲數，86歲。雅斯培一想起齊克果及尼采的一生，就認為這兩位是「奇人」（exception），尤對他倆「存在」的各種可能性中，有相當程度的「意外」之感。他本人學醫，對科學方法極為拿手；醫學及心理學是他早歲時的主科；不過，卻堅信今昔的哲學重點，仍是以「Being」為課題，這也是他及歐洲形上學傳統最為關注之點。但Being的範圍及性質，卻古今有變。科學及哲學扮演的角色，由同化為異，過去視哲學為「共學」（universal science），科學為「殊學」（particular science）；有些人以為科學一直進步，哲學似乎只是多餘，退到成為哲學史的哲學，或是科學的僕役；但也有學者認為，哲學該針對科學的基本概念進行分析。另有不少人主張，哲學成為一門「殊學」，納入科學之林；哲學由邏輯、現象學，或知識論所取代。雅斯培對上述紛爭，皆認為不妥，仍堅持哲學勿忘以研究Being作初衷，但是否成為Being的科學？他步康德的腳步，形上學不是一門科學，因為形上學無法棄Being而不顧。Being的問題，正是人的問題，人這個Being是自由的，以自我為領域；任何一門科學，都無法處理人這個Being問題。

Being的問題不是一門「殊學」（科學），仍然是一門「哲學」（共學）。

　　科學此種殊學，如生物學、心理學、原子物理學等，都各自有各自的研究方法及資料；也可在各自領域內獲致令人驚奇的成果，但成果都是「孤芳自賞」，或者都把人這個Being置身度外。人變爲旁觀者，而非當局者；誰來過問人這個當局者呢？沒有一門殊學（科學）有能力承擔此業務，且是切身業務。人是主體，以主體來過問主體；科學家擬知Being，必先把Being化爲客體；但Being一化爲客體時，已不是Being本身了，性質及範圍都變了。因之，靠科學家來知Being，是徒勞無功的。本職是科學家的他，最能領會科學本身的自我限制性，也最有資格談及科學絕非萬能。

　　康德的範疇論，雅斯培是佩服的。其中，作爲人這個Being的主要性質，「自由」早已蓄意於此種範疇裡，也是科學知識無力抵達之處。科學所形構的因果律陣營裡，都有「自由」大旗在，更可以揮舞，這才是人這個Being最爲特別者；「例外」（exceptions），即列於科學之外。試問齊克果及尼采的「傳記」，又有哪一套科學準則可以闡釋？兩人都是獨特的又個別的，這才是自由的眞諦。此種眞諦之確認，就是「存在」（existence），依科學知識，人不可能全能又全知。

　　人人都有一股自由的潛力，擬衝破任何阻礙（limiting situation），如死亡。接受之或拒絕之，在上帝的庇蔭下，人人都可「超越」的躍躍一試。因之，意外、例外、不爲常規所束的自由，人之「貴」或「責」，也就在此顯現。

　　3. 馬賽的個別性或例外性更爲明顯。他的想法在他的期刊、演講、書籍，或劇本中，無一系統性的哲學論著。一生是謎樣的，「精神式的漫遊」（spiritual itenerary），未悉終點或目的何在。點點滴滴都是把自己投入其中的內心感受，一生都在接受生命的考驗，此種考驗又時刻不離身。不是如同應考、閱讀、旅遊，或省思，時而可以把它拋棄或視之爲「客體」的存在，或冷靜或冷漠地對之，或熱情或溫意地待之；不！卻是如迷魂般地永不分離。要命的是不許從遠處甚至不干於己之心，將它當客體看待。舉數學考試爲例，不參加考試總可以

吧？但人生的考試，人這個主體又如何能不予以面對呢？且面對的不是「問題」（problems）而己，卻是一團「謎」（mysteries）。而「謎」之難解，是因自己陷入謎中。

以男女之愛為例，當「愛河永浴」時刻，雙方迷（謎）於如醉如癡中，一旦過問「愛」的性質時，「愛」變成「問題」（problem）而非「謎」（mystery）了。愛也客觀化、具體化、科學化、外在化了，不是愛人的愛，而是科學家的愛；又以生理心理學的辭句貫穿其間；假設性命題，弗洛伊德式的辭句，甚至追根究柢探求愛的源起，愛的動作之客觀分析，「愛」四分五裂了。他稱之為「第一次省思」（first reflection）；與此相反的是「第二次省思」（second reflection），把外在改為內在，改「問題」為「謎」，形上的將愛人彼此心靈的結合，「分受」（participation）拆解於Being中，愛的雙方變成具體的「it」（它），也是集體化中的一「成員」（member），成為社會或政治機器中的零件。因之，功能導向，分工趨勢地把主體予以「客體化」（objectification），獨特的個人（person）被支解了。他一而再再而三地追問，「我是什麼」（what am I?）或「作為一個人，其意何在？」（what does it means for be a person?）

人生在世的「處境」（situation），也是「人與我」或「人及物」關係的處境：「人、我、物」三者，都不許只當「工具」的「它」，陌生地如同自來水筆或雙目望遠鏡來使用而已，卻彼此都「不能化解為二」（irreducible）的，而是「只此一家別無分號」（*sui generis*）。「我」（I）是主格，對方的「你」（thou, *tu*, *Du*）也是主格，是同等位階的，而無你大我小或我大你小的「問題」，二者之間有一種「謎」樣的關係存在，雙方都是Being。

信奉天主教的馬賽，並不持天主教教條作為哲學省思的依據。1929年入教時，已是39歲，不怎麼年輕了。早已體驗，馬賽就是馬賽，不是別人；人與我，人與物，更超越到人與上帝，三者都是「互為主觀」（intersubjectivity）。「陌生」（alienation），情就泯。人生意義及價值，是十分鮮明的話題。

(二) 無神論的存在主義（atheistic existentialism）

尼采宣布「上帝已死」（God is dead）。其意即指，上帝之觀念，或上帝啟示在猶太基督傳統的，都不能採信。如有人信，猶如信「小精靈」（elves）或「小神仙」（fairies）一般。雖未曾證實有小精靈或小神仙在，但若一人堅持說，小精靈或小神仙躲在樹林裡，迅速藏匿不為人所見。處在二十世紀科學大發明時代，不信小精靈或小神仙之存在，也猶如不信上帝存在一般。尼采又接著說，上帝既已死，則跟著宗教信仰也不存之外，倫範也消失，且無絕對價值或普世性義務感之道德信條。既無上帝，則俄國學者杜思妥耶夫斯基（Dostoyevsky, 1821-1881）也以「一切皆被允許」（everything is permitted），緊跟其後，全部以個人負起全責。價值由人生，也由人定，不必另尋上帝當幫手或作導師。伴中已無上帝，孤獨嗎？陌生嗎？無神論的存在主義，以此為討論主題。

要角有二：一是沙特，一是海德格。只是海德格頗不喜被歸類為無神論者。他沒說無上帝，卻也無法證明上帝存在。若把有神無神當二分，則有所保留地把他納入無神論者，或許也比較牽強地可以接受。

1. 海德格（Martin Heidegger, 1889-1976）為當代德國哲學界最具創見性的學者。出身於天主教家庭，其後受新康德主義傳統及胡塞爾現象學之影響，也深悉希臘及中世紀哲學。首部發表的作品，即針對著英國中世紀哲學家約翰埃里金納（John the Scot, 815-877?）而來。一方面不諱言對冥思型哲學情有獨鍾，另方面大發豪志，但願成為現代的亞里斯多德，尤其在論及Being問題時。1927年大作《存在及時間》（*Sein und Zeit, Being and Time*），重提「存在」（Being, *das Sein*）之意，關鍵之點是此問題由人而生。債有主，冤有頭；別分神找人的替身。人該勇敢的站出來，勿把主格的人，降格為述格或客格。

亞里斯多德以「徬徨」作為哲學思考之源頭，但不少徬徨者卻不專注於徬徨本身這個引出徬徨的主體，卻費神去探討「客體」。人（man, *Dasein*）是「存在」（existence, *Existenz*）。但「存在」又難以下定義，因人多變，不能預期，也不受約定，未來不可知。海德格哲學之曖昧性，著實令讀者聞之止步不前，或

許認爲這才是存在主義的正字標記。一些死抱其師不放的忠貞門徒，每以別人對海德格的批評爲誣指，認定是以訛傳訛，卻不知始作俑者才最該正本清源。不能以凡持有異議者都屬缺乏能力領會者。若深信「存在」本來就無法說明清楚，則吾人也徒呼奈何！

2. 沙特（Jean-Paul Sartre, 1905-1980）也常使用曖晦艱澀語辭，可能受德國哲學所染；還好，他的祖國法國，有一道清澈的哲學傳統，使他在明暗中各有分攤。《存在主義與人文主義》（*Existentialism and Humanism*, 1946）較爲大眾化，表達也不含糊；他的哲學專著，倒甚爲難懂。1964年，他榮獲諾貝爾文學獎，卻甚有個性地不去領獎。尼采之上帝已死說法，他全部照單全收，不似海德格之欲語還休，讓他人處在雲裡霧中。沙特甚至還爲尼采加油添醋，即令上帝存在，人也是自由的、負責的。他的人文主義表現出表裡一致的無神立場，也是他的存在主義說法。

不少觀念是多餘的、累贅的、不需要的（gratuitous, *de trop*），如上帝。俄國小說家，說上帝若不存在，則一切皆被允許；「這正是存在主義的起點」（That is existentialism's starting-point）。價值判斷不必找上帝，找人即可；人也自訂價值的尺寸，即令選擇自裁，也悉聽尊便。人的自由不受限，並無一種外加的普世性義務規則來說三道四。但個別的人，由於個性、生理心理結構，及身處不同的歷史情境，因之在自決時，人人有殊。一旦行了，就得負起全責，不許推諉。

處在千仞懸崖陡峭，人有暈眩感，懼怕、焦慮、苦惱（dread, *angoisse*, anxiety, *anguish*）。哲學家的眞正任務，也是一個人能向他人獻議的是，明示眾多行爲的可能性，以及自由的意義。使當事人處在抉擇邊緣時，作出純正的行動，不受任何社會的外在壓力所逼迫，但最後的抉擇權，仍然操在當事人手上。除此之外，別無其他（包括上帝）可以過問；蒙上面紗或假面具，這是駝鳥行徑，不是人之所當爲。

3. 卡繆的「荒謬」（absurd）說：「荒謬的哲學家」（philosopher of the ab-

surd）卡繆（Albert Camus, 1913-1960），也在1957年獲諾貝爾文學獎，可惜三年後車禍死亡。人生的短暫易逝，與世界的永恆，對照之下，讓他動筆寫了不少諷刺意味的小說。出生一歲，父親即在歐戰中陣亡。1936年，以優異成績在大學畢業，主修哲學，閱讀廣泛，涉及古今名著。

視世界及人的存在為「荒謬」（absurd），沙特早已言之，卻對此議論未進一步伸述。文學天才與他齊名的卡繆，則在此有更多的省思。人的存在既是荒謬，則又何必有一種「存在主義」的名詞呢？像雅斯培這種哲學家，其實是個「逃避者」（escapist）；存在或存在主義，都是畫蛇添足，多此一舉。他摹仿其母之口吻說，世界是不理性的，也不可能在其中找到什麼意義；「荒謬之情」不求自來（le sentiment de labsurde, feeling of the absurd）。「從生到死」，也就是「從創至毀」（from creation to destruction），都與人常相左右，陪伴一生，揮之不去。

舉希臘神話中命定推石頭上山，一直無法如願的西希弗（Sisyphe）接受命運之淩遲及折磨，哲學家何必費盡口舌，對「人生是存在」置一詞呢？不必要的，惠而不費的（gratuitous），也令人「嘔吐」（nausée）的。因之，「不如歸去」（nostalgia）。與「非理性的」（irrational）及「荒謬的」（absurd），正好是「面談」（tête-à-tête）戲劇中的三個主角。

荒謬感俯拾即是，到處遍在。一來人生短暫如朝露，日夜如同無頭蒼蠅般地作些例行公事，也類似一直往上推石頭卻又一直往下掉的無奈！

> 起床了，電車軌道上四小時到公司或工廠。一頓飯又一頓飯；電車軌道，四小時的工作；一頓飯，睡覺。週一，週二，週三，週四，週五，週六，步驟皆同……大部分時間就是這麼過，皆無困難。不過，終有一天，「為什麼？」問題就出來了。

這不是反映出現代人的生活寫真嗎？噁心、嘔吐、嫌惡。但思想家如齊克

果，竟然曾要求「跳躍」（leap）到上帝那邊！雅斯培也如是地擬從「經驗」
（experience）一躍抵「超驗」（Transendent）。其實都是異想天開，天方夜譚
式的。在一部有關羅馬暴君卡里古拉（Caligula，37-41在位）的劇中，道出該暴
君必須「消失」；「為了活，且要活得幸福」；但若人生充滿荒謬，則既不能
活，也活得不幸福。

> 失去一個人的命是小事，必要時我將有此勇氣。但一悉人生意義就此「消散
> 了」（dissipated），看出存在的理由不見了，那是不能忍受的，無意義的
> 生活又怎能叫做生活呢？

　　荒謬感的世界是無上帝的世界，也無客觀又絕對價值存在的世界；「荒
謬」的是，人竟然也得在此種世界中過活，難怪「自殺」（suicide）事件頻傳。
他不首肯此種作為，理由是這不是解決問題的良方，反而是向荒謬舉白旗，遞辭
呈；應該昂首挺胸向荒謬挑戰，而非避而遠之。如此，人生才具意義與價值。一
生皆能如此者，偉大也在此彰顯。

　　既然意識到人生了無意義，就如同上帝已不在，已死亡，則一切皆被允許
一般。但可以違法亂紀嗎？一切皆被允許，並不等於一切皆不禁止。在《鼠疫》
（La peste）這部小說裡，他提出是否有「無神的聖者」（atheist saint），發揮
自我特性、自我投入、自我奉獻、自我允諾（engagement, self-commitment）的
道德。

　　4. 存在主義強調人的處境及條件，生存於世界中，人是自然中的一分子；
人是有限性的（finite），也不穩定（unstable being），人一出生就注定要死亡，
時時刻刻有魔鬼纏身，往墳墓之途前進。但人也是自由的，可以不受限於過去，
經過抉擇來形塑自己的未來。人也不是像石頭一般，只是個「客體」的「物」或
「它」。除非死神臨身，否則可能性都可發生在人身上。在生命之洪流中，人不
是如同狗或貓一樣地隨波逐流，而是可作中流砥柱，激起浪花或漩渦。人有智

力，性質有別於欲力及體力，更不單只顧及生理或經濟需求而已。人有私德，但不得不過社會生活之後，公德也自然出現；「群的意識」（group conscious-ness）也與「私我」（egoism）區隔。責任、義務、該的理念，遂之而生；存在的意義、價值，及尊嚴何在，是存在主義的中心議題。

上述諸問題並不新鮮，而是舊話重提，或使用語焉不詳、多數人不明其義的語辭。一來，只要稍悉本書所述的過去哲學家之意見，都可以在存在主義者所發出的上述問題中，獲得一些解鎖之鑰；二來，存在主義學者每以煽情的字眼，誇大其辭地描繪人生在悲歡離合中，負面成分超大。當然，二十世紀人類所遭遇的一些重大災難，更甚於往昔。存在主義趁勢而起，也可說是應時代之需而生。

問題或許是老舊陳腐，但卻另有新意，這才是存在主義之所以存在的意義。存在主義學者不僅提醒哲學家或全民，要如同尼采一般的「重新估定一切價值」。並非前人無估過價值，而是要「重新估價」，且估時要集中精神與心力。因為存在意識不可等閒視之，否則人生了無「意義」。一戰之後的德國處境，難怪令海德格的說法廣受闡釋；1940年法國的戰敗降德，也令法國年輕一輩對沙特學說大力吹捧。這些，都是哲學「思潮」的背景，也是顯學的活泉。人生或人死，此「大哉問」，是永存的；只是嚴重性，各時各地不同而已。

永續性的問題，人人都要面對。不少人對之早有定案。適應良好者，對此泰然處之，社會調適不佳者，對此則極為敏感。此種「變態」（abnormality），屬心理學問題。不過，當不幸陷入歹運連連時，當事者不只抱怨聲大哄，且波及他人，則變成一種「社會恐慌」（social menace）。遁入佛門，逃離現實，此種有神論的存在主義，是躲避者（escapists），非屬「正面又可欲的社會現象」（socially undesirable phenomenon）。

上述所謂「常態」或「變態」，絕不能把前者定義為：個人都得像蟻蜂式地從眾，或把人的社會當作蜂群或蟻堆。人若與蜂蟻同，又哪有資格稱為人？該有形上意義的人，怎淪落到只具形下意義的動物呢？單以經濟及生理需欲為滿足，

而無精神、心理，或超越境界的追求嗎？形上學的意旨，在大受邏輯實證論非議之下，卻因存在主義而回魂！

　　強調主體性、個別性、主觀性（subjectivity）的齊克果，因之認為真理具有客觀性（objectivity）。選擇（choice）隨時侍侯，是一種極其客觀的存在，因時因地、因情境而變，又哪有普世性呢？只有擬理論化或系統化的哲學家如黑格爾，才推崇絕對性；且也只具該條件者，方坐上大學哲學講座的席位。齊克果一生從未得此頭銜。作為一個基督徒的他，得學路德的新教精神。人與上帝交往都是直接的，不經他人轉達或闡釋，這才是最純正的一手經驗。

　　雅斯培是大學的哲學教授，且對存在主義哲學予以系統化。不過，對齊克果的一種說法，卻予以認同，即「存在系統」（existential system）是不可能的。人人的存在，都是獨特的（individuality）。

　　不管如何，當代的兩道顯學，邏輯實證論從小處著手，注重語文字意的評析，掃清不少哲學迷霧；存在主義則大處著眼，使世人對「存在」的意義，重新啟動人人所關注的切身且緊要問題。以數學及邏輯出身的邏輯實證論，強調細節；存在主義則關心整體。二者都給哲學園地注入一方活水。至於活水是否帶來了人生的新命運，是健康的新水還是有害思慮的禍水，則留給當今及其後思想家接棒去費思量！

第四章

蘇聯哲學

　　現在的俄國（Russia），是1991年以前的蘇聯（Soviet Union）十六個聯邦中最具代表性的政治、經濟、宗教，及哲學思想的實體。俄國歷史悠久，人口眾多，尤其土地大。蘇聯的疆域可以與支那、美國、印度相比；但從思想或哲學角度言之，該龐大地區在哲學史或思想史上卻未有特殊值得稱述者。與全球其他地區一般，社會貧富階級相差懸殊。歐洲啓蒙運動以還，全民的覺醒，屬於下階層的「普勞」（prolelariats）漸成勢力，迎戰「資產」（bourgeois）；前者無產，後者有產。由馬克斯學說而崛起的馬克斯主義（Marxism）運動，不只農工等黑手者漸漸占有議會席次，白領人士的自我反躬自省，也溫情地與之共謀社會的和諧與安祥。習慣上前者坐在左邊（Left），後者座席則在右邊（Right），兩極化漸成氣候，程度上偏右的是資本家（capitalists），傾左者形成爲「社會主義」（Socialism），其中最左的是「共產主義」（Communism）。馬克斯是德國人，他的學說不見容於祖國，尤其受盡納粹這個極右派的打擊；馬克斯及其門徒乃逃亡國外（法、英，及美），唯一接受且特加發揮的是蘇聯、支那，以及第三世界（經濟落後）的國家或地區。馬克斯或馬克斯主義在哲學史上被封爲「物論者」（materialists），但不是「唯物論者」（absolute materialists），卻也滲有人文或人道精神（humanism, humanitarianism）於其中。只是以階級鬥爭起家的蘇聯、支那的中國共產黨，及中國國民黨等，只專對專制及極權熱衷；因之，尊馬克斯主義爲師者在「共黨國家」，包括蘇聯、中華民國、中華人民共和國，及第三世界的國家，都大開殺戒，共黨國家中的人道主義者慘遭折磨、受虐。此種事實，迄今未止。

　　在共黨國家中，還堪一提的是「哲學家」也出現在蘇聯。他們的哲學層面，社會及政治色彩甚濃，這是與其他哲學家最爲相異之處。也基於此，領會蘇聯哲學，有必要先探究蘇聯的政治及經濟發展史，因爲這是支撐該地哲學的基礎。此外，法國存在主義學者支持馬克斯主義者特多，故把法國哲學與俄國哲學合成一體，也是「言之成理」。

第一節　俄國哲學的萌芽

一、俄國文化或哲學思想的特色

(一)由外移入

從史上看，俄國自身的文化或思想極爲薄弱，外來的植入多於本土。

1. 現在有不少支那人，朗朗上口的一句話是「臺灣自古屬中國」。如果此句眞爲史實，則更可向全球尤其蘇聯人說：「蘇聯自古屬中國」。因爲大元帝國從1240-1480年就是蘇聯的「大汗」（the Khan）。蒙古是宗主國，蘇聯各地都得納財進寶獻貢。不過，一來以鐵蹄橫掃歐亞兩大洲的蒙古人，並不傳入東方文化或學術；二來，大元帝國本身的文化或學術，也無足稱頌。

同樣的，當羅馬帝國更雄跨歐亞非三大洲之時，雖扶基督教勢力來結合哲學思想，但蘇聯屬希臘東正教系統，該系統源頭不是羅馬，而是拜占庭（Byzantine）。1453年時，東羅馬帝國滅亡，與發展古代學術的西羅馬帝國絕緣。中世紀興建大學熱之時，母大學生了許多子大學，但無一在蘇聯境內生根。處邊陲又極凍冰雪的地帶，形同蠻荒或文化沙漠。

2. 英明大帝彼德（Peter the Great, 1672-1725），如同日本明治天皇（1868-1912年爲皇帝）一般的大膽西進，脫亞入歐。歐洲人視蘇聯地屬亞洲，而懷有「百般不如人」，又有自尊心及羞恥感的俄國人，莫不擬急起直追，甚至後來居上，將社會及政治的改革列爲首務；自我革新，心理建設是去除且治癒自卑感的良藥。

(二)仿多創少

1. 既然有榜樣及範本在，就省得費思量於高深又抽象的學理探討。尤其迫切待解的現實問題，百事待舉，又哪有餘暇閒情作冥思沉想？社會理論家有，但專業性哲學家則幾乎無；名之爲「俄式社會主義」（Russian Socialism），將西

歐學說在地化，其中或許稍帶有一種俄國的救世使命感（Messianic sense），不必重蹈恐怖資本家之層層剝削之厄運，而建立一個實踐馬克斯學說的社會，成為1917年大革命的願景。思想家甚至專業哲學家的核心問題，是人及人的社會問題。此一界域，與以知識論為核心的歐洲哲學主流，二者有所區隔。

2. 一與西方接觸，又品嘗古希臘哲學風味，有俄國人自稱是蘇格拉底，喜被尊為俄國首位哲學家。1755年莫斯科大學（University of Moscow）建立，較荷蘭雷登大學（U.of Leiden, 1575）晚約180年，但立即引入法國及德國書，還修改舊法，甚至率先宣布廢除死刑，創了全歐首例。凱撒琳二世（Chtherine II, 1762-1796）登基後，法國的啓蒙精神移入，還自認是伏爾泰之徒；以婦人之仁慈佐以精力充沛的以法治國，採用孟德斯鳩的政治理論，不許以刑求來逼犯人供證；還熱心提倡女子教育。俄國儼然成為法國第二；另也派遣學生赴英請益，拜功利效益主義者邊沁（Jeromy Bentham）及蘇格蘭經濟學大師斯密（Adam Smith）為師，學成後在莫斯科大學任教。

3. 無法還政於民且厲行法治，徒靠人治則政局不穩定：法國大革命導致上位的法王路易十六（King Louis XVI）被斬首示眾，此事讓凱撒琳驚魂未定。伏爾泰期望改革由上而下以免引發人民暴動，但血淋淋的史實卻擺在眼前。被稱為大帝（the Great）的女王頓然作風丕變，內心裡支持貴族的潛意識陡升。俄國的國風民情，不宜走共和之路；凡不為上意所喜者，命途多舛；放逐西伯利亞（Siberia）者有之，且幾乎變成蘇聯其後政治史的寫實，不只一頁且數章。

4. 德國哲學支配了俄國學者的心思：早期由康德學說的引入，後是黑格爾及謝林思想，幾乎成為俄國學界的兩大主流。其中尤以謝林的自然哲學及美學，使哲學的神祕性增強。祕密性的共濟團體（Freemasonry），也由英法傳入，會員私底下思索「奧祕眞理」（esoteric truth），有別於「正教會」（Orthodox Church）之公開傳道並提供可以展示的眞理（exoteric truth）；前者的會員多半是學者或專家，後者的對象則是受教育不多的平民或農夫，批判力較弱。

如同支那二十世紀早期一般，在歐風美雨侵襲之際，國故派及西化派對

立：俄國也興起「民族（斯拉夫）派」（Slavophiles）及「西化派」（Western-izers）之對立。不過，大體來說，本土派支持謝林者不少，西化派則傾向黑格爾哲學；兩派都以「俄國問題」（problem of Russia）爲對象。

二、「俄國問題」的代言人

(一)西化派的恰達耶夫（Chaadayev Pyotr Yakovlevich, Peter Yakovlench Chaadaer, 1794-1856）

1. 出生於地主之家，童時其父即逝，上過莫斯科大學。1812年入伍參與抵禦拿破崙之入侵。1823年出國治病。抗法成功，國民之自我意識高漲，傲心大發，心中激起一股解放情；但願俄人也能如同歐洲先進國家一般地獲得自由身；解放農奴，是其中的努力之一。二戰結束時，蘇聯人高呼這是「愛國大戰」（Great Patriotic War）的成果，也同樣呼籲要改頭換面，全盤現代化，此種西化的要求響徹雲霄。但是，當政者卻裝聾作啞。恰達耶夫時代的沙皇尼古拉一世（the Tsar, Nicholas I, 1796-1855，1825-1855當政），及二戰之後的史達林（Joseph Stalin, 1879-1953，1922-1953爲蘇聯共黨總書記），都採打壓政策。

2. 1836年恰達耶夫在《瞭望鏡》（*Telescope*）刊物上發表一文，尼古拉一世怒不可遏，公開宣布作者神經失常，除了拘捕囚禁一年之外，還送醫治療；不問青紅皂白就替他貼標籤，認定這位異議分子該在精神病院過活。恰達耶夫撰寫一系列的《哲學書信》（*Philosophical Letters*），公諸於世的第一信，即惹禍上身；其後並非噤聲不語，對訪客及友人仍能自由交談，只是不許公諸於世。他同情反王朝運動，但不屬激烈的革命行動人士。

批評俄國與西方相較，確實「百般不如人」。俄國對環宇來說，無任何價值或貢獻可言；有之，也來自於西方；無輝煌的歷史，頂多是「一張白紙」（only a blank sheet of paper）。此話，彼德大帝似乎也說過。俄國尚存有不少「可怕的潰瘍」（terrible ulcer）、「致命的汙點」（fatal stain），及「暴力的一半對付

暴力的另一半」（repulsive violence committed by one part of the nation against the other）。究其實，東正教的俄國（Orthodox Russia）從西基督教王國（Western Christendom）分離之後，就與社會進步結合成一體的原則，兩相絕緣。西方社會的歐洲自中世紀之後，出現一種進步的齊一目標。相反的，俄羅斯民族對善惡、真假、好壞、美醜等差別，不予關注。儘管歐洲社會也有藏汙納垢，存在著不忍卒睹的瑕疵及毀損，但似乎上帝的眷顧，已使歐洲人享受不少層面的進步。舉世之民，皆是上帝的天主信徒。古代即令名哲學家，也振振有辭地為農奴制度之存在提供理由；但基督教時代一屆臨，該不仁道的差別待遇已成歷史；唯獨俄國，還照行不誤。歐洲是動態的社會觀，俄國則靜態不動如山；動態的社會是進步無止境的。歐洲的天主教，受世俗化的洗禮；俄國的東正教，卻原地踏步。恰達耶夫指責俄國人們還在昏睡中，北極熊即令力大驚人，竟然敵不過國土疆域與之甚不成比例的東方「小」日本；日俄一戰（1905），以敗仗服輸收場。此種國恥，他當然未能親身目及，卻也應驗了他的苛斥，更痛罵斯拉夫民族一無是處。恨鐵不成鋼的心意，加上諸事不順遂；但在骨子裡對國人是有期待的，未來是俄國人的天下。俄國人的潛能還未發揮，仍長埋地下，猶待開採。使命感未萌，上帝的交差還沒履行。

3. 親西化派（Westernizers），他是貨真價實者；與他所描述的「狂妄的斯拉夫熱者」（the fanatical Slavists），二者對立。俄人有必要拜歐洲人為師，他禮敬西化派的主政者彼德大帝。俄人如同置身於霧中（in a fog），不知方向，人民如迷途的羔羊。有幸在位者如彼德大帝，指出西向的明確方針，從黑暗步向太陽。

他的西化論，並未把話說滿。歐洲社會的「進步」，過程中出現了工業社會的資本主義（industrialized capitalism），這是美中不足的。階級對立、鬥爭、火拼，慘況空前。俄國人該越過或繞道，而達「農耕式的社會主義」（agrarian socialism），不只建基於「鄉村公社」（the village commune）上，還得有宗教情，即基督教精神。西化但不「全盤」。使用俄文卻對俄國人說「全盤西化」，

必屬「詭論」（paradox）：如同用漢文寫著「全盤西化」一般的，會遇到困窘局面，因爲至少用了「全盤西化」四個「漢字」，又哪是西化「全盤」呢？此種爭論，不僅是「俄羅斯問題」（the problem of Russia），也是「支那問題」（the problem of China）。

4. 宗教面上，他反對已往的俄國東正教（Russian Orthodox Church），而支持歐洲的天主教會（Catholism）。尤其在宗教的社會及文化面上，以宗教作爲道德及文化基礎；如此的社會，才可望統一。訴諸於宗教，表面上似乎有些許神祕味，但將宗教作爲統一社會的基礎，則具體性就十足明顯。

基於愛、同情、仁慈，掃除了自我、自私、自利心，而朝利他的作爲。先知如摩西（Moses）、基督（Christ）、穆罕默德（Mohammed），心血沒白流，都成爲「人類的資產」（the patrimony of mankind）。人不是單單地被稱爲「二足」（two-legged, biped）或「雙臂」（two-armed）的哺乳動物（mammal）而已，也不完全屬自然科學研究的對象。人際關係是社會溝通（social communication）性質的，也是觀念的交換，不是單獨性的如柏拉圖的觀念或個人的回憶。至於笛卡兒的先天觀念或康德的先驗，則比較屬於法國傳統主義者（Traditionalist）的理論。社會傳統扮演了重大角色，排除社會關係，人是多麼渺小，比高級動物好不了多少。人是指群而非指孤，因之，人都有「傳統」（tradition），即社會人。法國的社會學一枝獨秀，與傳統主義風潮有關。從哲學立場來說，宗教上的先知，努力將人人結合在一起，不把人當孤零零的看；取摩西比蘇格拉底，猶如以穆罕默德比亞里斯多德；雙雙對立，是不妥的。人獨處，多數人不只不長進，反而墮落；成爲社會一分子時，情形就相反了。尤其在基督教社會中，上帝王國就出現在地球上，「純眞的」上升力（geunine ascending movement）及「一種實在的進步原則」（a real principle of progress），只在基督教教區有。回教對基督教之普及，太有幫助了。至於古希臘還未有基督教時，文化上卻有「美」的成分；以及東方印度人，「從默思冥想的子宮中，把光的波浪」（waves of light from the womb of its silent meditation），映在大地上。東方西方兩相對照，東方

是靜態的，不動的；西方則朝前往上前進，期望心顯著。哲人的注意焦點放在個人者較多，俟基督教一出，社會改善才漸成信徒致力的目標；即令新教舊教有統獨紛爭，也莫不朝「社會」面的改善來進行。

5. 改善有兩方面，一由上主導，一由下發動；前者屬「革新演進型」（evolutionary），後者則是「革命激烈型」（revolutionary）。他仰慕彼德大帝的以身作則；在上者風，在下者草，風行草偃，上行下效，這是他期待的。至於百姓民眾的呼喊或行動，他並不天眞地就認爲代表上帝絕對理性的聲音。事實證明，法國大革命是暴民社會的血腥殘（慘）局，廢奴也寧由主政者下令且執行。開明的君主（enlightened despots）使得歐洲社會有美侖美奐的建築，氣象萬千又豪邁的宮廷，傑出的一流畫家、雕刻師、建築師、音樂家、作曲家，以及不讓美名專屬於前的學界精英。爲了免於敏感遭忌而引發人身安全之虞，他除了只具體的提出反奴之外，就大力爲智識文化及學術的增進提出建言。進步由上啓動，上指的是在位者。就普世而言，上就是「上帝」。上帝的聖旨早下，指令已發。靜態的社會按兵不動，動態的社會必著手依令而行。在他周遊「列國」之際，對德國的浪漫學風，感染最深；私下拜訪謝林，其後魚雁往返。一般來說，謝林哲學及黑格爾哲學，成爲「俄國問題」的兩派，也是各自尊奉的領航師。西化派步黑格爾主義，民族派則依謝林的方向。他既與謝林有私下交情，則很難視他爲百分百的西化派。西化派重理，民族派用情較專，尤對性格、心向、意識特感興趣，緬懷著彼德大帝之前的俄國社會，視之爲已丟失的樂園，該儘早恢復。

6. 獨自的個人，常以情欲爲行動的目標，時興式的（whims），以爲這是他的自由。但過社會生活後，該種自由即受限。他認爲最高階也最完美的人，是完全放棄一己的自由，而接受社會的自由。但社會的自由，絕非等同於極權政治（political totalitarianism），而是以道德律（moral law）爲依歸。不許太過強調自己的個性（personality），而該超越之；將個別式的理念，納入「環宇性的觀念」（universal ideas）裡；有如斯賓諾沙在「意志」（will）上的觀點，甚至支那的莊子之與造物主遊；個人大半都只是普通人或庸劣階級，超凡的人或精英

（elite），才是芸芸眾生該往上看齊的對象。自由與獨立（independence），息息相關；但個人的「依賴」（dependency），卻昭昭明甚，又怎能只奢談自由？歷史悠久的國家如俄國，彼德大帝之前有過盛世，民族主義者以「返觀式的烏托邦主義」（retrospective utopianism）予以美化或神化之。西化派則以「前瞻式烏托邦主義」（prospective utopianism）代之。前者往後看，後者目光注視於未來。「法後王」或「法先王」，著實是俄國問題；該「法」，但該法「什麼」，才是關鍵。

(二)季列耶夫斯基（Ivan Kirerevsky, 1806-1856）

　　歷史變遷中，新舊觀念的衝擊，造成社會的動盪，思想家也藉機「重新估定一切價值」。彼德大帝的大膽西進政策，使俄國社會分裂成兩大陣營。上位者力主歐化，大部分的臣民則觀望佇足不前。知識分子也分成兩派，對新舊文化除了提出歌頌及讚美外，也予以作比較性的批判。其中對傳統習俗之價值理念予以正面肯定的，由季列耶夫斯基領銜。

　　1. 東正教信仰，是俄國人在歷史上的優勢：俄國歷史不是一張白紙，大帝卻在紙上寫「西方」兩個黑字；相反的，俄國歷史可供今人及世人反省借鑒的，不勝枚舉。以宗教信仰這個全民皆不可或缺的人生需要而論，作為俄國民族的斯拉夫人（Slavophiles），皈依東正教（Orthodox），希臘成分居多；與羅馬天主教（Catholic）分屬東西；後者的拉丁因素較濃。就哲學造詣而言，希臘勝過拉丁甚多；依神學來說，拉丁卻凌駕在希臘之上，信徒都屬基督教。但1517年，基督教世界一分為二，一是舊教的天主教（Catholic），一是新教（Protestants）。東正教紋風不動，未受波及。天主教特重中央集權，新教反之，力主地方分權，二者各走極端。只有東正教的俄國社會，信徒自主性地在小社區各組互助性的自由公社，自由自在；以愛為基點，世外桃源；日出而作，日落而息，相安無事。幸福，快樂，不也符應了黑格爾正、反、合的辯證哲學嗎？此種史實，即令在二十世紀時，都可以作為社會問題的解決楷模。一方面免去資本社會個人

主義（bourgeois individualism）的一極端，以及馬克斯集體主義（Marxist collec-tivisim）的另一極端。亞里斯多德的中道「金律」，踏破鐵鞋有覓處了，原來活生生地就在俄國古代社會裡，尋到了根。俄國人不該長他人志氣，滅自己威風；即令是敵帚也該自珍，何況該帚是寶而非「敵」。俄國歷史是獨特的，自成一格，爲何要東施效顰？

即令古代社會早有農奴，但還未「制度化」；主人也常以慈祥溫和態度對待農奴；而農奴對主人之忠，工作之勤，生活之簡樸，對上帝信仰之虔誠，都是極品的美德。

2. 季氏生於地主之家，其父熟悉於俄國及西歐文學及自然科學；6歲時失怙，繼父熱衷於哲學，尤喜愛謝林之美學，還譯成俄文。親戚中有人吟詩誦詞，年僅10歲的他，就已飽讀俄國及法國文學著作。12歲時還熟悉德國文學，且也向英國作家及思想家挖寶。1821年上莫斯科大學，選讀拉丁及希臘，法律及政治經濟學是主修；對洛克文筆的清晰，印象深刻。不過，謝林的自然哲學及美學，卻是心中的最愛。謝林哲學在莫斯科及聖彼德堡大學（University of the St. Petersburg），都有傳人，也把此種重情義的思想，應用於社會及政治層面上。處在威權統治的俄皇尼古拉一世（Nicholas I, 1796-1855，1825-1855在位）之下，風險極大；明哲保身之計，只好以抽象思維爲煙幕彈。登基之年暴發的「十二月黨」（Decemberists）事件，正是德國心論派的俄國人，在莫斯科的叛變舉動。形上學式的知識社會學（the sociology of knowledge）取代了實際的行動。只好藉詩澆愁，但願祖先所享的田園之樂，能重現於今世；哲學理念，暗藏於字裡行間。

3. 他發現歐洲人的理念已開發到了盡頭，文化已臻成熟，英、法、德，各領風騷，爭奇鬥艷；還待耐心植栽的只有兩地，一是美國，一是蘇聯。但美國遠在一邊，文化園地局限於「一端」（one-sided），幾乎是英國種的移植；只有俄國，雖落後，卻有潛力及創造力，日後將是歐洲文化的領頭羊。1830年1月，親赴柏林聆聽黑格爾上課，印象不佳；但也認爲黑格爾足以堪稱大哲。在慕尼黑

（Munich）與謝林相遇，該地霍亂流行，逼得他不得不提早返家。德國之旅，讓他親自體會出資本階級的市儈氣（bourgeois philistinism）。1831年擔任新刊物《歐洲人》（*European*）主編，第一期他寫了一文「十九世紀」（The Nineteenth Century），把歐洲與俄國作一番比較。二者同接受基督教文化，但歐洲文化承接希臘及羅馬遺產，在法律制度、城市建築，及宗教信仰上，以天主教會（Catholic Church）為依歸，歐洲成為一體，中世紀時排除外侵；俄國則因莫斯科興起，以軍力解了蒙古人的軛；但在文化及學術成就上，除了作家兼詩人外，其餘幾乎都是由西方輸入的舶來品。

此種俄國文化及學術的貧血症，早有先人提及。恰達耶夫的第一篇《哲學書簡》（*Philosophical Letter*），雖在1836年出版，卻早在1827-1831年已完稿。不過，兩人見解有異也有同。同者是認為俄國不是學術的生產者，只是消費者；異者是恰達耶夫對希臘羅馬的學術遺產冷然以對，倒對天主教體系（Catholicism）的角色在促成歐洲一統上，居功最偉。季列耶夫斯基恰好相反，他看出歐洲文化及學術的希臘羅馬因子，是俄國最欠缺的。不過，俄國的東正教，卻保存了純正的天主教體系。

盜用或模仿他人的文化或學術遺產，只要有用，也不該深怪究責。古代社會的遺產，由歐人盜用或模仿，俄人步後塵，又有何不可？1832年《歐洲人》刊物被禁，警備總部頭子曾言，大帝放下身段閱讀過，發覺內容不是文學，而是政治的冒充，以「啟蒙」（enlightenment）代替「自由」（freedom）；「心靈活動」（activity of the mind）意指「革命」（revolution）；魚目混珠。主編雖不至於被捕，但遭監視，刊物也不准發行。

4. 謝林的思想與東正教會神父無異：1834年新娶的年輕又敬神的太太，閱讀謝林的書，發現與希臘教會的神父無別，婦唱夫隨。他立即轉頭，轉向童年時的信仰，致力探尋在彼德大帝或莫斯科勢力崛起之前，俄國古早的社會原貌。當時大家分工合作，和好相處，都是一家人。評估俄國今昔的好壞，太費周章，只有一事實不容否認，即去蕪存菁，汰劣選優，切勿將新舊與好壞相混。歐洲文化

及學術建立在三基石上，一是希臘羅馬文明，二是蠻族入侵，羅馬帝國瓦解，三是羅馬基督教（Roman Christianity）或「天主教體系」（Catholism）。核心要素是「理性主義」（rationalism），天主教會稟此精神，新教主義（Protestantism）也仿之。但俄國的純正教（Russian Orthodoxy）是反擊理性主義的。歐洲（西洋）的理性主義光芒萬丈，成為歐洲人生活的要素，卻不符俄羅斯的正教精神，正教才最吻合於純正真實的基督教。

其次，由理性主義為本的歐洲，個人主義橫行，與俄國小型公社組織之原則，大為走樣。「單獨」與「社群」，怎可對立，又怎能分離？他原鄉式地懷念村莊式的公社（village commune）。至於如何擋得住工業化（industrialization）之後的大海浪，他隻字不提。農耕小家庭式的社會主義（agrarian socialism），小「國」寡民，雞鳴處處聽聞，在十九世紀的俄國、歐洲，或全地球，已幾近絕跡。

以歐洲文化的成熟果實，灌注於俄國土壤裡，老樹開新花，長嫩芽；移地開墾，俄國提供一塊最佳的選擇，或許更能豐碩可期。

5. 辭世之年（1856）還為理性主義一辭寫作不斷。病魔纏身，家人陸續死亡，包括女兒。挫折感無時不相隨，染上霍亂絕症而告別人間。暴君在位，閱讀他的文學及歷史文章，就嗅出一股不尋常的氣息，「如同一個瘋子犯了被迫妄想症而顛狂呻吟哀號一般」。恐怖政策的淫威之下，任何真實的言論，不經偽裝迂迴或轉彎抹角，都會被解讀為動機可議，陰謀叛變；即令說古，也是道今的影射，爪牙鷹犬隨侍在側。1848年時，更是風聲鶴唳。

農奴制度必須剷除，但要有配套，否則後遺症之大，超乎一般人的料想。「理性主義」的古希臘大哲學家，卻為奴隸身分「理由化」。老祖先時代的俄國社會，又哪有農奴？十九世紀的俄國，卻農奴四布；廢奴之後要不要有地給予耕種，本來的地主如何補償，都得解決。他也擔心，一旦釋奴，社會有可能也因之失序，獲自由身者也許人際關係反倒退，或德操品行更降一級。這些警告，事實也證明不虛。或許這也是一種代價，「奴」身分者藉解放之名而行報復之實，才

能體驗出「公義」的眞諦。

歐洲的理性主義，依他的了解，是在眞理的追求上，以理性爲師，唯理是問，而不計「理」之外另有「心」（heart），如情、意、想像。在抽象觀念上，建立邏輯的關聯性，理是最高權威，理性力大無邊（omnicompetent）。當然，理性主義者不敢奢言，單憑理，則一切皆可知。

高舉理性第一的大哲，他屬意於亞里斯多德。基督教一出，教會的斷言是最後的裁判。他爲文論及理性主義在歐洲歷史上的流傳與演變，最後定調爲理性不該作爲「唯一」的判斷原則，這也是他貶黑格爾而舉謝林的主要原因。理、情、意等，該「整合爲一」（integration），不許有偏，這才是點燃新思想的火炬。勿讓理性得了肥腫症（hypertrophy），其他的心靈力（psychical powers）如想像力，也染上貧血症或萎縮症（atrophy）；戰爭、階級不合，或衝突，都導源於此。歐洲社會淪入悲慘命運，俄國當銘記於心，勿把「工業化」（industrialization）與「進步」（progress）相連，或視之爲同義字（synonymous）。

此種史實，並未盡全貌；史識的主觀性也強。工業社會不盡然都如率獸食人的「蠻荒」社會。不少社會學家持樂觀信心者，認定工業社會是祥和及道德重建再生的社會。歐洲人或許「身在此山中」，當局者迷；俄國人才「旁觀者清」。他杞人憂天，提出警告，用「意」良善，也用「心」良苦。

6. 1852年他又爲文提及「東方思想家」（Eastern thinkers）及「西方思想家」（Western thinkers）之差別，前者重內思，後者重外省。臨終之前又再度強調，理性並非檢驗眞理的「唯一」效標。但也言，依情或意引出的眞理，不可能絕然無誤。美的體驗，並不保證符應眞實。該注意的是把理、情、意，集結成一體，「官能」（faculties）不是分開動作的；整體的知識（integral knowledge）是各官能要各司其職，且要通力合作。理性在分析及演繹上，功能特顯；三段論式的推論，非依理性不可。但整體的知識，不是只由演繹或分析法而已，歸納及綜合也是要素。至於判斷正確所要遵守的條件，更是複雜。比如說，若對某人心存敵意、厭惡，或愛時，則評斷某人的人格就容易失眞。一個人在激情之下的言

行，最易脫軌；單依理性，則與實際的社會行為、態度、舉止，相關性不大。

彼德大帝西化政策後，純正的德國文化已染在「白紙」上了。斯拉夫民族與其他民族一般，以農耕為主，農民的性格是謙卑，彼此具手足之情，互助而非競爭，這是實踐基督教社會的完美秩序最不可或缺的，絕不如同工業社會的勾心鬥角、爾虞我詐、陰險虛偽，這是另一俄國史學家霍米耶科夫（Aleksei Kho-myakov, 1804-1860）的說法。他是季列耶夫斯基的同輩人物，民族派或在地派陣營，又多了一要角。

平心而論，單以理性主義代表歐洲文化或哲學的「全部」，是不合史實的。浪漫之風陣陣吹，田園詩人，四處流浪的學子，年少輕狂的「游鳥」，充斥在歐洲的大地上。嚴格來說，西化派的說法，簡直就是「外國人」的說法，不是俄國人的主張。他們是俄國人沒錯，但宣示的理念，簡直與德、法、英學者異口同聲。民族派才貨真價實地屬於俄國哲學的實質內容。民族派挖出自己的寶，以別於西化派的理性主義。由理性主義而滋生的政治體制及法規，是人為的造作，比起俄國人祖先的習俗法，也是代表公社生活的傳統法，大異其趣。前者使人人離心離德（centrifugal），人人似路人，陌生以對，且甚至反目敵視；後者才能齊心合力（centripetal），大家都是兄弟姊妹，一家親。外力掌控，不足為訓；只有憑內心的歡喜甘願，才能永固。歐洲國家中，只有英國才稍在習俗法上保存俄國祖先的古風。俄國地大，不是靠征服立國，雖屈服於元朝鐵蹄之下，但人親土更親，互相信任，善意普現在人人的臉上；誹謗或惡意地出口傷人，頗為罕見。彼此都是夥伴而非只似沙堆中的一粒，此種舊有習俗，難道不是稀世珍寶嗎？「民族精神」（volksgeist）不也是連黑格爾都樂意奉守的名言嗎？從政是不得已的，是苦差事；但抵禦外伍，處罰少數的惡徒，此種重擔，非有人承接不可。俄國百姓自動自發地授權給在位者政治責任，哪像法國大革命一般的，百姓集結活抓皇帝甚至予以斬首示眾呢？俄國先民若知此事，必認為是道聽塗說的謊言。歐洲怎麼了？西化派要帶領俄國蹈此覆轍嗎？看看俄國全盤西化派及全盤俄

國民族派之間的爭執，正如同支那五四運動（1919）年期間的論戰一般。

三、從遷就現實（reconciliation with reality）到革命（revolution）

(一)由黑格爾而馬克斯

　　1. 黑格爾在《權力哲學》（*The Philosophy of Right*）一書中，說了如下的一段話：

> 當我知悉世界時，我安心自在；在我了解世界後，更如同回到老家一般。

　　這位德國大哲，並不把現實奉為正典，尤其在政治層面上。就環宇觀而言，似乎都在正反合的辯證過程中，朝向高度的統整性邁進。個人有瑕疵，無人否認，整個社會亦然。但忍一時，看千秋，這是他理性主義掛帥的主調。馬克斯出，卻進一步地說：

> 哲學家不只要以了解世界為已足，更要改變世界。

　　柏拉圖的激烈革進說，與亞里斯多德溫和的演進說，十足地輝映在德國兩大哲學家的史觀裡。當然，個人的性格及時空的遭遇，都支配了學者的人生觀。

　　彼德大帝的西化潮流，激起了民族派的反彈，兩派論戰多年。這其中也出現了一批「閒雜人等」（superfluous men），心懷西化的解放作風（liberalism），堅信歷史是進步的（historically progressive）；由上而下的革新，也幫了不少大忙，使俄國趕上了流行於全歐的那股「開明專政」（enlightened despots）風潮。但尼古拉一世（Nicholas，1825-1855在位）登基時，暴發了「十二月黨徒」（Decemberist）事件。首謀五人被判死罪，處以吊刑。這位不得人望的「暴

君」，屬行專制，卻不開明。現時多管閒事者，往昔卻置身度外；目前的改革之道，大方向底定，手段或方法容有不妥，卻不礙大局；時移勢易，忍了虐政30年，則又哪能繼續無動於衷？

2. 坐而言不如起而行，什麼時候了，還要等待嗎？社會哲學家及政治評論家赫爾仁（Alexander Herzen, 1812-1870），創辦刊物，痛批農奴制度。在鐵窗內度過數年，更遭流放。詠讚西化派的改革，但也憧憬古早俄國農夫之與世無爭，傳統社會主義觀念隱然在他心中成形；對十二月黨徒景仰有加，號召「閒雜人等」歸隊。在莫斯科組成一「哲學圈」（philosophical circle），其中有無政府主義者（anarchists）巴古寧（Michael Bakunin, 1814-1876）。但遷就現實者仍不乏其人。暴君每以代天行道作爲藉口，麻醉無知的衆民，如同漢字以「天子」而非「人子」稱皇帝一般。「沙皇」（Tsar）之話是「聖旨」，不許拂逆違抗。個人要從群服衆，非常實際。黑格爾的共相高於殊相說，一時使心懷改革者受其蠱惑而不自知；一旦覺醒，就有受騙後之吶喊，生不如死。認可現狀，維持虐政持續在位，激怒了行動派的革命志士。

赫爾仁之生父是富裕的地主，與德國少女婚外情而生，年僅13歲即眼睜睜地看到十二月黨人事件悲劇的一幕，發誓要替他們平冤。1829年上莫斯科大學，理科是主修，卻嚮往德國飄來的浪漫氣息，沉思於大自然界；但私下交談的團體成員，卻相繼陷入囹圄，他自己也不例外。流放一段時日後重返莫斯科，研讀黑格爾著作，把他的友人所認定的遷就現實說，當作是「一部革命的代數」（an algebra of revolution）。依他的闡釋，黑格爾哲學中的「正」，才是與現實妥協，「反」是「負」（negation），是不接受現實。此種哲學代數式的解讀，各人不同，卻也能「持之有故，言之成理」。不久，有了一番不平靜的生活歷練之後，他寫了一文，題目是「科學漫談」（Dilettantism in Science）。此處的「科學」，原來是「黑格爾主義」（Hegelianism）。參加餘興討論者都是黑格爾的徒衆。向現實俯就者，又名爲「佛教徒」（the Buddhists），他們只當歷史旁觀者（spectators of history），而非主角或當事人。

依他的見解，真正遷就現實者也是要採取行動的，使目的實踐，這才是「與現實合一」（reconciliation with reality），又哪有現實只能維持舊觀的，一成不變嗎？目的實踐，是一種「創」（creation）；難道違背道德感的「現實」，也要視若無睹嗎？這些歷史旁觀者，才屬道德上最不負責任的傢伙。

其次，史實絕不是「先驗」（a priori），卻有真憑實據，活生生地如現眼前；並且把「該」變成「是」。前者是「未來」，後者是「現在」。科學只重「是」（現狀，實），哲學該強調「該」（價值、理想）。作為科學家的「人」，是自由的道德體，不只要改「變」現狀，還要改「善」現狀。人又怎能好意思地向動物看齊呢！他致力採取革命行動，以解決俄國問題；巴古寧也同意他對黑格爾哲學的闡釋，更大拓視野，以環球革命為致力目標。不管俄國本國，甚至地球上的任一地方，都「該」是「文明、教育、人道、價值、尊嚴」的所在。

3. 主張「全斗換」（借用韓國一總統「全斗煥」之名）的巴古寧（Michael Bakunin, 1814-1876）：建設之前必須破壞，且須徹底地破壞，片瓦都不存。他的「負」（negation），是黑格爾的「反」（anti-thesis），也是「毀」（destruction），逐被視為「極端分子」（extremist）。一生進行革命，可見革命尚未成功，竟然還能享62歲壽數，也算幸運。他一生醉情於自由自在的過活，不聽他人指揮，無人或單位是他要俯首聽令的「上級」，終遭馬克斯於1872年的「第一國際」（First International）驅逐，個人性因素最大。工人革命運動中誰才是「頭」？他預知共產黨一旦得勢，少數人將掌控國家機器，由上而下來改變社會。但他寧願採取由下而上的方式，不喜權威主義當道。弔詭的是，他正是權威主義的正身或本尊；倒是他也反對任何形式的專制。

其次，他之提倡破壞，也非以破壞為破壞，而是去掉了政府及教會之後，重組另一形式的機構。工人自由意願地參加各種團體，且有個國際性的聯盟。但該採取什麼步驟以實現其夢想，倒語焉不詳。激烈的革命行動，必流血，他奮不顧身，不是坐享其成地在安樂椅中享冷暖氣，卻到處參加革命行列。何地有難，他

立即奔往，以土壤防身。成爲外國戰俘時，還好被解送回國，囚禁六年後，更在1857年流放至西伯利亞，趁機逃到日本、美國、英國，甚至返歐陸重操舊業。稱他爲英雄，實至名歸。

行動派的他，就思想造詣而言，他輸馬克斯許多。但他評馬克斯太過理論化了，稱馬克斯爲經濟學者，他是接受的。把《共黨宣言》（*Communist Manifesto*）由德文譯爲俄文，還擬譯《資本論》（*Capital*），但未成。不滿馬克斯太教條主義，且有權威型理念。

把他歸類爲西化派，總比算他是民族派成員，比較正確。但他並不無條件地讚美歐洲文化，而以國際性爲抱負：力主無政府主義，是無國界的。地球上的人都平等，又怎以「國」來分本國人及他國人呢？這是反人性的，格局太小；社會主義稍佳，但也未能國際化。社會主義之下的人，無自由，等於奴隸。

(二)馬克斯主義的一柱擎天

費爾巴哈（Ludwing Feuerbach, 1804-1872）的物論，影響馬克斯思想既深且鉅。人吃什麼，人就像什麼，十足地受到時空環境的影響。俄國社會最長久又最棘手的問題，莫如源遠流長的農奴制度，其次是苛政肆虐。什麼樣的社會，就產生什麼樣的哲學，是物論學者的共同結論。

1. 沙皇當政，不以全民福祉爲依歸；此種事實，也不只俄國如此。環視全球的人類史，又有哪一歷史悠久的古國是例外？至於農奴問題，俄國終於在1861年，與美國幾乎同時解放農奴。但美國卻因之產生長達五年（1861-1865）的南北內戰（Civil War）。俄國的農奴解放，確實是重大改革，旨不在於調戲或欺詐農奴。農奴解放之後，農民的生計、地位、希望，卻不如前。一來獲得或分配的耕地不夠多，且土質不佳，還得付贖金式的費用給原先的地主；入不敷出，債臺高築，不少地主也受盡報復。社會益行分裂，貧富階級對立之懸殊，不減反增。俄國不少知識分子，深悉歐洲工業社會資本家剝削勞工的前車之鑑，期望可以免重蹈覆轍的逃過此一劫，而成爲「一勞永逸」的共產社會。採取無產階級當

政，先將在位的沙皇推翻。但此種構想，在打壓言論自由不遺餘力的俄國，是難逃囹圄之災的；一大片荒涼又冰天雪地的西伯利亞，是收容異議者的場所。擬逃過此劫者，爲文只好語焉不詳，頂多是藉題發揮，或往形上、抽象、理論方向進軍。倖而能逃亡國外而在英、法、德呼吸自由空氣者，才比較敢直言以道。知識界產生一種共識，所有的學問，都圍繞著人。廣義的人類學盡汲一切的知識，哲學及科學也包括在內。並且，人也是不單指個人，而是群體。即令天文學或數學，看似不與人有關，但宇宙要不是有人，又怎會產生那些學科呢？俄國的名小說家甚多，字裡行間，都宣洩出社會革命的火氣；如同存在主義學者之「文」以載「道」一般，這是廣義哲學家的「生存」之道；至於宮廷盛宴時聆聽優雅交響曲，或欣賞芭蕾舞步的高超表演，是否也暗藏著哲學家的一股憂愁！

2. 理論必化爲實際，採取行動，才是唯一要務。馬克斯的「改變」歷史，而非只在闡釋歷史，深深地打動了俄國學者。行動也不能單打獨鬥，要協同一致；「團結眞有力」，臺灣早年的志士也以此相勉。資本主義社會所強調的個人主義（bourgeois individualism），絕無法推翻在朝的王室（régime）；一旦得逞，也不許另立一王朝，否則換湯不換藥。王朝都只代表某一特定階級的利益。王朝堅固難毀（intransigence），螳臂又怎能擋車？空談無用。好比擺上餐桌的菜餚甚多，可任君選擇，若只一味地將餐點作「批判性的思考辯解」，則到頭來仍然空腹而無法享受美食。

行動的第一步，知識分子必須走入群眾。1874年的「瘋狂夏季」（mad summer），是最高潮。喚醒、說服、鼓舞百姓，才能眾志成城。「民眾路線」（populism）是革命的第一步，以實踐馬克斯的理想。由「知識分子」（intelligentsia）領軍，但得先「把這塊料練成器」，這是尼采的提示。歷史上專制暴君治理國事無半步，但在抓異議及反叛分子，倒是極爲高明；在位者當然視「讀書人」爲眼中釘，背上芒刺，非拔除不爲快；且手段極爲慘酷，毫無「人」道，連獅虎狼都自嘆不如。人心異於禽獸的「幾希」處，也在此表達無遺！

上述是俄國社會主義哲學家拉夫羅夫（Peter Lavrov, 1823-1900）的見解。

他逃亡到倫敦時，與馬克斯及恩格斯結爲朋友；雖非屬原創型哲學家，理念大部分來自於外國名流學者，但就喚醒民眾此種他認爲實踐馬克斯理想的第一步來說，步數高明。民眾意見分歧，人云亦云；他深信，理性是人的特有稟賦。樂觀地說，理性的人意見會趨於同而非殊，祥和（harmony）而非暴戾（discord）。由人所組成的社會，且也以人作爲研究重點的社會學，秉此種現象，社會學不只是一門客觀的敘述性科學，且也是主觀的規範性學門。此種說法，孔德早已有明示。當然，現代社會學者難免把價值判斷作爲社會學的研究題材，但價值判斷是如何造成的，則非社會學家的基本任務。拉夫羅夫認爲讀書人一生最爲虧欠的，也是該還的債，是對不起平民大眾。他的此一人生觀，也是一種價值判斷，正是哲學界當仁不讓的議題。

第二節　文學哲學、歷史哲學，及宗教哲學

　　哲學包山包海，有理論性的純哲學，也有應用性的實際哲學。前者如形上學、本體論、宇宙論、知識論，後者則有自然哲學、社會哲學、政治哲學、心理學、倫理道德哲學、經濟哲學、教育哲學，或人生哲學等。純就正字標記的純哲學家而言，爲文著書，難免穿插有語文哲學涵意，且每多以大眾喜愛的詩詞、小說、戲劇等，來影射他的哲學理念；甚至在音樂、美術、藝作、雕刻、建築上，也涉及「哲學」。本節所要談的歷史哲學及宗教哲學，都已被哲學界認爲是哲學的一部分，難道不也可稱文學亦有文學哲學嗎？存在主義是一門哲學，存在主義思想家一向多喜愛以小說道其志。俄國小說家的造詣，堪稱世界一流。因之，他們的文學作品，同樣可以取哲學觀點予以評論之。

一、文學哲學

　　以文學作爲哲學的工具，杜思妥耶夫斯基（Fyodor Mikhailovich Dostoyevsky, 1821-1881），是其中最著名的代表。

(一)以小說來托文以明志

　　1. 稱杜氏爲哲學家，是有爭議的。寫俄國哲學史者，對於將不將他列名其中，觀點不一。

　　法國存在主義學者沙特，支持杜氏對理性的負面評價；德國的尼采，也爲文予之喝彩。主編《哲學百科》（*The Encyclopaedia of Philosophy*）的芝加哥大學（University of Chicago）教授（名爲Edward Wasiolek），也列有杜氏一條目。杜氏小說具有哲學洞見，核心主張在宗教信仰上，認爲就史實而論，基督教不可能於地球上出現天堂，共產主義才有此能耐，這是頗該予以討論的。值得一提的是，天堂與地獄，史「實」是什麼，誰曾看過？其次，即令史「時」到目前爲止，未曾在地球上出現過天堂，但來日呢？馬克斯主義的門徒當然對杜氏的某些

「反動理念」（reactionary ideas），無法苟同。

蘇聯（Soviet Union）的「學術院」（Institute of Philosophy of the Academy of Sciences）出資付梓的俄國思想史，有一章提及杜氏。提到這位小說家在「哲學的發展上，策動激勵了不少活力，深化且銳化哲學思想」。該章的作者本人雖是馬克斯派，但也同意杜氏的小說情結與哲學思想，二者高度具相關性。究其實，杜氏的角色頗為尷尬。1947-1955年，他的名聲沉寂一陣子，蘇維埃社會主義共和國（USSR, Union of Soviet Socialist Republic）卻在1956-1958年出版十冊他的全集（但不全）。

2. 先是一名「辯證天才」（a dialectician of genius），文學家竟然在邏輯辯證上享有才華，這是有點混淆視聽的。真相是：在小說家及邏輯學者的一正一反之「辯證」過程中，終有得勝而為「合」者的另一方；正、反、合的理念，非靜止的，而是動態十足；理念絕非「冰凍的範疇」（frozen categories），固著的、不變的、已定的、永恆性的，而是各種相異的理念紛然雜陳，且持續湧至。理念代表生活及動作本身，並非「無血色範疇的蒼白芭蕾舞曲」（unearthly ballet of bloodless categories）。

杜氏的小說情節，都在展現他的個性、態度、反應、寄望、擔心、壯志、情緒；是獨特的、單一的，不是仿的，而是創，也都是他親身體驗過的，非虛而實。自承：

> 我是我的世紀所生的一個小孩，是不信神也疑神的小孩。
> 因之性格多變，理念也常改。

「變動中的人類學」（anthropology in motion），一目了然地知悉「人類學」的精髓。人性不是抽象的，也非持久不更易的。好與壞，善與惡，各處在人性的兩極。

一正一反，然後合；合也不是小說的終結篇。每個小說的主角及讀者，都該

爲「合」續寫，另有下文接之。

3. 杜氏可以稱爲形上學家，且是「俄國最大的形上學家」。此種稱頌，是否有濫竽充數，無魚蝦也可之譏？把杜氏封爲形上學家，比他得辯證學者之名，更爲唐突。實證論者或解析哲學家不都怒指形上學家是搞錯行的詩人嗎？但把文人與形上學家混爲一團或一體，在某方面而言，是「言之成理」也「持之有故」的；既有理由，也有緣故。杜氏的文學代表作很多，《罪與罰》（*Crime and Punishment*, 1860）、《白癡》（*the Idiot*）、《著魔》（*The Possessed*），及《卡拉馬佐夫兄弟》（*The Brothers Karamazov*, 1879-1880）等，主角都大談特談生命意義、自由、上帝，及罪惡。酒吧或飯店裡的人，甚至小孩及少年等，不也到處且時時把「人生」掛在嘴巴嗎？《苦酒滿杯》、《杯底不許（該）飼金魚》、《補破網》等臺灣老歌的作詞作曲者，也可算是臺灣最偉大的形上學家了。

有形上學的理念，及把形上理念建構成哲學體系，這是兩回事。對人生有「見」（vision）者，就有資格作爲哲學家，但只具初步條件而已。但若把「見」形構爲僵硬及冷冷的系統，則產生「見」的靈感或直覺（intuitive）盡失。有始而無尾，又有何用？有尾而無始，尾又怎能活？一方無「活水」源頭，就無法奢望有「清如許」的滋生活水了！

把人安放在宇宙中的核心，就是杜氏之「見」；整體的，活生生的，位處圓圈之中而非邊陲。物質環境不重要，以人爲軸的人類學，才是焦點。過問上帝存不存，不如追究人活不活，社會在不在。討論人的自由或不自由，重要性比人是否能承受自由的重擔，平分秋色。以「心理的」（psychological）角度來看形上學，比以「本體論的」（ontological）層面來得佳。這種形上學觀，就可算是形上學一名成員了。形上學家（metaphysician）等同於人類學家（anthropologist），但不是如同大學人類學系所言之人類學；後者只偏物理層面的人類骨頭的考古，重古而不重今。當今的人生，及活生生的存在問題之解決方式，迫在眉睫。只提問題，就已價值連城了，答案如何，是其次。第一位史上哲學家不正也

是如此嗎！哲學家不該停留在只辯論過去已逝的陳舊問題，應該面對當前的現實。人若只在意於自己的喜樂或利益，或認爲社會上的眾樂及眾利，也等於是己利及己益，杜氏則只好說，此種人未有自由身。人不該淪爲蟻堆（ant-heap）、蜂房（beehive），或雞舍（chickencoop）之一員，人是有反擊性的，即令反擊無用。

(二) 生平點滴

1. 年輕時（1847始）加入祕密團體，以推翻暴政爲志。該團體先仿法國社會主義學者傅立業（Francois Fourier, 1772-1837）行徑，在彼德堡（Petersburg）私下自營「住宅營地」（phalanstery）；由於太過前衛，附近農民予以焚毀。這群俄國友伴其後對傅立業的生活口味並不眞正欣賞，卻一心倒向黑格爾的後繼者費爾巴哈的思想，認爲社會主義與基督教，二者是無法相容的。杜氏對烏托邦式的實際活動並不感興趣，確信那是幻想的產物。由於社會的不公不義，導致他往社會主義靠攏，但若有人渺視基督教，他也頗爲不悅。

私密性的組織，又有奸細密報帶有政治陰謀來危害政權；1849年，當政者採取行動大肆抓人，杜氏不能倖免，起訴他的罪名之一，是他朗朗地向群眾發言，反擊農奴制度。他不否認，還自承說過三次。較大的指控是他要謀殺沙皇，這就不實了。虐政下臺，人人有責；但下臺方式不盡然都是謀殺。此外，當政者還聲稱這團體暗地裡擁有印刷器，逼出他們作出懺悔之口供。帝制時代的沙皇政權及後繼的史達林，都是伎倆相同；但沙皇政權下的法院審理，至少還稍顧及被告的人格尊嚴。他及同僚被判死罪火焚，他們堅持不認罪，尼古拉一世（Nicholas I）乃減輕其刑。他們並未知悉暫緩令，在直立於火柱待死之前才被告知；此一親自切身的體驗，他寫在小說《白癡》一書中。

2. 他的社會主義想法，不是道聽塗說或從書本閱讀中得悉，而是親歷其中的第一手經驗。其次，社會主義取人代上帝，這是太古怪離奇了；西化派就是如此。俄國產的社會主義，先是對宗教保持中立，其後越來越對宗教表示敵意，還

猛攻東正教會。

死罪雖免，活罪難逃；他被押至西伯利亞流放四年，作爲軍奴。1859年生還莫斯科，渡過精神危機此種歷歷在繪的遭遇，他爲文寫成了小說，被同樣嘗受西伯利亞寒冬囚犯經驗的革命家列寧（Nikolai Lenin, 1870-1924）所賞識。1917年革命奪取政權後，這位文豪出運了，被政府冊封爲俄國文學的偉大光榮象徵。1861年的解奴，他大表歡迎，認爲這是俄國知識分子與百姓，兩相攜手共同對人類歷史作出的最大貢獻；也爲「四海之內皆兄弟也」的博愛及大同精神，邁出一大步。法國革命只提虛幻口號，俄國是採具體且實踐性行動。

1862-1863年赴歐實地觀察，尤對倫敦印象深刻的是，這個大城屬罪惡都市；最尖銳的光芒，倒投射在法國，發現中產階級喪廉寡恥，工人一心一意擬升爲資本大亨，只有農夫自由自在。除了到翡冷翠（Florence）之外，他的外國旅行，觀感不佳，歐洲人都帶偏見眼鏡。總的來說，俄羅斯及俄國人才算最優越者。西化派及斯拉夫派（本土派，Slavic）的一正一反，要整合在俄羅斯的合上。超越過去及現在，凌駕歐洲，甚至全球，此種「沙文風」（chauvinism），顯現頻頻；作爲文人身分的他，難免有人類通有的偏見。但他也堅持一種看法，即：文學、藝術、繪畫、詩詞、戲劇等，都帶有時空意、社會情、人文味，不是純文人的浪漫氣而已，也不純依實用性來評價。「爲文而文，爲藝而藝」，此種口頭禪，太脫離現實：「此種藝或文，根本不存在。若存在，也非文更非藝」。文或藝，都是一種創作，是生活或生命的產物，美亦然。勿把美的實用狹窄化，人生缺美，就非人生。論點都圍繞在一種議題上，即人生的意義，人格的尊嚴，及創作的自由。若只聽令於黨的指示，文學政治化了，這才是最爲不齒的。1864年致信給其弟，埋怨「那些檢查文學作品的豬」（those pigs of censors）。作爲文學家，甚至作爲人，總要有格調。這正是哲學家的必要涵養。

(三)宗教態度

1. 天主教會（Catholic Church）強注其信仰於全人類，視人如同蟻堆之一

員。此種政策，社會主義陣線接棒；社會主義（Socialism）是「天主教主義」（Catholicism）的後代子孫。一部分的俄國極端分子，堅持社會改造，該由上而下，由少數的精英帶頭，先知帶領後知或不知的凡俗大眾。另一部分人卻擔心，如此一來，壓抑作風依然，且循環不斷，一暴君取代另一虐王而已。杜氏認爲社會主義一旦得逞，由此而建立的國，難免步入一種災難，即人的自由毀了。由於社會主義者持無神論觀點，由之而立的社會，是「上帝之王國」（the kingdom of God）由「人之王國」（the kingdom of Man）所取代。前者以「上帝爲神」（Man-god），後者以「人爲神」（God-man），即基督（Christ）。他是反對社會主義的，東正教會（Orthodoxy）才保存基督的本來面目。史實也證明，由社會主義得勝的政府，幾乎都行專制政策。社會主義政策，讓眾人滿足現狀，尤其是物質上的現狀，強調群性或「大我」，而少計及個人及「小我」。前者從眾，後者強調個人自由。只視個人形同社會機體中的細胞一般，此種社會主義，大大地拂逆了「基督精神」（the spirit of Christ）。不能全把責任歸由社會環境來負，個人才是主角。

俄國恰介於東西兩方，該有種歷史使命感，代表普世性的人文精神，四海之內皆兄弟的同胞愛及無所不包的人道主義（all-embracing humanitarianism）；不是靠武力或刀劍，才得純正的基督教信仰；俄國東正教信徒最有人文味，尤其是農夫；俄國的知識分子以及西方的「啓蒙」之士，是自嘆不如的。一定要提倡社會主義，也該走俄國帶有基督之愛的社會主義。

2. 如同待述的名小說家托爾斯泰（Tolstoy）一般，對基督教予以「玫瑰色彩化」（rosy-coloured）。上帝即將臨世，但人享有自由意願，迎之或拒之，悉聽尊便，只是後果要由人負。不過，他也自承，上帝存在與否，困擾了他一生。他美化了農民，但他未具農民身分。即令上帝存在，人也難保不對宗教信仰，時生困擾；一路走來始終如一的是，他支持東正教會（the Orthodox Church）的王朝，以及泛斯拉夫主義（Panslavism）。不只極力反對革命及恐怖行動，包括激進式的。1881年1月28日去世時不久，被暗殺的亞力山大二世（Alexander Ⅱ,

1818-1881，在位1855-1881，接尼古拉一世者）賜一筆豐厚的慰問年金給遺孀。宗教上的斯拉夫民族熱情，加上「愛國主義」（patriotism），是他一生奉行不渝的寫照。

3. 無神論的社會主義（atheistic socialism），人人心中無基督，可以肆無忌憚地我行我素，內心卻爲某種欲望所控，等於是另一種類型的奴隸社會。唯有上帝的大愛，人人皆有手足之親，才能融入「無限制的自由」（unrestricted freedom），也可能免於無限度的專制（unrestricted despotism）。

羅素說過，生命在終了或盡頭前，出現此一問題，人人無可免，即令答案無解。「哲學功能之一，就是要對此一問題充滿注意與興趣」。杜氏著作之與哲學有關，也肇因於此；不能逃避，也不能不予關注。討論「上帝的問題」（the problem of God），無神社會主義者認爲無可無不可，這是他要駁斥的。俄國作家無不爲文直接或間接談及此一問題，他當然不例外；且擴大視野，以喚醒環球之「同胞」。雖未建構系統的哲學理論，但激勵大家群策群力，爲此一重大問題尋求解疑之方。

二、歷史哲學(一)托爾斯泰（Count Leo Nikolayevich Tolstoy, 1828-1910）

俄國的文學哲學，以杜氏作品爲代表；至於歷史哲學家則有二，尤以托爾斯泰的著作，最值得評述。

(一)生平

1. 出生於東正教家庭：在《懺悔錄》（*Confession*）一書中透露，15歲時讀過哲學書，隔年不禱告也不上教堂，一心一意所思及的宗教信仰是，「完美」；但何謂「完美」，「我無能力以告」。

以《懺悔》作爲自傳，哲學史上早有先例。他不僅在書名上仿奧古斯丁及盧梭，理念也大受他倆影響。從軍服役4年（1852-1856）後，到歐洲旅遊，看看

德、義、英數國之後，竟然興起教育興趣。返國後自設一所學校，收容農家子弟；還發表教育文章，又編寫教科書。在聖彼德堡（St. Petersburg）與一群文學界友人結伴，共同討論人類社會的進步問題。但目睹巴黎有成千上萬的人被處以死刑，加上1860年其弟之往生，使他頓然感到困惑於生命之意義、目的，及價值。指導年輕人，此種教學經驗，也使他涉入哲學性的問題，即什麼是人生必要的教材，以及什麼才屬必要，但對此，他一無所知。

2. 1862年新婚，幸福地過著15年的家庭生活；理家之外，還寫了兩本最著名的小說，連臺灣人也知悉的《戰爭與和平》（*War and Peace*, 1863-1869），及《安娜》（*Anna Karenina*, 1873-1877）。內容都涉及生命的意義、生活的目的、存在的價值等。「不過，我對此不知；因此，我也不能活」。活，不是只指怎麼活，卻要進一步探討爲什麼活。人生自古誰無死，死是盡頭，一了百了嗎？人活著，表示什麼呢？爲了愛，爲了家嗎？此一問題，讓他在1879年出現了精神危機，歲數已過半百之年，他寫下了《懺悔錄》。

自比爲在荒山森林裡迷了路，又找不到逃出之徑。若人生了無意義，或人生問題沒有答案，就必然地頓生自殺意識。科學進步及家居生活之自足，都無法使他得到因果關係中的最後解答。「爲什麼活」（why live?）既然結局是死，如同叔本華早說過的，生命是「一場空」（a vanity）。此一問題糾纏在心中，久久不能釋懷。終於他從俄國農民的實際生活中，找到了他們的生命意義。上層階級者華而不實，做作太多，且疑心也重；只有樸素的農民，心中有上帝概念；茫茫的大海，處處都是「岸」（the shore）。

安貧與守貞，卻造成他的家庭關係緊張；尤其禁欲不行房，使妻子無法諒解。因文而名滿天下，鉅額的著作版稅收入，可供其妻過活。82歲高齡時離妻出走，卻染上肺病，死在車站裡，時爲1910年11月20日。

(二)思想淵源於盧梭、叔本華，及新約聖經

1. 盧梭的想法吸引了年輕時的他。人性本善，但文明的演進反而使人墮

落。職業分工後，需欲增多，階級懸殊，國與國勢不兩立；虛假，矯揉偽裝，人已失其真正原來面目。本是自由身，降生之後卻腳鐐手銬，到處是鐵鍊。托爾斯泰對盧梭的這些描述，自比是他的寫實。至於國家，該本諸「眾意」（General Will）理論，而非藉外力或苛虐使人人就範。

自覺於人生無意義之際，一悉叔本華所描繪的樸實又感性的人生面，現象學由意識覺醒出來的個別性或區隔性，都只不過是一種幻影。人生若無愛，性格必下降為動物類；人生若有愛，生活就好比上帝，愛最具有神意。

新約（New Testament），尤其是福音書及聖約翰書信（Epistles of St. John），使他受益良多。他不接受「化體說」（Incarnation）及基督之復活（resurrection of the Christ），那是神奇怪事；福音才是一部道德箴言，傳來愛的訊息。他承認其他宗教如佛教，也有類似的「神旨」，但唯有基督教的愛，才是「生命的最高法規，毫無例外」。「禁止淫欲」（the prohibition of lust）使他不行夫妻性行為。把基督教當成一部倫理行為的規範，人生才有意義可言。愛是大愛，普世性的愛（universal love），是無條件、無例外、無階級、無種族性別的。不許使用暴力或強制力，即令對抗惡勢力，也該以柔軟之愛待之。若國之存在，是「力」而非「愛」的展現，則國之消失，是人間的福氣，無政府是結局。但用革命方式推翻既成的暴政政府，也不足取。由於政治革命非靠武力不為功，他因之非難革命行動派人物，卻一心一意該從心下手，才能道德翻轉，這才是務本之道；此時，國將萎縮衰亡。將他歸類為無政府主義者，得加上一形容詞，即「基督徒的無政府主義者」（Christian anarchist）。該廢止死刑，1881年亞力山大二世被害，他懇求繼位者赦免行刺者。但忠言逆耳；1908年乃寫一文《我不能緘默》（I cannot be silent）表示抗議：

> 以此方式，請問你「愛」誰嗎？無；則誰愛你呢？也無。（Whom do you love in this way? Nobody. And who loves you? Nobody.）

2. 以愛止戰：人間充滿愛，又何來戰爭？發動戰爭是該咒罵的，侵略戰不許，爲防衛而戰也不准。他字面上解釋基督的戒規，愛一切人，包括敵人在內。不要以敵對敵，以矛攻矛，卻該採取「不抵抗政策」（non-resistance），因之也不以暴制暴。妥協對他來說，是最可憎惡的；他發覺教會竟然成爲內奸，背叛先聖者，以死刑及利用國家機器來作軍事劫奪，予以合法化。愛，是任何不受汙染的心靈，一體也一律奉守的，不許以暴制暴。

人類社會最好沒有國家存在。可惜！人都有惰性，若欠缺外力逼使，不少人都貪吃懶做，坐享其成。托氏對人性倒持樂觀態度。不過，若依霍布斯的政治理論，以爲無政府則人人之武鬥更不可收拾。另一名人之見解，在這方面是對立的；托氏當然憧憬於盧梭「返回自然」的美夢。土著心地最善良，文明人都懷勾心鬥角之狠及毒辣。托氏比盧梭較具現實面的，是他擬從教育下手，婚前創辦學校的用意在此。

史上眞正實踐「打不還手」的「抗暴」政策而有成的就是印度的「聖雄」（Mahatma）顏智（甘地）（Mohandas K. Gandhi, 1869-1948）。運氣好，「不抗」也能達到「抗」的目的，不合作主義獲得全體不滿人士之通力合作。印度的這位「國父」，所面對的是一向在史上較重民主、人權，及自由的「文明」國（英國）。若殺人不眨眼的魔王當道，托爾斯泰及顏智的下場，也許就是血濺當場，身首異處了。

兩人唯一不同的是托氏只以文表志，顏智卻是行動派的革命家。

上述史觀，見仁見智。不抵抗政策易被誣爲投降以求全。臺灣在1895年被清國割給日本時，彰化鹿港名商辜顯榮在臺北舉日旗迎日軍入城，被日方頌爲臺灣的顏智。卻因此也引來臺灣義民之反諷：「辜顯榮比顏智」，如同「蕃薯籤比魚翅」，或「破尿壺比玉器」。

(三)歷史哲學的藝術層面

1. 以文載道，也以藝表志：藝以「美」爲旨趣。托爾斯泰心中的美，絕非

以美爲美，或以藝爲藝。美具有目的，目的朝向善；與知識求眞一般，不是爲知而知，爲眞而眞。如同亞里斯多德所言，一切都以道德爲歸趨。1897-1898年著有《什麼是藝》（*What is Art?*）一書，駁斥美與德無涉論；他自承，對此思考15年之久。書內提及不少德、法，及英國之美學家及其美學理論；眞、善、美是三合一的，但以善爲核心。避開形上學家之放言高論，也不僅只是令人賞心悅目的以樂趣第一；樂須符應人生最長也最高的目的，即一心向神。以樂定義美，那是「懶人的一片空歡喜」。美是一種情趣的表達，是指向他人的，使之也能領會己意。語文使人類整合在知上，美則以情使心團結一致。美學家當深悉此意旨。

2. 既以情表美，該情就是宗教情，也是道德意。他特別指出基督教的宗教意識，是「我們這時代」（our time）最需要的，主旨就是「愛」，且是「博愛」（universal love, fraternity）。愛全部的人，才是人的最高情意。因之，美的表示或呈現，務必大眾化，不是停留在象牙塔內，或藏諸名山，孤芳自賞，只少數人才能心領神會。他評貝多芬（Ludwig van Beethoven, 1770-1827）的第九交響曲爲一部壞的作品，因爲曲高和寡。他並不是說，美要降格來迎合眾歡；但若要使農民在聆聽之時，也手舞足蹈，得先透過普及教育來提升鑑賞美的口味。就情愛的範疇而言，樸實的百姓，比事故精明的巧辯家，更能直指本心。

科學以理性整合人的知識，藝術則以情意化殊爲共，去異求同。但科學及藝術，都寄居於宗教意識裡。他的宗教，指的是基督教，他不厭其煩地說之再三。

(四)《戰爭與和平》

1. 這部世人盡知的文學結晶，裡面隱含的史觀，昭然若揭。歷史的齒輪或脈動，由誰掌控，現代不少史學家認爲操諸於少數掌權者手中。拿破崙一世（Napoleon I, 1769-1821）被黑格爾名列爲「世界級的歷史人物」（world-historical individuals）之一；思想家如法國啓蒙運動時的哲人，則是大革命的始作俑者。托爾斯泰倒認爲，「大人物」（great men）在史上不是主角；以拿破崙發動的戰爭而論，不能單純地只靠拿破崙一人才是唯一的肇因。單木不能成林。化

繁爲簡，眞因就不明。過去的史家每把歷史重大事件皆闡釋爲上帝的預先安排，現在的史家已捨棄此說，卻也罕能找到神學以外的肇因。托氏認爲不少史家把重大歷史事件聚集於「大人物」身上，其實那批大人物也只不過是浪潮上的泡沫（froth）而已。大人物乘「勢」或趁「機」，若罔顧配套，則即令「大人物」具頂天立地才華、智慧，及勇氣，也如同「孤臣無力可回天」一般。英雄並非萬人敵，隻手難抗雙掌。拿破崙若無他的陸軍，也只好仰天長歎！不過，把大人物喻爲洶湧波浪中的泡沫，也言非其實。「勢」及「機」，是長期醞釀的；識時務者爲俊傑。列寧於1917年在俄國登臺，是萬事皆備，東風也不欠。大人物的臨門一腳，是成敗的關鍵。若無拿破崙這位梟雄有軍事上的天才，則攻無不克戰無不勝的步兵團，也形同烏合之眾，難以掀起史上的大事件。

2. 亞里斯多德早說過，有因必有果，有果必有因；因與果，形同一串解不開的鐵鍊。因之因，果之果，解不開，剪不斷。可惜，人類所知的因與果，只是部分而已，而非全部。由因果而織成的網，密密麻麻；其中有大人物，也有數不清的小角色。只見大而無睹於小，或只目小而未視其大，不深入裡或底，都屬「無知」。更不用說，若將帥無能，易累死三軍。當年諸葛亮神機妙算，無奈蜀中無大將。托氏的史觀，揭穿「大人物」在歷史事件中所扮演的分量及角色。

因果關係中，依邏輯解析有三類：一是因與果之「充足條件」（sufficient condition）關係；二是「必要條件」（necessary condition）關係；三是前二關係的合一，即「充足兼必要條件」（sufficient and necessary condition）關係。在眾因雜陳，眾果也難測之際，必有「大人物」出面作抉擇，尤其在「實務」上或日常生活所面臨非抉擇不可時刻，總不許遲疑與躊躇，一定要懸疑等候「充分兼必要條件」出現時，恐怕「機」已過，「勢」已消，徒呼罔然！只具部分的因果知識，就作爲下定決心的依據，這是冒險的，也不明智；但若緊急又迫切非裁示不可呢？以婚姻爲例，一定要「盡悉」對方的優缺點時才允成婚，此種人，只好獨身終生了！

盡知全因，理論上可以作此要求，實際上卻難以完成此項不可能的任務。局

部的因，倒是可尋；光是局部因的說明及闡釋，就帶有啓蒙意，即接受一種冷冷的史實，那就是：史實之呈現，並非百分百。

3. 史學有規則嗎，形同科學一般？自然科學家已找出自然科學法則，史學家能仿之嗎？「發現並定義這些法則，構成爲史學的任務」。他本人並未提出歷史法則，倒是把此任務交給史家來承擔。法則是無例外的，但他也大談人所獨具的自由及自由意識，那也是無例外的！人生無自由，生命即貧乏；法是必然性的，自由則超越出必然性之上。人的理性主宰法，人的意識則擬不受法所限。天文學是自然科學，告訴世人，地球正在轉動，且是必然如此的；歷史是人的「學」，自由是人所獨有的意識，擬超脫哥白尼的科學假設之外；情意上感受不到地動說，反而認爲地是又平又靜的。

俄裔英籍的名學者柏林（Sir Isaiah Berlin, 1909-1997），於1920年移居英國後畢業於牛津大學，也是該校名教授；1969年出書論自由，蜚聲學術界。1951年的《刺蝟與狐狸》（*The Hedgehog and the Fox*）專論，言及托爾斯泰恨透了「科學主義」（Scientism）及實證論（positivism）；也提醒世人，人類知識有其局限性。史家所剖陳的歷史事件，已明示只是膚面性而已。史學絕不能如同科學一般的，提出人類歷史事件的定規定則，史學絕不是科學。依柏林對《戰爭與和平》一書的領會，托爾斯泰斷定，一切眞理只在科學中。還說，科學在「原則上，而非實際上，可以穿透且征服一切。」該小說收場白（Epilogue）的最後一段說到，雖然有些哲學家使用「必然法」（law of necessity），作爲攻擊宗教的武器；但歷史的「必然理念」（the idea of necessity），不僅未把「國家及教會等機構的建築地基予以摧毀，反而使之更形肇固」。他堅決反對那些機構。那些機構之所以存在，且地基更穩，不能單由某些被史家挑中的顯赫個人，運用抽象式的理念、計畫，及決策來解釋；相反的，歷史由全民所建；誠如馬克斯所言，歷史是人造的。只是人所造的歷史，不見得爲全民所中意！

小說家只動筆而不採取行動，馬克斯群的人（Marxist）就身體力行，也擬挖出歷史發展的法則。若依他的「收場白」，除非將人所特有的自由意識或自由

意志，化爲「微分」（the infinitesimal），才能使歷史與自然科學或與物理法則一般。只是他的一生並未致力於此，仍盡瘁於宗教生活及道德生活上，而無法分神及於其餘，在離莫斯科北邊約160公里的老家鄉園（Yasnaya Polyana），以「聖人」（sage）自居。

三、歷史哲學(二)羅扎諾夫（Vasily Vasilyevich Rozanov, 1856-1919）

(一)持「西方的沒落」史觀的先驅者

1. 德哲也是史學家的斯賓格勒（Oswald Spengler, 1880-1936）於1918年出版《西方的沒落》（*The Decline of the West*, 1918-1922，二冊）之後，立刻受到廣大讀者群的熱愛。這種對西方文明的悲觀論斷，早有俄國史學家提及，西方正邁入遲暮階段。雖然夕陽無限好，只是近黃昏；反而是「熱烘烘的太陽往上爬呀！往上爬！」「東方紅」起而代之。俄國作家中首先著迷於「東方」（the East），且取之與厭棄的「西方」（the West）作一對比的，是莫斯科大學醫學院畢業的小說家列昂捷夫（Konstantin Nikolayevich Leontyev, 1831-1891），朋友稱他爲「俄國尼采」（the Russian Nietzsche）。

2. 列氏先是唯美主義者，認爲美是最高的價值，是判斷一切的準繩。尼采也曾說過，美及醜的概念，美的吸力及醜的拒力，是該不該、當不當、好不好的標尺。列氏之母，是虔誠的俄國東正教會（Russian Orthodox Church）信徒。但列氏從學生時代，就沉迷於美學，尤其對教會儀式那種聖潔之美最令他心蕩神馳。唸醫的他，根本對教義無法著魔，倒取托爾斯泰的愛、博愛、普世性的愛，來凝結「雜」或「殊」（complexity or variety），「分」或「異」（differentiation or diversification）；總該有個一，即統合。民主自由主義及社會主義，都大有可議，怎能一切要齊頭平等呢？晚他出生十三年的尼采指出，這才是劣弊驅逐良弊的學說；超人被壓，降爲庸劣之輩，文化精緻性毀了。俄國這位醫生兼小說

家看出，西方資產階級及資本主義文明，是醜惡不堪；代表「西」的歐洲或歐化的俄國，呈現的只不過是實用性流行，膚淺又平庸。作品既單調乏味，又不體面（inglorious prosiness）。

「國」及「政府」，非存在不可；科層式的社會，以中世紀的歐洲天主教、法國路易十四（Louis XIV）、英國伊莉莎白Ⅰ世（ElizabethⅠ）、及俄國凱撒琳二世（CatherineⅡ）最為代表。讓國或政府萎縮或消失，不只讓他失望，且他還希望國或政府是「專制式的」（despotic）。王室權大且也是「封建式的」（feudal），這才能使貴族出頭。社會階級一清二楚，更必然出現精緻文化。往中看齊的民主政治，限制王權的憲法，人人平等的社會主義及共產主義，都受到他的直言苛評。當然，他也因此受盡冷嘲熱諷。晚年出家與僧侶過活，死在寺院裡。倒是預言社會主義終將獲得最後的勝利，且也將行專制政策。

尼采把「國」描述為「冷怪物」（Cold Monster），也是毀精緻文化的殺手。這位「俄國尼采」對此予以解讀，尼采的國，是指資產社會的國，而非希臘的「城邦」（*polis*, city-states），也非文藝復興及十八世紀時代的「國」。俄國民族派（斯拉夫種族派，Slavophiles）對天主教及教義之敵意，他並不苟同。雖然他不極端反西，卻也認為西已走到盡頭，登上頂峰了。西方資產階級之文明，早向全球昭示，要下山了；統又整（integration）的社會，將分崩離析。他擔心此種局面，將波及俄國；唯一的杜絕方式，就是保存專制政府。但直到他晚年，他未見到有什麼杜絕之道。

3. 列氏的看法，形同「反動」（reactionary），心目中以「拜占庭主義」（Byzantinism）為理想。俄國是拜占庭主義的繼承者，而非以斯拉夫種族為師。俄國人種雜多，此種事實，不必引以為憂，讓各人種各自保存文化傳統與習俗，千萬別化整為零地予以剷除。德義兩國之將諸邦統一成資產性的「國」，他不只心存觀望，還冷眼以對。愛國精神或民族至上，旨在保衛傳統文化，可；若意在泯滅分殊文化，則不許。種族沙文主義，格局太小，偏見太深。

他與托爾斯泰都皈依基督教，但兩人對上帝的看法卻天南地北。後者把上

帝當作「愛」（love）的化身；前者則是「懼」（fear），勿把基督教「玫瑰色化」（rosy-coloured），視之爲道德性及人道性的。究其實，上帝之王國還未在地球上出現。上帝倒有個地球的代言人，即「沙皇」（the Tsar），獨裁專制是最佳的政治體制。拜占庭基督教（Byzantine Christianity）最爲純眞，體現在東正教（Orthodoxy）的純美及寺院的拋棄凡塵裡。形上、冥想、抽象、理論，或形式，不如具體的以歷史哲學作爲內容。

4. 黑格爾的史觀，並不全爲俄國小說家兼史家全部奉爲聖旨。「世界精神」（*Weltgeist*, the World Spirit）或「人道主義」（Humanity），哪有全部顯現在正反合的辯證過程裡，一前一後，循序進行？莫斯科大學畢業的文評家，1869年出版《俄羅斯及歐洲》（*Russia and Europe*）的作者（名爲Nikolay Danslevsky, 1822-1885）就不客氣地指陳，不必理會西方的歷史演變，倒該一心一意地專注於發展自己獨特的文化遺產。他指的文化遺產，就是獨裁專制體制。文化形態各地不同，有支那、印度、伊朗、希伯來、古希臘、羅馬，及日爾曼－羅馬或歐洲型，俄國屬斯拉夫型，都該各自成型；在發展過程中，也汲取外來文化。希伯來文明的宗教味最濃，但希臘文化卻能融入其間，如同有機生物體一般。歐洲文化或文明，類似有機體之衰亡、老耄，行將就木；俄羅斯不然，斯拉夫人生機力盎然，能免疫於歐洲文化之膏肓，不必自卑地滅自己威風，而長他人志氣。文化優劣，沒有短長可言，並非哪一種文化可以拱爲絕對或至上的極品；或不許持刀扙斧，硬砍掉另一文化，或與之隔絕。相反的，不同的文化，可以相互滋潤。

專制獨裁有個好處，類似一個共同的花園；園內萬紫千紅、百花齊放、爭奇鬥艷、動中有靜、靜中有動、階級林立、高下層級分明，正表示一種多元、動態，又活力的文化系統。其中，「不平等增加」（increased inequality），有農奴，也有貴族。彼德大帝的作爲，不正是如此嗎？「健康的分化」（healthy differentiation），最是進步的表示，該重新復活拜占庭文化，也是東正教文化。

視社會形同有機體，則有機體之內部各器官都應緊密合作無間，這才能算是活生生的，也可以永生。就此而論，古代的支那社會又哪可稱爲有機體呢？更非

欣欣向榮的生命體了；此種社會或文化之消失，也是必然的。就個人而言，人之行為都帶有道德性及責任感，這種個人才能「不朽」。由這種人所組成的社會，將不只存在，且一代勝過一代；反之，個人缺乏人生意義與價值，由此而組成的社會或國家，也註定墮落而消失。道德是補品，可以使「個人健康」（individual health）或「利己健康」（private health）；至於「社會健康」（social health）或「公共健康」（public health），則使個人及社會都「得救」（salvation），基督教精神要旨就在於此，東正教最具此種精神。

(二)羅扎諾夫的史觀

1. 地球美不如天國美，列昂捷夫之此種觀點，羅扎諾夫另有不同選項，相中的「肉慾」（fresh），也具有美意。死時身分是基督徒，東正教會還以聖典祭之。但一生卻對基督教採取猛攻，難免有人取此與尼采相比。

生於貧困之家，卻能入莫斯科大學歷史及語文學系（Faculty of History and Philology），對教師無好評。畢業後在中學任教史地科。大學的學生及中學的教師經驗，他都深覺索然無味。1886年出版大部頭的書，書名為《論領會》（*On Understanding*），是唯一與哲學有關的文學作品。內容先是分析理性有七大範疇：存在（existence）、存有（essence）、性質（property）、因（cause）、目的（purpose）、同與異（similarity and difference），及數（number）。在七大範疇內的冥思所得，加上經驗，就是「領會」，也就形成為「一致性的知識」（integral knowledge）。該書一出，沒什麼反應，比起他後來的著作，暗淡無光，讀來如同嚼蠟，興趣缺乏。1893年經友人之助獲得收入不錯的官職，負責監控出版品，也常為文在保守刊物《新時代》（*New Time*）發表文章。把研究聲名四布的大文豪杜思妥耶夫斯基的著作寫成一書《大監視官傳奇》（*The Legend of the Grand Inquisitor*），從此在文學界竄起，對杜氏景仰備至。1880年（34歲）娶了大文豪前情婦為妻，將崇拜之情移轉於新婚夫人上，可惜並不鴛鴦和睦，在正式離婚不成之下，卻也經法院依習慣法裁定可另娶，不只生有小孩，還

過幸福生活。他稱杜氏是「人類心靈最深沉的分析者」（the most profound ana-lyst of the human soul）。兩人「同墜於深谷中，一在上，一在下」，都面對人生問題；否定人生或肯定人生，取莎士比亞的佳句，「是或不是，那才是問題」（to be or not to be, that is the question）；他之批判基督教，也本諸於此。兩人一生未曾謀面，但自認性格類似英國大文豪小說中的主角。定居於莫斯科，寫過不少文章，涉及政治及宗教議題，時而攻擊時而防衛當時政權，晚年猛批基督教。《吾人此時的啓示錄》（The Apocalypse of our Times），是格言式的文體。

2. 心神不寧，憤世疾俗；意見表達前後不一，坦承沒有固定信念，卻又說他生活在一層無可穿透的面紗之後，那才是他眞正的自我。對基督教的評論，負面多，但並不表示他沒有宗教信仰，也不是基於無神論觀點。

天主教（Catholicism）力倡普世代表性，重群性，輕個性。新教（Protes-tantism）唱反調，個性優於群性。之所以如此，他歸因於教徒住居地的不同性格。天主教（舊教）徒是拉丁民族，新教則是日爾曼民族；兩個民族的「領會」基督教，自然有差。即令迄今的21世紀，天主教掌控的國家，幾乎都行中央極權制；新教則採地方分權制。

依他的了解，日爾曼民族的體內流的血液所形成的氣質，是重殊不重共，個人性強過群性；且新教領導者路德，加上康德的道德論（把人當目的，不只當手段），是最佳的反映；至於拉丁民族性形成的羅馬帝國，及天主教統一型教會，導致一些社會學家所言之再三的群性，以武力控制人，征服全球。二者之別，一清二楚。

東正教（Orthodoxy）正好處於兩極端之間。斯拉夫族，展現的是一股耐心十足，熱情永在；厭棄混亂不寧，寄希望能長駐心頭。因之創出和諧、信仰單純、愛及期許。基督教的新教及舊教，與東正教，恰好三分鼎立。但三者之分別，不在於神學家所爭論的各自教義上，卻導因於族群種性。他還認爲，擔任「教會審判所所長」（Grand Inquisitor）的杜思妥耶夫斯基，朝思暮想的，並不是爲舊教說話，而是盼望人能減輕或消除自由及責任重擔。他看出，基督教三個

主要教會之關懷點不同，皆源於民族性使然！

3. 開懷、歡笑、面現陽光、肯定生命之存在於今世，正是斯拉夫民族的天性，也正是東方基督教徒的性格。至於西方基督教的另兩種教會，舊教及新教，卻持來世觀，「離世也反世」（world-fleeing, anti-world），那是「新約」（New-Testament）的人生觀。東正教則代表「舊約」（Old-Testament）。西方的兩個基督教會，是「和平的惡棍」（the villain of the peace），將耶穌出生地伯利恆（Bethlehem）的宗教，變成受苦受難的「各各地」（Golgotha），那是耶穌上十字架之地，也是納骨塔的所在，更是「死亡的祭拜」（the worship of death）場。福音書被教會誤傳，宣揚苦難的人生，是反文化的。但伯利恆與「家」是同義語；生命及愛，強力的跳動。此種生機力表現在兩方面：一是性愛，但不全指體貼的性交快感；其次是家庭之愛。他發展出一種神祕性的性愛，若與上帝「神交」（性交）（communion with God），更有無可名狀的高潮；性與上帝合一，力道最大；心與上帝合一，或意識與上帝合一都比不如。「無性愛論調者」（a-sexualists），正是表示也是「無神論者」（a-theists）。此種說法一出，立即被教會嚴禁。但他一再地提醒世人，「不是人心（human heart）毀了基督教，而是基督教毀了人心」。創基督教的耶穌說：「肉體的工作是有罪的，心靈的工作才神往」；他則說：「肉體的工作」（the works of the flesh）是基本上需要的，至於「精神的工作」（the works of the spirit），則只是說說而已（only talk）。他人視寺院制度是最純也最具體化的基督精神，但寺院制度的價值觀，是他反對到底的。宗教生活對人生是有意義的，也是最為重要的。

耶和華（Jehovah）是上帝，是「聖父」（Holy Father）；耶穌是「聖子」（Holy Son）。聖父生聖子，經過「神交」，是宗教信仰之交，是精神工作；猶如父之生子是「性交」，是「肉體的工作」。舊約特別重視伯利恆之事，是生命、愛（神交及性交）；各各地的故事，是新約的主要內容，那是基督教新舊教共同注重的慘劇。一重生命的開始，一強調生命的結束；只有東正教才重視耶穌的「復活」（resurrection）。痛罵基督教的尼采，也如同他一般地在病床臨終之

時，燃起復活、希望，及歡欣之情。生命的肯定，在蓋棺時論定，成爲一部「啓示錄」（Apocalypse）。他一生都活在動盪不安之中，革命之聲及推翻政權的舉動四起，此種當代的啓示錄，在位的沙皇是置若罔聞的。

四、宗教哲學家索洛維耶夫（Vladimir Solovyev, 1853-1900）

哲學包山包海，歷史亦然；二者都有人生「全面化」的架勢。上述的史學觀，也可當作宗教觀。倡生而不嘆死的斯拉夫基督教，也是希臘的東正教，才是宗教信仰的「正統」（Orthodox）；以種族性格來闡釋宗教，故稱之爲歷史哲學、宗教哲學，或人類學，皆無不可。

(一)宗教哲學的重點

1. 俄國十九世紀的激進派讀書人，多半都擬犧牲自己來推翻暴政，改善社會。但激端分子也有程度上的差別，有的人是恐怖分子，有的人較穩健溫和。「革命」是要萬骨枯的，包括自我犧牲在內。但也有不少受過教育者不願淌渾水，或被歸爲顛覆陰謀叛亂之列。採取的手段不管有緩急之別，總是期盼上帝的王國，能在地球上出現。

宗教信仰對絕大多數人而言，是不可或缺的。但宗教一旦與暴政結合，則難免在扳倒暴政的革命舉動中，受到池魚之殃。東正教在彼德大帝厲行大膽西進時，被目爲是俄國傳統文化基本原則的宗教，與西進政策不符，故大受威脅。其實，改革派或革命派，是反教會而非反宗教，也非反基督教信仰。反對尼古拉一世登基而於1825年暴發的十二月黨人（Decemberists），不管出生貴族或平民，都代表早期西化派的「新民」（new men），他們堅決反對傳統宗教，有些還視東正教只不過是暴君的跟班隨從，是阻止社會進步的最大絆腳石。加上十九世紀中葉時，由西方大量舶入的社會主義、實證論、物論、功利效益主義等，風靡一時。激進派的領導人，站在教會（東正教）的反方，二者從不對話或溝通，協商管道全無。「俄國社會主義」（Russian Socialism）並不只是西方的移種，卻也

有本土的成分。社會主義一辭還得冠上「俄國」，而成爲俄國社會主義，是與數學一科不必稱爲「俄國數學」，二者不可同日而語。

2. 自彼德大帝之後的政權，都把東正教會降格其威勢，得聽令於國家政府，失去傳統享有的獨立自主地位及特權。宗教大會（Holy Synod）之決議，若無政府單位的官方代表（Procurator）之首肯，則等於具文。只有聽令於政府的單身漢或鰥夫，才可封爲主教；調職或去位，悉由政府決定。對社會及政治議題噤聲，只許發言擁護支持國家政策，其他都視爲禁忌。教會儼然成爲國家機器及王權工具。當然，也有一小撮的桀驁難馴之「老信徒」（Old Believers, the Raskolniki），賭命相陪，但不成氣候！

疾風知勁草。在惡劣情境之下，教會培養出一些信仰死忠派，暗地裡也被全民舉拇指，敬之仰之；在神學界中更造就出頂尖的神學理論家。此外，激進派讀書人，一心著重社會改造，不諳於神學家之神祕性玄學高論。雙方未能搭起溝通橋樑。

3. 二十世紀之初，情境異於前。物論及實證主義已漸失勢，人們轉而對宗教的底蘊感到興趣。二者之見面或討教，開始出現。在大城的莫斯科、聖彼德堡及基輔（Kiev，烏克蘭首府），參加者越來越多；哲人、藝人、詩人、作家身分者，都有此種交換意見的平臺；因而轉變原有信念者，多半從馬克斯論變成東正教信徒。以宗教的世界觀，作爲人生的基本要件，也爲文化植基。指斥激進派讀書人之無神論及物論，目之爲不負政治責任的浪人，以爲革命一成，或現有政權倒臺，許諾的地上樂園，就能出現眼前。理想式的心論或道德論，只不過是一場虛而不實的空言。此論一出，難免引發「社會革命家」（Social Revolutionists）及馬克斯一群人（Marxists）之間的論戰；前者主張無神論的社會主義，後者力持物論。

(二)索洛維耶夫的宗教哲學觀

1. 索氏是名史家，莫斯科大學史學教授之子，從小在東正教家庭長大。14歲時即醉心於無神論、物論，及社會主義，顯然受到激進派學風所感染；但無神

論在他心中存在不長，十八歲即與之告別，重入基督教懷抱裡。一生至終，只是對社會改造及人類的再生，念念不已。內心縈繞著私下自我的救贖而與上帝合一，不忘情於淑世念頭。因之，當時讀書人的勇於投入塵俗，此種胸懷，正是他不敢或忘的。

2. 16歲時讀了斯賓諾沙的著作，在宗教上視之爲啓蒙師。康德、叔本華、菲希特、黑格爾，及謝林等人的文章，也是他研讀的對象。在莫斯科大學四年（1869-1873），先專攻自然科學，後轉唸歷史及語言學。1874年爲文《西方哲學危機─反擊實證論》（*The Crisis in Western Philosophy-Against Positivism*）。先在母校任教，後赴大英博物館（British Museum）之內的大英圖書館（British Library）作進一步研究。由於如同蘇格拉底聽到「內在聲音」（inner voice）之召喚一般，遠赴埃及，尋覓一種神祕性的一致性知識（integral knowledge）。回國後上宗教形上學的課，廣受喜愛，杜思妥耶夫斯基及托爾斯泰都予以稱讚，時爲1878年；前者還稱他是《卡拉馬佐夫兄弟》小說中的典型親友，是「上帝造人」（God-man），而非「人造上帝」（Man-god）。本來在首都大學的生涯，是平步青雲的，但1881年，他規勸沙皇亞力山大三世（Tsar Alexander III）寬諒謀殺其父亞力山大二世（Alexander II）者之罪；更在官員親眼目睹之下，塗汙他的寫作簿，轉而祈求東正教的俄羅斯，該施展泱泱的基督大愛典範。繼位的沙皇不接受他的要求，只答應讓謀殺者免於一死。他失寵而辭去莫斯科大學教職，專心以寫作度過一生。

只有以大愛來化解仇恨，東西的東正教及基督教會的新教及舊教，才能在愛河中永浴。先決條件是要相互了解，不可彼此排斥，視己爲獨尊。提議沙皇（Tsar）與教皇（Pope）共同攜手，爲此目的著手進行統合工作。當時的教皇里奧十三世（Pope Leo XIII, 1810-1903，1878-1903在位），雖稱讚這位哲學家的美意，但除非奇蹟發生，否則窒礙難行。俄國的沙皇亞力山大三世，更對宗教教會之統一，毫無興趣。他的願望是以教皇當作一種象徵性的統一符號，將東正教、天主教，及新教，都納入一體。致力於宗教界的整合外，他也分神關注哲

學及心理學問題。《愛的意義》（*the Meaning of Love*）、《善的正當性》（*The Justification of the Good*），把倫理學與形上學分開，但並不對立。臨終之前還寫《理論哲學之基礎》（*Foundations of Theoretical Philosophy*, 1897-9），不愧可列名於專業哲學家之林。

3. 專業哲學家之外，他是一名詩人，更是謎樣的詩人；自身體驗過三次與神交往之經驗。9歲在莫斯科大學教堂裡服務之際，「目睹」一位其後他名之為蘇菲亞（Sophia）的美女，代表神智之化身。1875年22歲時，在大英博物館內「聽聞」一道聲音，要他赴埃及；在沙漠地，相同的聲調又入耳。1899年（46歲）再度深入埃及，得來的卻是罪惡及脅迫之音，或許是當時的信仰心境使然。即令是夢幻（hallucination），也代表人的再生意義。

4. 《西方哲學的危機》一書，指出不同的學派，各自以為是而排斥對方，結果，斷裂（fragmentation）是必然結局。科學、哲學、宗教，不相為謀；真、善、美，也各自分家，不相聞問。他一心致意的是，代表「意」（the will）的善（good），代表理（reason）的「真」（truth），及代表藝術創作（artistic creation）的「美」（the beautiful），都一一予以「合」（synthesis），或「全」（the whole）。此種意旨，黑格爾在他的《精神現象學》早已提過。但這位俄國學者評黑格爾的「唯心論」（absolute idealism），只不過是「理性系統」（rationalism system）的「單一面」（one-sided），也是西方的一面而已；卻未見另一面，也無視於東方的一面，即宗教面。若以「生命的旨趣」（the goal of life）為核心，則了解實體界的形上學，就須派上用場了；還可把社會生活及政治生活包括在內，理論與實際兩不缺。「真正的哲學」，都該「在生活或生命」裡，帶有「教育及指導力」（educative and directive force in life）。哲學的功能，是為基督教辯護（Christian apologetics），這才算是「宗教哲學」（philosophy of religion）。把焦點放在社會生活及政治生活上，如此的信仰及知識，才最具實質的內容。

5. 知識有三源，一來之於經驗，即主體與形下客體之現象，二者之間的關

係，但這不必構成知識。現象（phenomenon，單數；phenomena，複數）本身若無理性的介入，則根本不可能是知識，經驗只不過是組成知識的資料而已。因之，知識的另一源，是理性。此外，更該有第三源，即直覺（intuition）。宗教家所言的「信」（faith），指涉的是「現象實體之背後」（metaphenomenal reality），如沙漠地出現海市蜃樓式的綠洲（the mirage of an oasis），這是他「親自體驗過的」。在埃及旅行時所意識到的，是真有其事。形有形下（physics）及形上（metaphysics）之分，二者皆「實」（real）；現象（phenomenal）之外，另有後現象（metaphenomenal），二者也皆「實」。

沙漠裡出現的綠洲，旅行者常有此「見」（vision），與未有此經驗者談此「見」，猶如夏蟲語冰一般地格格不入，卻是「神祕知識」（mystical knowledge）的一種。實證論排除了此種形上的神祕知識，是該被批判的。經驗主義、試驗主義，及理性主義，只顧及「現象」而不及於「後現象」，由之而形成的知識，不全面，僅局部面而已。真正有過沙漠中「見」綠洲經驗者，打死也決不否認此種「印象」。

6. 人由分而合，種族亦然；分或異，只止於現象界。現象界之外，或之後，是合，是同。由蘇菲亞臉容上的慈祥、友愛、包容，現出人的最後歸宿，就是與上帝同在；蘇菲亞正是具體的「人性」（humanity）本身。連實證論開山祖師的孔德，也早已言及；雖然他批判實證論甚苛，因為該論反形上學；不過，孔德之標舉人性，實大獲他心。1898年向聖彼德堡大學（University of St. Petersburg）「哲學學會」（Philosophical Society）宣讀一文，論及「孔德的人文理念」（the idea of Humanity in Auguste Comte）時，宣稱他非孔德之門生，也不支持孔德的實證宗教；但孔德在基督徒的記憶裡，是代表一種「智慧」（wisdom），使人死了又復活（the resurrection from the dead），發揮「手足及親人之愛」（Brotherhood of Relatedness），是兄弟姊妹之愛，包括生人、死人，及未來的人，集體努力共同打拼，使上帝王國出現在地球人間。

他反對社會主義，雖年輕時曾是社會主義一分子。並非社會主義不追求社

會正義，激進派知識分子也爲社會正義奮不顧身；但社會主義及激進派學者，卻一再地相信，整個社會的道德重整邁向完美化，都得仰賴經濟革命；到頭來，都以資產社會文明爲終局。怎麼只顧及物質利益而已呢？他的旨趣是格局要大，勿只把視線放在經濟一面；反而要從人類學的角度。人不是只滿足於作個「經濟動物」就已足，卻另有上帝交代著，作爲人的神聖志趣，有待完成。

自封自己是一位道德哲學家，把教會當作「一群虔誠者的集體組織」（collectively organized piety），所以國家也是「一群憐情者的集體組織」（collectively organized pity）。此種願景，或許離現實太遠；國家之成立，大部分是靠外「力」（coercion），而非「憐情」（pity）力。

但國家之成立，若不本諸一股人道精神，則這種塵俗之國，將永無法與上帝王國二而爲一。政府之任務，不在宣揚神學或哲學信念，卻要照顧貧瘠窮苦及被剝削者；去無知，掃文盲；道之以政，齊之以刑，不是首務。

7. 憐情者的人必有自由意志，因之有道德責任感及道德意識感。誠如康德所說的：「若我該，則我能」（if I ought, I can）：一旦有「該」感，就一定使力（能力）去達成。但「決定論」（determinism）一再強調人生是無自由意志的，一切早已安排好，人無其他選擇。自由論及決定論，二者對幹，彼此無法相容，但無解嗎？

索氏認爲決定論有二：一是「機械式的決定論」（mechanical determinism），視人如機器中的螺絲釘，隨機器運作，本身不能作主，一切聽令於整部機器；另一是「心理式的決定論」（psychological determinism），由動機才生決策。

一言動機，則複雜不單純。持快樂學說者，以苦樂來決定行爲動機，不視義務爲義務。持心理決定論者，則留給行爲當事者少許空間可以自行決定。行爲的全部因，吾人無法盡悉；人之「知」還未完全能知「充足理由」（sufficient reasons）。即令康德的「無上命令」帶有「應迫性」的定言，而非假言，但那也只是「必要」（necessary）因而已，不是充足因。此外，他甚至超乎預期的，

認爲自由是可以選惡而不擇善。一來或許以惡爲善，當一旦知「眞相」時，就不會再擇「惡」固執了。若仍持續倔強，偏偏還是選惡，可能是充足理由還未爲他人知及己知；即令如此，「自由」的底蘊，不就暗藏於此嗎？若單純只是「因爲」任性，則任性有理無理，都得爲任性負責。「魔鬼似的選擇」（demoniac choice），甘願與魔鬼爲伍，後果當然自負了。

此種議題牽涉的問題，極爲廣泛，他有心注意及此，但意猶未盡。

8. 他的哲學歸趨，是往上帝邁進。人一出生在此一世界，即表示「一種墜落」或是「一種墮落」（a Fall），因爲與上帝脫離。一成爲多，單成爲雜。但人生在世，有一種神聖使命，要迷途知返，返樸歸眞，再度與上帝會合。人類歷史就是一部「持續整型」（progressive transfiguration），也「漸漸神聖化」（gradual divinization）的過程。上帝創造一切，而以人作爲一切創造物中最上級的頂冠。經由基督的啓示，教會的開導，以「絕對」（absolute）爲目標，也是眞善美的極致。此種帶有神祕意味的沉思冥想，與激進派知識分子之過分關注於政治及社會實際問題，心態當然不同；後者目光聚集於當前及未來，他則返顧。二者也有同處，即「改制」；但手段有別，一是托古，一是目光集於今。

其次，人之改造，亦是雙方所關懷者。但採取的方式或步驟，他與激進派也分道。他強調個人的再生，而激進派則力言革命。屬行社會主義、物論，及實證論，這是他最擔心不過的。因爲由此而生的資產主義社會階級，必然阻礙了社會的眞正轉型。社會正義（social justice）向來是俄國教會及政府最爲疏忽的，如今他與激進派都擬補此缺憾；只是他把信心建立在基督信仰上，激進派卻與之揮別，而持「無神論社會主義」（atheistic socialism）。尼古拉二世（Nicholas II，1894-1918在位）再如何專權，不同的哲學派別還有存在空間；但1918年革命成功之後的政權（regime），高壓統治，獨尊一派哲學，罷黜百家，視「自由理性思想」（freely rational thought）如洪水猛獸。他一向駁斥教會之種族情及政府之民族意，太過狹窄又偏見。遺憾的是俄國或蘇聯其後的政治發展，竟與他的初衷，背道而馳。

第三節　帝俄時代的馬克斯主義（Marxism）

馬克斯是德國人，他的物論不為祖國政府所允許，只好逃亡英國。一生從不把俄國人看在眼裡的這位十九世紀以來紅遍環球的學者，第一本著作的外文譯者，竟然是俄國人。尼古拉二世時的俄國政權，極端保守，貴族仰沙皇鼻息，助紂為虐，農民苦不堪言。具有歷史辯證史觀的馬克斯門徒，在俄國只好走溫和的改革路線，成為「合法的馬克斯主義者」（Legal Marxists）；與地下組織的激進革命黨有時分進合擊，有時也互不相讓。尼古拉二世目中無人，更妄想稱霸歐亞兩洲，擬染指支那及朝鮮，此種挑釁，激怒了二度再試「脫亞入歐」實力的日本；日俄戰爭遂起（1904-1905），竟然被「倭寇」擊敗。1905年1月22日，莫斯科「冬宮」（Winter Palace）的請願示威，卻造成「血流成河的週日」（Bloody Sunday）。

崇拜馬克斯的俄國革命人物列寧（Vladimir Ilyich Lenin, 1870-1924），是1905年實地參與推翻沙皇的革命領導人物，曾被捕（1895），還流放到西伯利亞，趁機逃亡德國及瑞士等國。1917年革命成功，支那及臺灣人都知悉的「馬列主義」一辭，把列寧與馬克斯並列，顯示馬克斯的學說，實際上在蘇聯實現。共產主義聲勢浩大，不只版圖遼闊的蘇聯及支那（中華人民共和國）都「赤化」，連帶也在全球波濤洶湧，是二十世紀迄今的一股大潮流。

掌此股大潮流的風雲人物，除了列寧之外，就是普列漢諾夫。

一、普列漢諾夫（George Valentinovich Plekhanov, 1857-1918）

(一) 公認為「俄國馬克斯主義之父」（Father of Russion Marxism）

1. 出身於小地主家庭，1861年釋奴之後，飽受經濟虧損之苦。上過軍校及礦冶學校，參與走革命、恐怖、流血路線的「人民黨的」（Popularistic）活動。

1876年的示威遊行，險被拘捕。逃亡西歐，隔年回國，成爲鼓吹革命行爲的激進派首領。1880年定居於日內瓦（瑞士），研讀馬克斯及恩格斯著作，心中即有定見：未來是馬克斯主義的天下，而非人民黨。人民黨以爲俄國的社會改造，要走自己的路，不必步歐洲後塵，而該自成一格；普氏之見，恰好相反。他發現本以農立國的俄羅斯，彼德大帝的西進及歐化政策之後，門戶已漸開；工廠林立，雖比不上英國，但資本主義已成雛形。實踐社會主義的理想，勢必要經歷過有產（資產）階級這一階段，這是馬克斯思想的精髓所在。

2. 階級鬥爭要步改革的溫和路線，不該採激進的革命手腕；後者有可能染有「投機主義」（opportunism），只顧現實而未有紮實的理論底子。人無遠慮，就是由於有近樂可得，卻不知有遠憂。以正統爲優先的「修正主義」（revisionism），不可行。列寧最同情這位老理論家，但列寧的手腕較高明。普氏有時出言率直，對修正主義者不假辭色；列寧則擔心如此會鬧分裂。兩人曾私下有過商談，但普氏不爲所動，表情木然，冷然以對。後來列寧只好祭出黨紀侍候，不許另有異音。工人之團結一致，同仇敵愾；但稍嘗甜頭，即改變行徑，忘了革命及社會主義的最終實踐；此種心態，最不可恕。只有理論家或知識分子，才一本初衷，未達最後目的，死不罷休，不許中途變節；社會階級在政治上的自我意識，尤要鮮明。黨由少數精英領導，方向必不會出錯；黨人數不必多，但要純要精。工人身分者必經馬克斯意識形態的正確教導後，才許加入。黨採中央集權政策。兩人攜手合作過，共編《火花》（*The Spark*）。意識決定一切，理論左右事實；工人對上級，必言聽計從。

列寧這位實際掌權者，公開稱讚普氏爲理論家，更說擬成爲純正的共產黨員，須先研讀普氏的哲學著作，那是舉世最佳的馬克斯主義之文庫。

(二)物先於心的一元論（monistic）

1. 馬克斯學說代表辯證的發展過程，普氏呼應之；且以哲學角度分別物論與心論之異，在於物論以物優先於心，心論恰好相反。他認爲一切的哲學理論，

是一元論而非二元論或多元論。多與二，都由一而生；無一又哪有二及多？

　　其次，哲學理論不是存在於真空中，卻有時空背景，且是一種演化的過程。宇宙萬有，先存物，後出現心。物論早已有之，不必太溯古；從十八世紀起，物論就崛起於思想界，旨在對抗心論。心論的主流在德國，即令以經驗主義此種較傾向於物論的洛克，也力倡「健全的心寓於健全的身」（a sound mind in a sound body）。心論的最佳代表哲學家是黑格爾，黑格爾哲學是辯證式的正反合。馬克斯仿之，將十八世紀的物論，修正為辯證式物論（dialectical material-ism）。既言辯證是一種過程，就帶有歷史意味。

　　2. 歷史是人造的，不是上帝所創，也不是源於黑格爾所說的「絕對」（Ab-solute）。不過，黑格爾說過，量變可以質變。自然界及人文界中，「跳躍」（leaps）式的變，屢見不鮮。此一現象如為「正」，也易發展成為「反」。比如說，食物對人有益，但吃太多，反而有損健康。此種絕非徒托空言式的哲學觀，「排除了一切的烏托邦」（excluded all utopias）。普氏對此論有高度的評價。哲學必得與社會組織、藝術、宗教等，相互連結。可惜，黑格爾的單元論，是心論，太強調邏輯理性。心論與物論的一正一反，馬克斯這位「天才」，予以「合」，合就是辯證式物論；既有理論，也有實際的歷史事實，故最為正確，也屬正統。如此之學，才最為嚴謹。

　　人類歷史的發展過程，以生產力為核心。「生產力」（the productive forc-es）決定社會環境，包括社會組織及社會結構，這都需大量的經驗事實予以佐證。普氏嚴謹地以馬克斯為師，正統絕不許單純地只出之於「先驗演譯」（a priori deduction）。經濟結構及經濟的「下屬結構」（economic substructure）才是主因，雖然不是唯一因。人類歷史的哲學觀上，要窮盡地全包一切因，或所有因，理論上或許可以如此要求，但那卻是「烏托邦」，即無該種境界。

　　3. 歷史與地理，關係密切；前者是時間，後者是空間；二者如車之兩輪。地理位置決定了經濟及生產力，人不得不在許多層面上，臣服於其下。征服或控制天，若一旦引發大自然的反撲，弊大於利；不如了解之、順之、利用之。客觀

的「存有」（being），決定了主觀的「意識」（consciousness），也發展成理念（idea）。理念的「上層結構」（ideological superstructure），如宗教及哲學，對「經濟生活的反思，絕非純屬無影響力的」（a purely ineffective reflection of economic life）。馬克斯的物論，是物先於心；在心與物的優先順序上，極其鮮明，既不是「唯」物論，更非「唯」心論。支那戰國時代，子產有「倉廩實而後知禮儀，衣食足而後知榮辱」；在心與物的抉擇上，雙雙重視；但卻有時間（歷史）及地理（空間）上的優先順序。要求一生受盡剝削、工作環境極端惡劣的「普勞」大眾，也得重禮儀，並知榮辱，眞是癡人說夢！

　　歷史及社會，都由人所造。人這個主體，雖是身心合一，但卻身在心之上。人要面對的不只人這個主體本身，還有人之外的客體，即大自然或天。除了「哥白尼的太陽中心說」，及達爾文的物種演化論，另有「天才馬克斯」（the genius Marx）在社會科學研究上的重大貢獻。

(三) 象形論（hieroglyphics）及倫理觀

　　1. 在客體的知識上，物理資料是累積的，同質性的，屬「經驗式單元論」（Empiriomonism）。若與人無涉，則絲毫不具「知識」或「經驗」意涵。不能與感官相接觸者，即是康德所言的「物本身」（things-in-themselves）。語言、文字、符號、動作、姿態、表情等，都將「物本身」予以「象形化」，把不可知變成可知。二者之間需要翻譯，象形即是一種翻譯。如此，法國語文才可爲俄人了解，反之亦然。象形字使不識漢文者，也稍知其字意。

　　「物本身」猶如物的本尊，予以象形之後，就是本尊的分身；二者並不完全等同。但也因爲有其同，故客體與主體，二者有來往關係。不如此，又哪有什麼生命或生活（life）可言？人的活動及反應，也基於此。人（主體）也因之對物（客體），進行生產的經濟作爲，供食物爲人享用等。由此可見，「物本身」並非全然不爲人所知悉。康德的話說得太絕了。人甚至取物當工具，物爲人服務；人爲主，物爲僕。即令「物本身」眞的存在於人的「意識」、「知」，或「經

驗」之外，象形論恰好處於兩極之中，一極是康德主義（Kantianism），一極則是「經驗單元論」（Empiriomonism）。

2. 道德規約（moral codes）具有階級味，此說仍本諸馬克斯觀點。評康德的道德論，只對資產階級管用，可在實踐理性上建立起普世性、有效性、應迫性的「法條」。普氏走黑格爾而非康德辯證步驟，提出一種「普勞階級的道德」（proletarian morality），呼應恩格斯的「普勞解放」（the emancipation of the proletariat），也是普氏一生效力的使命目標。

道德隱然涵有理想（ideals），值得為它採取行動；但不作為，則不可能實踐。若有人說，「但願」明日太陽東升，這不是瘋言狂語嗎？除非宇宙大浩劫（cosmic cataclysm），否則明日仍是太陽高掛天空。大自然界的某些現象，人力是徒呼奈何的！工農勞苦大眾該解放，這是歷史發展上的必然定律，猶如朝日東起，夕陽西下一般的法則，何庸提出什麼道德「理想」呢？

人民黨的願景頗為崇高，但若與現實太過脫節，則止於紙上談兵，形同具文。因之，人力之打拼，是不可或缺的。地心引力說（the law of gravitation），在物理界中是一體適用；但若無人，則又哪有歷史可言？人與物不能相比，物之理，與人之理，是有別的。物全依物理，人則沒這麼單純。有些人違法亂紀，目中無「理」，也無「法」無「天」，能任其逍遙自在嗎？不少人自讚己力無能，或耽溺於幻想如唐吉訶德（Don Quixote）；但若發憤圖強，為全民之幸福而甘願「自我犧牲」（self-sacrifice）也在所不惜時，得有一先決條件需確認，即事先要經過正確的歷史分析，以熟悉歷史發展的軌跡。一切的理想，都是主觀的；但主觀要化為客觀化、科學化、事據化。人民黨的理想，就是欠缺這一要項，即未悉俄國史。這部分，要向馬克斯主義者討教。

康德是大學教授，雖非豪族，但物質生活不虞匱乏。他的道德理論，代表的是資產階級的行為觀，普氏也因之認同黑格爾之評康德的「無上命令」說，為空中樓閣。但晚年時，對康德的一句名言卻深獲他心，即：人不許把他人只當工具，而不視為目的。取此一條目，他對工人階級之遭受剝削，頗為不悅。1914

年出書《論戰爭》（*On the War*），明確地痛斥德國竟然向中立的比利時發火，掀起了第一次世界大戰。先前他評康德的理念是「資產社會的一種抽象理想」（an abstract idea of bourgeois society），如今，他「轉向」（*volte face*）了。

一戰時他號召俄國工人團結一致來保衛「祖國」（fatherland）。但依《共產黨宣言》（*Communist Manifesto*），普勞階級是無祖國的。

(四) 擇取決定論或自由論，依然採辯證方式

1. 依歷史發展或遵循歷史法則，最終「必」達某一預設的歷史目的或使命。歷史是人造的，此句話指明，人把歷史法則當工具來使用。歷史法則取代了黑格爾所說的「理性的奸詐巧辯」（the cunning of Reason），好壞都有一番靈巧的理由。但歷史法則若只不過是就歷史事實的觀察，發現似乎有一套軌跡，且據之可以預測未來的「可能性」（probabililty），則在此種狀況下，人的自由就有揮舞的空間；「必然性」（inevitability）可以免談了。

人面向兩個世界，一是自然界：自然界的自然法則，人「必」得遵守；在此，人沒有自由可言。如人一旦擬登月或太空旅行，就「不由自己」地聽令於自然法則。當然，人此時仍享有的一種自由，就是可以決定或放棄此趟旅行計畫。另一是人及社會界。若擬使預期目的達成，則所需的知識及技巧，必非先具備不可，並且在過程中，絕不形同自動機器（automata）一般。人造歷史，但人造的歷史，不一定是人人所喜愛的歷史。一來，人在歷史上的處境，是身不由己。出生為東方人，能怪自己為何沒有藍眼碧髮嗎？生為女兒身或貧窮家，可以怨嘆不是男子漢或富豪之後代嗎？就個人及社會而言，變數太過複雜。遊牧民族使不上力來使遊牧社會從資本社會變成社會主義社會。征服大自然都需仰物理法則了，改變人的社會，不是也得依樣畫葫蘆嗎？

既以生產力作為經濟及社會關係的主因，則此種社會的每一成員，也就如同陷入繁雜的羅網裡，或「鐵律」（iron law）中。不過，或許還能容許一些自由，個人可以跳脫「桎梏」，或加速或減緩歷史齒輪的轉動。「搖首乞憐」

（tailism），被動地作跟班隨從，也非馬克斯主義者的旨意。普氏希望在「鐵律」之外，仍保有自由空間。但自由絕非放縱，卻以知識法則作引導。其辯證程序如下：

> 從「必然」（necessity）到「自由」（freedom），從自由又到「新式的必然」，從此到更高層次的自由。

遠古初民受制於天然，工具使用後，慢慢獲得一些小幅度的自由；到工業社會及資本主義時代，自由及必然（自由的限制）二者的對立，情況猶在；但性質及程度，與往昔已大爲走樣。人們一有意識，醒覺到他們仍處於機器及資本家的奴隸身分時，就期盼「自由」能戰勝「必然」。在此種鬥爭過程中，集體意識的群策群力，是致勝成功的要件。但領導階級的「個人角色」（individual features），是關鍵。他特別舉出新教運動中最主要的「抗議者」（Protestants）有二：一是路德（Martin Luther）；一是喀爾文（John Calvin）。資本主義社會必然也自然地會演變成爲社會主義社會，主角人物就是馬克斯主義者。不過此處出現一有趣的問題，康德、路德、喀爾文，皆非屬於「普勞」階級；而馬克斯及恩格斯，雖非資本家，但也是有產階級。普氏本人及列寧，更非生長於都市貧民窟，也非農家子弟。

2. 「必然性」所標明的是，就個人與群體而言，都要有歷史的宏觀。人類歷史發展的軌跡，「必然」是要打破「必然」而還「自由」。「大局」上是「必然」，局部上則並非「絕對」。即令「必然」趨勢隱然或顯然可見，也不是單純地一直往上或向前。個人意識或集體意識的組成，因素太過複雜。因之，「過程」就紛然雜陳了。有迂迴、有快慢、有阻力的大小，縱使在大時潮之下，若無出現不可一世的梟雄，則可能產生的社會變革，也得拖延時日。群龍要有首，羔羊也需牧羊人帶頭。

決定論有一種理論上的致命傷。一來，或許要站在歷史的巨觀上。「話說天

下大勢，分久必合，合久必分」；此話之成眞，或形成歷史軌跡中的「必然」，必得在時間上無限，在空間上也無窮。「惡有惡報，善有善報，不是不報，只因時間未到」；此種道德上的「至理名言」，也是如此，卻形同一種空話，頂多具心理撫慰作用而已。許多使用「必」的語辭，都是如此。決定論未能成眞，重大理由之一，是「時間未到」。依此而生的藉口，也該算是「理性的巧辯」。據之爲「理由」，則保證必勝無輸，卻極欠缺嚴謹的科學定義。科學的預測準確性，決不把時間置於無限長及空間無限大。科學式的氣象預測，決不敢說出明年的明日，此地溫度「必」如何；只能說「明日氣溫的高下」，準不準，才可「限時」立判。其次，若一切都早已決定，人無自由，那都是放馬後炮的說辭。或許以「天機不可洩露」作爲不敢冒險猜錯的「理由化」。事先若不口頭公開宣示，但有膽敢先書之以文字嗎？未預期的半路殺出個程咬金，亂了已布好的大局，無法收拾，功敗垂成。縱使大勢之所趨，也該有「個人角色」的分量。個人角色有時可力挽狂瀾，有時則乘風破浪。一般而言，庸劣者多半喜歡決定論，英才型學者趨向擁抱自由論。不過，把「自由」當成「必然」時，正犯了「詭論」之謬；因爲「必然」就是「不自由」。自由與不自由並存，這是矛盾律；辯證論不就是此種一正一負以達合的過程嗎？

　　普氏是一個正統馬克斯主義的理論家。普勞大眾必須靠知識界的精英喚起革命意識，以推翻貴族及王權體制，然後實行社會主義的民主政治（socialist democracy）。他死於1918年5月底，該年之初，列寧於1903年領軍的激進革命政黨布爾什維克（Bolshevik）奪得政權，獨裁專制（dictatorship）當道。這位被普氏批評且與之決裂的俄國共產黨首領，卻肚量大地要求年輕黨員，該認眞鑽研普氏的哲學著作。普世一生，永懷馬克斯思想，階級意識永駐心中。藝術觀點也如此，只爲藝術而藝術，其實是憤世嫉俗的逃犯與說詞，無膽面對現實。美的作品，無一不代表人生及社會。

二、列寧（Lenin, 1870-1924）

(一)生平及著作

1. 本名為Vladimir Ilyich Ulyaroy，曾多次以筆名為文，其中一次用列寧（V. Lenin）。其後由於成為俄共掌門人，世人也以列寧名之。他之成為史上名人，是有代價的，曾被流放至西伯利亞。

物先於心，代表物的經濟力或生產力，是社會結構的「底層或下層」（substructure）；代表心的意識，則是社會結構的「上層或高層」（superstructue）。在思與行之中，代表理論的思，與代表革命的行，二者相較，行之重要性，大過於思。馬克斯主義的本旨，也是這麼強調。但捧馬克斯的飯碗，並不那麼容易。自封為馬克斯主義的正統者，四面八方的挑戰及批評必有；彼此各自解讀，自以為是，且也相批互駁。牽亡魂召喚馬克斯本尊現身，大概也難以作公親來論斷此種沸沸揚揚的「家務事」。列寧生逢其時，他祭起奧坎剃刀，快速斬亂麻。

2. 父擔任過督學，是能力超絕的公務員。祖籍屬俄，母則是德國後裔。若有人強要把「蘇聯」（Soviet Union）的「國父」，認定是純種的俄國人，這是拂逆事實的，且也重男輕女；不過即令處在二十一世紀的今世，尤其臺灣或支那，不也是許多「政棍」的口吻嗎？上學後用功勤勉，但也時而無循規蹈矩之行為。1886年父親辭世之後，就讀於聖彼德堡大學的長兄，曾加入青年人的革命團體；讀過馬克斯的《資本論》，同意普氏之「工人解放」（Liberation of Labor），兄規弟隨。不過，知悉馬克斯著作的片羽，也與人民黨的恐怖分子有過交往的親哥哥，卻在謀刺沙皇亞力山大三世之前被捕，死不承認有罪；擬減輕責任，曾冷冷地以理來幫恐怖政策辯護，最後不幸於1887年五月八日被處以吊刑，時年僅21歲。哥哥赴難，對弟而言，當然是椎心泣血。中學及大學畢業都是成績傲人，可是由於加入學生示威行列，終被卡山大學（University of Kazan）勒令退校，遂回家與親人過日。卡山是蘇聯聯邦之一的首府。自學法律，1892年通過考試，取得律師執照。此種命運遭遇，決定論者敢說生死簿上早已白紙黑

字地登錄有案嗎？人民黨的行徑，曾令他心動。1893年8月他赴聖彼德堡，成爲革命行動派分子；時而出國，時而被捕，且在西伯利亞忍受流放之苦。1917年代表多數的布爾什維克黨奪取政權時，他權力登峰造極，時來也運轉。

3. 1895年末，因非法加入政治活動而被送入囚房，讓他有餘暇開始寫了《俄國資本主義發展史》（*The Development of Capitalism in Russia*，1899年在聖彼德堡出版）。囚禁一年即被押至冰天雪地的荒漠，卻也在西伯利亞形式上結了婚。1900年釋放，後逃亡國外，斷斷續續地接獲由馬克斯主義者送來的信件、書籍、雜誌，還享受游泳、滑雪，及打獵的另一種生活情趣。

沙皇的專制獨裁與其後的共黨專政，對政治犯的態度，有程度上的顯著差別。沙皇無情冷酷，由處理列寧之兄的案件可知；但列寧哥哥還可以在公開的法庭裡爲恐怖政策辯護，而未被迫「悔過」（confess）。列寧之後的史達林（Joseph V. Stalin, 1879-1953）當政時（1922-1953），手段卻更加毒辣。列寧在國外主編《火星報》（*Iskra, The Spark*），私運回俄。他精力充沛，寫作不斷，還組「俄國社會民主黨」（Russian Social Democratic Party），黨內有派，多數派稱爲布爾什維克（Bolshevik），也是激進的革命派；少數派名爲孟什維克（Menshevik），屬溫和又緩進的改良派；一齊都在《火星報》工作。列寧的多數派在國會中贏得多數，也革除少數派者續任該黨喉舌刊物的編輯。普列漢諾夫出面緩頰，堅持雙方合作；列寧憤而辭職，另在日內瓦編《前進》（*Vperyod, Forward*），其後還編黨的機關報《普勞人》（*the Proletarian*）。Proletarian一字，語音上的漢譯習慣，是「普羅」；臺大研究馬克斯的政治學教授洪鎌德，改譯爲「普勞」，比較合乎原意！

4. 性格是硬心腸的，不妥協的；革命行動次數不斷，也持續爲文。出身資產世家，但醉心於行動，對搖筆弄口舌的文人，諷之爲無用的說客，戲稱蛋頭學者爲「豬」（swine）或「小資產汙渣」（petty-bourgeois filth）。訴諸行動採取革命路線，以改變歷史、世界、社會。這種馬克斯正統，才是他最心儀的，其他都是旁門左道，必欲去之而後快。可取的是他爲了要獲得馬克斯物論的眞傳，

決心遠避騷擾地躲入大英博物館的圖書館（British Museum Library），研讀物論的相關資料，成果是1909年用筆名V. Lenin寫了一本有關物論的著作；書內提及俄國哲學家，英國的柏克萊、休姆、赫胥黎，德國的康德、溫德，美國的瓦德（James Ward）及詹姆斯等人。文筆咄咄逼人，率眞又直搗黃龍；核心環繞在一種論點上，即上述諸哲的說法，都不如馬克斯主義。其他學者的作品，只不過是「一大堆哲學的胡言亂語」（erudite philosophical gibberish）。入大英圖書館必出示取之不易的卡證，筆者在1995年赴倫敦大學進修，榮幸地取得該證，曾坐過傳言馬克斯於該館常坐的座椅！他評論經濟學教授，只不過是一群代表資本家利益的商人；相較之下，哲學家也如同一批代表神學人物的買賣客。

(二) 獨裁專權，馬（Marxist）列（Leninist）主義並列，爲世人所慣稱

1. 不容「派系林立」（factionalism）：黨外無黨，黨內無派；此種作風，是典型的共黨風格。其後的中國共產黨及中國國民黨，更學之不遺餘力。列寧是行動派的革命人物，難得的是在「戎馬倥傯」中，也勤於讀書；最崇拜的學者，非馬克斯莫屬。鐵腕政策又享最大的政治權力，在認定馬克斯學說才是正統及眞理，且也是絕對眞理之下，大力排除異己。他對馬克斯學說倒另有新見，學閥與政閥合爲一體。「哲學閥」（partisan in philosophy）的身分，使他也有資格排名於哲學史裡。「馬克斯及恩格斯自始至終都是哲學閥」，列寧當然不反對別人認爲他也有此心態。

2. 典型的現實主義者（naive realism），對幽妙深奧的形上學，不感興趣；常以己見把它下放在他自認爲正確的闡釋上。將康德不可知的「物本身」（thing-in-itself）化爲「現象」（phenomena），然後是「意識」（consciousness），最後是感覺（sensation）。他大夢初醒一般地發覺，原來「心論」（idealism）的大師，心中有「物」（thing）；如同支那老子之「道」一般，是有「物」混成者，心就是物質。另一心論的健將黑格爾，大談的辯證論，大獲己心。有一正，必有一負，然後是合。過程不是靜態或不動的，「心」如此，

「物」又何曾不然？他大刀闊斧地揚言，黑格爾的辯證是心論的，錯了，原來是「物論辯證」（dialectic materialism）才正確。即令有些現代科學家否認物先於心，他立即評這些科學家「是好物理學者，卻是壞哲學家」。物先心後，此一論題，沒必要徒勞於證明，卻該作爲一切的出發點，包括哲學思想。

他評康德把知識降格爲信仰，前者是純粹理性（Pure Reason），後者是「實踐理性」（Practical Reason），也在此，爲「上帝」找到了庇護所；黑格爾反之，上揚知識的地位，且「知識即是上帝的知識」（knowledge is knowledge of God）。物論者大力拔物的「知識」（the knowledge），務必將上帝及爲上帝辯護的「渣滓」（riff-raff），丟入垃圾坑（the rubbish pit）。至於「物本身」與「現象」，二者有何分別，「純屬哲學上的胡言亂語」（sheer philosophical balderdash）；「可知」與「不可知」，是兩回事；但「不可知」，就永不可知嗎？

列寧評黑格爾這位辯證論的大師，卻不悉物（matter）；第一次先變「物」爲「動」（motion），第二次則把「物」變爲「意識」；「尤其是第二次」。馬克斯曾出面予以糾正其錯誤及其弱點（mistake or weakness）。黑格爾是了解辯證的，可惜他是心論的辯證，把物置於腦後，這才是列寧及馬克斯認定的最大敗筆。他對黑格爾名著《邏輯學》（*The Science of Logic*）特下功夫，精細閱讀，卻常以「哈哈」（ha-ha）作眉批。

3. 辯證過程，從正而反而合，不是漸進式或線式的連續，而是「跳躍」（leap）；使「存」（being）與「非存」（not-being），成爲一正一反，合就是「成」（becoming）。性質與「正」與「反」有所不同。量變，若無「跳躍」，怎生「質變」？量再多，也只是量，怎能生出質呢？既持物先於心，且由「物」而「辯證」爲「心」，正是一種「質變」，否則物永遠都是物，怎會生心呢？似乎亞里斯多德的潛能說，隱約可見。

「正」及「反」是兩極，但就程度而言，一正一反之彼此向背、矛盾、作對，就程度來說，同與異之間有四種「對待關係」（square of oppositions）。第

一級是「大反對」（contradictory），其次是「反對」（contrary），第三是「等差」（sub-alternate），最弱的是小反對（sub-contrary）。列寧再如何專權，獨木也難成舟，他仍需要幫手。他的「閣」，不是「純」的，多少也得容忍一些雜色在內。上臺時用的教育部長是志同道合者，但在某些意見上，也有異音。「小德出入可也」，不必太計較；只要「大德不逾矩」，即可！

　　正、反、合，是邏輯關係，是理論性的，是心的。這方面，列寧並不太關注；他的焦點是實際行動，是物的。激進的社會、政治，及經濟革命，是大變；大變必生新產品，由舊「跳」新。資本主義時代的經濟，生出無產階級；無產與資產，一正一反；彼此之對立，程度上有屬第一級者。他盡力鼓動由弱轉強的衝突。黑格爾是理論家，列寧則為行動家。不過，採取行動不是盲目、無知、無謀略、缺戰術的；哲學圈內斤斤計較於瑣碎細節的爭辯，吹毛求疵，不是他的興趣所在。革命行動之成功，並非一朝一夕可竟。先喚醒普勞大眾，勿無視於自身利益被剝削而毫無反抗意識，等待時機成熟，水到渠就成。此種行動觀，是本節首述的普列漢諾夫之見解。列寧則利用各種機會，勝負不計，同僚掣肘也在所不惜；勿等待，空躊躇，否則一事無成。革命總要冒險，那有註定一次就成功的呢？1917年的賭注，列寧贏了。他黨政軍一手抓，大權集中於他身上，以俄國為首而成的「蘇聯」（Soviet Union），也可以稱之為「蘇俄」。俄羅斯（Russia）與普魯士（Prussia），英文只差一字母，後者正是1871年成為全德國的主要邦。1918年的俄羅斯，經過內戰及其後的嚴重饑荒。恩格斯早就說過，一旦無產階級得勢，社會主義一出，「國」將萎縮；但實際上的演變，恰好相反；不但未把「國」的「理念」移送入古博物館，反而是「國」的實際，在古博物館外占有相當位置。蘇聯這個「國」，變成大國，更是「列強」（Great Power）。1991年雖解體，但俄國至少在軍力上，僅次於美國，是第二大超強之國。普勞階級掌權後的國，不只國力不縮反漲。普勞階級還未掌全球的政權，等待有一天，國際性的普勞得勝，就可以不必再有國在。

　　4. 倫理學及其理論：1920年列寧向年輕的共產黨員演說，希望他們勿誤會

共產黨拒絕一切的倫範及道德，其實是另有一種「無產階級倫理觀」（proletarian ethics）；共黨否認資產階級那種心論或神論式的行為規範，卻須「完全依無產階級鬥爭的倫理」。行為準則帶有階級性，這是馬克斯學說，也是列寧一再叮囑的。拔一毛以利下，不為；此種資產階級的利益觀，該極力閃避。不過，無產階級的倫理觀，能否成為普世的倫理觀，列寧似乎對此未予煩心。

眞理論含有階級意識。邁向絕對，必先抵相對；這是辯證過程。「實際」是檢驗眞理的指標；與實際相「符應」（correspondence），是眞理的準繩。此種眞理論，變成他的「信仰」（faith），未含宗教或神學味。雖心不在純哲學理論的思辯，但死後，他的話卻成為共黨國家的至理名言，黨徒恭謹奉守。列寧本人似乎也形同黑格爾所描述的「世界史上人物」（the world-historical individuals）之一。採取「打破偶像崇拜」（iconoclasm）步驟，顯然有其必要；但尊他為哲學家，實有點差強人意；至於拱他為出名哲學家，那就離「眞理」太遙遠了。

(三) 馬列主義

1. 以列寧為首的「多數黨」，也是「布爾什維克」黨，奪取了政權，遭受到敵意環伺的不利客觀環境，難以實施嚴格管制或學術一條鞭政策。「右翼」（Right）的該黨，歡迎「左翼」（Left）的團體，加入行政團隊，但只能居次要官職。在貫徹正統的馬克斯主義及消除雜音，二者之間如何取捨，也考驗新政權的智慧抉擇。

就美術、詩詞，及戲曲而言，新政權難以完全管束。列寧不諱言地表明，他不喜印象派（impressionism）、立體派（cubism）、新潮派（futurism），但還不致於如同其後史達林採用的以法伺候政策。他的出身教養，小時喜讀古典，流亡時也手不釋書，尤對敏感又刺暴君且描述農夫及奴隸苦況之小說，感同身受；高度肯定托爾斯泰的作品，但他也不悉數全收，心中自有一把尺。一上臺之後，善惡更分明。不過，雖有吼叫，但比起後續者，他咬了人，但不至於使被咬者有切膚之痛。他的一貫政策，是文以載道，為人民及為革命而寫，如此才具意

義。政治掛帥，一切文化都得爲政治服務；不遵此原則的文人，必定吃大虧。在列寧當政時，對付這群異己，手段還算溫和，相較於後繼者，至少文人還能保身。在未形成蘇聯之前，此地不留人，自有留人處。之後，則只有監獄或逃亡了。史達林的「妄想自大狂」（megalomaina）一發作，喜歡任用奴才型學者及聽話的官員，還自以爲是蘇聯天空中唯一的太陽。列寧儘管心狠手辣，但對比之下，還不至於要求全民把他捧爲無所不知的全能「上帝」，且有點自謙地告訴國人，文學、藝術、詩歌等，他是門外漢。史達林在位長達31年（1922-1953），也就如同蔣介石一般的，囊括一切的「家」，既是軍事家、哲學家、教育家，也是文學家……。並且自1960年起，祕密警察（K. G. B）四布。此情此景，中國國民黨雷厲風行的戒嚴、清鄉，及白色恐怖之斬草除根、一網打盡「異類」長達38年（1949-1987），更有過之而無不及。在赤色共黨高壓統治之下，不可能有眞正的哲學家出現。但極權統治，也有它的意識形態，亦是哲學的一種變形。「馬列」既並稱，闡釋者史達林又插上一腳，甚至有後來居上之勢，這如同1912年之後的「中華民國」一般，孫逸仙（1866-1925）被蔣介石（1887-1975）拱爲「國父」之後，大倡「三民主義哲學」；在臺灣的大學哲學系除了必開中國哲學及西洋哲學之外，也必把「三民主義哲學」列爲主幹。危及政權的學說，尤其是物論，都以三民主義的立場大力批駁，不容原著出現；此外，凡不利於政治政策的分析哲學、存在主義，及實證論，都列爲禁書。相當程度的哲學造詣，不可能出現在幼年；但長期又系統性的思想洗腦及灌輸，創新性的哲學嫩芽又哪有成長壯大的可能？連童稚小朋友都不放過。孫中山及蔣介石之後，又有個蔣經國（1910-1988），此種「三合一」，恰也是馬克斯、列寧、史達林之「三合一」一般。因之，蘇聯（Soviet Union）、支那及臺灣，都未能在二十世紀時，有可述的哲學思想。

　　史達林不可一世之時，恰好蔣經國於1925年赴莫斯科，一待就是12年（1937）。是否也感染了史達林剷除異己的手段與謀略？

　　2. 批判歐洲學術史，只代表資方的立場：馬列主義者認爲，西方哲學史，

是一部階級鬥爭史。史達林當政後，俄國或蘇聯已無階級，剩下農夫及工人身分，這兩種「無產階級」，彼此利害與共，是友人而非敵人，相互合作而非敵對；因此，不必再有革命發生。西方哲學史上的哲學家，都為資產階級說話，少有為普勞人士發聲。其次，西方哲學家太重理論與形上，史達林要求行動及實踐第一，且作為「主義」的喉舌，因為共黨政策代表真理，真理集中在「史達林同志」（Comrade Stalin）一人身上。該走出象牙塔（ivory tower），甘願作黨的傳聲筒。西方哲學家所了解的社會之發展，經過一正一反而形成的合，具體展現在馬克斯主義上，列寧正是馬克斯主義的真正繼承人，史達林更得其真傳。

3. 只有符應物論的學者，受到禮遇與重視；將心理學（psychology）化為生理學（physiology）。莫斯科大學名心理學者巴夫洛夫（Ivan Petrovich Pavlov, 1849-1936）的「交替反應」（conditionary）實驗，不但榮獲1904年的諾貝爾生理醫學獎，還特別為蘇俄共黨中央大受推崇，傳承了馬列主義的衣鉢；後天環境左右人的一切，教育萬能說，為馬列主義增加一股新活力。物是意識的基礎，也是精神生活的來源，在腦部及在神經系統裡，把心靈當生理心理學研究（para-psychology），滿足馬列物論的風味，在俄國算是獨門。

三、真正的哲學家，只有逃亡一途

凡不符合當政者的政策，理念上拂逆馬列及史達林「思想」者，「勿使並進」，且「絕其道」。只有作為正統應聲蟲者，還能苟延殘喘；但能平步青雲者，也「伴君如伴虎」，隨時都有殺身之禍降臨。甘願作為正統的馬前卒，其思想也只不過是如鸚鵡般饒舌於權威之下，充當小二或奴僕角色而已。若內心自有定見及主意，但外表上卑躬委蛇，人在屋簷下，不得不低頭，則勇德褪色。敢出面頂撞的，有些是宗教哲學家；物論不只反心，也排宗教。即令身為莫斯科大學校長（Rector of the University of Moscow），出身貴族世家，名為Prince S.H. Trubetskoy（1862-1905）也自身難保。學術在暴君之下，只不過是跟班的隨從。

高倡自由的哲學家，必不見容於當道，其中著名的俄國學者如下：

(一)柏代也夫（Nikolay Aleksandrovich Berdyaaev, 1874-1948）

1. 1894入學於基輔大學（University of Kiev，建於1834），醉心於馬克斯思想，但五年後（1899）被捕流放三年，獲釋後赴法遊歷；1920年是莫斯科大學哲學教授。由於不守馬克斯之「正統」，遂又流亡海外，是流亡法國中最出名的俄國哲人，大張自由大旗。

「自由」（freedom）優先於「存有」（being）：「我把自由而非存有，作為我的哲學根基」。「自由而非存有問題」，是我全部寫作的核心。基於此一觀點，他對當時的存在主義有意見。若存在主義「強調主體而非客體」，重意而不重智，視具體及個別，而小看共及同，則他願意附合其說，甘願被稱為存在主義者。可惜，他們卻掛心於存有的概念。沙特還發展出一套本體論，即探討存有的學說；海德格也堅持把存有的意義問題，放在首位。對此種存在主義，他意興闌珊。存在主義若讓人的主體性、自由性、獨立性，享有優先權，他會迫不及待地要列名其中。他是流亡於外的俄國思想家中，著作被西方世界廣為翻譯及研讀者。以人類學為中心，關注於人生的意義，哲學問題必與之相關。專業哲學家若不涉及於此，則是嚴重失責。

2. 自由不僅涉及政治及宗教：凡把一套觀念、理論、主張，強迫灌入人民心中，如同馬克斯主義，或杜思妥耶夫斯基所描述的「大審判官」（Grand Inquisitor）角色，必使他心目中本來視馬克斯乃是解放人類恩人的，大失所望了；遂斷絕作為馬克斯圈內人。自由必奠基於個別的人身上，力抗社會壓力，不管是什麼樣的社會。自由之感，含有神祕的上帝情；心中有上帝，人也活在上帝裡；至於社會的理想烏托邦，都是空想。人類精神生活的角色，卻是指日可待的。他自承在理性的分析力上或有不足，著作中每出現詭異或自相矛盾之處，這也是多數哲人易犯的通病；他也坦誠對自己著作的不滿意，常帶有「任性的定言」（arbitrary assertions）。試問哲學史上又有哪位名人能免？他的自白，也是

「自由」的一種「性格」。

「存有之學」（a science of Being），「除了毀了哲學之外，什麼也不是」；或許也只不過是人腦中的某些虛構（certain figments of the human brain）。更不用說，該學力主「決定論」（determinism），與自由格格不入。「我的哲學之眞正主人，是康德」；因爲康德明確地指出，現象世界不及於「物本身」（things-in-themselves）；後者是形上也是本體論的領域，前者是形下的；人類的理性只及於形下，而不及於本體論的形上。

　　存有之學的本體論，本身是一場騙局。領會形上，尤其是上帝，「知」是不及的，理性也不夠；卻要直覺或領悟經驗，這是祕而不宣的。

爲何本體論（ontology）不高抬自由呢？自由先於存有或存在。自由極其具體，存有或存在之抽象性極高；程度上，存有（Being）更抽象於存在（existence）。自由的性質，與存有或存在的性質，是南轅北轍；後者是早已定，前者則是未決；個人享有抉擇的空間。康德把「現象」（phenomenon）與「本相」（noumenon）分開；現象含有自由餘地，本相則無；現象有光有暗，暗即表示人的墮落或犯罪。「個人、民族、種族、國家、帝國等，都是因爲人擁有權力意志上的魔鬼在作祟，推向毀滅之途；但人卻也奮不顧身地奮鬥與抗爭，以求繼續生存。」「自由」才能力挽「墮落」（fall）。

　　萬有一切皆由物演化而來。物本身是機械式的，命定論的；但演化成爲人後，就出現變局了。此種演化，就是「量變」成爲「質變」的具體例子；因之，演化是跳躍式的、革進式的、激進式的，這正是馬克斯把黑格爾的辯證，轉變爲物論辯證，最該被重視的一面；過程是創而非傳。自由最含有創意，「創」深藏於「無底深淵處」（mysterious abyss），卻是「宇宙全新生命之心臟」（the heart of the whole life of the universe）。其中雖有惡，但只具有可能性或潛能性（possibility or potentiality）。人類由上帝所創生，創即代表不受限。因之，人

必是自由的。

　　他更進一步分析，自由有二：一是形式自由（formal freedom），或初始的自由（initial freedom），即意志自由，如選此而棄彼，或向左或向右。二是創造式的自由（creative freedom），不受束於內力或外力，可以扭轉形式自由之趨向於爲我及自私，或損人而利己；變奴爲主，自由的眞諦，也在此最可顯現。

　　脫除自由的神祕面紗，具體地在行動中表現自由；一來，人不是環境的僕人；二來，人也受社會的枷所架，如男女性愛關係所受的干擾，這方面早有先人提過。

　　3. 倫理道德或義務感，建立在自由基礎上；知識論上的眞理，亦然。在威脅利誘等外力逼迫之下，又哪來「眞言」「實話」？一般人缺乏天文學知識，卻相信天文學家的宣示。當然，專家之所言，或許也有被推翻的可能，天文學的假設，有可能是「假」而有必要予以修正或推翻，但一般人之信科學家，而不聽自己憑直覺所得，關鍵在於眞正的科學家說的話，是在自由意志之下。若他們在宣示之前，有政府、黨，或宗教團體先施恫嚇技倆，則吾人還要信其言爲眞嗎？他本人就不信地獄有下油鍋、上刀山、割舌頭等淩遲酷刑。若「正教」（Orthodox）喜愛此論，他必批駁，因爲與上帝之大愛不合。耶穌基督必不許「大審判官的傳奇」（Legend of the Grand Inquisitor），他必然全力支持基督，而與大審判官作對。不自由之下，即令能享有麵包及安全，人卻已降格。如因自由故，不得不忍饑耐寒，此種負擔，在所不惜，絕不推卸。

　　社會學家認爲社會先於個人，群性重於個性；但人的自由，最紮實的是內生，而非外感。重群性則人人同一類型，主個性則人人都是獨特的。當然，在個人與社會的關係上，個人不是「如同來布尼茲所言之無窗戶的單子」（windowless monad），與外隔絕；也不是像海德格所言的「單一」（the one, *Das Man*），而是「我們」（we）。單與單之間，有愛的交往；「群」也就因此更具豐碩的意義。此外，個人的對外關係，也不許只止於社會，這是有限或確定的組織；卻應朝向無窮又無止的神境，即上帝。個人不「只」是社會的一分子，也

是上帝王國的子民。這中間，必有「創」意存在。從此立場而言，他強力反對任何極權專制國家（totalitarianism）的形式，包括德國「國家社會主義」（German National Socialism）或共產主義（Communism）。把個人當作一個細胞看待，這是他絕不能忍受的。

　　強力反擊任何一般性的專制獨裁，也針對蘇聯體制予以厲聲批駁。但對1918年的俄羅斯革命（Russian Revolution），以及共產黨（Communist Party）之目的，卻輕聲細語以對。一生以人的解放及自由為奮鬥職志，對俄國革命，當然不純持負面立場；他心中頗不願舊政府體制繼續存在，對於反對革命的「白黨」（Whites，歐洲白人社會對共黨存有敵意的黨），未予同情，倒對「紅黨」（即赤色黨，即共黨），寄予厚望。此外，他肯定馬克斯的一種說法，認為資本主義剝削工人及勞動大眾；資本主義與沙皇專制兩相比較，前者之害大於後者。與逃亡國外（emigrés）分子，又一心一意要求時光倒退者相處，讓他侷促不安；後者把他當成未必比布爾什維克黨（Bolshevik，即列寧的黨）好到哪裡去者。他不滿物論，也不屬馬克斯陣營；力持哲學人類學的觀點，不信社會結構或社會壓力這種外因，就可以使社會改革或社會再生。史達林執行的政策，他大為反感，怎可要求詩人及美藝作家要忍痛與黨的路線同調，噤聲不語，或被「清算」（liquadated）？宗教迫害及文化打壓，使他無法忍受，太傷及人的尊嚴及自由了。該創建一種社會，使裡面的成員都能自由自在地發展。雖然他不表樂觀地認為，地球上可以實現物質上的樂園，或者歷史法則早就註定人類可以過極樂生活，卻明確地抗議史達林上臺的共產黨把人當手段，為達遙遠目標，而罔顧眼前生活需要，太漠視人格尊嚴及個人自由了。他早期加入馬克斯陣營，其後退出，理由皆同。當今的共黨，形同往昔的異端審判所；至於目前的資本主義及共產主義，都是一丘之貉，師出同門，皆持物論；只是共產黨明目張膽以物論為意識型態。共產就是「集產」（collectivism），是一種「偶像崇拜」（idolatry）的產物。

　　4. 不假辭色地痛詆社會主義：被「祖國」驅逐之後，他一無遮掩地抨擊社會主義、集體或集產主義；個人性泯除，又毫無人道，是「一部新巨靈」（a

new Leviathan），精神文化消失了，此種新文化無靈塊。可笑的是亡命法國的俄國知識分子，竟然還一廂情願地失去了對祖國之愛，妄想二戰時，德軍能打敗蘇聯。其次，馬克斯的再傳弟子們，也忘了原本的馬克斯主義之痛宰資本家無情地剝削勞工。馬克斯本人也頗具人道精神，但願有個純真的人道社會，掃除一切的疏離感（sense of alienation）及冷漠症（feeling of apathy）；四海之內皆兄弟，而非雞腸鳥肚式的「沙文者」（chavinist）。大同與博愛，是馬克斯主義的正字標記；倉廩實及衣食足之後，便應該要強調禮儀及榮辱，更該大力振興基督教精神。上帝具創力，人亦然。哲學是人的創力傑作，日新又新，月異又異。他著有《創的意義》（*The Meaning of Creativity*）一書，於1916年出版，恰與杜威名著《民主與教育》（*Democracy and Education*）同年。期待「上帝王國」（kingdom of God）的蒞臨，屆時，重新估定一切價值，也符合馬克斯對哲學的期待——不只解釋歷史，且須改變歷史。

他是十足的俄國人，出身貴族世家，但極力反對任何形式的專制獨裁政治。對「國」之不屑，口吻如同尼采。一生念念不忘自由的重要性，以及精神面與心靈面的價值；以人種為中心（antropocentric）來考慮各種問題，提倡人格主義。他的著作不只被俄國人列為研讀對象，譯成外文者亦不計其數。為思想界打開另一新視野，如同末世紀（Eschatology）所示，上帝已把歷史布簾拉下，謝幕了；另一新劇，即將上演。

(二)謝斯多夫（Leon Shestov, 1866-1936）

1. 謝氏是俄國的猶太人，在莫斯科大學專攻法律，但一生卻以哲學研究為職志，也為俄國的宗教思想之復甦奮力而為。1919年俄國革命時，移居柏林後在巴黎終其一生，從未在高等學府任教。與柏代也夫是莫逆之交，後者說過：「當時及現在，他都是我有幸相遇者中，最非凡者之一」。但謝氏倒自認是個存在主義者，卻又與時潮流行的存在主義思想，二者有隔閡；晚年獨對海德格的著作，給予高度評價。不過，他受尼采及杜思妥耶夫斯基的影響也深。由於他自承

面臨不少切身又個人的問題，也是純正存在主義者所面對者；至於一般哲學家無此親身體驗但也對「存在」放言高論，他就認爲那只是隔鞋搔癢了。

2. 1897年，丹麥一位歷史文評家布蘭代斯（Georg Morris Cohen Brandes, 1842-1927），大力呼籲丹麥學界該擺脫地域主義，全心推崇歐洲的自由思想，乃出版了莎士比亞全集；隔年，謝斯多夫立即寫了第一本書，《莎士比亞及他的評論者布蘭代斯》（Shakespeare and his Critic Brandes），將後者與史上最出色的劇作家相提並論，認爲二者都深知生活或生命的奧旨。「詩人感受到，不與生命相協調者，根本不了解生命」。人生悲劇雖多，卻「在悚怖之背後，吾人可見出隱藏著肉眼看不到的一種人類心靈的發展」；並尋求往最好境界前進，即令其中有惡行，或人們對生命所累積成堆的責怪，也只因人們對命運的安排，了解能力不足所致。莎士比亞有洞見及此，故被冊封爲最偉大的詩人。

謝斯多夫堅信，西方理性哲學家扭曲了生命的眞諦。理性形上學家從亞里斯多德迄今，都認爲要生活，就得「想」；但想，只是生活的一面而已，尤其是理性思考。莎士比亞卻看到生活或生命的全局，「想」與「活」，二者等同。

理性者的最大致命傷，認爲理性代表人生的全部；理性地位如旭日東昇，甚至高過於上帝，人比上帝還偉大。人的登峯造極成就，就是基於理性而使科學抬頭，更進一步地推向「科學至上」（scientism），科學掛帥；心失物存，精神淪落；物質攀升，心理學淪降爲生理學；人的自由暗淡無光，一切都是早已定，豪無抉擇的餘地。

3. 1900年更寫一書《托爾斯泰及尼采的好教訓》（Good in the Teaching of Count Tolstoy and Nietzsche），認爲托爾斯泰不該把「好」（Good）與「上帝」（God）等同看待；倒是尼采把上帝看做「善惡之外」（beyond good and evil）。若上帝就等於好或善，則宗教就不需了，也不見了，只需倫理就可。上帝超乎憐憫心及善惡感，難怪尼采公然向全球人昭告，「上帝已死」！

他之抬舉尼采，更在另一書《杜思妥耶夫斯基及尼采：悲劇哲學》（Dosto-evsky and Nietzsche, the Philosophy of Tragedy, 1903），更爲明顯地指出，德國有

兩個名哲人的生命觀，見解出入甚大，一是黑格爾，把歷史當成理性的目的觀，無視於人生的悲劇性及黑暗面。一是尼采，正面地針對生活現實發聲；理性或邏輯，基本原則只不過是在「思」時的虛構；公開又直率地布達上帝訃聞，確實轟動全球。黑格爾把上帝捧爲絕對，其實內心中是以理性壓過信仰，這是無神論的「僞裝」（a masked atheism）。當然，黑格爾被他誤解了。俄國學者杜思妥耶夫斯基步黑格爾後塵，大喊人生的理性而草草忽略了罪惡面，褒共相而貶殊相；人的自由，因之敬陪末座。辭世後三年問世的《齊克果與存在主義哲學》（*Kierkegaard and Existential Philosophy*,1935），認爲齊克果在精神上是雙倍於杜氏的。另外作品不計其數，時而仿尼采以格言方式寫作，時而長篇大論，還把雅典（Athens）比爲理性主義，耶路撒冷（Jerusalem）則具情性主義；在這種二元對立中，他列舉哲學史上名家，從希臘諸哲到胡塞爾，一一予以評估，難免引來非議者大動肝火，不過，他的思想倒具激勵及挑釁性。其中唯獨相中新柏拉圖主義的普羅泰納（Plotinus），提問「什麼是哲學？」答以「凡最重要的，就是哲學」。至於現代哲學，太科學主義化了，哲學只是科學的部屬，絲毫不敢過問價值問題，如「美」。人生不是只求理性的「眞」，更要進一步探討道德及宗教的「善」，及生活情調上的「美」；這才是人生的「全貌」。

4. 科學可，科學主義則不可：生活所面臨的實際問題，得靠科學的自然法則來解決。「街上無電燈，家裡缺煤氣，也無煤油燈座」時，科學家遵照因果必然律，就可輕而易舉地消除這些煩惱。但休姆早看出，必然性只適用於物質界，人文界則不受此限；人的自由該享有一大片施展的空間。謝氏更把休姆的這種知識論立場，擴大到更廣的地域。若一切皆可預期，則上帝只好退居邊陲，神學之介入，也變成無能爲力了；人的自由創新性，更無用武之地。

不只如此，邏輯上的同一律，如A是A，謝氏認爲，人的演化過程所提供的經驗事實，不盡然皆遵守該律。亞里斯多德力言，矛盾律是不被准許的；可是，「哲學的任務，不是在教人要生活在不確定中嗎？」尼采就是這麼說的。以邏輯來型範生活實際，現象學者的胡塞爾最爲典型。但「胡塞爾只要求哲學要在絕對

真理的科學哲學中止步」。普洛塔格拉斯的名言：「人是萬物的尺度」，但衡量該名言的尺度，又是誰呢？理性主義哲學家視「非理性主義者」（irrationalists）為瘋子，其實「全部吾人的哲學，不繫根於吾人的客觀觀察，卻在應吾人之心之所求，即主觀性道德意志（the subjective moral will）」。

5. 倫理道德的獨立性，也難免受到撻伐；獨立性即絕對性、永恆性、持續性，似乎連上帝也得遵守，怎有如此不敬的主張呢？奧坎及尼采都舉雙手反對。視歷史進程「必」有終極目的，黑格爾是代表人物，但「他的歷史哲學是粗糙的，對生命有惡毒及錯誤的解讀」。不傾聽歷史教訓的歷史，此種歷史至尊主義（historicism），一味地把歷史當科學看待，這種人，「歷史應給他教訓」！

懷疑論或相對論，以及人生或歷史，了無意義可言嗎？他只不過是在科學至上時，另提選項。「雅典或耶路撒冷，宗教或哲學」，哲學或宗教？二者不是非彼即此，或非此即彼（either is not, neither is not），卻可「二者得兼」（both-and）。這也是杜威哲學的精神。上帝超越一切，不受困於「思想三律」（矛盾律、同一律、排中律）；甚至可以不使蘇格拉底飲毒藥而死，以及凱撒不渡過魯比孔河。齊克果提及聖經故事中亞伯拉罕（Abraham）為要犧牲其子（Isaac）時，上帝「中止了倫理要求」。倫理是人設的，怎可要求上帝「必」遵守呢？上帝的作為，由人定的人法是不及的。上帝與人，不是斷續相連的，卻得「躍」（leap）！齊克果的「信」（faith），正是一種「跳躍」或超昇；靠人的理性來證明上帝的存在，最佳的哲學家莫過於托瑪斯。但信仰是憑個人親自體驗的。宗教哲學可，宗教的理性哲學家則不可，除非是「猶太基督哲學」（Judaeo-Christian philosophy）家，後者才具「智慧」（wisdom），符合哲學的本意。「自由不是來自於知識，而是本之於信仰，信仰才使懼怕終止」。信上帝，就生愛，無憂也無慮。人生的存在，只有選擇這一途，才最高也最具價值。

蘇俄的共黨中央，權力高高掛。言論自由對照民主社會而言，極端缺乏。堅持代表官方的馬列正統，才是唯一真理，其他的都是旁門左道。此種時日，不知

何時告終？俄羅斯民族資質優秀者不少，在芭蕾舞、作曲、小說、戲劇上有頂尖的世界高手，運動競賽也成績傲世，軍事武力更可媲美美國，穩居世界第二；在太空探險及核武競賽中，更令西方世界觸目驚心。一流科學家享受極優的物質生活，但一旦過問人權，關心人生社會及政治問題，則即令榮獲諾貝爾獎，也得在勞改的集中營或在西伯利亞過慘無人道的生活。二十世紀已過，新世紀是否能爲俄國學界展露自由及民主的曙光及晨曦，世人正拭目以待！

跋

　　書有前言，也該有後語；「序」與「跋」，分占書之首尾。本哲學史就字數而言，超過百萬，也分數冊發行。感謝五南出版社肯出資打字、排版，及付印，在目前學術性著作陷入低潮的不利市場之下，確實其心可感。但願我國教育學術界不應如此不爭氣。評價一國的學風，是要有高瞻遠矚的識見，這正是「哲學」一字的代名。寫就本書，準備功夫極爲漫長，眞正下筆倒不到兩年；二手資料早已在手，一手資料也斷斷續續補充；但所謂的一手，也只不過是相對的。我曾學過日語、法語、德語，但較有把握的只是英語文而已，至於希臘、拉丁，甚至希伯來語是一竅不通。即令英語，也不敢說與我的漢文比；其實我的漢文程度，也不敢說到「精通」地步。許多哲學家都是一生寫作不斷，看遍他們一切的原作，根本不可能辦到，更不要說看懂。還好，哲學造詣爲哲學家不敢小視的英國羅素，在他的暢銷書《西洋哲學史》中，坦誠告訴世人，他不了解的史上哲學家是不少其人，尤其是黑格爾。還具體地把黑格爾作品中的德文原作及英譯寫出來，率直以告，他不悉其意。此種爲學態度，是最佳的教育示範。

　　2008年起我過退休生活，還好體健，目力及聽力也佳，較有餘暇學杜威及羅素的先例，八九十歲時還勤於寫作。由於一向對哲學很感興趣，只是在探討哲學的過程中，挫折感甚多，也極爲強烈。絕大多數的哲學史及哲學著作，大都語意晦澀，交代不清；引用「原文」，卻不說明也不闡釋，更不評論。這在「中國」哲學史、教育思想史，或中國史中最爲常見。而英文的哲學史書及哲學文章，情況則稍爲好轉，但令我滿意之處也不多。不少對哲學擬下功夫者視之如畏途，我則發憤要寫一本如同我已出版的大學用書《西洋教育史》（臺北文景）一般的爲學界，尤其教育界所稱頌，簡明、有趣、深度及廣度也夠。三年前（2014）出版的《西洋哲學史》（臺北文景），取不少羅素的哲學史資料。此外，英國倫敦大學哲學史教授Frederick Copleston（1907-1994）寫作的一系列哲學史，當年（1968）我上師大教育研究所時，8本全買，其後才知共有11本，最近也全部予以整理，有些還重覆看過多次。書名是《哲學史》（A History of Philosophy），但除了極少數例外，隻字不提支那人。這位被英語學術界列爲最

重要哲學史教學參考用書的心目中，認定可以列爲哲學史撰述的國家，支那並不包括在內。

我也學羅素，在研讀哲學史料時，承認有不少的段落，著實再如何費心，也不知所云，因之只有割愛。有時一讀再讀之後，倖而有所「悟」，也以「己」悟來體會，或許因而有「誤」之虞，這是難免的。在自覺窮門稍開之際，用「臺灣」經驗予以「闡釋」一番，意在向讀者明示，寫作者是臺灣人。我的臺灣意識，難免包括或擴大爲支那意識。中文的讀者，必然比較能領會。

從西洋著名的哲學家之爲學而言，大約有兩條途徑，一是由數學或邏輯入手，如柏拉圖、亞里斯多德（尤其是邏輯）、笛卡兒、來布尼茲、康德等；一是著重經驗事實面，如亞里斯多德（生物科學、自然科學）、洛克、小米爾及一批經驗主義學者；前者單純但抽象，與人生未有瓜隔性，但天分稟賦必足。二者兼而有之，羅素最是佳例，他在壯年（四五十歲）時，就在邏輯及數學上，甚享聲譽；一戰之後（1918）臨五十歲，轉而對世事特爲關注，在經濟、政治、教育、道德等方面，大發議論。前者之著作令學界刮目相看，後者則引發諸多評論，甚至損及他的人品。他崇拜的德國大師來布尼茲曾豪氣干雲地揚言：

> 若任何爭議一起，口角的當事人，與其說是「哲學家」（philosophers），不如自比爲「會計師」（accountants）；各執一鉛筆，坐在計算板上，相互說一聲（如他倆喜歡，有一友人在場爲證）：讓我們來算吧！（*Leibnizens gesammelte Werke*, Pertz and Gerhardt's edition, Vol. VII. 21，引自 B. Russell, *Logical Positivism,* in Robert C. Marsh (ed). Bertrand Russell, *Logic and Knowledge, Essays.* 1901-1950, Capricorn Books, N. Y., 1971, 368）

數學及邏輯的問題可以如此，以「演算」來解決；但人事問題可沒這麼簡單。語言文字在表「意」時，其中光是語型（syntax）、語意（semantics）、語用（pragmatics）等，就大費周章。如何把哲學史上論辯千年之久的問題，先譯

為邏輯語言，然後藉數學予以數字化或符號化，則推論出謬談與否（有效性，validity），就如同解數學題目一樣的一清二楚，且彼此不再生爭議。維根斯坦早提過，語文是具有蠱惑性的（bewitchment of language）。有人一看冷僻或筆劃甚多的文言古句，或拉丁、希臘、希伯來等古文，就生起一股莫名的興奮與由衷仰望之情；看了一大堆符號或數目字，就望而生畏；瞧不起白話、「土」語、「方」言，且嗤之以鼻，難道此種心態，不會干擾思緒、左右判斷嗎？這也是二十一世紀哲學界該予以關注的大課題。當然，如何解決有可能產生人類自相殘殺的悲劇，此種負荷，也是哲人要擔當的重任！康德如生於今日，必將人類大工程，增加了上述兩件。

千言萬語不盡，但有句話不吐不快。我在本書上對哲學家的見解、說明、闡釋、批判，或許易使先哲本人，或自稱得其真傳的徒子徒孫，叫屈、不滿、憤怒，或不屑，但至少我有為學的真誠。不過，此問題難解或永不可解。這也為大學之續開哲學史課，找到了一個合理性的答案！

1517年，路德高舉宗教改革大旗；至2017年時，已恰滿五世紀約五百年；本書於此時問市，也可刺激讀者在這方面的連想！2017年也是臺灣二二八（1947）慘案七十年，以及解除戒嚴（1949-1987）三十年！深盼臺灣哲人誕生！

林玉体
寫於2016仲夏
2017年春定稿

索　引

國家圖書館出版品預行編目資料

西洋哲學史（下）：19～20世紀哲學史／林玉
体著. -- 初版. -- 臺北市：五南, 2017.04
　　面；　　公分
ISBN 978-957-11-9158-4(平裝)

1.西洋哲學史

140.9　　　　　　　　　　106005566

1BBC

西洋哲學史（下）
——19～20世紀哲學史

作　　　者 —	林玉体
發 行 人 —	楊榮川
主　　　編 —	陳姿穎
責任編輯 —	許馨尹
出 版 者 —	五南圖書出版股份有限公司

地　　　址：106台北市大安區和平東路二段339號4樓

電　　　話：(02)2705-5066　傳　　真：(02)2706-6100

網　　　址：http://www.wunan.com.tw

電子郵件：wunan@wunan.com.tw

劃撥帳號：01068953

戶　　　名：五南圖書出版股份有限公司

法律顧問　林勝安律師事務所　林勝安律師

出版日期　2017年 4 月初版一刷

定　　　價　新臺幣920元

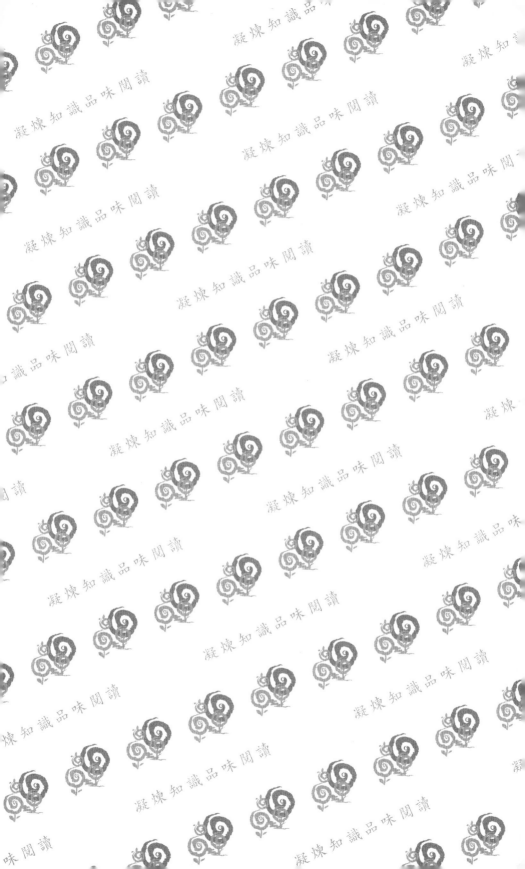